NEUE WISSENSCHAFTLICHE BIBLIOTHEK 70
WIRTSCHAFTSWISSENSCHAFTEN

DIE FINANZIERUNG DER UNTERNEHMUNG

Neue Wissenschaftliche Bibliothek

Herausgeberkollegium

GÉRARD GÄFGEN
Wirtschaftswissenschaften

JÜRGEN HABERMAS
Soziologie

DIETER HENRICH
Philosophie

EBERHARD LÄMMERT
Literaturwissenschaft

P. M. ROEDER
Pädagogik

KLAUS R. SCHERER
Psychologie
begründet von
CARL FRIEDRICH GRAUMANN

KLAUS R. SCHERER
Kommunikationswissenschaft

FREDERIC VESTER
Biologie

HANS-ULRICH WEHLER
Geschichte

Redaktion

DIETER WELLERSHOFF
KARIN DAVID

Die Finanzierung der Unternehmung

Herausgegeben von
Herbert Hax
und Helmut Laux

Kiepenheuer & Witsch Köln

Alle Rechte vorbehalten
Verlag Kiepenheuer & Witsch Köln
Gesamtherstellung Mohndruck Reinhard Mohn OHG, Gütersloh
Printed in Germany 1975
Leinen ISBN 3 462 01018 2
Broschiert ISBN 3 462 01019 0

Inhalt

Einleitung 11

ERSTER TEIL
DAS KAPITALKOSTENKONZEPT

Ezra Solomon
Die Messung der Kapitalkosten einer Aktiengesellschaft 36

Myron J. Gordon und Eli Shapiro
Analyse der Vorteilhaftigkeit von Investitionen: Die Mindestrendite 54

Helmut Laux
Nutzenmaximierung und finanzwirtschaftliche Unterziele 65

ZWEITER TEIL
KAPITALKOSTEN UND VERSCHULDUNGSGRAD

Franco Modigliani und Merton H. Miller
Kapitalkosten, Finanzierung von Aktiengesellschaften und Investitionstheorie 86

Franco Modigliani und Merton H. Miller
Körperschaftsteuern und Kapitalkosten: Eine Berichtigung 120

Adolf Moxter
Optimaler Verschuldungsumfang und Modigliani-Miller-Theorem 133

Ezra Solomon
Verschuldungsgrad und Kapitalkosten 160

Nevins D. Baxter
Verschuldung, Konkursrisiko und Kapitalkosten 167

Ronald F. Wippern
Finanzstruktur und Wert der Unternehmung 178

H. J. Krümmel
Finanzierungsrisiken und Kreditspielraum 200

Gordon Donaldson
Ein neuer Rahmen für die Verschuldungspolitik der Kapitalgesellschaft . . . 224

Jürgen Hauschildt
»Kreditwürdigkeit« – Bezugsgrößen von Verhaltenserwartungen in Kreditbeziehungen 250

DRITTER TEIL
DIVIDENDENPOLITIK UND SELBSTFINANZIERUNG

Merton H. Miller und Franco Modigliani
Dividendenpolitik, Wachstum und die Bewertung von Aktien 270

William J. Baumol
Zum Problem der Dividendenpolitik bei unvollkommenem Markt 301

Karl Hax
Probleme der Aktienfinanzierung unter dem Einfluß des gespaltenen Körperschaftsteuer-Satzes 307

Herbert Hax
Der Einfluß der Investitions- und Ausschüttungspolitik auf den Zukunftserfolgswert der Unternehmung 326

Peter Swoboda
Einflüsse der Besteuerung auf die Ausschüttungs- und Investitionspolitik von Kapitalgesellschaften 347

VIERTER TEIL
BESONDERE FINANZIERUNGSFORMEN

Gordon Donaldson
Zur Verteidigung von Vorzugsaktien 368

Rosemarie Kolbeck
Leasing als finanzierungs- und investitionstheoretisches Problem 393

Literatur 407

Sachverzeichnis 431

Einleitung

Die Finanzierung der Unternehmung

HERBERT HAX, HELMUT LAUX

A ZUR ABGRENZUNG DES PROBLEMBEREICHS

Die Tätigkeiten und Vorgänge in einer Unternehmung lassen sich gedanklich aufgliedern in solche, die dem Leistungsbereich, und solche, die dem Finanzbereich zuzuordnen sind. Der Leistungsbereich umfaßt die Beschaffung und Bereitstellung von Gütern und Dienstleistungen für die Leistungserstellung, die Leistungserstellung selber und den Absatz der erstellten Leistungen; im Rahmen der Theorie der Unternehmung befassen sich vor allem Investitions-, Produktions- und Absatztheorie mit diesem Bereich. Dem Finanzbereich werden andererseits alle Vorgänge und Dispositionen zugeordnet, die Zahlungen der Unternehmung zum Gegenstand haben; hierzu gehören insbesondere alle Dispositionen, die der Sicherung der Zahlungsfähigkeit zu dienen bestimmt sind.

Leistungs- und Finanzbereich sind eng miteinander verbunden. Die Vorgänge im Leistungsbereich führen zur Entstehung von Zahlungen, die in die finanzwirtschaftlichen Dispositionen eingehen; andererseits determinieren die Zielsetzungen und Restriktionen des Finanzbereichs den Aktionsspielraum des Leistungsbereichs. Zahlreiche Entscheidungen in der Unternehmung berühren beide Bereiche und machen eine gegenseitige Abstimmung erforderlich; vor allem gilt dies für Investitionsentscheidungen.

Für die Zahlungen, die durch Dispositionen im Leistungsbereich ausgelöst werden, ist typisch, daß zunächst in der Aufbauphase und ebenso in späteren Erweiterungsphasen die Auszahlungen größer sind als die Einzahlungen; der anfängliche Auszahlungsüberschuß wird erst später durch Einzahlungsüberschüsse kompensiert. Dem Finanzbereich ist damit die Aufgabe gestellt, für die Deckung des so entstehenden Kapitalbedarfs, d. h. für den Ausgleich des beim Aufbau und bei Erweiterungen entstehenden Zahlungsdefizits zu sorgen. Diese Funktion wird als Finanzierung bezeichnet. Wie die Finanzierung erfolgen kann, hängt von den institutionellen Gegebenheiten, insbesondere auch von der Wirtschaftsordnung, ab. In einer Marktwirtschaft wird das Defizit dadurch gedeckt, daß private oder öffentliche Kapitalgeber die benötigten Geldmittel zur Verfügung stellen und dafür Finanzierungstitel erhalten, mit denen eine Anwartschaft auf Beteiligung an den in Zukunft zu erwartenden finanziellen Überschüssen der Unternehmung verbunden ist.

Die einfachste Finanzierungsweise wäre, allen Kapitalgebern gleichartige Beteiligungstitel anzubieten, die jedem nach Maßgabe seiner Beteiligungshöhe eine Anwartschaft auf einen Teil der zukünftigen Überschüsse, der nach anerkannten Bilanzierungsgrundsätzen als Gewinn ausgewiesen wird, einräumen. Da man zwar positive Überschüsse aus dem Leistungsbereich erwartet, diese aber ungewiß sind, können mit den Beteiligungstiteln nur Anwartschaften auf ungewisse zukünftige Zahlungen verbunden sein. Wenn es nur gleichartige Beteiligungstitel gibt, sind alle Kapitalgeber in gleicher Weise von dem mit den zukünftigen Zahlungen verbundenen Risiko betroffen.

Die Regel ist, daß nicht nur gleichartige Beteiligungstitel ausgegeben werden, sondern auch Forderungstitel, anders ausgedrückt, daß neben Eigenkapital auch Fremdkapital eingesetzt wird. Forderungstitel sind ebenso wie Beteiligungstitel mit Anwartschaften auf zukünftige Zahlungen verbunden. Abgesehen davon, daß Forderungstitel in der Regel nicht in der gleichen Weise wie Beteiligungstitel zur Mitwirkung bei der Willensbildung in der Unternehmung berechtigen, liegt der wichtigste Unterschied zwischen beiden Typen von Finanzierungstiteln im Umfang der Risikoübernahme. Bei den Forderungstiteln, die mit einem Rechtsanspruch auf Zahlung der vereinbarten Zinsen und Tilgungszahlungen verbunden sind, ist das Risiko offenbar geringer. Zugleich aber hat die Finanzierung über die Ausgabe von Forderungstiteln den Effekt, daß das Risiko für die verbleibenden Beteiligungstitel größer wird als im Fall reiner Beteiligungsfinanzierung. Dies ist der sogenannte »Leverage«-Effekt, der vor allem durch die vielbeachtete Arbeit von Modigliani und Miller aus dem Jahre 1958 in den Mittelpunkt des Interesses gerückt ist.[1] An diesem Effekt wird die bei Finanzierungsentscheidungen stets zu beachtende Interdependenz der Risikostrukturen verschiedener Finanzierungstitel besonders deutlich.

Über die Unterscheidung von Beteiligungs- und Forderungstiteln hinaus gibt es zahlreiche weitere Differenzierungen. Eine Unternehmung kann Beteiligungstitel verschiedener Art ausgeben, die sich hinsichtlich der Ertragsbeteiligung und der Mitwirkungsrechte bei der Geschäftsführung voneinander unterscheiden (z. B. Anteile von Komplementären einerseits und Kommanditisten andererseits, Stamm- und Vorzugsaktien usw.). Bei den Forderungstiteln gibt es Differenzierungen nach Fristigkeit, Art der Besicherung und zahlreichen weiteren Gesichtspunkten.

Ein für Finanzierungsentscheidungen sehr wesentlicher Gesichtspunkt ist, daß die verschiedenen Typen von Finanzierungstiteln sich hinsichtlich der Beteiligung an den im Leistungsbereich erwirtschafteten Überschüssen voneinander unterscheiden, und zwar zum einen in der Höhe der erwarteten Erträge, die auf einen Titel entfallen, zum anderen darin, inwieweit ein Abweichen der Überschüsse vom Erwartungswert nach oben oder unten sich auf die Erträge auswirkt, im Grad der Risikoübernahme also. Hierbei ist allgemein die Interdependenz der Risikostrukturen zu beachten; z.B. wird das Risiko der Stammaktionäre erhöht, wenn Vorzugsaktien mit niedrigem Risiko vorhanden sind; oder es wird bei dinglicher Sicherung eines Kredits das Risiko aller übrigen Gläubiger berührt; es lassen sich zahlreiche ähnliche Beispiele anführen.

Die institutionell gegebene Vielfalt von Gestaltungsmöglichkeiten für Beteiligungs- und Forderungstitel ermöglicht es der kapitalsuchenden Unternehmung, ein differenziertes Sortiment von Titeln anzubieten und damit Kapitalanleger ganz unterschiedlicher Einstellung zum Risiko anzusprechen. Die vielfältigen Institutionen im Finanzierungswesen, die häufig aus der theoretischen Finanzierungslehre ausgeklammert und einer rein deskriptiven Finanzierungskunde zugewiesen werden, bilden ein System, »das einen aus der Unsicherheit resultierenden Bedarf befriedigt: den Bedarf an Transformationsveranstaltungen, durch die die eigentümliche Qualität von Vermögenskomplexen, ein Bündel bestimmter Gewinnchancen und Verlustrisiken zu repräsentieren, verändert wird. Durch diese Veranstaltungen werden Quanten an Chancen und Risiken produziert, die jedem Geldgeber eine seiner Risikoeinstellung entsprechende Partizipation an den Realinvestitionen ermöglichen sollen. Die Vielzahl der Finanzierungsformen erklärt sich aus dem Bestreben der Unternehmen, der unterschiedlich ausgebildeten Bereitschaft ihrer Kapitalgeber, Chancen wahrzunehmen und Risiken einzugehen, gerecht zu werden.«[2]

Eine Theorie der Finanzierung muß deswegen auf einer Theorie des Verhaltens gegenüber dem Risiko aufbauen, zum einen, weil sonst das Verhalten der Kapitalgeber nicht erklärt werden kann, zum anderen, weil Aussagen über optimale Finanzierung, etwa im Sinne einer Optimierung von Höhe und Risiko der Erträge, die den Inhabern bestimmter Beteiligungstitel zufließen, eine Definition rationalen Verhaltens gegenüber dem Risiko voraussetzen. Die vereinfachende Prämisse sicherer Erwartungen, die sich in vielen Bereichen der Theorie der Unternehmung, etwa in der Produktions- und Investitionstheorie, als sehr nützlich erwiesen hat, ist in der Finanzierungstheorie nicht sinnvoll. Die institutionelle Vielfalt der Finanzierungsformen kann nur bei Berücksichtigung des Risikos erklärt und sinnvoll genutzt werden.

Der Gegenstand der Finanzierungslehre kann nunmehr genauer bestimmt werden: Er umfaßt alle Dispositionen über die von der Unternehmung zur Finanzierung ihrer Investitionen ausgegebenen Beteiligungs- und Forderungstitel, und zwar sowohl die eigentliche Kapitalbeschaffung durch Ausgabe der Titel als auch spätere Dispositionen, wie z. B. Entscheidungen über Dividendenpolitik, über Kündigungen und Tilgungen usw. bis hin zu Kapitalrückzahlungen im Zusammenhang mit einer Liquidation oder Teilliquidation.

Ein in der neueren Finanzierungslehre vieldiskutiertes Grundproblem dieses Bereichs ist, welche Zielsetzungen für Finanzierungsentscheidungen maßgeblich sind und welche Anforderungen hinsichtlich der Kapitalkosten, d.h. der zu fordernden Mindestverzinsung für Investitionen, sich daraus ergeben. In engem Zusammenhang damit steht ein zweites Problem, das der zweckmäßigsten Mischung von Eigen- und Fremdkapital, zum einen unter dem Gesichtspunkt der damit verbundenen Kapitalkosten, zum anderen im Hinblick auf vom Markt vorgegebene Grenzen der Verschuldung. Ein drittes Problem, das besondere Beachtung gefunden hat, ist das der Dividendenpolitik und Selbstfinanzierung. Diesen drei Problemkreisen sind die Abhandlungen in den Abschnitten I bis III dieses Bandes gewidmet. Mit speziellen Finanzierungsformen (Vorzugsaktien, Leasing) befassen sich die Abhandlungen im Abschnitt IV.

B ENTSCHEIDUNGEN IM FINANZIERUNGSBEREICH

I. Typen von Entscheidungen

1. Wahl der Finanzierungsform bei gegebener Planung im Leistungsbereich

Das Problem der Wahl der zweckmäßigsten Finanzierungsform wird häufig unter der Prämisse behandelt, daß die Planung im Leistungsbereich, insbesondere die Investitionsplanung, bereits festliegt. Es bleibt dann nur noch die Frage, durch welche Finanzierungsmaßnahmen der bestehende Kapitalbedarf gedeckt werden soll. Typisch für diese Betrachtungsweise ist etwa die bereits erwähnte Abhandlung von Modigliani und Miller über den Zusammenhang zwischen Verschuldung und Kapitalkosten; darin wird ein gegebenes Investitionsprogramm vorausgesetzt, aus dem sich ein unsicherer Strom zukünftiger Überschüsse ergibt, die zur Bestreitung von Zins- und Dividendenzahlungen dienen. Es geht dann nur noch um die Frage, welche Bedeutung unterschiedliche Verschuldungsgrade für den Marktwert der Beteiligungs- und Forderungstitel und für die Kapitalkosten haben und ob es einen optimalen Verschuldungsgrad gibt.

In der Regel können allerdings optimal aufeinander abgestimmte Investitions- und Finanzierungspläne nicht in der Weise aufgestellt werden, daß zuerst die Investitionen geplant und anschließend die zur Finanzierung erforderlichen Mittel beschafft werden. Diese Vorgehensweise wäre nur dann zielführend, wenn die Kapitalbeschaffung keinerlei Begrenzungen unterläge und die Kapitalkosten unabhängig vom Investitionsvolumen wären. Grenzen für die Kapitalbeschaffung gibt es jedoch häufig; auch können die Kapitalkosten mit wachsendem Investitionsvolumen ansteigen. Dann müssen Investitionen und Finanzierungsmaßnahmen in simultaner Planung aufeinander abgestimmt werden.

Der vereinfachte Lösungsansatz, der eine gegebene Investitionsplanung voraussetzt, bleibt dennoch sowohl theoretisch als auch praktisch relevant. Wenn es gelingt, Regeln für die optimale Finanzierung bei gegebenem Investitionsvolumen aufzustellen, sind diese auch für die simultane Planung von Investitionen und Finanzierungsmaßnahmen als notwendige Bedingungen für ein Optimum von Bedeutung. Theoretische Ansätze, die den Finanzbereich unter der Annahme gegebener Verhältnisse im Leistungsbereich isoliert betrachten, bilden somit eine wichtige Vorstufe zur Entwicklung von Planungsmodellen, die beide Bereiche simultan erfassen.

2. Simultane Planung von Investitionen und Finanzierungsmaßnahmen

Der Übergang von einer isolierten Betrachtung des Finanzbereichs zur simultanen Planung von Investitionen und Finanzierungsmaßnahmen kann erfolgen, indem man jedem denkbaren Investitionsvolumen die optimale Finanzierungsweise und die damit verbundenen marginalen Kapitalkosten zuordnet. Die so entwickelte Beziehung zwischen Investitionsvolumen und Kapitalkosten wird als Kapitalangebotsfunktion bezeichnet. Typisch für diese Vorgehensweise ist der Aufsatz von Solomon über die Messung der Kapitalkosten einer Kapitalgesellschaft. Man kann, wenn die Kapitalangebotsfunktion gegeben ist, das optimale Investitionsprogramm nach der Regel aufstellen, daß das Investitionsvolumen so lange ausgedehnt werden kann, wie die marginale Verzinsung der Investitionen über den marginalen Kapitalkosten liegt.

Unberücksichtigt bleibt bei dem Verfahren der Gegenüberstellung von Kapitalangebot und Investitionsmöglichkeiten in einem Zeitpunkt die Interdependenz zwischen Investitionen und Finanzierungsmaßnahmen verschiedener Zeitpunkte.[3] So sind z.B. in der Regel die Finanzierungsmöglichkeiten und damit auch die Kapitalkosten in einem Zeitpunkt nicht unabhängig davon, welche Investitionen in früheren Zeitpunkten durchgeführt und wie sie finanziert worden sind. Um diese Interdependenz zu berücksichtigen, müßte ein simultaner Planungsansatz entwickelt werden, der zur Optimierung der Investitionen und Finanzierungsmaßnahmen über alle Perioden eines größeren Planungszeitraums führt. Bekannt ist der Ansatz zur Lösung dieses Problems, der sich der linearen Programmierung bedient.[4] Allerdings beruht dieses Modell auf der Prämisse quasi-sicherer Erwartungen und kann daher der besonderen Problematik von Finanzierungsentscheidungen, bei denen Risikoerwägungen immer eine maßgebliche Rolle spielen, nur in sehr unvollkommener Weise gerecht werden. Modelle dieses Typs sind eher geeignet, im Rahmen bereits vorgegebener Entscheidungen im Finanzbereich optimale Investitionsprogramme aufzustellen. Sie sind mehr der Investitionstheorie als der Finanzierungslehre zuzuordnen; im vorliegenden Band ist daher kein Beitrag über derartige Planungsansätze enthalten.

II. Das Problem der Ungewißheit

1. Sichere Erwartungen

Je nachdem, welche Erwartungen die Investoren und Geldgeber hegen, ergeben sich unterschiedliche Entscheidungsprobleme im Finanzbereich der Unternehmung. Die einfachste Annahme ist, daß sichere Erwartungen darüber bestehen, welche Kapitalbeschaffungs- und Anlagemöglichkeiten jetzt und in Zukunft offenstehen und welche Ein- und Auszahlungen mit ihnen verbunden sind. Unter dieser Voraussetzung bildet sich in jeder Periode auf dem Kapitalmarkt ein Einheitszinssatz, zu dem jeder praktisch beliebig viel Geld anlegen und (wie noch erläutert wird) aufnehmen kann. Dabei sind die zukünftigen Einheitszinssätze mit Sicherheit bekannt.

In der Theorie wird häufig von der Annahme sicherer Erwartungen ausgegangen und außerdem angenommen, jeder Kapitalanleger lasse sich allein von der Absicht leiten, einen optimalen Strom von Einzahlungsüberschüssen zum Erwerb von Konsumgütern zu realisieren. Unter diesen Voraussetzungen existiert im Finanzbereich kein Optimierungsproblem, und die Investitionen können ohne explizite Berücksichtigung der Finanzierungsseite optimal ausgewählt werden.

Jedes Objekt, das beim Einheitszinssatz einen positiven (oder zumindest keinen negativen) Kapitalwert aufweist, ist zu realisieren; schließen sich mehrere Projekte gegenseitig aus, so wird dasjenige mit dem höchsten positiven Kapitalwert durchgeführt (Kapitalwertkriterium). Bei Anwendung des Kapitalwertkriteriums wird der Wert des Unternehmens maximiert.

Nachdem die Investitionsentscheidungen gefällt sind, können die Finanzierungsmittel beschafft werden. Bei jeder Finanzierungsmaßnahme entstehen Kapitalkosten in Höhe des Einheitszinssatzes.

Da nur Investitionsprojekte durchgeführt werden, deren Verzinsung mit Sicherheit über dem Einheitszinssatz (zumindest nicht darunter) liegt, können sämtliche Finanzierungsmittel durch Ausgabe von Forderungstiteln gedeckt werden. Das Unternehmen ist dann in der Lage, mit Sicherheit die Schulden zu tilgen und die Zinsen zu zahlen. Eine die optimalen Investitionen begrenzende Verschuldungsobergrenze ist dann also nicht gegeben. Voraussetzung ist allerdings, daß die Gläubiger davon überzeugt sind, daß der Investor auch tatsächlich bereit ist, seine Schulden zu tilgen (daß er also z. B. keine überhöhten Konsumausgaben vornimmt).

Die Unternehmung kann die benötigten Mittel auch durch Ausgabe von Beteiligungstiteln beschaffen, wobei ebenfalls Kapitalkosten in Höhe des Einheitszinssatzes entstehen. Die Inhaber der Beteiligungstitel werden dabei so an den zukünftigen Überschüssen des Unternehmens beteiligt, daß sie auf ihre Einlage eine Verzinsung in Höhe des Marktzinses erzielen. Wäre die Verzinsung niedriger, so würde niemand Beteiligungstitel erwerben, da eine Anlage zum Einheitszinssatz vorteilhafter wäre. Umgekehrt kann auch kein potentieller Erwerber der Beteiligungstitel eine höhere Verzinsung durchsetzen, da die Unternehmung zum Einheitszinssatz Geld leihen bzw. Beteiligungstitel an andere Anleger verkaufen kann.

Erfolgt Selbstfinanzierung, so entstehen ebenfalls (Opportunitäts-)Kosten in Höhe des Einheitszinssatzes. Bei Ausschüttung der Mittel und privater Wiederanlage hätten die Anteilseigner nämlich eine Verzinsung in Höhe des Einheitszinssatzes erzielt. Eine *höhere* Verzinsung hätten sie nicht erzielen können, da alle Projekte, die mehr als den Einheitszinssatz bieten, auch dann durchgeführt werden können, wenn die Ausschüttung unterbleibt. Das benötigte Kapital kann ja zum Einheitszinssatz geliehen werden.

Auf welche Weise die Mittel beschafft werden, ist somit gleichgültig. Zu einem anderen Ergebnis gelangt man jedoch auch bei Sicherheit, wenn man Steuern und nichtfinanzielle Ziele berücksichtigt.

In der Regel ist die Steuerbelastung unterschiedlich hoch, je nachdem, welche Finanzierungsentscheidungen gefällt werden. Berücksichtigt man Steuern, so ergeben sich meist Optimierungsprobleme im Finanzbereich, wobei die Investitionsmaßnahmen nicht mehr unabhängig von den Finanzierungsmaßnahmen optimal festgelegt werden können.[5]

Optimierungsprobleme ergeben sich bei Sicherheit auch dann, wenn sich Investor und Kapitalgeber auch an nichtfinanziellen Zielen orientieren. Die Kapitalkosten brauchen in diesem Fall nicht mehr mit dem Einheitszinssatz übereinzustimmen und können vom Investitionsprogramm abhängen. So mag z. B. ein Geldgeber aus Prestigegründen bereit sein, sich an einem Unternehmen zu beteiligen, auch wenn er für seine Einlage eine geringere Verzinsung erzielt als den Einheitszinssatz. Umgekehrt könnte der Investor der Fremdfinanzierung gegenüber einer billigeren Beteiligungsfinanzierung durch Aufnahme eines neuen Gesellschafters den Vorzug geben, weil er befürchtet, daß sein Entscheidungsspielraum eingeengt wird.

Im folgenden wird von nichtfinanziellen Zielen abgesehen, und in der Regel werden auch Steuern vernachlässigt. Im Vordergrund stehen Optimierungsprobleme bei Unsicherheit.

2. Quasi-sichere Erwartungen

Man hat versucht, sich der Realität zu nähern, indem man die Annahme sicherer Erwartungen durch die quasi-sicherer Erwartungen ersetzt hat. Danach haben die Eigentümer des Unternehmens zwar noch sichere Erwartungen über zukünftige Ein- und Auszahlungen, jedoch nicht die Gläubiger (und gegebenenfalls die potentiellen *neuen* Gesellschafter). Haben die Gläubiger unsichere Erwartungen, so ist die Unternehmung in der Regel nicht mehr in der Lage, ihre Investitionen in vollem Umfang durch Aufnahme von Fremdkapital zu einem bestimmten Einheitszinssatz zu decken, da im Urteil der Gläubiger Umweltentwicklungen möglich sind, in denen das Unternehmen nicht mehr seine Schulden (einschließlich der Zinsschulden) in vollem Umfang tilgen kann. Es kann dann also nicht mehr zu einem bestimmten Einheitszinssatz unbegrenzt Geld geliehen werden, d. h., es liegt ein »unvollkommener« Kapitalmarkt vor.

Die Begrenzung der Fremdkapitalaufnahme zum Einheitszinssatz würde keine Optimierungsprobleme mit sich bringen, wenn ausreichend Eigenkapital zum Einheitszinssatz bereitgestellt werden könnte. Die Investitionen könnten dann nach wie vor mittels Kapitalwertmethode unter Verwendung dieses Zinssatzes optimal festgelegt werden. Die *nicht* durch Fremdkapitalaufnahme zum Einheitszinssatz beschaffbaren Mittel werden dabei auf dem Wege der Selbstfinanzierung und/oder der Beteiligungsfinanzierung beschafft. Sind aber für die Eigenfinanzierung zum Einheitszinssatz relevante Grenzen gesetzt, so kann das Investitionsprogramm in der Regel nicht mehr isoliert von der Finanzierungsseite optimal festgelegt werden.

Die Interdependenz zwischen Investitions- und Finanzierungsseite kann nun unter bestimmten Voraussetzungen in den Kalkulationszinsfüßen berücksichtigt werden, so daß auch bei unvollkommenem Kapitalmarkt das optimale Investitionsprogramm nach der Kapitalwertmethode bestimmt werden kann, ohne daß gleichzeitig die Finanzierungsmaßnahmen *explizit* berücksichtigt werden. Die Kalkulationszinsfüße sind dann aber – im Gegensatz zum Fall sicherer Erwartungen – keine exogenen (dem Entscheidungsproblem vorgegebenen) Größen, sondern endogene Größen, die erst genau bekannt sind, wenn das optimale Investitions- und Finanzierungsprogramm vorliegt.[6]

Können die endogenen Kalkulationszinsfüße nicht a priori hinreichend genau abgeschätzt werden, so sind die Finanzierungsmaßnahmen explizit bei der Bestimmung der optimalen Investitionen zu erfassen. Zur simultanen Investitions- und Finanzplanung bei Quasisicherheit sind mehrere Entscheidungsmodelle entwickelt worden, die sich der linearen Programmierung bedienen. Die Zielfunktion dieser Modelle besteht in der Maximierung des Vermögens am Ende des Planungszeitraums (bei vorgegebenen Konsumentnahmen im Planungszeitraum) bzw. in der Maximierung der Breite eines Entnahmestromes gegebener Struktur (bei vorgegebenem Mindestendvermögen).

In den Modellen wird jede Investitions- und Finanzierungsmaßnahme durch diejenige Zahlungsreihe gekennzeichnet, die nach Ansicht des Investors mit ihr verbunden ist. Die ungewissen Erwartungen der (potentiellen) Gläubiger über die zukünftigen Ein- und Auszahlungen werden nicht explizit berücksichtigt.

Das Verhalten der Gläubiger kann daher nur unvollkommen im Modell abgebildet werden. Insbesondere versucht man, die Bedingung des vollkommenen Kapitalmarktes durch folgende Annahme aufzuheben:

1. Das Unternehmen kann zwar in jeder Periode zu einem Einheitszinssatz Geld anlegen und aufnehmen. In jeder Periode existiert aber eine vorgegebene Obergrenze für die Verschuldung, die unabhängig ist von den durchgeführten Investitionen.[7] Die Annahme, daß das Verschuldungspotential von den Investitionen unabhängig ist, erscheint sehr unrealistisch. Außerdem dürfte in vielen Fällen auch der Zinssatz für Fremdkapital nicht unabhängig von den Investitionen sein.

2. Die Obergrenze für die Verschuldung hängt von den Investitionen ab. Vereinfachend wird angenommen, daß der Geldbetrag, den man zusätzlich in einer Periode leihen kann, wenn man ein bestimmtes Investitionsprojekt durchführt, davon unabhängig ist, welche Investitionen sonst noch durchgeführt werden.[8] Auch diese Annahme ist wenig realistisch. Der Betrag, der in einer Periode zusätzlich geliehen werden kann, wenn ein bestimmtes Investitionsprojekt durchgeführt wird, hängt in der Regel davon ab, welche Investitionen sonst noch durchgeführt werden und welche stochastischen Beziehungen zwischen ihren Einzahlungsüberschüssen und denen des erwogenen Projekts im Urteil der Gläubiger gegeben sind. Der Aufsatz von Krümmel macht diesen Zusammenhang deutlich.

3. Die Annahme eines konstanten Fremdkapitalzinses kann durch die realistischere Annahme ersetzt werden, daß der Fremdkapitalzinssatz mit steigender Verschuldung wächst.[9]

Die Modelle, die auf der Annahme quasi-sicherer Erwartungen beruhen, können die Gegebenheiten im Finanzbereich nur unvollkommen abbilden. Ihre Bedeutung liegt insbesondere darin, daß sie eine Grundlage bieten für die Entwicklung von Entscheidungsmodellen für unsichere Erwartungen.

3. Unsichere Erwartungen

In der Realität haben sowohl der Investor (die Anteilseigner) als auch sämtliche (potentiellen) Geldgeber unsichere Erwartungen über die Entwicklung der Umwelt des Unternehmens. Ziel des Investors ist hier, die optimale Wahrscheinlichkeitsverteilung für die ihm zufließenden Einzahlungsüberschüsse zu bestimmen. Die Investitionsstrategie, bei der eine optimale Wahrscheinlichkeitsverteilung erreicht wird, kann aus zwei Gründen nicht unabhängig von den Finanzierungsmaßnahmen bestimmt werden:

1. Ausmaß und Bedingungen, zu denen Fremd- und Eigenkapital beschafft werden kann, hängen davon ab, welche Investitionsstrategie gewählt wird und mit welchen Anwartschaften auf die hiermit verbundenen möglichen zukünftigen Überschüsse die ausgegebenen Beteiligungstitel ausgestattet werden.

2. Die Finanzierungsmaßnahmen können die Investitionsstrategie *unmittelbar* beeinflussen. Bei Ausgabe von Forderungstiteln (statt von Beteiligungstiteln) können z. B. Umweltentwicklungen möglich sein, in denen ein Verkauf von einigen oder allen Vermögensgütern erforderlich ist, um die fälligen Schulden tilgen zu können. Der zwangsweise Verkauf erzwingt eine Revision der ursprünglich geplanten Strategie.[10] Werden hingegen neue Gesellschafter aufgenommen, so können diese in der Regel die Investitionsstrategie entsprechend ihren Erwartungsstrukturen über die Entwicklung der Umwelt und ihren Risikoeinstellungen beeinflussen.

Im folgenden sollen einige Probleme skizziert werden, die bei der Finanzplanung bei Unsicherheit auftreten.

Erwägt der Investor, Beteiligungstitel auszugeben, so ergibt sich das Problem, welche Investitionsstrategie er wählen und wie er die neuen Gesellschafter an den Überschüssen beteiligen soll, damit sich eine möglichst günstige Wahrscheinlichkeitsverteilung über die ihm selbst zustehenden Überschüsse ergibt. Bei der »exakten« Lösung dieses Problems darf er nicht nur sein eigenes finanzwirtschaftliches Ziel (seine eigene Risikoeinstellung) sowie seine eigene Erwartungsstruktur über die Entwicklung der Umwelt berücksichtigen. Er hat vielmehr auch die Erwartungsstrukturen und Risikoeinstellungen der potentiellen Erwerber von Beteiligungstiteln (sowie deren alternative Kapitalanlage- und Kapitalbeschaffungsmöglichkeiten) zu berücksichtigen, denn hiervon hängt ab, zu welchen Bedingungen er Kapital beschaffen kann. Das bringt nicht nur schwerwiegende formale Schwierigkeiten bei der Aufstellung und Lösung eines Optimierungsmodells mit sich, sondern auch erhebliche Prognoseprobleme.

Erwägt der Investor die Aufnahme von Fremdkapital, so ist im Modell insbesondere zu berücksichtigen, daß das Verschuldungspotential von den geplanten Maßnahmen und in der Regel auch von den Kreditzinsen abhängt. Außerdem muß berücksichtigt werden, daß bei Aufnahme von Fremdkapital eine Liquidation einzelner oder aller Vermögensgüter erforderlich wird, wenn in anderer Weise die fälligen Schulden nicht getilgt werden können.

Die Abhängigkeiten zwischen dem Verschuldungspotential einerseits und den geplanten Maßnahmen sowie den Kreditzinsen andererseits sind äußerst komplex. Die Höhe des Verschuldungspotentials hängt ab von den Risikoeinstellungen der Gläubiger und ihren Erwartungen über die Entwicklung der Umwelt (über die Wahrscheinlichkeitsverteilung der zukünftigen Einzahlungsüberschüsse). Mit dem Problem der Bestimmung des maximalen Verschuldungsumfanges befaßt sich der Beitrag von Krümmel. Hierin wird von der Annahme ausgegangen, der Planungszeitraum umfasse eine Periode, wobei am Ende der Periode das Unternehmen liquidiert wird. Hebt man diese Annahme auf, so ergibt sich ein weiteres Problem: Der Fremdkapitalbetrag, den ein Unternehmen in einem bestimmten Zeitpunkt aufnehmen kann, hängt dann auch davon ab, wie die gegenwärtigen Erwerber von Forderungstiteln die Risikoeinstellungen sowie die Erwartungen der (potentiellen) zukünftigen Erwerber von Forderungs- und Beteiligungstiteln der Unternehmung beurteilen. Denn hiervon hängt wiederum ab, ob die Unternehmung durch Ausgabe neuer Finanzierungstitel Kapital beschaffen kann, wenn sie ihre Schulden nicht aus den laufenden Überschüssen tilgen kann, und zu welchen Bedingungen die gegenwärtigen Erwerber ihre Forderungstitel wieder verkaufen können.

Das Verschuldungspotential hängt insbesondere auch davon ab, ob eine kurz- oder langfristige Verschuldung erfolgt. Bei kurzfristiger Verschuldung kann das Verschuldungspotential höher sein als bei langfristiger Verschuldung, da die Gläubiger die Möglichkeit haben, schon relativ früh ihre Forderungen einzuziehen, wenn Ereignisse eintreten, die eine ungünstige Entwicklung der Überschüsse des Unternehmens erwarten lassen. Für die praktische Finanzplanung wird man vermutlich kaum ohne vereinfachende Hypothesen über das Verhalten der Gläubiger auskommen. Eine vieldiskutierte Hypothese besagt, daß sich die Gläubiger bei ihren Entscheidungen über Kreditgewährung daran orientieren, ob die Unternehmen gewisse Finanzierungsregeln (z. B. die goldene Bankregel, goldene Finanzierungsregel) beachten oder nicht. Mit der Bedeutung solcher Regeln für die Finanzierung befaßt sich der Beitrag von Hauschildt.

III. Entscheidungsmodelle für den Finanzbereich

1. Subjektive Zielgrößen

Wie gezeigt, ist es bei Ungewißheit in der Regel sinnvoll, die Maßnahmen im Investitions- und Finanzbereich simultan optimal festzulegen. Die Entscheidungsmodelle zur Optimierung der Finanzierungsmaßnahmen berücksichtigen daher in der Regel simultan auch die Investitionen.

Es liegt insbesondere nahe, das für den Fall sicherer Erwartungen formulierte Kapitalwertkriterium so zu modifizieren, daß es auch zur Bestimmung des optimalen Investitions- und Finanzierungsprogramms bei Unsicherheit angewendet werden kann. Im folgenden sollen drei Varianten dargestellt werden.

1. Maximiert wird der Gegenwartswert der Erwartungswerte der Einzahlungsüberschüsse des Investors. Dabei wird die Unsicherheit der Überschüsse und die Risikoeinstellung des Investors im Kalkulationszinsfuß berücksichtigt.[11] In welcher Höhe der Kalkulationszinsfuß anzusetzen ist, damit die optimale Investitions- und Finanzierungsstrategie bestimmt wird, ist jedoch noch ungelöst.

2. Die zukünftigen Überschüsse werden durch ihre Sicherheitsäquivalente ersetzt und sodann diese Äquivalente mit dem Kalkulationszinsfuß für sichere Kapitalanlagen diskontiert.[12] Wie diese Sicherheitsäquivalente zu bestimmen sind, ist ebenfalls

noch ein offenes Problem. Schwierigkeiten ergeben sich insbesondere daraus, daß das Sicherheitsäquivalent für den Überschuß eines bestimmten Zeitpunkts nicht nur von dessen Wahrscheinlichkeitsverteilung und der Risikoneigung des Investors abhängt, sondern auch von den Wahrscheinlichkeitsverteilungen der Überschüsse in anderen Zeitpunkten.

3. Optimiert wird die Wahrscheinlichkeitsverteilung für den auf den Beginn des Planungszeitraums bezogenen Gegenwartswert der zukünftigen Einzahlungsüberschüsse. Dabei werden die Gegenwartswerte der Überschüsse mit dem Kalkulationszinsfuß für sichere Anlagen ermittelt.[13]

Der Mangel dieses Kriteriums besteht insbesondere darin, daß mit verschiedenen Investitions- und Finanzierungsstrategien identische Wahrscheinlichkeitsverteilungen über den Gegenwartswert verbunden sein können, obwohl der Investor gegenüber diesen Strategien nicht indifferent ist. Das sei im folgenden mit Hilfe eines einfachen Beispiels verdeutlicht. Der Investor könne die Strategien A und B durchführen, mit denen dieselben Wahrscheinlichkeitsverteilungen über die Gegenwartswerte verbunden seien. Im Gegensatz zur Strategie B können bei Strategie A erst nach einem längeren Zeitraum Einzahlungsüberschüsse anfallen. Zur Deckung seiner Konsumausgaben in diesem Zeitraum müßte somit der Investor bei Wahl der Strategie A Kredite aufnehmen (d. h., er müßte die zukünftigen Überschüsse durch Kreditaufnahme antizipieren). Ob er hierzu tatsächlich in der Lage ist, hängt von den Erwartungen der potentiellen Gläubiger über seine zukünftigen Überschüsse sowie deren Risikoeinstellungen ab. Kann sich der Investor nicht in geeigneter Weise verschulden, so zieht er Strategie B vor, obwohl nach dem beschriebenen Kriterium beide als äquivalent erscheinen.

In einigen neueren Arbeiten wird nun versucht, Entscheidungsmodelle, die für quasi-sichere Erwartungen entwickelt wurden, auf den Fall unsicherer Erwartungen zu übertragen.

Bekannt sind die Optimierungsmodelle auf der Grundlage des chance-constrained-programming.[14]

Die Zielfunktion dieser Modelle besteht in der Regel in der Maximierung des Erwartungswertes einer bestimmten Zielgröße (zumeist des Endvermögens) unter der Bedingung, daß in jeder Periode mit einer bestimmten Wahrscheinlichkeit, die kleiner ist als 1, das finanzielle Gleichgewicht gewahrt bleibt. Diese Wahrscheinlichkeit wird vom Investor dem Modell als Datum vorgegeben; in ihr kommt seine Risikoeinstellung zum Ausdruck.

Der Nachteil dieser Modelle besteht insbesondere darin, daß zwar unterschiedliche Entwicklungen der Umwelt in Betracht gezogen werden, jedoch nicht berücksichtigt wird, daß die zukünftigen Investitions- und Finanzierungsmaßnahmen von der tatsächlich eintretenden Umweltentwicklung abhängen. Daher bleibt offen, wie groß der Schaden ist, wenn die mit dem ursprünglich geplanten Investitions- und Finanzierungsprogramm verbundenen Auszahlungen die Einzahlungen überschreiten.[15] Dieser Mangel könnte behoben werden, indem Anpassungsmaßnahmen in Form von Eventualplänen vorgesehen werden, die von der Umweltentwicklung und den gewählten Maßnahmen abhängen, d. h. durch flexible Planung.

Bei flexibler Planung wird zu Beginn des Planungszeitraums noch nicht definitiv geplant, welche Maßnahmen in Zukunft ergriffen werden. Vielmehr wird für jeden zukünftigen Aktionszeitpunkt ein System bedingter Teilpläne aufgestellt. Welche Teilpläne in Zukunft realisiert werden, hängt von der Umweltentwicklung ab.

Die Modelle zur flexiblen Planung beruhen entweder auf dem Entscheidungsbaum [16] oder auf dem Zustandsbaum (lineares Programmierungsmodell der flexiblen Planung). [17] Den bekannten Modellen liegt die Annahme zugrunde, die optimalen Investitions- und Finanzierungsmaßnahmen seien so zu bestimmen, daß der Nutzen des Investors maximiert wird. Dabei wird in der Regel vereinfachend angenommen, der Nutzen sei gleich dem Erwartungswert des Nutzens seines Endvermögens.

Die Modelle zur flexiblen Planung könnten eine geeignete Grundlage bieten für die Optimierung von Entscheidungen im Finanzbereich, da hierin die zukünftigen Anpassungen an verschiedene Umweltentwicklungen und folglich die Konsequenzen der Finanzierungsmaßnahmen erfaßt werden können, die die verschiedenen Umweltentwicklungen mit sich bringen. [18]

2. Marktwertmaximierung

Die dargestellten Ansätze zur Investitionsplanung berücksichtigen explizit die subjektive Risikoeinstellung des Investors. Ein solcher Lösungsweg kommt aber kaum noch in Frage, wenn am Unternehmen viele Personen beteiligt sind und die Investitions- und Finanzierungsentscheidungen durch einen Geschäftsführer oder Vorstand gefällt werden. Erstens kennt er die Risikoeinstellungen der Anteilseigner nicht, und zweitens haben die Anteilseigner in der Regel verschiedene Risikoeinstellungen.

Nach herrschender Ansicht brauchen nun diese Risikoeinstellungen nicht bekannt zu sein, wenn das Unternehmen in der Rechtsform einer Aktiengesellschaft geführt wird, deren Anteile an der Börse gehandelt werden. Man braucht »lediglich« zu wissen, wie Höhe und Unsicherheit der auf die Aktien entfallenden Dividenden den Börsenkurs der Aktien beeinflussen. Diejenige Investitions- und Finanzierungsstrategie ist optimal, bei der der Börsenwert der bereits umlaufenden Aktien (und somit der Reichtum der gegenwärtigen Anteilseigner) maximiert wird.

Die meisten Modelle zur Bestimmung der optimalen Investitions- und Finanzierungsmaßnahmen beruhen auf der Zielsetzung der Marktwertmaximierung. Das gilt auch für die in diesem Sammelband enthaltenen Beiträge von Gordon-Shapiro, Modigliani-Miller, Solomon und H. Hax.

Im Beitrag von Laux wird jedoch nachgewiesen, daß bei Maximierung des Marktwertes von Aktien nicht zwingend auch die Erwartungswerte der Nutzen der Anteilseigner maximiert werden. Das Ziel der Marktwertmaximierung steht allerdings im Einklang mit den Interessen derjenigen Aktionäre, die ihre Aktien verkaufen wollen. Es dürfte insbesondere auch den Interessen derjenigen Anteilseigner entsprechen, die mit relativ hoher Wahrscheinlichkeit in naher Zukunft Geld benötigen und dann ihre Aktien verkaufen werden.

Die optimalen Investitions- und Finanzierungsmaßnahmen, die den Marktwert der Aktien maximieren, können (sofern die planungsrelevanten Größen mit hinreichender Genauigkeit geschätzt werden können) mit Hilfe des Kapitalkostenkonzepts bestimmt werden, dessen Grundgedanke im folgenden skizziert wird.

Dabei nehmen wir zunächst an, die Gesellschaft verzichte auf Fremdfinanzierung; die Möglichkeit der Verschuldung wird im nächsten Abschnitt berücksichtigt. Außerdem wird davon ausgegangen, der Marktwert der Aktien sei gleich dem Kapitalwert der Erwartungswerte derjenigen Ausschüttungen, die in Zukunft auf diese Aktien entfallen. Diese Auffassung ist allerdings nicht unumstritten. Häufig wird behauptet, der Marktwert der Aktien sei gleich dem Kapitalwert der Erwartungswerte der zukünftigen Gewinne.[19] Bei rationalem Verhalten werden die Aktionäre indessen Ausschüttungen diskontieren, denn nur diese können ertragreichen Verwendungen zugeführt werden, nicht die Gewinne. Wie jedoch Miller und Modigliani in ihrem Beitrag »Dividendenpolitik, Wachstum und die Bewertung von Aktien« zeigen, gelangt man unter bestimmten Voraussetzungen zu demselben Barwert, gleichgültig ob man Dividenden oder Gewinne diskontiert. Das einfachste Beispiel ist, daß in jedem Jahr eine Ausschüttung in Höhe des Gewinns erfolgt.

Den Kalkulationszinsfuß, mit dem die erwarteten Dividenden diskontiert werden, bezeichnet man als Eigenkapitalkostensatz. Er bringt die Risikoeinstellung der Aktionäre zum Ausdruck. Da die meisten Aktionäre risikoscheu sind, ist zu erwarten, daß diese Kosten um so höher, je unsicherer die Ausschüttungen sind. In diesem Fall ist der Marktpreis eines Ausschüttungsstromes um so niedriger, je unsicherer die Ausschüttungen sind.

Ausnahmen von dieser Regel sind allerdings möglich. So mögen z.B. die Ausschüttungen einer Gesellschaft eine hohe negative Korrelation zu den Ausschüttungen anderer Gesellschaften aufweisen und infolgedessen das Risiko sinken, wenn Aktien dieser Gesellschaft in das Portefeuille aufgenommen werden. Das kann dazu führen, daß ihr unsicherer Ausschüttungsstrom auch von risikoscheuen Investoren höher bewertet wird als ein gleich hoher sicherer Strom.[20]

Kennt man die Kapitalkosten, und weiß man außerdem, welche Überschüsse die Aktionäre von den Investitionsprojekten erwarten, so kann das Investitions- und Finanzierungsprogramm bestimmt werden, das den Marktwert der Aktien maximiert. Dabei ist der Planungsaufwand am geringsten, wenn die Gesellschaft ihre Eigenkapitalkosten nicht beeinflussen kann. Der Marktwert wird dann maximiert, wenn jedes Investitionsprojekt realisiert wird, bei dem der mit Hilfe des konstanten Eigenkapitalkostensatzes berechnete Barwert der Erwartungswerte der laufenden Einzahlungsüberschüsse größer ist als die Anschaffungsauszahlungen (oder, was dasselbe besagt, bei dem der Erwartungswert der Rendite größer ist als der Eigenkapitalkostensatz). Schließen sich mehrere Projekte gegenseitig aus, so ist dasjenige optimal, das die höchste Differenz aus Barwert und Anschaffungsauszahlungen aufweist. Der entstehende Kapitalbedarf wird durch Selbstfinanzierung oder durch Ausgabe neuer Aktien gedeckt.

Das beschriebene Kriterium entspricht dem Kapitalwertkriterium bei sicheren Erwartungen und vollkommenem Kapitalmarkt. Statt mit dem Einheitszinssatz wird nun mit dem konstanten Eigenkapitalkostensatz diskontiert, wodurch die Risikoeinstellung der Anteilseigner erfaßt wird.

Die Annahme, daß die Kosten des Eigenkapitals ein Marktdatum sind, ist jedoch problematisch, da sie eine Investitionspolitik ausschließt, durch die sich der Unsicherheitsgrad der Ausschüttungen der Gesellschaft ändert. Hängt der Eigenkapitalkostensatz von den Investitionen ab, so erfordert die »exakte« Bestimmung des optimalen Programms einen beträchtlichen Planungsaufwand.

Das Optimum kann dann in der Weise ermittelt werden, daß für jede mögliche Kombination von Investitionsprojekten (die nicht von vornherein als unvorteilhaft erscheint) der Marktwert der umlaufenden Aktien bestimmt wird. Der Marktwert, der sich bei einem Investitionsprogramm einstellen wird, ist gleich dem Barwert der Erwartungswerte der Einzahlungsüberschüsse der Gesellschaft, wobei als Kalkulationszinsfuß der dem Programm entsprechende Eigenkapitalkostensatz dient.

Dieses Entscheidungsmodell kann beträchtlich vereinfacht werden, wenn für jedes mögliche Investitionsvolumen von vornherein die optimale Investitionsstruktur bekannt ist und nur noch das optimale Investitions*volumen* zu bestimmen ist. Diese Bedingung ist z.B. erfüllt, wenn es bei Erweiterung des Investitionsvolumens stets vorteilhaft ist, jeweils diejenigen Projekte zusätzlich ins Kapitalbudget aufzunehmen, die unter den noch nicht aufgenommenen die höchste Verzinsung bieten. Diese Unterstellung machen Gordon-Shapiro und Solomon in ihren Beiträgen (sie nehmen an, daß mit steigendem Investitionsvolumen die marginale Verzinsung der Investitionen tendenziell sinkt).

Das Investitionsprogramm kann dann in der Weise bestimmt werden, daß das Investitionsvolumen so lange ausgedehnt wird, wie die marginale Rendite der Investitionen über den marginalen Kosten des Eigenkapitals liegt. Die Schwäche dieses Konzepts liegt darin, daß die Interdependenzen zwischen gegenwärtigen und zukünftigen Investitions- und Finanzierungsmöglichkeiten nicht erfaßt werden (vgl. oben, S. 15).

Typisch für dieses Konzept ist der Beitrag von Solomon über die Messung der Kapitalkosten einer Kapitalgesellschaft sowie der Beitrag von Gordon-Shapiro. Anstelle der Grenzkosten des Eigenkapitals berücksichtigen Solomon und Gordon-Shapiro allerdings den Eigenkapitalkostensatz (von dem sie annehmen, daß er mit wachsendem Investitionsvolumen steigt): Sie empfehlen, das Investitionsvolumen so lange auszudehnen, wie das in den zusätzlichen Investitionen anzulegende Eigenkapital eine Verzinsung erbringt, die höher ist als der Eigenkapitalkostensatz. Bei dieser vereinfachenden Vorgehensweise wird jedoch nicht berücksichtigt, daß der Markt nicht nur die erwarteten Überschüsse eines zusätzlich ins Kapitalbudget aufgenommenen Projekts mit dem erhöhten Zinssatz diskontiert, sondern auch die der zuvor aufgenommenen Projekte. Daher kann bei Durchführung eines zusätzlichen Projekts der Marktwert der Aktien auch dann sinken, wenn dessen Rendite über demjenigen Eigenkapitalkostensatz liegt, der sich bei Durchführung ergibt. Dieser

Zusammenhang wird im Beitrag von Laux deutlich gemacht. Unter den Prämissen dieser Arbeit über die Risikoeinstellungen und Erwartungen der Aktionäre steigen die Eigenkapitalkosten mit wachsendem Investitionsvolumen. Wird das Investitionsvolumen so lange ausgedehnt, bis die Rendite der letzten Investitionseinheit gleich dem Eigenkapitalkostensatz ist, so ergibt sich ein Investitionsvolumen, das größer ist als das marktwertmaximale. Das Investitionsvolumen, bei dem die Grenzrendite und der Eigenkapitalkostensatz übereinstimmen, ist jedoch nicht irrelevant. Wie nachgewiesen wird, ist es für diejenigen Anteilseigner optimal, die weder Aktien kaufen noch verkaufen.

Die Gefahr von Fehlentscheidungen dürfte allerdings gering sein, wenn die Eigenkapitalkosten sich nur in geringerem Maße ändern.

Das Kapitalkostenkonzept setzt voraus, daß die Eigenkapitalkosten mit hinreichender Genauigkeit geschätzt werden können.

Sind die Eigenkapitalkosten von den Investitionen der Gesellschaft unabhängig, so sind sie für jedes Investitionsprogramm gleich dem Zinssatz, bei dem der Barwert der bisher erwarteten Ausschüttung gleich dem gegenwärtigen Marktwert der Aktien ist. Unter bisher erwarteten Ausschüttungen werden dabei die Ausschüttungen verstanden, die die Aktionäre erwarten, bevor sie über die neuen Investitionsentscheidungen informiert werden.

Zur Bestimmung der Kosten des Eigenkapitals müssen nun der gegenwärtige Marktwert und die bisher erwarteten Ausschüttungen bekannt sein (bzw. hinreichend genau geschätzt werden). Der Marktwert der Aktien ist bekannt, wenn es sich um Aktien handelt, deren Kurse an der Börse notiert werden. Es ist jedoch schwierig festzustellen, welche Erwartungen der Aktionäre über die zukünftigen Ausschüttungen diesen Kursen zugrunde liegen. Bei der Planung dürfte man kaum ohne vereinfachende Annahmen über diese Erwartungen auskommen.

Die einfachste Annahme ist, daß die Aktionäre damit rechnen, daß in jeder zukünftigen Periode eine Dividende ausgeschüttet wird, deren Erwartungswert mit der gegenwärtigen Dividende übereinstimmt. Die Kosten des Eigenkapitals sind dann gleich der gegenwärtigen Dividende, dividiert durch den gegenwärtigen Ex-Dividendenkurs der Aktien.

Die Annahme, daß der Erwartungswert der Dividende im Zeitablauf konstant bleibt – daß also kein (positives oder negatives) Wachstum erfolgt –, ist sehr unrealistisch. Im Beitrag von Gordon und Shapiro wird eine Formel zur Bestimmung der Eigenkapitalkosten entwickelt, die Wachstum berücksichtigt. Die Formel beruht auf der Annahme, die Aktionäre rechneten damit, daß die Gesellschaft in jedem Jahr einen bestimmten Anteil ihres Gewinns zurückbehält und zu einem konstanten Zins anlegt.

Sind die Kapitalkosten vom Investitionsprogramm abhängig, so ergibt sich das Problem, die den Neuinvestitionen entsprechenden Eigenkapitalkosten zu prognostizieren. Mit diesem Problem hat man sich in der Literatur bisher kaum befaßt.

C KAPITALSTRUKTUR: EIGEN- UND FREMDKAPITAL

Die Unternehmung kann zur Finanzierung ihrer Investitionen auch Forderungstitel ausgeben. Da die Gläubiger in der Regel in geringerem Maße am Geschäftsrisiko der Gesellschaft partizipieren als die Aktionäre, ist in der Regel der Zinssatz für Fremdkapital niedriger als der Kostensatz für Eigenkapital. Es liegt daher die Vermutung nahe, daß die aus Eigen- und Fremdkapital hergeleiteten durchschnittlichen Kapitalkosten sinken, wenn Fremdkapital aufgenommen und die Selbst- bzw. Beteiligungsfinanzierung entsprechend verringert wird. Würden die durchschnittlichen Kapitalkosten sinken, so würde bei Ankündigung der Substitution der Marktwert der Aktien der Gesellschaft steigen.[21]

Die »traditionelle« Theorie besagt nun, daß bei Vernachlässigung der Steuern die durchschnittlichen Kapitalkosten einer Gesellschaft bei wachsender Verschuldung zunächst fallen und von einem bestimmten (dem optimalen) Verschuldungsgrad an wieder steigen.

Demgegenüber haben Modigliani und Miller in ihrem Beitrag »Kapitalkosten, Finanzierung von Aktiengesellschaften und Investitionstheorie« gezeigt, daß bei Vernachlässigung von Steuern der Marktwert aller Beteiligungs- und Forderungstitel und somit die durchschnittlichen Kapitalkosten einer Gesellschaft unabhängig von ihrem Verschuldungsgrad sind. Substituiert die Gesellschaft Eigenkapital durch »billigeres« Fremdkapital, so steigen die Eigenkapitalkosten aufgrund des »Leverage«-Effektes so weit an, daß weder ein Vorteil noch ein Nachteil entsteht. Der Beweis von Modigliani und Miller beruht auf folgenden Annahmen:

1. Die Investitionsstrategie (das Geschäftsrisiko) bleibt nach Ansicht der Anteilseigner (auch der potentiellen) bei steigender Verschuldung unverändert. Durch diese Annahme wird insbesondere auch die Gefahr ausgeschlossen, daß die Gesellschaft eine Liquidation einzelner oder aller Vermögensgüter vornehmen muß, um ihre Schulden tilgen zu können.

2. Gesellschaften und Aktionäre können zu einem bestimmten Einheitszinssatz unbegrenzt Geld anlegen und aufnehmen (es existiert also ein vollkommener Kapitalmarkt).

3. Gläubiger und Aktionäre sind davon überzeugt, daß die Gesellschaft mit Sicherheit ihre Schulden (einschließlich ihrer Zinsschulden) tilgen wird.

Zum Beweis ihrer These nehmen Modigliani und Miller weiterhin an, daß es mehrere Gesellschaften gibt, die zur gleichen Risikoklasse gehören wie die betrachtete Gesellschaft. Für die Beweisführung ist diese Annahme jedoch nicht notwendig.[22]

Modigliani und Miller behaupten außerdem, daß die durchschnittlichen Kapitalkosten auch dann konstant bleiben, wenn bei steigender Verschuldung die Fremdkapitalkosten zunehmen (vgl. S. 100). Diese Behauptung wird jedoch nicht bewiesen.

In ihrem Beitrag »Körperschaftsteuern und Kapitalkosten: Eine Berichtigung« berücksichtigen Modigliani und Miller insbesondere Körperschaftsteuern. Da Fremdkapitalzinsen steuerlich abzugsfähig sind, ist der Nettozins (Zinskosten unter Berücksichtigung der Steuerersparnis), mit dem die Gesellschaft belastet wird, niedriger als der Marktzins. Wie Modigliani-Miller zeigen, führt das unter den oben genannten drei Prämissen dazu, daß die durchschnittlichen Kapitalkosten bei steigender Verschuldung sinken.

Die beiden Arbeiten von Modigliani und Miller haben eine heftige und sehr fruchtbare Diskussion ausgelöst; auch die Beiträge von Moxter, Solomon, Baxter und Wippern setzen sich kritisch mit ihnen auseinander.

Moxter überprüft insbesondere die Prämissen, die Modigliani und Miller zugrunde legen, auf ihren Realitätsgehalt. Außerdem macht er deutlich, warum eine Verschuldung in der Realität die Höhe der durchschnittlichen Kapitalkosten beeinflussen kann.

Solomon stellt in seinem Beitrag die These auf, daß bei Berücksichtigung von Körperschaftsteuern die durchschnittlichen Kapitalkosten U-förmig verlaufen: Verschuldet sich die Gesellschaft, so sinken zunächst aufgrund der steuerlichen Abzugsfähigkeit der Fremdkapitalzinsen die durchschnittlichen Kapitalkosten; von einem bestimmten Verschuldungsgrad an steigen jedoch die Fremdkapitalzinsen (aufgrund des erhöhten Risikos der Gläubiger) so weit an, daß der Steuervorteil überkompensiert wird und die durchschnittlichen Kapitalkosten wieder steigen.

Ähnlich argumentiert Baxter. Seine These ist, daß mit steigender Verschuldung die Konkursgefahr wächst, so daß von einem bestimmten Verschuldungsgrad an die Fremdkapitalzinsen und/oder die Kosten des Eigenkapitals so weit ansteigen, daß trotz des steuerlichen Vorteils der Fremdfinanzierung die durchschnittlichen Kapitalkosten wieder zunehmen.

Wippern stellt in seinem Beitrag einen Ansatz dar zur empirischen Analyse des Einflusses der Kapitalstruktur auf die durchschnittlichen Kapitalkosten. Außerdem berichtet er über statistische Untersuchungen, welche die traditionelle These bestätigen, wonach die durchschnittlichen Kapitalkosten auch dann U-förmig verlaufen, wenn keine Steuern erhoben werden.

Da erwartet werden kann, daß durch Fremdfinanzierung innerhalb gewisser Grenzen ein Vorteil erzielt werden kann, ergeben sich im Zusammenhang mit der Investitions- und Finanzplanung insbesondere folgende Probleme:

1. Wie kann die Obergrenze für die Verschuldung einer Gesellschaft bestimmt werden? Mit diesem Problem befassen sich die Beiträge von Krümmel und Hauschildt sowie der Beitrag »Ein neuer Rahmen für die Verschuldungspolitik der Kapitalgesellschaft« von Donaldson.

2. Wie hoch sind die Kosten des Eigen- und Fremdkapitals, wenn die Gesellschaft bestimmte Investitionen durchführt und einen bestimmten Verschuldungsgrad wählt?

Die Prognose dieser Kosten bereitet erhebliche Schwierigkeiten, so daß man heute noch weitgehend auf vage Schätzungen angewiesen ist.

3. Wie kann die Fremdfinanzierung formal in das Kapitalkostenkonzept einbezogen werden?

Folgendermaßen könnte vorgegangen werden: Jedem möglichen Investitionsprogramm wird die Kapitalstruktur zugeordnet, bei der die durchschnittlichen Kapitalkosten am niedrigsten sind. Die Erwartungswerte der auf die bereits umlaufenden Aktien entfallenden Ausschüttungen werden mit jeweiligen Eigenkapitalkosten diskontiert. Realisiert wird das Investitions- und Finanzierungsprogramm, bei dem sich der größte Barwert (und damit der größte Marktwert der bereits umlaufenden Aktien) ergibt.

Einen Lösungsweg, der weniger Planungsaufwand verursacht, schlägt Solomon in seinem Beitrag »Die Messung der Kapitalkosten einer Aktiengesellschaft« vor: Jedes Projekt ist soweit wie möglich durch Fremdkapital zu finanzieren, wobei die fehlenden Mittel über Eigenfinanzierung gedeckt werden. Für jedes Projekt wird nun die Rendite berechnet, die auf das zu investierende Eigenkapital erzielt wird. Diese Rendite ist gleich dem Kalkulationszinsfuß, bei dem der Barwert der Erwartungswerte der nach Schuldtilgung und Zinszahlung verbleibenden Überschüsse gleich dem Eigenkapitaleinsatz ist. Das Investitionsvolumen wird nun so lange ausgedehnt, wie die Rendite auf den Eigenkapitalbedarf der Investitionen über den Eigenkapitalkosten liegt.

Problematisch ist bei dieser Konzeption die Annahme, daß es vorteilhaft sei, Fremdkapital stets bis zur Verschuldungsobergrenze aufzunehmen. Außerdem können in der Regel den einzelnen Projekten nicht von vornherein bestimmte Obergrenzen für die Fremdfinanzierung zugerechnet werden. Wie weit bei Durchführung eines Projekts das Verschuldungspotential einer Gesellschaft steigt, hängt – wie bereits erwähnt (vgl. S. 15) – auch davon ab, welche Projekte sonst noch realisiert werden.

D DIVIDENDENPOLITIK UND SELBSTFINANZIERUNG

In der Regel überschreiten im Leistungsbereich der Unternehmung die laufend erzielten Einzahlungen aus dem Absatz die mit der Leistungserstellung verbundenen laufenden Auszahlungen. Der erwartete Überschuß, der »Cash Flow«, kann auch zur Finanzierung von Investitionen herangezogen werden. Diese Form der Finanzierung wird als interne Finanzierung bezeichnet. Der Teil des Cash Flow, der dem nach anerkannten Bilanzierungsgrundsätzen ermittelten Gewinn entspricht, steht zunächst für Ausschüttungen an die Inhaber von Beteiligungstiteln zur Verfügung. Werden Ausschüttungen unterlassen und die dadurch frei werdenden Mittel zur Finanzierung von Investitionen verwandt, so spricht man von Selbstfinanzierung; Selbstfinanzierung ist somit immer auch eine Frage der Dividendenpolitik.

Die Regeln, nach denen der Bilanzgewinn ermittelt wird, sind für die Selbstfinanzierung in mehrfacher Hinsicht von Bedeutung:
1. In Kapitalgesellschaften kann nur der dem Jahresüberschuß (nach Abzug der gesetzlichen Rücklagen) entsprechende Teil des Cash Flow ohne weiteres ausgeschüttet werden; darüber hinausgehende Ausschüttungen sind nur unter einschränkenden Bedingungen möglich, etwa im Fall der Aktiengesellschaft nur, soweit freie Rücklagen vorhanden sind, die aufgelöst werden können. Durch die Gewinnermitt-

lung kann so eine Obergrenze für die Ausschüttung und zugleich eine Untergrenze für die interne Finanzierung determiniert werden.

2. Sind in der Unternehmung verschiedene Organe für die Gewinnfeststellung einerseits und den Beschluß über Ausschüttungen andererseits zuständig, so bewirken die Regeln für die Gewinnermittlung zugleich eine Kompetenzabgrenzung zwischen diesen Instanzen.[23] Gilt z. B. die Regel, daß die Bilanzierung nach dem Nominalprinzip zu erfolgen hat, so wird damit die Entscheidungskompetenz über die interne Finanzierung von Investitionen zur Erhaltung der Unternehmungssubstanz über die nominelle Kapitalerhaltung hinaus der bilanzfeststellenden Instanz entzogen und der für den Ausschüttungsbeschluß zuständigen Instanz zugewiesen.

3. Von der Höhe des ausgewiesenen Gewinns hängen Steuerzahlungen ab, durch die der für Ausschüttungen oder Selbstfinanzierung verfügbare Betrag gekürzt wird. Als Komplikation kommt hinzu, daß der steuerliche Gewinn z. T. in anderer Weise berechnet wird als der für die Punkte 1 und 2 maßgebliche Gewinn der Handelsbilanz.

Unabhängig von den Methoden der Gewinnermittlung stellt sich die Frage, nach welchen Gesichtspunkten über den Umfang der Selbstfinanzierung entschieden werden soll. Es sind drei Entscheidungssituationen denkbar:

1. Das Investitionsprogramm liegt fest, und es ist nur noch zu entscheiden, ob und inwieweit die Finanzierung aus einbehaltenen Gewinnen erfolgen soll; Alternative zur Selbstfinanzierung ist externe Eigenfinanzierung oder Fremdfinanzierung.

2. Es ist gleichzeitig über das Investitionsprogramm und die Selbstfinanzierung zu entscheiden, wobei andere Finanzierungsmöglichkeiten außer Betracht bleiben; Alternative zur Selbstfinanzierung ist dann nur die Unterlassung von Investitionen.

3. Es ist gleichzeitig über das Investitionsprogramm und seine Finanzierung zu entscheiden, wobei neben der Selbstfinanzierung auch andere Finanzierungsformen zur Wahl stehen.

Überlegungen zum optimalen Umfang der Selbstfinanzierung gehen meist von der ersten Problemstellung aus. Dies gilt im wesentlichen auch für die Beiträge in diesem Band mit Ausnahme des Aufsatzes von Swoboda. Die Relevanz derartiger Analysen für die umfassendere dritte Fragestellung liegt darin, daß die Lösung des ersten Problems es ermöglicht, jedem Investitionsvolumen eine bestimmte Finanzierungsweise und damit auch bestimmte Kapitalkosten zuzuordnen. Man erhält somit eine Kapitalangebotsfunktion, die als Basis für die simultane Optimierung von Investitions- und Finanzierungsprogramm dienen kann.

Miller und Modigliani kommen in ihrem grundlegenden theoretischen Beitrag »Dividendenpolitik, Wachstum und die Bewertung von Aktien« zu dem Ergebnis, daß es unter den Voraussetzungen eines vollkommenen Marktes und bei Nichtberücksichtigung von Steuern kein Optimum an Selbstfinanzierung geben kann. Vielmehr sind Selbstfinanzierung und externe Eigenfinanzierung völlig gleichwertig. Hier liegt eine auffallende Analogie zu der noch bekannteren These der beiden Autoren über den Zusammenhang zwischen Kapitalkosten und Verschuldung. In beiden Fällen wird die Nichtexistenz von Optima behauptet; in beiden Fällen erfolgt die theoretische Begründung aus dem Modell eines vollkommenen Marktes.

Diese These, bei Nichtausschüttung von Gewinnen habe der Anteilseigner weder einen Gewinn noch einen Verlust im Vergleich zum Ausschüttungfall, weil der Kurs der Beteiligungstitel entsprechend höher liege, dürfte empirisch anfechtbar sein. Trotzdem tragen Untersuchungen wie die von Miller und Modigliani erheblich zum Erkenntnisfortschritt bei, indem sie dazu anregen, den Gründen für die Diskrepanz zwischen theoretischer Erkenntnis und praktischer Erfahrung nachzugehen. Einen beachtenswerten Beitrag zum Verständnis der Marktunvollkommenheiten, die für diese Diskrepanz verantwortlich gemacht werden können, liefert der Aufsatz von Baumol. Baumol zeigt, daß es zu Abweichungen von den auf einem unvollkommenen Markt zu erwartenden Ergebnissen kommen kann, obwohl alle Marktteilnehmer voll informiert sind und sich rational verhalten; die Abweichungen kommen zustande, weil jeder irrationale Verhaltensweisen der anderen erwartet, wobei das daraus resultierende Verhalten diese Erwartung stets zu bestätigen scheint. Baumol bezieht sich nur auf das von Miller und Modigliani behandelte Problem der Dividendenpolitik. Die von ihm beschriebenen Verhaltensweisen dürften aber auch in anderen Zusammenhängen als Erklärung dafür in Frage kommen, daß sich trotz Rationalität und Informiertheit der Marktteilnehmer nicht die Ergebnisse einstellen, die auf einem vollkommenen Markt zu erwarten wären.

Zu wesentlich anderen Ergebnissen als Modigliani und Miller kommt man bei Berücksichtigung der Besteuerung. Die Doppelbesteuerung der ausgeschütteten Gewinne einer Kapitalgesellschaft begünstigt die Selbstfinanzierung; ein gespaltener Körperschaftsteuersatz wirkt dieser Begünstigung jedoch entgegen, ohne ihn notwendigerweise genau zu kompensieren. Die Bedeutung der Besteuerung für das Optimum der Selbstfinanzierung und für die Kapitalkosten ist Gegenstand der Beiträge von K. Hax, H. Hax und Swoboda.

Auch im Steuerfall zeigt sich, daß die theoretischen Ergebnisse nicht dem tatsächlichen Verhalten der Unternehmungen entsprechen. Z.B. müßten Kapitalgesellschaften bei einheitlichem Körperschaftsteuersatz (wie in den USA) die Selbstfinanzierung stets der externen Eigenfinanzierung vorziehen, also zunächst ganz auf Ausschüttungen verzichten und erst dann zur Deckung des darüber hinausgehenden Kapitalbedarfs Beteiligungskapital aufnehmen. Bei gespaltenem Körperschaftsteuersatz müßte das gleiche zumindest dann gelten, wenn die Gesellschaft sich auf Aktionäre einstellt, deren marginaler Einkommensteuersatz höher liegt als die Differenz der beiden Körperschaftsteuersätze. Daß im Gegensatz zu diesem theoretischen Ergebnis allgemein die Auffassung verbreitet ist, eine Unternehmung könne nicht völlig auf Ausschüttungen verzichten, ohne nachteilige Folgen auf dem Kapitalmarkt hinnehmen zu müssen, dürfte auf Verhaltensweisen der Marktteilnehmer zurückzuführen sein, wie sie Baumol beschrieben hat: Die Aktien einer Gesellschaft, die trotz günstiger Ertragslage keine Dividenden ausschüttet, werden nicht die theoretisch zu erwartenden Kursgewinne aufweisen, vielmehr eher Kursverluste erleiden; dieser Effekt kann trotz Rationalität und Informiertheit der Marktteilnehmer eintreten, weil alle sich auf ihn einstellen und ihn gerade dadurch erzeugen.

E BESONDERE FINANZIERUNGSFORMEN

I. Vorzugsaktien

Eine Unternehmung kann verschiedene Typen von Beteiligungstiteln ausgeben, die sich hinsichtlich der Höhe und des Risikos der Gewinnbeteiligung voneinander unterscheiden. In Personengesellschaften kann dies durch entsprechende Gestaltung des Gesellschaftsvertrages erreicht werden. Aber auch in Kapitalgesellschaften kennt man Beteiligungstitel mit unterschiedlichen Rechten und Pflichten; für die Aktiengesellschaft kann eine Differenzierung der Anteilrechte durch Ausgabe von Vorzugsaktien erreicht werden, die zu den Stammaktien hinzukommen.

Vorzugsaktien sind in Deutschland weniger gebräuchlich als in den USA. Als typisches Beispiel für eine Differenzierung von Beteiligungsrechten verdienen sie aber auf jeden Fall das Interesse der Finanzierungstheorie.

Der Beitrag von Donaldson »Zur Verteidigung von Vorzugsaktien« befaßt sich mit einem in den USA sehr gebräuchlichen, in Deutschland allerdings nicht vorkommenden Typ von Vorzugsaktien, nämlich solchen, die mit einer festen und nachzahlbaren Vorzugsdividende ausgestattet sind und die sich nur noch wenig von einer festverzinslichen Obligation unterscheiden. Auf die Risikostruktur der Stammdividenden haben derartige Vorzugsaktien einen ähnlichen Effekt wie die Aufnahme von Fremdkapital. In amerikanischen Abhandlungen über den »Leverage«-Effekt wird deswegen häufig gar kein Unterschied zwischen Verschuldung und Ausgabe von Vorzugsaktien gemacht (vgl. z. B. Wippern). Donaldson weist vor allem darauf hin, daß ein spezielles Risiko der Zahlungsfähigkeit, das mit der Verschuldung verbunden ist, bei Vorzugsaktien entfällt. Daraus ergibt sich u. a. auch, daß die Einwände von Baxter gegen die »Leverage«-These von Modigliani und Miller für Vorzugsaktien nicht gelten.

II. Leasing

Bei gegebenem Investitionsprogramm kommt Leasing häufig als Alternative zu Finanzierungsmaßnahmen, insbesondere zur Kreditfinanzierung, in Frage. Eine Auseinandersetzung darüber, ob Leasing überhaupt eine Finanzierungsform ist oder eine Alternative zum Kauf, die einen Kapitalbedarf gar nicht erst entstehen läßt, erscheint müßig, weil sie auf eine letztlich willkürliche begriffliche Abgrenzung hinausläuft. In der Arbeit von Kolbeck werden vor allem die Besonderheiten herausgestellt, die das Leasing im Vergleich zur Fremdfinanzierung aufweist.

ANMERKUNGEN

1. Vgl. in diesem Band Modigliani, Franco, und Miller, Merton H., Kapitalkosten, Finanzierung von Aktiengesellschaften und Investitionstheorie, S. 86ff.

2. Arnold, Hans, *Risikentransformation*, Saarbrücker Dissertation 1964, S. 6.
3. Vgl. Hax, Herbert, *Investitionstheorie*, Würzburg/Wien ²1972, S. 46 ff.
4. Vgl. Albach, Horst, *Investition und Liquidität*, Wiesbaden 1962; Weingartner, Martin H., *Mathematical Programming and the Analysis of Capital Budgeting Problems*, Englewood Cliffs, New Jersey 1963; Hax, Herbert, Investitions- und Finanzplanung mit Hilfe der linearen Programmierung, ZfbF, 16, 1964, S. 430–446.
5. Vgl. die Beiträge von K. Hax, Swoboda und H. Hax in diesem Band sowie Jääskeläinen, Veikko, *Optimal Financing and Tax Policy of the Corporation*, Helsinki 1966; Laux, Helmut, *Kapitalkosten und Ertragsteuern*, Köln/Berlin/Bonn/München 1969; Haberstock, Lothar, *Zur Integrierung der Ertragsbesteuerung in die simultane Produktions-, Investitions- und Finanzierungsplanung mit Hilfe der linearen Programmierung*, Köln/Berlin/Bonn/München 1971; Haegert, Lutz, *Der Einfluß der Steuern auf das optimale Investitions- und Finanzierungsprogramm*, Wiesbaden 1971.
6. Vgl. Moxter, Adolf, Lineares Programmieren und betriebswirtschaftliche Kapitaltheorie, ZfhF, 15, 1963, S. 285–309, hier S. 299 f.; Hax, Herbert, Investitions- und Finanzplanung ..., a.a.O., S. 430–446, insbes. 439–441; Franke, Günter, und Helmut Laux, Die Ermittlung der Kalkulationszinsfüße für investitionstheoretische Partialmodelle, ZfbF, 20, 1968, S. 740–759.
7. Lorie, H. J., und L. J. Savage, Three Problems in Rationing Capital, *Jl. of Business*, 28, 1955, S. 229–239; Weingartner, Martin H., *Mathematical Programming ...*, a.a.O., S. 160 ff.
8. Vgl. Solomon, Ezra, Die Messung der Kapitalkosten einer Kapitalgesellschaft, S. 36 ff. in diesem Band, sowie Laux, Helmut, *Kapitalkosten und Etragsteuern*, a.a.O., S. 17, 34 und 38.
9. Vgl. Albach, Horst, *Investition und Liquidität*, a.a.O., S. 180 ff.; Weingartner, Martin H., *Mathematical Programming ...*, a.a.O., S. 168 ff.; Hax, Herbert, Investitions- und Finanzplanung ..., a.a.O.
10. Vgl. den Beitrag von Baxter, S. 167 ff. in diesem Band.
11. Vgl. Robichek, Alexander A., und Stewart C. Myers, *Optimal Financing Decisions*, Englewood Cliffs, New Jersey 1965, S. 83 ff.; Porterfield, James T. S., *Investment Decisions and Capital Costs*, Englewood Cliffs, New Jersey 1965, S. 119 ff.
12. Vgl. Friedrich und Vera Lutz, *The Theory of Investment of the Firm*, Princeton 1951, S. 179 ff.; Robichek, A., und S. C. Myers, *Optimal Financing Decisions*, a.a.O., S. 79 ff.; Porterfield, J. T. S., *Investment Decisions and Capital Costs*, a.a.O., S. 112 ff.
13. Vgl. F. und V. Lutz, *The Theory of Investment of the Firm*, a.a.O., S. 184 ff.; Coenenberg, Adolf Gerhard, Unternehmensbewertung mit Hilfe der Monte-Carlo-Simulation, ZfB, 40, 1970, S. 793–804; Hillier, Frederick S., *The Evaluation of Risky Interrelated Investments*, Amsterdam/London 1971.
14. Vgl. Näslund, Bertil, A Model of Capital Budgeting under Risk, *Jl. of Business*, 39, 1966, S. 257–271; Jääskeläinen, Veikko, *Optimal Financing and Tax Policy ...*, a.a.O., S. 154 ff.; Albach, Horst, Das optimale Investitionsbudget bei Unsicherheit, ZfB, 37, 1967, S. 503–518; Schweim, Joachim, *Integrierte Unternehmensplanung*, Bielefeld 1969, S. 145 ff.
15. Vgl. hierzu Hax, Herbert, und Helmut Laux, Investitionstheorie, in: Menges, Günther (Hrsg.), *Beiträge zur Unternehmensforschung*, Würzburg/Wien 1969, S. 227–284, hier S. 256 f.; Hax, Herbert, *Investitionstheorie*, a.a.O., S. 134.
16. Schlaifer, Robert, *Probability and Statistics for Business Decisions*, New York/Toronto/London 1959, S. 590 ff.; Magee, John F., Decision Trees for Decision Making, *Harvard Business Review*, 1964, Heft 4, S. 126–138; ders., How to Use Decision Trees in Capital Investment, *Harvard Business Review*, 1964, Heft 5, S. 79–96; Raiffa, Howard, *Decision Analysis*, Menlo

Park/London/Don Mills 1968; Hax, Herbert, *Investitionstheorie*, a.a.O., S. 135 ff.; Laux, Helmut, *Flexible Investitionsplanung*, Opladen 1971, S. 39 ff. und S. 121 ff.; Riemenschnitter, Armin, *Die Kreditfinanzierung im Modell der flexiblen Planung*, Berlin 1972.

17. Vgl. Laux, Helmut, Flexible Planung des Kapitalbudgets mit Hilfe der linearen Programmierung, ZfbF, 21, 1969, S. 728–742; Hax, Herbert, *Investitionstheorie*, a.a.O., S. 138 ff.; Laux, Helmut, *Flexible Investitionsplanung*, a.a.O.

18. Zur Berücksichtigung der Finanzierungsseite bei der flexiblen Planung vgl. Laux, Helmut, *Flexible Investitionsplanung*, a.a.O., S. 102 ff.; Riemenschnitter, Armin, *Die Kreditfinanzierung im Modell der flexiblen Planung*, a.a.O.

19. Vgl. Solomon, Ezra, *The Theory of Financial Management*, New York 1963, S. 58, sowie seinen Beitrag über die Messung der Kapitalkosten einer Aktiengesellschaft, S. 36 ff.

20. Vgl. Lintner, John, The Valuation of Risk Assets and the Selection of Risky Investments in Stock Portfolios and Capital Budgets, *Rev. of Economics and Statistics*, 47, 1965, S. 13–37; ders., Security Prices, Risk and Maximal Gains from Diversification, *Jl. of Finance*, 20, 1965, S. 587–615; Mossin, Jan, Equilibrium in a Capital Asset Market, *Econometrica*, 34, 1966, S. 768–783; Laux, Helmut, Nutzenmaximierung und finanzwirtschaftliche Unterziele, S. 65 ff. in diesem Band.

21. Zum Beweis vgl. Hax, Herbert, und Helmut Laux, *Investitionstheorie*, a.a.O., S. 261 ff.

22. Vgl. Hax, Herbert, und Helmut Laux, *Investitionstheorie*, a.a.O., S. 266 ff., und Hax, Herbert, *Investitionstheorie*, a.a.O., S. 126 ff.

23. Vgl. Stützel, Wolfgang, Bemerkungen zur Bilanztheorie, *ZfB*, 37, 1967, S. 314–340, hier S. 326.

ERSTER TEIL

Das Kapitalkostenkonzept

Die Messung der Kapitalkosten einer Aktiengesellschaft

EZRA SOLOMON[*]

I. EINLEITUNG

Es ist das Ziel dieses Aufsatzes, ein klares und zweckmäßiges Verfahren zur Bestimmung und Messung der Kapitalkosten einer Aktiengesellschaft anzugeben. Ein solches Maß ist für jede vernünftige Investitionspolitik unbedingt erforderlich. Seine Funktion besteht darin, ein genaues und objektives Kriterium abzugeben, mit dem die Unternehmensleitung entscheiden kann, ob sie Vorschläge zur Durchführung von Projekten, für die Kapital eingesetzt werden muß, annehmen soll oder nicht. Wegen dieser Funktion werden die Kapitalkosten auch als »geforderte Mindestverzinsung« oder »kritischer Zinssatz« für Investitionen bezeichnet. Die Aufstellung eines Investitionsplanes ist ein schwieriger Prozeß, bei dem von der Unternehmensleitung verlangt wird, zugleich über die Höhe des gesamten Kapitaleinsatzes, die Verwendung der Mittel im einzelnen und über die Finanzierungsformen, die zur Deckung dieser Ausgaben herangezogen werden sollen, zu entscheiden.

Eine rationale Lösung dieser komplizierten Probleme geschieht in drei Schritten:

1. Für jedes in Frage kommende Investitionsprojekt muß festgestellt werden, welche Verzinsung es verspricht. Wenn die so gemessenen Projekte in der Reihenfolge sinkender erwarteter Rendite angeordnet werden, gibt diese Liste der Unternehmensleitung ein klares Bild von dem möglichen Kapitalbedarf der Gesellschaft.

2. Für jede verfügbare Kapitalquelle müssen die »Kosten« für die Aktionäre festgestellt werden. In diesem Zusammenhang ist unter »Kosten« die Mindestverzinsung zu verstehen, die gefordert werden muß, um die Anlage jeder weiteren Geldeinheit aus dieser Quelle zu rechtfertigen.[1] Wenn auf dieser Liste die Beträge und die erwarteten Kosten in der Reihenfolge steigender Zinssätze aufgeführt werden, erhält die Unternehmensleitung ein klares Bild von dem Angebot an verfügbaren Mitteln und ihren Kosten.

3. Eine Gegenüberstellung dieser beiden Aufstellungen ergibt eine präzise und korrekte Lösung des Investitionsplanungsproblems. Aufeinanderfolgende Projekte aus der abfallenden Reihe sollten so lange angenommen werden, wie der erwartete Ertrag eines jeden Projekts höher ist als die Kosten des zusätzlichen Kapitals, das zu seiner Finanzierung beschafft werden muß. Das erste Investitionsprojekt, für das die Kapitalkosten den erwarteten Erträgen gleich sind oder sie übersteigen, sollte abgelehnt werden; dasselbe gilt für alle Projekte, die eine noch kleinere Rendite erwarten lassen.

---

[*] Im Original: Measuring A Company's Cost of Capital. Mit freundlicher Genehmigung des Verfassers und des Verlages entnommen aus: *The Journal of Business*, 28 (1955), S. 240–252. Übersetzt von Reinhard H. Schmidt.

Rendite

Obwohl noch große Unterschiede zwischen den Methoden bestehen, die in der Praxis zur Bestimmung der Rendite verwendet werden, die ein Investitionsprojekt erwarten läßt, besteht auf der theoretischen Ebene völlige Übereinstimmung darüber, welches das richtige Maß ist.[2] Während sich schwierige Probleme der Prognose und der Berechnung ergeben, wenn man die Verzinsung eines Projektes wirklich bestimmen will, ist das *Konzept* selbst völlig eindeutig.

Man ist sich auch allgemein darüber einig, daß man zur Schätzung der zukünftigen Erträge, die eine bestimmte Investition liefern soll, einen Vergleich zwischen den zukünftigen Erträgen *mit* dem Projekt und den zukünftigen Erträgen *ohne* das Projekt anstellen muß. Dieser Ansatz ist besonders für die Bewertung sogenannter »strategischer« Investitionen dringend zu empfehlen, weil gerade sie ein Absinken der Gesamterträge verhindern sollen.

Kapitalkosten

Obwohl die Konzeption der Kapitalkosten in der Kapitaltheorie immer eine zentrale Rolle gespielt hat, hat man ihrer Definition und Messung fast überhaupt keine Aufmerksamkeit gewidmet. Ganz abgesehen von den praktischen Schwierigkeiten bei der Messung der Kapitalkosten für eine bestimmte Aktiengesellschaft gibt es heute noch keine präzise und allgemein anerkannte Auffassung über die richtige Methode zu ihrer Ermittlung. Diese Lücke stellt den schwächsten Punkt in der Theorie der Investitionsentscheidungen dar; und bis sie geschlossen sein wird, wird die Investitionstheorie – bestenfalls – nur eine unvollständige Anleitung zu Entscheidungen in diesem wichtigen Bereich wirtschaftlichen Verhaltens bleiben.

Bis auf wenige Ausnahmen versäumt es die Literatur völlig, Kapitalkosten für den realistischen Fall zu definieren, in dem sowohl Eigen- als auch Fremdkapital verwendet wird. Die bekannteste Ausnahme ist die Arbeit von Joel Dean, aber selbst seine sehr umfassenden Ausführungen über die Kapitalkosten sind weder eindeutig noch vollständig.[3]

Im Gegensatz zur Theorie konnte die Wirtschaftspraxis dieser Frage nicht ausweichen. Aber solange ein genaues und verwendbares Maß der Kapitalkosten fehlte, haben sich die Unternehmungen mit willkürlichen Auswahlregeln für ihre Investitionsentscheidungen begnügen müssen. Ein verbreitetes Verfahren ist, in jedem Jahr das Investitionsvolumen auf den Betrag der intern beschaffbaren Mittel zu begrenzen. Ein weiteres übliches Vorgehen besteht darin, einen »kritischen Zinssatz« in der Größenordnung von 10, 15 oder 20 Prozent in jedem Jahr willkürlich festzulegen und mindestens diese Verzinsung von den Projekten zu fordern, die angenommen werden sollen. Die Anwendung solcher Methoden führt – außer durch Zufall – zu einer Abweichung von der theoretisch korrekten Lösung, nämlich der, daß Investitionsprojekte angenommen werden sollten, solange die Rendite, die sie erwarten lassen, höher als der Satz der Kapitalkosten ist, die zu ihrer Verwirklichung gebraucht werden.

Der Rest dieses Aufsatzes beschäftigt sich mit dem Problem einer expliziten Formulierung eines richtigen und willkürfreien Systems, wie das Kapitalkostenkonzept für Investitionsentscheidungen gebraucht werden kann. Um ein solches System aufzustellen, müssen wir uns – mindestens – drei Hauptproblemen direkt zuwenden.

1. Der größte Teil des langfristigen Kapitals einer Aktiengesellschaft ist intern oder extern beschafftes Eigenkapital. Für diese Mittel sind keine vertraglich festgelegten Auszahlungen zu leisten. Wie sollte man »Kosten« für solche Mittel messen? Wie wahrscheinlich ist es, daß sich diese Kosten mit dem geplanten Ausmaß der Finanzierung ändern?

2. Die meisten Aktiengesellschaften finanzieren sich zum Teil mit Fremdmitteln, für die feste Zins- und Tilgungszahlungen zu leisten sind, und mit Vorzugsaktien.[4] Aber für diese beiden Finanzierungsformen ist es erforderlich, daß ein Teil des gesamten Kapitals, das für die Investitionen benötigt wird, Eigenkapital ist. Wie sollten wir die Kosten von Kapital messen, das aus mehr als einer Quelle stammt, wenn jeder beteiligten Quelle nicht nur eine unterschiedliche *Art* der Kosten, sondern auch eine unterschiedliche *Höhe* der Kosten zuzuordnen ist?

3. Bei Fremdfinanzierung können sich sowohl der geforderte Zinssatz als auch der Anteil, der durch Verschuldung gedeckt werden kann, als auch die Tilgungsbedingungen je nach Art des finanzierten Investitionsprojekts unterscheiden. Zum Beispiel kann man Mittel des equipment trust[5] nur zur Finanzierung bestimmter Ausrüstungsinvestitionen verwenden, nicht dagegen für bestimmte andere; Bankkredite können nur für bestimmte Erweiterungsinvestitionen erhältlich sein usw. Wie sollen Kostendifferenzen, die sich daraus ergeben, daß für einige Investitionsprojekte besondere Arten der Fremdfinanzierung möglich sind, im Rahmen der Investitionsplanung erfaßt werden?

In diesem Aufsatz wird versucht, die Lösung dieser Grundprobleme in zwei Stufen zu erreichen. Auf der ersten Stufe wollen wir annehmen, daß nur Eigenkapital beschafft werden kann. In diesem Rahmen wird für alle Quellen, aus denen Eigenkapital stammen kann, die genaue Meßvorschrift entwickelt. Diese Meßvorschriften werden anschließend in eine Aufstellung eingesetzt, die die Grenzkosten bei fortschreitender Eigenkapitalfinanzierung zeigt.

In der zweiten Stufe der Untersuchung wollen wir die Fremdfinanzierung und die Finanzierung mit Vorzugsaktien in den Rahmen einfügen, der auf der ersten Stufe entwickelt worden ist.

II. DIE KOSTEN DES EIGENKAPITALS

Stammaktien

Es ist begrifflich schwer zu fassen und in der Praxis umstritten, worin die Kosten der Finanzierung durch die Emission junger Aktien bestehen. Wenn wir vorläufig annehmen, daß die Emissionskosten Null sind, gibt es mindestens vier gebräuchliche

Maßstäbe zur Bestimmung der Eigenkapitalkosten. Nur einer davon ist richtig. Die vier möglichen Maßstäbe sind:

(a) Ein Investitionsvorhaben sollte angenommen werden, wenn die Verzinsung, die es verspricht, höher als diejenige ist, die gegenwärtig auf das gebundene Kapital erzielt wird. Dafür wird angeführt, daß ein Projekt dann günstig ist, wenn es die Durchschnittsverzinsung der Investitionen der Gesellschaft erhöht.

(b) Ein Projekt sollte angenommen werden, wenn die erwartete Verzinsung höher ist als das gegenwärtige Verhältnis von Dividende zu Marktpreis der bisher umlaufenden Aktien. Hierfür wird angeführt, daß jede Verzinsung, die über der Dividendenrendite liegt, einen Nettozufluß in die Unternehmenskasse erbringt.

(c) Um die Durchführung zu rechtfertigen, muß die Verzinsung eines Investitionsvorhabens höher sein als die gegenwärtigen Gewinne pro Aktie, bezogen auf den gegenwärtigen Kurs einer Aktie. Nach diesem Maßstab sollen die Kosten neuen Eigenkapitals aus dem Verhältnis Gewinn pro Aktie zu Kurs bestimmt werden. Wir werden dieses Maß im folgenden als G/K bezeichnen.

(d) Das vierte – und nach der Auffassung des Verfassers das einzig richtige – Maß für die Kosten neuen Eigenkapitals ist eine Verfeinerung des einfachen Bruchs G/K. Statt G, des gegenwärtigen Gewinns pro Aktie, sollte im Zähler der zukünftige Durchschnittsgewinn stehen, den die Unternehmensleitung für den Fall erwartet, daß die Investition nicht durchgeführt wird. Wir wollen dieses Konzept mit G_E bezeichnen. Unter der Annahme, daß keine Emissionskosten entstehen, ist der Bruch G_E/K das beste Maßkonzept für die Kosten neuen Eigenkapitals; und allein die Verwendung dieses Kriteriums als »kritischer Satz« zur Auswahl von Investitionsobjekten, die über die Emission junger Aktien finanziert werden sollen, kann optimale Investitionsentscheidungen sichern.

Daß G_E/K das richtige Konzept ist, läßt sich sehr einfach mit Hilfe eines numerischen Beispiels belegen. Betrachten wir eine Gesellschaft, die ein bestimmtes Investitionsvorhaben erwägt, das durch die Ausgabe junger Aktien finanziert werden soll. Folgende Daten seien gegeben:

1. Buchwert von Anlage- und Umlaufvermögen zusammen   30 000 000 $
2. Anzahl umlaufender Aktien   1 000 000
3. Gegenwärtiger Gewinn $ 3 pro Aktie oder   3 000 000 $
4. Gegenwärtige Dividende $ 2 pro Aktie oder   2 000 000 $
5. Gegenwärtiger Kurs $ 20,- pro Aktie
6. Beste Schätzung der zukünftigen jährlichen Gewinne, falls die Erweiterung *nicht* vorgenommen wird   3 300 000 $
7. Beste Schätzung der zukünftigen jährlichen Gewinne, falls die Erweiterung vorgenommen wird   4 200 000 $
8. Schrottwert des Projekts   6 000 000 $
9. Investitionsbetrag für das Projekt   6 000 000 $
10. Emissionskosten   0 $

Die unrealistische Annahme, daß Schrottwert und Investitionsbetrag gleich sind, erlaubt eine rechnerisch einfache Bestimmung der erwarteten Verzinsung des Projekts; sie schränkt die Geltung der Beweisführung aber in keiner Weise ein.

Wir haben also ein Projekt mit einem erwarteten Ertrag von 900 000 $/Jahr (Differenz zwischen Zeile 6 und Zeile 7) und einem gegenwärtigen Investitionsbetrag von 6 000 000 $. Die Verzinsung ist demnach 15 % pro Jahr.

Unsere vier Maße für die »richtigen« Kapitalkosten sind: (a) die gegenwärtige Kapitalverzinsung (nämlich 10 %, vgl. Zeile 1 und Zeile 3), (b) die gegenwärtige Dividendenrendite in Prozent des gegenwärtigen Kurses (ebenfalls 10 %), (c) die gegenwärtige Gewinnrendite in Prozent des gegenwärtigen Kurses (nämlich 15 %, vgl. Zeile 3 und Zeile 5) und (d) die geschätzten zukünftigen Durchschnittsgewinne pro Aktie ohne das Projekt (Zeile 6), bezogen auf den gegenwärtigen Kurs (das sind 16,5 %).

Nach den beiden ersten Entscheidungsregeln wäre das Projekt eindeutig anzunehmen. Nach der dritten ist es gerade an der Grenze. Nach dem vierten Kriterium ist es abzulehnen.

Die Unternehmensleitung muß im Interesse der Aktionäre die Entscheidungsregel finden, bei der sichergestellt ist, daß jede beschlossene Investition den Aktionären nützt und daß kein durchführbares Projekt, das den Aktionären nützen würde, abgelehnt wird.

Langfristig betrachtet, ist der Aktionär Eigentümer eines Gewinnstroms aus der Aktie, und daher sind für ihn die Auswirkungen von Entscheidungen auf die zukünftigen Gewinne pro Aktie in diesem Zusammenhang am wichtigsten. Falls eine der beiden ersten Entscheidungsregeln zugrunde gelegt wird, wird das Projekt durchgeführt. Es läßt sich zeigen, daß das zu einer eindeutigen Verringerung der Gewinne pro Aktie führt. Die Regeln sind daher falsch.

Um das Projekt zu finanzieren, müssen 6 000 000 $ durch die Ausgabe junger Aktien beschafft werden. Unter der Annahme, daß die Emissionskosten Null sind und daß sich der Kurs nicht ändert, müssen dazu 300 000 Anteile ausgegeben werden. Dann werden 1 300 000 Aktien ausstehen.

Die neuen Gewinne *mit* dem Projekt werden 4 200 000 $ oder 3,23 $ pro Aktie sein. Aber ohne das Vorhaben durchzuführen und ohne neue Kapitalbeschaffung hätten die Aktionäre 3,30 $ pro Aktie verdient (vgl. Zeile 2 und Zeile 6). Unter der Bedingung, daß alle Vorteile, die dem Projekt zugerechnet werden können, in den Rechnungen erfaßt worden sind, wäre die Entscheidung, das Projekt durchzuführen, vom Standpunkt der gegenwärtigen Aktionäre schlecht. Wenn wir diese Überlegung fortführen, können wir sagen, daß neue Projekte, die mit Eigenkapital finanziert werden sollen, nur unter der Bedingung angenommen werden sollten, daß sie eine Verzinsung von mehr als 16,5 % erbringen (Kriterium d). Nur dann würde die Maßnahme zu einer Erhöhung der Gewinne pro Aktie führen. Somit gilt bei der Finanzierung mit Stammaktien G_E/K als Kriterium für die Entscheidung über vorgeschlagene Investitionsprojekte. Dividendenrendite, Buchrendite und andere Konzepte dieser Art beeinflussen die Kosten für neues Eigenkapital, aber sie haben nichts mit der *Messung* der Kapitalkosten für neues Eigenkapital zu tun und sollten deshalb in diesem Zusammenhang nicht berücksichtigt werden.[6] Aus verschiedenen Gründen ist es wichtig, G_E/K anstelle des einfacheren G/K zu verwenden:

(a) Es paßt besser in den theoretischen Rahmen. Worauf es bei jeder wirtschaftlichen Entscheidung ankommt, ist nicht der Unterschied zwischen den Nettogewinnen, nachdem die Entscheidung getroffen worden ist, und den gegenwärtigen Nettogewinnen. Vielmehr ist es die Differenz zwischen den Nettogewinnen, nachdem ein Projekt durchgeführt worden ist, und denen, die sich ergeben *hätten*, wenn es *nicht* realisiert worden *wäre*. Es muß zugegeben werden, daß durch diese Verfeinerung eine weitere »Schätzung« G_E anstelle der Messung einer »gegebenen« Größe (G) in die Überlegungen eingeht. Aber eine grobe Bestimmung der richtigen Größe ist dem besten Maß für eine falsche Größe bei weitem vorzuziehen.

(b) Im übrigen ist auch die Größe G durchaus mehrdeutig, während G_E, obwohl es eine Abschätzung der Zukunft erfordert, zumindest als Konzeption völlig klar ist. Wegen konjunktureller Schwankungen, wegen Gewinnen oder Verlusten durch Preisänderungen an Lagerbeständen und wegen der Unbestimmtheiten der Bilanzierungspraktiken ist der gegenwärtige Gewinn – im strengsten Wortsinn – keine aussagefähige Größe; irgendeine Form der Durchschnittsbildung und der Korrektur vergangener Gewinne ist nötig, um diese Schwankungen auszubügeln und um außerordentliche Einflußgrößen zu neutralisieren.

(c) Im Falle von »Wachstumsunternehmen« ist das Verhältnis Gewinne der letzten Periode zu gegenwärtigem Kurs besonders irreführend. Aktienkurse dieser Unternehmungen sind gewöhnlich hoch, verglichen mit den Gegenwartsgewinnen, weil erwartet wird, daß die Gewinne in der Zukunft ansteigen werden. Im Falle von »Wachstumsunternehmen« ist es besonders wichtig, für ein in Betracht gezogenes Vorhaben die geschätzten zukünftigen Gewinne (für den Fall, daß das Vorhaben nicht verwirklicht wird) als Bewertungsgrundlage heranzuziehen.

Emissionskosten

Die Placierung junger Aktien bringt zwei Arten von Ausgaben mit sich. Zuerst gibt es Konsortialprovisionen, Gebühren und Steuern. Außerdem muß man mit jungen Aktien den gegenwärtigen Kurs etwas »unterbieten«[7], um den Erfolg der Placierung zu sichern. Diese Posten müssen bei der Bestimmung der Kapitalkosten auch berücksichtigt werden. Nimmt man an, daß die Gesellschaft pro Aktie netto K_E einnimmt (im Gegensatz zu dem gegenwärtigen Kurs K), dann wird das korrigierte Maß der Kapitalkosten für neues Eigenkapital G_E/K_E.

Selbstfinanzierung

Wenn alle Aktionäre einem Einkommensteuersatz von 0 % unterlägen und keine Emissionskosten entstünden, wären natürlich die Kosten für intern – durch Zurückbehaltung von Gewinnen – beschafftes Kapital denen von extern beschafftem Eigenkapital gleich. Anhand unseres Zahlenbeispiels läßt sich wieder zeigen, daß die Entscheidung für ein Investitionsvorhaben und seine Finanzierung durch Gewinneinbehaltung immer dann die Interessen der Aktionäre verletzt, wenn die

Kapitalverzinsung, die das Projekt erwarten läßt, nicht mindestens so hoch ist wie G_E/K_E. Wenn ausschüttbare [8] Gewinne nicht einbehalten, sondern ausgeschüttet werden, können die Aktionäre für die erhaltenen Dividenden zum Beispiel Anteile der Gesellschaft kaufen. Sieht man wieder von Steuern und Gebühren ab, würde diese Anlage jährliche Gewinne von 16,5 % erbringen. [9] Die Unternehmensleitung würde daher gegen die Interessen der Aktionäre verstoßen, wenn sie Gewinne für irgendwelche Zwecke zurückbehielte, die sich weniger als mit 16,5 % rentierten. Wenn dagegen Projekte mehr als 16,5 % versprechen, ist es im Sinne der Aktionäre, wenn Gewinne nicht als Dividenden ausgeschüttet, sondern zur Finanzierung dieser Projekte einbehalten werden.

Ein Problem, das im Zusammenhang mit der Schätzung der Kosten der Selbstfinanzierung auftaucht, besteht in der Bestimmung der alternativen Verwendungsmöglichkeiten, die der Aktionär selbst hat. Im obigen Beispiel ist 16,5 % die Mindestverzinsung intern zu finanzierender Investitionsvorhaben. Ein Projekt, das beispielsweise 18 % erbrächte, wäre eindeutig als vorteilhaft anzunehmen. Aber was könnte man gegen den Einwand sagen, daß Aktionäre andere Verwendungsmöglichkeiten für die Dividendeneinnahmen haben könnten, wie z.B. den Kauf von Aktien anderer Gesellschaften, die eine Rendite von 22 % hätten? Die einzige Antwort wäre, daß die Börse ein so vollkommener Markt ist, daß alternative Anlagemöglichkeiten gleich bewertet werden, wenn man die Verzinsung *und* das Risiko in Betracht zieht. Mit anderen Worten: Die Rendite von 22 % auf Aktien der fremden Gesellschaft in unserem Beispiel wird allgemein 16,5 % auf Aktien der betrachteten Gesellschaft gleichgeschätzt, und somit stellt ein Projekt, das 18 % erwarten läßt, eine bessere Verwendung des Geldes der Aktionäre dar.

Da Aktionäre nicht einem Steuersatz von 0 % unterliegen und weder die Emission von Aktien noch Kauf oder Verkauf kostenfrei sind, muß die Formel G_E/K_E in mehreren Punkten abgewandelt werden, wenn die Kosten der Selbstfinanzierung korrekt bestimmt werden sollen. Es ist am einfachsten, diese Korrekturen so vorzunehmen, daß eine restriktive Annahme nach der anderen aufgehoben wird. Es läßt sich leicht berücksichtigen, daß bei der Emission Gebühren und Provisionen zu zahlen sind und daß der Emissionskurs ein wenig unter dem Börsenkurs liegen muß. Der Bruch G_E/K_E muß in G_E/K zurückverwandelt werden, wobei K der nicht abgeänderte Börsenkurs einer Aktie ist. Maklergebühren und Bankgebühren sind nur schwer zu erfassen, weil die Sätze von der gekauften Menge abhängen. Per Saldo wirkt sich die Berücksichtigung von Makler- und Bankgebühren bei der Korrektur von G_E/K so aus, daß der Wert des Bruches ganz geringfügig gesenkt werden muß, weil keine Gebühren zu zahlen sind, wenn ein Aktionär durch Gewinneinbehaltung statt durch Wiederanlage von Dividenden (zusätzliche) Gewinne erlangt. [10]

Das Problem der Einkommensteuer auf Dividenden bereitet ernste theoretische und praktische Schwierigkeiten. Wenn für alle Aktionäre derselbe marginale Einkommensteuersatz – z.B. 40 % – gilt, gibt es eine einfache Lösung. [11] Die richtige Konzeption für die Kosten der Selbstfinanzierung wäre $G_E(1-mt)/K$, wobei mt der Grenzsteuersatz ist. In unserem Beispiel wäre eine Mindestverzinsung von

16,5 % · 0,6 oder 9,9 % zu fordern, wenn das Projekt nur durch Gewinneinbehaltung finanziert werden sollte.

Die Tatsache, daß nicht für alle Aktionäre derselbe Steuersatz gilt, schafft ein schwieriges Problem, für das es weder eine theoretische noch eine praktische Lösung gibt. Weil die wichtigsten Aktionärsgruppen heutzutage institutionelle Anleger, die keine Steuern zahlen, *und* die gesellschaftlichen Gruppen mit den höchsten Einkommen sind, treten wirklich sehr große Unterschiede in steuerlicher Hinsicht auf und verursachen latente Interessenkonflikte hinsichtlich der Dividendenpolitik zwischen den Aktionären. Wenn die Unternehmensleitung festlegt, daß mit einbehaltenen Gewinnen nur dann Erweiterungen finanziert werden sollen, wenn sie mehr als G_E/K bringen, werden die Verwalter und die Begünstigten von steuerfreien Sondervermögen zufrieden sein. Aber das kann andere Aktionäre eine Erhöhung ihrer Gewinne kosten, was sie auch dadurch nicht ausgleichen können, daß sie die Dividendenerträge nach Steuern reinvestieren. Wenn die Gesellschaft eine viel geringere Mindestverzinsung, z. B. $G_E(1-0{,}5)/K$, ansetzte, würde sie Aktionäre mit einem Grenzsteuersatz von weniger als 50 % der Dividende berauben, die sie ertragreicher anlegen könnten als die Gesellschaft.

Wie bei allen Problemen, die einen Nutzenvergleich zwischen Personen oder Personengruppen einschließen, gibt es hier keine eindeutig richtige Lösung. Wenn die Unternehmensleitung sich nicht darauf festlegen will, primär im Interesse der Aktionäre mit einer bestimmten Einkommenshöhe zu handeln, sollte für jede Gesellschaft, deren Aktien von nichtsteuerpflichtigen Institutionen oder Privatpersonen gehalten werden, die an Dividendenerträgen interessiert sind, als »Kosten« der einbehaltenen Gewinne mindestens G_E/K angenommen werden.

Abschreibungen

Abschreibungen[12] stellen, wenn sie verdient sind, eine wichtige Quelle anlagefähiger Mittel dar. Daher besteht das Problem, für solche Mittel »Kosten« festzulegen. Zwei wichtige Fälle müssen betrachtet werden:
1. der Fall, in dem diese Mittel als einzige zur Wiederanlage bereitstehen, und
2. der häufigere Fall wachsender Gesellschaften, in denen Abschreibungsgegenwerte zusammen mit neuen Mitteln angelegt werden.

Im ersten Fall handelt es sich um eine Gesellschaft mit gleichbleibendem oder sinkendem Anlagevermögen. Hier sind die Kapitalkosten eigentlich für Entscheidungen nicht wichtig. Für eine solche Gesellschaft käme es darauf an, alle möglichen Verwendungen für verfügbare Abschreibungswerte aufzuspüren, einschließlich der Anlage außerhalb der Unternehmung und der Schuldentilgung. Die Aufgabe ist einfach die, verfügbare Abschreibungsmittel auf die rentabelste Verwendung zu lenken.

Im zweiten Fall handelt es sich um eine wachsende Gesellschaft, und das bedeutet notwendigerweise, daß neues Eigenkapital investiert wird. Hier wird die für neue Investitionen geforderte Mindestverzinsung von der Angebotsseite her durch die Kosten der anderen Eigenkapitalformen bestimmt, die zur Finanzierung der Erweiterung in Anspruch genommen werden.

Die Angebotskurve für Eigenkapital

Unsere nächste Aufgabe ist, eine Kostenkurve für Eigenkapital zu bilden, die die zusätzlichen Kosten bei zusätzlicher Eigenkapitalbeschaffung zeigt. Eine derartige Kurve würde drei Abschnitte enthalten (vgl. Abb. 1).

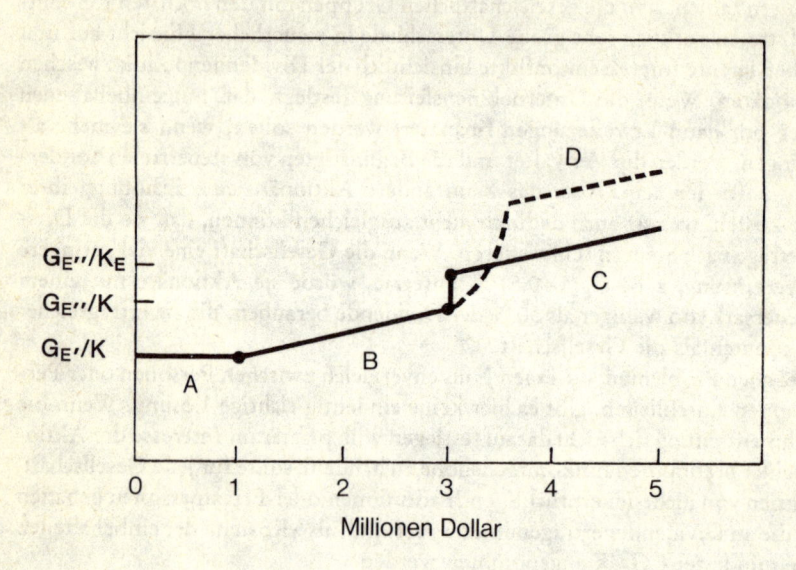

Abb. 1: Die Angebotskurve für Eigenkapital

A. Den Gesamtbetrag der Abschreibungswerte, die während der Abrechnungsperiode erwartet werden. In Abbildung 1 wird dieser Betrag mit 1 000 000 $ angenommen.

B. Den Gesamtbetrag der möglichen Selbstfinanzierung (einbehaltener Gewinn). Dieser ist gleich dem erwarteten Buchgewinn nach Steuern, vermindert um die Beträge, die für die Erhöhung des Betriebskapitals, für die Aufrechterhaltung der Dividende und für im vorausgegangenen Budget beschlossene Investitionen festgelegt sind. In Abbildung 1 wird dieser Betrag mit 2 000 000 $ angenommen.

Der erste Dollar dieser einbehaltenen Gewinne würde $G_{E'}/K$ kosten, wobei $G_{E'}$ der erwartete Gewinn pro Aktie einschließlich der Gewinne aus der Reinvestition der Abschreibungswerte von 1 000 000 $ ist. Bei steigendem Umfang der Selbstfinanzierung wird die Kurve ansteigen. Das ist so, weil immer, wenn ein weiteres Projekt angenommen wird, G_E/K ansteigt. Allerdings ist es nicht wahrscheinlich, daß jedes weitere Projekt die Gewinne pro Aktie wesentlich erhöht, und der Anstieg der Kapitalkostenkurve wird dann nicht steil sein. Der letzte Dollar aus der Selbstfinanzierung wird $G_{E'''}/K$ kosten, wobei $G_{E''}$ der erwartete Gewinn pro Aktie unter Einschluß der Gewinne von Projekten ist, die durch Abschreibungen und Gewinneinbehaltung finanziert werden.

C. Wenn die Möglichkeiten der Selbstfinanzierung ausgeschöpft sind, erreicht die Gesellschaft den dritten Abschnitt des Eigenkapitalangebots, wenn sie eine Kapitalerhöhung durchführt. In diesem Abschnitt beginnen die Kosten bei $G_{E''}/K_E$. Weil K_E kleiner als K ist, wird die Kurve am Übergang von interner zu externer Finanzierung unstetig verlaufen.

D. Die Gesellschaft kann aber auch Kapitalerhöhungen vermeiden und den Selbstfinanzierungsspielraum erweitern, indem sie Dividendenkürzungen ankündigt. Eine solche Maßnahme wird wahrscheinlich einen rapiden Anstieg der Kosten für die so beschafften Mittel zur Folge haben, weil sie im allgemeinen zu einer Kurssenkung führt.

Wenn die Dividendenmittel völlig umgelenkt worden sind, wird die externe Beschaffung von Eigenkapital wegen des niedrigeren Niveaus, auf das der Aktienkurs dann gesunken sein wird, wesentlich teurer. Diese Alternative zeigt der Abschnitt D in Abbildung 1.

III. GEMISCHTE FINANZIERUNG MIT FREMD- UND EIGENKAPITAL

Die Analyse muß nun so erweitert werden, daß auch das Angebot an Fremdkapital einbezogen werden kann. Dazu sind zwei Probleme zu lösen:

(1) Die direkten Kosten der Fremdmittel sind zu bestimmen. Das ist eine verhältnismäßig einfache Aufgabe. (2) Ein logisches System der Zuordnung muß gefunden werden, das in einem einheitlichen Rahmen Fremd- und Eigenkapital erfaßt. Das ist ein schwieriges Problem, das bisher noch nicht hinreichend gelöst worden ist. Da Fremdkapital immer in einem gewissen Maß mit Eigenkapital zusammen eingesetzt wird, ist ein rationaler Weg, diese zwei Kapitalarten zusammen zu behandeln, für ein vollständiges System der Investitionsplanung unbedingt erforderlich. Die Einbeziehung des Fremdkapitals in die Betrachtung wirft eine Reihe schwieriger Fragen auf, denen wir nicht ausweichen können. Die Verwendung von Fremdkapital birgt Gefahren, die bei reiner Eigenkapitalfinanzierung nicht auftreten. Die Kosten und die Verfügbarkeit von Fremdmitteln und das Risiko für den Schuldner unterscheiden sich je nach der Art der Mittelverwendung und hängen von dem Verhältnis ab, in dem Fremd- und Eigenkapital eingesetzt werden sollen. Diese Faktoren sollten explizit berücksichtigt werden, um die Optimalität der Entscheidung zu sichern.

Direkte Kosten des Fremdkapitals

Die Berechnung der direkten Kosten von Fremdmitteln ist eine relativ einfache Aufgabe. Der Darlehensvertrag legt genau die Zeitpunkte der Zins- und Tilgungszahlungen fest. Die Nettoeinnahmen bei der Aufnahme eines Darlehens oder der Emission von Schuldverschreibungen sind auch bekannt. Aus diesen Daten läßt sich leicht die Effektivverzinsung ausrechnen, die die Gesellschaft für Fremdkapital zu tragen hat.[13]

Die einzige Korrektur, die nötig wird, ergibt sich aus der steuerlichen Abzugsfähigkeit von Schuldzinsen. Wenn Gewinne usw. netto (nach Steuern) berechnet werden, müssen auch die Zinslasten auf eine Nach-Steuer-Basis umgerechnet werden. Dazu müssen Annahmen über die Höhe zukünftiger Steuersätze getroffen werden. Aufgrund solcher Annahmen lassen sich die Bruttozahlungen für Zinsen und Tilgung in Nettozahlungen umwandeln. Aus diesen kann die Nettoverzinsung des Darlehens berechnet werden.

Fremdkapital und Eigenkapital

Es gibt vier Konzeptionen, wie Fremdkapitalkosten in einem Investitionsplan erfaßt werden können, in dem sowohl Fremd- als auch Eigenkapital eingesetzt wird. Unsere Aufgabe besteht darin, diejenige Vorgehensweise zu finden und zu entwickeln, die den Grundproblemen der Investitionsplanung – nämlich der Bestimmung des Investitionsumfangs und der Kapitalstruktur – am besten gerecht wird.

Ansatz A

Ein Ansatz besteht darin, das Angebot an Eigenkapital als gegeben anzunehmen und zu unterstellen, daß jeder darüber hinausgehende Kapitalbedarf durch Verschuldung gedeckt wird. Der relevante Kostensatz für neues Kapital ist einfach der Nettozinssatz, der für zusätzliches Fremdkapital zu zahlen ist. Investitionsvorhaben, die eine Rendite über diesem Kostensatz erwarten lassen, sollten durchgeführt werden.[14]

Dieser Ansatz hat eine Reihe gravierender Mängel und ist abzulehnen. Der bedeutsamste Mangel ist der, daß nicht berücksichtigt wird, daß im allgemeinen Fremdkapital nicht ohne eine gewisse Menge zusätzlichen Eigenkapitals eingesetzt werden kann und daß dieses Eigenkapital auch etwas »kostet«, weil die Mittel auch anders, z. B. zur Dividendenzahlung, verwendet werden könnten. Weil er die Kosten des Eigenkapitals nicht einbezieht, liefert der Ansatz A ein falsches Kriterium zur Beurteilung der Vorteilhaftigkeit von Investitionsvorschlägen. Immer wenn die Eigenkapitalkosten höher als die Fremdkapitalkosten – beides nach Steuern – sind (und das ist im Normalfall so), wird dieser Ansatz zu der Annahme von Vorschlägen führen, die besser abgelehnt werden sollten. Dieser »eingebaute Fehler« läßt sich leicht an einem einfachen Zahlenbeispiel vorführen. Nehmen wir folgende Lage an:

Maximaler Umfang der Selbstfinanzierung	300 $
Mindestverzinsung beim Einsatz von Eigenkapital*	10 %
Verschuldungsmöglichkeit der Gesellschaft:	
1 Dollar neues Fremdkapital	
pro einen Dollar Selbstfinanzierung	
Zinskosten des Fremdkapitals nach Steuern	2 %

* Das ist die Verzinsung, die die Aktionäre bei Wiederanlage von Dividenden erzielen können.

In diesem Jahr durchführbare Projekte:
1. 200 $ können zu 14% angelegt werden
2. 200 $ können zu 7% angelegt werden
3. 200 $ können zu 3% angelegt werden

Nach dem Kriterium, das dem Ansatz A entspricht, werden alle drei Projekte angenommen, d. h., 300 $ werden einbehalten, und 300 $ werden geborgt. Die Nettozunahme des Gewinns für die Aktionäre ist 42 $, wie sich aus der folgenden Rechnung ergibt:

200 $ zu 14%	28 $
200 $ zu 7%	14 $
200 $ zu 3%	6 $
Bruttogewinn	48 $
minus Zinsen (nach Steuern) auf 300 $	6 $
	42 $

Es läßt sich zeigen, daß das nicht das beste Ergebnis ist, das sich für die Aktionäre erzielen läßt. Wenn beispielsweise nur die ersten beiden Projekte angenommen werden, stehen sich die Aktionäre besser. Es würden nur 400 $ investiert, von denen 200 $ aus Gewinneinbehaltung (die übrigen 100 $ würden als Dividenden ausgezahlt) und 200 $ aus Neuverschuldung stammen würden.

In diesem Falle würde der Nettogewinn der Aktionäre auf 48 $ steigen, wie sich aus der folgenden Rechnung ergibt:

200 $ zu 14%	28 $
200 $ zu 7%	14 $
Bruttogewinn	42 $
minus Zinsen (nach Steuern) auf 200 $	4 $
Nettogewinn	38 $
plus Gewinn aus der Wiederanlage der Dividende zu 10%	10 $
Gesamter Nettogewinn	48 $

Ansatz B

Ein alternativer Ansatz besteht darin, die Eigenkapitalkosten als die relevanten Kosten jeder zusätzlichen Finanzierung, ob mit Eigen- oder mit Fremdkapital, anzusehen.

Dieser Ansatz baut auf folgender Überlegung auf: Die wirklichen Kosten des Fremdkapitals für den Schuldner umfassen nicht nur die Zinszahlungen, sondern noch zwei weitere Posten. Es handelt sich um (a) Beschränkungen, z. B. Dividendenbeschränkungen, Rückzahlungsverpflichtungen usw., die dem Schuldner durch die Bestimmungen des Darlehensvertrags auferlegt werden, und (b) das Risiko des finanziellen Zusammenbruchs und seiner Auswirkungen. Gesellschaften werden sich so lange fremdfinanzieren, wie die gesamten effektiven Kosten zusätzlicher Verschuldung unter den Kosten der Eigenkapitalfinanzierung liegen. Aber wenn die Verschuldung steigt, steigen die effektiven Fremdkapitalkosten. Das ist so, weil der Gläubiger einen höheren nominalen Zinssatz ansetzen wird und auch weil die Risiken für den Schuldner steigen, wenn sich die Relation Fremd- zu Eigenkapital erhöht. Wenn das Fremdkapital so teuer geworden ist wie das Eigenkapital, wird die Gesellschaft von Fremdfinanzierung zu Eigenfinanzierung übergehen. Daher können wir annehmen, daß

(a) Gesellschaften ihre Kapitalstruktur so lange anpassen werden, bis die effektiven Kosten neuen Fremdkapitals und die Kosten neuen Eigenkapitals gleich sein werden, und

(b) die Kosten neuen Eigenkapitals ein recht gutes Maß für die Kosten zusätzlicher Finanzierung, gleichgültig aus welcher Quelle, darstellen.

Als Arbeitshypothese läßt sich Ansatz B sehr empfehlen. Im Gegensatz zu Ansatz A wird das Risiko für den Schuldner in Betracht gezogen. Wenn man die Kosten neuen Eigenkapitals als geforderte Mindestverzinsung von Investitionsvorhaben gebraucht, sichert man sich gegen den Fehler, den der Ansatz A mit sich bringt, nämlich daß Projekte angenommen werden, die abgelehnt werden sollten. Doch Ansatz B hat zwei andere Schwächen:

1. Weil alle Fremdmittel im Budget mit demselben Risikofaktor belastet werden, können Unterschiede zwischen risikoreichen und risikoarmen Projekten im Investitionsplan nicht erfaßt werden.[15]

2. Weil angenommen wird, daß alle Unternehmungen die Kapitalstruktur aufrechterhalten, bei der die Grenzkosten des Fremdkapitals (mit Berücksichtigung des Risikos) den Grenzkosten des Eigenkapitals gleich sind, wird das Problem übergangen, *wie* eine Unternehmung dieses schöne Gleichgewicht in der Kapitalstruktur erreichen kann. Mit anderen Worten: Dieser Ansatz gibt keine Anleitung zur Lösung eines der Probleme der Investitionsplanung, nämlich des Problems, wie die Ausgaben finanziert werden sollten.

Ansatz C

Der dritte Ansatz ist eine Variante des Ansatzes A. Hier werden die Fremdkapitalkosten in Höhe des Zinssatzes (nach Steuern) angesetzt. Es wird allerdings berücksichtigt, daß Fremdkapital nicht allein zur Investitionsfinanzierung eingesetzt werden kann und Fremd- und Eigenkapital daher im Einsatzverbund stehen. Um eine einzige gemeinsame Kostengröße für diesen verbundenen Einsatz zu finden, nimmt dieser Ansatz einen gewogenen Durchschnitt aus Fremd- und Eigenkapitalkosten. [16] Da bei dieser Methode zur Bestimmung der Kapitalkosten das Risiko durch die Verschuldung nicht berücksichtigt wird, sollte diesem Unsicherheitsfaktor bei der Schätzung der erwarteten Verzinsung der einzelnen Investitionsprojekte Rechnung getragen werden. [17]

Der entscheidende Mangel dieser Methode ist, daß es offenbar keine eindeutige Regel zur Bestimmung der Gewichte für die beiden Komponenten Eigen- und Fremdkapital in den »durchschnittlichen Kapitalkosten« gibt. Vermutlich ist das Verhältnis, auf dem das Gewicht beruhen sollte, das Verhältnis zwischen Fremd- und Eigenkapital in der Finanzierung des laufenden Jahres. Aber dieses Vorgehen führt nur dann zu korrekten Ergebnissen, wenn das Verhältnis von Fremd- und Eigenkapital in der Finanzierung dieses Jahres in etwa dem Verhältnis in der bestehenden Kapitalstruktur der Gesellschaft entspricht.

Für eine Gesellschaft, deren Kapitalstruktur sich ändert, ist diese Entsprechung nicht gegeben. So ist es beispielsweise durchaus möglich, daß das Verhältnis Fremd- zu Eigenkapital in der laufenden Finanzierung wesentlich höher ist als in früheren Perioden. In diesem Falle ergeben sich zwei wichtige Fragen:

1. Wie wird sich die Änderung in der Zusammensetzung des Gesamtkapitals auf den Börsenkurs der Gesellschaft und damit auf die Eigenkapitalkosten auswirken?

2. Ist es richtig, die Vorteilhaftigkeit von neuen Investitionsvorschlägen auf der Grundlage von Kreditbeschaffungsmöglichkeiten und Zinssätzen zu beurteilen, die von dem gegenwärtigen Vermögen determiniert sind?

Es ist beispielsweise der Fall möglich, daß eine bisher unverschuldete Gesellschaft alle Mittel, die sie für die Investitionsvorhaben dieses Jahres braucht, als Kredit aufnehmen kann, ohne einen einzigen Pfennig Eigenkapital für die Erweiterung einzusetzen. In diesem Falle wäre der kombinierte Kapitalkostensatz dem Nettozinssatz (ca. 2 %) gleich. Wäre es richtig, diesen Zinssatz als »kritischen Satz« zur Beurteilung von Investitionen in diesem Jahr anzunehmen?

Würde man, um diese Schwierigkeiten zu meiden, den kombinierten Kostensatz mit Gewichtungen berechnen, die auf der bisherigen Kapitalstruktur aufbauen, so würden in der Rechnung nicht die Kosten der Mittel erfaßt, die eingesetzt werden sollen. So macht der Ansatz C in hohem Maße Ermessensentscheidungen nötig. Da das grundlegende Ziel eines rationalen Systems der Investitionsplanung darin besteht, den Ermessensspielraum möglichst klein zu machen, ist auch Ansatz C keine vollkommene Lösung.

Ein eigener Vorschlag (Ansatz D)

Die Diskussion der drei Ansätze und ihrer Mängel hat gezeigt, daß die Probleme der optimalen Kapitalstruktur und der Kapitalkostenmessung nicht unabhängig voneinander behandelt werden können. Beide müssen innerhalb desselben Rahmens gelöst werden, und von einem einfachen Rahmen ist eine solche Lösung nicht zu erwarten.

Der auf den folgenden Seiten vorgeschlagene Ansatz ist komplexer als alle bisher diskutierten. Allerdings werden keine Informationen benötigt, die für die anderen Ansätze nicht auch gebraucht werden. Der wesentliche Unterschied ist, daß die Informationen explizit und systematisch verwendet werden. Eine wichtige Konzeption, die bei dem hier vorgeschlagenen Ansatz neu eingeführt wird, ist die Zerlegung der gesamten Verschuldungsmöglichkeiten in zwei Teile, in (a) das allgemeine Verschuldungspotential und (b) das neue Verschuldungspotential (»borrowing power«). Die beiden Teile sind für Zwecke der Investitionsplanung unterschiedlich zu behandeln und lassen sich getrennt besprechen.

Das allgemeine Verschuldungspotential

Das allgemeine Verschuldungspotential bezieht sich auf die latente Möglichkeit, sich zu verschulden, die eine Gesellschaft wegen der in den vorhandenen Vermögensgütern gebundenen Werte hat. Es ist die Kraft, nichthaftende Mittel (auch durch die Ausgabe von Vorzugsaktien) zu beschaffen, ohne zum Schutz der Gläubiger haftendes Kapital bereitzustellen. Wenn eine Gesellschaft dieses allgemeine Verschuldungspotential ausnutzt, sollten die Kosten der so beschafften Mittel *nicht* direkt in die Investitionsrechnung eingehen. Die richtige Weise, diese Mittel zu betrachten, ist folgende:

(a) Die Finanzierung setzt nur Eigenkapital frei, das vorher in der Vermögensstruktur der Gesellschaft gebunden war. Mit anderen Worten, die Menge des einsetzbaren Eigenkapitals kann nicht nur durch laufende Gewinne und Emission junger Aktien erhöht werden, sondern auch durch den Verkauf von Vermögensteilen oder durch die Verschuldung, die durch die Beleihbarkeit dieser Vermögensteile ermöglicht wird.

(b) Die durch allgemeine Verschuldung freigesetzten Eigenmittel sollten zusammen mit den anderen Formen des Eigenkapitals in der Angebotskurve für Eigenkapital, das die Gesellschaft für die Finanzierung neuer Investitionen einsetzen kann, erfaßt werden. Wenn die Veränderung der Kapitalstruktur der Gesellschaft nicht zu einer Änderung des Aktienkurses führt, bleiben die Kosten der Selbstfinanzierung und der externen Eigenfinanzierung unverändert. Der Haupteffekt wäre eine Verschiebung der gesamten Angebotskurve für Eigenkapital nach rechts.

(c) Die gesamten Eigenmittel, einschließlich der durch den Einsatz des allgemeinen Verschuldungspotentials freigesetzten, sollten als Gesamtmasse nach dem unten beschriebenen System auf die Projekte aufgeteilt werden.

Neues Verschuldungspotential

Zusätzlich zu dem allgemeinen Verschuldungspotential, das auf den vorhandenen Vermögensgütern beruht, schafft eine Gesellschaft neues Verschuldungspotential, wenn sie Investitionen vornimmt. Die Investitionsprojekte, die bei der Investitionsplanung berücksichtigt werden, schaffen neue Verschuldungsmöglichkeiten, wenn sie realisiert werden. Diese Möglichkeiten und die Kosten des dadurch beschaffbaren Fremdkapitals sollten in die Investitionsentscheidungen direkt eingehen. Diese Entscheidungen werden ihrerseits den genauen Betrag an Fremdkapital bestimmen, der zur Investitionsfinanzierung eingesetzt werden kann. Wie die Kosten und Mengen der Fremdfinanzierung systematisch berücksichtigt werden können, wird im folgenden vorgeschlagen:

(a) Jedem in Betracht gezogenen Projekt sollte eine Fremdkapitalquote zugewiesen werden. Wenn eine feste Bindung zwischen einem Projekt und einem Darlehen besteht, wird diese Quote letztlich vom Darlehensgeber festgelegt. Wo eine solche Bindung nicht besteht, muß die Unternehmensleitung selbst die Fremdkapitalbeträge pro Projekt festlegen. Die Prinzipien sind allerdings dieselben, die auch ein vorsichtiger Darlehensgeber zugrunde legt. Jedes vorgeschlagene Projekt hat ein bestimmbares maximales Verschuldungspotential. Es hängt von dem Nettoertrag ab, von dem angenommen werden kann, daß ihn das Projekt in der ungewissen Zukunft *mindestens* einbringen wird.[18] Das maximale Darlehen sollte so festgelegt werden, daß das vorgeschlagene Projekt auch dann in der Lage sein wird, alle mit einem Darlehen dieser Größe verbundenen Lasten zu tragen, wenn es nur den angenommenen Mindestertrag erbringt. Mit anderen Worten, jedes Investitionsvorhaben sollte als eine selbständige Einheit betrachtet werden, und ihm sollte nur so viel Fremdkapital zugeordnet werden, daß die Wahrscheinlichkeit eines »Konkurses« für diese Einheit vernachlässigt werden kann.

(b) Der Gesamtbetrag an Eigenkapital, den ein Projekt erfordert, ist gleich dem gesamten Finanzbedarf, *vermindert* um den Fremdkapitalbetrag, der dem Projekt direkt zugewiesen worden ist. Entsprechend ist der Strom der Nettogewinne, die das betrachtete Vorhaben auf diesen Eigenkapitalbetrag verspricht, gleich den Bruttogewinnen, vermindert um die Zins- und Tilgungszahlungen für die zugeordneten Schulden. Dieser Netto-Gewinnstrom läßt sich als Nettoverzinsung des für das Projekt eingesetzten Eigenkapitals ausdrücken.

(c) Was wir durch dieses Vorgehen erhalten, ist eine Kurve, auf der für jedes vorgeschlagene Projekt der benötigte Eigenkapitalbetrag und die Nettoverzinsung abzulesen sind, die jedes Projekt erwarten läßt, wenn diese Mittel ihm zugeteilt werden. Die Projekte sollten in dieser Kurve nach fallender Rendite angeordnet werden. Daneben haben wir die Kurve, die die Kosten zusätzlichen Eigenkapitals anzeigt. Der Schnittpunkt ist der richtige »kritische Zinssatz« für den Investitionsplan.

In dem hier skizzierten Rahmen werden Investitionsentscheidungen auf der Grundlage eines Vergleichs zwischen der Nettoverzinsung eines Projekts (nach Abzug von Steuern und Fremdkapitalzinsen) und den Eigenkapitalkosten getroffen. Schuldzinsen werden auf der Nachfrageseite berücksichtigt. Dieses System erfaßt die unterschiedlichen Risiken der einzelnen Projekte explizit, indem den weniger riskanten Projekten ein höherer Anteil an den billigen Fremdmitteln zugestanden wird.

Der Schnittpunkt der Kurven (der »kritische Zinssatz«) liefert in diesem Konzept eine simultane Lösung für die Investitions- und die Finanzierungsentscheidung. Er gibt an, (1) welche Vorschläge angenommen werden sollen und (2) welcher Betrag an Fremdkapital zur Finanzierung dieser Projekte eingesetzt werden soll. Der Betrag ergibt sich als Summe der Fremdkapitalzuweisungen an alle angenommenen Projekte.

Offene Probleme

Gegenstand dieses Aufsatzes war die Bestimmung des Umfangs und der Finanzierung eines bestimmten Investitionsplans. Es wurde eine korrekte Methode zur Bestimmung und Messung der Kapitalkosten und eine Entscheidungsregel für den Fall gesucht, daß mehr als eine Kapitalquelle genutzt wird. Allerdings wird ein umfassenderes Problem der Investitionstheorie nicht berücksichtigt: Gemeint ist das Entscheidungsproblem, ob es nicht vorteilhafter wäre, eine gegebene Menge durchführbarer Investitionsvorhaben und ihre Finanzierung in den nächsten Investitionsplan zu verschieben. Um dieses umfassendere Problem zu lösen, müssen gegenwärtige Kosten von Investitionsobjekten und finanziellen Mitteln mit zukünftigen Kosten verglichen werden. Wenn es deutliche Anhaltspunkte für die Erwartung gibt, daß sich per saldo vorteilhafte Veränderungen bei einer oder beiden Größen ergeben werden, könnte es nötig sein, Beschlüsse, die nach dem oben entwickelten Entscheidungssystem geboten erscheinen, zu verschieben. Es würde allerdings den Rahmen dieses Aufsatzes sprengen, wenn diese Verfeinerung noch betrachtet werden sollte.

ANMERKUNGEN

* Der Verfasser dankt Harry Roberts, Joel Segall, James Lorie und Eli Shapiro für wertvolle Hinweise.

1. In dem gesamten Aufsatz wird »Kosten« im Sinne von »Kostensatz« gebraucht. Wo der Ausdruck in einer abweichenden Bedeutung, z. B. Kostenbetrag in $, gebraucht wird, ist es angegeben.

2. Das gröbste Maß für die Rendite ist das Verhältnis von erwarteten durchschnittlichen Buchgewinnen (nach Steuern) zu dem ursprünglichen Kapitaleinsatz. Eine andere Version, die aber auf dasselbe hinausläuft, besteht darin, den Kehrwert der Kapitalrückflußdauer als Meßziffer für die Rendite zu nehmen. Die »finanzmathematische« oder »Interne-Zinsfuß-Methode« besteht darin, Barerträge (Bucherträge minus Steuern plus auf das Projekt berechnete Abschreibungen) zu nehmen und den Diskontierungszinsfuß zu finden, bei dem die diskontierten Einnahmen gerade den Ausgaben für das Projekt gleich sind. Vgl. dazu im einzelnen: Kenneth E. Boulding, *Economic Analysis* (bearbeitete Neuauflage; New York: Harper and Bros., 1948), S. 782–830; Joel Dean, *Managerial Economics* (New York: Prentice-Hall, 1951), Kapitel X; ders., *Capital Budgeting* (New York: Columbia University Press, 1951), Kapitel II; ders., Measuring the Productivity of Capital, in: *Harvard Business Review*, Januar-Februar 1954, S. 120–130; ders., Better Management of Capital Expenditures through Research, in: *Journal of Finance*, Mai 1953, S. 119–128; Gordon Shillinglaw, *Measuring the Investment Worth of Capital Proposals* (New York: American Management Association, 1954); Horace G. Hill jr., *A New Method of Computing Rate-of-Return on Capital Expenditures* (National Society for Business Budgeting, 1953).

3. Vgl. *Capital Budgeting*, S. 36–81. Das Problem wird auch diskutiert in: David Durand, Cost of Debt and Equity Funds for Business, in: *Conference on Research in Business Finance* (New York: National Bureau of Economic Research, 1952), S. 215–247, und Friedrich und Vera Lutz, *The Theory of Investment of the Firm* (Princeton: Princeton University Press, 1951).

4. (Anm. des Übersetzers:) Es ist in den USA üblich, Vorzugsaktien als eine Form der Fremdfinanzierung zu betrachten. Auch die folgenden Ausführungen des Verfassers beziehen sich auf institutionelle Verhältnisse der USA.

5. (Anm. des Übersetzers:) Der »equipment trust« ist eine staatliche Finanzierungsgesellschaft für Eisenbahnbedarf.

6. Zwei andere Kriterien, auf die in der »Praktikerliteratur« gewöhnlich hingewiesen wird, werden in unserer Untersuchung nicht ausdrücklich diskutiert. Eines ist die Auswirkung einer Kapitalerhöhung auf die Kontrolle über die Unternehmung, das andere ist der Einfluß auf den Buchwert pro Aktie. Das erste kann für solche Unternehmungen von Bedeutung sein, deren Aktien von wenigen Aktionären gehalten werden, aber kaum für Publikumsaktiengesellschaften. Das Buchwert-Kriterium führt nicht zu maximalen zukünftigen Gewinnen pro Aktie und ist deshalb ein falscher Maßstab für die Investitionsplanung.

7. Vgl. Anmerkung 4.

8. »Ausschüttbare Gewinne« sind Buchgewinne, über die nicht in früheren Investitionsplänen verfügt worden ist und die auch nicht als Buchgewinne an Lagerbeständen automatisch an der Stelle gebunden sind, an der sie entstanden sind.

9. Unter der Annahme, daß sich der Kurs nicht ändert.

10. Die geringfügige Abwandlung, durch die Bank- und Maklergebühren berücksichtigt werden, wird im folgenden vernachlässigt.

11. Vgl. Anmerkung 4.

12. Einschließlich aller Sonderabschreibungen und Vermögensminderungen, die in normalen Jahresabschlüssen als Aufwand verbucht und unter der Bezeichnung »Abschreibungen« zusammengefaßt werden.

13. Die Methode zur Bestimmung der effektiven Verzinsung eines Darlehens entspricht genau der zur Berechnung des internen Zinsfußes einer Investition oder der Rendite eines festverzinslichen Wertpapiers, das nicht zu pari gekauft wird.

14. Von diesem Ansatz gehen die bekannten Abbildungen in Lehrbüchern stillschweigend aus, wenn dort der Grenzertrag des Kapitals als eine fallende Kurve und der »Zinssatz« als eine unabhängige Kurve (gewöhnlich horizontal und manchmal ansteigend) dargestellt wird; der Schnittpunkt gibt dann die Lösung des Investitionsproblems an.

15. Man kann diese Unterschiede natürlich auch auf der Nachfrageseite in der Weise berücksichtigen, daß man für riskantere Projekte eine niedrigere geschätzte Rendite ansetzt, als andernfalls gerechtfertigt wäre.

16. Dieser Ansatz ist von Joel Dean vorgeschlagen worden (vgl. *Capital Budgeting*, S. 50).

17. Vgl. Anmerkung 15.

18. Die Rendite eines Projekts ist die wahrscheinlichste Rendite. Aber da die Zukunft ungewiß ist, kann sich eine wirkliche Rendite unter oder über der wahrscheinlichsten Rendite einstellen. Bei risikoreichen Projekten können die Erträge in einem weiteren Bereich streuen als bei risikoarmen Projekten. Die Mindestrendite ist die Rendite, deren Unterschreitung höchst unwahrscheinlich ist.

Analyse der Vorteilhaftigkeit von Investitionen: Die Mindestrendite

MYRON J. GORDON, ELI SHAPIRO*

I.

Das Interesse an der Analyse der Vorteilhaftigkeit von Investitionen, das in der betriebswirtschaftlichen Literatur der vergangenen fünf Jahre zum Ausdruck kommt, ist das Ergebnis zahlreicher sozialer, wirtschaftlicher und unternehmerischer Entwicklungen der Nachkriegszeit. Es kann hier keine abschließende Aufzählung dieser Entwicklungen vorgenommen werden. Jedoch sollen vier Entwicklungen erwähnt werden, welche die Suche nach systematischeren Methoden, Investitionen aufzufinden, zu beurteilen und auszuwählen, verstärkt haben: 1. der (absolut gesehen) hohe Umfang an Kapitalanlagen; 2. das Anwachsen der Unternehmensgrößen; 3. die Delegation von Verantwortung von der zentralen Unternehmensleitung zu Profit-Centern, was Bestandteil der allgemeinen Tendenz zur Dezentralisierung gewesen ist; und 4. die verstärkte Hinwendung zur »wissenschaftlichen Betriebsführung« in den Unternehmen.

Diese Entwicklungen haben zu dem Versuch geführt, objektive Kriterien herauszuarbeiten, mit denen die zuständige Instanz einer dezentralisierten Unternehmung das Kapitalbudget aufstellen kann. Da jede Abteilung Investitionsanträge unterbreitet, muß die zuständige Stelle diese überprüfen und Höhe sowie Verteilung des Kapitaleinsatzes so festlegen, daß das Unternehmensziel erreicht wird. Bei Aufstellung eines Investitions- und Finanzplanes besteht die Chance, daß dieser Auswahlvorgang allen Teilbereichen der Unternehmung verständlich wird. Denn erstens kann jeder Betriebsleiter seinen Antrag im Lichte aller um das Kapital der Unternehmung konkurrierenden Anträge sehen. Dies mag zwar die Spannungen zwischen den verschiedenen Teilbereichen der Unternehmung nicht vollständig beseitigen, aber ein sinnvoller Investitions- und Finanzplan kann für lange Zeit die Initiative eines Betriebsleiters aufrechterhalten, auch wenn einer oder alle seiner Anträge abgelehnt werden. Zweitens kann bei Aufstellung eines Kapitalbudgets die Unternehmensleitung überzeugt werden, daß jeder angenommene Antrag geeigneten vorgegebenen Anforderungen gerecht wird und daß das Budget insgesamt Teil eines vernünftigen, langfristigen Gesamtplanes der Unternehmung ist.

Was ist nun der spezifische Gegenstand der Investitions- und Finanzplanung? Die Hauptaufgaben der Investitions- und Finanzplanung sind: 1. Ermittlung der Rendi-

---

* Im Original: Capital Equipment Analysis: The Required Rate of Profit. Mit freundlicher Genehmigung der Autoren und des Institute of Management Sciences entnommen aus: *Management Science*, 3 (1956), S. 102–110. Übersetzt von Elmar G. Alhäuser.

ten der vorliegenden Kapitalanlagemöglichkeiten und 2. Bestimmung der Mindestverzinsung der Investitionen, d. h. der kritischen Rendite. Die Investitions- und Finanzplanung hat auch Verwaltungsmaßnahmen und organisatorische Maßnahmen zur Auffindung von Investitionsmöglichkeiten, zur Verarbeitung von Informationen und zur Durchführung des Investitions- und Finanzplanes zum Gegenstand. Diese Maßnahmen sind jedoch ausführlich im Rahmen von Fallstudien diskutiert worden, die in Veröffentlichungen der American Management Association und des National Industrial Conference Board und in Periodika wie dem *N.A.C.A. Bulletin* erschienen sind [1]. Daher wollen wir uns mit ihnen an dieser Stelle nicht befassen.

Es gibt mindestens vier Methoden für die Festlegung der Rangfolge der vorgeschlagenen Investitionsprojekte, nämlich 1. die immer noch beliebte ›pay off‹-Methode; 2. die Annuitätenmethode; 3. die Kapitalwertmethode mit einem vorgegebenen Zinssatz; 4. die Methode des internen Zinsfußes. Es ist nicht unsere Absicht, in dieser Arbeit die verschiedenen Methoden zu diskutieren, zumal kritische Analysen dieser Methoden vorgenommen werden in Arbeiten von Dean, von Lorie und Savage und von Gordon in einer neueren Ausgabe des Journal of Business [2], die ausschließlich dem Thema »Investitions- und Finanzplanung« gewidmet ist.

Es ist allerdings interessant festzustellen, daß bei jeder dieser Methoden vorausgesetzt wird, daß die mit den Projekten verbundenen Zahlungsreihen bekannt sind. Qualitätsverbesserungen, bessere Arbeitsbedingungen, strategische Vorteile der Integration und andere Vorteile einer Investition werden immer noch rein qualitativ betrachtet. Da befriedigende Methoden der Quantifizierung solcher Vorteile in der Literatur noch nicht entwickelt worden sind, ist die Bewertung der Investitionsanträge immer noch von intuitiven Urteilen der Unternehmensleitung abhängig. Eine allgemeine quantitative Lösung des Problems der Aufstellung eines Kapitalbudgets ist zur Zeit noch nicht durchführbar. Es scheint uns, daß dieses Problem eine der meistversprechenden Möglichkeiten für die Anwendung der Methoden der Betriebswirtschaftslehre bietet. In der Tat erwarten wir, daß Techniken für die Quantifizierung der heute noch qualitativ behandelten wichtigen Faktoren bald gefunden werden.

Bei gegebenen Renditen der Investitionsanträge werden Umfang und Aufteilung des Budgets automatisch mit der Festlegung der Mindestverzinsung bestimmt, die für die Aufnahme eines Antrages in das Kapitalbudget gefordert wird. Im weiteren Verlauf wird eine Methode zur Bestimmung dieser Mindestverzinsung vorgeschlagen und ihre Bedeutung für die Aufstellung eines Kapitalbudgets analysiert.

II.

Wir nehmen an, das Ziel einer Unternehmung sei die Maximierung des Kurswertes der Aktien ihrer Anteilseigner. Obwohl es begründete Zweifel geben kann, ob dies das einzige Ziel der Unternehmensleitung ist, sind wir davon überzeugt, daß es keinen Streit darüber geben kann, daß es zumindest eine sehr wichtige Variable für die

Entscheidungen der Unternehmensleitung darstellt. Lutz und Lutz[3] und andere[4] haben gezeigt, daß dieses Ziel erreicht wird, wenn das Kapitalbudget so erstellt wird, daß der marginale interne Zinsfuß der Investitionen gleich der Rendite ist, mit der die Aktien der Gesellschaft am Markt gehandelt werden. Die Logik und Wirksamkeit dieses Kriteriums soll später diskutiert werden. Jetzt wollen wir nur auf die Bedeutung eingehen, die der vom Markt geforderten Rendite bei der Aufstellung eines Kapitalbudgets zukommt.

Zur Zeit wird die Rendite, mit der eine Aktie gehandelt wird, in der Weise berechnet, daß der Quotient aus gegenwärtiger Dividende und Kurs je Aktie oder der Quotient aus dem gegenwärtigen Gewinn und Kurs je Aktie gebildet wird.

Beide Quotienten berücksichtigen nicht, daß die auf eine Aktie entfallenden Dividenden wachsen können, und der Quotient aus Gewinn und Kurs berücksichtigt nicht, daß die Gewinne der Gesellschaft nicht mit den Dividenden übereinstimmen, die sie an ihre Aktionäre ausschüttet.

Die praktische Bedeutung dieser Mängel zeigt sich bei der Investitionsanalyse. Bei der vergleichenden Analyse von Stammaktien mit Hilfe des Quotienten aus gegenwärtiger Dividende und Kurs und/oder des Quotienten aus gegenwärtigem Gewinn und Kurs zu dem Zweck, Kauf- und Verkaufempfehlungen zu geben, wird das Wachstum der Dividenden vernachlässigt. Wenn man die Rendite einer Aktie als Maß der Verzinsung ansieht, die man durch den Kauf der Aktie zu erzielen erwartet, dann genügt es nicht, bei der Investitions- und Finanzplanung der Unternehmung, bei der auch die Zukunft einzubeziehen ist, allein den laufenden Ertrag zu berücksichtigen, sei es nun Gewinn oder Dividende. Kurz gesagt, das voraussichtliche Wachstum des Ertragsstromes einer Aktie sollte bei der Berechnung ihrer Rendite berücksichtigt werden. Andernfalls ist es zweifelhaft, ob diese Rendite als Mindestverzinsung bei der Aufstellung eines Kapitalbudgets brauchbar ist.

In seiner klassischen *Theory of Investment Value*[5] hat J. B. Williams das Problem des Wachstums erstmals behandelt. Die Modelle, die er entwickelte, waren jedoch willkürlich und kompliziert, so daß das Wachstum weiterhin zu den Problemen gehörte, die nur qualitativ behandelt wurden. Wir glauben, daß der folgende Vorschlag zur Bestimmung der Rendite, bei dem das voraussichtliche Wachstum berücksichtigt wird, gewisse Vorteile hat. Die Rendite, die mit einem Vermögensgegenstand erzielt wird, ist gleich dem Kalkulationszinsfuß, bei dem der Barwert der erwarteten zukünftigen Einzahlungsüberschüsse des Vermögensgegenstandes gleich seinem Preis ist. P_0 sei der Kurs einer Aktie im Zeitpunkt $t = 0$, D_t sei die erwartete Dividende im Zeitpunkt t, und k sei der Kalkulationszinsfuß. Dann ist die Rendite einer Aktie gleich demjenigen Wert von k, der die Gleichung

$$P_0 = \sum_{t=1}^{\infty} \frac{D_t}{(1 + k)^t}. \qquad (1)$$

erfüllt.

Die mathematische Darstellung wird vereinfacht, wenn angenommen wird, daß die Dividende kontinuierlich gezahlt und diskontiert wird, und zwar mit den jährlichen Raten D_t und k. In diesem Falle gilt:

$$P_0 = \int_0^\infty D_t e^{-kt}\, dt. \tag{2}$$

Da P_0 bekannt ist, erfordert die Bestimmung der Rendite einer Aktie lediglich die Schätzung von D_t ($t = 1, 2, \ldots, \infty$).

Es soll bereits hier deutlich gemacht werden, daß es nicht unser Ziel ist, die Rendite zu ermitteln, die *tatsächlich bei Kauf einer Aktie erzielt wird*. Hierfür müßten die Dividenden, die in der Zukunft gezahlt werden, sowie der Kurs und der Zeitpunkt, zu dem die Aktie verkauft wird, eindeutig bekannt sein. Leider sind diese Informationen für uns nicht erhältlich. Die hier interessierende Rendite stellt eine Beziehung zwischen dem gegenwärtig bekannten Kurs und den *erwarteten zukünftigen Dividenden* dar. Letztere werden im Urteil verschiedener Individuen unterschiedlich sein, je nach den Informationen, über die sie verfügen, und je nach ihrer Persönlichkeit. Deshalb verstehen wir unter erwarteten zukünftigen Dividenden eine Schätzung, die 1. in objektiver Weise aus bekannten Daten ableitbar ist, 2. mit Methoden abgeleitet wird, die vernünftig erscheinen, d. h. nicht im Gegensatz zu dem finanzierungspolitischen Verhalten von Aktiengesellschaften stehen, und 3. als Grundlage dienen kann, in operationaler Weise diejenige Aktienrendite zu bestimmen, die den Erwartungen entspricht.

Wir erhalten D_t aufgrund zweier Annahmen. Erstens wird angenommen, daß die Gesellschaft einen Teil b ihres Gewinnes nach Steuern zurückbehält, und zweitens wird unterstellt, daß die Gesellschaft auf zurückbehaltene Gewinne eine Rendite von r erzielt. Y_t kennzeichne den Gewinn der Gesellschaft pro Aktie nach Steuern zum Zeitpunkt t. Dann ist die erwartete Dividende zum Zeitpunkt t gleich:

$$D_t = (1 - b)\, Y_t \tag{3}$$

Der Gewinn pro Aktie zum Zeitpunkt t ist gleich dem Gewinn in $(t - 1)$ zuzüglich r Prozent des in $(t - 1)$ zurückbehaltenen Gewinnes. Es gilt also:

$$Y_t = Y_{t-1} + rbY_{t-1} \tag{4}$$

Gleichung 4 ist einfach ein zusammengefaßter Zinsausdruck. Wächst Y_t kontinuierlich mit der Rate $g = br$, so gilt:

$$Y_t = Y_0 e^{gt}. \tag{5}$$

Aus den Gleichungen (3) und (5) folgt:

$$D_t = D_0 e^{gt}. \tag{6}$$

Setzt man den Ausdruck auf der rechten Seite dieser Gleichung für D_t in (2) ein und integriert, so ergibt sich:

$$\begin{aligned} P_0 &= \int_0^\infty D_0\, e^{gt}\, e^{-kt}\, dt \\ &= D_0 \int_0^\infty e^{-t(k-g)}\, dt \\ &= \frac{D_0}{k-g}. \end{aligned} \qquad (7)$$

Die Bedingung für eine Lösung ist $k > g$, denn andernfalls wäre P_0 unendlich oder negativ.

Bei Auflösung von Gleichung (7) nach k erhalten wir:

$$k = \frac{D_0}{P_0} + g. \qquad (8)$$

Diese Gleichung besagt, daß die Rendite einer Aktie gleich ist dem Quotienten aus gegenwärtiger Dividende und Kurs zuzüglich der erwarteten Wachstumsrate der Dividende. Da andere Definitionen der Rendite einer Aktie möglich sind, wollen wir k als Wachstumsrendite bezeichnen.

III.

Wir wollen jetzt das Modell, das wir gerade entwickelt haben, näher überprüfen und beurteilen. Die Schätzung der Rendite einer Aktie erfordert eine Schätzung des zukünftigen Dividendenstromes, der auf die Aktie entfällt. Der grundsätzliche Unterschied zwischen unserem Modell und dem Quotienten aus gegenwärtiger Dividende und Kurs beruht auf unterschiedlichen Wachstumsannahmen. Wie man sehen kann, wird bei letzterem angenommen, daß die Dividende konstant bleibt. Da das Wachstum allgemein als ein wertbestimmender Faktor einer Aktie anerkannt wird und weil es dazu dient, Unterschiede in den Dividenden-Kurs-Verhältnissen verschiedener Aktien zu erklären, erscheint seine explizite Berücksichtigung wünschenswert. Zukünftige Dividenden sind unsicher, aber das Problem ihrer Schätzung kann nicht dadurch gelöst werden, daß es ignoriert wird. Es dürfte eine bessere Alternative sein, eine konstante Wachstumsrate anzunehmen und zu unterstellen, sie sei gleich der gegenwärtigen Wachstumsrate.

In unserem Modell wächst die Dividende mit der Rate br, d.h. dem Produkt aus der Selbstfinanzierungsrate und der Verzinsung der zurückbehaltenen Mittel. Es ist formal richtig, daß die Dividende mit dieser Rate anwächst, wenn die Gesellschaft den Teil b des Gewinns zurückbehält und hierauf eine Rendite von r erzielt. Obwohl wir recht sicher sein können, daß die Dividende einer Gesellschaft nicht uniform und kontinuierlich mit einer bestimmten Rate wächst, stellt diese Annahme keinen Nachteil dar, es sei denn, wir halten eine andere Hypothese zur Schätzung des zukünftigen Dividendenstromes für besser. Außerdem werden die Zukunftswerte diskontiert; daher führt ein Fehler bei der Schätzung der Dividende eines in der fernen Zukunft liegenden Jahres zu einem erheblich kleineren Fehler bei der Bestimmung von k als ein Fehler bei der Schätzung der Dividende eines nähergelegenen Jahres.

Es ist zu beachten, daß die Formel zur Berechnung der Aktienrendite fragwürdig ist, wenn *sowohl* der Gewinn *als auch* die Dividende gleich Null sind; sie ist vermutlich auch fragwürdig, wenn beide Größen sehr niedrig (oder negativ) sind. In solchen Fällen führt Formel (8) zu einer niedrigeren Aktienrendite, als der Markt von der Gesellschaft fordert. Es ist jedoch offensichtlich, daß die Quotienten aus gegenwärtiger Dividende und Kurs bzw. gegenwärtigem Gewinn und Kurs unter diesen Bedingungen noch fragwürdiger sind und daher die gleichen Grenzen aufweisen.

Es gibt andere Methoden der Schätzung der zukünftigen Dividenden als die Extrapolation der gegenwärtigen Dividende mit Hilfe der Wachstumsrate br. Insbesondere kann man g direkt bestimmen, indem man einen Durchschnitt aus den vergangenen Wachstumsraten der Dividenden einer Gesellschaft bildet. Ob diese oder irgendeine andere Methode der Schätzung der erwarteten zukünftigen Dividenden besser ist als die vorher aufgestellte oder nicht, hängt von ihrer Brauchbarkeit für Zwecke wie z. B. die Analyse der Kursunterschiede von Aktien ab und von den Interessen derjenigen Investoren, die ein objektives Maß der Aktienrenditen haben möchten.

Bis jetzt haben wir die Wachstumsrendite und den Quotienten aus Gewinn und Kurs bzw. Dividende und Kurs theoretisch miteinander verglichen. Wir wollen jetzt untersuchen, wie stark sich diese in der Realität unterscheiden. Die Differenz zwischen der Wachstumsrendite und dem Quotienten aus gegenwärtiger Dividende und Kurs ist einfach gleich der Wachstumsrate. Die Differenz zwischen der Wachstumsrendite und dem Quotienten aus Gewinn und Kurs, der gewöhnlich als Maß der Rendite für die Aufstellung eines Kapitalbudgets empfohlen wird, ist jedoch nicht so einfach zu bestimmen. Um diese Differenz herauszuarbeiten, stellen wir zuerst fest, daß

$$b = \frac{Y - D}{Y} \text{ und } r = \frac{Y}{B} \tag{9}$$

wobei B der Buchwert des im Unternehmen eingesetzten Kapitals je Aktie ist. Die Wachstumsrendite kann deshalb geschrieben werden als

$$k = \frac{D}{P} + br = \frac{D}{P} + \frac{Y - D}{B}. \tag{10}$$

Ferner kann der Quotient aus Gewinn und Kurs wie folgt zerlegt werden:

$$y = \frac{Y}{P} = \frac{D}{P} + \frac{Y-D}{P}. \tag{11}$$

Wir sehen nun, daß y und k gleich sind, wenn der Buchwert des Kapitaleinsatzes und der Marktwert der Aktien übereinstimmen. Man kann behaupten, daß der Quotient aus gegenwärtigem Gewinn und Kurs einerseits einen zu hohen Dividendenstrom voraussetzt wegen der Annahme, daß die Dividende gleich dem Gewinn pro Aktie ist, und andererseits einen zu niedrigen Dividendenstrom unterstellt wegen der Annahme, daß dieser nicht anwachsen wird. Im Sonderfall, in dem Buch- und Marktwert gleich sind, heben sich jedoch die beiden Fehler gegenseitig auf.

Gewöhnlich unterscheiden sich Markt- und Buchwert, wobei y größer ist als k, wenn der Marktwert unter dem Buchwert liegt. Deshalb ergab sich z.B. für eine IBM-Aktie, deren Kurs weit über dem Buchwert liegt, ein Quotient aus Gewinn und Kurs von 2 oder 3 Prozent im Jahre 1955. Wir wissen jedoch, daß der Markt eine höhere Rendite von einer Aktie, auch von einer IBM-Aktie, fordert. Ihre Wachstumsrendite stimmt somit eher überein mit der Rendite, die man bei gesundem Menschenverstand erwarten würde. Umgekehrt, als U.S. Steel zur Hälfte des Buchwertes im Jahre 1950 gehandelt wurde, lag der hohe Wert des Quotienten aus Gewinn und Kurs weit über der wirklichen Rendite der Aktien.

Außerdem schwankt die Wachstumsrendite in geringerem Umfang als der Quotient aus jeweiligem Gewinn und Kurs. Während der vergangenen Jahre sind z.B. Gewinn, Dividende und Buchwert relativ gleichmäßig angestiegen, der Marktpreis ist jedoch in einem beträchtlich höheren Maße gestiegen. Folglich ist die Wachstumsrendite, die zum Teil vom Buchwert abhängt, weniger gesunken als der Quotient aus jeweiligem Gewinn und Kurs. Umgekehrt würde auf einem verfallenden Markt k weniger schnell ansteigen als y.

Nach weitverbreiteter Ansicht sind viele Kennzahlen des Rechnungswesens, insbesondere der Buchwert pro Aktie, unempfindlich gegenüber den Realitäten der Welt; man mag daher glauben, daß die vergleichsweise große Stabilität von k lediglich eine Konsequenz der geringen Brauchbarkeit der Unterlagen des Rechnungswesens ist. Dies ist nicht richtig! Das Verhalten von k resultiert nicht aus eventuellen Realitätsmängeln der Daten des Rechnungswesens. Der Buchwert erscheint im Modell, weil er, und nicht der Marktwert, zur Ermittlung der Rendite herangezogen wird, die die Gesellschaft auf Investitionen erzielt. Mit Hilfe dieser Rendite wird die Wachstumsrate der Dividenden bestimmt. Die vergleichsweise große Stabilität von k folgt aus der Tatsache, daß eine Änderung der Mindestrendite eine überproportionale Kursänderung hervorruft. Umgekehrt spiegelt eine Änderung des Kurses eine unterproportionale Änderung der Rendite wider.

IV.

Wie ist das Kapitalbudget zu bestimmen, wenn die internen Zinsfüße der Investitionsprojekte und die Rendite der Aktien der Gesellschaft bekannt sind? Wie bereits erwähnt wurde, sollte nach herrschender Ansicht das Budget so festgelegt werden, daß der marginale interne Zinsfuß der Investition mit der Rendite übereinstimmt, zu der die Aktien der Gesellschaft gehandelt werden. Die Begründung lautet: Wenn der Markt z. B. eine Rendite von 10 Prozent für die Aktien einer Gesellschaft fordert und wenn die Gesellschaft eine Rendite von 15 Prozent bei zusätzlichen Investitionen erzielen kann, dann werden bei Beschaffung des Eigenkapitals und Durchführung der Investition die Gewinne pro Aktie steigen. Da die Gewinne und Dividenden pro Aktie anwachsen oder da der Markt davon überzeugt ist, daß sie anwachsen werden, wird der Aktienkurs steigen. Die Zielsetzung des Unternehmens, daran sei erinnert, ist die Maximierung des Kurswertes der Aktien ihrer Anteilseigner.

Bei dieser Begründung wird vorausgesetzt, daß die Gesellschaft zusätzliche Aktien zum gegenwärtigen oder zu einem höheren Kurs ausgeben kann, oder wenn bei einer Neuemission der Kurs fällt, der Kursrückgang gering ist und der Kurs bald wieder über das vorherige Niveau steigt. Jedoch können einige andere Überlegungen gegen eine Aktienemission sprechen; z. B. kann die Unternehmensleitung eine Verringerung ihres Einflusses befürchten, oder die Kosten einer Neuemission können sehr hoch sein, oder es kann erwartet werden, daß bei einer Neuemission der Kurs in starkem Umfang und für unbestimmte Zeit aus Gründen fällt, die in der Theorie nicht berücksichtigt werden. Daher folgt nicht automatisch, daß eine Neuemission durchgeführt werden sollte, wenn der Kapitalbedarf einer Unternehmung bei Anwendung des obigen Kriteriums größer ist als der bereits vorhandene Geldbetrag.

Bei der Feststellung, ob die gewünschte Mindestrendite über oder unter dem marginalen internen Zinsfuß r' der Investition liegt, kann man y, den Quotienten aus gegenwärtigem Gewinn und Kurs, oder die Wachstumsrendite k als Mindestrendite verwenden. Wenn sich y und k unterscheiden und wenn die früher gegebene Begründung für die Verwendung von k stimmt, dann kann die Verwendung von y dazu führen, daß der Einfluß einer Neuemission auf die Höhe des Aktienkurses falsch abgeschätzt wird.

Um den optimalen Umfang einer Aktienemission zu erhalten, muß das Investitionsvolumen so festgelegt werden, daß r' und y oder k übereinstimmen, je nachdem, wie die Rendite gemessen wird. Zur Abschätzung des marginalen internen Zinsfußes können interne Daten verwandt werden. Wenn die geforderte Mindestverzinsung als konstant angesehen wird, so ergibt sich ihr Wert gemäß den Definitionen $y = Y/P$ oder $k = D/P + br$. Die Mindestrendite kann jedoch vom Umfang der Aktienemission oder von den Variablen, die sich als Folge der Emission verändern können, abhängen. In diesem Fall ist für die Ermittlung des optimalen Umfanges einer Aktienemission ein Modell erforderlich, mit dessen Hilfe die Veränderung der Mindestrendite prognostiziert werden kann.

Abb. 1

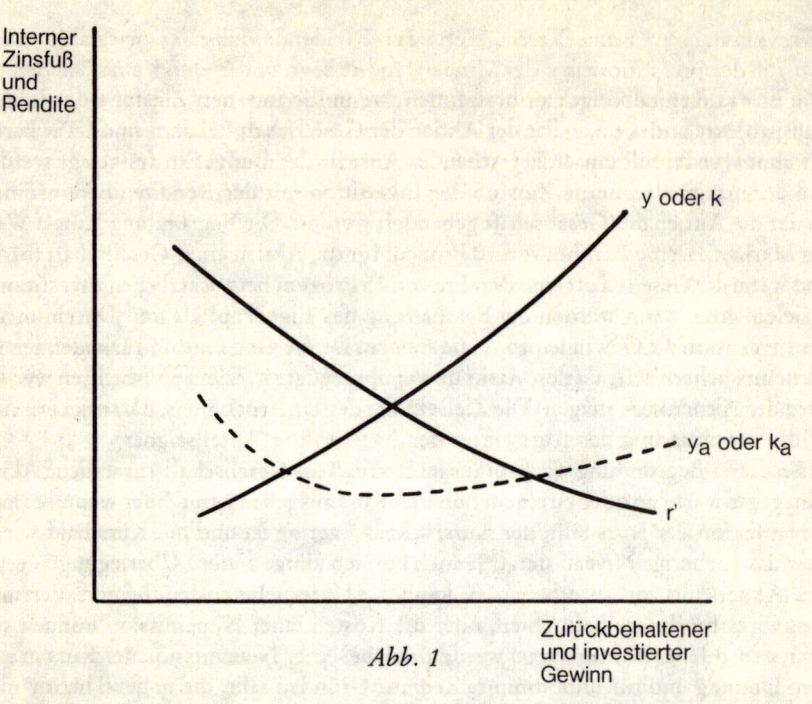

(Achsenbeschriftung: Interner Zinsfuß und Rendite / Zurückbehaltener und investierter Gewinn; Kurven: y oder k, y_a oder k_a, r')

Eine andere Finanzierungsmöglichkeit für Investionen besteht in der Aufnahme von Fremdkapital. Die Beantwortung der Frage, ob ein Fremdkapitaleinsatz vorteilhaft ist oder nicht, setzt voraus: 1. die Messung der Risikoänderung aufgrund der Verschuldung und 2. die Bestimmung der Differenz zwischen der Gewinnrate und dem Zinssatz, die erforderlich ist, um eine gegebene Zunahme des Risikos auszugleichen. Dieses Problem ist bisher noch nicht gelöst worden, was die weitverbreitete Methode erklären mag, willkürlich eine »befriedigende« Kapitalstruktur festzulegen und höchstens den Kapitalbetrag aufzunehmen, der dieser Struktur entspricht.

Dean[6] und Terborgh[7] haben ausgeführt, daß die langfristige Höchstgrenze für die Kapitalanlagen einer Unternehmung mit den intern verfügbaren Mitteln übereinstimmt. Welchen Teil des Gewinns eine Gesellschaft zurückbehält, unterliegt jedoch der Kontrolle der Unternehmensleitung; ein Modell zur Investitions- und Finanzplanung sollte auch die Frage beantworten helfen, ob derjenige Teil des Gewinns einer Gesellschaft, der für Investitionen zurückbehalten wird, vergrößert oder verringert werden soll.

Nach der traditionellen Theorie ist das Problem wie folgt zu lösen: Eine Unternehmung schätzt ihre Gewinne und Abschreibungen für das folgende Jahr und zieht hiervon die geplante Dividende ab, um ein vorläufiges Investitionsvolumen zu erhalten. Der marginale interne Zinsfuß, der diesem Investitionsvolumen entspricht, kann über oder unter der geforderten Mindestrendite liegen. Aus der Theorie folgt, daß die beiden Zinssätze angeglichen werden sollten durch 1. eine Erhöhung des Investitionsvolumens und eine Verringerung der Dividende, falls der marginale interne Zinsfuß der Investition über der Mindestrendite liegt, und 2. durch eine Dividendenerhöhung und eine Verringerung des Investitionsvolumens, falls das Gegenteil der Fall ist. Die Bedingungen, unter denen dieses Verfahren zu einem Gleichgewicht führt, sind in Abbildung 1 dargestellt. Der marginale interne Zinsfuß der Investition r' müßte sinken, wenn das Investitionsvolumen vergrößert wird, und die Mindestrendite y oder k müßte ansteigen oder mit einer geringeren Rate als r' sinken. Der letztere Fall wird durch die Kurve y_a oder k_a gekennzeichnet.

Bei Veränderung der Dividende in dem Maße, daß r' und z.B. y übereinstimmen, wird der Kurs der Aktie maximiert. Wenn z.B. r' über y liegt, kann die Gesellschaft eine höhere Rendite erzielen, als die Anteilseigner verlangen, und ein im Unternehmen angelegter Dollar ist für die Aktionäre mehr wert als ein Dollar, der als Dividende ausgeschüttet wird. Mit anderen Worten, der Anstieg des Aktienkurses wäre größer als der zurückbehaltene Betrag.

Es ergeben sich natürlich eine Reihe von Problemen bei Anwendung dieses Modells zur Bestimmung der optimalen Dividende. Erstens erhebt sich die Frage, ob y oder k zur Messung der Mindestrendite verwandt werden soll. Zweitens besteht kein Zweifel darüber, daß die Mindestrendite sich mit dem Dividendensatz ändert. Daher läßt die entsprechende Mindestrendite keine Aussagen darüber zu, welche Rendite bei verändertem Dividendensatz gewünscht wird. Es ist deshalb ein Modell erforderlich, das voraussagt, wie y oder k vom Dividendensatz und anderen Variablen abhängen. Drittens besteht ein sehr unangenehmes Problem in bezug auf Kurz- und Langfristigkeit. Es wird häufig angenommen, daß der Kurs einer Aktie mit steigendem Dividendensatz wächst. In diesem Falle sollte eine Gesellschaft ihren gesamten Gewinn ausschütten. In der Tat ist es durchaus möglich, daß bei einer Veränderung der Dividende die Aktionäre erwarten, daß Erträge und zukünftige Dividenden sich in der gleichen Richtung ändern. Zudem ist bei kurzfristiger Betrachtungsweise der Markt wahrscheinlich nicht über die internen Zinsfüße einer Unternehmung informiert. Aus diesen und anderen Gründen scheint es sinnvoll, daß sich der Dividendensatz nicht aufgrund kurzfristiger Änderungen des marginalen internen Zinsfußes verändern sollte, und es werden kompliziertere Methoden als die zur Zeit angewendeten benötigt, um die Abhängigkeit des Kurses oder der Mindestrendite vom Dividendensatz zu bestimmen.

V.

Die wesentlichsten Punkte, die in diesem Aufsatz entwickelt wurden, können wie folgt zusammengefaßt werden. Wir haben eine Definition der Mindestrendite vorgestellt, die der Markt von einer Aktie fordert, und wir haben einige ihrer Vorteile dargestellt. Sie ist theoretisch den Quotienten aus gegenwärtigem Gewinn und Kurs bzw. gegenwärtiger Dividende und Kurs überlegen, weil sie berücksichtigt, daß ein Anwachsen des Dividendenstromes einer Aktie erwartet werden kann. Zum anderen sind auch ihre empirischen Merkmale denen der beiden Quotienten überlegen, da ihr Wert im allgemeinen eher übereinstimmt mit vernünftigen Vorstellungen über die vorliegende Rendite einer Aktie und da ihr Wert in geringerem Maße im Zeitablauf schwankt. Als nächstes haben wir einige der Probleme untersucht, die eine Verwendung dieser Definition der Rendite und des Quotienten aus gegenwärtigem Gewinn und Kurs in Modellen zur Investitions- und Finanzplanung mit sich bringt. Schließlich sahen wir, daß wir unsere Methoden der Schätzung der zukünftigen Erträge von Investitionsprojekten verbessern und eine Menge mehr darüber lernen müssen, wie sich die Rendite, die der Markt von einer Aktie fordert, mit der Dividende, der Wachstumsrate und anderen Variablen ändert, von denen diese Rendite abhängen kann. Nur dann kann die betriebswirtschaftliche Kapitaltheorie ein zuverlässiger Helfer für die praktische Planung werden.

ANMERKUNGEN

1. *American Management Association*, Tested Approaches to Capital Equipment Replacement, Special Report No. 1, 1954; *American Management Association*, Capital Equipment Replacement; *AMA Special Conference*, 3./4. Mai 1954 (New York 1954, American Management Association); J. H. Watson, III, National Industrial Conference Board, Controlling Capital Expenditures, *Studies in Business Policy*, No. 62, April 1953; C. I. Fellers, Problems of Capital Expenditure Budgeting, *N.A.C.A. Bulletin*, 26 (Mai 1955), S. 918–924; E. N. Martin, Equipment Replacement Policy and Application, *N.A.C.A. Bulletin*, 35 (Februar 1954), S. 715–730.

2. *Journal of Business*, XXVIII, No. 3 (Oktober 1955).

3. Friedrich und Vera Lutz, *The Theory of Investment of the Firm* (Princeton, N.J., 1951, Princeton University Press), S. 41–43.

4. Joel Dean, *Capital Budgeting: Top Management Policy on Plant, Equipment, and Product Development* (New York, 1951, Columbia University Press); Roland P. Soule, Trends in the Cost of Capital, *Harvard Business Review*, 31 (März/April 1953), S. 33–47.

5. J. B. Williams, *The Theory of Investment Value* (Cambridge, Mass., 1938, Harvard University Press), S. 87–96.

6. Dean, a.a.O., S. 53–55.

7. George Willard Terborgh, *Dynamic Equipment Policy* (New York, 1949, McGraw-Hill), S. 228–229.

Nutzenmaximierung
und finanzwirtschaftliche Unterziele

HELMUT LAUX[*]

Zusammenfassung: Es wird gezeigt, daß die Zielfunktionen, mit denen in der Regel bei der Bestimmung des optimalen Investitionsprogramms einer Kapitalgesellschaft gearbeitet wird, nicht zwingend im Einklang stehen mit dem Oberziel der Maximierung des erwarteten Nutzens der Anteilseigner. Dies gilt auch dann, wenn kein Interessenkonflikt zwischen den Anteilseignern besteht. Die Analyse basiert auf einem Portefeuille-Modell und einem darauf aufbauenden Modell zur Bestimmung der Gleichgewichtskurse von Aktien.

I. EINFÜHRUNG UND AUFBAU DER ARBEIT

In dieser Arbeit soll insbesondere nachgewiesen werden, daß die finanzwirtschaftlichen Zielsetzungen, die in der Regel bei der Bestimmung des optimalen Kapitalbudgets einer Aktiengesellschaft zugrunde gelegt werden, nicht zwingend im Einklang stehen mit der Zielfunktion der Maximierung des erwarteten Nutzens des Endvermögens ihrer Aktionäre. Mit dieser Zielfunktion wird im allgemeinen bei der Beschreibung des optimalen Aktienbestandes eines Individuums (also im Rahmen der Portefeuille-Theorie) gearbeitet.

Der Aufsatz ist wie folgt aufgebaut:

Im Abschnitt II wird gezeigt, wie ein Individuum i sein optimales Aktienportefeuille für eine Periode bestimmen kann. Das von ihm angestrebte Ziel sei die Maximierung seines erwarteten Nutzens u_i, wobei u_i eine lineare Funktion des Erwartungswertes μ_i und der Varianz σ_i^2 des Vermögens ist, über das er am Ende der betrachteten Periode verfügt. Das dargestellte Portefeuille-Modell baut auf den Arbeiten von Markowitz (1952, 1959) und Farrar auf.

In Abschnitt III werden aufbauend auf diesem Modell Bestimmungsfaktoren für die Höhe der Gleichgewichtskurse und der Risikoprämien von Aktien herausgearbeitet. Hierfür wird ein Marktgleichgewichts-Modell entwickelt, das in ähnlicher Weise aufgebaut ist wie die Gleichgewichtsmodelle von Lintner (1965a, b) und Mossin. Das in unserer Arbeit verwendete Modell wird so formuliert, daß der Einfluß der Risikoeinstellungen der Aktionäre auf die Höhe der Gleichgewichtskurse besonders deutlich wird.

In Abschnitt IV, der auf den Ergebnissen der Kapitel II und III aufbaut, werden

[*] Im Original: Expected Utility Maximization and Capital Budgeting Subgoals. Mit freundlicher Genehmigung des Verlages entnommen aus: *Unternehmensforschung*, 15 (1971), S. 130–146.

zwei Bereiche der Investitionstheorie miteinander verknüpft: die Theorie der Bestimmung des optimalen Aktienbestandes eines Aktionärs und die Theorie der Bestimmung des optimalen Investitionsprogramms einer Aktiengesellschaft. Es wird gezeigt, wie dasjenige Investitionsvolumen einer Aktiengesellschaft bestimmt werden kann, bei dem der erwartete Nutzen eines Anteilseigners maximiert wird, der Aktien verschiedener Gesellschaften in seinem Portefeuille hält.

In Abschnitt V wird gezeigt, daß das im Kapitel IV beschriebene optimale Investitionsvolumen in der Regel nicht mit demjenigen übereinstimmt, das sich ergibt, wenn

1. das Investitionsvolumen so lange ausgedehnt wird, bis die durchschnittlichen Kapitalkosten [1] die gleiche Höhe aufweisen wie der Erwartungswert der Grenzrendite der Investition (Kapitalkostenkonzept)[2], oder
2. der Marktwert der Aktien der Gesellschaft maximiert wird [3].

Es wird nachgewiesen, daß

1. das Kapitalkostenkonzept *dann, und nur dann*, im Einklang steht mit dem Ziel der Maximierung des erwarteten Nutzens eines Anteilseigners i, wenn es für ihn optimal ist, *weder Aktien zu kaufen noch zu verkaufen*,
2. bei Maximierung des Marktwertes der Aktien einer Gesellschaft [4] *genau dann* der erwartete Nutzen eines Aktionärs i maximiert wird, wenn es für ihn vorteilhaft ist, *alle* seine Anteile an dieser Gesellschaft zu verkaufen.

Unter den Annahmen unserer Arbeit sind im Gleichgewicht die Strukturen aller individuellen Aktienportefeuilles identisch; jeder Aktionär hält einen bestimmten Prozentbetrag der Aktien aller Gesellschaften. Das wird auf S. 69 bewiesen.

Im Anhang wird bewiesen, daß eine Gesellschaft, die ihr Investitionsvolumen so festlegt, daß die *Summe der Marktwerte der Aktien aller Gesellschaften* (der Reichtum der Aktionäre) maximiert wird, den erwarteten Nutzen u_i des Aktionärs i *dann, und nur dann, maximiert*, wenn es für ihn vorteilhaft ist, *seine gesamten Aktien zu verkaufen*.

Die Annahmen, auf denen diese Arbeit aufbaut, sind zum Teil recht unrealistisch. Sie werden so gewählt, daß der Konflikt zwischen den diskutierten Unterzielen (Marktwertmaximierung, Kapitalkostenkonzept) und dem Oberziel der Maximierung des erwarteten Nutzens u_i in relativ einfacher Weise aufgezeigt und interpretiert werden kann. Wie bewiesen werden kann, würde die Wahl realistischerer Annahmen die grundlegenden Ergebnisse dieser Arbeit nicht wesentlich beeinflussen.

Im folgenden sollen die wichtigsten Prämissen der Arbeit dargestellt werden:

1. Lediglich Aktiengesellschaften können riskante Realinvestitionen durchführen.
2. Das optimale Investitionsvolumen einer Gesellschaft R wird unter der Annahme bestimmt, daß die Investitionsentscheidungen der übrigen Gesellschaften von diesem Investitionsvolumen unabhängig sind.
3. Die Gesellschaft R kann nur Investitionen eines *bestimmten Typs* realisieren. Problem ist die Bestimmung *der optimalen Zahl von Investitionseinheiten* (das optimale Investitionsvolumen).

4. Die Gesellschaft R hat eine Restlebensdauer von einer Periode.

5. Alle Aktien sind im Besitz natürlicher Personen. Über die Aktionäre werden folgende Annahmen gemacht:

a) Jeder Aktionär i will seinen erwarteten Nutzen u_i maximieren, wobei u_i eine lineare Funktion des Erwartungswertes (μ_i) und der Varianz (σ_i^2) des Vermögens ist, über das der Aktionär i am Ende der Betrachtungsperiode verfügt. Dieses Vermögen bezeichnen wir im folgenden als Endvermögen.

b) Alle Aktionäre sind risikoscheu: Von zwei Portefeuilles, denen derselbe Erwartungswert für das Endvermögen entspricht, ziehen sie dasjenige mit der kleineren Varianz vor.

c) Alle Aktionäre ordnen den für die Investitionsplanung relevanten ungewissen Größen dieselbe Wahrscheinlichkeitsverteilung zu.[5]

d) Es existiert ein vollkommener Kapitalmarkt mit einem Einheitszinssatz von p.

6. Die Aktien sind beliebig teilbar.

7. Bei Kauf und Verkauf von Aktien entstehen keine Transaktionskosten.

II. DAS OPTIMALE AKTIENPORTEFEUILLE DES INDIVIDUUMS i

Der erwartete Nutzen u_i des Aktionärs i ($i = 1,2,...,n$) sei[6]

$$u_i = \mu_i - \frac{1}{t_i} \sigma_i^2 \quad (i = 1,2,...,n) \tag{1.i}$$

μ_i kennzeichnet den Erwartungswert und σ_i^2 die Varianz des Endvermögens des Aktionärs i. t_i ist ein Faktor, der den Grad der Risikoaversion des Aktionärs i ausdrückt, n ist die Zahl der Aktionäre.

Die Steigungen der Indifferenzlinien, die zeigen, welchen Konstellationen von μ_i und σ_i^2 der Anteilseigner i gegenüber indifferent ist, sind gleich t_i. Je kleiner t_i ist, um so größer ist offensichtlich die Risikoaversion des Aktionärs i.

Da alle Aktionäre annahmegemäß risikoscheu sind, muß die Bedingung

$$t_i \geq 0 \quad (i = 1,2,...,n) \tag{2.i}$$

gelten. Wäre t_i negativ, so stiege nach (1.i) der erwartete Nutzen des Aktionärs mit wachsendem σ_i^2 an, er wäre dann also risikofreudig.

Wir nehmen nun an, es existierten insgesamt m Kapitalgesellschaften, die zu Beginn und am Ende der betrachteten Periode (aber nicht zwischen diesen Zeitpunkten) Dividenden ausschütten und/oder durch Emission von Aktien Eigenkapital aufnehmen können. Eine Aktie der Gesellschaft r ($r = 1,2,...,R,...,m$) habe zu Beginn der Betrachtungsperiode unmittelbar *nach* Dividendenausschüttung einen Kurswert von P_{r1}. Am Ende der betrachteten Periode, und zwar unmittelbar *bevor* Dividenden ausgeschüttet werden, habe sie einen ungewissen Kurswert von P_{r2}. Der mathematische Erwartungswert der Zufallsvariablen P_{r2} sei $\bar{P}_{r2}$, ihre Varianz sei K_{rr}, und die Kovarianz von P_{r2} und P'_{s2} ($s = 1, 2, ..., r-1, r+1, ..., m$) sei K_{rs}.

Hält der Anteilseigner i keine Aktien (verkauft er also die Aktien, die er zu Beginn der Periode bereits besitzt), so erziele er ein sicheres Endvermögen in Höhe von V_i. Sein erwarteter Nutzen ist dann nach (1.i) gleich V_i. Hält er indessen Y_{ri} Aktien der Gesellschaft r ($r = 1, 2, ..., m$), so erzielt er nach (1.i) einen erwarteten Nutzen in Höhe von [7]

$$u_i = V_i + \sum_{r=1}^{m} Y_{ri} \bar{P}_{r2} - \sum_{r=1}^{m} Y_{ri} P_{r1}(1+p) - \frac{1}{t_i} \sum_{s=1}^{m} \sum_{r=1}^{m} Y_{ri} K_{rs} Y_{si} \quad (i = 1, 2, ..., n), (3.i)$$

Hierin ist $V_i + \sum_{r=1}^{m} Y_{ri} \bar{P}_{r2} - \sum_{r=1}^{m} Y_{ri} P_{r1}(1+p)$ der Erwartungswert des Endvermögens des Aktionärs i und $\sum_{r=1}^{m} \sum_{s=1}^{m} Y_{ri} K_{rs} Y_{si}$ die Varianz dieses Vermögens.

Wir bezeichnen nun den Wert von Y_{ri} ($r = 1,2,...,m, i = 1,2,...,n$), bei dem u_i maximiert wird, mit Y^*_{ri}. Die notwendigen Bedingungen, daß beim Aktienbestand Y^*_{1i}, $Y^*_{2i},..., Y^*_{mi}$ der erwartete Nutzen u_i maximiert wird, sind [8]:

$$\frac{\partial u_i}{\partial Y_{ri}}(Y^*_{1i}, Y^*_{2i},...,Y^*_{mi}) = \bar{P}_{r2} - (1+p)P_{r1} - \frac{2}{t_i}\sum_{s=1}^{m} Y^*_{si} K_{rs} = 0 \quad (4.r.i)$$

$$(r = 1,2,...,m), (i = 1,2,...,n).$$

Dieses Gleichungssystem besteht aus $n \cdot m$ Gleichungen. Löst man die m Gleichungen dieses Systems, die den Index i aufweisen, so erhält man die optimalen Werte von $Y_{1i}, Y_{2i},..., Y_{mi}$ (also das optimale Aktienportefeuille des Aktionärs i).

Für die weitere Analyse definieren wir nun:

$$b_r = \bar{P}_{r2} - (1+p)P_{r1} \quad (r = 1,2,...,m). \quad (5.r)$$

b_r wird im folgenden als *Risikoprämie* einer Aktie der Gesellschaft r bezeichnet. Diese Prämie gibt an, wie weit der Erwartungswert des Endvermögens ansteigt, wenn eine Aktie der Gesellschaft r zusätzlich in das Portefeuille aufgenommen wird.

Aus (4.r.i) und (5.r) ergibt sich das Gleichungssystem

$$t_i = \frac{2}{b_r}\sum_{s=1}^{m} Y^*_{si} K_{rs} \quad (r = 1,2,...,m), (i = 1,2,...,n). \quad (6.r.i)$$

Dieses Gleichungssystem hat genau eine Lösung, wenn seine quadratische Matrix, welche die Varianzen und Kovarianzen enthält, nichtsingulär ist. Ohne Einschränkung der Allgemeingültigkeit dürfen wir annehmen, daß diese Bedingung erfüllt ist.

Das Gleichungssystem (6.r.i) zeigt, daß die Höhe des Vermögens V_i keinen Einfluß auf das optimale Aktienportefeuille hat. Ist die Steigung der Indifferenzkurven des Aktionärs i^* gleich t_{i^*} und die des Anteilseigners i^{**} gleich $t_{i^{**}}$, und gilt $t_{i^{**}} = k \cdot t_{i^*}$, so folgt aus dem Gleichungssystem (6.r.i.)

$$Y^*_{ri\bullet\bullet} = k \cdot Y^*_{ri\bullet} \quad (r = 1,2,...,m).$$

Unter den Prämissen des Modells stimmen somit im Optimum die Strukturen der individuellen Portefeuilles überein: Für jeden Aktionär i ($i = 1,2,...,n$) gilt dieselbe Relation $Y_{1i}^* : Y_{2i}^* : Y_{3i}^* : .... : Y_{mi}^*$.

Die Risikoeinstellung eines Aktionärs hat somit *keinen Einfluß* auf die Struktur, sondern lediglich auf den *Umfang* seines optimalen Portefeuilles[9].

Außerdem folgt aus dem Gleichungssystem (6.r.i):

$$Y^*_{r1} : Y^*_{r2} : Y^*_{r3} : \cdots : Y^*_{rn} = t_1 : t_2 : t_3 : \cdots : t_n \quad (r = 1,2,...,m). \tag{7.r}$$

Die Aktienkurse stellen sich nun so ein, daß im Marktgleichgewicht die folgenden Bedingungen erfüllt sind:

$$\sum_{i=1}^{n} Y^*_{ri} = Y_r \quad (r = 1,2,...,m), \tag{8.r}$$

wobei Y_r die Anzahl aller von der Gesellschaft r ausgegebenen Aktien ist. Wenn bei einem Preissystem $P_{11}, P_{21}, ..., P_{m1}$ diese Bedingungen nämlich nicht erfüllt sind, ist das Angebot an Aktien an der Börse entweder größer oder kleiner als die Nachfrage. Bei diesem Preissystem kann dann also kein Gleichgewicht erreicht sein.

Nach (7.r) und (8.r) ($r = 1,2,...,m$) ist im Marktgleichgewicht die Relation

$$\frac{Y^*_{ri}}{Y_r} = \frac{t_i}{t} := d_i \quad (r = 1,2,...,m), (i = 1,2,...,n), \tag{9.i}$$

erfüllt, wobei offensichtlich $t > 0$ $\tag{10}$

und die Definition $t = \sum_{i=1}^{n} t_i$. $\tag{11}$
gilt.

t ist offensichtlich größer als Null. Denn wäre $t = 0$, so müßte nach (2.i) jedes t_i gleich Null, also jedes Individuum extrem risikoscheu sein. In diesem Fall wäre niemand bereit, ein Aktienportefeuille mit ungewissem Endwert (also mit positiver Varianz) zu halten.

III. GLEICHGEWICHTSKURSE UND RISIKOPRÄMIEN DER AKTIEN

Addiert man jeweils alle n Gleichungen des Gleichungssystems (6.r.i), die den Index r ($r = 1,2,...,m$) aufweisen, so erhält man folgende m Gleichungen:

$$\sum_{i=1}^{n} t_i = \frac{2}{b_r} \sum_{s=1}^{m} \sum_{i=1}^{n} Y_{si}^* K_{rs} \quad (r=1,2,\ldots,m). \tag{12.r}$$

Aus (8.r), (12.r) und (11) folgt für die Risikoprämie b_r einer Aktie der Gesellschaft r:

$$b_r = \frac{2}{t} \sum_{s=1}^{m} Y_s K_{rs} = \frac{2}{t} Y_r K_{rr} + \frac{2}{t} \sum_{s \neq r} Y_s K_{rs} \quad (r=1,2,\ldots,m). \tag{13.r}$$

Die Risikoprämie b_r und damit bei gegebenem $\overline{P}_{r2}$ nach (5.r) der Kurswert P_{r1} einer Aktie der Gesellschaft r ist somit determiniert durch

1. die Risikoeinstellung der Anteilseigner, die in $t = \sum_{i=1}^{m} t_i$ zum Ausdruck kommt,
2. die Varianz K_{rr} der Zufallsvariablen P_{r2},
3. die Kovarianz K_{rs} der Zufallsvariablen P_{r2} und P_{s2} ($s = 1,2,\ldots,r-1, r+1,\ldots,m$) und
4. durch die Anzahl Y_r der von der Gesellschaft r ($r = 1,2,\ldots,m$) ausgegebenen Aktien (die mit der Zahl der durchgeführten Investitionseinheiten übereinstimmt).

Die Gleichung (13.r) zeigt, daß die Risikoprämie einer Aktie absolut genommen um so höher ist, je größer t ist, je risikoscheuer also die Anteilseigner sind.

Diese Gleichung kann wie folgt interpretiert werden:

Bezeichnet man mit K die Varianz des gesamten Endwertes *aller* Aktien der m Gesellschaften, $\sum_{r=1}^{m} Y_r P_{r2}$, so gilt

$$K = \sum_{r=1}^{m} \sum_{s=1}^{m} Y_r K_{rs} Y_s \tag{14}$$

und gemäß (13.r)

$$b_r = \frac{2}{t} \frac{\partial K}{\partial Y_r}. \tag{15.r}$$

$\frac{\partial K}{\partial Y_r}$ ist die Grenzvarianz der Summe der Endkurswerte aller Aktien in bezug auf Y_r.

Nach (10) und (15.r) ist die Risikoprämie je Aktie der r-ten Gesellschaft positiv, wenn diese Grenzvarianz ebenfalls positiv ist. Wie bereits (auf S. 69) gezeigt wurde, ist im Portefeuille eines Aktionärs ein bestimmter Prozentsatz der Aktien aller Gesellschaften enthalten. Ist die Grenzvarianz $\partial K/\partial Y_r$ positiv, so steigt folglich das mit einem Aktienportefeuille verbundene Risiko (gemessen durch die Varianz), wenn eine weitere Aktie der r-ten Gesellschaft in dieses Portefeuille aufgenommen wird. Die Aktionäre sind aber nur bereit, das zusätzliche Risiko zu tragen, wenn sie eine positive Risikoprämie erhalten.

Einige oder alle K_{rs}-Werte in Gleichung (14) können negativ sein für $s \neq r$. Die Grenzvarianz $\partial K/\partial Y_r$ kann daher ebenfalls negativ sein. In diesem Falle folgt aus (10) und (15.r), daß die Risikoprämien der Aktien der Gesellschaft r negativ sind. Die risikoscheuen Aktionäre sind somit bereit, eine negative Risikoprämie b_r zu akzeptieren, wenn die Y_r-te Aktie der Gesellschaft r die Varianz der Zufallsvariablen $\sum_{r=1}^{m} Y_r P_{r2}$ verringert.

Gleichung (13.r) steht nicht notwendigerweise im Einklang mit dem Dominanz-Prinzip [10]. Es ist also möglich, daß aus (5.r) und (13.r) ($r = 1,2,...,m$) Gleichgewichtskurse hergeleitet werden, die an der Börse nicht notiert werden, wenn die Aktionäre das Dominanz-Prinzip befolgen. Dasselbe kann auch bezüglich der Gleichgewichtskurse gesagt werden, die sich aus den Modellen von Lintner und Mossin ergeben, die auf der Annahme beruhen, daß die Aktionäre nach dem (μ,σ)-Prinzip handeln. Das soll hier nicht bewiesen werden. [11]

Im folgenden nehmen wir an, daß die Gleichgewichtspreise P_{r1} – hergeleitet aus (5.r) und (13.r) – im Einklang mit dem Dominanz-Prinzip stehen.

IV. INVESTITIONSPLANUNG

In diesem Abschnitt wird nun gezeigt, wie das Investitionsvolumen Y_R der Gesellschaft R bestimmt werden kann, bei dem der erwartete Nutzen u_i des Aktionärs i maximiert wird. Die Darstellungen bauen auf den Abschnitten II und III auf.

Das optimale Investitionsvolumen für den Aktionär i hängt (wie im einzelnen noch bewiesen wird) davon ab, wie viele Aktien der Gesellschaften r ($r = 1,2,...,m$) er zu Beginn der Planungsperiode bereits besitzt und wieviele Aktien er in der betrachteten Periode zu halten wünscht.

Wie bereits in Abschnitt II gezeigt wurde, hält der Anteilseigner i in der betrachteten Periode den d_i-ten Teil der Aktien der Gesellschaft r ($r = 1,2,...,m$), wobei d_i gleich $t_i / \sum_{i=1}^{n} t_i$ ist.

Die Steigung der Indifferenzkurven des Aktionärs i ($i = 1,2,...,n$), t_i, kann sich nun von Periode zu Periode ändern.

War in der der *vorausgehenden* Periode der Quotient $t_i / \sum_{i=1}^{n} t_i$ gleich l_i, so hat der Anteilseigner i in dieser Periode den l_i-ten Teil aller umlaufenden Aktien in seinem Portefeuille gehalten. Ob l_i mit d_i übereinstimmt, hängt davon ab, inwieweit sich die Risikoeinstellung des Anteilseigners i und die der anderen Anteilseigner gegenüber der Vorperiode geändert hat: Ist die Indifferenzkurvensteigung des Aktionärs i, t_i, relativ stärker (weniger stark) angestiegen als die Summe *aller* Indifferenzkurvensteigungen, $\sum_{i=1}^{n} t_i$, so gilt $d_i > l_i$ ($d_i < l_i$). Im Falle $d_i > l_i$ kauft der Anteilseigner i am Anfang der betrachteten Periode Aktien hinzu (wobei er Preise in Höhe der Gleichgewichtskurse zahlt). Im Falle $d_i < l_i$ verkauft er Aktien (wobei er die Gleichgewichtspreise erzielt).

Im folgenden wird gezeigt, wie für gegebene Werte von l_i und d_i das optimale Investitionsvolumen Y_R der Gesellschaft R zu ermitteln ist. Bei der Bestimmung des Optimums machen wir die folgenden Annahmen:

1. Die Aktionäre erhalten zu Beginn der betrachteten Periode von der Gesellschaft R neue Aktien, wobei die alten Anteile an dieser Gesellschaft für ungültig erklärt werden. Die Anzahl der von der Gesellschaft neu ausgegebenen Aktien stimmt mit der Zahl der Investitionseinheiten überein, die sie realisiert. Die neuen Aktien werden an die Aktionäre im Verhältnis ihrer *bisherigen* Beteiligungen ausgegeben. Diese Annahmen vereinfachen die mathematische Darstellung. Da die Aktien (annahmegemäß) beliebig teilbar sind, haben sie jedoch keinen Einfluß auf das Ergebnis.

2. Das optimale Investitionsvolumen ist positiv.

3. Die Gesellschaft R hat vor Beginn der betrachteten Periode keine Investitionen durchgeführt, die nach Beginn dieser Periode noch Zahlungen hervorrufen.

4. Eine Einheit des in der Gesellschaft R realisierbaren Investitionstyps erfordert am Anfang der Periode Anschaffungsauszahlungen in Höhe von e_{R1} und erbringt am Periodenende einen Einzahlungsüberschuß von e_{R2}. Das Management der Gesellschaft und die Anteilseigner haben unsichere Erwartungen über die Höhe dieses Überschusses. Nach Meinung des Managements und aller Anteilseigner ist der Erwartungswert der Zufallsvariablen e_{R2} gleich $\bar{e}_{R2}$, die Varianz dieser Variablen gleich K_{RR} und die Kovarianz von e_{R2} und der Zufallsvariablen P_{s2} ($s \neq R$) gleich K_{Rs}.

5. Die Größen e_{R1}, $\bar{e}_{R2}$, K_{Rs} ($s = 1,2,...,m$) und $\bar{P}_{r2}$ ($r = 1,2,...,m$) sind von der Anzahl Y_R der in der Gesellschaft R realisierten Investitionseinheiten unabhängig.

6. Zu Beginn der Periode verfügt die Gesellschaft über G Geldeinheiten. Je Investitionseinheit wird ein Fremdkapitalbetrag in Höhe von f_R zu einem Zinssatz von p aufgenommen. Es wird höchstens ein Fremdkapitalbetrag aufgenommen, der am Ende der Periode mit Sicherheit getilgt und mit Zinsen bedient werden kann. Da außerdem je Investitionseinheit eine Aktie ausgegeben wird, ist der Kurs der Gesellschaft R am Ende der betrachteten Periode (unmittelbar bevor eine Ausschüttung erfolgt) gleich

$$P_{R2} = e_{R2} - f_R(1 + p). \tag{16}$$

Da $f_R(1 + p)$ keine Zufallsvariable ist, ist die Varianz von P_{R2} gleich der Varianz von e_{R2}, also gleich K_{RR}. Außerdem ist die Kovarianz von P_{R2} und P_{s2} ($s \neq R$) gleich der Kovarianz von e_{R2} und P_{s2}, also gleich K_{Rs}.

Realisiert die Gesellschaft Y_R Investitionseinheiten, so entsteht ein Eigenkapitalbedarf von $Y_R(e_{R1} - f_R)$. Die Differenz $G - Y_R(e_{R1} - f_R)$ wird zu Beginn der Periode als Dividende an die Anteilseigner ausgeschüttet bzw. auf dem Wege einer Eigenkapitalerhöhung beschafft, sofern sie negativ ist.

7. Erst wenn das Investitionsvolumen der Gesellschaft R festgelegt ist und wenn die Anteilseigner darüber informiert worden sind, kaufen oder verkaufen diese Aktien, um das gewünschte Portefeuille zusammenzustellen.

8. Die Aktionäre kaufen und verkaufen Aktien außerdem erst nach Dividendenausschüttung. Diese Annahme erleichtert die Darstellung, beeinflußt jedoch das Ergebnis nicht.

Aus (5.r) und (13.r) folgt, daß der Aktienkurs P_{r1} nicht unabhängig ist vom Investitionsvolumen Y_R der Gesellschaft R, sofern $K_{R_r} \neq 0$ gilt. Um dies deutlich zu machen, wird im folgenden hinter alle P_{r1} der Ausdruck (Y_R) gesetzt. Entsprechend werden auch die anderen Größen gekennzeichnet, die vom Investitionsvolumen Y_R abhängen.

Realisiert die Gesellschaft ein Investitionsvolumen in Höhe von Y_R, und realisiert der Aktionär sodann sein optimales Aktienportefeuille, so erzielt er einen erwarteten Nutzen u_i:

$$u_i = \mu_i^0 + l_i[G - Y_R(e_{R1} - f_R)](1 + p) + l_i \sum_{r=1}^{m} (1 + p) Y_r P_{r1}(Y_R)$$
$$+ d_i \sum_{r=1}^{m} Y_r [\bar{P}_{r2} - (1 + p) P_{r1}(Y_R)] - \frac{1}{t_i} \sum_{r=1}^{m} \sum_{s=1}^{m} d_i Y_r K_{rs} d_i Y_s . \tag{17.i}$$

Hierin ist $\mu_i^0 + l_i[G - Y_R(e_{R1} - f_R)](1 + p) + l_i \sum_{r=1}^{m} (1 + p) Y_r P_{r1}(Y_R)$

das (sichere) Endvermögen, das der Aktionär i erzielt, wenn er in der betrachteten Periode keine Aktien hält und wenn die Gesellschaft Y_R Investitionseinheiten realisiert (und somit eine Dividende in Höhe von $l_i[G - Y_R(e_{R1} - f_R)]$ an den Aktionär i ausschüttet).

Da $f_R(1 + p)$ keine Zufallsvariable ist, ergibt sich aus (16) für den Erwartungswert $\bar{P}_{R2}$:

$$\bar{P}_{R2} = \bar{e}_{R2} - f_R(1 + p). \tag{18}$$

Zur Bestimmung des Investitionsvolumens, bei dem u_i maximiert wird, muß die Funktion (17.i) maximiert werden. Zu diesem Zweck schreiben wir (17.i) in etwas anderer Form. Aus (5.r) und (17.r) folgt:

$$u_i = \mu_i^0 + l_i(G - Y_R(e_{R1} - f_R))(1 + p) + l_i \sum_{r=1}^{m} Y_r[\bar{P}_{r2} - b_r(Y_R)]$$
$$+ d_i \sum_{r=1}^{m} Y_r b_r(Y_R) - \frac{d_i^2}{t_i} \sum_{r=1}^{m} \sum_{s=1}^{m} Y_r K_{rs} Y_s . \tag{17a.i}$$

Ersetzt man $\dfrac{d_i}{t_i}$ durch $\dfrac{1}{t}$ (vgl. (9.i)) und formt man die sich ergebende Gleichung um, so erhält man:

$$u_i = \mu_i^0 + l_i[G - Y_R(e_{R1} - f_R)](1 + p) + l_i Y_R \bar{P}_{R2}$$
$$+ l_i \sum_{r \neq R} Y_r \bar{P}_{r2} + (d_i - l_i) \sum_{r=1}^{m} Y_r b_r(Y_R) - d_i \frac{1}{t} \sum_{r=1}^{m} \sum_{s=1}^{m} Y_r K_{rs} Y_s . \tag{17b.i}$$

Aus (13.r), (17b.i) und (18) ergibt sich:

$$u_i = \mu_i^0 + l_i G(1 + p) + l_i Y_R(\bar{e}_{R2} - (1 + p)e_{R1})$$
$$+ l_i \sum_{r \neq R} Y_r \bar{P}_{r2} + (d_i - 2l_i) \frac{1}{t} \sum_{r=1}^{m} \sum_{s=1}^{m} Y_r K_{rs} Y_s . \tag{19.i}$$

Die Bedingungen, daß bei einem Investitionsvolumen von Y_R der Nutzen u_i maximiert wird, sind (20.i) und (21.i)

$$\frac{\partial u_i}{\partial Y_R} = l_i[\bar{e}_{R2} - (1+p)e_{R1}] + 2(d_i - 2l_i)\frac{1}{t}\sum_{s=1}^{m} Y_s K_{Rs} = 0, \quad (20.i)$$

$$\frac{\partial^2 u_i}{\partial Y_R^2} = 2(d_i - 2l_i)\frac{1}{t} \cdot K_{RR} < 0. \quad (21.i)$$

Im Falle $d_i \geq 2l_i$ gilt $\frac{\partial^2 u_i}{\partial Y_R^2} \geq 0$ für alle Werte von Y_R. Es existiert dann also kein Maximum für die Zielfunktion (19.i) (da für Y_R keine Obergrenze angenommen wurde).

Wir nehmen im folgenden an, es gelte die Ungleichung $d_i < 2l_i$. Dann gilt $\frac{\partial^2 u_i}{\partial Y_R^2} < 0$ für alle Werte von Y_R, und u_i wird bei demjenigen Investitionsvolumen maximiert, bei dem die Bedingung $\frac{\partial u_i}{\partial Y_R} = 0$ erfüllt ist. Dieses Investitionsvolumen kennzeichnen wir im folgenden durch Y_R^*.

Aus (20.i) folgt für das optimale Investitionsvolumen:[12]

$$Y_R^* = \frac{t \cdot l_i[\bar{e}_{R2} - (1+p)e_{R1}]}{2K_{RR}(2l_i - d_i)} - \frac{\sum_{s \neq R} Y_s K_{Rs}}{K_{RR}} \quad (22.i)$$

(22.i) zeigt interessante Zusammenhänge zwischen Y_R^* und den Größen unseres Problems auf. Eine davon soll kurz erläutert werden: Je größer d_i, um so kleiner ist der Nenner in (22.i), folglich ist Y_R^* eine steigende Funktion von d_i, wenn die Risikoprämie $\bar{e}_{R2} - e_{R1}(1+p)$ positiv ist. Diese wichtige Beziehung wird später noch für einen Spezialfall interpretiert.

Die Optimumbedingung (22.i) zeigt, daß Y_R^*, das Investitionsvolumen, bei dem u_i maximiert wird, von d_i und l_i abhängt. Das Investitionsvolumen, das sich nach (22.i) ergibt, maximiert u_j, den erwarteten Nutzen eines Aktionärs j $(j \neq i)$, dann und nur dann, wenn die Gleichung $d_j : d_i = l_j : l_i$ erfüllt ist. Da diese Bedingung in der Regel nicht erfüllt sein dürfte, existiert in der Regel kein Investitionsvolumen, bei dem *der erwartete Nutzen zweier Aktionäre simultan maximiert wird*.

V. FINANZWIRTSCHAFTLICHE UNTERZIELE

In diesem Abschnitt wird untersucht, unter welchen Bedingungen das Kapitalkostenkonzept einerseits und das Ziel der Maximierung des Kurswertes der Aktien der Gesellschaft R andererseits im Einklang stehen mit dem Ziel, den erwarteten Nutzen des Endvermögens des Aktionärs i (d.h. u_i) zu maximieren. Um die Darstellungen zu vereinfachen, verwenden wir folgende Symbole:

1. L_{u_i} kennzeichnet das Investitionsvolumen, bei dem der erwartete Nutzen u_i des Aktionärs i maximiert wird ($L_{u_i} = Y_R^*$).

2. L_c kennzeichnet das Investitionsvolumen, bei dem der erwartete interne Zinsfuß des Investitionsprojekts, das sich in der Gesellschaft R zur Durchführung anbietet, gleich ist den durchschnittlichen Kapitalkosten dieser Gesellschaft. Das Investitionsvolumen in Höhe von L_c ergibt sich bei Anwendung des Kapitalkostenkonzepts.

3. L_M charakterisiert das Investitionsvolumen, bei dem der Marktwert der bereits umlaufenden Aktien der Gesellschaft R maximiert wird.

(Es wird daran erinnert, daß die folgenden Betrachtungen unter der Annahme gemacht werden, daß $d_i < 2l_i$ gilt.)

a) Das Kapitalkostenkonzept

Wie kann L_c bestimmt werden? Der Erwartungswert der Rendite r des Investitionstyps, den die Gesellschaft R realisieren kann, ist gleich

$$r = \frac{\bar{e}_{R2}}{e_{R1}} - 1. \tag{23}$$

Die durchschnittlichen Kapitalkosten k definiert man für das behandelte Einperiodenmodell sinnvollerweise wie folgt:

$$k(Y_R) := \frac{Y_R \bar{e}_{R2}}{Y_R [P_{R1}(Y_R) + f_R]} - 1. \tag{24}$$

Nach (5.R) ergibt sich für $P_{R1}(Y_R)$

$$P_{R1}(Y_R) = \frac{\bar{P}_{R2} - b_R(Y_R)}{1 + p}. \tag{25}$$

Setzt man (25) in (24) ein, so ergibt sich:

$$k(Y_R) = \frac{\bar{e}_{R2}(1 + p)}{\bar{P}_{r2} - b_R(Y_R) + f_R(1 + p)} - 1. \tag{26}$$

Aus (18) und (26) erhält man:

$$k(Y_R) = \frac{\bar{e}_{R2}(1 + p)}{\bar{e}_{R2} - b_R(Y_R)} - 1. \tag{27}$$

$\bar{e}_{R2} - b_R(Y_R)$ ist nicht negativ, sofern das Dominanzprinzip nicht verletzt wird, wie im folgenden gezeigt wird: Da die Aktionäre nicht persönlich für die Schulden der Gesellschaft haften, gilt nach dem Dominanzprinzip $P_{R1} \geq 0$. Folglich gilt nach (25) die Beziehung $\bar{P}_{R2} - b_r(Y_R) \geq 0$. Da nach (18) $\bar{P}_{R2} \leq \bar{e}_{R2}$ gilt, muß folglich auch die

Relation $\bar{e}_{R2} - b_R(Y_R) \geq 0$ erfüllt sein. Somit kann der Nenner in (27) nicht negativ sein.

Nach (13.R) ist die Risikoprämie $b_R(Y_R)$ eine steigende Funktion von Y_R. Daher folgt aus (27) und (13.R), daß die durchschnittlichen Kapitalkosten mit steigendem Investitionsvolumen ansteigen. Die Ursache hierfür ist, daß die *Grenzvarianz* der Summe der Kurse *aller* umlaufenden Aktien, $\sum_{r=1}^{m} Y_r P_{r,2}$, eine steigende Funktion des Investitionsvolumens Y_R ist.

Das Investitionsvolumen L_c (das sich bei Anwendung des Kapitalkostenkonzepts ergibt) erfüllt die Bedingung

$$r = k(L_c). \tag{28}$$

In dem in Abb. 1 dargestellten Beispiel führt das Kapitalkostenkonzept zu einem Investitionsvolumen in Höhe von L_c^*.

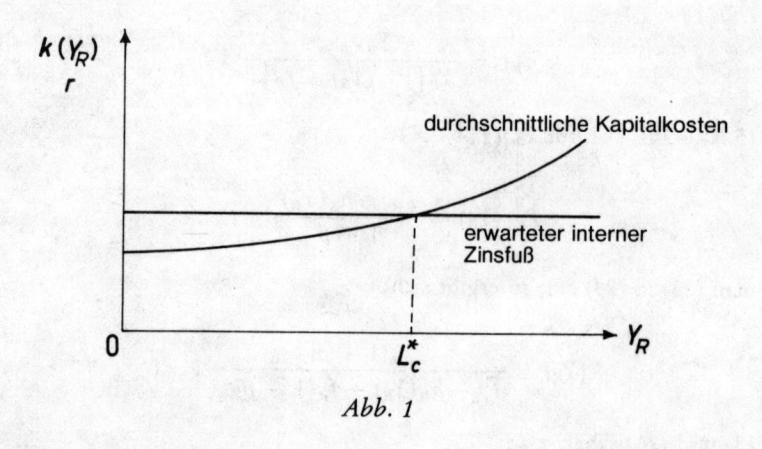

Abb. 1

Wir wollen nun beweisen, daß L_c dann, und nur dann, gleich L_{u_i} ist, wenn der Aktionär i weder Aktien kauft noch verkauft (wenn also $d_i = l_i$ gilt).

Im Falle $l_i = d_i$ ergibt sich aus (20.i) für u_i die Maximumbedingung

$$\bar{e}_{R2} - (1+p)e_{R1} = \frac{2}{t}\sum_{s=1}^{m} Y_s K_{Rs}. \tag{29}$$

Aus (13.R) und (29) folgt, daß für das Investitionsvolumen L_{u_i} (bei dem u_i maximiert wird) die Gleichung

$$b_R(L_{u_i}) = \bar{e}_{R2} - (1+p)e_{R1}. \tag{30}$$

erfüllt ist.

Setzt man (30) in (27) ein, so erhält man unter Berücksichtigung von (23)

$$k(L_{u_i}) = \frac{\bar{e}_{R2}}{e_{R1}} - 1 = r. \tag{31}$$

Somit ist bewiesen, daß im Falle $d_i = l_i$ beim Investitionsvolumen L_{u_i} der erwartete interne Zinsfuß des Investitionsprojekts mit den durchschnittlichen Kapitalkosten übereinstimmt. Wenn also der Aktionär i weder Aktien kaufen noch verkaufen möchte ($d_i = l_i$), führt das Kapitalkostenkonzept zu demselben Investitionsvolumen wie die Maximierung seines erwarteten Nutzens u_i (d.h., es gilt dann $L_{u_j} = L_c$).

Im Falle $d_i \neq l_i$ gilt hingegen $L_{u_i} \neq L_c$ das heißt, bei Anwendung des Kapitalkostenkonzepts wird ein anderes Investitionsvolumen gewählt als bei Maximierung des erwarteten Nutzens u_i. Das kann wie folgt bewiesen werden: Nach Gleichung (22.i) ist das Investitionsvolumen L_{u_i} c.p. eine steigende Funktion von d_i. Da außerdem L_c von d_i unabhängig ist, kann die Gleichung $L_{u_i} = L_c$ nur für *einen* Wert von d_i erfüllt sein. Wie gezeigt, ist diese Gleichung erfüllt, wenn $d_i = l_i$ gilt. Bei Anwendung des Kapitalkostenkonzepts wird somit der Nutzen u_i des Aktionärs i nur dann maximiert, wenn er weder Aktien kauft noch hinzukauft.

Um dieses Ergebnis zu interpretieren, nehmen wir eine Umformung der Optimumbedingung $k(L_{u_i}) = r$ vor, die auch für die Untersuchung im nachfolgenden Abschnitt zweckmäßig ist. Nach (24) und (31) ist im Falle $L_c = L_{u_i}$ die Gleichung

$$e_{R1} - f_R = P_{R1}(L_{u_i}) = P_{R1}(L_c) \tag{32}$$

erfüllt. Setzt man nun (18) in (25) ein, so erhält man für $P_{R1}(Y_R)$

$$P_{R1}(Y_R) = \frac{\bar{e}_{R2} - f_R(1+p) - b_R(Y_R)}{1+p}. \tag{33}$$

Diese Gleichung kann wie folgt interpretiert werden: Am Ende der betrachteten Periode wird von der Gesellschaft R je Aktie eine Dividende mit dem Erwartungswert $\bar{e}_{R2} - f_R(1+p)$ ausgeschüttet. Wird von diesem Erwartungswert die Risikoprämie $b_R(Y_R)$ subtrahiert (vgl. (13.R)), so erhält man das Sicherheitsäquivalent für die ungewisse Dividende je Aktie, $e_{R2} - f_R(1 + p)$. Multipliziert man dieses Sicherheitsäquivalent mit dem Abzinsungsfaktor $\frac{1}{1+p}$, so erhält man den gegenwärtigen Aktienkurs $P_{R1}(Y_R)$, der sich bei einem Investitionsvolumen von Y_R ergibt.

Da nach (13.R) die Risikoprämie b_R mit steigendem Y_R wächst, sinkt nach (33) der Aktienkurs $P_{R1}(Y_R)$ mit steigendem Investitionsvolumen. Aus dieser Abhängigkeit und aus (32) folgt:

$$e_{R1} - f_R < P_{R1}(Y_R), \qquad \text{für } Y_R < L_{u_i} \qquad (34)$$

und

$$e_{R1} - f_R > P_{R1}(Y_R), \qquad \text{für } Y_R > L_{u_i} \qquad (35)$$

Nach (32), (34) und (35) ist im Falle $d_i = l_i$ das Optimum genau dann erreicht, wenn der Eigenkapitaleinsatz je Investitionseinheit mit dem Börsenkurs einer Aktie übereinstimmt. Dieses Ergebnis kann in anschaulicher Weise interpretiert werden. Da annahmegemäß je realisierte Investitionseinheit genau eine Aktie ausgegeben wird, gibt der Aktienkurs $P_{R1}(Y_R)$ an, wie der Anteilseigner i (und natürlich auch die anderen Aktionäre) den erwarteten Einzahlungsüberschuß $\bar{e}_{R2} - f_R(1 + p)$ bewerten, der je Investitionseinheit in der Gesellschaft R erzielt wird (und der übereinstimmt mit dem Erwartungswert derjenigen Dividende, die am Periodenende von der Gesellschaft R je Aktie ausgeschüttet wird, $\bar{P}_{R2}$). Gilt für ein Investitionsvolumen Y_R die Ungleichung $P_{R1}(Y_R) > e_{R1} - f_R$ so bedeutet dies, daß der Wert, den der Aktionär i einer zusätzlichen Investitionseinheit beimißt, höher ist als der Preis ($e_{R1} - f_R$), den die Gesellschaft für die Beschaffung dieser Einheit zu zahlen hat. Somit führt eine Vergrößerung des Investitionsvolumens zu einem Anstieg des erwarteten Nutzens u_i, solange noch $P_{R1}(Y_R) > e_{R1} - f_R$ gilt; u_i wird genau dann maximiert, wenn dasjenige Investitionsvolumen Y_R gewählt wird, bei dem $P_{R1}(Y_R) = e_{R1} - f_R$ gilt.

b) Maximierung des Marktwertes der Aktien der Gesellschaft R

Wir beweisen nun, daß (unter den Annahmen dieser Arbeit) bei Maximierung des Marktwertes der Aktien der Gesellschaft R grundsätzlich ein anderes Investitionsvolumen gewählt wird als bei Maximierung des erwarteten Nutzens u_i. Zum Beweis machen wir die vereinfachende Annahme, $K_{Rs} = 0$ ($s = 1, 2, ..., R-1, R+1, ..., m$). In diesem Fall ist $P_{s1}(s \neq R)$ unabhängig von Y_R, und die Gesellschaft R maximiert den gegenwärtigen Marktwert der Aktien *aller m* Gesellschaften (und somit den gesamten Kurswert des i-ten Portefeuilles), wenn sie den Marktwert ihrer eigenen Aktien maximiert.[13] Maximiert sie diesen Marktwert, so wird u_i nur dann maximiert, wenn der Anteilseigner alle seine Aktien verkauft, wenn also $d_i = 0$ ist. Das soll nun bewiesen werden.

Der gegenwärtige Marktwert M der Aktien der Gesellschaft R ist gleich der Dividende, die zu Beginn der betrachteten Periode ausgeschüttet wird, zuzüglich

$Y_R \cdot P_{R1}(Y_R)$. Die nun diskutierte Zielfunktion lautet somit:

$$M = G - Y_R(e_{R1} - f_R) + Y_R P_{R1}(Y_R). \tag{36}$$

Setzt man (33) in (36) ein, und formt man etwas um, so erhält man:
$$M = G + Y_R[-e_{R1}(1+p) + f_R(1+p) + \bar{e}_{R2} - f_R(1+p) - b_R(Y_R)] : (1+p). \tag{37}$$

Da sich die Ausdrücke $-f_R(1+p)$ und $f_R(1+p)$ zu Null addieren, zeigt diese Gleichung, daß f_R (und somit die Kapitalstruktur der Gesellschaft) keinen Einfluß hat auf den Marktwert der Aktien, der unmittelbar vor Dividendenausschüttung gegeben ist.

Zum Beweis dieser These war es nicht erforderlich, das Konzept der Arbitrage innerhalb einer gegebenen Risikoklasse heranzuziehen, das Modigliani-Miller beschrieben haben.[14]

Da K_{Rs} annahmegemäß gleich Null ist für jedes $s \neq R$, erhalten wir aus (13.R) und (37)

$$M = G + Y_R\left[\bar{e}_{R2} - e_{R1}(1+p) - \frac{2}{t}Y_R K_{RR}\right] : (1+p). \tag{38}$$

Bei Ableitung dieser Funktion nach Y_R erhält man:

$$\frac{dM}{dY_R} = \left(\bar{e}_{R2} - e_{R1}(1+p) - \frac{4}{t}Y_R K_{RR}\right) : (1+p). \tag{39}$$

Dasjenige Investitionsvolumen maximiert nun den Marktwert M, bei dem $\frac{dM}{dY_R} = 0$ gilt. Folglich muß beim Investitionsvolumen $Y_R = L_M$ (bei dem definitionsgemäß M maximiert wird) die Bedingung

$$L_M = \frac{t[\bar{e}_{R2} - e_{R1}(1+p)]}{4 K_{RR}}. \tag{40}$$

erfüllt sein.

Da K_{Rs} annahmegemäß gleich Null ist ($R \neq s$), erhalten wir aus (22.i)

$$Y_R^* := L_{u_i} = \frac{t \cdot l_i[\bar{e}_{R2} - e_{R1}(1+p)]}{4 l_i K_{RR} - 2 d_i K_{RR}}. \tag{41}$$

Für die weitere Analyse nehmen wir an, $\bar{e}_{R2} - e_{R1}(1+p)$ sei größer als Null (d.h., der Erwartungswert der Rendite des Investitionsprojekts sei größer als p). Im Hinblick auf L_M, L_{u_i}, L_c können dann, aufbauend auf (40) und (41), die folgenden Aussagen hergeleitet werden.

1. $L_M = L_{u_i}$, wenn $d_i = 0$ gilt.

Aus (40) und (41) folgt, daß die Gleichung $L_M = L_{u_i}$ dann, und nur dann, erfüllt ist, wenn $d_i = 0$ gilt [15]. Im Falle $d_i = 0$ verkauft der Aktionär i alle Aktien, die er zu Beginn der Periode bereits besitzt. Gemäß (9.i) ist d_i nur dann gleich Null, wenn t_i ebenfalls gleich Null ist, wenn also der Aktionär extrem risikoscheu geworden ist. Nach (40) und (41) gilt $L_{u_i} > L_M$, falls $d_i > 0$. Da d_i annahmegemäß nicht negativ ist, kann die Ungleichung $L_{u_i} < L_M$ nicht erfüllt sein.

2. $2L_M = L_c = L_{u_i}$, falls $d_i = l_i$.

Im Falle $d_i = l_i$ ist L_{u_i} gleich L_c (wie in Abschnitt Va bereits bewiesen wurde, ohne daß dort die vereinfachende Annahme gemacht wurde, es gelte $K_{Rs} = 0$ für jedes $s \neq R$). Im Falle $d_i = l_i$ erhalten wir daher gemäß (41)

$$L_{u_i} = L_c = \frac{t[\bar{e}_{R2} - e_{R1}(1+p)]}{2K_{RR}}.\tag{42}$$

Aus (40) und (42) folgt, daß die Relation $L_{u_i} = L_c = 2L_M$ erfüllt ist, sofern $d_i = l_i$ gilt. Dieses überraschende Ergebnis soll im folgenden interpretiert werden:

Da $K_{Rs} = 0 (s \neq R)$, ergibt sich aus (13.R)

$$b_R = \frac{t}{2} K_{RR} Y_R.\tag{43}$$

Aus (33) und (43) folgt, daß P_{R1} eine linear sinkende Funktion von Y_R ist. Die Linie DD' in Abb. 2 stelle die Abhängigkeit des Preises P_{R1} vom Investitionsvolumen Y_R dar. DD' kann als Nachfragekurve nach Aktien der Gesellschaft R interpretiert werden. Die Linie CC' in Abb. 2 verlaufe in einem Abstand von $e_{R1} - f_R$ parallel zur Abszisse. Diese Differenz ist – wie bereits erwähnt – gleich dem Eigenkapitalbetrag, der je Investitionseinheit in der Gesellschaft R investiert wird.

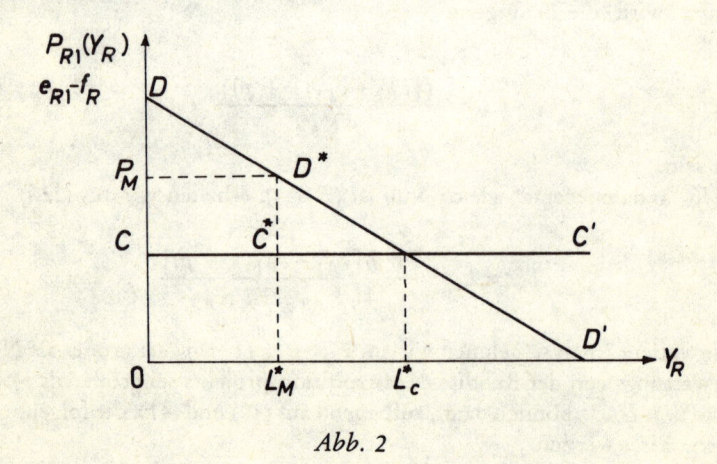

Abb. 2

Das Kapitalkostenkonzept führt zu einem Investitionsvolumen in Höhe von L^*_c. Genau bei diesem Investitionsvolumen ist die Bedingung

$$P_{R1}(Y_R) = e_{R1} - f_R{}^{16} \qquad (32)$$

erfüllt.

Aus (36) ergibt sich für M, den gegenwärtigen Marktwert der Aktien der Gesellschaft R:

$$M = G + Y_R[P_{R1}(Y_{R1}) - (e_{R1} - f_R)]. \qquad (44)$$

M erreicht somit sein Maximum, wenn das Produkt $Y_R[P_{R1}(Y_R) - (e_{R1} - f_R)]$ maximiert wird. Da die Nachfragekurve DD' in Abb. 2 geradlinig verläuft, wird M bei einem Investitionsvolumen von $L^*_M = 0{,}5\ L^*_c$ maximiert. Bei diesem Investitionsvolumen ist der Marktwert aller Aktien gleich der Summe aus G und der Maßzahl der Fläche $CC^*D^*P_M$. Das Investitionsvolumen, bei dem der Marktwert der Aktien der Gesellschaft maximiert wird, kann somit formal in derselben Weise bestimmt werden wie das optimale Produktionsvolumen eines Monopolisten im Falle sicherer Erwartungen.

3. $L_M < L_{u_i} < L_c$, wenn $l_i > d_i > 0$.

Für L_c gilt (vgl. (42)):

$$L_c = \frac{t[\bar{e}_{R2} - e_{R1}(1+p)]}{2K_{RR}}. \qquad (42a)$$

Wenn der Aktionär i nur einen Teil seiner Aktien verkauft ($l_i > d_i > 0$), so gilt gemäß (40), (41) und (42a) die Relation $L_M < L_{u_i} < L_c$. Dieses Ergebnis kann in anschaulicher Weise interpretiert werden: Bei Wahl eines Investitionsvolumens, das kleiner ist als L_c, ergibt sich ein höherer Marktwert M als bei Realisation eines Investitionsvolumens in Höhe von L_c. Der Nutzenanstieg, der mit dem Verkauf der Aktien des Anteilseigners i verbunden ist, ist somit ebenfalls höher. Da der Anteilseigner jedoch nicht *alle* seine Aktien verkauft, führt Nutzenmaximierung nicht zur Maximierung des Marktwertes.

4. $L_{u_i} > L_c > L_M$, wenn $l_i < d_i$.

Wünscht der Anteilseigner i Aktien hinzuzukaufen ($d_i > l_i$), so gilt nach (41) und (42a) $L_{u_i} > L_c$. Dieses Ergebnis kann folgendermaßen interpretiert werden: Bei Überschreitung des Investitionsvolumens L_c (das im Einklang steht mit dem Kapitalkostenkonzept) sinkt der Marktwert der Aktien (vgl. Abb. 2); der Anteilseigner i kann somit die zusätzlich gewünschten Aktien zu einem niedrigeren Preis beziehen, was zu einem Anstieg seines Nutzens u_i führt.

Abb. 2 zeigt: Wenn P_{R1} unabhängig von Y_R und größer als $e_{R1} - f_R$ wäre und wenn außerdem Y_R eine Obergrenze in Höhe von $\bar{Y}_R$ hätte, dann wären L_M und L_c gleich $\bar{Y}_R$.

ANHANG

Wir betrachten nun den allgemeinen Fall, daß $K_{Rs} \neq 0$ für ein oder mehrere s ($s \neq R$) gilt.

In diesem Fall hängt der Aktienkurs mindestens einer Gesellschaft s ($s = 1,2,...,R-1, R+1,...,m$) vom Investitionsvolumen Y_R ab. Dann ist die Maximierung des Marktwertes der Aktien der Gesellschaft R sinnvollerweise zu ersetzen durch die Maximierung von V, der Summe der Marktwerte der Aktien *aller m* Gesellschaften. Es ist dann somit anstelle der Zielfunktion (36) die Zielfunktion (45) zu verwenden:

$$V = G - Y_R(e_{R1} - f_R) + \sum_{r=1}^{m} Y_r P_{r1}(Y_R). \tag{45}$$

Wir zeigen nun, daß bei Maximierung von V der erwartete Nutzen u_i dann, und nur dann, maximiert wird, wenn $d_i = 0$ gilt.

Setzt man (25) in (45) ein, so ergibt sich:

$$V = G - Y_R(e_{R1} - f_R) + \sum_{r=1}^{m} Y_r(\bar{P}_{r2} - b_r(Y_R))\frac{1}{1+p}. \tag{46}$$

Hieraus folgt:
$$\tag{47}$$
$$V = G - Y_R(e_{R1} - f_R) + Y_R \bar{P}_{R2}\frac{1}{1+p} + \sum_{r \neq R} Y_r \bar{P}_{r2}\frac{1}{1+p} - \sum_{r=1}^{m} Y_r b_r(Y_R)\frac{1}{1+p}.$$

Setzt man (13.r) und (18) in (47) ein, und formt man die sich ergebende Gleichung um, so erhält man:

$$V = G - Y_R\left(e_{R1} - \frac{\bar{e}_{R2}}{1+p}\right) + \sum_{r \neq R} Y_r \bar{P}_{r2}\frac{1}{1+p} - \frac{2}{t(1+p)}\sum_{r=1}^{m}\sum_{s=1}^{m} Y_r K_{rs} Y_s. \tag{48}$$

Die Ableitung dieser Funktion nach Y_R ergibt:

$$\frac{dV}{dY_R} = \left(\bar{e}_{R2} - (1+p)e_{R1} - \frac{4}{t}\sum_{s=1}^{m} K_{Rs} Y_s\right)\frac{1}{1+p}. \tag{49}$$

Die notwendige Bedingung, daß V bezüglich Y_R maximiert wird, ist $\dfrac{dV}{dY_R} = 0$.

Folglich muß gemäß (49) das Investitionsvolumen L_V, bei dem V maximiert wird, die Bedingung

$$L_V = \frac{t(\bar{e}_{R2} - (1+p)e_{R1})}{4 K_{RR}} - \frac{\sum_{s \neq R} K_{Rs} Y_s}{K_{RR}}. \tag{50}$$

erfüllen.

Aus (50) und (22.i) erkennen wir, daß bei einem Investitionsvolumen von L_V der erwartete Nutzen u_i dann und nur dann maximiert wird, wenn $d_i = 0$ gilt.

Im Spezialfall $K_{R_s} = 0$ $(s = 1,2,...,R - 1, R + 1,...,m)$ folgt aus (40) und (50) $L_V = L_M$. In diesem Fall ist also das Investitionsvolumen, bei dem V maximiert wird, gleich dem Investitionsvolumen, bei dem der Marktwert M der Gesellschaft R maximiert wird.

ANMERKUNGEN

1. Zur Definition der durchschnittlichen Kapitalkosten vgl. Modigliani-Miller (S. 268 f.). Solomon (1963, S. 72 f.) spricht von »combined costs of capital«.
2. Mit diesem Unterziel arbeiten z.B. Solomon (1963) und Gordon-Shapiro.
3. »There is general agreement among economists and financial analysts that share price (stockholders wealth) maximization is the appropriate normative model for corporate behavior« (Lerner-Carleton, S. 202). Das Ziel der Marktwertmaximierung unterstellen z.B. Gordon, S. 272, Gordon-Shapiro, Lintner (1963, 1964), Robichek-Myers (1963), Solomon (1963).
4. Es wird oft behauptet, daß Kapitalkostenkonzept und Marktwertmaximierung zu demselben Investitionsprogramm führen. Vgl. z.B. Solomon (1963), Gordon-Shapiro und Modigliani-Miller (S. 263). Dies ist jedoch, wie in dieser Arbeit gezeigt wird, nicht der Fall, sofern die Kapitalkosten mit steigendem Investitionsvolumen wachsen.
5. Diese Prämisse unterliegt explizit oder implizit zahlreichen investitionstheoretischen Modellen.
6. Zur Diskussion dieser Nutzenfunktion vgl. Farrar (S. 21 f. und S. 25) und Schneeweiß (1967, S. 145–149).
7. Zur Bestimmung der Varianz und der Grenzvarianz eines Portefeuilles vgl. Markowitz.
8. Wir verwenden keine Nichtnegativitätsbedingungen für die Variablen Y_{ri} $(r = 1,2,...,m)$. Wir nehmen an, daß auch ohne explizite Berücksichtigung dieser Bedingungen bei der Bestimmung des Optimums sich nur nichtnegative Y_{ri}-Werte ergeben. Zur Rechtfertigung dieses Vorgehens vgl. S. 69.
9. Vgl. auch Tobin (S. 82–84).
10. Nach diesem Prinzip ist eine Wahrscheinlichkeitsverteilung W_1 einer Verteilung W_2 vorzuziehen, wenn W_1 in keinem Zustand der Welt eine kleinere Rendite entspricht, jedoch in mindestens einem Zustand eine höhere.
11. Zur allgemeinen Diskussion der Unverträglichkeit von (μ,σ)-Prinzip und Dominanz-Prinzip vgl. Schneeweiß (1968) und Borch.
12. Im Fall $Y^*_R < 0$ ist das tatsächliche Investitionsvolumen natürlich Null, da ein negatives Investitionsvolumen nicht realisiert werden kann.
13. Im Falle $K_{R_s} \neq 0$ $(s \neq R)$ beeinflußt – wie bereits gezeigt wurde – das Investitionsvolumen der Gesellschaft R den gegenwärtigen Kurs der Aktien der Gesellschaft s $(s = 1,2,...,R - 1, R + 1,...,m)$. In diesem Fall ist es naheliegend, das Ziel der Maximierung des Marktwertes der Aktien der Gesellschaft R zu ersetzen durch das Ziel, *den gesamten Marktwert der Aktien aller m Gesellschaften* zu maximieren. Im Anhang wird gezeigt, daß bei diesem Unterziel u_i dann und nur dann maximiert wird, wenn $d_i = 0$ gilt, der Aktionär also *alle seine Aktien verkaufen* möchte.

14. Vgl. auch Hamada (S. 18). Der Beweis von Modigliani-Miller hat jedoch den Vorteil, daß er im Gegensatz zu dem hier geführten Beweis (vgl. die Funktion (1.i) $[i = 1,2,...,n]$ auf S. 67) nicht auf speziellen Annahmen über die Nutzenfunktion der Aktionäre beruht.

15. Wir können daher Hamada nicht folgen, wenn er schließt: Es wurde angenommen, »that investors maximize their expected utility of terminal wealth. Corporation managers can increase their shareholders' utility by investing in new projects within the firm such that their stock price would rise as a result of this decision. If the stock, in addition, should change its risk characteristic ... the stockholder can always sell his equity in the firm, realize the gain, and be better off than before. Because his wealth is now larger than originally anticipated, he is able to reach a higher utility position.« Vgl. Hamada (S. 20).

16. Man beachte, daß $L_{u_i} = L_c$, falls $d_i = l_i$.

LITERATUR

Borch, K.: Indifference Curves and Uncertainty, *The Swedish Journal of Economics – Ekonomisk Tidskrift*, 1968, S. 19–24.

Farrar, D. E.: *The Investment Decision Under Uncertainty*, Englewood Cliffs, N.J., 1962.

Gordon, M. J.: Optimal Investment and Financing Policy, *Journal of Finance*, 1963, S. 264–272.

Gordon, M. J., und E. Shapiro: Capital Equipment Analysis: The Required Rate of Profit, *Management Science*, 1956, S. 102–110. Übersetzung in diesem Band S. 54ff.

Hamada, R. S.: Portfolio Analysis, Market Equilibrium and Corporation Finance, *Journal of Finance*, 1969, S. 13–31.

Laux, H.: *Kapitalkosten und Ertragsteuern*, Köln 1969.

Lerner, E. M., und W. T. Carleton: Financing Decisions of the Firm, *Journal of Finance*, 1966, S. 202–214.

Lintner, J.: The Cost of Capital and Optimal Financing of Corporate Growth, *Journal of Finance*, 1963, S. 292–310; ders.: Optimal Dividends and Corporate Growth under Uncertainty, *Quarterly Journal of Economics*, 1964, S. 49–95; ders.: The Valuation of Risk Assets and the Selection of Risky Investments in Stock Portfolios and Capital Budgets, *Review of Economics and Statistics*, 1965a, S. 13–37; ders.: Security Prices, Risk, and Maximal Gains from Diversification, *Journal of Finance*, 1965b, S. 587–615.

Markowitz, H.: Portfolio Selection, *Journal of Finance*, 1952, S. 77–91; ders.: *Portfolio Selection: Efficient Diversification of Investments*, New York 1959.

Modigliani, F., und M. Miller: The Cost of Capital, Corporation Finance and the Theory of Investment, *American Economic Review*, 1958, S. 261–297. Übersetzung in diesem Band S. 86ff.

Mossin, J.: Equilibrium in a Capital Asset Market, *Econometrica*, 1966, S. 768–783.

Robichek, A., und S. C. Myers: *Optimal Financing Decisions*, Englewood Cliffs 1965.

Schneeweiß, H.: *Entscheidungskriterien bei Risiko*, Berlin/Heidelberg/New York 1967; ders.: Die Unverträglichkeit von (μ,σ)-Prinzip und Dominanzprinzip, *Unternehmensforschung*, 1968, S. 180–184.

Solomon, E.: Measuring a Company's Cost of Capital, *Journal of Business*, 1955, S. 240–252; Übersetzung in diesem Band S. 36ff.; ders.: *The Theory of Financial Management*, New York 1963.

Tobin, J.: Liquidity Preference as Behavior Towards Risk, *Review of Economic Studies*, 1958, S. 65–86.

ZWEITER TEIL

Kapitalkosten und Verschuldungsgrad

Kapitalkosten, Finanzierung von Aktiengesellschaften und Investitionstheorie

FRANCO MODIGLIANI, MERTON H. MILLER*

Wie definiert man die »Kapitalkosten« eines Unternehmens in einer Welt, in der Kapital zum Erwerb von Vermögensobjekten mit ungewissen Erträgen eingesetzt wird; in einer Welt, in der es viele Möglichkeiten gibt, Kapital zu beschaffen, von ausschließlicher Verschuldung, die feste Ansprüche auf Zahlungen hervorruft, bis zur reinen Emission von Aktien, die die Aktionäre lediglich zu einer bestimmten prozentualen Beteiligung an dem unsicheren Unternehmen berechtigen? Mit diesem Problem haben sich zumindest drei Gruppen von Ökonomen auseinandergesetzt:
1. Die Experten auf dem Gebiet der Unternehmensführung haben sich mit Methoden befaßt, Unternehmen so zu finanzieren, daß ihr Überleben und Wachstum gesichert sind;
2. die Betriebswirte befaßten sich mit der simultanen Investitions- und Finanzplanung, und
3. versuchten die Wirtschaftstheoretiker das Investitionsverhalten auf der Mikro- und Makroebene zu erklären.[1]

In vielen seiner formalen Analysen *neigte* der Wirtschaftstheoretiker zumindest dazu, das Wesentliche dieses Kapitalkostenproblems auszuklammern, indem er annahm, daß Sachinvestitionen – ebenso wie z.B. Obligationen – bekannte, sichere Einzahlungsüberschüsse bieten. Aufbauend auf dieser Annahme, haben die Theoretiker gefolgert, daß die Kapitalkosten für die Anteilseigner einfach mit dem Zinssatz für Obligationen übereinstimmen, und den bekannten Satz abgeleitet, daß das Unternehmen bei rationalem Verhalten das Investitionsvolumen bis zu dem Punkt ausdehnen wird, bei dem die Grenzrendite der Realinvestitionen mit dem Marktzins übereinstimmt.[2] Es kann gezeigt werden, daß dieser Satz aus jedem von zwei Entscheidungskriterien folgt, die bei Sicherheit äquivalent sind; nämlich (1) der Gewinnmaximierung und (2) der Maximierung des Kurswertes der Aktien der Gesellschaft.

Nach dem ersten Kriterium ist der Erwerb eines Realinvestitionsprojekts vorteilhaft, wenn hierdurch der Nettogewinn der Anteilseigner vergrößert wird. Dieser Nettogewinn wird jedoch nur steigen, wenn die erwartete Rendite des Projekts den Fremdkapital-Zinssatz übersteigt. Nach dem zweiten Kriterium ist der Erwerb eines Investitionsprojekts dann vorteilhaft, wenn es den Reichtum der Aktionäre erhöht,

---

* Im Original: The Cost of Capital, Corporation Finance and the Theory of Investment. Mit freundlicher Genehmigung der Verfasser und der American Economic Association entnommen aus: *The American Economic Review*, 48 (1958), S. 261–297. Übersetzt von Diplomübersetzerin Helmke Mundt.

d.h., wenn es den Marktwert des Unternehmens um mehr als die Anschaffungskosten erhöht. Der Anstieg des Marktwertes, der mit dem Projekt verbunden ist, ist jedoch gleich dem mit Hilfe des Marktzinssatzes ermittelten Barwert seiner laufenden Einzahlungsüberschüsse, und dieser Barwert ist nur dann höher als die Anschaffungskosten, wenn die Rendite dieses Projekts den Zinssatz übersteigt. Zu beachten ist dabei, daß bei beiden Formulierungen die Kapitalkosten mit dem Zinssatz für Obligationen übereinstimmen, gleichgültig ob eine Fremdfinanzierung oder eine Beteiligungsfinanzierung (durch Emission neuer Aktien) erfolgt. In einer Welt sicherer Gewinne wird der Unterschied zwischen Fremd- und Eigenkapital weitgehend lediglich zu einem Unterschied der Terminologie.

Wir müssen jedoch zugeben, daß man sich bei dieser Art der Analyse in der Regel bemüht, auch unsichere Erwartungen zu berücksichtigen. Dabei geht man bezeichnenderweise in der Weise vor, daß die Ergebnisse der Gewißheitsanalyse noch durch den Begriff des »Risikoabschlags« ergänzt werden, der vom erwarteten Ertrag subtrahiert wird (oder durch den Begriff der »Risikoprämie«, die zum marktüblichen Zinssatz addiert wird).

Es wird sodann angenommen, daß Investitionsentscheidungen auf einem Vergleich dieses »risikoangepaßten« oder »sicherheitsäquivalenten« Ertrages mit dem marktüblichen Zinssatz beruhen.[3] Bisher wurde jedoch noch keine befriedigende Antwort auf die Frage gefunden, wodurch die Höhe des Risikoabschlags bestimmt wird und wie sie sich ändert, wenn andere Größen variieren. Betrachtet als eine bequeme Annäherung, ist das Unternehmensmodell, das auf diesem Sicherheitskonzept oder Konzept der Sicherheitsäquivalente beruht, sicherlich bei der Behandlung einiger allgemeinerer Aspekte der Prozesse der Kapitalakkumulation und Konjunkturschwankungen nützlich gewesen. Ein solches Modell unterliegt z.B. der bekannten aggregierten Investitionsfunktion von Keynes, in der die Gesamtinvestition als eine Funktion des Zinssatzes ausgedrückt wird – des gleichen Zinssatzes für risikofreie Anlagen, der später im System in der Liquiditätspräferenzgleichung erscheint. Doch nur wenige werden diese Annäherung für geeignet halten. Was die Makroökonomik betrifft, so haben wir allen Grund zu bezweifeln, daß der Zinssatz einen so großen und so direkten Einfluß auf das Investitionsvolumen ausübt, wie es nach dieser Analyse erscheinen mag. Für die Mikroökonomik besitzt das Sicherheitsmodell nur einen geringen deskriptiven Wert und ist keine brauchbare Orientierungshilfe für Finanzberater und Manager, deren Kernprobleme nicht mit Hilfe eines Ansatzes gelöst werden können, der so oberflächlich die Ungewißheit einbezieht und außer Kreditfinanzierung keine Finanzierungsformen berücksichtigt.[4]

Erst vor kurzem haben Volkswirte begonnen, das Problem der Kapitalkosten *bei Risiko* ernsthaft zu untersuchen. Dabei mußten sie erkennen, daß ihre Interessen und Ziele sich mit denen der Finanzexperten und Betriebswirte decken, die sich schon länger und intensiver mit diesem Problem befaßt haben. Bei diesem gemeinsamen Versuch, die Grundsätze aufzustellen, die die rationale Investitions- und Finanzierungspolitik unter Ungewißheit bestimmen, sind zwei wichtige Lösungsmethoden zu unterscheiden. Sie stellen im wesentlichen Bemühungen dar, in die Welt der

Ungewißheit jedes der beiden Kriterien – Gewinn- und Kurswertmaximierung – zu übertragen, die sich im Spezialfall sicherer Erwartungen als äquivalent erwiesen. Bei Ungewißheit verschwindet diese Äquivalenz. In der Tat ist das Kriterium der Gewinnmaximierung sogar nicht mehr genau definiert. Bei Ungewißheit entspricht jeder Entscheidung des Betriebes nicht ein einziger Gewinn, sondern eine Vielzahl sich gegenseitig ausschließender Ergebnisse, die bestenfalls durch eine subjektive Wahrscheinlichkeitsverteilung beschrieben werden können. Der Gewinn ist also, kurz gesagt, zu einer Zufallsvariablen geworden, deren Maximierung keine operationale Bedeutung mehr hat. Auch kann diese Schwierigkeit in der Regel nicht dadurch beseitigt werden, daß man den mathematischen Erwartungswert des Gewinns als die zu maximierende Größe heranzieht. Denn Entscheidungen, die den Erwartungswert beeinflussen, werden auch die Streuung und andere Eigenschaften der Wahrscheinlichkeitsverteilung der Ergebnisse beeinflussen. Insbesondere kann bei Finanzierung eines Investitionsprojekts mit Fremdkapital statt mit Eigenkapital sehr wohl der Erwartungswert des Ertrages der Eigentümer steigen – jedoch nur auf Kosten einer erhöhten Streuung.

Unter diesen Bedingungen können die Gewinne alternativer Investitions- und Finanzierungsentscheidungen nur mit Hilfe einer *subjektiven* »Nutzenfunktion« der Eigentümer verglichen und eingestuft werden, wobei der erwartete Ertrag gegen andere Eigenschaften der Verteilung abgewogen wird. Entsprechend hat die Erweiterung des Kriteriums der Gewinnmaximierung des Sicherheitsmodells zur Nutzenmaximierung geführt, manchmal explizit, meist aber in einer qualitativen und heuristischen Form.[5]

Der auf dem Nutzenkonzept basierende Ansatz bedeutet zweifellos eine Verbesserung gegenüber dem Sicherheits- oder Sicherheitsäquivalenten-Konzept. Er erlaubt uns zumindest (wenn auch in Grenzen), einige Konsequenzen verschiedener Finanzierungsmaßnahmen zu untersuchen, und durch ihn erhält der Begriff »Kosten« für verschiedene Arten von Kapital eine Bedeutung. Da jedoch die Kapitalkosten zu einer wesentlichen subjektiven Größe geworden sind, enthält das Nutzenkonzept ernste Nachteile für normative wie auch für analytische Zwecke. Wie z.B. soll die Unternehmensleitung die Risikopräferenzen ihrer Aktionäre ermitteln und welchen Kompromiß zwischen ihren Einstellungen vornehmen? Und wie kann der Volkswirt eine sinnvolle Investitionsfunktion aufstellen angesichts der Tatsache, daß irgendeine gegebene Investitionsmöglichkeit vorteilhaft oder nachteilig ist, je nachdem *wer* im Augenblick zufällig Eigentümer des Unternehmens ist?

Glücklicherweise brauchen diese Fragen nicht beantwortet zu werden; denn die alternative Methode, die auf Kurswertmaximierung beruht, kann die Grundlage für eine operationale Definition der Kapitalkosten und eine anwendbare Investitionstheorie schaffen. Nach dieser Methode muß jedes Investitionsobjekt und der dazugehörige Finanzplan lediglich folgender Prüfung unterzogen werden: Wird bei Durchführung dieser Investitions- und Finanzierungsmaßnahme der Kurswert der Aktien des Unternehmens steigen? Trifft dies zu, so sollte das Projekt verwirklicht werden; ist das nicht der Fall, so ist sein Ertrag niedriger als die Grenzkapitalkosten der Unternehmung. Zu beobachten ist, daß solch ein Test vollkommen unabhängig von der Risikoeinstellung der gegenwärtigen Aktionäre ist, denn der Kurswert wird nicht nur ihre Präferenzen, sondern auch die aller potentiellen Aktionäre widerspiegeln. Wenn irgendein gegenwärtiger Aktionär mit der Unternehmenspolitik und mit der Bewertung des Projekts durch den Markt nicht übereinstimmt, steht es ihm frei, seine Aktien zu verkaufen und den Erlös woanders zu investieren, er wird dennoch von dem Kurswertzuwachs profitieren, der sich aufgrund der Entscheidung der Unternehmensleitung ergibt. Die möglichen Vorteile des Kurswertmodells haben sich lange großer Wertschätzung erfreut; doch die analytischen Ergebnisse waren mager. Was diese Entwicklungsrichtung daran zu hindern scheint, ihre Versprechen einzuhalten, ist hauptsächlich das Fehlen einer geeigneten Theorie über den Einfluß der Kapitalstruktur auf den Marktwert und darüber, wie dieser Einfluß aus den objektiven Marktdaten abgeleitet werden kann. In diesem Aufsatz widmen wir uns der Entwicklung einer solchen Theorie und ihrer Bedeutung für das Kapitalkostenproblem.

In Teil I werden wir die Grundtheorie entwickeln und eine kurze Darstellung ihrer empirischen Relevanz geben. In Teil II werden wir zeigen, wie die Theorie zur Lösung des Kapitalkostenproblems herangezogen werden kann und wie sie uns die Entwicklung einer Theorie der betrieblichen Investitionsplanung unter Ungewißheit ermöglicht. In diesen Kapiteln führen wir im wesentlichen eine partielle Gleichgewichtsanalyse durch, die Unternehmung und »Industrie« in den Mittelpunkt stellt. Entsprechend werden die »Preise« gewisser Einkommensströme als konstant betrachtet und als Daten dem Modell vorgegeben, ebenso wie in Marshalls Standardanalyse der Betriebe und der Industrie die Preise aller Inputs und aller anderen Produkte als gegeben angenommen werden. Wir haben uns entschieden, uns auf dieses Gebiet und nicht die Wirtschaft als Ganzes zu konzentrieren, denn gerade auf dieser Ebene der Unternehmung und der Industrie stimmen die Interessen der verschiedenen Spezialisten, die sich mit dem Problem der Kapitalkosten befassen, weitgehend überein. Obwohl also Nachdruck auf die Analyse des partiellen Gleichgewichts gelegt wurde, bilden die erzielten Ergebnisse wesentliche Bausteine für ein allgemeines Gleichgewichtsmodell, das zeigt, wie sich jene Preise bilden, die hier als gegeben angenommen werden. Aus Platzmangel und da das Modell an sich schon von Bedeutung ist, muß die Darstellung des allgemeinen Gleichgewichtsmodells, das die Analyse abrunden würde, auf einen nachfolgenden Aufsatz verschoben werden.

I. DIE BEWERTUNG VON WERTPAPIEREN, VERSCHULDUNG UND KAPITALKOSTEN

A Der Kalkulationszinsfuß für unsichere Zahlungsströme

Als Ausgangssituation betrachten wir ein Wirtschaftssystem, in dem das gesamte Sachvermögen Kapitalgesellschaften gehört. Wir nehmen zunächst weiter an, daß die Gesellschaften ihre Aktiva allein durch Emission von Stammaktien finanzieren können; auf die Ausgabe von Obligationen oder ihnen äquivalenten Wertpapieren werden wir erst im nächsten Teil dieses Abschnitts eingehen.

Das Sachvermögen eines Unternehmens wirft dessen Eigentümern – seinen Aktionären – im Zeitablauf einen Strom von »Gewinnen« ab. Die einzelnen Elemente dieses Stromes brauchen jedoch im Zeitablauf nicht konstant zu sein und sind auf jeden Fall unsicher. Dieser Einkommensstrom – und somit der jeder Stammaktie zufließende Strom – wird als zeitlich unbegrenzt betrachtet. Wir nehmen jedoch an, daß der Mittelwert dieses Stromes oder der Durchschnittsgewinn je Zeiteinheit endlich und eine Zufallsvariable ist, für die eine (subjektive) Wahrscheinlichkeitsverteilung gegeben ist. Wir bezeichnen den Mittelwert des Stroms, der einer bestimmten Aktie entspricht, als den Ertrag dieser Aktie; den mathematischen Erwartungswert dieses Durchschnitts bezeichnen wir als erwarteten Ertrag dieser Aktie.[6] Obwohl die Investoren verschiedene Meinungen über die Form der Wahrscheinlichkeitsverteilungen der Erträge der Aktien haben können, wollen wir der Einfachheit halber annehmen, daß die Meinungen zumindest hinsichtlich der erwarteten Erträge übereinstimmen.[7]

Diese Darstellungsweise von ungewissen Strömen bedarf einer kurzen Erläuterung. Zu beachten ist zunächst, daß der betrachtete Strom ein Strom von Gewinnen und nicht von Dividenden ist. Wie später noch klar wird, können zurückbehaltene Gewinne als Äquivalent zu einer Emission voll gezeichneter, mit einem Bezugsrecht ausgestatteter Stammaktien betrachtet werden, sofern die Unternehmensleitung im Interesse der Aktionäre handelt. Daher ist für jetzige Zwecke die Aufteilung des Stromes in Dividendenausschüttungen und zurückbehaltene Gewinne nebensächlich. Zu beachten ist weiterhin, daß sich die Ungewißheit auf den Mittelwert des Gewinnstromes bezieht und nicht verwechselt werden darf mit der Änderung der einzelnen Elemente dieses Stroms im Zeitablauf. Daß Variabilität und Ungewißheit zwei vollkommen verschiedene Begriffe sind, dürfte schon aus der Tatsache ersichtlich sein, daß die Bestandteile eines Stromes verschieden sein können, obwohl sie sicher sind. Es kann ferner gezeigt werden, daß – gleichgültig, ob die Bestandteile eines Stromes sicher oder ungewiß sind – der Effekt der Schwankung an sich für die Bewertung des Stromes allenfalls zweitrangiger Bedeutung ist und bei unserer Untersuchung (und auch bei vielen anderen) bedenkenlos außer acht gelassen werden kann.[8]

Die folgende Prämisse spielt eine strategische Rolle in der folgenden Analyse. Wir nehmen an, daß Unternehmungen in der Weise in verschiedene Klassen »äquivalenten Ertrags« eingeteilt werden können, daß der Ertrag der Aktien irgendeiner Gesellschaft einer gegebenen Risikoklasse ein bestimmtes Vielfaches des Ertrages ist, den die Aktien einer anderen Unternehmung der gleichen Klasse bieten (und somit ein Korrelationskoeffizient von 1 für die Erträge gegeben ist). Diese Voraussetzung impliziert, daß die verschiedenen Aktien derselben Klasse sich höchstens durch einen »Größenfaktor« unterscheiden. Wenn wir also den Unterschied in der Größenordnung bereinigen, indem wir die Relation zwischen Ertrag und erwartetem Ertrag heranziehen, so ist die Wahrscheinlichkeitsverteilung dieser Relation für alle Aktien der Klasse gleich. Daraus ergibt sich, daß alle relevanten Merkmale einer Aktie allein dadurch beschrieben werden können, daß (1) die Klasse, der sie angehört, und (2) ihr erwarteter Gewinn angeführt werden.

Die Bedeutung dieser Prämisse liegt darin, daß sie eine Einteilung der Unternehmungen in Gruppen erlaubt, in denen die Aktien verschiedener Gesellschaften »homogen«, d. h. vollkommene Substitute sind. Hier liegt somit eine Analogie zu dem bekannten Konzept der Industrie vor, bei dem die von dem Unternehmen produzierten Waren als homogen betrachtet werden. Um diese Analogie mit der Preistheorie von Marshall noch weiter zu vervollständigen, nehmen wir in der folgenden Analyse an, daß die Aktien bei atomistischer Konkurrenz auf vollkommenen Märkten gehandelt werden.[9]

Aus unserer Definition der homogenen Aktienklassen folgt, daß im Gleichgewicht auf einem vollkommenen Kapitalmarkt für alle Aktien einer bestimmten Risikoklasse der Kurs je Dollar erwarteten Gewinns gleich hoch sein muß oder, entsprechend, in jeder Klasse der Kurs jeder Aktie proportional zu ihrem erwarteten Ertrag sein muß. Diesen Proportionalitätsfaktor für eine Klasse, z. B. die Klasse k, wollen wir $1/\varrho_k$ bezeichnen. Wenn nun p_j den Kurs und $\bar{x}_j$ den erwarteten Ertrag je Aktie der Gesellschaft j in der Klasse k kennzeichnet, ergibt sich*:

$$p_j = \frac{1}{\rho_k} \bar{x}_j; \qquad (1)$$

oder entsprechend

$$\frac{\bar{x}_j}{p_j} = \rho_k, \qquad (2)$$

wobei ϱ_k konstant ist für alle Unternehmen j in der Klasse k.

Die Konstanten ϱ_k (für jede der k Klassen eine) können verschieden interpretiert werden:

(a) Aus Gleichung (2) folgt, daß jedes ϱ_k die erwartete Rendite der Aktien der Klasse k darstellt.

(b) Nach Gleichung (1) ist $1/\varrho_k$ der Preis, den ein Investor für einen erwarteten Gewinn in Höhe eines Dollars in der Klasse k zu zahlen hat.

(c) Aus (1) ergibt sich weiterhin, daß ϱ_k als Marktkapitalisierungsrate für die Erwartungswerte der unsicheren Ströme betrachtet werden kann, die Unternehmen der Risikoklasse k hervorrufen.[10]

B Fremdfinanzierung und ihre Auswirkungen auf die Wertpapierkurse

Nachdem wir das Handwerkszeug zur Behandlung unsicherer Ströme entwickelt haben, können wir nun zum Kern des Kapitalkostenproblems vordringen, indem wir die Annahme fallenlassen, daß Unternehmen keine Obligationen ausgeben können. Mit der Einführung der Fremdfinanzierung tritt eine grundlegende Veränderung auf

---

* Der Buchstabe ϱ wird in den nachfolgenden Formeln durch das vom Text leicht abweichende Symbol ρ bezeichnet. Dies hat nur drucktechnische Gründe; die Bedeutung beider Symbole ist die gleiche.

dem Aktienmarkt ein. Da die Unternehmen in ihrer Kapitalstruktur einen unterschiedlich hohen Anteil an Fremdkapital aufweisen können, können die Aktien verschiedener Kapitalgesellschaften – selbst wenn sie derselben Klasse angehören – verschiedene Wahrscheinlichkeitsverteilungen der Erträge aufweisen. In der Sprache der Finanzierungslehre sind die Aktien einem unterschiedlichen Grad des finanziellen Risikos oder der »Hebelwirkung« unterworfen und folglich nicht mehr vollkommen substituierbar. Um den Mechanismus zur Bestimmung der relativen Aktienkurse unter diesen Bedingungen darzulegen, machen wir die folgenden zwei Annahmen hinsichtlich der Eigenschaften von Obligationen und des Marktes für Obligationen, obwohl sie eigentlich mehr Gewicht als notwendig haben und später gelockert werden:

1. Alle Obligationen einschließlich aller von Haushalten zum Erwerb von Aktien aufgenommenen Kredite bieten je Zeiteinheit einen Ertrag, der im Zeitablauf konstant bleibt und von allen als sicher betrachtet wird.

2. Die Obligationen werden ebenso wie die Aktien auf einem vollkommenen Markt gehandelt, wobei die Bezeichnung »vollkommen« im üblichen Sinn zu verstehen ist, d. h., sie besagt, daß zwei Güter, die untereinander vollkommen austauschbar sind, im Gleichgewicht denselben Preis haben müssen.

Aus Prämisse (1) folgt, daß alle Obligationen tatsächlich bis auf einen »Größenfaktor« vollkommen miteinander substituierbar sind. Aus Prämisse (2) ergibt sich, daß sie alle je Dollar Ertrag den gleichen Preis haben müssen oder, was auf dasselbe hinausläuft, die gleiche Rendite bieten müssen. Diese Rendite wird durch r gekennzeichnet und als Zinssatz bezeichnet oder, was dasselbe besagt, als Kapitalisierungsrate für sichere Ströme. Wir können nun die folgenden zwei grundlegenden Thesen über die Bewertung von Wertpapieren von Unternehmen mit verschiedenen Kapitalstrukturen ableiten.

These I: $\overline{X}_j$ kennzeichne wieder den erwarteten Ertrag der Aktien der Gesellschaft j (d. h. den erwarteten Gewinn vor Abzug von Zinsen). D_j kennzeichne den Marktwert der Schulden dieser Gesellschaft, S_j den Marktwert ihrer Stammaktien und $V_j \equiv S_j + D_j$ den Marktwert aller der von ihr ausgegebenen Wertpapiere oder, wie wir sagen wollen, den Marktwert des Unternehmens. Dann besagt unsere These I, daß im Gleichgewicht

$$V_j = (S_j + D_j) = \overline{X}_j/\varrho_k \qquad (3)$$

für jedes Unternehmen j in Klasse k gelten muß.

Das heißt, daß der *Marktwert jedes Unternehmens unabhängig von seiner Kapitalstruktur ist und bestimmt werden kann durch Kapitalisierung seines erwarteten Ertrages mit dem seiner Klasse entsprechenden Satz* ϱ_k.

Diese These kann in äquivalenter Weise mit Hilfe des Begriffs der »durchschnittlichen Kapitalkosten« des Unternehmens, $\overline{X}_j/V_j$, ausgedrückt werden, d. h. dem Verhältnis aus dem erwarteten Ertrag und dem Marktwert aller Wertpapiere des Unternehmens. Unsere These lautet dann

$$\frac{\overline{X}_j}{(S_j + D_j)} = \frac{\overline{X}_j}{V_j} = \rho_k \tag{4}$$

für jedes Unternehmen j in der Klasse k.

Das heißt, *die durchschnittlichen Kapitalkosten irgendeines Unternehmens sind von seiner Kapitalstruktur vollkommen unabhängig und stimmen mit der Kapitalisierungsrate eines reinen Eigenkapitalstromes der Risikoklasse des Unternehmens überein.*

Um These I zu beweisen, wollen wir zeigen, daß, sofern Gleichungen (3) bzw. (4) für zwei beliebige Unternehmungen einer Risikoklasse nicht erfüllt sind, eine Arbitrage stattfinden wird, welche die angegebene Gleichheit wiederherstellen wird. Wir gebrauchen den Begriff Arbitrage aus gutem Grund. Denn wenn These I nicht gelten würde, könnte ein Investor Aktien und Obligationen so kaufen und verkaufen, daß ein Einnahmenstrom durch einen anderen ersetzt wird, der in allen seinen relevanten Eigenschaften identisch ist, jedoch einen niedrigeren Preis hat. Der Tausch wäre daher für den Anleger vorteilhaft, unabhängig von seiner Risikoeinstellung.[11] Da die Anleger die Möglichkeit der Arbitrage ausnutzen, wird der Kurs überbewerteter Aktien sinken und der unterbewerteter steigen, wodurch der Unterschied zwischen den Kurswerten der Unternehmen allmählich aufgehoben wird.

Um dies zu beweisen, wollen wir zwei Unternehmen derselben Risikoklasse betrachten und der Einfachheit halber annehmen, daß der erwartete Ertrag, $\overline{X}$, für beide Unternehmen gleich sei. Die erste Gesellschaft sei vollkommen mit Stammaktien finanziert, während die zweite Fremdkapital aufgenommen habe. Zunächst nehmen wir an, der Marktwert der verschuldeten Gesellschaft, V_2, sei höher als der der unverschuldeten Gesellschaft, V_1. Wir betrachten nun einen Aktionär, der Aktien im Werte von s_2 Dollar der zweiten Gesellschaft besitzt, die einen Teil α der gesamten Aktien, S_2, ausmachen. Der Ertrag dieses Portefeuilles, der gekennzeichnet wird durch Y_2, ist gleich dem α-ten Teil des Gewinns der zweiten Gesellschaft, der übereinstimmt mit dem Gesamtertrag X_2 abzüglich der Zinskosten, rD_2. Da nach unserer Prämisse der Homogenität der voraussichtliche Gesamtertrag der zweiten Gesellschaft, X_2, in jedem Fall mit dem voraussichtlichen Gesamtgewinn der ersten Gesellschaft, X_1, übereinstimmt, können wir im folgenden X_2 und X_1 durch das gemeinsame Symbol X ersetzen. Dann kann der Ertrag des anfänglichen Portefeuilles wie folgt formuliert werden:

$$Y_2 = \alpha (X - rD_2) \tag{5}$$

Wir nehmen nun an, der Aktionär verkaufe seine Anteile an der zweiten Gesellschaft im Werte von αS_2 und erwerbe statt dessen Aktien der ersten Gesellschaft im Werte von $s_1 = \alpha(S_2 + D_2)$. Er könnte dabei den durch den Verkauf seiner ursprünglichen Anteile erzielten Erlös αS_2 anlegen und zusätzlich einen Privatkredit in Höhe von

αD_2 aufnehmen, wobei seine neuen Anteile an der ersten Gesellschaft als Sicherheit dienen. Auf diese Weise würde er sich einen Anteil $s_1/S_1 = \alpha(S_2 + D_2)/S_1$ an den Aktien und Gewinnen der ersten Gesellschaft sichern. Berücksichtigt man die Zinsen für seine Privatschuld αD_2, dann ergibt sich für das neue Portefeuille ein Ertrag in Höhe von:

$$Y_1 = \frac{\alpha(S_2 + D_2)}{S_1} X - r\alpha D_2 = \alpha \frac{V_2}{V_1} X - r\alpha D_2. \qquad (6)$$

Bei einem Vergleich von (5) und (6) stellen wir fest, daß im Falle $V_2 > V_1$ die Relation $Y_1 > Y_2$ gelten muß, so daß es also für Inhaber von Aktien der zweiten Gesellschaft vorteilhaft ist, ihre Anteile zu verkaufen, wodurch S_2 und folglich V_2 sinken, und Aktien der ersten Gesellschaft zu erwerben, wodurch S_1 und somit auch V_1 steigen. Wir schließen daher, daß verschuldete Unternehmen keine Prämie gegenüber unverschuldeten Unternehmen bieten können, da die Aktionäre die Möglichkeit haben, den äquivalenten Verschuldungsgrad direkt in ihr Portefeuille zu tragen, indem sie sich persönlich verschulden.

Wir betrachten nun die andere Möglichkeit, daß der Kurswert der verschuldeten Gesellschaft, V_2, unter dem der ersten, V_1, liegt. Ein Investor besitze nun zunächst Aktien der ersten Gesellschaft im Werte von s_1, der übereinstimmt mit einem Teil α des Kurswertes der gesamten Aktien der Gesellschaft 1, S_1. Sein Gewinn aus diesen Anteilen ist:

$$Y_1 = \frac{s_1}{S_1} X = \alpha X.$$

Angenommen, er tausche diese Anteile gegen ein anderes Portefeuille um, das ebenfalls den Wert s_1 besitzt, jedoch aus Aktien der zweiten Gesellschaft im Wert von s_2 Dollar und aus Obligationen im Wert von d Dollar zusammengesetzt ist, wobei s_2 und d gegeben sind durch

$$s_2 = \frac{S_2}{V_2} s_1, \qquad d = \frac{D_2}{V_2} s_1. \qquad (7)$$

Anders ausgedrückt, das neue Portefeuille muß sich aus Aktien der zweiten Gesellschaft und aus Obligationen im Verhältnis S_2/V_2 zu D_2/V_2 zusammensetzen. Der Ertrag der Aktien des neuen Portefeuilles ist dann gleich einem Teil s_2/S_2 des Gesamtertrages der Anteilseigner der Gesellschaft 2, nämlich $(X - rD_2)$, und der Ertrag der Obligationen ist dann gleich rd. Verwendet man Gleichung (7), so kann der Gesamtertrag des Portefeuilles, Y_2, wie folgt ausgedrückt werden:

$$Y_2 = \frac{s_2}{S_2}(X - rD_2) + rd = \frac{s_1}{V_2}(X - rD_2) + r\frac{D_2}{V_2}s_1 = \frac{s_1}{V_2}X = \alpha\frac{S_1}{V_2}X$$

(da $s_1 = \alpha S_1$). Bei einem Vergleich von Y_2 und Y_1 stellen wir fest, daß Y_2 höher ist als Y_1, wenn $V_2 < S_1 \equiv V_1$ gilt. Folglich lohnt es sich für die Aktionäre der ersten Gesellschaft, ihre Anteile zu verkaufen und sie durch ein gemischtes Portefeuille zu ersetzen, das einen entsprechenden Anteil von Aktien der zweiten Gesellschaft enthält.

Der Erwerb eines gemischten Portefeuilles von Aktien eines verschuldeten Unternehmens j und von Obligationen im Verhältnis S_j/V_j zu D_j/V_j darf als ein Vorgang betrachtet werden, der den »leverage«-Effekt aufhebt, indem er dem Aktionär Zugang zu einem entsprechenden Anteil an dem Bruttogewinn X_j verschafft. Gerade aufgrund dieser Möglichkeit, den »leverage«-Effekt aufzuheben, kann der Wert verschuldeter Unternehmen nicht ständig unter dem unverschuldeter liegen oder, allgemeiner ausgedrückt, können die durchschnittlichen Kapitalkosten $\overline{X}_j/V_j$ nicht systematisch für verschuldete Unternehmen höher sein als für unverschuldete der gleichen Klasse. Da wir bereits ausgeführt haben, daß aufgrund der Arbitragemöglichkeit V_2 nicht größer sein kann als V_1, folgt, daß im Gleichgewicht $V_2 = V_1$ gelten muß, wie in These I behauptet wurde.

These II: Aus These I können wir folgende Behauptung über die Rendite der Stammaktien verschuldeter Unternehmen ableiten: Die erwartete Rendite i der Aktien irgendeines Unternehmens der Klasse k ist eine lineare Funktion des Verschuldungsgrades, wie folgende Formel zeigt:

$$i_j = \varrho_k + (\varrho_k - r) D_j/S_j \tag{8}$$

Das heißt, *die erwartete Rendite einer Aktie stimmt überein mit dem entsprechenden Kapitalisierungssatz ϱ_k für einen reinen Gewinnstrom in der Klasse zuzüglich einer Prämie für das finanzielle Risiko, die übereinstimmt mit dem Quotienten aus Fremd- und Eigenkapital multipliziert mit der Differenz aus ϱ_k und r.* Oder, was dasselbe besagt, der Kurswert jeder Aktie ergibt sich durch Kapitalisierung ihres erwarteten Gewinns mit dem sich kontinuierlich verändernden Satz i_j in der Gleichung (8).[12]

Eine Reihe von Autoren haben ähnliche Thesen aufgestellt wie These I, wobei sie sich allerdings mehr auf ihre Intuition als auf einen Beweis verlassen und sofort behauptet haben, die Ergebnisse seien nicht auf die wirklichen Kapitalmärkte übertragbar.[13] These II ist unseres Wissens jedoch neu.[14] Um sie zu beweisen, müssen wir zunächst beachten, daß die erwartete Rendite i annahmegemäß gegeben ist durch:

$$i_j \equiv \frac{\overline{X}_j - rD_j}{S_j}. \tag{9}$$

Aus These I, also Gleichung (3), folgt:

$$\bar{X}_j = \rho_k(S_j + D_j).$$

Wenn wir diesen Ausdruck in Gleichung (9) einsetzen und kürzen, so erhalten wir Gleichung (8).

C Einige Einschränkungen und Erweiterungen der grundlegenden Thesen

Die bisher entwickelten Methoden und die erzielten Ergebnisse können in mancher Hinsicht sinnvoll erweitert werden. Hier seien nur drei Möglichkeiten genannt:
1. Berücksichtigung einer Körperschaftsteuer, bei der Zinszahlungen absetzbar sind;
2. die Berücksichtigung einer Vielzahl von Obligationen und Zinssätzen;
3. die Berücksichtigung von Marktunvollkommenheiten, die den Arbitrageprozeß stören könnten.

Auf die beiden ersten Erweiterungsmöglichkeiten werden wir in diesem Abschnitt kurz eingehen, und in Teil II werden wir auf das Steuerproblem zurückkommen. Marktunvollkommenheiten werden in Abschnitt D dieses Kapitels behandelt, und zwar im Verlauf eines Vergleichs unserer Ergebnisse mit denen der herrschenden Lehre auf dem Gebiet der Finanzierung.

Einflüsse der gegenwärtigen Besteuerung von Aktiengesellschaften

Aufgrund der Abzugsfähigkeit der Fremdkapitalzinsen bei der Bemessung des steuerlichen Gewinns einer Kapitalgesellschaft gewährleistet der Arbitrageprozeß nicht, daß der Marktwert jedes Unternehmens einer bestimmten Risikoklasse proportional ist zu den erwarteten Erträgen, die mit dem Sachvermögen erzielt werden. Es kann vielmehr gezeigt werden (mit Hilfe derselben Beweisform, die für die ursprüngliche Variante der These I herangezogen wurde), daß der Marktwert jedes Unternehmens einer bestimmten Risikoklasse im Gleichgewicht proportional ist zu seinem erwarteten Nettoertrag (das ist die Summe aus den gezahlten Fremdkapitalzinsen und dem erwarteten Gewinn nach Steuer [Nettoeinkommen], der auf die Anteilseigner entfällt). Wir müssen somit jedes $\bar{X}_j$ in den ursprünglichen Varianten von Thesen I und II durch eine neue Größe $\bar{X}_j^\tau$ ersetzen, die den gesamten Nettoertrag kennzeichnet, den das Unternehmen bietet:

$$\bar{X}_j^\tau \equiv (\bar{X}_j - rD_j)(1-\tau) + rD_j \equiv \bar{\pi}_j^\tau + rD_j, \qquad (10)$$

wobei $\bar{\pi}_j^\tau$ das erwartete Nettoeinkommen charakterisiert, das auf die Anteilseigner entfällt, und τ den durchschnittlichen Körperschaftsteuersatz.[15]

Bezieht man die Thesen auf den Steuerfall, so ändert sich ihre Form nicht. Für These I erhalten wir

$$\frac{\overline{X}_j^\tau}{V_j} = \rho_k^\tau, \qquad (11)$$

für These II erhalten wir

$$i_j \equiv \frac{\overline{\pi}_j^\tau}{S_j} = \rho_j^\tau + (\rho_k^\tau - r) D_j / S_j \qquad (12)$$

wobei ϱ_k^τ der Kapitalisierungszinssatz für Nettoeinkommen der Klasse k ist.

Obwohl sich die Thesen formal nicht ändern, müssen einige Interpretationen geändert werden. Insbesondere kann die Kapitalisierungsrate ϱ_k^τ für den Steuerfall nicht gleichgesetzt werden mit den »durchschnittlichen Kapitalkosten« $\varrho_k = \overline{X}_j / V_j$. Der Unterschied zwischen ϱ_k^τ und den »wahren« durchschnittlichen Kapitalkosten ist – wie wir noch sehen werden – für die Investitionsplanung des Unternehmens relevant (Abschnitt II). Im Hinblick auf die Beschreibung des Marktverhaltens, die uns hier allein interessiert, ist jedoch der Unterschied nicht wesentlich. Um die Darstellung zu vereinfachen und im Einklang mit der Terminologie der Standardliteratur zu bleiben, bezeichnen wir in diesem Abschnitt ϱ_k^τ als die durchschnittlichen Kapitalkosten, obwohl diese Gleichsetzung genaugenommen nur im Nichtsteuerfall gerechtfertigt ist.

Auswirkungen einer Vielzahl von Obligationen und Zinssätzen

Auf den bestehenden Kapitalmärkten finden wir nicht nur einen, sondern eine ganze Reihe von Zinssätzen, die je nach Fälligkeit, je nach den vertraglichen Bedingungen des Kredits und, was für unsere Zwecke am wichtigsten ist, je nach der finanziellen Lage des Kreditnehmers verschieden hoch sind.[16] Sowohl die Theorie als auch die Markterfahrung legen die Vermutung nahe, daß die von den Kreditgebern geforderten Zinsen bei wachsendem Verhältnis aus Fremd- und Eigenkapital der borgenden Kapitalgesellschaft (oder des borgenden Individuums) ansteigen. Trifft dies zu und können wir zunächst näherungsweise annehmen, daß diese Zinskurve $r = r(D/S)$, wie auch immer ihre genaue Form sein mag, für alle Kreditnehmer dieselbe ist, dann können wir ohne weiteres unsere Thesen auf den Fall einer steigenden Angebotskurve für Fremdkapital ausdehnen.[17]

These I wird in ihrer Form und Interpretation nicht von der Tatsache berührt, daß der Zinssatz bei wachsendem Verschuldungsgrad steigen kann: Obwohl die Durchschnittskosten der *Fremdmittel* bei zunehmender Verschuldung tendenziell steigen, sind die Durchschnittskosten der Mittel aus *allen* Kapitalquellen noch unabhängig von dem Verschuldungsgrad (abgesehen von der Steuerwirkung). Diese Schlußfolgerung ergibt sich direkt aus der Fähigkeit derjenigen Investoren, die durch Arbitrage den einer bestimmten Kapitalstruktur entsprechenden »leverage«-Effekt aufheben, indem sie ein entsprechend gemischtes Portefeuille aus Obligationen und Aktien erwerben. Aufgrund dieser Fähigkeit muß das Verhältnis der Gewinne (*vor* Zinszahlungen) zum Marktwert – d. h. die durchschnittlichen Kapitalkosten für die gesamten Mittel – für alle Unternehmen in einer gegebenen Risikoklasse gleich sein.[18] Anders formuliert, die bei zunehmender Verschuldung steigenden Fremdkapitalzinsen werden durch einen entsprechenden Rückgang der Rendite der Stammaktien aufgewogen. Dieses scheinbar paradoxe Ergebnis werden wir später im Zusammenhang mit These II noch näher untersuchen.

Eine wesentliche Änderung der These I wäre nur erforderlich, wenn die Zinskurve $r = r(D/S)$ für verschiedene Kreditnehmer verschieden wäre, was der Fall sein könnte, wenn die Gläubiger ausgesprochene Präferenzen für Wertpapiere einer bestimmten Klasse von Schuldnern hätten. Wenn z. B. die Gesellschaften zu niedrigeren Zinssätzen Kredit aufnehmen könnten als Einzelpersonen mit einer äquivalenten Verschuldung, dann könnten die durchschnittlichen Kapitalkosten für Gesellschaften aufgrund dieses Unterschiedes leicht fallen, sobald die Verschuldung über eine gewisse Grenze hinaus steigen würde. Bei Beurteilung dieser Möglichkeit sollte man sich jedoch daran erinnern, daß der für unsere Arbitrage-Investoren in Frage kommende Zinssatz der für Maklerdarlehen ist, und historisch betrachtet war dieser Zinssatz nicht merklich höher als repräsentative Zinssätze für Gesellschaften.[19] Die Operationen von Holding- und Kapitalanlagegesellschaften, die zu vergleichbaren Bedingungen Kredite aufnehmen können wie produzierende Gesellschaften, stellen noch einen weiteren Faktor dar, der möglicherweise alle eindeutigen und dauerhaften Vorteile, die mit Anteilen an fremdfinanzierten Unternehmen verbunden sind, beseitigen kann.[20]

Obwohl These I unverändert gilt, solange die Zinskurve für alle Kreditnehmer gleich ist, wird die Beziehung zwischen der Rendite der Stammaktien und dem Verschuldungsgrad nicht mehr so streng linear sein, wie These II behauptet. Wenn r mit zunehmender Verschuldung steigt, dann wird zwar die Rendite i tendenziell noch steigen, solange D/S steigt, jedoch mit abnehmender und nicht konstanter Zuwachsrate. Wird ein bestimmter hoher Verschuldungsgrad überschritten, der von der genauen Form der Zinsfunktion abhängt, so kann die Rendite sogar absinken.[21] Die Beziehung zwischen i und D/S könnte möglicherweise die durch die Kurve MD in Abb. 2 angedeutete Form annehmen, obwohl in der Praxis die Krümmung sehr viel flacher sein würde. Im Gegensatz dazu würde bei einem konstanten Zinssatz das Verhältnis durchweg linear sein, wie Strecke MM' in Abb. 2 zum Ausdruck bringt.

Zum abwärts verlaufenden Teil der Kurve MD bedarf es vielleicht einer kurzen Erklärung, denn es mag schwierig sein, sich vorzustellen, warum Investoren, die keine Liebhaber von Lotterien sind, in diesem Bereich Aktien kaufen würden. Es ist jedoch zu beachten, daß die Renditekurve nach These II auf die grundlegendere These I zurückgeht. Sollte die Nachfrage von risikofreudigen Aktionären nicht ausreichen, um den Markt auf der Renditekurve MD zu halten, so würde diese Nachfrage durch die Arbitrageure wieder verstärkt werden. Letztere würden es für vorteilhaft halten, einen Anteil an dem Unternehmen als Ganzes zu besitzen, indem sie dessen Aktien *und* Obligationen erwerben und somit die niedrigere Rendite der Aktien durch die höhere Verzinsung der Obligationen ausgleichen.

D *Das Verhältnis der Thesen I und II zu herrschenden Lehrmeinungen*

Die von uns entwickelten Thesen über die Bewertung von Unternehmen und Aktien scheinen in krassem Widerspruch zu den anerkannten Lehrmeinungen auf dem Gebiet der Finanzierungslehre zu stehen. Die Hauptunterschiede zwischen unserer und der herrschenden Auffassung werden graphisch in Abb. 1 und 2 zusammengefaßt. Unsere These I (Gleichung (4)) besagt, daß die durchschnittlichen Kapitalkosten, $\overline{X}_j^\tau/V_j$, für alle Unternehmen j in der Klasse k gleich hoch sind, unabhängig von ihrer Kapitalstruktur. Das bedeutet: Würden wir eine Stichprobe von Unternehmen einer gegebenen Klasse auswählen und für jedes Unternehmen das Verhältnis aus erwarteter Rendite und Marktwert in Abhängigkeit von irgendeinem Maß des Verschuldungsgrades oder der Kapitalstruktur graphisch darstellen, so würden die Punkte tendenziell auf einer horizontalen Geraden mit dem Abstand ϱ_k^τ entsprechend der Linie *mm'* in Abb. 1 liegen.[22] Aus These I leiten wir These II ab (Gleichung (8)), die in ihrer einfachsten Variante – bei der r konstant ist – besagt, daß für alle Unternehmen in einer Klasse die Beziehung zwischen der Rendite der Stammaktien und der Kapitalstruktur, gemessen durch D_j/S_j, durch eine Gerade mit der Steigung $(\varrho_k^\tau - r)$ und dem Schnittpunkt ϱ_k^τ hinreichend genau dargestellt werden kann. Dieses Verhältnis wird durch die Gerade *MM'* in Abb. 2 dargestellt, was wir bereits erläutert haben.[23]

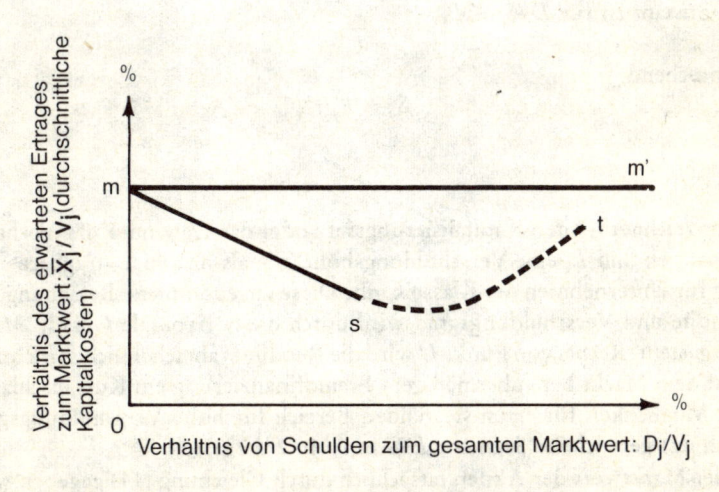

Abb. 1

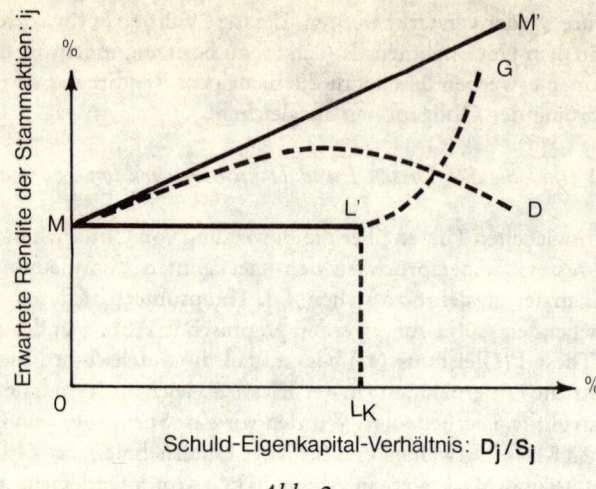

Abb. 2

Im Gegensatz dazu scheinen die Finanzexperten von der konventionellen These auszugehen, daß c.p. das Gewinn-Kurs-Verhältnis der Stammaktien eines Unternehmens bei »maßvoller« Verschuldung sich gewöhnlich nur geringfügig ändert.[24] In unsere Schreibweise übertragen heißt das, daß für jedes Unternehmen *j* in der Klasse *k*

$$\frac{\overline{X}_j^\tau - rD_j}{S_j} \equiv \frac{\overline{\pi}_j^\tau}{S_j} = i_k^*, \tag{13}$$

wobei i_k^* konstant ist für $D_j/S_j \leq L_k$,

oder entsprechend

$$S_j = \overline{\pi}_j^\tau / i_k^*. \tag{14}$$

Dabei kennzeichnet i_k^* den Kapitalisierungssatz oder das Gewinn-Kurs-Verhältnis für Stammaktien und L_k eine Verschuldungshöhe, die als maximal »tragbare« Verschuldung für Unternehmen der Klasse *k* gilt. Diese angenommene Beziehung zwischen Rendite und Verschuldungsgrad wird durch die horizontale Gerade *ML'* in Abb. 2 dargestellt. Rechts von Punkt *L'* wird die Rendite wahrscheinlich stark ansteigen, da auf dem Markt bei »übermäßiger« Fremdfinanzierung ein Kursabschlag erfolgt. Die Möglichkeit für einen steigenden Bereich für hohe Verschuldungsgrade wird durch das gestrichelte Segment *L'G* in Abb. 2 dargestellt.[25]

Wenn der Marktwert der Aktien tatsächlich durch Gleichung (14) gegeben wäre, dann wäre der gesamte Marktwert des Unternehmens:

$$V_j \equiv S_j + D_j = \frac{\overline{X}_j^\tau - rD_j}{i_k^*} + D_j = \frac{\overline{X}_j^\tau}{i_k^*} + \frac{(i_k^* - r)D_j}{i_k^*} \qquad (16)$$

Das bedeutet, daß für jede Höhe des erwarteten Gesamtertrags nach Steuern ($\overline{X}_j^\tau$) und unter der einleuchtenden Annahme, daß $i_k^* > r$ gilt, der Marktwert der Unternehmung mit steigender Verschuldung tendenziell *zunehmen* muß,[26] während unsere These I besagt, daß der Marktwert des Unternehmens vollständig unabhängig von seiner Kapitalstruktur ist. Auch hinsichtlich der Kapitalkosten kann unsere Auffassung der herkömmlichen gegenübergestellt werden. Lösen wir (16) nach $\overline{X}_j^\tau / V_j$ hin auf, so erhalten wir:

$$\overline{X}_j^\tau / V_j = i_k^* - (i_k^* - r)D_j / V_j. \qquad (17)$$

Nach dieser Gleichung sind die durchschnittlichen Kapitalkosten nicht – wie wir behaupten – von der Kapitalstruktur unabhängig, sondern sie *sinken* bei steigender Verschuldung, zumindest bei maßvoller Verschuldung, wie die Gerade *ms* in Abb. 1 zeigt. Oder, um es allgemeinverständlicher zu formulieren, Fremdfinanzierung wäre »billiger« als Eigenfinanzierung, wenn sie sich in Grenzen hält.

Berücksichtigen wir auch die Möglichkeit eines Bereichs steigender Aktienrenditen für hohe Verschuldungsgrade, so erhalten wir eine U-förmige Kurve wie *m s t* in Abb. 1.[27] Daß eine Renditekurve für Aktien der Form *ML'G* in Abb. 2 eine U-förmige Kapitalkostenkurve impliziert, haben natürlich viele Autoren erkannt. Ein naheliegender weiterer Schritt war es, zu behaupten, daß die dem Tiefpunkt des U entsprechende Kapitalstruktur eine »optimale Kapitalstruktur« ist, die die Unternehmensleitung im Interesse der Aktionäre anstreben sollte.[28] Nach unserem Modell hingegen gibt es keine optimale Kapitalstruktur – denn alle Strukturen sind ja hinsichtlich der Kapitalkosten äquivalent.

Obwohl die fallende oder zumindest die U-förmige Kapitalkostenfunktion in der einen oder anderen Form der herrschenden Literaturmeinung entspricht, ist das eigentliche Grundprinzip dieser Auffassung keineswegs klar. Das entscheidende Element dieser These – daß das erwartete Gewinn-Kurs-Verhältnis der Aktien im großen und ganzen bis zu einer konventionellen Grenze vom Verschuldungsgrad unabhängig ist – wird sogar kaum als erklärungsbedürftig angesehen. In der Regel wird es einfach als selbstverständlich angesehen oder bloß behauptet, daß der Markt sich so verhalte.[29] Soweit sich für das konstante Gewinn-Kurs-Verhältnis überhaupt Erklärungen finden, so vermuten wir, daß sie in den meisten Fällen die Überzeugung widerspiegeln, daß tragbare Fremdkapitalbeträge in »gesunden« Gesellschaften in Wirklichkeit das »Risiko« der Aktien nicht stark vergrößern. Da das zusätzliche Risiko gering ist, scheint es naheliegend zu sein, anzunehmen, daß die Unternehmen kaum merklich höhere Erträge bieten müssen, um die Investoren zum Halten ihrer Aktien zu veranlassen.[30]

David Durand (3, S. 231–233) hat eine überzeugendere Beweisführung vorgenommen. Da Versicherungsgesellschaften und gewisse andere wichtige institutionelle Anleger nur festverzinsliche Wertpapiere halten dürfen, so behauptet er, können Nichtfinanzierungsgesellschaften von ihnen Kredite zu Zinssätzen bekommen, die niedriger sind, als sie gewöhnlich auf einem freien Markt als Entgelt für die Gläubiger verlangt werden. Während er wahrscheinlich unserer Schlußfolgerung zustimmen würde, daß Aktionäre auf einem freien Markt keinen Vorteil durch eine Verschuldung erzielen können, kommt er zu dem Schluß, daß sie bei dem gegenwärtig gegebenen institutionellen System Gewinne erzielen könnten. Dieser Gewinn ergäbe sich aufgrund der »Sicherheits-Superprämie«, die die Kreditgeber den Gesellschaften für das Vorrecht gewähren, an sie ausleihen zu dürfen.[31]

Die Schwäche in der herkömmlichen und Durands Argumentation liegt darin, daß sie die subjektiven Risikopräferenzen der Kapitalanleger mit deren objektiven Anlagemöglichkeiten auf dem Kapitalmarkt verwechseln. Die Gültigkeit unserer Thesen I und II hängt, wie bereits erwähnt, von keiner Prämisse über individuelle Risikopräferenzen ab. Ebenso enthalten sie keine Aussage darüber, was ein angemessenes Entgelt für die Übernahme eines gegebenen Risikos durch die Investoren ist. Sie stützen sich lediglich auf die Tatsache, daß eine gegebene Ware sich nicht ständig auf dem Markt zu mehr als einem Preis verkaufen läßt; oder genauer gesagt, daß der Preis einer Ware, die ein »Bündel« von zwei anderen Waren darstellt, sich nicht ständig von dem gewichteten Mittel der Preise der beiden Komponenten unterscheiden kann (die Gewichte stimmen dabei mit dem Anteil der zwei Waren an dem Bündel überein).

Hier mag eine Analogie weiterhelfen. Die Beziehungen zwischen $1/\varrho_k$, dem Preis je Dollar eines Gewinnstroms einer unverschuldeten Gesellschaft der Klasse k, $1/r$, dem Kurs je Dollar eines sicheren Stroms, und $1/i_j$, dem Kurs je Dollar eines Ertragsstromes einer verschuldeten Gesellschaft j der Klasse k, sind dieselben wie jene zwischen dem Preis von Vollmilch, dem Preis von Rahm und dem Preis von Milch, die durch Entrahmung verdünnt worden ist. Unsere These I besagt, daß ein Betrieb seine Kapitalkosten nicht senken kann – d.h. den Marktwert seines Ertragsstromes nicht erhöhen kann –, indem er einen Teil seines Kapitals durch die Ausgabe von Obligationen beschafft, obwohl Fremdmittel billiger zu sein scheinen. Diese Behauptung entspricht der These, daß auf vollkommenen Märkten ein Bauer im allgemeinen nicht mehr mit der von ihm produzierten Milch verdienen kann, wenn er einen Teil des Rahms absahnt und getrennt verkauft, obwohl Rahm je Gewichtseinheit zu einem höheren Preis verkauft werden kann als Vollmilch. Der Vorteil der Entrahmung der Milch gegenüber dem Verkauf von Vollmilch wäre völlig illusorisch, denn der aus dem Verkauf des teuren Rahms erzielte Gewinn würde durch Verlust aus dem Verkauf der verbleibenden billigen Magermilch kompensiert werden. Ähnlich ist unsere These II – nämlich daß der Aktienkurs je Dollar Bruttogewinn eines verschuldeten Unternehmens so fällt, wie die Verschuldung steigt – ein genaues Analogon zu der Behauptung, daß der Preis für eine Gallone Magermilch kontinuierlich fällt, wenn mehr Rahm abgeschöpft wird.[32] Es ist klar, daß die letzte Behauptung nur so lange

Geltung besitzt, wie eine Gewichtseinheit Rahm mehr wert ist als Vollmilch; und sie stimmt sogar dann noch, wenn für viele Verbraucher das Abschöpfen von wenig Rahm (die Aufnahme von geringen Schulden) den Geschmack der Milch nicht merklich ändert (das Risiko nicht merklich erhöht). Weiterhin bleibt dieses Argument auch angesichts solcher institutioneller Beschränkungen gültig, wie sie Durand beschrieben hat. Man stelle sich vor, daß ein Großteil der Bevölkerung in Restaurants zu essen pflegt, die gesetzlich dazu verpflichtet sind, nur Sahne anstelle von Milch zu servieren (er vertraue seine Ersparnisse institutionellen Anlegern an, die nur Obligationen erwerben können). Sicherlich wird dann der Rahmpreis im Verhältnis zum Preis von Magermilch tendenziell höher sein als bei Fehlen solcher Beschränkungen (der Zinssatz wird tendenziell niedriger sein), und das wird den Menschen zugute kommen, die zu Hause essen und Magermilch mögen (die ihr eigenes Portefeuille verwalten und imstande und bereit sind, Risiko zu tragen). Trotzdem gilt immer noch, daß ein Bauer durch Abschöpfen von Rahm und gesonderten Verkauf keinen Gewinn erzielen kann (das Unternehmen die Kapitalkosten nicht senken kann, wenn es Fremdkapital aufnimmt).[33]

Unsere Thesen können als Erweiterung der klassischen Markttheorie auf den Spezialfall der Kapitalmärkte aufgefaßt werden. Die Verfechter der herkömmlichen Auffassung – ob sie sich dessen bewußt sind oder nicht – dürfen nicht bloß annehmen, daß es Verzögerungen und Spannungen beim Einpendeln auf das Gleichgewicht gibt – eine Auffassung, die wir sicherlich teilen,[34] denn wir behaupten von unseren Thesen nur, daß sie die Grundtendenz beschreiben, um welche die tatsächlichen Beobachtungen streuen werden –, sondern auch, daß es auf dem Markt erhebliche und »*systematische*« Unvollkommenheiten gibt, die das Ergebnis ständig verfälschen. Dies ist eine Annahme, die Ökonomen instinktiv mit gewisser Skepsis ansehen werden.

In jedem Fall kann die Frage, ob nun langfristige systematische Abweichungen vom Gleichgewicht tatsächlich vorliegen oder ob unsere Thesen bessere Beschreibungen des langfristigen Marktverhaltens sind, nur aufgrund empirischer Forschung beantwortet werden. Bevor wir mit der Investitionstheorie fortfahren, ist es daher ratsam, Ergebnisse empirischer Untersuchungen vorzulegen.*

II. BEDEUTUNG DER ANALYSE FÜR DIE INVESTITIONSTHEORIE

A Kapitalstruktur und Investitionspolitik

Aufbauend auf unseren Thesen hinsichtlich Kapitalkosten und Finanzstruktur (ohne im Moment Steuern zu berücksichtigen) können wir die nachstehende einfache Regel für eine optimale Investitionspolitik des Unternehmens herleiten:

---

* Im Original folgt eine empirische Untersuchung, die in der vorliegenden Übersetzung nicht enthalten ist. Vgl. hierzu den Artikel von Wippern in diesem Band S. 178 ff.

These III.: Wenn ein Unternehmen der Klasse *k* zum Zeitpunkt der Entscheidung im besten Interesse der Aktionäre handelt, so wird es eine Investition dann und nur dann durchführen, wenn ihr interner Zinsfuß, sagen wir ϱ^*, ebenso groß oder größer ist als ϱ_k. Das heißt, *die kritische Grenze für die Investition im Unternehmen ist in jedem Fall ϱ_k und vollkommen unabhängig davon, wie die Investition finanziert wird.* Entsprechend können wir sagen, daß unabhängig von der Finanzierungsart die Grenzkapitalkosten für ein Unternehmen übereinstimmen mit den durchschnittlichen Kapitalkosten, die wiederum übereinstimmen mit dem Kapitalisierungssatz für einen reinen Gewinnstrom in derjenigen Klasse, der das Unternehmen angehört.[45]

Um dieses Ergebnis zu beweisen, betrachten wir nun drei wichtige dem Unternehmen offenstehende Finanzierungsmöglichkeiten – Obligationen, zurückbehaltene Gewinne und die Ausgabe von Stammaktien – und zeigen, daß in jedem Fall die Durchführung einer Investition dann, und nur dann, vorteilhaft ist, wenn $\varrho^* \gtreqless \varrho_k$ gilt.[46]

Betrachten wir zunächst den Fall, daß die Investition durch die Emission von Obligationen finanziert wird. Nach These I war der Kurswert des Unternehmens vor Durchführung der Investition gleich:[47]

$$V_0 = \overline{X}_0/\rho_k \tag{20}$$

und der Kurswert der Stammaktien:

$$S_0 = V_0 - D_0. \tag{21}$$

Leiht das Unternehmen nun *I* Dollar zur Finanzierung eines Investitionsprojekts mit einem internen Zinsfuß von ϱ^*, dann ergibt sich folgender Marktwert:

$$V_1 = \frac{\overline{X}_0 + \rho^* I}{\rho_k} = V_0 + \frac{\rho^* I}{\rho_k} \tag{22}$$

und der Kurs seiner Stammaktien wird sein:

$$S_1 = V_1 - (D_0 + I) = V_0 + \frac{\rho^* I}{\rho_k} - D_0 - I \tag{23}$$

bzw. bei Berücksichtigung von Gleichung (21):

$$S_1 = S_0 + \frac{\rho^* I}{\rho_k} - I. \tag{24}$$

Folglich gilt $S_1 \gtreqless S_0$, wenn $\rho^* \gtreqless \rho_k$ gilt.[48]

Um dieses Ergebnis zu veranschaulichen, nehmen wir an, der Kapitalisierungssatz für unsichere Ströme in der Klasse *k* sei 10% und der Zinssatz für Fremdkapital 4%.

Wenn nun eine unverschuldete Gesellschaft einen erwarteten Gewinn von 1 000 bietet, so ist nach These I der Marktwert ihrer Aktien gleich 10 000. Nehmen wir nun an, daß die Unternehmensleitung eine Investitionsmöglichkeit sieht, die eine Anschaffungsauszahlung von 100 erfordert und voraussichtlich 8 % erbringen wird. Auf den ersten Blick mag diese Investition günstig erscheinen, denn der erwartete Gewinn ist doppelt so hoch wie die Zinskosten. Wenn die Unternehmensleitung jedoch den erforderlichen Betrag von 100 zu einem Zinssatz von 4 % aufnimmt, so steigt der gesamte erwartete Gewinn des Unternehmens auf 1 008 und der Marktwert des Unternehmens auf 10 080. Doch das Unternehmen wird nun Obligationen im Werte von 100 in seiner Kapitalstruktur aufweisen, so daß paradoxerweise der Marktwert der Stammaktien als Folge dieser scheinbar gewinnbringenden Investition tatsächlich von 10 000 auf 9 980 sinkt. Oder anders ausgedrückt, die Vorteile aus der »billigen« Fremdfinanzierung werden für die Anteilseigner mehr als ausgeglichen, da der Diskontierungszinsfuß, mit dem der Markt die erwarteten Gewinne der Aktien abzinst, aufgrund der Verschuldung entsprechend steigt.

Betrachten wir nun den Fall der Selbstfinanzierung. Das Unternehmen habe mit seinen Geschäften I Dollar Bargeld verdient (ohne die Ertragskraft seiner Vermögenswerte zu mindern). Wird das Bargeld als Dividende an die Aktionäre ausgeschüttet, ist der Wert ihres Vermögens W_0 unmittelbar nach Ausschüttung gleich:

$$W_0 = S_0 + I = \frac{\overline{X}_0}{\rho_k} - D_0 + I \tag{25}$$

$\overline{X}_0$ stellt hier den erwarteten Ertrag der Vermögensobjekte ohne den betreffenden Geldbetrag I dar. Werden die Mittel jedoch von der Gesellschaft einbehalten und zur Finanzierung neuer Vermögensobjekte benutzt, deren erwartete Rendite gleich ϱ^* ist, dann ist der Wert des Vermögens der Aktionäre gleich:

$$W_1 = S_1 = \frac{\overline{X}_0 + \rho^* I}{\rho_k} - D_0 = S_0 + \frac{\rho^* I}{\rho_k} \tag{26}$$

Offensichtlich gilt $W_1 \gtreqless W_0$, wenn $\rho^* \gtreqless \rho_k$, so daß eine selbstfinanzierte Investition den Wert des Vermögens der Eigentümer dann und nur dann erhöht, wenn $\rho^* > \rho_k$.[49]

Kommen wir schließlich zur Finanzierung durch Ausgabe von Stammaktien. Wir kennzeichnen den gegenwärtigen Kurs einer Aktie mit P_0 und nehmen der Einfachheit halber an, daß dieser Kurs allein die gegenwärtig zu erwartenden Gewinne, d.h. keinen zukünftigen Gewinnzuwachs als Folge der Durchführung der erwogenen Investitionen widerspiegelt.[50] Wenn N die ursprünglich ausgegebene Anzahl von Aktien bezeichnet, ist der Kurs je Aktie:

$$P_0 = S_0/N \tag{27}$$

Die Anzahl neuer Aktien, M, die zur Beschaffung von I Dollar erforderlich sind, ist gleich:

$$M = \frac{I}{P_0}. \tag{28}$$

Bei Durchführung der Investition ergibt sich für die Aktien folgender Marktwert:

$$S_1 = \frac{\overline{X}_0 + \rho^* I}{\rho_k} - D_0 = S_0 + \frac{\rho^* I}{\rho_k} = NP_0 + \frac{\rho^* I}{\rho_k}$$

und der Kurs je Aktie ist gleich

$$P_1 = \frac{S_1}{N+M} = \frac{1}{N+M}\left[NP_0 + \frac{\rho^* I}{\rho_k}\right] \tag{29}$$

Da nach Gleichung (28) $I = MP_0$ gilt, können wir MP_0 zu dem in Klammern stehenden Ausdruck hinzuaddieren und I davon abziehen, wir erhalten dann:

$$P_1 = \frac{1}{N+M}\left[(N+M)P_0 + \frac{\rho^* - \rho_k}{\rho_k} I\right]$$
$$= P_0 + \frac{1}{N+M} \frac{\rho^* - \rho_k}{\rho_k} I > P_0 \tag{30}$$

dann und nur dann, wenn $\rho^* > \rho_k$ gilt.

Es zeigt sich somit, daß eine mit Stammaktien finanzierte Investition nur dann für die gegenwärtigen Aktionäre vorteilhaft ist, wenn ihre Rendite den Kapitalisierungssatz ϱ_k übersteigt.

Ein Zahlenbeispiel mag uns wieder helfen, das Ergebnis zu veranschaulichen, daß die relevante Grenzrate ϱ_k ist und nicht die gegenwärtige Rendite der Stammaktien, i.

Nehmen wir an, ϱ_k sei 10 %, r sei 4 %, der ursprünglich erwartete Ertrag unseres Unternehmens sei 1 000, und die Unternehmensleitung der Gesellschaft könne 100 GE in Investitionsprojekten anlegen, die eine erwartete Rendite von 12 % bieten. Ist die ursprüngliche Kapitalstruktur aus 50 % Fremd- und 50 % Eigenkapital zusammengesetzt, und waren ursprünglich 1 000 Aktien im Umlauf, dann muß nach These I der Kurswert der Stammaktien insgesamt 5 000 bzw. je Aktie 5 sein. Da die Zinsen sich auf $0,04 \cdot 5000 = 200$ belaufen, ist die Rendite der Aktien 800/5 000 = 16 [%]. Es mag nun so aussehen, als würde die Finanzierung der zusätzlichen Investition von 100 durch Ausgabe von 20 Aktien zu einem Kurs von 5 an Neuaktionäre den Kurs der Aktien der Altaktionäre verringern, denn die 100 GE

versprechen eine Rendite von 12%, während die Aktien gegenwärtig eine Rendite von 16% bieten. In Wirklichkeit jedoch würde der Gewinn des Unternehmens auf 1012, der Marktwert des Unternehmens auf 10120 und der Kurswert der Aktien auf 5120 steigen. Da nun 1020 Aktien im Umlauf sind, wäre der Kurs jeder Aktie gleich 5,02, und der Reichtum der Altaktionäre hätte sich damit erhöht. Die Verringerung der erwarteten Gewinne je Aktie (von 0,80 auf 0,796) ist somit in seiner Wirkung auf den Kurs der Aktien aufgrund der Verringerung des Verschuldungsgrades mehr als ausgeglichen worden.

Unsere Schlußfolgerungen decken sich wieder nicht mit den herkömmlichen Ansichten[51] und können daher leicht mißverstanden werden. Bei oberflächlicher Betrachtung scheint These III zu besagen, daß das Problem der betrieblichen Kapitalstruktur völlig belanglos ist und daß folglich eines der Kernprobleme der Unternehmensfinanzierung – das Problem der optimalen Kapitalstruktur für ein Unternehmen – überhaupt nicht existiert. Es wird daher nützlich sein, derartige mögliche Mißverständnisse zu vermeiden.

B These III und Finanzplanung der Unternehmen

Falsche Interpretationen der These III können vermieden werden, wenn wir uns vergegenwärtigen, daß diese These nur besagt, daß die Finanzierung einer Investition nichts mit der Frage zu tun hat, ob eine Investition vorteilhaft ist oder nicht. Das bedeutet nicht, daß die Anteilseigner (oder die Unternehmensleitung) überhaupt keinen Grund haben, einen Finanzplan einem anderen vorzuziehen, oder daß für eine Unternehmung keine anderen finanzwirtschaftlichen Probleme existieren.

Daß es dennoch im Rahmen unseres Modells Gründe gibt, eine bestimmte Kapitalstruktur einer anderen vorzuziehen, ist im Fall der Finanzierung durch Aktienkapital klar zu erkennen. Im allgemeinen, ausgenommen bei Ereignissen wie z.B. einem allgemein bekannten Streik, würden wir annehmen, daß die Erwartungen der Anteilseigner über die zukünftigen Gewinne sehr stark von den laufenden Gewinnen und den Gewinnen vorangegangener Perioden abhängen. Wenn somit die Eigner eines Unternehmens eine günstige Investitionsmöglichkeit entdecken, die nach ihrer Ansicht eine viel höhere Rendite als ϱ_k bietet, dann mögen sie es durchaus vorziehen, sie nicht durch Ausgabe von Stammaktien zum gegenwärtigen Kurs zu finanzieren, weil möglicherweise dieser Kurs die Gewinne des neuen Projekts nicht widerspiegelt. Die Emission von Aktien, für die den Altaktionären ein Bezugsrecht eingeräumt wird, wäre eine bessere Lösung (und in diesem Zusammenhang sollte man sich daran erinnern, daß die Aktionäre ungehindert Kredite aufnehmen und Aktien kaufen können). Eine andere Möglichkeit wäre, das Projekt zunächst mit Fremdkapital zu finanzieren. Hat das Projekt erst einmal zu einer Gewinnerhöhung geführt, so könnte das Fremdkapital getilgt werden, und zwar entweder durch Emission von Aktien zu höheren Kursen oder durch Selbstfinanzierung. Eine andere Möglichkeit, die in dieselbe Richtung geht, wäre noch, die beiden Schritte durch Wandelschuldverschreibungen oder Vorzugsaktien, vielleicht mit einem progressiv abnehmenden

Umtauschverhältnis, zu verbinden. Selbst ein derartiger zweistufiger Finanzplan könnte vielleicht in den Augen mancher den neuen Aktionären einen zu großen Ertrag bieten, da sie an allen ähnlichen Investitionsmöglichkeiten, die das Unternehmen in der Zukunft entdecken wird, beteiligt werden. Besteht eine berechtigte Aussicht, daß sich in naher Zukunft sogar bessere Chancen bieten werden, und besteht eine gewisse Gefahr, daß eine gegenwärtige Fremdkapitalaufnahme eine spätere Fremdkapitalaufnahme ausschließt, dann könnten die Interessen der Anteilseigner am besten gewahrt werden, indem die gegenwärtigen Investitionsmöglichkeiten an eine separate Tochtergesellschaft mit unabhängiger Finanzierung übertragen werden. Natürlich sind die Probleme der Schätzung der entscheidenden Größen und der Planung der optimalen Finanzierungsstrategie keineswegs trivial, dennoch sollten sie auf die grundsätzliche Entscheidung, zu investieren (solange $\varrho^* \geq \varrho_k$ gilt), keinen Einfluß haben.[52]

Ein weiterer Grund dafür, daß die alternativen Finanzpläne nicht indifferent zu sein brauchen, ergibt sich aus der Tatsache, daß die Unternehmensleitung mehr als nur die Interessen der Anteilseigner im Auge hat. Solchen anderen Zielsetzungen der Unternehmensleitung – die nicht unbedingt im Widerspruch zu denen der Anteilseigner stehen müssen – entsprechen sehr wahrscheinlich einige Finanzierungsmaßnahmen besser als andere. Bei vielen Kreditgeschäften z.B. können die Gläubiger Bedingungen stellen, die von der gegenwärtigen Unternehmensleitung als Eingriff in ihre Vorrechte oder als Einschränkung ihrer Handlungsfreiheit aufgefaßt werden könnten. Die Gläubiger könnten sogar imstande sein, darauf zu bestehen, bei der Festlegung der Unternehmenspolitik ein direktes Mitspracherecht auszuüben.[53] Daher wird in dem Maße, in dem die Finanzpolitik diese Konsequenzen für die Unternehmensleitung mit sich bringt, so etwas wie das im einführenden Abschnitt beschriebene Nutzenkonzept für Finanzierungsentscheidung eine wichtige Rolle spielen. Es sind jedoch die Nutzenfunktionen der Unternehmensleiter selbst und nicht die der Anteilseigner, die hier relevant sind.[54]

Zusammenfassend können wir sagen, daß viele der Überlegungen, die in den traditionellen Darstellungen der Unternehmensfinanzierung einen so breiten Raum einnehmen, ohne weiteres in unser einfaches Modell einbezogen werden können, ohne daß eine drastische (und gewiß keine systematische) Änderung unserer eigentlichen Schlußfolgerung, daß für Investitionsentscheidungen die Grenzkapitalkosten gleich ϱ_k sind, notwendig wird.

C Der Einfluß der Körperschaftsteuer auf die Investitionsentscheidungen

In Abschnitt I wurde gezeigt, daß bei Einführung einer Körperschaftsteuer die ursprüngliche Version unserer These I,
$\overline{X}/V = \varrho_k = $ eine Konstante,
wie folgt umformuliert werden muß:

$$\frac{(\overline{X} - rD)(1 - \tau) + rD}{V} = \frac{\overline{X}^\tau}{V} = \rho_k^\tau = \text{ eine Konstante.} \tag{11}$$

In Abschnitt I hielten wir es für bequem, $\overline{X}^\tau / V$ als Kapitalkosten zu bezeichnen. Das für Investitionsentscheidungen relevante Maß für die Kapitalkosten ist jedoch der Quotient aus erwartetem Ertrag *vor* Steuerabzug und dem Marktwert, d. h. .

Aus (11) ergibt sich:

$$\frac{\overline{X}}{V} = \frac{\rho_k^\tau - \tau_r(D/V)}{1 - \tau} = \frac{\rho_k^\tau}{1 - \tau}\left[1 - \frac{\tau r D}{\rho_k^\tau V}\right], \tag{31}$$

Diese Gleichung zeigt, daß die Kapitalkosten nun vom Verschuldungsgrad abhängen und mit der konstanten Rate $\tau r/(1 - \tau)$. sinken, wenn D/V ansteigt.[55] Daher kann bei Erhebung einer Körperschaftsteuer, bei der Fremdkapitalzinsen abzugsfähig sind, Fremdfinanzierung für die Aktionäre auch dann vorteilhaft sein, wenn ein vollkommener Kapitalmarkt gegeben ist. Der Vorteil ist jedoch gering, wie aus (31) ersichtlich ist und wie weiter unten noch näher erläutert wird.

Aus (31) können wir die für den Steuerfall geltende Variante der These III herleiten, indem wir den Quotienten $\frac{D}{V}$ in dieser Gleichung als Anteil an Fremdkapital interpretieren, der bei der Beschaffung zusätzlicher V Dollar eingesetzt wird. Erfolgt z. B. die Finanzierung ausschließlich durch Emission neuer Stammaktien, so gilt $D = 0$, und für die Mindestrendite eines Projekts ergibt sich:

$$\rho_k^S = \frac{\rho_k^\tau}{1 - \tau}. \tag{32}$$

Für das andere Extrem, reine Fremdfinanzierung, gilt $D = V$, und für die Mindestrendite ϱ_k^D erhält man:[56]

$$\rho_k^D = \frac{\rho_k^\tau}{1 - \tau}\left[1 - \tau \frac{r}{\rho_k^\tau}\right] = \rho_k^S\left[1 - \tau \frac{r}{\rho_k^\tau}\right] = \rho_k^S - \frac{r}{1 - \tau}\tau. \tag{33}$$

Für Investitionen, die durch Zurückbehaltung von Gewinnen finanziert werden, ist das Problem der Bestimmung der gewünschten Mindestrendite schwieriger zu lösen, da es einen Vergleich erfordert zwischen der Steuerbelastung der Anteilseigner bei Dividendenzahlung und bei Kursgewinnen. Je nach dem Realisationszeitpunkt mag eine durch Selbstfinanzierung verursachte Kurssteigerung entweder mit normalen Steuersätzen belegt werden, mit 50 % dieser Steuersätze, mit 25 % oder gar Null Prozent, wenn die Anteile bis zum Tode gehalten werden. Der Steuersatz auf die Dividendeneinkünfte eines Anteilseigners ist ebenfalls nicht konstant und abhängig von der Höhe seiner anderen Einkünfte. Wenn wir davon ausgehen, daß die Unternehmensleitung über vernünftige Schätzungen der Durchschnittswerte der relevanten Steuersätze der Anteilseigner verfügt, dann ist, wie nachgewiesen werden kann, der Mindestgewinn für zurückbehaltene Gewinne gleich:

$$\rho_k^R = \rho_k^\tau \frac{1}{1-\tau} \frac{1-\tau_d}{1-\tau_g} = \frac{1-\tau_d}{1-\tau_g} \rho_k^S \tag{34}$$

wobei τ_d der angenommene Steuersatz für persönliche Dividendeneinkünfte und τ_g der angenommene Steuersatz für Kapitalgewinne ist.

Ein Zahlenbeispiel mag vielleicht helfen, die Beziehungen zwischen diesen Mindestrenditen klarzustellen. Verwenden wir die folgenden runden Zahlen als repräsentative Werte unter den gegenwärtigen Verhältnissen: eine »Nach-Steuer«-Kapitalisierungsrate ϱ_k^τ von 10 %, ein Zinssatz für Obligationen von 4 %, ein Körperschaftsteuersatz von 50 %, ein marginaler Einkommensteuersatz von Dividenden von 40 % (der einem Gesamteinkommen von etwa 25 000 $ entspricht) und einen Steuersatz für Kapitalgewinne in Höhe von 20 % (die Hälfte des marginalen Steuersatzes für Dividenden), dann ergibt sich folgende Mindestrendite: (1) 20 % für Investitionen, die ausschließlich durch die Emission von Stammaktien finanziert werden, (2) 16 % für Investitionen, die ausschließlich durch Aufnahme von Fremdkapital finanziert werden, und (3) 15 % für Investitionen, die ausschließlich selbstfinanziert werden.

Diese Ergebnisse dürften beträchtliche Bedeutung für die gegenwärtige Diskussion des Einflusses der Körperschaftsteuer auf die Investitions- und Finanzierungspolitik haben. Obwohl wir die Implikationen der Ergebnisse hier nicht im einzelnen darstellen können, möchten wir zunächst die Aufmerksamkeit auf den bemerkenswert kleinen Unterschied zwischen den »Kosten« des Eigen- und Fremdkapitals lenken. Bei den angenommenen Werten ist Eigenkapital nur um 25 % teurer als Fremdkapital, statt etwa 5mal so teuer, wie üblicherweise angenommen wird.[57]

Der Grund für diesen großen Unterschied ist, daß die traditionelle Lehre davon ausgeht, daß selbst bei Abwesenheit von Steuern Eigenkapital mehrfach teurer ist als Fremdkapital, wobei die Steuern den Kostenunterschied je nach der Höhe des Körperschaftsteuersatzes noch vergrößern. Im Gegensatz hierzu resultiert in unserem Modell, in dem der Einfluß der Fremdfinanzierung auf den Wert von Aktien untersucht wird, der Kostenunterschied *allein* aus dem Steuereffekt, wobei sich die Höhe dieses Unterschiedes einfach aus der Steuer auf die Bruttozinsen ergibt. Dieser Unterschied ist wahrscheinlich nicht nur niedrig; unsere Analyse führt auch zu dem weiteren paradoxen Ergebnis, daß der Vorteil einer Fremdfinanzierung für die Anteilseigner und somit der Anreiz zur Fremdfinanzierung um so kleiner ist, je niedriger der Zinssatz ist. Im Extremfall, in dem die Gesellschaft praktisch zu einem Zinssatz von Null leihen könnte, wäre der Vorteil der Fremdfinanzierung ebenfalls praktisch gleich Null.

III. ERGEBNIS

Mit der Entwicklung von These III haben wir die wichtigsten Ziele, die wir in unserer einführenden Erörterung umrissen haben, erreicht. Mit unseren Thesen I und II haben wir zumindest die Grundlagen einer Theorie der Bewertung von Unternehmen und Aktien bei Ungewißheit gelegt. Wir haben darüber hinaus gezeigt, wie diese Theorie zu einer operationalen Definition der Kapitalkosten führen kann und wie dieses Konzept wiederum als Grundlage für rationale Investitionsentscheidungen im Unternehmen dienen kann. Es ist jedoch überflüssig zu betonen, daß uns noch viel zu tun bleibt, bis wir das Kapitalkostenproblem unter die gelösten Probleme einreihen können. Unsere Untersuchung war eine statische, partielle Gleichgewichtsanalyse. Dabei wurde unter anderem atomistische Konkurrenz auf den Kapitalmärkten und ein leichter Zugang zu diesen Märkten vorausgesetzt, den nur eine verhältnismäßig kleine (aber dennoch wichtige) Gruppe von Unternehmen nur annäherungsweise haben. Diese und andere drastische Vereinfachungen waren notwendig, um das Problem überhaupt in den Griff zu bekommen. Nachdem sie ihren Zweck erfüllt haben, können sie nun im Hinblick auf eine größere Realitätsnähe und eine größere Relevanz gelockert werden: eine Aufgabe, an deren Lösung sich – wie wir hoffen – die an diesem Problem Interessierten beteiligen werden.

ANMERKUNGEN

* Dieser Artikel ist eine revidierte Fassung einer Arbeit, die bei der Jahrestagung der Econometric Society im Dezember 1956 vorgelegt wurde. Die Verfasser danken für die kritischen Stellungnahmen und Anregungen, die damals von den Diskussionsteilnehmern Evsey Domar, Robert Eisner sowie John Lintner und später von James Duesenberry gemacht wurden. Auch vielen ihrer gegenwärtigen und früheren Kollegen und Studenten am Carnegie Institute of Technology, die so oft und mit so bemerkenswerter Geduld ein kritisches Forum für die hier dargelegten Ideen gebildet haben, sprechen sie ihren Dank aus.

1. Die Literatur, die sich mit dem Kapitalkostenproblem befaßt, ist bei weitem zu umfangreich, um hier im einzelnen angeführt werden zu können. Zahlreiche Hinweise auf sie finden sich im gesamten Artikel, doch erheben wir keinen Anspruch auf Vollständigkeit. Ein Teilproblem, mit dem wir uns nicht befassen, über das es aber viele Veröffentlichungen gibt, ist das Verhältnis zwischen Kapitalkosten und Kommunalabgaben der öffentlichen Versorgungsbetriebe.

2. Oder genauer ausgedrückt, den Grenzkosten des Fremdkapitals gleich ist, da üblicherweise – zumindest bei fortgeschrittener Analyse – das Angebot an Fremdkapital für ein Unternehmen durch eine steigende Kurve dargestellt wird. Eine weitergehende Behandlung des Sicherheitsfalles findet sich bei F. und V. Lutz (13).

3. Die klassischen Beispiele für das Konzept der Gewißheitsäquivalente finden sich in J. R. Hicks (8) und O. Lange (11).

4. Diejenigen, die an einem »Fall-Methoden«-Kurs zur Finanzierung in den letzten Jahren teilgenommen haben, werden sich in diesem Zusammenhang an den berühmten Liquigas-Fall von Hunt und Williams (9, S. 193–196) erinnern, der oft zur Einführung der Studenten in das

Kapitalkostenproblem dient und ferner dazu, sich über das Sicherheitsmodell der Wirtschaftswissenschaftler ein wenig lustig zu machen.

5. Vgl. den Versuch von F. Modigliani und M. Zeman (14), diese Lösungsmethode genau und deutlich zu entwickeln.

6. Diese Thesen können analytisch folgendermaßen neu formuliert werden: Die Aktiva des Unternehmens i erzeugen einen Strom:

$$X_i(1), \; X_i(2) \cdots X_i(T)$$

dessen Elemente Zufallsvariablen sind, für welche die gemeinsame Wahrscheinlichkeitsverteilung

$$\chi_i[X_i(1), \; X_i(2) \cdots X_i(t)]$$

gilt. Der Ertrag des Unternehmens i wird definiert:

$$X_i = \lim_{T \to \infty} \frac{1}{T} \sum_{t=1}^{T} X_i(t).$$

X_i ist selbst eine Zufallsvariable mit der Wahrscheinlichkeitsverteilung $\Phi(X_i)$, deren Form allein durch χ_i bestimmt ist. Der Erwartungswert des Ertrags $\overline{X}_i$ wird definiert als:

$$\bar{X}_i = E(X_i) = \int x_i X_i \phi_i(X_i) dX_i.$$

Wenn N_i die Zahl der ausgegebenen Aktien ist, so gilt für den Ertrag je Aktie des Unternehmens i $x_i = (1/N)X_i$ mit der Wahrscheinlichkeitsverteilung

$$\phi_i(x_i)dx_i = \phi_i(Nx_i)d(Nx_i)$$

und dem Erwartungswert $\bar{x}_i = (1/N)\overline{X}_i$.

7. Eine angemessene Behandlung von Spezialproblemen wie unterschiedliche Schätzungen der Erwartungswerte der Erträge durch die Aktionäre würde eine umfassende Darstellung der Portefeuille-Theorie erfordern. Kurze Hinweise auf diese und verwandte Probleme werden im folgenden Aufsatz über das allgemeine Gleichgewichtsmodell gegeben.

8. Der Leser kann sich selbst davon überzeugen, indem er sich fragt, welchen Rabatt er seinem Arbeitgeber für das Privileg gewähren würde, sein Jahresgehalt in gleichen monatlichen Raten und nicht in unregelmäßigen Beträgen über das Jahr zu erhalten (vgl. auch J. M. Keynes [10, insbesondere S. 53–54]).

9. Die Frage, welche Aktien unsere Aktienklassen enthalten und wie die verschiedenen Klassen von Außenstehenden abgegrenzt werden können, sind empirische Probleme, auf die wir später zurückkommen werden. Zunächst genügt es zu beachten: (1) Unser Konzept einer Klasse ist zwar nicht identisch mit dem der Industrie, zumindest aber eng damit verwandt. Die grundlegenden Merkmale der Wahrscheinlichkeitsverteilungen der Erträge aus Vermögensobjekten hängen nämlich im wesentlichen von dem abgesetzten Produkt und der angewandten Technologie ab. (2) Welches die geeigneten Klassengrenzen sind, hängt von dem behandelten Problem ab. Ein Wirtschaftswissenschaftler, der z.B. allgemein Markttendenzen untersucht, mag sicherlich bereit sein, mit sehr viel weiteren Klassen zu arbeiten, als es zweckmäßig wäre

für einen Investor, der sein Portefeuille erstellt, oder ein Unternehmen, das seine finanzielle Strategie plant.

10. Wir können auf der Grundlage der bisher gemachten Annahmen noch keine Aussagen machen über die Beziehung oder die Größenunterschiede zwischen den verschiedenen Kapitalisierungssätzen ϱ_k. Hierzu müßten wir weitere Annahmen darüber machen, wie sich nach Ansicht der Investoren die Wahrscheinlichkeitsverteilungen von Klasse zu Klasse unterscheiden und wie die Präferenzen der Investoren hinsichtlich der Eigenschaften verschiedener Verteilungen aussehen.

11. In der Terminologie der Entscheidungstheorie handelt es sich bei diesen Tauschprozessen um Bewegungen von ineffizienten Punkten im Inneren zu effizienten Punkten an der äußeren Grenze des Möglichkeitsfeldes des Investors und nicht um Bewegungen zwischen effizienten Punkten auf der Grenze. Folglich liegen diesem Teil der Analyse keine anderen Annahmen über die Einstellung oder das Verhalten von Investoren zugrunde als jene, daß sie sich konsistent verhalten und c.p. größere Gewinne niedrigeren vorziehen.

12. Zur Veranschaulichung setzen wir $\overline{X} = 1000$, $D = 4000$, $r = 5\%$, $\varrho_k = 10\%$. Nach These I ergibt sich nun: $V = 10\,000$ und $S = 6\,000$. Die erwartete Rendite je Anteil ist dann:

$$i = \frac{1000 - 200}{6000} = .1 + (.1 - .05)\frac{4000}{6000} = 13\tfrac{1}{3}\%$$

13. Vgl. z. B. J. B. Williams (21, insbesondere S. 72 f.); David Durand (3) und W. A. Morton (15). Keiner dieser Autoren beschreibt eingehend den Prozeß, der dazu führt, daß bei Änderung der Kapitalstruktur die durchschnittlichen Kapitalkosten konstant bleiben. Sie scheinen sich jedoch den zum Gleichgewicht führenden Prozeß als einen Arbitrageprozeß zwischen Aktien und Obligationen vorzustellen, der eintritt, sobald die Erträge von beiden in keinem Verhältnis mehr zu deren Risiko stehen. Dieses Argument unterscheidet sich wesentlich von dem reinen Arbitrage-Prozeß, den wir unserem Beweis zugrunde legten, und dieser Unterschied ist wichtig. Geht man davon aus, These I beruhe auf der Risikoeinstellung der Investoren, so ergeben sich Mißverständnisse über zahlreiche Faktoren, die die relativen Renditen bestimmen, wie z.B. Beschränkungen von finanziellen Institutionen bezüglich ihrer Portefeuille-Auswahl (vgl. unten insbesondere Abschnitt I.D).

14. Morton arbeitet mit einer linearen Renditefunktion, aber nur ». . . . der Einfachheit halber und da die hier angewandte Funktion nicht zu wesentlichen Unterschieden in meinen Schlußfolgerungen führt« (15, S. 443, Anm. 2).

15. Der Einfachheit halber werden wir in dieser Arbeit die geringfügige Progression der gegenwärtigen Körperschaftssteuer vernachlässigen und annehmen, τ sei von $(X_j - rD_j)$ unabhängig.

16. Wir werden hier die Analyse nicht in der Weise erweitern, daß sie auch die zeitliche Struktur der Zinssätze umfaßt. Obwohl einige durch die zeitliche Struktur aufgeworfene Probleme im Rahmen unserer komparativ statischen Analyse behandelt werden können, würde eine angemessene Erörterung einen besonderen Aufsatz erforderlich machen.

17. Wir können auch eine Theorie der Bewertung von Obligationen entwickeln, und zwar im Prinzip in derselben Weise, wie wir es für Aktien getan haben. Wir vermuten, daß die Kurve, die die Abhängigkeit der Rendite der Obligationen vom Verschuldungsgrad angibt, nicht linear sein wird, was im Gegensatz zu der linearen Funktion für Aktien steht. Jedoch würden wir auch erwarten, daß die Zuwachsrate der Rendite von Neuemissionen in der Realität unwesentlich ist. Dieser relativ langsame Anstieg würde die Tatsache widerspiegeln, daß Erhöhungen

des Zinssatzes allein den Gläubigern niemals vollkommen als Kompensation für ihr vergrößertes Risiko genügen. Solche Steigerungen mögen lediglich dazu dienen, r im Verhältnis zu ϱ so weit anzuheben, daß sie sich selbstzerstörerisch auswirken, indem sie eine Situation schaffen, in der selbst durch normale Gewinnschwankungen die Gesellschaften in den Bankrott getrieben werden können. Die Schwierigkeit, mehr Geld aufzunehmen, äußert sich daher im Normalfall nicht so sehr in höheren Zinssätzen, sondern vielmehr in immer strenger werdenden Kreditrestriktionen, die der Gesellschaft von den Kreditgebern auferlegt werden, und schließlich in der vollständigen Unfähigkeit, neues Fremdkapital (zumindest bei institutionellen Investoren, die gewöhnlich die Maßstäbe auf dem Markt für festverzinsliche Anteile setzen) aufzunehmen.

18. Eine im allgemeinen weniger wichtige Einschränkung sollte hier erwähnt werden. Wenn wir einmal die Prämisse aufheben, daß alle Obligationen sichere Erträge haben, dann sieht sich unser Arbitrageur einer mit dem »Spielerruin« vergleichbaren Gefahr gegenüber. D.h., es besteht dann immer die Möglichkeit, daß ein sonst gesunder Konzern – dessen langfristig erwarteter Ertrag höher ist als seine Fremdkapitalzinsen – wegen vorübergehend eintretender Verluste Vermögensgegenstände verkaufen muß. Da eine Reorganisation im allgemeinen Kosten verursacht und da die Geschäftstätigkeit des Unternehmens in der Phase der Reorganisation behindert wird, können die Gewinne sinken, so daß wir vielleicht erwarten dürfen, daß stark verschuldete Gesellschaften einen etwas kleineren Marktwert haben als weniger stark verschuldete Gesellschaften derselben Risikoklasse.

19. Unter normalen Bedingungen könnte außerdem erwartet werden, daß ein wesentlicher Teil des Arbitrage-Prozesses so verläuft, daß sich die Arbitrageure nicht verschulden, wenn sie unterbewertete Aktien der unverschuldeten Gesellschaft kaufen, sondern einfach Obligationen, über die sie bereits verfügen, verkaufen. Grenzen für die Beschaffung von Fremdkapital sind ebenfalls ein geringeres Hindernis bei der Realisation irgendeines gewünschten Verschuldungsgrades in einem Portefeuille, als man auf den ersten Blick glauben könnte. Der alte Verschuldungsgrad könnte bei einer Verringerung der Verschuldungsobergrenze dadurch wieder weitgehend erreicht werden, daß das Portefeuille zugunsten von Anteilen an Kapitalgesellschaften umstrukturiert wird, deren Verschuldungsgrad höher ist.

20. Eine extreme Ungleichheit zwischen Aufnahme- und Anlagezinssatz liegt natürlich bei Vorzugsaktien vor, die nicht direkt von Individuen auf private Rechnung ausgegeben werden können. Hier würden wir jedoch wieder erwarten, daß die Aktivitäten von Investmentgesellschaften und die Fähigkeit der Arbitrage-Investoren, ihre Vorzugsaktien zu verkaufen, größere Prämien (aus diesem Grunde) für Kapitalstrukturen mit Vorzugsaktien verhindern. Außerdem unterscheiden sich Vorzugsaktien nicht so sehr von Obligationen, daß es für die Arbitrageure unmöglich ist, das Risiko und die »leverage«-Wirkung der Vorzugsaktien einer Gesellschaft dadurch weitgehend auszugleichen, da sie sich in etwas geringerem Umfange persönlich verschulden.

21. Da neue Kreditgeber sicher keinen so hohen Verschuldungsgrad (vgl. Fußnote 17) in Kauf nehmen würden, finden wir in diesem Bereich der Kurve wahrscheinlich Unternehmen, deren Gewinnaussichten seit der Zeit, in der sie ihr Fremdkapital aufnahmen, stark zurückgegangen sind.

22. In Abb. 1 wird der Verschuldungsgrad gemessen durch D_j/V_j (das Verhältnis aus Fremdkapital und Marktwert) und nicht durch D_j/S_j (das Verhältnis aus Fremd- und Eigenkapital), wie bei der analytischen Entwicklung. Die Maßgröße D_j/V_j wird hier eingeführt, da sie den Vergleich unserer Auffassung mit der herkömmlichen vereinfacht.

23. Die Gerade MM' in Abb. 2 wurde mit positiver Steigung gezeichnet aufgrund der Annahme, daß $\varrho_k^\tau > r$ gilt, eine Bedingung, die im Normalfall erfüllt sein wird. Unsere These II, wie sie durch Gleichung (8) ausgedrückt wird, wäre natürlich auch noch in dem unwahrscheinlichen Fall gültig, daß $\varrho_k^\tau < r$ gilt; die Steigung von MM' wäre dann jedoch negativ.

24. Vgl. z. B. B. Graham und L. Dodd (6, S. 464–466). Ohne dieser Auffassung Gewalt anzutun, können wir ihre Konsequenzen klarer herausstellen, indem wir die Einschränkung unberücksichtigt lassen und die Rendite als tatsächliche Konstante im relevanten Bereich behandeln. Vgl. hierzu bei Durand (3, insbesondere S. 225–237) die Diskussion der von ihm so benannten »Reingewinnmethode« der Bewertung.

25. Um einige der Implikationen dieser Hypothese leichter überschaubar zu machen und um den Boden für spätere Tests zu bereiten, ist es nützlich anzunehmen, daß die Vorstellung einer kritischen Grenze der Verschuldung, bei deren Überschreitung die Rendite stark ansteigt, durch eine quadratische Funktion der folgenden Form

$$\bar{\pi}_j^\tau / S_j = i_k^* + \beta(D_j/S_j) + \alpha(D_j/S_j)^2, \qquad \alpha > 0. \tag{15}$$

ausgedrückt werden kann.

26. Eine typische Diskussion darüber, wie ein Emittent vermutlich den Marktwert eines Unternehmens durch Aufnahme von Fremdkapital erhöhen kann, vgl. J. W. Eiteman (4, insbesondere S. 11–13).

27. Der U-förmige Verlauf der Kapitalkostenkurve kann explizit hergeleitet werden, wenn die Kurve, die die Abhängigkeit der Aktienrendite von dem Verschuldungsgrad darstellt, durch Gleichung (15) in Fußnote 25 hinreichend genau dargestellt werden kann. Multipliziert man beide Seiten der Gleichung, so erhält man:

$$\bar{\pi}_j^\tau = \bar{X}_j^\tau - rD_j = i_k^* S_j + \beta D_j + \alpha D_j^2/S_j$$

oder wenn wir auf der rechten Seite $i_k^* D_k$ addieren und subtrahieren und die Ausdrücke zusammenfassen

$$\bar{X}_j^\tau = i_k^*(S_j + D_j) + (\beta + r - i_k^*)D_j + \alpha D_j^2/S_j \tag{18}$$

Wenn wir (18) durch V_j dividieren, erhalten wir folgenden Ausdruck für die Kapitalkosten:

$$\bar{X}_j^\tau / V_j = i_k^* - (i_k^* - r - \beta)D_j/V_j + \alpha D_j^2/S_j V_j = i_k^* - (i_k^* - r - \beta)D_j/V_j \\ + \alpha(D_j/V_j)^2/(1 - D_j/V_j) \tag{19}$$

Die Kapitalkosten verlaufen eindeutig U-förmig, da α annahmegemäß positiv ist.

28. Typisch hierfür ist die Behauptung von S. M. Robbins (16, S. 307). Siehe auch B. Graham und L. Dodd (6, S. 468–474).

29. Vgl. z. B. Graham und L. Dodd (6, S. 466).

30. Charakteristisch ist folgende Behauptung von Guthmann und Dougall (7, S. 245): »Theoretisch könnte man behaupten, daß das erhöhte Wagnis bei der Verwendung von Obligationen und Vorzugsaktien diesen zusätzlichen Ertrag ausgleichen und somit die Stammaktien nicht attraktiver sein können als im Falle, daß der Ertrag und die Zahl der Obligationen niedriger ist. In der Praxis werden die zusätzlichen Gewinne aus dem ›Handel mit dem Eigenkapital‹ von den Investoren oft als mehr als ausreichend betrachtet, um als ›Risikoprämie‹ dienen zu können, wenn die Anteile der verschiedenen Wertpapiere sorgfältig gemischt sind.«

31. Ebenso wie Durand behauptet Morton (15), »daß der wirkliche Markt sich von These I dadurch unterscheidet, daß die gesamten Kapitalkosten vom Verschuldungsgrad abhängen« (S. 443, Anmerkung 2), doch eine Begründung für diese Behauptung wird nirgendwo klar gegeben. Nach der Betonung zu urteilen, die Morton auf die fehlende Mobilität von Investmentfonds zwischen Aktien und Obligationen und auf den psychologischen und institutionellen Druck gegen fremdfinanzierte Portefeuilles legt (vgl. S. 444–451 und insbesondere seine Ausführungen zur optimalen Kapitalstruktur auf S. 453), scheint er eine ganz ähnliche Position einzunehmen wie Durand.

32. M bezeichne die Menge der Vollmilch, B/M den Anteil von Rahm an der Vollmilch, und p_M, p_B und p_α seien die Preise je Gewichtseinheit Vollmilch, Rahm und Magermilch, von der der Teil α an Rahm abgeschöpft worden ist. Dann erhalten wir die grundlegende, für vollkommene Märkte geltende Beziehung:

$$p_\alpha(M - \alpha B) + p_B \alpha B = p_M M, \qquad 0 \leq \alpha \leq 1, \tag{a}$$

die besagt, daß der Gesamterlös gleich $p_M \cdot M$ sein wird, unabhängig von der Menge αB an Rahm, die getrennt verkauft worden sein mag. Da p_M der Größe $1/\varrho$ entspricht, p_B der Größe $1/r$, p_α dem Quotienten $1/i$, M dem Erwartungswert $\overline{X}$ und αB dem Produkt rD, ist (a) gleichbedeutend mit These I, $S + D = \overline{X}/\varrho$. Aus (a) leiten wir ab:

$$p_\alpha = p_M \frac{M}{M - \alpha B} - p_B \frac{\alpha B}{M - \alpha B} \tag{b}$$

Diese Gleichung stellt den Preis der Magermilch als eindeutige Funktion des Anteils an abgeschöpftem Rahm dar; der Funktionswert sinkt, solange $p_B > p_M$ gilt. Aus (a) ergibt sich außerdem:

$$1/p_\alpha = 1/p_M + (1/p_M - 1/p_B) \frac{p_B \, \alpha B}{p_\alpha (M - \alpha B)} \tag{c}$$

welches das exakte Analogon zu These II, wie sie in Gleichung (8) gegeben wurde, ist.

33. Der Leser, der ein Freund von Parabeln ist, wird meinen, daß die Analogie mit voneinander abhängigen Warenmärkten noch ein gutes Stück weiter geführt werden kann, als wir es im Text getan haben. Z.B. stimmt der Einfluß von Änderungen des Marktzinssatzes auf die gesamten Kapitalkosten mit dem Einfluß überein, den eine Änderung des Butterpreises auf den Vollmilchpreis hat. Ähnlich wie das Verhältnis der Preise von Magermilch und Rahm einen Einfluß auf die Kuhsorte hat, die gezüchtet wird, hängt von dem Größenverhältnis zwischen i und r die Art der Projekte ab, die realisiert werden. Essen die Leute gerne Butter, werden wir die Guernsey-Rasse halten; sind sie bereit, einen hohen Preis für Sicherheit zu zahlen, dann werden Projekte gefördert, die kleinere, aber weniger unsichere Ströme je investiertem Dollar erzeugen.

34. Einige typische Beispiele für das Versagen des Arbitrage-Mechanismus findet der Leser bei Graham und Dodd (6, z.B. S. 646–648). Der auf Seite 646 f. beschriebene Preisunterschied ist besonders seltsam, denn es gibt ihn auch heute noch, trotz der Tatsache, daß eine ganze Generation von Wertpapier-Analysten mit diesem Buch ausgebildet worden sind.

45. Die in diesem Aufsatz entwickelte Analyse ist im wesentlichen komparativ statisch und nicht dynamisch. Diese warnende Bemerkung bezieht sich insbesondere auf These III. Pro-

bleme, die sich aus erwarteten Änderungen von r und ϱ_k im Zeitablauf ergeben, werden hier nicht erörtert. Obwohl sie grundsätzlich mit Hilfe des von uns entworfenen allgemeinen Konzepts analysiert werden können, ist solch ein Unterfangen doch kompliziert genug, um getrennt abgehandelt zu werden. Vgl. Fußnote 17.

46. Daß dieser Beweis sich auf andere Finanzierungsmöglichkeiten – wie den Verkauf von Vorzugsaktien oder die Emission von Optionen auf den Bezug von Aktien – erweitern läßt, ist offensichtlich.

47. Da wir damit wahrscheinlich keine Verwirrung stiften werden, haben wir wieder der Einfachheit halber in den nachfolgenden Gleichungen den das Unternehmen kennzeichnenden Index fallengelassen. Mit Ausnahme von ϱ_k beziehen sich die Indices nun auf Perioden.

48. Im Falle einer Fremdfinanzierung wird der Fremdkapitalzinssatz nicht explizit bei der Entscheidung berücksichtigt (sofern sich das Unternehmen zum Marktzinssatz verschuldet). Das trifft auch dann noch zu, wenn die in Abschnitt I C genannten Bedingungen vorliegen, und sogar auch dann, wenn die Zinssätze mit wachsender Verschuldung steigen mögen. In dem Maße, wie das Unternehmen zu einem anderen als dem Marktzinssatz leiht, würden die zwei I in Gleichung (24) voneinander abweichen und die Aktionäre einen zusätzlichen Gewinn erzielen oder Verlust erleiden. Nebenbei sei noch bemerkt, daß die Verwendung verschieden hoher I in Gleichung (24) eine einfache Methode darstellt, Emissionskosten in die Analyse einzubeziehen.

49. Die Folgerung, daß ϱ_k der kritische Zins für Projekte ist, die auf dem Wege einer internen Kapitalbeschaffung finanziert werden, gilt nicht nur für einbehaltene Gewinne, sondern auch für Abschreibungsgegenwerte (und sogar für Erlöse, die durch den Verkauf von Anlagevermögen erzielt werden). Da die Anteilseigner durch die Anlage von Mitteln irgendwo anders in der Klasse ϱ_k verdienen können, sollten Mittel, die durch partielle oder totale Liquidation gewonnen werden, immer dann ausgeschüttet werden, wenn das Unternehmen nicht mindestens eine Grenzrendite von ϱ_k erzielen kann.

50. Würden wir annehmen, daß der Kurswert der Aktien wirklich die zu erwartenden höheren zukünftigen Gewinne widerspiegelt (wie es der Fall wäre, wenn unsere oben aufgeführten ursprünglichen Prämissen streng erfüllt wären), dann würde die Analyse in einigen, jedoch nicht wesentlichen Punkten etwas anders ausfallen. Der kritische Zinsfuß für Neuinvestitionen läge immer noch bei ϱ_k, jedoch wäre im Fall $\varrho_k^* > \varrho_k$ der Gewinn der alten Anteilseigner größer, als wenn im Aktienkurs lediglich die erwarteten Gewinne vor Durchführung der Investition antizipiert werden.

51. Zum Thema Investitionspolitik unter Ungewißheit gibt es keine einzige Auffassung, die als »anerkannter« Lehrsatz gilt. Eine Reihe gegenwärtiger Formulierungen, die sich alle wesentlich von unserer unterscheiden, finden sich in Joel Dean (2, insbesondere Kapitel 3), M. Gordon und E. Shapiro (5) und Harry Roberts (17).

52. Auch können wir die Möglichkeit nicht ausschließen, daß die gegenwärtigen Anteilseigner, wenn sie nicht in der Lage sind, einen ihre Interessen wahrenden Finanzierungsplan zu realisieren, vielleicht doch lieber auf ein an sich gewinnträchtiges Projekt verzichten, als Außenstehenden einen »übertrieben hohen« Anteil am Unternehmen zukommen zu lassen. Wahrscheinlich können wir gerade in solchen Situationen von einer Knappheit an »Eigenkapital« sprechen, obwohl diese Art von Marktunvollkommenheit wahrscheinlich nur für kleine oder neu gegründete Unternehmen von Bedeutung sein dürfte.

53. Ähnliche Betrachtungen ergeben sich auch im Bereich der Dividendenpolitik. Auch wenn die Aktionäre gegenüber der Ausschüttungspolitik indifferent sind, solange die Investitionspolitik optimal ist, braucht die Unternehmensleitung nicht indifferent zu sein. Zurückbehal-

tene Gewinne bringen weit weniger die Gefahr von Kontrollen mit sich als jede andere der zur Wahl stehenden Kapitalquellen und verursachen keine Emissionskosten und kein Risiko. Doch gegen diese Vorteile muß die Unternehmensleitung die Tatsache abwägen, daß durch starke Schwankungen der Dividendensätze, die durch ein zu großes Vertrauen auf Selbstfinanzierung verursacht werden können, der Eindruck entstehen könnte, daß die Finanzen des Unternehmens schlecht verwaltet werden, wobei sich die Gefahr ergibt, daß die Unternehmensleitung stärker kontrolliert wird und ihr berufliches Ansehen sinkt.

54. Im Prinzip zumindest würde diese Berücksichtigung der Risikopräferenzen der Unternehmensleitung hinsichtlich der Finanzierungsmethoden viel dazu beitragen, den offensichtlichen Konflikt zwischen These III und solchen empirischen Ergebnissen beizulegen, wie Modigliani und Zeman (14) sie hinsichtlich der engen Beziehung zwischen Zinssätzen und dem Verhältnis von neuen Schulden zu Neuemissionen von Aktien erzielten; oder den Ergebnissen John Lintners (12) hinsichtlich der erheblichen Stabilität in den beabsichtigten und den tatsächlichen Dividendenausschüttungsverhältnissen.

55. Anmerkung der Herausgeber. Fußnote 55 im Original bezieht sich auf einen empirischen Test, dessen Ergebnis in der Übersetzung nicht enthalten ist.

56. Dieses Ergebnis gilt nicht für Vorzugsaktien, obwohl sie oben dem Fremdkapital gleichgesetzt wurden. Da Dividenden auf Vorzugsaktien (mit Ausnahme eines Teils der Vorzugsdividenden von öffentlichen Versorgungsbetrieben) bei der Körperschaftsteuer nicht abzugsfähig sind, ist die erforderliche Mindestverzinsung bei Finanzierung mit Vorzugsaktien ebenso hoch wie bei Finanzierung mit Stammaktien.

57. Vgl. z.B. D. T. Smith (18). Es sollte erwähnt werden, daß unser Steuersystem auch in eine andere Richtung wirkt, so daß die Vorteile der Fremdfinanzierung noch weiter verringert werden. Bei hoher Fremdfinanzierung muß z.B. die Gesellschaft einen erheblichen Teil ihres »Einkommens« als Zinsen ausschütten, die bei den Empfängern der Einkommensteuer unterliegen. Eine schuldfreie Gesellschaft kann im Gegensatz hierzu ihren gesamten (kleineren) Nettogewinn (Gewinn nach Steuer) im Unternehmen investieren, so daß die Anteilseigner nur dem niedrigen Steuersatz für Kursgewinne unterliegen (oder sogar keine Steuern zu zahlen haben, wenn sie die Aktien bis zu ihrem Tode halten). Daher dürfen wir vermuten, daß ein hoher Verschuldungsgrad selbst für Gesellschaften mit wenigen Anteilseignern in erster Linie nur dann vorteilhaft ist, wenn erwartet wird, daß das Unternehmen in Zukunft keinen großen zusätzlichen Kapitalbedarf hat, um seine Vermögensbestände und Gewinne zu vergrößern. In dem Ausmaß, wie Wachstumsmöglichkeiten gegeben sind – und Wachstumsmöglichkeiten dürften in den meisten erfolgreichen Gesellschaften vorhanden sein –, sind die Interessen der Aktionäre tendenziell besser gewahrt, wenn eine Kapitalstruktur gewählt wird, die es ermöglicht, einen möglichst hohen Geldbetrag durch Selbstfinanzierung zu beschaffen.

LITERATUR

1. F. B. Allen, Does Going into Debt Lower the Cost of Capital?, *Analysts Journal*, August, 1954, 10, 57–61.
2. J. Dean, *Capital Budgeting* (New York, 1951).
3. D. Durand, Costs of Debt and Equity Funds for Business: Trends and Problems of Measurement, in: National Bureau of Economic Research, *Conference on Research in Business Finance* (New York, 1952), S. 215–247.
4. W. J. Eiteman, Financial Aspects of Promotion, in: *Essays on Business Finance*, hrsg. von M. W. Waterford und W. J. Eiteman. (Ann Arbor, Mich., 1952), S. 1–17.
5. M. J. Gordon und E. Shapiro, Capital Equipment Analysis: The Required Rate of Profit, *Management Science*, Oktober, 1956, 3, S. 102–110. Übersetzung in diesem Band S. 54 ff.
6. B. Graham und L. Dodd, *Security Analysis*, 3. Aufl. (New York, 1951).
7. G. Guthmann und H. E. Dougall, *Corporate Financial Policy*, 3. Aufl. (New York, 1955).
8. J. R. Hicks, *Value and Capital*, 2. Aufl. (Oxford, 1946).
9. P. Hunt und M. Williams, *Case Problems in Finance*, rev. Ausg. (Homewood, Ill., 1954).
10. J. M. Keynes, *The General Theory of Employment, Interest and Money* (New York, 1936).
11. O. Lange, *Price Flexibility and Employment* (Bloomington, Ind., 1944).
12. J. Lintner, Distribution of Incomes of Corporations among Dividends, Retained Earnings and Taxes, *American Economic Review*, Mai 1956, 46, 97–113.
13. F. Lutz und V. Lutz, *The Theory of Investment of the Firm* (Princeton, 1951).
14. F. Modigliani und M. Zeman, The Effect of the Availability of Funds, and the Terms Thereof, on Business Investment, in: National Bureau of Economic Research, *Conference on Research in Business Finance* (New York, 1952), S. 263–309.
15. W. A. Morton, The Structure of the Capital Market and the Price of Money, *American Economic Review*, Mai 1954, 44, S. 440–454.
16. S. M. Robbins, *Managing Securities* (Boston, 1954).
17. H. V. Roberts, Current Problems in the Economics of Capital Budgeting, *Journal of Business*, 1957, 30 (1), S. 12–16.
18. D. T. Smith, *Effects of Taxation on Corporate Financial Policy* (Boston, 1952).
19. R. Smith, Cost of Capital in the Oil Industry (hectograph.) (Pittsburgh, Carnegie Institute of Technology, 1955).
20. H. M. Somers, "Cost of Money" as the Determinant of Public Utility Rates, *Buffalo Law Review*, Spring, 1955, 4, S. 1–28.
21. J. B. Williams, *The Theory of Investment Value* (Cambridge, Mass., 1938).
22. U.S. Federal Communications Commission, *The Problem of the "Rate of Return" in Public Utility Regulation* (Washington, 1938).

Körperschaftsteuern und Kapitalkosten:
Eine Berichtigung

FRANCO MODIGLIANI, MERTON H. MILLER*

Ziel dieser Veröffentlichung ist es, einen Fehler in unserem Aufsatz »Kapitalkosten, Unternehmensfinanzierung und Investitionstheorie« (Cost of Capital, Corporation Finance and The Theory of Investment) (erschienen im Juni 1958 in dieser Zeitschrift, Übersetzung in diesem Band S. 86 ff.) zu berichtigen.

In unseren Ausführungen über die Auswirkungen der geltenden Besteuerung von Kapitalgesellschaften auf die Bewertung von Unternehmen stellten wir fest (S. 96 in diesem Band): Durch den Abzug von Zinsen bei der Berechnung der zu versteuernden Gesellschaftsgewinne werde verhindert, daß der Arbitrageprozeß den Wert aller Unternehmen in einer Risikoklasse proportional zu den erwarteten Gewinnen werden lasse, die diese mit ihrem Vermögenswerte erzielen. Hingegen könne nachgewiesen werden (mit Hilfe des gleichen Beweises, der für die ursprüngliche Version von These I benutzt wurde), daß *die Marktwerte der Unternehmen in jeder Klasse im Gleichgewicht proportional zu ihren erwarteten Gewinnen nach Steuern sein müssen (d. h. proportional zu der Summe von zu zahlenden Zinsen und erwartetem Nettogewinn der Aktionäre).*

Die in Kursiv hervorgehobene Behauptung ist leider falsch. Denn wenn ein Unternehmen auch einen erwarteten Gewinn nach Steuern (unser $\bar{X}^\tau$) aufweist, der doppelt so hoch ausfällt wie der eines anderen Unternehmens in derselben Risikoklasse, so trifft es doch nicht zu, daß der tatsächliche Gewinn nach Steuern (unser X^τ) des ersten Unternehmens stets doppelt so hoch sein wird wie der des zweiten, wenn die beiden Unternehmen verschiedene Verschuldungsgrade aufweisen [1]. Und da die Verteilungen der Gewinne nach Steuern der beiden Unternehmen nicht proportional zueinander sein werden, kann es keinen »Arbitrage«-Prozeß geben, durch den die Werte der Unternehmungen zwangsläufig proportional zu ihren erwarteten Gewinnen nach Steuern werden [2]. Es kann sogar gezeigt werden – und dies soll hier geschehen –, daß die Unternehmenswerte in jeder Klasse durch »Arbitrage« nicht nur eine Funktion der erwarteten Gewinne nach Steuern, sondern auch des Steuersatzes und des Verschuldungsgrades werden. Das bedeutet unter anderem, daß die Steuervorteile der Fremdfinanzierung etwas größer sind, als wir ursprünglich annahmen, und daß in gleichem Umfang der quantitative Unterschied zwischen den Bewertungen, die einerseits unserer Position und andererseits der herkömmlichen Auffassung entsprechen, reduziert wird. Es gilt jedoch weiterhin, daß nach unserer Analyse die Vorteile

---

* Im Original: Corporate Income Taxes and the Cost of Capital: A Correction. Mit freundlicher Genehmigung der Verfasser und der American Economic Association entnommen aus: *The American Economic Review*, 53 (1963), S. 433–443. Übersetzt von Diplomübersetzerin Helmke Mundt.

der Fremdfinanzierung einzig und allein in der Besteuerung begründet sind, so daß nach wie vor zwischen den zwei Auffassungen hinsichtlich ihrer Interpretation und der Folgerungen für die Unternehmenspolitik eine tiefe Kluft besteht.

I. STEUERN, VERSCHULDUNG UND WAHRSCHEINLICHKEITSVERTEILUNG VON GEWINNEN NACH STEUERN

Um zu erkennen, wie die Verteilung der Gewinne nach Steuern durch Verschuldung beeinflußt wird, bezeichnen wir wieder die (langfristigen mittleren) Gewinne vor Zins- und Steuerabzug, die sich aus dem gegenwärtigen Vermögensstand eines gegebenen Unternehmens der Risikoklasse k ergeben[3], mit der Zufallsvariablen X. Nach unserer Definition einer Risikoklasse kann X in der Form $\bar{X}Z$ ausgedrückt werden, wobei $\bar{X}$ der Erwartungswert von X ist und für die Zufallsvariable $Z = X/\bar{X}$, die für alle Unternehmen der Klasse k die gleiche ist, eine Wahrscheinlichkeitsverteilung – z.B. $f_k(Z)$ – gilt. Die Zufallsvariable X^τ, die den Gewinn nach Steuern angibt, kann also folgendermaßen ausgedrückt werden:

$$X^\tau = (1-\tau)(X - R) + R = (1 - \tau)X + \tau R = (1 - \tau)\bar{X}Z + \tau R \qquad (1)$$

wobei τ den marginalen Körperschaftsteuersatz (der hier mit dem durchschnittlichen Steuersatz übereinstimmen soll) und R die gesamten Zinsen darstellen. Da $E(X^\tau) \equiv \bar{X}^\tau = (1 - \tau)\bar{X} + \tau \cdot R$ gilt, können wir $(1 - \tau)\bar{X}$ in Gleichung (1) durch $\bar{X}^\tau - \tau R$ ersetzen und erhalten:

$$X^\tau = (\bar{X}^\tau - \tau R)Z + \tau R = \bar{X}^\tau \left(1 - \frac{\tau R}{\bar{X}^\tau}\right)Z + \tau R. \qquad (2)$$

Wenn also der Steuersatz nicht gleich Null ist, dann hängt die Form der Verteilung von X^τ nicht nur von der Größe $\bar{X}^\tau$ und von der Verteilung von Z ab, sondern ebenfalls von dem Steuersatz und dem Verschuldungsgrad (für den $R/\bar{X}^\tau$ eine Maßgröße ist). Ist z.B. Var$(Z) = \sigma^2$, dann erhalten wir:

$$\text{Var}(X^\tau) = \sigma^2(\bar{X}^\tau)^2\left(1 - \tau\frac{R}{\bar{X}^\tau}\right)^2$$

Diese Gleichung impliziert, daß für gegebenes X^τ die Varianz der Gewinne nach Steuern um so geringer ist, je höher τ und der Verschuldungsgrad sind[4].

II. DIE BEWERTUNG VON GEWINNEN NACH STEUERN

Zu beachten ist, daß laut Gleichung (1) vom Standpunkt des Investors der langfristige durchschnittliche Strom von Gewinnen nach Steuern sich als eine Summe von zwei

Komponenten darstellt: (1) ein unsicherer Strom $(1 - \tau)\overline{X}Z$ und (2) ein sicherer Strom τR[5]. Danach erscheint plausibel, daß der Gleichgewichtsmarktwert des zusammengesetzten Stromes durch Kapitalisierung jeder einzelnen Komponente ermittelt werden kann. Genauer gesagt: ϱ^τ sei der Satz, mit dem die erwarteten Gewinne nach Steuern einer unverschuldeten Unternehmung der Größenordnung $\overline{X}$ in Klasse k auf dem Markt kapitalisiert werden, d.h.*

$$\rho^\tau = \frac{(1-\tau)\overline{X}}{V_U} \quad \text{oder} \quad V_U = \frac{(1-\tau)\overline{X}}{\rho^\tau};\ [6]$$

r sei der Satz, mit dem auf dem Markt die sicheren, mit Fremdkapital verbundenen Ströme kapitalisiert werden. Der Einfachheit halber nehmen wir an, daß dieser Zinssatz eine von der Höhe der Verschuldung unabhängige Konstante ist, so daß gilt:

$$r = \frac{R}{D} \quad \text{or} \quad D = \frac{R}{r}.\ [7]$$

Dann wäre zu erwarten, daß der Wert eines verschuldeten Unternehmens der Größenordnung $\overline{X}$ mit einem ständigen Fremdkapitalanteil D_L in seiner Kapitalstruktur gegeben wäre durch:

$$V_L = \frac{(1-\tau)\overline{X}}{\rho^\tau} + \frac{\tau R}{r} = V_U + \tau D_L.\ [8] \tag{3}$$

In unserer ursprünglichen Darstellung haben wir hingegen behauptet, daß innerhalb einer Risikoklasse der Marktwert proportional zu dem erwarteten Gewinn nach Steuern $\overline{X}^\tau$ sei (vgl. unsere ursprüngliche Gleichung (11)), was zur Folge hätte:

$$V_L = \frac{\overline{X}^\tau}{\rho^\tau} = \frac{(1-\tau)\overline{X}}{\rho^\tau} + \frac{\tau R}{\rho^\tau} = V_U + \frac{r}{\rho^\tau}\tau D_L. \tag{4}$$

Wir wollen im folgenden beweisen, daß, wenn Gleichung (3) nicht zutrifft, die Investoren sich ein besseres Portefeuille zulegen können, indem sie Aktien verhältnismäßig überbewerteter Unternehmen gegen Aktien verhältnismäßig unterbewerteter Unternehmen eintauschen. Nehmen wir zunächst eine Überbewertung unverschuldeter Unternehmen an, daß also gilt:

$$V_L - \tau D_L < V_U.$$

* Der Buchstabe ϱ wird in den nachfolgenden Formeln durch das vom Text leicht abweichende Symbol ρ bezeichnet. Dies hat nur drucktechnische Gründe; die Bedeutung beider Symbole ist die gleiche.

Ein Aktionär, der Aktien eines unverschuldeten Unternehmens im Werte von m \$ besitzt, hat Anspruch auf eine Beteiligung m/V_u am Endergebnis, d.h., er kann rechnen mit einem unsicheren Gewinn

$$Y_U = \left(\frac{m}{V_U}\right)(1-\tau)\bar{X}Z.$$

Betrachten wir nun ein anderes Portefeuille, das dadurch zustande kommt, daß m \$ folgendermaßen investiert werden: (1) der Anteil

$$m\left(\frac{S_L}{S_L + (1-\tau)D_L}\right),$$

wird in Aktien des verschuldeten Unternehmens investiert; (2) der restliche Betrag

$$m\left(\frac{(1-\tau)D_L}{S_L + (1-\tau)D_L}\right),$$

wird in Obligationen dieses Unternehmens angelegt.

Der Aktienanteil berechtigt den Investor zu einem Anteil

$$\frac{m}{S_L + (1-\tau)D_L},$$

an den Nettogewinnen der verschuldeten Gesellschaft, also zu

$$\left(\frac{m}{S_L + (1-\tau)D_L}\right)[(1-\tau)(\bar{X}Z - R_L)].$$

Der Besitz von Obligationen bringt ein:

$$\left(\frac{m}{S_L + (1-\tau)D_L}\right)[(1-\tau)R_L].$$

Wir erhalten also das Gesamtergebnis:

$$Y_L = \left(\frac{m}{(S_L + (1-\tau)D_L)}\right)[(1-\tau)\bar{X}Z]$$

Dieses Ergebnis ist dann und nur dann besser als der unsichere Gewinn Y_u, wenn gilt:

$$S_L + (1-\tau)D_L \equiv S_L + D_L - \tau D_L \equiv V_L - \tau D_L < V_U.$$

Also kann im Gleichgewichtszustand V_u nicht höher sein als $V_L - \tau D_L$; denn wäre dies der Fall, so gäbe es damit für die Aktionäre einen Anreiz, ihre Anteile an der unverschuldeten Gesellschaft zu verkaufen und Aktien (und Obligationen) der verschuldeten Gesellschaft zu erwerben.

Setzen wir nun voraus, es sei $V_L - \tau D_L > V_u$. Eine Investition von m \$ in dem Aktienkapital des verschuldeten Unternehmens gibt dem Inhaber ein Anrecht auf den Ertrag

$$Y_L = (m/S_L)[(1 - \tau)(\overline{X}Z - R_L)]$$
$$= (m/S_L)(1 - \tau)\overline{X}Z - (m/S_L)(1 - \tau)R_L.$$

Betrachten wir als Alternative das folgende Portefeuille: (1) Der Investor nimmt einen Kredit in Höhe von $(m/S_L)(1 - \tau)D_L$ auf, dessen Zinsbelastung $(m/S_L)(1 - \tau)R_L$ betragen wird (wobei wir natürlich annehmen, daß Personen und Kapitalgesellschaften zum gleichen Zinssatz r Kredit aufnehmen können); und (2) er investiert m und zusätzlich den aufgenommenen Kredit, d.h.

$$m + \frac{m(1 - \tau)D_L}{S_L} = m\,\frac{S_L + (1 - \tau)D_L}{S_L} = (m/S_L)[V_L - \tau D_L]$$

in Aktien des unverschuldeten Unternehmens. Auf diese Weise kommt er zu dem Ertrag

$$(m/S_L)\left(\frac{V_L - \tau D_L}{V_U}\right)(1 - \tau)\overline{X}Z.$$

Setzen wir davon die Zinskosten für das aufgenommene Kapital ab, so verbleibt ein Einkommen in Höhe von

$$Y_U = (m/S_L)\left(\frac{V_L - \tau D_L}{V_U}\right)(1 - \tau)\overline{X}Z - (m/S_L)(1 - \tau)R_L$$

Y_u ist dann und nur dann besser als Y_L, wenn $V_L - \tau D_L > V_u$ gilt. Es ergibt sich also, daß im Gleichgewichtszustand die Beziehungen $V_L - \tau D_L > V_u$ und ebenfalls $V_L - \tau D_L < V_u$ ausgeschlossen sind und Formel (3) zutreffen muß.

III. EINIGE KONSEQUENZEN VON FORMEL (3)

Um zu erkennen, welche Bedeutung die Ersetzung von (4) durch (3) als Bewertungsregel hat, muß man beachten, daß in beiden Ausdrücken der Wert der Unternehmung als eine Funktion von Verschuldung und Steuersatz erscheint. Der zwischen beiden Ausdrücken bestehende Unterschied liegt im Umfang und im Ursprung der Steuervorteile der Fremdfinanzierung. Nach unserer ursprünglichen Formel waren Werte innerhalb einer Klasse genau proportional zu den erwarteten Gewinnen nach Steuern. Folglich beruhte der Steuervorteil der Verschuldung allein auf der Tatsache, daß die Absetzbarkeit von Zinszahlungen ein höheres Gewinniveau nach Steuern für jedes gegebene Gewinniveau vor Steuern bewirkt (höher um den Betrag τR, da $X^\tau = (1 - \tau)X + \tau R$). Nach der berichtigten Formel (3) jedoch entsteht ein zusätzlicher Vorteil, der darauf zurückzuführen ist, daß die Komponente τR des Gewinns im Gegensatz zu dem unsicheren Ertrag $(1 - \tau)X$ einen sicheren Gewinn darstellt. Folglich wird τR mit dem günstigeren Sicherheitssatz $1/r$ kapitalisiert und nicht mit dem Satz für unsichere Ströme $1/\varrho^\tau$ [9].

Da der Unterschied zwischen (3) und (4) allein auf dem Satz beruht, mit dem Steuerersparnisse aufgrund von Zinszahlungen kapitalisiert werden, sind die vorzunehmenden Veränderungen in allen Formeln und Ausdrücken, die von (4) abgeleitet sind, ziemlich einfach. Betrachten wir zunächst die Rendite vor Steuern, d.h. das Verhältnis der erwarteten Gewinne vor Zinsen und Steuern zu dem Wert des Unternehmens [10]. Werden beide Seiten von Formel (3) durch V und $(1 - \tau)$ dividiert, so erhalten wir nach vereinfachender Umformung:

$$\frac{\overline{X}}{V} = \frac{\varrho^\tau}{1 - \tau}\left[1 - \tau \frac{D}{V}\right] \tag{31.c}$$

Hierdurch wird unsere ursprüngliche Gleichung (31) (S. 109 in diesem Band) ersetzt. Diese neue Beziehung unterscheidet sich darin von der alten, daß der Koeffizient von D/V im Original (31) um den Faktor r/ϱ^τ niedriger war.

Betrachten wir nun die Rendite nach Steuern, d.h. das Verhältnis der Summe von Zinszahlungen und von Gewinnen nach Steuern zum gesamten Marktwert [11]. Diese Größe wurde in unserem Aufsatz ausführlich erörtert, weil mit ihrer Hilfe die Unterschiede zwischen unserer und der herkömmlichen Auffassung klarer herausgestellt werden konnten und weil sie die Konstruktion von empirischen Tests der zwei Hypothesen über den Bewertungsprozeß erleichtert. Um zu erkennen, was die neue Gleichung (3) für diese Rendite impliziert, brauchen wir lediglich $(1 - \tau)\overline{X}$ durch $\overline{X}^\tau - \tau R$ in Gleichung (3) zu ersetzen; wir erhalten:

$$V = \frac{\overline{X}^\tau - \tau R}{\varrho^\tau} + \tau D = \frac{\overline{X}^\tau}{\varrho^\tau} + \tau \frac{\varrho^\tau - r}{\varrho^\tau} D, \tag{5}$$

Folglich muß die Rendite nach Steuern so aussehen:

$$\frac{\overline{X}^\tau}{V} = \varrho^\tau - \tau(\varrho^\tau - r)D/V. \tag{11.c}$$

Diese Gleichung ersetzt unsere ursprüngliche Gleichung (11) (S. 97 in diesem Band), die lediglich so aussah: $\overline{X}^\tau/V = \varrho^\tau$.

Die berichtigte Version (11c) beinhaltet also im Gegensatz zu unserem früheren Ergebnis, daß auch die Rendite nach Steuern durch Verschuldung beeinflußt wird. Der zu erwartende Grad der Verminderung von $\overline{X}^\tau/V$ mit wachsendem D/V fällt jedoch sehr viel kleiner aus als nach der naiven herkömmlichen Ansicht, die – wie bereits gezeigt wurde – zu der Beziehung

$$\overline{X}^\tau/V = \varrho^\tau - (\varrho^\tau - r)D/V$$

führt. Wir weisen auf unsere Gleichung (17) und die ihr unmittelbar vorausgehenden Erörterungen hin (S. 101 in diesem Band)[12]. Und natürlich besagt Gleichung (11.c), daß die Wirkung der Verschuldung auf $\overline{X}^\tau/V$ *allein* eine Frage der steuerlichen Absetzbarkeit von Zinszahlungen ist; nach der herkömmlichen Ansicht hingegen würden durch Verschuldung die Kapitalkosten gesenkt, gleichgültig, welche Art der Besteuerung auf die Unternehmensgewinne angewandt wird.

Schließlich ist noch auf die Frage der Eigenkapitalrendite nach Steuern einzugehen, d.h. das Verhältnis der Nettogewinne nach Steuern zum Wert der Aktien[13]. Indem wir auf beiden Seiten von Gleichung (5) D subtrahieren und $\overline{X}^\tau$ in seine zwei Bestandteile aufspalten – den erwarteten Gewinn nach Steuern $\bar{\pi}^\tau$ und die Zinszahlungen $R = rD$ –, erhalten wir nach Vereinfachung des Ausdrucks:

$$S = V - D = \frac{\bar{\pi}^\tau}{\rho^\tau} - (1 - \tau)\left(\frac{\rho^\tau - r}{\rho^\tau}\right)D. \tag{6}$$

Aus Gleichung (6) ergibt sich für die Eigenkapitalrendite nach Steuern:

$$\frac{\bar{\pi}^\tau}{S} = \rho^\tau + (1 - \tau)[\rho^\tau - r]D/S \tag{12.c}$$

Die neue Gleichung (12.c) ersetzt unsere ursprüngliche Gleichung (12), $\bar{\pi}^\tau/S = \varrho^\tau + (\varrho^\tau - r) D/S$ (S. 97 in diesem Band); sie impliziert bei steigender Verschuldung eine ebenfalls steigende Eigenkapitalrendite nach Steuern, die aber um den Faktor $(1-\tau)$ geringer ausfällt als nach unserer ursprünglichen Gleichung (12). Aber dennoch unterscheidet sich die linear steigende Beziehung der berichtigten Gleichung (12.c) grundlegend von der naiven herkömmlichen Auffassung, derzufolge die Eigenkapitalkosten vollkommen unabhängig von der Verschuldung des Unternehmens sein sollen (zumindest solange die Verschuldung sich innerhalb »konventioneller«, in der Industrie üblicher Grenzen bewegt).

IV. STEUERN UND KAPITALKOSTEN

Aus diesen berichtigten Bewertungsformeln können wir ohne weiteres berichtigte Maßgrößen für die Kapitalkosten im Sinne der Investitionsplanung herleiten, d.h. das Minimum an erwartetem Ertrag, das ein Investitionsprojekt abwerfen muß, wenn es vom Standpunkt der gegenwärtigen Aktionäre attraktiv sein soll. Wenn wir den Gewinnstrom als ewige Rente interpretieren, wie wir es in unserer ursprünglichen Abhandlung taten, dann haben wir zwei gleich gute Möglichkeiten zur Definition dieses Mindestertrages, entweder aufgrund der erforderlichen Steigerung der Gewinne vor Steuern, $d\overline{X}$, oder aufgrund der erforderlichen Steigerung der Gewinne ohne Steuern $d\overline{X}(1-\tau)$[14]. Um Platz zu sparen und auch um die Kontinuität gegenüber dem ursprünglichen Aufsatz zu wahren, beschränken wir uns hier auf den ersten Fall (Kapitalkosten vor Steuern) und geben nur in den Anmerkungen knappe Hinweise auf die zweite Methode (Kapitalkosten ohne Steuern).

In der Analyse ist die Ableitung der Kapitalkosten im oben genannten Sinne gleichbedeutend mit Ermittlung eines Mindestwertes für $d\overline{X}/dI$, bei dem gerade $dV = dI$ gilt, wobei I den Betrag der neuen Investition bezeichnet[15]. Durch Differenzierung von (3) kommen wir zu dem Ergebnis, daß

$$\frac{dV}{dI} = \frac{1-\tau}{\rho_\tau}\frac{d\overline{X}}{dI} + \tau\frac{dD}{dI} \geq 1 \quad \text{gilt, wenn} \quad \frac{d\overline{X}}{dI} \geq \frac{1-\tau\dfrac{dD}{dI}}{1-\tau}\rho^\tau. \tag{7}$$

Folglich kann die erforderliche Verzinsung vor Steuern nicht ohne Berücksichtigung der Finanzierungspolitik definiert werden. Im besonderen Fall einer Investition, die vollständig mit neuem Eigenkapital finanziert wird, ist $dD/dI = 0$, und die erforderliche Verzinsung oder der Grenzkostensatz für Eigenfinanzierung wird somit:

$$\rho^S = \frac{\rho^\tau}{1-\tau}.$$

Dieses Ergebnis stimmt mit dem im ursprünglichen Aufsatz überein (vgl. Gleichung (32), S. 109 in diesem Band) und gilt auch für alle anderen Finanzierungsquellen, bei denen das Entgelt an die Kapitalgeber nicht von den Steuern absetzbar ist. Es trifft daher auch für Vorzugsaktien zu (abgesehen von gewissen teilweise abzugsfähigen Vorzugsdividenden bei Emissionen öffentlicher Versorgungsbetriebe) und würde auch für Selbstfinanzierung zutreffen, wenn es nicht die günstigen Steuerbestimmungen für Kapitalgewinne in der persönlichen Einkommensteuer gäbe.

Für Investitionen, die man als vollständig durch neues Fremdkapital finanziert ansieht, gilt $dI = dD$, und dann ergibt sich aus Gleichung (7):

$$\rho^D = \rho^\tau \tag{33.c}$$

Hierdurch wird unsere ursprüngliche Gleichung (33) ersetzt, die so aussah:

$$\rho^D = \rho^S - \frac{\tau}{1-\tau}r. \tag{33}$$

Dem ist zu entnehmen, daß für Fremdkapital (oder für jede andere steuerlich absetzbare Kapitalquelle) der marginale Kapitalkostensatz oder die erforderliche Mindestverzinsung vor Steuern einfach mit dem Kapitalisierungssatz des Marktes für unverschuldete Ertragsströme ohne Steuern übereinstimmt und folglich vom Steuersatz wie auch vom Zinssatz unabhängig ist. Diese erforderliche Mindestverzinsung liegt niedriger als nach unserer ursprünglichen Arbeit (33), jedoch noch erheblich höher als die erforderliche Mindestverzinsung nach herkömmlicher Ansicht (vgl. unseren Aufsatz, S. 110 in diesem Band), die besagt, daß die Fremdkapitalkosten vor Steuern einfach mit dem Zinssatz r übereinstimmen.

Nachdem wir die oben angegebenen Ausdrücke für die Grenzkosten der Fremd- und Eigenfinanzierung hergeleitet haben, scheint es angebracht, dem Leser an dieser Stelle zu bedenken zu geben, daß diese Ausdrücke bestenfalls nur hypothetische Extreme darstellen – insoweit es sich um Kosten handelt – und daß keiner direkt als Kriterium für die Mindestverzinsung in der Investitionsplanung geeignet ist. Vor allem sollte man sich vor dem bekannten »Liquigas«-Fehlschluß hüten; dieser besagt, daß ein Unternehmen, das in einem bestimmten Jahr Schuldverschreibungen aufzulegen beabsichtigt, in diesem Jahr seine Mindestverzinsung in Höhe von ϱ^D ansetzen sollte; stehe hingegen eine Erhöhung des Eigenkapitals bevor, so liege der kritische Punkt bei ϱ^s. Der entscheidende Punkt ist natürlich, daß keine Investition sinnvoll als zu 100 % eigenfinanziert gelten kann, wenn der Betrieb irgendwie mit Fremdkapital arbeitet – und das tun die meisten Unternehmen, nicht nur wegen der Steuerersparnisse, sondern auch aus vielen anderen Gründen, die nichts mit »Kosten« im hier gebrauchten statischen Sinn zu tun haben (vgl. unseren ursprünglichen Aufsatz S. 107 f. in diesem Band). Ebenso kann keine Investition sinnvoll als zu 100 % fremdfinanziert angesehen werden, wenn die Kreditgeber den Höchstbetrag, den ein Unternehmen im Verhältnis zu seinem Eigenkapital aufnehmen kann, streng beschränken (und wenn die meisten Unternehmen tatsächlich normalerweise einen niedrigeren Kredit als dieses extern vorgegebene Maximum planen, um für Notfälle eine Reserve an ungenutztem Kreditspielraum zu behalten). Da also die langfristige Kapitalstruktur des Unternehmens Fremd- wie auch Eigenkapital enthalten wird, muß bei der Investitionsplanung berücksichtigt werden, daß auf lange Sicht *alle* Vermögenswerte des Unternehmens in Wirklichkeit durch eine Mischung von Fremd- und Eigenkapital finanziert werden, auch wenn in jedem einzelnen Jahr nur eine Kapitalart erhöht wird. Genauer gesagt, wenn L^* den langfristig angestrebten Verschuldungsgrad des Unternehmens bezeichnet (um den sein tatsächlicher Verschuldungsgrad schwankt, wenn es im Wechsel Schuldverschreibungen ausgibt und sie später mit internem oder externem Eigenkapital ablöst), so kann das Unternehmen – zumindest als erste Annäherung – annehmen, daß für jede einzelne Investition $dD/dI = L^*$ gilt. Folglich sind die relevanten marginalen Kapitalkosten für die Investitionsplanung, die wir hier mit ϱ^* bezeichnen, gleich folgendem Ausdruck:

$$\rho^* = \frac{1 - \tau L^*}{1 - \tau} \rho^\tau = \rho^S - \frac{\tau}{1 - \tau} \rho^D L^* = \rho^S (1 - L^*) + \rho^D L^*.$$

Das bedeutet: Die geeigneten Kapitalkosten für im Zeitablauf sich wiederholende Investitionsentscheidungen sind in erster Annäherung ein gewogener Durchschnitt der Kosten für Fremd- und Eigenfinanzierung, wobei die Gewichtung den Anteilen jeder Art der Finanzierung an der »Soll«-Kapitalstruktur entspricht [16].

V. EINIGE ABSCHLIESSENDE BEMERKUNGEN

So sehen also die wichtigsten Berichtigungen aus, die in den verschiedenen Formeln und Bewertungsausdrücken unseres früheren Aufsatzes vorgenommen werden müssen. Wir können allgemein feststellen, daß diese Berichtigungen im wesentlichen darauf hinauslaufen, die Steuervorteile der Verschuldung nach unserem Modell etwas zu vergrößern und damit die quantitative Differenz zwischen der Einschätzung des Verschuldungseffekts nach unserem Modell einerseits und nach der naiven herkömmlichen Auffassung andererseits etwas zu reduzieren. Es erscheint zweckmäßig, den Leser noch einmal daran zu erinnern, daß das Vorliegen eines Steuervorteils bei Fremdfinanzierung – auch der größere Vorteil gemäß der berichtigten Fassung – nicht unbedingt bedeutet, daß Unternehmen in ihrer Kapitalstruktur immer den maximal möglichen Verschuldungsgrad erstreben sollen. Denn zum einen können andere Finanzierungsarten, vor allem die Selbstfinanzierung, unter Umständen noch billiger sein, wenn die steuerliche Einstufung der Investoren nach der persönlichen Einkommensteuer berücksichtigt wird. Noch wichtiger ist, daß es – wie wir bereits ausführten – von den Kreditgebern gesetzte Kreditlimits (vgl. S. 108 in diesem Band) und viele weitere Dimensionen (und Kostenarten) in der Praxis der Finanzierungspolitik gibt, die im Rahmen von statischen Gleichgewichtsmodellen nicht vollständig erfaßt werden, sei es in unserem eigenen oder in denen der herkömmlichen Auffassung. Diese zusätzlichen Überlegungen, die üblicherweise unter der Rubrik »Notwendigkeit der Erhaltung von Flexibilität« behandelt werden, führen gewöhnlich dazu, daß die Unternehmung eine größere Reserve an ungenutztem Kreditspielraum hält. Durch den Steuervorteil der Verschuldung wird wohl die optimale Höhe dieser Reserve kleiner; es ist jedoch kaum anzunehmen, daß Vorteile der Größenordnung, wie sie in unserem Modell betrachtet wurden, eine wesentliche Verminderung dieser Reserven oder gar ihre völlige Auflösung rechtfertigen könnten. Ebenso deuten auch die empirischen Daten nicht darauf hin, daß in den letzten Jahren mit ihren hohen Steuersätzen tatsächlich eine wesentliche Zunahme der Fremdfinanzierung (ausgenommen die Finanzierung durch Vorzugsaktien) im Bereich der Kapitalgesellschaften stattgefunden hat [17].

Was die Unterschiede zwischen unserem abgeänderten Modell und dem herkömmlichen betrifft, sind wir der Ansicht, daß sie in quantitativer Hinsicht noch immer groß sind und daß es sich noch lohnt, sie zu beachten. Das hängt nicht nur damit zusammen, daß die zwei Auffassungen für die Finanzierungspolitik der Unternehmen (und auch für die staatliche Steuerpolitik) unterschiedliche Konsequenzen haben. Da die zwei Auffassungen auf zwei grundsätzlich verschiedenen Ansichten über das Verhalten von Investoren und das Funktionieren des Kapitalmarktes beruhen, können die Ergebnisse der Auseinandersetzung zwischen beiden wesentliche Bedeutung für Fragestellungen gewinnen, die weit über das hier unmittelbar zur Diskussion stehende Problem des Verschuldungseffektes auf die Kapitalkosten hinausreichen.

ANMERKUNGEN

1. Mit einigen Ausnahmen, auf die im einzelnen hingewiesen wird, werden wir hier sowohl die Symbole als auch die Terminologie unseres ursprünglichen Aufsatzes beibehalten. Eine ausreichende Kenntnis von beidem wird vorausgesetzt.

2. Natürlich ausgenommen der triviale Fall allgemeiner linearer Nutzenfunktionen. Zu beachten ist, daß wir im Gegensatz zu Prof. Durand (vgl. seinen Kommentar zu unserem Aufsatz und unsere Erwiderung in *American Economic Review*, 1959, S. 49, und S. 639–669) immer das Wort »Arbitrage« in Anführungszeichen setzen.

3. Unser X entspricht also im wesentlichen dem bekannten EBIT-Begriff der finanzwissenschaftlichen Literatur (EBIT = Earnings Before Interest and Taxes). Die Verwendung von EBIT und ähnlichen »Einkommens«begriffen als Bewertungsgrundlage ist, streng genommen, nur dann zulässig, wenn für das zugrunde liegende Sachvermögen eine unbegrenzte Lebensdauer angenommen wird. Natürlich sind in einem solchen Fall EBIT und »Cash Flow« ein und dasselbe. Von dieser Interpretation für X gingen wir in unserem ursprünglichen Aufsatz aus; wir werden sie hier beibehalten, zum einen der Kontinuität wegen, zum anderen wegen der damit ermöglichten erheblichen Vereinfachung der Darstellungsweise. Wir müssen jedoch noch darauf hinweisen, daß die Interpretation der zeitlichen Unbegrenztheit nicht in dem Maße restriktiv ist, wie es auf den ersten Blick scheint. Der »Cash Flow« vor Steuern und EBIT können auch dann ohne Bedenken gleichgesetzt werden, wenn die Vermögenswerte eine begrenzte Lebensdauer haben, sobald diese Vermögenswerte eine stationäre Altersverteilung erreichen, bei der die jährlichen Wiederbeschaffungen mit den jährlichen Abschreibungen übereinstimmen. Auf das Problem der begrenzten Lebensdauer von Vermögensgegenständen werden wir noch im Zusammenhang mit der erforderlichen Mindestverzinsung bei Investitionsentscheidungen zurückkommen.

4. Es mag zunächst paradox erscheinen, daß die Verschuldung die Streuung der Ergebnisse *reduziert*; doch ist zu bedenken, daß wir hier die Streuung des Gesamtertrages untersuchen, d. h. Zinsen plus Nettogewinne. Die Streuung der Nettogewinne der Aktionäre wird natürlich bei Verschuldung größer sein als ohne Verschuldung; dennoch wird sie relativ kleiner sein als in einer im übrigen vergleichbaren Welt ohne Steuern. Die Gründe hierfür werden nach der Diskussion im nächsten Abschnitt klarer werden.

5. Die Feststellung, daß τR – die Steuerersparnis je Periode durch Zinszahlungen – ein sicherer Strom ist, beruht auf zwei Voraussetzungen. Erstens muß gewährleistet sein, daß die Unternehmen immer die mit Zinszahlungen verbundene Steuerersparnis realisieren können, indem sie die Zinsen entweder direkt von anderen steuerpflichtigen Einkünften absetzen, die im gleichen Jahr entstanden sind; oder, falls in einem Jahr keine derartigen Einkünfte vorliegen, indem sie die Zinsen rückverrechnen oder vortragen und sie damit von vergangenen oder zukünftigen steuerpflichtigen Einkünften absetzen; oder im Grenzfall durch Fusion (oder Verkauf) des Unternehmens mit einem anderen (bzw. an ein anderes) Unternehmen, das den Steuervorteil nutzen kann. Zweitens muß vorausgesetzt werden, daß der Steuersatz unverändert

bleibt. In dem Maße, in dem eine dieser Bedingungen nicht genau zutrifft, liegt auch hinsichtlich der Steuerersparnisse Ungewißheit vor, die natürlich anderer Art und Größenordnung ist als die des Stromes, der durch das Betriebsvermögen erzeugt wird. Der Einfachheit halber werden wir diese möglichen Verzögerungs- oder Ungewißheitselemente hinsichtlich der Steuerersparnis nicht berücksichtigen. Man darf aber nicht übersehen, daß durch diese Vereinfachung die folgenden Bewertungsformeln den Wert der Steuerersparnis für jedes gegebene Verschuldungsniveau eher zu hoch angeben.

6. Zu beachten ist, daß wir hier – wie auch in unserem ursprünglichen Aufsatz – Dividendenpolitik und »Wachstum« im Sinne von Möglichkeiten, mit einem internen Zinsfuß zu investieren, der höher ist als der marktübliche Verzinsungssatz, nicht berücksichtigen. Diese Themen werden in unserem Aufsatz »Dividendenpolitik, Wachstum und die Bewertung von Aktien« (Dividend Policy, Growth and the Valuation of Shares), *Jour. Bus.*, Univ. Chicago, Oktober 1961, 411–433, Übersetzung in diesem Band S. 270 ff., ausführlich behandelt.

7. Hier und auch sonst kann man die entsprechenden Formeln für den Fall, daß der Zinssatz mit dem Verschuldungsgrad steigt, erhalten, indem man lediglich r durch $r(L)$ ersetzt, wobei unter L irgendeine passende Maßgröße für die Verschuldung zu verstehen ist.

8. Die Voraussetzung, daß die Verschuldung zeitlich unbegrenzt ist, ist für die Analyse nicht notwendig. Sie wird hier jedoch gemacht, um erstens die Kontinuität gegenüber dem ursprünglichen Modell zu bewahren, und zweitens, weil sie eine Höchstgrenze für den Wert der Steuerersparnis angibt. Vgl. in diesem Zusammenhang Anmerkungen 5 und 9.

9. Zu berücksichtigen ist jedoch, daß Formel (3) gewissermaßen nur die Obergrenze des Wertes der Unternehmung angibt, denn $\tau R/r = \tau D$ ist nur dann eine genaue Maßgröße für den Wert der Steuerersparnis, wenn sowohl Steuersatz als auch Verschuldungsgrad als für immer festgelegte Größen angenommen werden (und wenn die Unternehmung mit Sicherheit ihre Zinszahlungen dazu nutzen kann, das steuerpflichtige Einkommen entweder direkt oder durch Übertragung des Verlustes auf eine andere Unternehmung zu senken). Es können ohne weiteres verschiedene Versionen von Formel (3) für solche Fälle entwickelt werden, in denen die Verschuldung nicht als ständig, sondern als rückzahlbar nach einer bestimmten Zeitspanne gilt. Aus Platzgründen wollen wir diesen Gedankengang nicht weiterverfolgen; wir begnügen uns mit der Feststellung, daß sich unsere Bewertungsformel um so mehr unserer ursprünglichen Formel (4) annähert, je kürzer die Zeitspanne der Verschuldung ist. Daher ist letztere – wenn auch nur als Untergrenze – noch von einiger Bedeutung.

10. Wir bezeichneten diese Rendite mit dem im Finanzbereich gängigen Ausdruck »durchschnittliche Kapitalkosten«. Wir glauben jetzt aber, daß der Ausdruck »Rendite vor Steuern« vorzuziehen ist, weil er zum einen unmittelbar angibt, was gemeint ist, und weil zum anderen der Ausdruck »Kapitalkosten« zur Verwendung in Diskussionen über die optimale Investitionspolitik frei bleibt (in Übereinstimmung mit dem üblichen Sprachgebrauch in der Literatur über Investitionsplanung).

11. Wir bezeichneten diesen Ertrag als die »Kapitalkosten nach Steuern« (vgl. Anmerkung 10).

12. i_k^* aus Gleichung (17) stimmt mit ϱ^τ in diesem Zusammenhang überein. Jede der beiden Größen gibt das Verhältnis der Nettogewinne zu dem Wert der Aktien (und folglich des gesamten Unternehmens) in einer unverschuldeten Kapitalgesellschaft dieser Klasse an.

13. Wir bezeichneten diese Rendite als die »Eigenkapitalkosten nach Steuern« (vgl. Anmerkung 9).

14. Zu beachten ist, daß wir den Ausdruck »Gewinn ohne Steuern« und nicht »Gewinn nach Steuern« gebrauchen. Um Verwirrung zu vermeiden, sollte nach unserer Auffassung der letz-

tere Ausdruck nur das bezeichnen, was tatsächlich im Jahresabschluß der Unternehmung erscheint, d. h. den Nettogeldstrom einschließlich der Steuerersparnisse für die Zinsen (unser X^τ). Da die Finanzierungsquellen im allgemeinen nicht einzelnen Investitionen zugerechnet werden können (s. u.), ist der »nach Steuern«- oder der »Buchführungs«-Begriff für Zwecke der Investitionsplanung nicht geeignet, obwohl er für Bewertungsformeln sehr nützlich sein kann, wie wir im letzten Abschnitt sahen.

15. Man beachte, daß wir, wenn wir vom erforderlichen Mindestertrag einer Investition sprechen, grundsätzlich an Investitionen denken, durch die eine multiple Erweiterung der Betriebsgröße bewirkt wird. Die neuen Vermögenswerte müssen also zu derselben »Klasse« gehören wie die alten. Vgl. in diesem Zusammenhang J. Hirshleifer, Risk, the Discount Rate and Investment Decisions, *American Economic Review*, Mai 1961, 51, S. 112–120 (insbesondere S. 119–120); s. auch Anmerkung 16.

16. Aus den im Text angegebenen Formeln können wir ohne weiteres entsprechende Ausdrücke für den erforderlichen Ertrag ohne Steuern bzw. Kapitalkosten ohne Steuern für jede gegebene Finanzierungspolitik ableiten. Insbesondere sei $\tilde{\varrho}(L)$ der erforderliche Ertrag ohne Steuern von Investitionen, die mit einem Fremdkapitalanteil $L = dD/dL$ finanziert werden. (Allgemeiner ausgedrückt bezeichnet L den Anteil, der aus steuerlich absetzbaren Kapitalquellen finanziert wird.) Dann ergibt sich aus Gleichung (7):

$$\tilde{\rho}(L) = (1 - \tau) \frac{d\tilde{X}}{dI} = (1 - L\tau)\rho^\tau \tag{8}$$

Die verschiedenen Kostensätze können ermittelt werden, indem man für L den jeweiligen Wert einsetzt. Insbesondere erhält man bei Einsetzung des langfristig angestrebten Verschuldungsgrades L^* in diese Formel:

$$\tilde{\rho}^* \equiv \tilde{\rho}(L^*) = (1 - \tau L^*)\rho^\tau$$

wobei $\tilde{\varrho}^*$ die durchschnittlichen Kapitalkosten ohne Steuern im oben erwähnten Sinn angibt.

Die Ermittlung der Kapitalkosten vor Steuern einerseits und ohne Steuern andererseits führt zu gleich guten Kriterien für Investitionsentscheidungen, wenn man annimmt, daß das Vermögen zeitlich unbegrenzte (d. h. nicht kleiner werdende) Ertragsströme erzeugt; dies trifft jedoch nicht zu, wenn für die Vermögensgegenstände eine begrenzte Lebensdauer angenommen wird (auch wenn angenommen wird, daß die Vermögensgegenstände des Betriebes eine stationäre Altersverteilung aufweisen, so daß unser X oder EBIT annähernd mit dem Netto-»Cash-Flow« vor Steuern übereinstimmt) (vgl. oben Anmerkung 3). Im letzteren Fall wäre grundsätzlich die richtige Methode zur Beurteilung der Vorteilhaftigkeit einer Investition, den Ertrag ohne Steuern mit dem Kapitalkostensatz ohne Steuern zu diskontieren. Nur nach dieser Methode (»ohne Steuern«) wäre es möglich, die Absetzbarkeit von Abschreibungen zu berücksichtigen (und auch die steuerlich vorteilhafteste Abschreibungsmethode zu wählen). Zu beachten ist, daß wir sagen, die Methode »ohne Steuern« sei »grundsätzlich« richtig; denn genau betrachtet ist bisher durch nichts in unserer Analyse (oder in anderen Untersuchungen zum gleichen Thema) nachgewiesen, daß es tatsächlich zulässig ist, einen unsicheren Ertragsstrom zu »diskontieren«. Es bleibt nur zu hoffen, daß die weitere Forschung die Zulässigkeit der Analogie zur Diskontierung bei Gewißheit erweisen wird; im Augenblick ist das jedoch nur eine Hoffnung.

17. Vgl. z. B. Merton H. Miller, The Corporate Income Tax and Corporate Financial Policies, in: *Staff Reports to the Commission on Money and Credit* (wird in Kürze erscheinen).

Optimaler Verschuldungsumfang und Modigliani-Miller-Theorem

ADOLF MOXTER*

A PROBLEMSTELLUNG

Modigliani/Miller behaupten, es gebe keine optimale Unternehmungsfinanzierung in dem Sinne eines optimalen Verschuldungsgrades: Die Variation des Verhältnisses von Fremdkapital zu Eigenkapital bringe keine Vor- oder Nachteile mit sich, jede Relation dieser beiden Größen, also *jeder Verschuldungsgrad, sei gleich optimal.*[1]

Diese merkwürdige These samt ihrer in ihren Implikationen schwer durchschaubaren, im übrigen aber gefährlich eingängigen Begründung ist Gegenstand dieser Untersuchung. Die Behauptung hat zwar, wie nicht anders zu erwarten, bereits vielfältige Kritik[2] provoziert; doch hat diese Kritik nicht an den zentralen Punkten des Theorems angesetzt und ist deshalb ohne rechte Überzeugungskraft geblieben. Nach heute verbreiteter Meinung gilt die Modigliani-Miller-These mindestens der Tendenz nach.[3] Wir haben im Instrumentenkasten der Theorie ein Werkzeug, das anzuwenden sich der gesunde Menschenverstand glücklicherweise sträubt und das dort, wie ich zu zeigen hoffe, nichts zu suchen hat.

Ich bringe zunächst eine Erläuterung der Theoreme von Modigliani/Miller (erster Hauptteil). Dabei unterstelle ich, daß der Leser mit der Begründung der Theoreme noch nicht vertraut ist. Im zweiten Hauptteil folgt meine Kritik der Theoreme.

Ich beschränke mich im übrigen in Darstellung und Kritik auf die Grundtheoreme. Von Modigliani/Miller selbst vorgetragene Ergänzungen, wie besonders die Einführung von Ertragssteuern, berücksichtige ich nicht. Diese Ergänzungen berühren nicht den Kern der Theoreme; sie werden gegenstandslos, wenn der Kern sich als nicht haltbar erweisen sollte.

B DARSTELLUNG DES THEOREMS VON MODIGLIANI/MILLER

I. Ein einfaches Ausgangsmodell zur Bestimmung des optimalen Verschuldungsumfangs

Die traditionelle[4] Konzeption des optimalen Verschuldungsumfangs besagt: Die Substitution von Eigenkapital ($= E$) durch Fremdkapital ($= F$) ist *zunächst* günstig:

* Mit freundlicher Genehmigung des Verfassers und des Verlages entnommen aus: *Aktuelle Fragen der Unternehmensfinanzierung und Unternehmensbewertung*, Hrsg. K.-H. Forster und P. Schuhmacher, Stuttgart 1972, S. 128–155.

Der Zielstrom z (»Erfolg«) der Eigentümer aus ihren Mittelanlagen wächst durch diese Substitution. Ist jedoch ein bestimmter Verschuldungsgrad, also eine bestimmte Relation F/E erreicht, so ergibt sich keine weitere Vergrößerung des Zielstroms; bei einer Überschreitung dieses optimalen Verschuldungsgrades F/E *sinkt* der Zielstrom sogar wieder.

In der folgenden Tabelle habe ich diesen Zusammenhang an einem Beispiel erläutert. Wir nennen m den »marginalen« Zinssatz für das Fremdkapital im folgenden Sinne: Wir lassen das Fremdkapital jeweils um 10 wachsen, m stellt den jeweiligen Zinssatz für diese *zusätzlichen* 10 dar. i ist der *Durchschnittszinssatz* für das Fremdkapital, er gilt für das jeweils *insgesamt* aufgenommene Fremdkapital F; Fi ist dann der Betrag der jeweiligen Zinszahlungen für den Gesamtbetrag des Fremdkapitals. $z(U)$ ist der von der Unternehmung an die Eigentümer fließende Zielstrom beim jeweiligen Fremdkapital. Da von der zweiten Zeile an jeweils Fremdkapital von 10 aufgenommen wird, die Investitionssumme (= der »Kapitalbedarf«) aber (mit 100) *konstant* bleibt, setzen wir in jeder Zeile Eigenmittel in Höhe von jeweils 10 frei. (Diese werden ja durch die Schulden substituiert.) Die freigesetzten Eigenmittel ε können anderweitig angelegt werden. Wir nehmen an, daß sie dort 10% bringen. Das ergibt einen zusätzlichen Zielstrom (neben dem aus U), den wir $z(\varepsilon)$ nennen. In der letzten Spalte ist der gesamte Zielstrom, d.h. die Summe aus $z(U)$ und $z(\varepsilon)$, angegeben. Entscheidungskriterium ist dieser *gesamte* Zielstrom, den die Eigentümer realisieren. Wir verstehen hier unter einem »Strom« einfach eine unendliche, uniforme Zahlungsreihe.

F	m	i	Fi	$z(U)$	$z(\varepsilon)$	$z(U + \varepsilon)$
0		–	–	12	–	12
	4%					
10		4%	0,4	11,6	1	12,6
	4%					
20		4%	0,8	11,2	2	13,2
	7%					
30		5%	1,5	10,5	3	13,5
	9%					
40		6%	2,4	9,6	4	13,6
	11%					
50		7%	3,5	8,5	5	13,5
	13%					
60		8%	4,8	7,2	6	13,2
	15%					
70		9%	6,3	5,7	7	12,7
	17%					
80		10%	8	4	8	12
	19%					
90		11%	9,9	2,1	9	11,1

Die Eigentümer verdienen im Beispiel also an der Substitution von Eigenkapital durch Fremdkapital, bis $F = 40$ erreicht ist. Beim Übergang von $F = 30$ auf $F = 40$ ist der marginale *Fremdkapital*-Zinssatz $m = 9\%$. (Auf die zusätzlichen $F = 10$ zahlt man Zinsen von jährlich 0,9, das erhöht Fi von zuvor 1,5 auf 2,4; es erhöht den Durchschnitts-Zinssatz von zuvor $1,5/30 = 5\%$ auf jetzt $2,4/40 = 6\%$.) Die »marginalen« *Eigenkapitalerträge* sind konstant 10%; der Übergang von $F = 30$ auf

$F = 40$ lohnt sich also, denn m ist kleiner als der marginale Eigenkapitalertragssatz. Dagegen ist es nicht mehr lohnend, von $F = 40$ auf $F = 50$ zu gehen; denn hier ist $m = 11\,\%$, liegt also über den marginalen Erträgen des Eigenkapitals $(10\,\%)$; um diese Differenz von $1\,\%$ (der 10) = 0,1 sinkt infolgedessen z; es sinkt von 13,6 (dem Maximum) auf 13,5. m steigt, weil die Gläubiger, und im Beispiel *nur* sie, unsichere Erwartungen (unvollkommene Informationen) haben.

II. Der Modigliani-Miller-Ansatz zur Bestimmung des optimalen Verschuldungsumfangs

1. Die Unterscheidung von »Fremdkapitalwagnis« und »allgemeinem« Wagnis

Das gerade skizzierte Modell stellt nicht etwa schon die übliche Konzeption des optimalen Verschuldungsumfangs dar. Es ist vielmehr ein erstes Ausgangsmodell hierzu, ein Modell mit der Annahme sicherer Erwartungen der Eigentümer. Fremdkapital bewirkt, im Unterschied zum Eigenkapital, fixe (oder doch mindestens ungleich strengere) Zins- und Tilgungsverpflichtungen. Ist die Erfüllung dieser Verpflichtungen gefährdet, drohen den Eigenkapitalgebern erhebliche Nachteile; sie reichen bis zum Zusammenbruch des Unternehmens, was für die Eigner oft mit einem Totalverlust des eingesetzten Kapitals, bei unbeschränkter persönlicher Haftung sogar mit weiteren Verlusten verbunden ist. Generell ergeben sich durch die Fremdkapitalaufnahme gewisse Beschränkungen in den Dispositionen über die Mittelverwendung, also die gesamten Auszahlungen im Unternehmen, sei es, weil die Fremdkapitalgeber insoweit direkten Einfluß ausüben, sei es auch nur, weil man mit Rücksicht auf Zins- und Tilgungsverpflichtungen Investitionen vermeidet, die besonders wagnisreich sind (aber dafür um so größere Gewinnchancen bieten).

Man kann, in unserem Beispiel, den Strom $z(U) = 12$ (bei $F = 0$) dem Strom $z(U) = 7,2$ (bei $F = 60$) nicht unmittelbar gegenüberstellen, wenn *unsichere* Erwartungen gegeben sind. Es ist sinnlos, etwa zu sagen, bei $F = 0$ sei der $z(U)$ 1,66mal so groß wie bei $F = 60$ $(12/7,2 = 1,66)$; man darf nicht etwa für den einen $z(U)$ 1,66mal soviel zahlen wie für den anderen. Denn der $z(U) = 7,2$ (bei $F = 60$) ist ungleich *wagnisreicher* als der $z(U) = 12$ (bei $F = 0$). Nur bei sicheren Erwartungen, also bei Ausschaltung des erwähnten Fremdkapitalwagnisses, wäre dieser Vergleich zulässig. Bei unsicheren Erwartungen, in der Realität, muß man $z(U) = 7,2$ reduzieren um eine sogenannte Wagnisprämie; man muß den »Effektivwert« der Zielströme ermitteln.

Zur Ermittlung des erwähnten Effektivwerts der Zielgröße z ist es wichtig (mit Modigliani/Miller) zu unterscheiden
(a) Fremdkapitalwagnis,
(b) sonstiges = »allgemeines« Wagnis.

Vom *Fremdkapitalwagnis* sind alle Mittelanlagen frei, bei denen nur Eigenfinanzierung gegeben ist. Vom »*allgemeinen*« Wagnis ist, strenggenommen, überhaupt keine Mittelanlage frei; doch ist dieses allgemeine Wagnis bei den einzelnen Mittelanlagen unterschiedlich groß. Zielströme lassen sich also mindestens gedanklich klassifizieren nach dem Umfang dieses allgemeinen Wagnisses, das ihnen eigen ist: Wir ordnen Zielströmen einen bestimmten *allgemeinen* Wagnisgrad in diesem Sinne zu.

Das »allgemeine« Wagnis beruht darauf, daß man nicht sicher weiß, welche Zahlungsströme sich bei einer bestimmten Mittelanlage realisieren werden: Kauft man Anteile eines Unternehmens ohne Fremdkapital, so ist man sicher, daß es nicht auf Betreiben der Fremdkapitalgeber zur Zwangsliquidation kommt (sofern auch künftig kein Fremdkapital aufgenommen wird). Im übrigen aber besteht ein weiter Spielraum der möglichen Zielstrombeiträge aus dieser Mittelanlage; die Entwicklung der Determinanten von Nettoausschüttungen und Wiederverkaufspreis des Anteils sind ja nicht zuverlässig bekannt. Mit »allgemeinem Wagnis« meint man also einfach jene Ungewißheit über den sich realisierenden Zielstrombeitrag (Nettoausschüttungen und Wiederverkaufspreis) aus einem Anteil *ohne* Fremdkapitalwagnis. Das Wort Wagnis wird hier in einem weiteren Sinne verstanden; wir schließen uns dieser Übung an. Aus der Ungewißheit über den sich realisierenden Zielstrombeitrag folgt die Gefahr (also das Wagnis in einem engeren Sinne) besonders niedriger, unerwünschter Zielstrombeiträge.

Das Fremdkapitalwagnis ist zu verstehen als eine zusätzliche Gefahrenquelle; sie tritt zu den anderen hinzu. Die Gefahr resultiert hier vor allem, wie bereits erwähnt, aus den relativ starren Auszahlungsverpflichtungen, die Fremdkapital mit sich bringt: Die Aufnahme von Fremdkapital potenziert die Gefahr unerwünscht (bis unerträglich) niedriger Zielstrombeiträge.

2. Die Bewertung von Zielströmen unter Berücksichtigung des Fremdkapitalwagnisses

a) Das Optimalitätskriterium von Modigliani/Miller: der Anteilswert

Modigliani/Miller fragen nach dem Einfluß der Fremdfinanzierung auf den *Wert* des von den Anteilseignern zu erwartenden Zielstroms (der »Erfolge« oder der Nettoausschüttungen). Ihr Modell optimaler Unternehmensfinanzierung ist im Grunde ein Unternehmensbewertungsmodell, was sie selbst hervorheben. Modigliani/Miller behaupten sogar, die Grundlagen der Unternehmensbewertung bei Unsicherheit erst mit ihrem Modell gelegt zu haben (a.a.O., S. 180). Ihr *Optimalitätskriterium* ist also (wie in der neueren angelsächsischen Literatur verbreitet[5]) der Unternehmungs- bzw. Anteilswert.

Dieser Unternehmungs- bzw. Anteilswert hängt nicht nur von dem aus der Unternehmung (dem Anteil) zu erwartenden Zielstrom ab, sondern auch von dem *Diskontierungssatz*, mit dem »der Markt« diesen Zielstrom kapitalisiert. Das ist der Satz, den die Marktbeteiligten für ihre Mittel »alternativ« (in einer anderen Anlage als in der Unternehmung) erzielen könnten: Man zahlt für den zu bewertenden Zielstrom aus der Unternehmung (den Anteil) nicht mehr, als man alternativ für einen gleichartigen Zielstrom zu zahlen hätte. Den Satz, den die in diesem Sinne alternativ angelegten Mittel bringen, nennt man den relevanten Diskontierungssatz oder den Alternativertragssatz (AES).

b) Die Modigliani-Miller-Konstruktion des Alternativertragssatzes

Unterstellen wir, in einer bestimmten allgemeinen Wagnisklasse verzinsen sich Anlagen, die *kein* Fremdkapitalwagnis aufweisen, zu $p = 10\%$. Wir nehmen weiter an, daß unser Beispielunternehmen in diese allgemeine Wagnisklasse fällt. Das heißt: Der Wert der $z(U) = 12$ im Beispiel beträgt $12/0{,}10 = 120$. Diese $z(U) = 12$ werden ja ohne Fremdkapitalwagnis erzielt; wir können die $z(U) = 12$ und diesen Diskontierungssatz (Alternativertragssatz) von 10 % also unmittelbar gegenüberstellen. Beide sind vergleichbar in dem Sinne, daß sie hinsichtlich des Wagnisses (Fremdkapitalwagnis *und* allgemeines Wagnis) die gleiche Dimension aufweisen. Dagegen lassen sich die $z(U) = 7{,}2$, die bei Einsatz von Fremdkapital in Höhe von 60 erzielt werden, nicht dem Satz von 10 % gegenüberstellen. Es gilt also nicht etwa $7{,}2/0{,}10 = 72$ als Wert dieser 7,2. »Zähler« und »Nenner« sind hier nicht vergleichbar hinsichtlich des Fremdkapitalwagnisses (nur das allgemeine Wagnis ist gleich). Das Fremdkapitalwagnis ist im Zähler vorhanden, im Nenner nicht.

Wollen wir den Wert dieses $z(U) = 7{,}2$ bestimmen, so müssen wir einen auch hinsichtlich des *Fremdkapital*wagnisses äquivalenten Alternativertragssatz finden: Wir werden zu diesem Zwecke in der Alternative einen Fremdkapitalbetrag einsetzen, den wir für äquivalent halten hinsichtlich des Fremdkapitalwagnisses. Im übrigen wenden wir die Formel an, wie sie in der (modernen) Theorie verbreitet ist: Wir suchen den Betrag W (= jetzt die Summe der Eigenmittel), den man alternativ mindestens einsetzen müßte, um den durch dieses Fremdkapitalwagnis gekennzeichneten Strom von 7,2 in der Alternative zu erzielen. W ist der Wert dieses Stroms im Sinne seines maximalen Kaufpreises.

Nach dem Vorschlag von Modigliani/Miller wird die »fremdkapitalwagnisäquivalente« Alternative wie folgt konstruiert: Der Eigentümer erwirbt in der Alternative mit dem Betrag W Anlagen ohne Fremdkapitalwagnis, jedoch der gleichen allgemeinen Wagnisklasse wie $z(U)$. Hierdurch erzielt er einen Strom von Wp (denn Anlagen in dieser Wagnisklasse bringen den Satz p). Außerdem nimmt er »privat« Fremdkapital auf in Höhe von $F = 60$; hierfür kauft er weitere Anlagen ohne Fremdkapitalwagnis und erzielt hieraus $(p - i)F$. Insgesamt erzielt er somit in der Alternative einen Zielstrom z in Höhe von $pW + (p - i)F$. Dieser Strom muß voraussetzungsgemäß gleich sein $z(U)$; denn wir suchen ja jenen Betrag W, für den diese Gleichung gilt: Wir suchen den Betrag der Eigenmittel, den man alternativ bei gleichem Wagnis mindestens einsetzen müßte, um diesen Zielstrom der Größe $z(U)$ zu erzielen. Es gilt also die allgemeine Unternehmungswert-Gleichung (= Kapitalisierungsformel):

$$W = \frac{z(U)}{\dfrac{pW + (p-i)F}{W}}$$

oder

$$W = \frac{z(U)}{p + (p-i)F/W}$$

oder
$$Wp + (p-i)F = z(U)$$
$$Wp = z(U) - pF + iF$$

oder, weiter vereinfacht,
$$W = \frac{z(U) + iF}{p} - F \tag{1}$$

Nach dieser Formel (1) wird der Wert eines Unternehmens bestimmt, indem man den Bruttozielstrom (im Sinne von $z(U)$ plus Fremdkapital-Verzinsung) diskontiert und hiervon den Nominalwert des Fremdkapitals subtrahiert.

Aus der gleichen Ausgangsformel für W läßt sich eine Bewertungsformel (2) ableiten, in der der Nettozielstrom, also $z(U)$, einem Alternativertragssatz gegenübergestellt wird. Die Formel lautet

$$W = \frac{z(U)}{p + (p-i)F/W} \tag{2}$$

Der fremdkapitalwagnisäquivalente Alternativertragssatz für den Netto(!)zielstrom lautet also

$$p + (p-i)F/W.$$

Dieser Alternativertragssatz läßt sich wie folgt verstehen: Setzt man in der Alternative einen Betrag der Eigenmittel W ein und außerdem einen Fremdkapitalbetrag F, so erzielt man auf die Eigenmittel W eine Verzinsung in Höhe von $p + (p-i)F/W$. Man erzielt also, durch Fremdkapitaleinsatz, mehr als den Satz p. Man »verdient« am Fremdkapital. Man verdient um so mehr am Fremdkapital, je größer die Differenz zwischen dem Brutto-Ertragssatz des eingesetzten Fremdkapitals ($= p$) und dem Fremdkapitalzinssatz ($= i$) ist. Die Differenz $p - i$ wird verdient an F; der Zielstrombeitrag aus dem Fremdkapitaleinsatz ist also $(p - i) F$. Bezogen auf W bringt dieser Zielstrom eine zusätzliche Rendite auf die Eigenmittel W von $(p - i) F/W$.

In der Literatur (etwa: Robichek/Myers, a.a.O., S. 21) wird das Verhältnis F/W auch Verschuldungsgrad genannt und dieser mit λ gekennzeichnet. Der Satz

$$(p - i) \cdot \lambda$$

wird auch leverage-Ertragssatz ($=$ Ertragssatz aus der Verschuldung) genannt.

Unter dem leverage-Effekt versteht man die »Hebelwirkung« des Fremdkapitals hinsichtlich der Eigenmittelverzinsung. Diese Eigenmittelverzinsung $p + (p - i)\lambda$ liegt bei niedrigem Verschuldungsgrad λ nur wenig über p; sie ist bei stärkerer Verschuldung erheblich größer als p. Doch wirkt ein Ansteigen von i mit größerer Verschuldung hemmend, wie man ebenfalls aus der Formel erkennt.

Die leverage-Formel ist übrigens ganz unabhängig vom Modigliani-Miller-Theorem, viel älter und unbestritten gültig. Üblich ist es, in der Formel statt W die Größe E (= Eigenkapital) zu setzen.

c) Zahlenbeispiel

Wir veranschaulichen im folgenden Beispiel die beiden Formeln (1) und (2), d. h. führen unser Zahlenbeispiel fort:

F	$z(U)$	iF	W	$F/W = \lambda$	$p - i$	$AES = p + (p - i) F/W$
0	12	–	120	0	0,10	0,10
10	11,6	0,4	110	0,0909	0,06	1,1054
20	11,2	0,8	100	0,2	0,06	0,112
30	10,5	1,5	90	0,333	0,05	0,1166
40	9,6	2,4	80	0,5	0,04	0,12
50	8,5	3,5	70	0,714	0,03	0,1214
60	7,2	4,8	60	1	0,02	0,12
70	5,7	6,3	50	1,4	0,01	0,114
80	4	8	40	2	0	0,10
90	2,1	9,9	30	3	–0,01	0,07

3. Das Arbitragetheorem von Modigliani/Miller

a) Der Arbitragebeweis

Modigliani/Miller argumentieren nicht genau in der gleichen Weise, wie das hier geschehen ist. Grundlage ihrer Beweisführung ist das sog. Arbitrageargument. Es besagt nichts anderes als der allgemeine ökonomische Grundsatz, daß zwei gleiche Güter auf einem Markt den *gleichen Preis* haben müssen (denn wenn das nicht der Fall wäre, würde ein »Arbitrageprozeß« eintreten, der zu jenem »Gleichgewicht« führte). Die beiden Güter, die den gleichen Preis haben müssen, sind hier zwei gleichgroße Zielströme mit *gleichem Fremdkapitalwagnis*.

Modigliani/Miller führen folgendes an: Gegeben sei eine Unternehmung, wir nennen sie $U1$, mit einem einer bestimmten allgemeinen Wagnisklasse angehörenden Bruttozielstrom, den wir mit Y bezeichnen; das Fremdkapital beträgt F und der Nettozielstrom entsprechend $Y - iF$. Das »Eigenkapital« von $U1$ im Sinne des Preises der gesamten Anteile an $U1$ betrage $E1$. (Modigliani/Miller gehen davon aus, daß sich Anteilspreise linear addieren.) Nun besitzt jemand Anteile an diesem $U1$ in Höhe von $aE1$. (Er verfügt also über den Bruchteil a des gesamten Eigenkapitals von $U1$.) Damit realisiert er einen Nettozielstrom z von $a(Y - iF)$ aus dieser Beteiligung.

Gegeben sei eine zweite Unternehmung, $U2$. Sie weist den gleichen Bruttovorteilsstrom Y auf, auch die gleiche allgemeine Wagnisklasse. $U2$ hat jedoch kein Fremdkapital (!), so daß der Nettovorteilsstrom aus $U2$ Y beträgt. Das Eigenkapital von $U2$ (= Preis der gesamten Anteile von $U2$) beläuft sich auf $E2$.

Unter welchen Voraussetzungen wird der Investor seine $U1$-Anteile verkaufen und statt dessen $U2$-Anteile erwerben?

Wenn er seine $U1$-Anteile verkauft, verfügt er voraussetzungsgemäß über $aE1$ DM. Diesen Betrag kann er zum Erwerb von $U2$-Anteilen verwenden, aber nicht nur diesen Betrag. Er kann zusätzlich »privat« Fremdkapital aufnehmen und mit diesem Betrag F weitere $U2$-Anteile kaufen: Denn seine alte Beteiligung (an $U1$) ist ja mit einem Fremdkapitalwagnis verbunden, weil $U1$ teilweise fremdfinanziert ist. Würde der Investor also nur den Verkaufserlös $aE1$ verwenden, um $U2$-Anteile zu kaufen, so hätte er nun eine Anlage ohne jedes Fremdkapitalwagnis; er hätte eine Anlage, die mit der vorigen nicht vergleichbar wäre. Vergleichbarkeit ist indessen unbedingt erforderlich; denn der Investor will ja wissen, ob es sich lohnt, $U1$-Anteile zugunsten von $U2$-Anteilen zu verkaufen. Eine mit der $U1$-Beteiligung unmittelbar vergleichbare Anlage stellt er, immer nach Modigliani/Miller, dadurch her, daß er sich nun privat verschuldet und für diesen Betrag weitere $U2$-Anteile kauft. Den privaten Verschuldungsbetrag errechnet er wie folgt: Das Verschuldungswagnis bei der Anlage $U1$ entstand aus der Verschuldung des $U1$, es wurde gemessen an der Relation $\lambda = F/E1$ (F sind die Schulden von $U1$). Das Fremdkapitalwagnis beim Erwerb von $U2$-Anteilen ist anders: Der Investor hat Anteile eines Unternehmens ohne Fremdkapital, und statt dessen kann er nun privat Schulden in der Höhe aufnehmen, daß seine neue Mittelanlage das gleiche λ aufweist; λ ist der Maßstab für das Fremdkapitalwagnis (nach Modigliani/Miller). Des Investors Beteiligung am Eigenkapital von $U1$ beträgt $aE1$, sein »Anteil« an den Schulden von $U1$ entsprechend aF. Er kann deshalb zum Erwerb von $U2$-Anteilen einsetzen Eigenmittel in Höhe von $aE1$ (aus dem Verkaufserlös der $U1$-Anteile) und Fremdmittel in Höhe von aF. Mit diesem Betrag $a(E1 + F)$ ist er an $U2$ beteiligt im Verhältnis $a(E1 + F)/E2$ und erzielt demnach aus $U2$ einen Zielstrom von $\dfrac{a(E1 + F)}{E2} Y$. Allerdings muß der Investor auf sein privates Fremdkapital (aF) Zinsen zahlen, und zwar in Höhe von $i \cdot aF$. Sein Nettovorteilsstrom aus der neuen Beteiligung ist also nur

$$\frac{a(E1 + F)}{E2} Y - i \cdot aF.$$

Sein Nettovorteilsstrom aus der alten Beteiligung (an $U1$) war

$$a(Y - iF).$$

Er wird die Beteiligung an $U1$ zugunsten der an $U2$ abstoßen, wenn sein Zielstrom aus der neuen Anlage größer ist, wenn also gilt

$$a(Y - iF) < a \left\{ \frac{E1 + F}{E2}(Y - iF) \right\}.$$

Das trifft nur zu, wenn

$$E1 + F > E2$$

»Gleichgewicht« herrscht nur bei

$$E1 + F = E2$$

»Gleichgewicht« bedeutet, daß es sich nicht lohnt, die Anteile zu wechseln. Jede Abweichung von diesem Gleichgewicht löst einen »Arbitrageprozeß« aus, der die Gleichung wiederherstellt. $E1 + F = E2$ muß gelten, weil es sich, wenigstens nach Modigliani/Miller, bei den beiden Zielströmen um gleiche Güter handelt.

b) Die aus dem Arbitragebeweis folgenden Modigliani-Miller-Thesen (1) und (2)

α) These 1
Modigliani/Miller leiten aus diesem Arbitragetheorem

$$E1 + F = E2$$

ihre beiden Thesen ab. Es gilt voraussetzungsgemäß

$$E2 = \frac{Y}{p}.$$

Wegen $E1 + F = E2$ gilt also

$$E1 + F = \frac{Y}{p} \text{ oder } E1 = \frac{Y}{p} - F. \tag{1}$$

Diese, erste, Modigliani-Miller-These lautet: Der »Wert des Eigen- und Fremdkapitals« einer Unternehmung (den Modigliani/Miller »Marktwert« der Unternehmung nennen) ist unabhängig von der »Kapitalstruktur«; der Marktwert der Unternehmung wird allein bestimmt durch Kapitalisierung des Bruttoerfolgs (»profit«) Y mit dem Zinssatz p. Der Kapitalisierungssatz p entspricht dem Ertragssatz von ausschließlich eigenfinanzierten Anlagen in der betreffenden allgemeinen Wagnisklasse. Anders ausgedrückt: Der Unternehmungswert (= Wert des Eigenkapitals) wird bestimmt, indem man den Bruttozielstrom mit p kapitalisiert und hiervon das Fremdkapital subtrahiert.

β) These 2

Aus der ersten Modigliani-Miller-These wird die zweite Modigliani-Miller-These gewonnen: Aus (1) ergibt sich die Gleichung

$$Y = (E + F)p.$$

Wir suchen nun die Verzinsung des Eigenkapitals, die wir k nennen wollen; sie ist identisch mit dem Alternativvertragssatz für den Netto-Zielstrom. Sie ergibt sich als Relation des »Nettoerfolgs« (= Netto-z) zum Eigenkapital:

$$k = \frac{Y - iF}{E}.$$

Setzen wir die vorletzte Gleichung in die letzte ein, so ergibt sich nach Vereinfachung

$$k = p + (p - i)F/E. \tag{2}$$

Die zweite, in (2) wiedergegebene, Modigliani-Miller-These besagt also, daß die Eigenkapitalverzinsung bei konstantem i eine lineare Funktion des Verschuldungsgrades F/E darstellt und sich aus der Summe von Eigenkapitalverzinsung in der betreffenden allgemeinen Wagnisklasse (= p) und Ertragssatz auf das Fremdkapital (= $[p - i]F/E$) ergibt.

c) Vergleich der Thesen (1) und (2) mit den oben (B II 2b) abgeleiteten Formeln (1) und (2)

(a) Die Modigliani-Miller-These (1) entspricht der Formel (1), und
(b) die Modigliani-Miller-These (2) entspricht der Formel (2). Man kann also beide Thesen bzw. Formeln herleiten
(a) aus allgemeinen Grundsätzen der Unternehmensbewertung, vgl. die Ableitung der Formeln,
(b) aus den Arbitrageüberlegungen von Modigliani/Miller, vgl. die Ableitung der Thesen.

Beiden Ableitungen gemeinsam ist jedoch die Modigliani-Miller-Konstruktion der Alternative: Das ist der Gedanke, daß in der Alternative eine Mittelanlage nur in voll eigenfinanzierten (= fremdkapitalwagnisfreien) Papieren erfolgt, jedoch der Erwerb dieser Papiere teilweise durch private Verschuldung des Investors realisiert wird. Die Höhe dieses privat aufgenommenen Fremdkapitals ist fixiert durch λ: Diese Relation der Fremdmittel zu den eingesetzten Eigenmitteln muß in der Alternative gleich sein der Relation (= dem λ), die in der zu bewertenden Unternehmung gegeben ist. Denn gleiches λ bedeutet, nach Modigliani/Miller, gleiches Fremdkapitalwagnis, also (bei gleicher allgemeiner Wagnisklasse) Vergleichbarkeit der beiden Zielströme z.

d) Die Modigliani-Miller-These (3)

Modigliani/Miller haben noch eine dritte These aufgestellt: Investitionsentscheidungen sind zu orientieren am Vergleich des »internen Zinssatzes« der Investition mit dem erwähnten Satz p. Dies gelte unabhängig von der »Finanzierung« der Investition. Marginale und durchschnittliche Kapitalkosten seien immer gleich, und zwar gleich p.

Beweis: Fall (a), *Eigenfinanzierung*; die Investitionssumme I_0 bringt den internen Zinssatz r, also einen Zielstrom von $I_0 r$. Der Wert dieses $I_0 r$ beträgt, da nur eigenfinanziert, $I_0 r/p$. Die Kosten betragen $I_0 p$, d.h., die Investitionssumme I_0 muß einer anderweitigen Verwendung, wo sie p brachte, entzogen werden; hierdurch vermindert sich der erzielbare Zielstrom um $I_0 p$. Der Wert dieses »Kostenstroms« ist $I_0 p/p = I_0$. Die gesamte Wertänderung bei Eigenfinanzierung beträgt also $I_0 \dfrac{r}{p} - I_0$. Eine positive Wertänderung der gesamten Mittelanlagen setzt daher voraus $r > p$.

Fall (b): *Fremdfinanzierung*; wiederum bringt die Investitionssumme I_0 den Strom $I_0 r$, und zwar als Bruttostrom, d.h. vor Abzug der Fremdkapitalzinsen. Der Bruttowert des Unternehmens erhöht sich hierdurch (wegen These 1) um $I_0 r/p$; der Nettowert des Unternehmens (Wert des Eigenkapitals) erhöht sich nur um $I_0 r/p - I_0$. Denn: These (1) lehrt, daß sich der Unternehmenswert, also auch die Änderung des Unternehmenswerts, ergibt aus $Y/p - F$, d.h. aus dem mit p kapitalisierten Bruttoerfolg Y abzüglich F. Die Änderung des Bruttowerts des Unternehmens ergibt sich mit $I_0 r/p$; der Fremdkapitalzuwachs entspricht I_0, d.h. der zu finanzierenden Investitionssumme. Deshalb beträgt die Nettoänderung des Unternehmenswerts durch die Investition

$$I_0 \frac{r}{p} - I_0.$$

Wiederum ist klar, daß eine positive Wertänderung nur bei $r > p$ eintreten kann.

Beispiel zur These (3): In unserem Unternehmen sei gegenwärtig realisiert $F = 0$, also $z(U) = 12$ und $W = 120$. Außerdem wurden, so nehmen wir jetzt zusätzlich an, vom Alleineigentümer Eigenmittel in Höhe von $\varepsilon = 10$ anderweitig angelegt zum Satz von $p = 10\%$.

Nun bietet sich ein Investitionsobjekt an; die Investitionssumme I_0 beträgt 10, der interne Zinssatz $r = 12\%$. Die Zinsen für $F = 10$ betragen $Fi = 0{,}8$ ($i = 8\%$).

(a) Finanzierung von I_0 durch Fremdkapital. Man erzielt dann einen $z(U)$ von $12 + 1{,}2 - 0{,}8 (=$ ursprüngliches $z(U) + I_0 r - Fi) = 12{,}4$. Der Wert des Unternehmens verändert sich hierdurch wie folgt: Dem $z(U) = 12{,}4$ muß man nun gegenüberstellen eine Alternative, in der ebenfalls $F = 10$ und $Fi = 0{,}8$ enthalten sind. Betrachten wir zunächst den alternativen Zielstrom. Er beträgt netto ebenfalls 12,4 (denn gesucht ist doch der Betrag der Eigenmittel, den man alternativ für einen Zielstrom in Höhe von $z(U) = 12{,}4$ aufzuwenden hätte). Brutto beträgt dieser alternative Strom $12{,}4 + 0{,}8 (= Fi) = 13{,}2$. Nun ermitteln wir den alternativ einzusetzenden Eigenmittelbetrag: Um den Strom von (brutto) 13,2 bei $p = 10\%$ zu erzielen, benötigt man einen Betrag von 132. Da man in der Alternative über $F = 10$

verfügt, sind Eigenmittel von nur 122 notwendig. Das ist der gesuchte Betrag, also der Unternehmenswert W(U). Die so zustande gekommene Gleichung für W(U) lautet also

$$W(U) = \frac{12{,}4}{\frac{13{,}2 - 0{,}8}{122}} = 122.$$

Der Wert der gesamten (!) Mittelanlagen des Investors ist jedoch größer, denn der Investor besitzt ja noch anderweitig angelegte Eigenmittel $\varepsilon = 10$. Setzen wir W(G) für den Wert der gesamten Mittelanlagen des Investors, so gilt

$$\begin{aligned} W(G) &= W(U) + W(\varepsilon) \\ &= 122 \ + \ 10 = 132. \end{aligned}$$

Wendet man unmittelbar These (1) an, wie wir das bei unserem Beweis von These (3) getan haben, so ergibt sich

$$\begin{aligned} W(U) &= Y/p - F \\ &= 13{,}2/0{,}10 - 10 = 122. \end{aligned}$$

(b) Finanzierung von I_0 durch die anderweitig angelegten Eigenmittel = 10. In diesem Falle beträgt $z(U) = 13{,}2$. Das entspricht der Summe aus dem bisherigen $z(U) = 12$ plus $I_0 r$, d.h. dem z aus dem neuen Investitionsobjekt. Die Alternativrechnung ist einfach, weil kein Fremdkapital eingesetzt wird: Alternativ hätte man für diesen $z = 13{,}2$ Eigenmittel aufzuwenden von 132 (wegen $p = 10\%$). Die Gleichung für W(U) lautet:

$$W(U) = \frac{13{,}2}{\frac{13{,}2}{132}} = 132$$

Der Wert der gesamten Mittelanlagen W(G) des Investors ist hier gleich W(U), weil der Investor keine anderweitig angelegten Mittel mehr besitzt. (Er hat die zuvor anderweitig angelegten $\varepsilon = 10$ ja ins Unternehmen eingebracht, d.h. zur Finanzierung von I_0 benutzt.) Es gilt also

$$W(G) = 132.$$

Man stellt fest: Der Wert der gesamten Mittelanlage W(G) bleibt unberührt davon, ob I_0 eigen- oder fremdfinanziert wird. Ob man zur Finanzierung Eigenkapital oder Fremdkapital heranzieht, ist also gleichgültig. W(G) ist immer 132. Es gibt keinen optimalen Verschuldungsgrad.

(c) Wir nehmen nun an, der interne Zinssatz des Investitionsobjektes betrage nur 9% (statt 12%). Alles andere bleibt unverändert.

Die bisher zu 10% anderweitig angelegten Eigenmittel $\varepsilon = 10$ wird man keinesfalls heranziehen für eine Investition, die nur 9% bringt. Wird man mit Fremdkapital finanzieren? Fremdkapital »kostet« ja nur 8%. Nach der Modigliani-Miller-These (3) darf das nicht geschehen, weil die Kapitalkosten $p = 10\%$ ausmachen.

Der $z(U)$ würde steigen von 12 auf 12,1 (12 + 0,9 − 0,8). Um diesen Zielstrom von 12,1 alternativ zu erzielen, hätte man Eigenmittel von 119 aufzuwenden. Denn man verwendet in der Alternative $F = 10$, daraus ergeben sich Zinszahlungen von $Fi = 0{,}8$. Der Brutto-z ist also 12,1 + 0,8 = 12,9. Um diesen Brutto-z von 12,9 zu erzielen, braucht man bei $p = 10\%$ einen Betrag von 129. Davon sind 10 Fremdkapital, bleibt $W(U) = 119$.

$$W(U) = \frac{12{,}1}{\dfrac{12{,}9 - 0{,}8}{119}} = 119$$

und

$$W(G) = W(U) + W(\varepsilon) \\ = 119 + 10 = 129.$$

Der Investor würde also in diesem Falle einen Wertverlust seiner gesamten Mittelanlagen von 1 (129 statt bisher 130) erleiden.

(d) Besonders interessant ist folgender Fall: $r = 12\%$, $i = 11\%$, alles andere bleibt unverändert. Bei Fremdfinanzierung ergibt sich

$$W(U) = \frac{12{,}1}{\dfrac{13{,}2 - 1{,}1}{122}} = 122$$
$$W(G) = 122 + 10 = 132.$$

Bei Eigenfinanzierung ergibt sich

$$W(G) = \frac{13{,}2}{\dfrac{13{,}2}{132}} = 132.$$

Nun lassen wir i steigen auf 14%. Dann ergibt sich bei Fremdfinanzierung immer noch $W(U) = 122$:

$$W(U) = \frac{11{,}8}{\dfrac{13{,}2 - 1{,}4}{122}} = 122$$
$$W(G) = 122 + 10 = 132.$$

Bei Eigenfinanzierung bleibt es ebenfalls bei $W(G) = 132$.

Man sieht, daß $W(G)$ unabhängig ist von i. Bei allen i-Sätzen erzielen wir gleiche $W(G)$. Das darf nach These (1) nicht überraschen (und These [3] ist von These [1] abgeleitet): Das Fremdkapital wird mit seinem Nominalbetrag F vom kapitalisierten Bruttoerfolgt Y abgesetzt; Änderungen des Fremdkapitalzinssatzes i wirken sich infolgedessen weder auf F noch auf Y aus!

4. Zusammenfassung der wichtigsten Ergebnisse

Modigliani/Miller behaupten, daß es keinen optimalen Verschuldungsgrad gibt.

Die These läßt sich in doppelter Weise veranschaulichen: Man kann einmal zeigen, daß der »Wert der gesamten Mittelanlagen eines Investors« durch eine Variation des Verschuldungsgrads unberührt bleibt (unten a), und man kann zum andern darlegen, daß der »Effektivwert des gesamten Zielstroms des Investors« durch Verschuldungsgradänderungen nicht beeinflußt wird (unten b).

a) Der Wert der gesamten Mittelanlagen eines Investors bei E/F-Substitution

Wird im Unternehmen Eigenkapital durch Fremdkapital substituiert, so vermindert sich der Wert des Unternehmens (= Wert des Eigenkapitals des Unternehmens), den wir $W(U)$ nennen, genau um F. Das folgt aus Formel = These (1), wonach $W(U) = Y/p - F$. Der aus den »Vermögensgegenständen« fließende Bruttoerfolg Y bleibt von der E/F-Substitution unberührt; unberührt bleibt auch sein Wert Y/p, also der Wert des gesamten Eigen- und Fremdkapitals im Unternehmen. Nur der Anteil des Eigenkapitals an diesem konstant bleibenden »Marktwert« Y/p der Unternehmung vermindert sich, und der Anteil des Fremdkapitals vermehrt sich durch diese Substitution.

Der Wert der gesamten Mittelanlage des Investors, wir nennen ihn $W(G)$, bleibt jedoch durch diese Minderung von $W(U) = E(U)$ unberührt. Denn der Einsatz von Fremdkapital im Unternehmen setzt Eigenmittel in Höhe von $E = F$ frei. Dieses freigesetzte E kann zu p wieder angelegt werden und hat folglich einen Wert von $Ep/p = E$. Wir nennen das anderweitig angelegte Eigenkapital ε.

Der Wert der gesamten Mittelanlage ist somit

$$W(U) + \varepsilon$$

und wegen $F = \varepsilon$ ist

$$W(G) = W(U) + F = Y/p. \qquad (1)$$

b) Der Wert des gesamten Zielstroms eines Investors bei E/F-Substitution

Die Freisetzung von Eigenkapital bedeutet, daß der Investor einen Teil seines Zielstroms z aus jenem ε bezieht, und zwar in Höhe von εp.

Aus dem Unternehmen bezieht der Investor $z(U) = Y - iF$. Doch kann jenes $z(U)$ nicht unmittelbar mit εp verglichen werden; denn $z(U)$ ist im Unterschied zu $z(\varepsilon)$ nicht fremdkapitalwagnisfrei. Man hat also den »Effektivwert« (= »fremdkapitalwagnisbereinigten« Wert) jenes $z(U)$ zu bestimmen. Das ist einfach: Wir wissen, daß $W(U)$ der fremdkapitalwagnisbereinigte Wert jenes $z(U)$ ist. Wir brauchen also lediglich das jeweilige $W(U)$ mit p zu multiplizieren, um das effektive $z(U)$ zu erhalten. Der Gesamtzielstrom $z(G)$ ergibt sich demnach aus

$$p W(U) + p\varepsilon = p\{W(U) + \varepsilon\}$$

und wegen $\varepsilon = F$ ist

$$z(G) = p\{W(U) + F\}$$

und wegen (1) ist

$$z(G) = Y \qquad (2)$$

In unserem Zahlenbeispiel ergibt sich

Y	p	F	W(U)	ε	W(G)	iF	z(U)	pW(U) = eff. z(U)	z(ε)	z(G)
12	10%	0	120	0	120	0	12	12	0	12
12	10%	10	110	10	120	0,4	11,6	11	1	12
12	10%	20	100	20	120	0,8	11,2	10	2	12
12	10%	30	90	30	120	1,5	10,5	9	3	12
12	10%	40	80	40	120	2,4	9,6	8	4	12
12	10%	50	70	50	120	3,5	8,5	7	5	12
12	10%	60	60	60	120	4,8	7,2	6	6	12
12	10%	70	50	70	120	6,3	5,7	5	7	12
12	10%	80	40	80	120	8	4	4	8	12
12	10%	90	30	90	120	9,9	2,1	3	9	12

Modigliani/Miller heben übrigens hervor, daß es Ausnahmen geben könne von dem Grundsatz, daß kein optimaler Verschuldungsgrad existiere: So könne es etwa vorteilhaft sein, zeitweilig Fremdkapital statt Eigenkapital einzusetzen, wenn in einer Periode ein besonders niedriger Börsenkurs ungünstige Verkaufspreise für die zusätzlichen Anteile mit sich brächte; man würde die Grundkapitalerhöhung verschieben und statt dessen zeitweilig mit Fremdkapital arbeiten (a.a.O., S. 176 f.).

C KRITIK DER MODIGLIANI-MILLER-THESEN

I. Die besondere Meßmethode von Modigliani/Miller

Die Modigliani-Miller-Thesen wirken weniger überraschend, wenn man folgendes bedenkt: Die traditionelle Lehre sagt, daß man bis zu einem gewissen Fremdkapitalumfang an der Substitution von Eigenkapital durch Fremdkapital verdienen kann: Die Verzinsung von Eigenkapital, die ohne Fremdkapitaleinsatz nur p beträgt, steigt nach der (unbestrittenen) leverage-Formel durch die Eigenkapitalsubstitution auf $p + (p - i)\lambda$. Dementsprechend steigt, bis zu einem gewissen Fremdkapitalumfang, der erzielbare Gesamtzielstrom, und zwar auch dessen Effektivwert (= Wert unter Berücksichtigung des Fremdkapitalwagnisses). Das Fremdkapitalwagnis wächst zunächst so schwach, daß es die steigende Eigenkapitalverzinsung nicht kompensiert.

Modigliani/Miller messen nun aber diesen Effektivwert des Zielstroms in einer bestimmten Weise: Sie kapitalisieren, ermitteln also den Kapitalwert, d. h. den Unternehmenswert oder Anteilswert. Sie stellen m. a. W. dem Zielstrom einen Alternativvertragssatz gegenüber, also einen alternativen Zielstrom und dessen Preis. Nun hat man aber auch in dieser alternativen Mittelanlage die Möglichkeit, an der Substitution von Eigenkapital durch Fremdkapital zu verdienen, und nutzt diese Möglichkeit. Auch in der Alternative erzielt man also nach der leverage-Formel die Eigenkapitalverzinsung

$$p + (p - i)\lambda$$

und mit ihr den entsprechenden Zielstrom.

Nun ist aber klar, was die Gegenüberstellung von zu bewertendem Zielstrom und Alternativvertragssatz bedeutet, was ein solcher »Kapitalwert« des Zielstroms ökonomisch (nicht formal-finanzmathematisch) besagt: Ermittlung des Wertes dieses Zielstroms in bezug auf die Alternative, genauer: Ermittlung des Mehr-(oder Minder-)Werts dieses Stroms gegenüber der Alternative. Wenn man nun aber in der Alternative die gleichen Möglichkeiten der Eigenkapitalsubstitution nutzt, also das gleiche λ realisiert, kann kein Mehrwert des Zielstroms gegenüber dem alternativen Zielstrom entstehen.

Die benutzte Meßmethode vermag also zu gar keinem anderen als dem Modigliani-Miller-Ergebnis zu führen: Die Substitution von Eigenkapital durch Fremdkapital kann den (auf die Alternative bezogenen) Wert des erzielbaren Zielstroms nicht vergrößern. Jedes λ ist so gut wie jedes andere; denn jedes ergibt den Kapitalwert 0 (= kein λ vermag den Anteilswert zu vergrößern). Doch folgt daraus noch nicht sicher, daß die Meßmethode falsch ist. Der »Markt« könnte sie ja, wie Modigliani/Miller behaupten, erzwingen.

Beispiel für die Modigliani-Miller-Meßmethode: Bei $F = 0$ gilt $z = 12$ und $AES = 0,10$, also $W = 120$. Nun wird geprüft, ob sich $F = 10$ lohnt. Die z-Änderung ist positiv: $F = 10$ erfordert zwar Zinszahlungen von 0,4 ($i = 4\%$), aber die substituierten Eigenmittel von 10 können zu 10% angelegt werden und bringen somit 1; per Saldo beträgt die z-Mehrung 0,6. Die traditionelle Lehre würde nun fragen, wie hoch das zusätzliche (in diesem Fall neu entstandene) Fremdkapitalwagnis ist im Vergleich zu dieser z-Mehrung von 0,6; von dieser Gegenüberstellung macht sie abhängig, ob sich ein Übergang auf $F = 10$ lohnt. Modigliani/Miller gehen anders vor: Sie stellen den z bei $F = 10$, das ist $z = 12,6$, der Alternative gegenüber. Auch in der Alternative läßt sich aber $z = 12,6$ erzielen, wenn man dort die gleiche Substitution von Eigenkapital durch Fremdkapital vornimmt. Auch in der Alternative setzt man also $F = 10$ ein; daneben setzt man dort ein an Eigenmitteln (!) einmal 110 (woraus netto 11,6 fließen) und zum anderen 10 (woraus ein Strom von 1 fließt). Die Bewertungsgleichung lautet also

$$W = \frac{12,6}{\frac{11,6+1}{110\ +10}} = \frac{12,6}{0,105} = 120.$$

Entsprechend ergibt sich für $F = 20$ die Bewertungsgleichung

$$W = \frac{13,2}{\frac{11,2+\ 2}{100\ +20}} = \frac{13,2}{0,11} = 120.$$

Der Kapitalwert, also der Unternehmenswert, bleibt immer gleich: Man kann durch die Substitution keine Veränderung des Kapitalwerts erzielen; die Substitutionsmaßnahme hat den Kapitalwert 0, d. h., sie verändert den Kapitalwert (Unternehmenswert) nicht.

Man verdient bei $F = 10$ also $12,6/120 = 10,5\% = 0,10 + (0,10 - 0,04) 10/120$; doch eben diesen erhöhten Satz von 10,5 % (gegenüber 10 % = p bei $F = 0$) erzielt man auch in der Alternative. Und bei $F = 20$ erzielt man 11 % und in der Alternative dann ebenfalls 11 % etc.

II. Konsequenzen der besonderen Meßmethode von Modigliani/Miller: Die Mängel der Modigliani-Miller-Thesen

1. Modigliani/Miller gehen von falschen Zielgrößen aus

Die von Modigliani/Miller angewandte Methode mißt Zielgrößen an der Alternative und damit am Unternehmenswert oder Anteilswert. Das ist ein verbreitetes [6] Verfahren; es hat jedoch den Nachteil, daß sich Veränderungen der Alternative auch dann im Zielrealisierungsgrad niederschlagen, wenn dieser in Wirklichkeit gar nicht berührt wird: Jemand realisiert einen Konsumausgabenstrom von 10 im Zeitablauf; alternativ, d. h. bei einer Veräußerung der Stromquelle, erzielte er für den Erlös 5 %. Nun verändert sich dieser Alternativvertragssatz: Aus irgendwelchen Gründen steigt er auf 10 %. Alles andere bleibt gleich. Hat sich der Zielrealisierungsgrad des Individuums wirklich verändert? Ist es nur noch »halb so reich«, weil der »Wert« seiner Stromquelle von 200 auf 100 gesunken ist? Es kann doch sein Konsumausgabenniveau von 10 unverändert einhalten. »Ärmer« wäre es selbst dann nicht, wenn es den Strom veräußerte und nunmehr nur noch die Hälfte (= 100) erlöste, weil es die 100 zu 10 % anlegen und nach wie vor seinen Konsumausgabenstrom von 10 realisieren könnte. Nur wenn sein Konsumausgabenstrom irgendwie direkt von den Veräußerungserlösen der Stromquelle alimentiert wird, verringert sich sein Konsumausgabenniveau. Und »ärmer« ist es außerdem in bezug auf eine verpaßte Gelegenheit (soweit sie realisierbar war), nämlich den Strom rechtzeitig (als noch $AES = 5\%$ galt) zu 200 zu veräußern.

Es wäre also genauso übertrieben und deshalb falsch, die Alternative und ihre Veränderungen völlig aus der Messung des Zielrealisierungsgrades auszuschließen.

Auf unser Problem angewendet heißt das: Wenn ein Investor auch (was allerdings noch zu prüfen ist) den Wert = Preis seiner gesamten Mittelanlagen durch die Substitution von Eigenkapital durch Fremdkapital nicht verändern kann, so kann er doch seinen Zielstrom beeinflussen. Er kann diesen Strom hierdurch vergrößern, freilich steigt das Fremdkapitalwagnis mit. Doch nun kann er sein ganz subjektives Optimum suchen, d.h. den Punkt, an dem nach seiner Gewichtung der positive Grenznutzen des zusätzlichen Zielstroms gleich ist dem negativen Grenznutzen des zusätzlichen Fremdkapitalwagnisses. Es berührt ihn nicht, daß der Preis seiner gesamten Mittelanlagen gleich bleibt (in unserem Beispiel immer 120). Er kann, bei gleichbleibendem Preis der gesamten Mittelanlage, dennoch seinen Zielstrom (unter Einschluß des Fremdkapitalwagnisses) optimieren. Dieser hat für den Investor also nicht etwa bei jedem λ den Effektivwert $z = 12$. Das gilt nur dann nicht, wenn sein Zielstrom aus Veräußerungserlösen von Anteilen besteht (also nicht oder nur zu einem unerheblichen Teil aus sogenannten Nettoausschüttungen aus den Anlagen). In diesem Falle bliebe die Höhe seines Konsumausgabenniveaus unberührt (aber auch nur in diesem Falle), wenn gleichbleibende Preise der gesamten Mittelanlage gegeben wären.

2. Modigliani/Miller arbeiten insbesondere hinsichtlich der Informationen des Investors mit einer unrealistischen Marktkonzeption

Ist es aber überhaupt richtig, daß der Wert (= Preis) der gesamten Mittelanlage durch die Substitution von Eigenkapital durch Fremdkapital unverändert bleibt (in unserem Beispiel immer 120)? Ist es also richtig, daß der Preis E aller Anteile einer Unternehmung durch $Y/p - F$ bestimmt wird? Richtig an der Modigliani-Miller-Beweisführung ist sicher folgendes: Der »Wert« eines Zielstroms im Sinne seines Maximalpreises ist durch Gegenüberstellung eines äquivalenten Alternativvertragssatzes zu bestimmen; das schließt ein, daß der Alternativvertragssatz auch hinsichtlich des Fremdkapitalwagnisses äquivalent sein muß. Denn man zahlt keinen höheren Preis für den Zielstrom, als man alternativ für einen Zielstrom dieser Größe (und dieses Wagnisgrades) höchstens zu zahlen hätte. Dieses allgemeine Bewertungstheorem ist wohl zu offenkundig, um angezweifelt werden zu können.

Gestatten die besonderen Verhältnisse am Wertpapiermarkt aber, »theoretische« Sätze wie die von Modigliani/Miller als Beschreibungen des realen Marktes aufzufassen? Kommt es bei Abweichungen wirklich zu den beschriebenen Arbitrageprozessen?

Damit sich am Markt der behauptete Einfluß einer Substitution von Eigenkapital durch Fremdkapital auf den Anteilspreis einstellen kann, bedarf es der hinreichenden

Information der »Marktteilnehmer« über die relevanten Größen: Die Marktteilnehmer müssen Y, p und F wenigstens der Größenordnung nach übereinstimmend beurteilen. Fehlt es an dieser Übereinstimmung, so ergeben sich doch ständig Abweichungen vom »richtigen« E; es kommt nicht zum »Gleichgewicht«. Die Zulässigkeit dieser Annahme ist jedoch mindestens hinsichtlich Y und p, ja sogar F (Rückstellungen!) fraglich. Einige wenige Insider besitzen zwar relativ gute Informationen, haben aber gar kein Interesse daran, diese (geldwerten) Informationen weiterzugeben. Ebensowenig führen diese Insider etwa durch ihre Käufe und Verkäufe das behauptete »Gleichgewicht« der Anteilspreise systematisch herbei; auch hieran haben sie kein Interesse: Sie verdienen an den Kursveränderungen; sie verdienen daran, falsche Informationen über die Determinanten des »Gleichgewichtspreises« auszustreuen. Sie führen also eher systematisch ein Ungleichgewicht herbei.

Solche »Idealmarktbedingungen« setzen Modigliani/Miller auch in manch anderer Hinsicht unzulässigerweise voraus: Sie unterstellen, daß der Investor auf sein privates Fremdkapital den gleichen Fremdkapitalzinssatz i zahlt wie die Unternehmung. Und sie nehmen weiter an, daß dieser Investor fremdkapitalwagnisfreie Papiere der gleichen allgemeinen Wagnisklasse kaufen kann, der das Unternehmen angehört. Man überlege einmal, wie die alternative Mittelanlage nach der Modigliani-Miller-Konstruktion konkret auszusehen hätte, wenn es darum ginge, etwa Siemens-Anteile zu bewerten: Wo ist das Papier, das zur gleichen allgemeinen Wagnisklasse wie Siemens gehört, aber fremdkapitalwagnisfrei ist? (Das sind auch nicht etwa gewisse Festverzinsliche, weil diese doch einem ganz anderen Geldentwertungswagnis unterliegen.)

Der Einwand, daß Modigliani/Miller (auch aus anderen Gründen) keine realen Marktverhältnisse beschreiben, darf nicht unterschätzt werden: Sie wollen ja nicht nur mehr oder minder vage »zentrale Markttendenzen« unter genau formulierten Einschränkungen (Prämissen) aufzeigen; sie wollen eine Anleitung zum Handeln, Entscheidungskriterien [7] liefern.

Wegen der besonderen Informationsverhältnisse auf dem Wertpapiermarkt ist es auch unmöglich, die Modigliani-Miller-Thesen empirisch zu überprüfen. Man bedenke:

(1) Auf dem Modigliani-Miller-Markt unterscheiden sich die Papiere zunächst durch die Klasse des allgemeinen Wagnisses, der sie angehören. Papiere der gleichen Klasse haben ein einheitliches p. Man versuche einmal anhand eines Kurszettels, Papiere mit gleichem p zu finden und außerdem dieses p zu beziffern. Schon die erste Aufgabe ist ziemlich hoffnungslos: Je sorgfältiger man vorgeht, um so mehr wird man feststellen, wie viele Informationen fehlen.

(2) Papiere mit gleichem p unterscheiden sich im Modigliani-Miller-Markt durch Y und außerdem durch F.

(a) Man versuche, bei den Papieren Y zu bestimmen. Man braucht gar nicht in der modernen Theorie der Rechnungslegung bewandert zu sein, um zu wissen, wie schwierig das ist. Diese Schwierigkeiten resultieren weniger aus der Ungewißheit der Zukunft im allgemeinen; sie ist bei allen Papieren gegeben. Wichtiger ist, daß man die »Gegenwart« der Unternehmung nicht kennt (die bei den einzelnen Papieren recht unterschiedlich sein kann), daß also halbwegs verläßliche Extrapolationsgrundlagen fehlen.

(b) Nicht einmal das gegenwärtige Fremdkapital kennt man zuverlässig: Die Bilanzen geben es unzutreffend (Rückstellungen) und nur mit erheblicher Verspätung kund.

(3) Man bedenke ferner: Es kommt gar nicht darauf an, welche p, Y und F man selbst als richtig ansieht. Entscheidend ist die Ansicht derjenigen, die durch ihre Käufe und Verkäufe $E = Y/p - F$ bewirken sollen. Was man herausfinden muß bei der empirischen Überprüfung, ist also die Ansicht dieser Leute über Y, p und F, nicht die eigenen Ansichten hierüber und nicht irgendwelche »objektiven« Y-, p- oder F- Größen. Von diesen Marktbeteiligten weiß man, daß sie ein erhebliches Informationsgefälle kennzeichnet; außerdem weiß man, daß die Insider grundsätzlich ein Interesse daran haben, falsche Informationen auszustreuen. Man weiß nicht, in welchem Umfange das wirklich geschieht. Die Outsider haben von Y, p und sogar F nur unerträglich vage Vorstellungen. Die rechte Seite der Modigliani-Miller-Gleichung
$$E = Y/p - F$$
hat für sie die Schärfe von nächtlichen Nebelschwaden. Auf dieser Basis läßt sich die linke Seite nicht verifizieren.

3. Die spezifischen Nachteile persönlicher und unbeschränkter Haftung werden übersehen

Ferner ist zu bezweifeln, ob durch den Modigliani-Miller-Kunstgriff ein »äquivalentes« Fremdkapitalwagnis in Zähler und Nenner (also beim zu erwartenden Zielstrom und beim Alternativvertragssatz) überhaupt hergestellt wird. In der Literatur [8] wurde wiederholt darauf hingewiesen, daß »private« Verschuldung (insbesondere wegen der unbeschränkten Haftung) wagnisreicher ist als die Beteiligung an einem verschuldeten Unternehmen (dessen Anteilseigner nicht für die Unternehmensschulden haften).

4. Es wird ohne Beweis unterstellt, daß fremdkapitalwagnis-äquivalente Anlagen gleiche λ haben müssen

Äquivalenz des Fremdkapitalwagnisses in Zähler (= zu bewertender Zielstrom) und Nenner (= Alternative) ist gewiß kein sinnloses Bewertungspostulat. (Entscheidend ist freilich nur, daß Zähler und Nenner insgesamt äquivalent sind: Ein größeres Fremdkapitalwagnis im Zähler kann etwa durch ein größeres allgemeines Wagnis im Nenner ausgeglichen werden.) Fraglich ist aber doch, ob Äquivalenz des Fremdkapitalwagnisses im Zähler und Nenner nur dann gegeben ist, wenn Zähler und Nenner gleiches λ aufweisen. Davon gehen Modigliani/Miller aus. Sie beweisen diesen Satz nicht; sie unterstellen ihn wohl als selbstverständlich.

Nun ist es aber schon zweifelhaft, ob gleiches λ immer auch gleiches Fremdkapitalwagnis bedeutet (private Verschuldung kann, wie schon erwähnt, trotz gleichen λ als höheres Fremdkapitalwagnis empfunden werden). Doch läßt sich der Satz gewiß nicht ohne weiteres umkehren: Gleiches Fremdkapitalwagnis bedeutet nicht gleiches λ, unterschiedliche λ schließen also gleiches Fremdkapitalwagnis nicht aus, sofern nicht sehr starke Unterschiede von λ gegeben sind. Gerade das ist es, was die traditionelle Theorie behauptet: Das Fremdkapitalwagnis ist bei vielen Unternehmen auch dann konstant, wenn diese Unternehmen ihr λ in gewissen Bereichen variieren. Die Investoren empfinden in diesen λ-Bereichen keine nennenswerte Variation des Fremdkapitalwagnisses, mag es sich nun um private Verschuldung oder um Unternehmensverschuldung handeln. Es fehlt also die Voraussetzung des Arbitrageprozesses: Zu diesem Prozeß kommt es doch nur, wenn die Investoren meinen, alternativ bei gleichem Fremdkapitalwagnis einen höheren Zielstrom erzielen zu können.

Man unterstelle, ein Investor besitze eine Aktie einer wohlfundierten Unternehmung der niedrigsten allgemeinen Wagnisklasse. Für diese Aktie gelte $Y = 10$; $p = 10\%$; $F = 0$: Anteilspreis $E = 100$. Der Investor ist der Meinung, daß ein λ bis etwa 0,25 kein nennenswertes Fremdkapitalwagnis mit sich bringt; ein größeres λ würde sich für ihn nicht lohnen, weil dieses λ (zusammen mit höheren Fremdkapitalzinsen) keinen effektiven Zielstromzuwachs mehr brächte. Der Investor hat sich infolgedessen privat verschuldet, das heißt mit Eigenmitteln von 80 und Fremdkapital von 20 ($\lambda = 0,25$) die erwähnte Aktie zu $E = 100$ erworben. Bei einem Fremdkapitalzinssatz von 5 % realisiert er einen Zielstrom von $10 - 1 = 9$. Nimmt man nun an, daß die Unternehmung jetzt ebenfalls $F = 20$ aufnimmt zu $i = 5\%$, so erzielt die Unternehmung bei $r = 12\%$ ein $Y = 12,4$ und ein Netto-z von $12,4 - 1 = 11,4$. Der Investor wird keinen Anlaß sehen, diese Aktie anders als mit $11,4/0,10 = 114$ zu bewerten (nicht, wie Modigliani/Miller, zu $124 - 20 = 104$). Der Investor kann alternativ in dieser allgemeinen Wagnisklasse und bei diesem Fremdkapitalwagnis auch nur Papiere erwerben, die 10 % bringen. Er ist also nicht in der Lage, in der Alternative bei gleichem Fremdkapitalwagnis einen höheren Zielstrom zu erzielen: Es fehlt der Arbitrageanlaß.

Allerdings wird der Investor zusätzliches Fremdkapital aufnehmen, um seinen λ wieder auf den Ausgangswert zu erhöhen, und auf diese Weise seinen Zielstrom vergrößern. Doch aus einem Verkauf des Papiers erzielte er keine Vorteile: Er erlöste 114 und kaufte ein anderes Papier, das ihm auch nur $10\% = 11,4$ ausschüttete.

Die (unausgesprochene) Kernthese von Modigliani/Miller lautet deshalb: Gleiches Fremdkapitalwagnis ist nur bei gleichem λ gegeben. Gerade diese Kernthese hätte von ihnen bewiesen werden müssen, weil es der Punkt ist, in dem sie von der traditionellen Lehre abweichen. Ihr Arbitragebeweis gilt aber nur, wenn die Kernthese gilt, also der Arbitrageanlaß gegeben ist. Das Kernproblem eines Modells optimaler Verschuldung ist die Frage, wie die Investoren das zusätzliche Fremdkapitalwagnis unterschiedlicher λ gewichten; dieses Kernproblem haben Modigliani/Miller nicht gelöst.

5. Modigliani/Miller schalten das Wagnis der Zahlungsunfähigkeit aus

Besonders schwer einzusehen sind die Konsequenzen der Modigliani-Miller-Thesen in folgender Hinsicht: Wir haben eingangs gezeigt, daß sich bei sicheren Erwartungen (Abwesenheit eines Fremdkapitalwagnisses trotz positiven Fremdkapitals) der optimale Verschuldungsgrad grob als jener Punkt bestimmen läßt, an dem der marginale Fremdkapitalzinssatz gleich ist dem marginalen Ertragssatz der substituierten Eigenmittel (und übrigens gleich ist dem marginalen Ertragssatz der Investitionen im Unternehmen). Bei unsicheren Erwartungen, also bei Fremdkapitalwagnis, muß man dem marginalen Fremdkapitalzinssatz eine Wagnisprämie zuschlagen: Fremdkapital »kostet« hier mehr, das heißt bringt mehr Nachteile als nur die Zinszahlungen. Der optimale Verschuldungsgrad wird also bei Unsicherheit (Vorhandensein eines Fremdkapitalwagnisses) schon bei einem niedrigeren λ erreicht.

Die Modigliani-Miller-Thesen kennen nun keinen optimalen λ; alle λ sind gleich »optimal«. Also müssen nach Modigliani/Miller optimal auch jene sein, die schon bei sicheren Erwartungen (ohne Zuschlag einer Wagnisprämie) deshalb nicht mehr optimal sind, weil der marginale Fremdkapitalzinssatz höher ist als der Ertragssatz der substituierten Eigenmittel.

Man versteht diesen Einwand besser, wenn man (ein letztes Mal) einen Blick auf unser Beispiel wirft. In den einzelnen Zeilen findet man die jeweiligen F, Fi, die »nominalen« (= ohne Berücksichtigung des Fremdkapitalwagnisses bestimmten) $z(U)$, die nach Modigliani/Miller geltenden W und die »effektiven« (= aus den eben ermittelten W abgeleiteten, also unter Berücksichtigung des Fremdkapitalwagnisses bestimmten) $z(U)$. Es ergibt sich

F	Fi	$z(U)$-nominal	W	$z(U)$-effektiv
0	0	12	120	12
10	0,4	11,6	110	11
20	0,8	11,2	100	10
30	1,5	10,5	90	9
40	2,4	9,6	80	8
50	3,5	8,5	70	7
60	4,8	7,2	60	6
70	6,3	5,7	50	5
80	8	4	40	4
90	9,9	2,1	30	3

Man erkennt das Paradox: Bei $F = 80$ ist der nominale gleich dem effektiven $z(U)$, bei $F = 90$ ist sogar der nominale $z(U)$ kleiner als der effektive. Das ist sicher ein unsinniges Ergebnis. Man kann diesen Unsinn auch anders vorführen: Bei $F = 90$

ist W angeblich 30; diese 30 werden begründet mit dem Argument, daß man alternativ bei diesem Fremdkapitalwagnis ebenfalls 30 an Eigenmitteln einzusetzen habe:

$$\frac{2{,}1}{\frac{12-9{,}9}{30}} = 30.$$

Die Gleichung besagt: Um den $z(U) = 2{,}1$ bei diesem λ zu erhalten, muß man alternativ 120 einsetzen (davon 30 Eigenmittel, 90 Fremdmittel); man erzielt hieraus bei $p = 10\%$ 12, davon gehen ab 9,9 für Zinszahlungen, bleiben $z = 2{,}1$.

Warum ist $W = 30$ unsinnig? Wenn man alternativ Eigenmittel von 30 anlegte und auf die Aufnahme von Fremdkapital ganz verzichtete, könnte man 30mal 0,10 = 3 erzielen, also bei niedrigerem Fremdkapitalwagnis (einem Fremdkapitalwagnis von 0) einen höheren Zielstrom z!

Die Rechnung $W = 30$ verstößt gegen den elementaren Grundsatz, daß nur die beste Alternative (= der beste Alternativvertragssatz) zum Vergleich herangezogen werden darf. Die Alternative $(12 - 9{,}9)/30$, also der Alternativvertragssatz von 0,07, ist aber nicht optimal. Auf den ersten Blick besser ist die erwähnte Alternative ohne Fremdkapitalwagnis $(3/30 = 0{,}10)$, also der Alternativvertragssatz von 10%, ohne daß dieser schon die beste Alternative darstellen müßte.

Warum würde die Alternative $(12 - 9{,}9)/30 = 0{,}07$ nicht realisiert, warum ist sie eindeutig nicht die beste Alternative? Bei dieser hohen Verschuldung sind die marginalen Fremdkapitalzinsen höher als die Erträge aus der anderweitigen Verwendung der substituierten Eigenmittel. Eine so hohe Verschuldung würde man selbst bei Abwesenheit eines Fremdkapitalwagnisses nicht eingehen: Man verdient nichts mehr am Fremdkapital, man legt im Gegenteil zu. Die Fremdkapitalzinssätze sind schon ohne Hinzufügung einer Wagnisprämie höher als die Ertragssätze des substituierten Eigenkapitals.

Es reicht also nicht, nur einen »äquivalenten«, hier »fremdkapitalwagnisäquivalenten« Alternativvertragssatz zu bestimmen. Es muß sichergestellt werden, daß dieser Alternativvertragssatz auch der beste unter allen möglichen Alternativvertragssätzen ist. Ob er der beste Alternativvertragssatz ist, hängt in diesem Zusammenhang davon ab, ob er den optimalen Verschuldungsgrad repräsentiert.

Den optimalen Verschuldungsgrad realisiert eine alternative Mittelanlage, wenn der positive Grenznutzen aus dem zusätzlichen Fremdkapital gerade gleich ist ihrem negativen Grenznutzen, wenn sich also der zusätzliche »Gewinn« am Fremdkapital und das zusätzliche Fremdkapitalwagnis gerade die Waage halten.

Was in dieser Hinsicht für die Alternative gilt, gilt selbstverständlich auch für den zu bewertenden Zielstrom selbst. Im Beispiel ist nicht nur die Alternative mit dem Alternativvertragssatz von 0,07 nicht die beste. Auch der zu bewertende Zielstrom von (nominal) $z = 2{,}1$ bei $F = 90$ ist nicht optimal, nicht der beste erreichbare Zielstrom. Für ihn kann nicht gelten, daß hier der zusätzliche »Gewinn« am Fremdkapital gleich ist dem zusätzlichen Fremdkapitalwagnis. Denn der zusätzliche »Gewinn« am Fremdkapital ist in diesem Bereich ja längst negativ, d. h. ein Verlust. Zusätzliches

Fremdkapital kostet bei diesem λ viel mehr, als die hierdurch substituierten Eigenmittel bringen (m ist 19 % beim Übergang auf $F = 90$ gegenüber 10 % Eigenmittelertragssatz). Nur wenn das Fremdkapitalwagnis als positiver Nutzen empfunden würde (der den Verlust aus dem Fremdkapitaleinsatz kompensierte), könnte dieses λ optimal sein.

Im übrigen müßte man, wenn man in der Alternative statt $AES = 0{,}07$ nun den besten Alternativvertragssatz ansetzte (also einen Alternativvertragssatz mit einem anderen Fremdkapitalwagnis), schon deshalb auch den zu bewertenden Zielstrom ändern: Man könnte auch hier nicht mehr mit $z = 2{,}1$ bei $F = 90$ rechnen, weil man dann zwar nicht mehr gegen den Grundsatz verstößt, die beste Alternative zu wählen, wohl aber gegen den, eine äquivalente (hier »fremdkapitalwagnisäquivalente«) Alternative zu benutzen.

Wenn Modigliani/Miller argumentieren, daß zwei gleiche Güter auf dem gleichen Markt gleiche Preise haben müssen und daß die beiden Zielströme von 2,1 (= der zu bewertende und der alternative) doch gleich seien, so übersehen sie folgendes: Die Preise beider Zielströme müssen nicht nur zueinander im Gleichgewicht stehen, sondern auch zu den Preisen anderer Zielströme. Daran fehlt es hier: Für die 2,1 würde man nicht 30 zahlen, weil ein Zielstrom von 2,1 ohne jedes Fremdkapitalwagnis doch nur 21 kostet (bei $p = 10\,\%$).

Allgemein gilt: Die Aussage, daß der positive Grenznutzen aus der zusätzlichen Verschuldung gleich sein muß dem negativen Grenznutzen aus dem zusätzlichen Wagnis, ist viel zu allgemein, um falsch sein zu können. Sie wird auch von Modigliani/Miller gar nicht bestritten. Woran sich Modigliani/Miller zu Recht stoßen, ist die (insbesondere operationale) Leere dieser Aussage. Auch bei Modigliani/Miller ist die Aussage selbst ja erfüllt (was geradezu als Beweis für ihre Leere gelten kann): Der »Gewinn« aus dem zusätzlichen Fremdkapital ist (im Vergleich zu dem aus der Alternative) 0, das zusätzliche Wagnis ist (im Vergleich zu dem aus der Alternative) ebenfalls 0; positiver und negativer Grenznutzen sind also gleich. Positiver und negativer Grenznutzen sind wegen der eigenwilligen Meßmethode auf der ganzen möglichen Skala der Verschuldungsgrade 0, deshalb sind ja bei Modigliani/Miller auch alle Verschuldungsgrade optimal.

Man könnte anführen, daß sich mit hohem Verschuldungsgrad die Situation der Anteilseigner insofern verbessere, als ein ständig steigender Teil des gesamten Wagnisses auf die Gläubiger überwälzt würde. Dem steht entgegen, daß bei hohen Verschuldungsgraden die Möglichkeit der Zahlungsunfähigkeit sehr stark wächst. Mit dem Wagnis der Gläubiger (das in steigenden Fremdkapitalzinsen seinen Ausdruck finden kann) wächst also das Wagnis der Anteilseigner. Es ist also nicht etwa so, daß das gesamte Wagnis unabhängig vom Verschuldungsgrad wäre und infolgedessen mit wachsendem Verschuldungsgrad die Gläubiger einen ständig steigenden, die Anteilseigner einen ständig sinkenden Anteil am gesamten Wagnis trügen. Dies gilt allenfalls dann, wenn man das Wagnis der Zahlungsunfähigkeit ausschließt. Kapitalstrukturprobleme unter Ausschluß des Wagnisses der Zahlungsunfähigkeit (generell) zu diskutieren ist indessen, wenigstens für mich, in Anbetracht der vielen dringlichen offenen Probleme des Faches eine ganz unerträgliche Spielerei. Modigliani/Miller tun diese zentrale Frage in einer Fußnote (Nr. 18, The Cost of Capital ..., S. 160) ab: »One normally minor qualification might be noted. Once we relax the assumption that all bonds have certain yields, our arbitrage operator faces the danger of something comparable to ›gambler's ruin‹. That is, there is always the possibility that an otherwise sound concern – one whose long-run expected income is greater than its interest liability – might be forced into liquidation as a result of a run of temporary losses. Since reorganization generally involves costs, and because the operation of the firm may be hampered during the period of reorganization with lasting unfavorable effects on earnings prospects, we might perhaps expect heavily levered companies to sell at a slight discount relative to less heavily indebted companies of the same class.«

Modigliani/Miller sind in diesem zentralen Punkt sehr unklar: Sie gehen zunächst von sicheren Zinszahlungen aus (was die von uns in diesem Abschnitt geäußerten Einwendungen gegenstandslos machen würde: i kann dann gar nicht steigen); später (a.a.O., S. 161) lassen sie steigende Zinssätze für das Fremdkapital zu, ohne die sich hieraus ergebenden Konsequenzen für ihre Thesen im einzelnen zu erörtern, namentlich ohne das Problem des Unternehmenszusammenbruchs ernsthaft zu diskutieren.

D ZUSAMMENFASSUNG

Modigliani/Miller irren, wenn sie annehmen, sie hätten in ihren Thesen I und II »at least the foundations of a theory of the valuation of firms and shares in a world of uncertainty«.[9] Der optimale Verschuldungsgrad muß nach wie vor in der Weise bestimmt werden, daß dem marginalen Fremdkapitalzinssatz m eine Wagnisprämie hinzugefügt wird, bevor er mit dem Ertragssatz des Eigenkapitals verglichen wird. Die Größe dieser Wagnisprämie läßt sich nicht so schematisch ermitteln, wie Modigliani/Miller annehmen.

Alle wesentlichen Prämissen von Modigliani/Miller sind ohne Realitätsgehalt. Meine kritischen Thesen lauten:

(1) Die Anteilswertmaximierung ist eine unzweckmäßige Zielhypothese.

(2) Über die Größen Y und p herrschen bei den Marktbeteiligten sehr unterschiedliche und darüber hinaus sehr vage Vorstellungen.

(3) Private Verschuldung bedeutet größeres Wagnis als Unternehmensverschuldung; es existiert kein einheitlicher Zinssatz für Fremdkapital.

(4) Gleiches λ bedeutet nicht gleiches Fremdkapitalwagnis, und gleiches Fremdkapitalwagnis kann auch bei unterschiedlichem λ gegeben sein.

(5) i ist in der Realität weder generell niedriger als p bzw. k noch etwa konstant; die Fremdkapitalzinszahlungen als »sicheren« Strom anzunehmen heißt, das Fremdkapitalwagnis und damit das Problem des optimalen Verschuldungsgrads überhaupt auszuschalten.

Die traditionelle Theorie des optimalen Verschuldungsgrads ist durch die Thesen von Modigliani/Miller eher bestätigt denn widerlegt.

ANMERKUNGEN

1. Modigliani, Franco, und Miller, Merton H., The Cost of Capital, Corporation Finance and the Theory of Investment. In: *Am. Econ. Review*, Vol. 48 (1958), S. 261–297; wiederabgedruckt in: *The Management of Corporate Capital*, hrsg. von Ezra Solomon, New York 1963, S. 150–181 (hier zitiert nach diesem Abdruck); Übersetzung auf S. 86 ff. in diesem Textband; dies.: The Cost of Capital, Corporation Finance and the Theory of Investment: Reply. In: *Am. Econ. Review*, Vol. 49 (1959), S. 655–669; dies.: Some Estimates of the Cost of Capital to the Electric Utility Industry 1954–57, *Am. Econ. Review*, Vol. 66 (1966), S. 333–391.

2. Die Literatur zum Modigliani/Miller-Theorem beginnt unübersehbar zu werden. Die wichtigsten Arbeiten sind: Durand, David, The Cost of Capital in an Imperfect Market: A Reply to Modigliani and Miller. In: *Am. Econ. Review*, Vol. 49 (1959), S. 473–492, wiederabgedruckt in: *The Management of Corporate Capital*, hrsg. von Ezra Solomon, New York 1963, S. 182–197; Bodenhorn, Diran, On the Problem of Capital Budgeting. In: *Journal of Finance*, Vol. 14 (1959), S. 473–492; Gordon, Myron J., *The Investment, Financing and Valuation of the Corporation*, Homewood 1962, S. 103–108; Solomon, Ezra, *The Theory of Financial Management*, New York und London 1963. S. 91–119; Barges, Alexander, *The Effect of Capital Structure on the Cost of Capital*, Englewood Cliffs 1963; Hax, Herbert, Der Kalkulationszinsfuß in der Investitionsrechnung bei unsicheren Erwartungen, in: *ZfbF*, 16. Jg. (1964), S. 187–194; Robichek, Alexander A., und Myers, Stewart C., *Optimal Financing Decisions*, Englewood Cliffs 1965, S. 20–49; Büschgen, Hans E., *Wertpapieranalyse*, Stuttgart 1966, S. 190–214; Weston, Fred J.: Sources and Costs of Obtaining Funds, in: *Theory of Managerial Finance; Selected Readings*, hrsg. von Richard E. Ball und Z. Lew Melnyk, Boston 1967, S. 126–146; Gutenberg, Erich, *Grundlagen der Betriebswirtschaftslehre*, dritter Band: *Die Finanzen*, Berlin, Heidelberg, New York 1969, insbes. S. 184–226; Hax, H(erbert), und Laux, H(elmut), Investitionstheorie, in: *Beiträge zur Unternehmensforschung*, hrsg. von G(ünter) Menges, Würzburg und Wien 1969, S. 227–284, insbes. S. 261–270; Drukarczyk, Jochen, *Bemerkungen zu den Theoremen von Modigliani-Miller*, unveröffentlichtes Manuskript (inzwischen erschienen in: ZfbF., 22. Jg. (1970), S. 528–544); Engels, Wolfram, *Rentabilität, Risiko und Reichtum*, Tübingen 1969, S. 47–58; Mao, James C. T., *Quantitative Analyses of Financial Decisions*, London 1969, S. 423–456.

3. Es läßt sich nicht von einer »herrschenden Meinung« sprechen; charakteristisch für den Stand der Diskussion dürfte etwa die Stellungnahme von Robichek/Myers sein (*Optimal Financing Decisions*, 1965, S. 33 f.). Sie meinen: »On a theoretical basis, the decision must go to the MM model, since its assumptions are more general. MM recognize the possibility of investors holding combinations of bonds, stocks, and personal borrowing«; in der Praxis könnten indessen ganz andere Bedingungen als die von Modigliani und Miller angenommenen gelten. Gordon meint, daß »theoretical and empirical evidence« gegen die Modigliani/Miller-Position spreche, und fährt fort, daß lange Zeit die Modigliani/Miller-Position »was held almost exclusively by economists, who were sophisticated in methods of theoretical and econometric analysis but knew little of finance«; die Gegenposition zu Modigliani/Miller dagegen »was held by finance men, who were familiar with their subject but not with advanced methods of theoretical and empirical research. People in each group talked only to those who agreed with them, and in consequence not much was said. The situation has changed, it will change further, and the promise is that the lively debate and active research in progress will advance our knowledge on the subject.« Vgl. Gordon, M(yron) J., Optimal Investment and Financing Policy, in: *Journal of Finance*, Vol. 18 (1963), S. 264–272, alle Zitate S. 272.

4. Die traditionelle Konzeption des optimalen Verschuldungsumfangs wird, wenn auch in unterschiedlicher Form, namentlich in folgenden Arbeiten vorgetragen: Schmalenbach, Eugen, *Finanzierungen*, Leipzig 1915, 6. A. 1937; Schmaltz, Kurt, *Betriebsanalyse*, Stuttgart 1929; Sandig, Curt, *Finanzierung mit Fremdkapital*, Stuttgart 1930, ²1965; Mellerowicz, Konrad, und Jonas, Heinrich, *Bestimmungsfaktoren der Kreditfähigkeit*, Berlin 1954; Jonas, Heinrich H., *Grenzen der Kreditfinanzierung*, Wiesbaden 1960; Härle, Dietrich, *Finanzierungsregeln und ihre Problematik*, Wiesbaden 1961; Donaldson, Gordon, *Corporate Debt Capacity*, Boston 1961; Solomon, Ezra, *The Theory of Financial Management*, New York und London 1963; Orth, Ludwig, *Die kurzfristige Finanzplanung industrieller Unternehmungen*, Köln und Opladen 1961; Schwartz, Eli, *Corporation Finance*, New York 1962; Hax, Karl, Die Kapitalwirtschaft des wachsenden Industrieunternehmens, in: *ZfbF*, 16. Jg. (1964), S. 252–279; Rittershausen, Heinrich, *Industrielle Finanzierungen*, Wiesbaden 1964; Hax, Karl, Langfristige Finanz- und Investitionsentscheidungen, in: *Handbuch der Wirtschaftswissenschaften*, hrsg. von Karl Hax und Theodor Wessels, 2. A., Köln und Opladen 1966, S. 399–489; Oettle, Karl, *Unternehmerische Finanzpolitik*, Stuttgart 1966; Weston, J. Fred, und Eugene F. Brigham, *Essentials of Managerial Finance*, New York u. a. 1968.

5. S. etwa Robichek/Myers, *Optimal Financing Decisions*, 1965, S. 2–3; Porterfield, James T. S., *Investment Decisions and Capital Costs*, Englewood Cliffs 1965, S. 64–68; Weston, J. Fred, und Brigham, Eugene F., *Essentials of Managerial Finance*, New York u. a. 1968, S. 4; Mao, James C. T., *Quantitative Analysis of Financial Decisions*, London 1969, S. 18.

6. S. oben Anm. 5.

7. Modigliani/Miller (1958), insbesondere S. 152.

8. Vgl. etwa Robichek/Myers, *Optimal Financing Decisions*, 1965, S. 26.

9. Modigliani/Miller (1958), S. 180.

Verschuldungsgrad und Kapitalkosten

EZRA SOLOMON*

Die richtige Verwendung von Fremdkapital ist eines der wichtigsten Entscheidungsprobleme im Finanzbereich eines Unternehmens. Unser Aufsatz beschränkt sich auf genau einen der vielen Gesichtspunkte, die die optimale Fremdkapitalverwendung bestimmen – nämlich auf den Einfluß, den eine Veränderung des Verschuldungsgrades auf die Kapitalkosten einer Unternehmung hat oder haben kann. Im einzelnen befaßt er sich mit der von Modigliani und Miller vertretenen These, daß die Kapitalkosten der Unternehmung unabhängig vom Verschuldungsgrad sind, wenn man vom Einfluß der Steuer absieht.[1]

I.

Um den Einfluß des Verschuldungsgrades von den vielen anderen Faktoren, die die optimale Verschuldung beeinflussen können, zu trennen, ist es sinnvoll, die Untersuchung im Rahmen des folgenden einfachen Modells zu führen:

X sei eine Unternehmung, die nur *eine* Art von Vermögensgegenständen besitzt oder erwirbt. Jede Mark, die in diese Vermögensgegenstände investiert wird, bringt einen Strom von Betriebsgewinnen vor Steuern, dem eine interne Rendite von k p.a. entspricht, wobei diese Rendite zu einer bestimmten Risikoklasse gehört. Wir wollen annehmen, daß diese Unternehmung alle beliebigen Kombinationen von nur zwei Finanzierungsformen – reine Beteiligungsfinanzierung auf der einen Seite und reine Fremdfinanzierung auf der anderen Seite – wählen kann. Drittens nehmen wir an, daß die Struktur der Marktzinsfüße gegeben ist und daß sich diese *Struktur* im Zeitablauf nicht ändert.

Folgende Symbole sollen verwendet werden:

V Gesamtmarktwert der Unternehmung (d.h. die Summe der Marktwerte der Aktien und Obligationen)

B Marktwert des Fremdkapitals

S Marktwert der Aktien

$L = \dfrac{B}{S}$ Verschuldungsgrad

---

* Im Original: Leverage and the Cost of Capital. Mit freundlicher Genehmigung des Verfassers und der American Finance Association entnommen aus: *The Journal of Finance*, 18 (1963), S. 273–279. Übersetzt von Bernd Schauenberg.

O Betriebsgewinn (vor Steuern und Zinsen)

F Fremdkapitalzinsen

$E = O - F$ Nettogewinn (Gewinn nach Zinsabzug und vor Steuern)

k Rendite der Investitionen

$k_o = \dfrac{O}{V}$ Kalkulationszinsfuß vor Steuern (Kapitalkosten)

$k_e = \dfrac{E}{S}$ Eigenkapitalkosten vor Steuern

$k_i = \dfrac{F}{B}$ Fremdkapitalkosten vor Steuern

$m = \dfrac{\Delta F}{\Delta B}$ marginale Fremdkapitalkosten vor Steuern

Für den Fall, daß nur Eigenkapital eingesetzt wird, erhalten wir $k_e = k_o = k$. Wenn Fremdkapital aufgenommen wird, gilt $k_e > k_o$. Unabhängig von der Bewertungslehre, die man vertritt, müssen insbesondere die Relationen

$k_e = k_o + (k_o - k_i) \cdot B/S$ und $k_o = \dfrac{k_e S + k_i B}{B + S}$ erfüllt sein.[2]

Die zentrale Frage in der Diskussion um den Verschuldungsgrad kann nun wie folgt gestellt werden: Wie verändern sich V und k_o, wenn wir die Höhe des Verschuldungsgrades von $L = O$ auf $L \to \infty$ erhöhen (wobei alle anderen Einflußgrößen konstant gehalten werden)?

Zum Zwecke der Analyse gibt es nun zwei Wege, in denen der Verschuldungsgrad in dem Modell verändert werden kann. Wir können annehmen, daß die Unternehmung X Eigen- durch Fremdkapital *substituiert*, d.h., sie verschuldet sich und kauft mit dem aufgenommenen Betrag umlaufende Aktien zurück. Dieses Modell hat den Vorzug, daß die Struktur der Vermögensgegenstände bei verändertem Verschuldungsgrad konstant bleibt und so ein direkter Vergleich der Marktwerte V, die verschiedenen Verschuldungsgraden entsprechen, möglich wird. Aber das Modell erlaubt nicht, die marginalen Fremdkapitalkosten so darzustellen, wie sie normalerweise gemessen werden. Wie wir sehen werden, ist diese Variable ein wichtiger Schlüssel zum Verständnis des gesamten Problems des Verschuldungsgrades.

Ein anderes Modell zur Untersuchung von Veränderungen des Verschuldungsgrades erhalten wir, wenn wir annehmen, daß die Unternehmung X wächst, d.h. zunehmend mehr Fremdkapital aufnimmt und die Einzahlungen zur Beschaffung zusätzlicher Vermögensgegenstände verwendet. Dieses Modell erlaubt eine einfache

Bestimmung der Grenzkosten des Fremdkapitals. Um jedoch den Einfluß des Verschuldungsgrades eindeutig darzustellen, müssen wir annehmen, daß jeder neu beschaffte Vermögensgegenstand Betriebsgewinne vor Steuern bietet, die von der gleichen Größe und Qualität sind wie jene, die von den bereits verfügbaren Vermögensgegenständen hervorgebracht werden.

Im ganzen gesehen ist das letzte Modell für die vorliegenden Zwecke besser geeignet, und deshalb werden wir es auch verwenden. Modigliani und Miller haben im allgemeinen das erste Modell bei ihren Darstellungen benutzt, aber es ist relativ einfach, ihre Schlüsse und Argumente auf das zweite Modell zu übertragen.

Das Einführen positiver Fremdkapitalbeträge in das Modell führt zu dem Problem des Gewinns der Unternehmung und zu der Komplikation, daß Fremdkapitalzinsen bei der Verrechnung von Steuern absetzbar sind. Jedoch stimmt jedermann der These zu, daß aufgrund des Steuergesetzes die Tendenz besteht, daß mit steigender Verschuldung die durchschnittlichen Kapitalkosten k_o sinken. Wir können also bequemerweise den Steuereffekt ignorieren und uns umstritteneren Themen zuwenden.

II.

Bei Vernachlässigung der Steuern bleiben nach der Theorie von Modigliani und Miller die durchschnittlichen Kapitalkosten k_o der Unternehmung X konstant, wenn der Verschuldungsgrad von $L = O$ nach $L \to \infty$ wächst. Sind $k_o{}^*$ die durchschnittlichen Kapitalkosten einer mehr verschuldeten Unternehmung und k_o die durchschnittlichen Kapitalkosten einer weniger verschuldeten Unternehmung der gleichen Risikoklasse, so ist ihre Hauptthese die, daß bei Nichtberücksichtigung des Steuereffektes $k_o{}^* = k_o$ für alle Verschuldungsgrade gilt.

Es ist zweckmäßig, ihre Hauptthese in zwei Teilaussagen zu trennen. Bei Nichtberücksichtigung der Steuern sind das:

1. Eine zunehmende Verschuldung (und damit ein steigender Verschuldungsgrad) kann, so gering oder »wohl abgewogen« sie auch sein mag, nie die durchschnittlichen Kapitalkosten einer Unternehmung senken.

2. Eine zunehmende Verschuldung (und damit ein steigender Verschuldungsgrad) kann, so groß und »unmäßig« sie auch sein mag, nie die Kapitalkosten der Unternehmung erhöhen.

Fast die gesamte wissenschaftliche Kontroverse, die bisher von der Modigliani-Miller-These ausgelöst wurde, scheint sich auf die erste dieser beiden Teilaussagen und auf den von den beiden Autoren zu ihrer Unterstützung geführten Beweis konzentriert zu haben. Der von Modigliani-Miller angeführte Beweis beruht auf einem Arbitrageprozeß, bei dem die einzelnen Aktionäre betriebliche Verschuldung durch »hausgemachte« Verschuldung substituieren und der dazu führt, daß die durchschnittlichen Kapitalkosten bei höherer Verschuldung, $k_o{}^*$, mit den durchschnittlichen Kapitalkosten bei geringerer Verschuldung, k_o, übereinstimmen.

Die traditionelle These besagt, daß bei geringerer Verschuldung k_o^* unter k_o liegen kann, und zwar auch dann, wenn man von dem Einfluß der Steuern absieht.[3]

Das Argument der Vertreter der traditionellen Theorie gegen Modiglianis und Millers Arbitragemodell ist, daß eine hausgemachte Verschuldung kein vollkommenes Substitut für eine Verschuldung der Unternehmung ist und daß der zum Marktgleichgewicht führende Arbitrageprozeß die Tendenz nicht ganz aufheben kann, daß k_o^* unter k_o fällt.

Wenn auch dieser Aspekt der Kontroverse recht interessant ist, hat er doch keine großen praktischen Auswirkungen für das anliegende Problem. Unabhängig davon, ob in einer Welt ohne Steuern die traditionelle These (daß k_o fällt) oder aber das Modigliani-Miller-Argument (daß k_o nicht fällt) richtig ist, wird in einer Welt, in der Unternehmensgewinne besteuert werden und Zinszahlungen steuerlich absetzbar sind, jedermann der These zustimmen, daß bis zu einer bestimmten »wohl abgewogenen« Verschuldungsgrenze die durchschnittlichen Kapitalkosten k_o bei steigender Verschuldung fallen.

Der eigentliche kritische Teil der Modigliani-Miller-These ist ihre zweite Aussage, daß die durchschnittlichen Kapitalkosten k_o nicht *steigen* werden, wie stark auch immer der Verschuldungsgrad wächst. Diese These könnte stimmen, wenn wir annehmen, daß der Fremdkapitalzinssatz bei steigendem Verschuldungsgrad nicht größer wird. Wenigstens ist es, wenn diese Voraussetzung erfüllt ist, möglich, das »Arbitrage«-Argument zu beschwören, um zu zeigen, daß sie stimmen *müßte*, wenn sich alle Investoren rational verhalten.

Aber in der Realität steigen die durchschnittlichen Fremdkapitalkosten k_i, wenn der Verschuldungsgrad erhöht wird. Bei extrem hohem Verschuldungsgrad, d.h., wenn sich die Unternehmung einer Situation nähert, in der sie nur noch mit Fremdkapital arbeitet, ist es klar, daß k_i mindestens gleich k_o sein wird. Geht man von dem allgemeinen Verhalten von Gläubigern und Banken aus, so ist es sehr wahrscheinlich, daß k_i bei extrem hohem Verschuldungsgrad *über* k_o liegt.

Wenn nun die durchschnittlichen Fremdkapitalkosten k_i steigen, müssen die marginalen Fremdkapitalkosten $m = \dfrac{\triangle F}{\triangle B}$ größer sein als k_i. Deshalb gibt es einen Verschuldungsgrad, bei dem die Unternehmung X feststellt, daß die marginalen Fremdkapitalkosten größer als ihre durchschnittlichen Kapitalkosten k_o sind. Berücksichtigen wir wieder das allgemeine Verhalten jener, die Fremdkapital anbieten, so wird dieser Punkt wahrscheinlich sehr schnell erreicht werden, wenn der Verschuldungsgrad über diejenige Grenze erhöht wird, die dem Fremdkapitalmarkt akzeptabel erscheint.

Für alle praktischen Zwecke gibt der Punkt, bei dem eine Unternehmung feststellt, daß $m \geq k_o$ ist, die maximale Höhe des Verschuldungsgrades an, da keine rationale Unternehmung zusätzliches Fremdkapital aufnimmt, wenn sie dies billiger in einer Mischung von Fremdkapital und Eigenkapital tun kann, die mit ihrer bisherigen Kapitalstruktur annähernd übereinstimmt. Wird diese Tatsache akzeptiert, so löst sich der Streit zwischen Modigliani/Miller und der traditionellen Position auf. Beide

Seiten würden zustimmen, daß der Verschuldungsgrad deutlich überhöht ist, wenn er über jenem Punkt liegt, bei dem die steigende Kurve der marginalen Fremdkapitalkosten die der durchschnittlichen Kapitalkosten schneidet.

III.

Nehmen wir an, daß diese Argumentation akzeptiert wird, so ergibt sich eine k_o-Kurve, die der U-förmigen k_o-Kurve der traditionellen Theorie sehr ähnlich ist. Sie ist in Abb. 1 dargestellt.

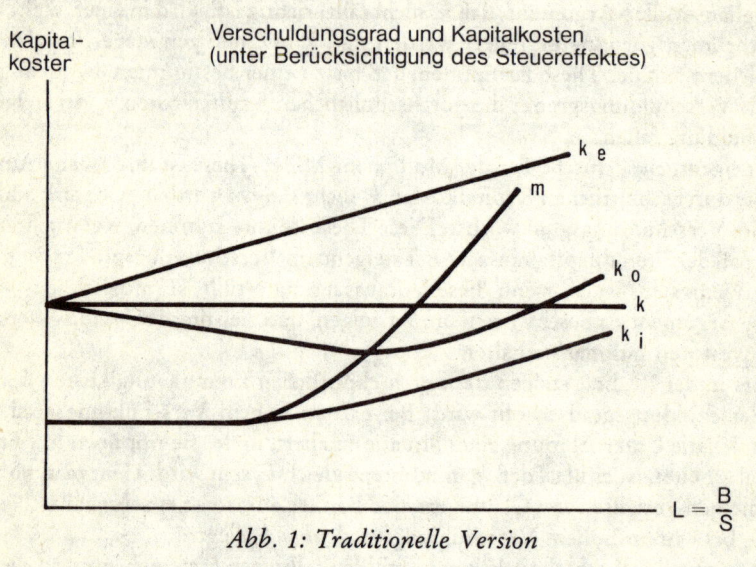

Abb. 1: Traditionelle Version

Bei geringer Verschuldung fällt k_o, möglicherweise wegen Marktunvollkommenheiten, aber mindestens wegen des Steuereffektes. Überschreitet der Verschuldungsgrad die Grenze, die vom Markt für Fremdkapital akzeptiert wird, so steigt m schnell an, und der Steuervorteil eines noch größeren Verschuldungsgrades wird durch die steigenden Zinsen jeder weiteren zusätzlichen Verschuldung aufgehoben. Wenn m über k_o steigt, so bewirkt jede weitere Erhöhung des Verschuldungsgrades ein Ansteigen von k_o. So haben wir einen klar bestimmten Punkt oder Bereich des optimalen Verschuldungsgrades.

Leider waren Modigliani und Miller nicht bereit, diesen Schluß zu akzeptieren. Statt dessen argumentieren sie, daß k_o konstant bleibt, auch wenn der Verschuldungsgrad über denjenigen Punkt hinaus ausgedehnt wird, bei dem $m > k_o$ gilt. Dieses überraschende und völlig unlogische Ergebnis ist ihrer Ansicht nach darauf zurückzuführen, daß die Eigenkapitalkosten k_e fallen, wenn der Verschuldungsgrad durch die Aufnahme zusätzlichen Fremdkapitals, das mehr als k_o kostet, erhöht wird.

Das Verhalten der verschiedenen Kapitalkostensätze ist in Abb. 2 dargestellt:

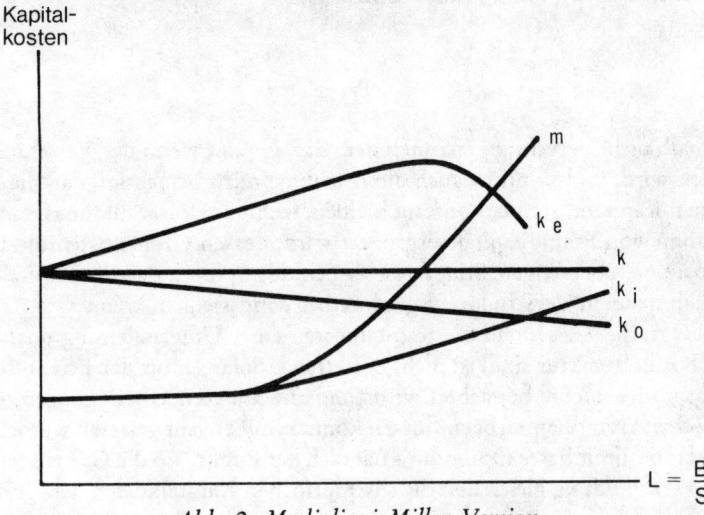

Abb. 2: Modigliani-Miller-Version

Der Kunstgriff, die Eigenkapitalkosten k_e bei steigendem Verschuldungsgrad fallen zu lassen, führt unzweifelhaft in ein zweites Dilemma. Wir müssen jetzt annehmen, daß rationale Aktionäre einen weniger sicheren Strom von Nettogewinnen mit einem *niedrigeren* Kalkulationszinsfuß k_e diskontieren als einen Strom, der sicherer ist.

Es ist schwierig, diese Annahme in Einklang zu bringen mit den eigenen Annahmen von Modigliani und Miller über das Verhalten rationaler Investoren und sinnvoll definierter vollkommener Märkte. Die einzige Begründung für ihre Behauptung, daß bei zunehmendem Verschuldungsgrad die k_e-Kurve falle, lautet: »Sollte die Nachfrage von Risikofreudigen nicht ausreichen, um den Markt auf dieser Ertragskurve zu halten, so würde diese Nachfrage durch das Verhalten von Arbitrage-Spekulanten wieder verstärkt werden.«[4]

Die Einführung subjektiver Risikopräferenzen als einer Haupteinflußgröße der Aktienkurse gerade in *dieser* Phase der Diskussion des Verschuldungsgrades ist wohl kaum zulässig, es sei denn, daß man bereit ist, sie auch in anderen Phasen der Diskussion des Verschuldungsgrades zu akzeptieren.

Als eine letzte Verteidigungslinie zur Unterstützung der Konstanz der durchschnittlichen Kapitalkosten k_o, selbst unter diesen Bedingungen, behaupten Modigliani und Miller einfach, daß die Arbitrage dafür sorgt, daß die Eigenkapitalkosten k_e^* bei übermäßiger Verschuldung so weit *unter* die Eigenkapitalkosten bei geringerer Verschuldung, k_e, sinken, daß die Gleichheit von k_o^* und k_o bestehen bleibt. Untersuchen wir die Relation zwischen den verschiedenen Kapitalkosten für Fälle, in denen $m > k_o$, so finden wir, daß diese Behauptung nicht gerechtfertigt ist. Tatsächlich ist das Gegenteil wahr. Das Verhalten rationaler Investoren wird, auch unter

Berücksichtigung des Angleichungsprozesses, den sie sich in ihrem Arbitragemodell vorstellen, $k_e{}^*$ über k_e und $k_o{}^*$ über k_o drücken.

IV.

Es ist deshalb nicht berechtigt, anzunehmen, daß k_e *fällt*, wenn der Verschuldungsgrad erhöht wird, und somit ist auch die Annahme nicht berechtigt, daß die durchschnittlichen Kapitalkosten k_o konstant bleiben, wenn der Verschuldungsgrad durch die Aufnahme von Fremdkapital vergrößert wird, dessen Grenzkosten die Durchschnittskosten k_o übersteigen. Stimmt dieser Schluß, so folgt, daß die Kapitalkosten k_o bei zunehmendem Verschuldungsgrad immer dann steigen, wenn $m > k_o$ gilt.

Kurz gesagt, die These, daß die Kapitalkosten einer Unternehmung unabhängig von ihrer Kapitalstruktur sind, ist nicht zutreffend. Solange nur der Effekt des Verschuldungsgrades *alleine* betrachtet wird (und alle anderen Überlegungen, die die Wahl zwischen Fremdkapital beeinflussen können, außer acht gelassen werden), existiert ein klar bestimmbares Optimum – nämlich der Punkt, wo die Grenzkosten zusätzlicher Verschuldung gleich den durchschnittlichen Kapitalkosten der Unternehmung sind.

ANMERKUNGEN

1. Franco Modigliani und Merton H. Miller, The Cost of Capital, Corporation Finance and the Theory of Investment, in: *American Economic Review*, 48 (1958), S. 261–297. Die Übersetzung ist auf S. 86 ff. in diesem Band abgedruckt.

2. Diese beiden Relationen lassen sich wie folgt ableiten:

a) Da $k_e = \dfrac{E}{S} = \dfrac{O-F}{S}$ und $O = k_o V = k_o(B+S)$ und $F = k_i \cdot B$, gilt die Gleichung

$$k_e = \frac{k_o(B+S) - k_i B}{S}$$

$$= k_o + (k_o - k_i)\frac{B}{S}.$$

b) Da $k_o = \dfrac{O}{V} = \dfrac{E+F}{B+S}$ und $E = k_e \cdot S$ und $F = k_i \cdot B$, gilt die Gleichung

$$k_o = \frac{k_e \cdot S + k_i B}{B+S}$$

3. Zu einer expliziten Darstellung der traditionellen These vgl. Harry G. Guthmann und Herbert E. Dougall, *Corporate Financial Policy*, 3. ed., Englewood Cliffs, N.J., 1955, S. 245.

4. A.a.O., S. 276.

Verschuldung, Konkursrisiko und Kapitalkosten

NEVINS D. BAXTER*

Das Problem der optimalen Kapitalstruktur der Unternehmung hat in den letzten Jahren in der Wirtschaftswissenschaft erhebliche Beachtung gefunden. In ihrem 1958 erschienenen, weithin bekannten Aufsatz haben Modigliani und Miller (1) dargelegt, daß »die durchschnittlichen Kapitalkosten einer Unternehmung vollkommen unabhängig von ihrer Kapitalstruktur und gleich dem Kapitalisierungssatz eines Stroms reiner Eigenkapitalerträge der gleichen Klasse sind«. Diese These beruht auf den Voraussetzungen, daß keine Körperschaftsteuern erhoben werden, vollkommene Kapitalmärkte vorliegen, keine Transaktionskosten entstehen und daß keine Abhängigkeit zwischen dem erwarteten Strom der Betriebsüberschüsse und der Kapitalstruktur des Betriebes besteht.

Bei Berücksichtigung der Absetzbarkeit von Zinszahlungen für die Bemessung der Körperschaftsteuer gelangen Modigliani und Miller zu dem Schluß, daß durch den Einsatz von Fremdkapital die Kapitalkosten der Unternehmung gesenkt werden.[1] Solomon (3, S. 103) hat darauf hingewiesen, daß »die Modigliani-Miller-These in der abgewandelten Form, bei der die Absetzbarkeit von Steuern berücksichtigt wird, hinsichtlich der optimalen Verschuldung zu dem Rezept führt, daß Gesellschaften zu 99,9 % mit reinem Fremdkapital finanziert werden sollten!«[2]

Dieser Schluß ist aber wenig einleuchtend, weil mit der Tilgung und Ablösung von Fremdkapital normalerweise Risiken verbunden sind.[3] Wir wissen auch, daß es in der Realität nur möglich ist, Fremdkapital zu bekommen, wenn die Gläubiger sicher sind, daß ein ausreichendes Eigenkapital-Polster vorhanden ist. Ist erst einmal die »akzeptable« Verschuldungshöhe überschritten, wird der Fremdkapitalzinssatz ansteigen und damit einen Anstieg der Kapitalkosten der übermäßig verschuldeten Unternehmung herbeiführen.

Ziel dieses Aufsatzes ist es, im Rahmen der Diskussion über die Modigliani-Miller-These zu erklären, wie ein Ansteigen der Kapitalkosten der Unternehmung durch übermäßige Verschuldung verursacht werden kann. Es wird dargelegt, daß bei Berücksichtigung des »Konkursrisikos« steigende durchschnittliche Kapitalkosten mit rationalen Arbitrage-Operationen vereinbar sind. Die Einbeziehung der Konkurs-Möglichkeit kommt einer Abschwächung der Prämisse gleich, daß der erwartete Strom der Betriebsüberschüsse von der Kapitalstruktur unabhängig ist. Im ersten Abschnitt wird der Einfluß der Konkursgefahr analytisch untersucht; im zweiten Abschnitt wird empirisches Material über den tatsächlichen Einfluß übermäßiger Verschuldung auf die Kapitalkosten der Unternehmung vorgelegt.

---

* Im Original: Leverage, Risk of Ruin and the Cost of Capital. Mit freundlicher Genehmigung des Verfassers und der American Finance Association entnommen aus: *The Journal of Finance*, 22 (1967), S. 395–403. Übersetzt von Diplomübersetzerin Helmke Mundt.

I. DAS KONKURSRISIKO

Man betrachte zunächst zwei Unternehmungen (A und B), die zwei sowohl im Hinblick auf den Erwartungswert als auch auf die Qualität (Varianz) gleiche Ertragsströme aufweisen. Beide Unternehmungen seien ausschließlich mit Eigenkapital finanziert. Die Unternehmung B nimmt nun eine langfristige Anleihe auf und zieht gleichzeitig einen entsprechenden Anteil der Beteiligungstitel zum Marktwert zurück. Nach Modigliani-Miller wird der Strom der Betriebsüberschüsse vor Steuern unverändert bleiben; wenn die Kapitalkosten der unverschuldeten Unternehmung höher sind (d.h. der Kurswert aller Aktien und Obligationen niedriger ist), ist eine Möglichkeit gewinnbringender Arbitrage gegeben. Die Investoren verkaufen ihre Aktien der vollständig eigenfinanzierten Gesellschaft (A), erwerben Aktien und Obligationen der verschuldeten Gesellschaft (B) und erhalten so einen Ertragsstrom, der in seiner Qualität mit dem der nicht verschuldeten Gesellschaft übereinstimmt, während sich der erwartete Ertrag vergrößert.[4]

Da das Fremdkapital-Eigenkapital-Verhältnis der verschuldeten Gesellschaft steigt, wird der Zinssatz für das Fremdkapital wahrscheinlich auch ansteigen (wenn auch anfangs vielleicht sehr langsam). Gewinnbringende Arbitrage bleibt jedoch möglich, und es ist falsch, zu schließen, der Kapitalisierungssatz für Eigenkapital müsse sinken, damit die Gesamtkapitalkosten konstant bleiben. Da die Kapitalkosten das gewogene Mittel der Fremd- und Eigenkapitalkosten darstellen, können die Gesamtkapitalkosten konstant bleiben, obwohl die Kosten beider Komponenten steigen. Ein derartiges Ergebnis stellt sich ein, wenn von der billigeren Kapitalquelle, die immer das Fremdkapital sein wird, verstärkt Gebrauch gemacht wird.

Läßt man zunächst das Konkursrisiko außer Betracht, so werden Arbitrage-Operationen, die konstante Gesamtkapitalkosten gewährleisten, so lange einträglich sein, wie der Zinssatz für Fremdkapital niedriger als der Satz liegt, zu dem das Eigenkapital der unverschuldeten Unternehmung kapitalisiert wird. Zinssätze, die über dieser Grenze liegen, kann es nicht geben![5]

Offenbar folgt aus dieser Analyse: Durch Arbitrage wird gewährleistet, daß die durchschnittlichen Kapitalkosten infolge der Verschuldung nicht ansteigen können; nur bei Erhebung einer Körperschaftsteuer können durch Verschuldung die Kapitalkosten gesenkt werden. Es gibt aber einen Einflußfaktor, der den Widerspruch zwischen dieser Folgerung und der plausiblen Erkenntnis, daß Unternehmungen nicht fast ausschließlich mit Fremdkapital finanziert werden können, beseitigt. Wenn in verstärktem Maße von der Fremdfinanzierung Gebrauch gemacht wird, kann die Vorteilhaftigkeit der Arbitrage-Operation illusorisch werden. Es kann zwar in der Tat möglich sein, einen *erwarteten* Gewinn zu erzielen, indem man Anteile an der allein mit Eigenkapital finanzierten Unternehmung verkauft und ein gemischtes Portefeuille von Fremd- und Eigenkapitalanteilen der verschuldeten Unternehmung erwirbt; damit kann jedoch ein erhebliches Risiko verbunden sein. Dieses Risiko ergibt sich daraus, daß in der nicht verschuldeten Unternehmung lediglich Schwankungen im Gewinn auftreten können, während die Unternehmung B durch eine Reihe von schlechten Jahren zum Konkurs gezwungen werden kann.

Für beide Unternehmungen wurden die Ströme der Betriebsüberschüsse quantitativ und qualitativ als identisch angenommen, *bevor* die Unternehmung *B* einen Teil ihres Eigenkapitals gegen Fremdkapital austauschte. Es ist aber wohl nicht realistisch, anzunehmen, daß die Ertragsströme weiterhin identisch sind, *nachdem B* sich mit Schulden belastet hat. Grund dafür ist, daß die Konkursgefahr bei Erhöhung der Verschuldung besonders akut wird und nicht durch Arbitrage ausgeschaltet werden kann.

Zur Veranschaulichung sei angenommen, daß zwei identische Unternehmungen *A* und *B* einen erwarteten Betriebsüberschuß von 10 000 $ im Jahr haben. Die Betriebsüberschüsse seien rechteckig verteilt; alle Werte von 5 000 bis 15 000 $ seien gleich wahrscheinlich.[6] Solange die festen Zinsansprüche der Gläubiger 5 000 $ nicht übersteigen, wird die Verschuldung als »tragbar« in dem Sinne betrachtet, daß die gewinnbringende Arbitrage stattfinden kann, die die Kapitalkosten konstant hält. Wenn die festen Zinsverbindlichkeiten jedoch bei höherer Verschuldung auf 6 000 $ ansteigen, besteht eine zehnprozentige Wahrscheinlichkeit dafür, daß die Unternehmung nicht in der Lage ist, ihre Zinsverpflichtungen aus den laufenden Erträgen zu erfüllen. Einige aufeinanderfolgende schlechte Jahre würden die Wahrscheinlichkeit erheblich erhöhen, daß die Unternehmung *B* in Konkurs geht, weil sie aufgrund ihrer »angespannten Finanzlage« keinen Kredit zur Begleichung ihrer Zinsverpflichtungen mehr aufnehmen könnte.

Was sind nun genau die Folgen einer solchen Konkurserklärung der Unternehmung *B*? Wie wirkt sich vor allen Dingen die Möglichkeit eines solchen Ereignisses auf die Kapitalkosten der verschuldeten Unternehmung im Vergleich zu denen einer vollständig eigenfinanzierten Unternehmung aus?

Kommt es zum Konkurs (Zahlungsunfähigkeit), so können die Gläubiger die Unternehmung zur Einsetzung eines Konkursverwalters zwingen und versuchen, die Gesellschaft unter ihren Einfluß zu bringen. Könnte ein derartiger Übergang stattfinden, ohne im geringsten die Geschäftstätigkeit der Unternehmung zu beeinträchtigen – d. h. ihre Erträge oder ihre Kosten –, dann wäre kein Grund, anzunehmen, daß der Marktwert der Unternehmung (bzw. ihre Kapitalkosten) vom Konkursrisiko beeinflußt wird. Freilich ergäben sich Veränderungen in der Unternehmungsleitung, durch die die Entwicklung der Unternehmung geändert werden könnte, doch im großen und ganzen würde sich der Gesamtwert der Unternehmung *B* nicht erheblich von dem der Unternehmung *A* unterscheiden. Wenn andererseits der Konkurs beträchtliche zusätzliche Verwaltungskosten und andere Kosten verursacht und zu einem merklichen Rückgang von Absatz und Erträgen des in Konkursverwaltung befindlichen Unternehmens führt, ist zu erwarten, daß der Gesamtwert der verschuldeten Unternehmung niedriger sein wird als der der vollständig eigenfinanzierten Unternehmung. Für Unternehmung *B* ist die Wahrscheinlichkeit eines Konkurses größer, und aufgrund der damit verbundenen Kosten ergeben sich mit größerer Wahrscheinlichkeit extreme Schwankungen im Ertragsstrom von Unternehmung *B*.

Dadurch wird die Varianz des erwarteten Gewinns für die verschuldete Unternehmung größer und der Gesamtwert des Unternehmens kleiner. Arbitrageoperationen, die notwendig wären, um die Kapitalkosten der Unternehmungen A und B zur Übereinstimmung zu bringen, brauchen nicht stattzufinden, denn Beteiligungstitel an Unternehmung A können durchaus attraktiver (weniger riskant) sein als eine Kombination von Beteiligungs- und Forderungstiteln der verschuldeten Unternehmung B. Ein zu hoher Verschuldungsgrad kann also erhöhte Gesamtkapitalkosten bewirken.

Daher bleibt die empirische Frage, ob infolge des Konkursrisikos die Kapitalkosten von stark verschuldeten Unternehmen steigen. Wenn nachgewiesen wird, daß ein Konkurs erhebliche »Verwaltungskosten« mit sich bringt und daß finanzielle Schwierigkeiten ceteris paribus wahrscheinlich einen negativen Einfluß auf die Betriebsüberschüsse haben werden, so kann dies als Beweis dafür angesehen werden, daß die Kapitalstruktur nicht bedeutungslos ist.

II. EXTREME VERSCHULDUNG UND DER BETRIEBSÜBERSCHÜSSE: DAS EMPIRISCHE MATERIAL

Unter Zahlungsunfähigkeit wird die Unfähigkeit einer Person oder einer Unternehmung verstanden, ihren vertraglichen finanziellen Verpflichtungen nachzukommen, wenn sie fällig sind. Nach dem Federal Bankruptcy Act ist ein Individuum zahlungsunfähig, »wenn sein Vermögen bei angemessener Bewertung nicht zur Tilgung der Schulden ausreicht«.[7] Obwohl in den meisten Fällen Konkurs eindeutig auf ein anhaltendes Unvermögen, Gewinne zu erzielen, zurückzuführen ist, wird in den Lehrbüchern zur Unternehmungsfinanzierung auch allgemein anerkannt, daß ein unmittelbarer Grund für den Konkurs oft der Druck ist, den die Gläubiger ausüben, wenn die Unternehmung nicht in der Lage ist, Tilgung und Zinsen aus einer übermäßigen Verschuldung zu bestreiten.[8]

Es wird auch allgemein angenommen und ist sicherlich nicht überraschend, daß Unternehmungen mit finanziellen Schwierigkeiten gewöhnlich nicht leicht zu neuem Kapital kommen.

Bei der Sanierung der Unternehmung wird ein vom Gericht bestellter Treuhänder eingeschaltet, der den Ursachen für die finanziellen Schwierigkeiten auf den Grund geht, an der Leitung des Betriebes beteiligt ist, solange sich dieser in Konkursverwaltung befindet, und dem Gericht einen Sanierungsplan unterbreitet. Die Sanierung setzt auf jeden Fall voraus, daß neues Kapital aufgebracht wird, entweder von den unmittelbar interessierten Gruppen (Aktionäre und Gläubiger) oder vom Publikum durch Ausgabe treuhänderischer Zertifikate. Diese Zertifikate haben Vorrang gegenüber bereits bestehenden Verbindlichkeiten (und bringen daher eine »angemessene« Verzinsung); deswegen kann die Emission solcher Papiere äußerst riskant und kostspielig für die Inhaber bereits vorhandener Forderungs- und Beteiligungstitel sein. Bei Industrieunternehmungen wird das Gericht solche Zertifikate nur genehmigen, wenn es überzeugt ist, daß das neue Kapital schließlich auch die Erträge der Gläubiger und Eigentümer erhöhen wird (obwohl sein Urteil sich als falsch erweisen kann); doch bei Versorgungsunternehmungen und Eisenbahngesellschaften, wo die Fortführung der Betriebstätigkeit durch die in Konkurs geratene Unternehmung im öffentlichen Interesse geboten ist, werden solche Zertifikate auch auf Kosten der wohlverstandenen Interessen der alten Gläubiger und Aktionäre genehmigt. Hier liegen sehr fühlbare Kosten der Sanierung.

Es gibt auch Kosten, die direkt aus dem Konkursverfahren in Form von Verwaltungskosten (Gebühren des Treuhänders, des Gerichts und der Gutachter) anfallen oder als Zeitaufwand der leitenden Angestellten bei der Abwicklung des Verfahrens. Höchstgebühren für Treuhänder sind durch Bundesgesetz festgelegt; die Gebühren der Gutachter unterliegen der gerichtlichen Genehmigung. Als Prozentsatz des realisierten Liquidationswertes ausgedrückt, sinken diese Kosten mit dem Dollarwert des liquidierten Vermögens. Leider liegen genaue Zahlen nur für private Konkursverfahren vor; aus ihnen ergibt sich jedoch in etwa die Größenordnung. Im Jahre 1965 entfielen bei einem durchschnittlichen Liquidationserlös von 5 227 $ 27,7 % aller Liquidationserlöse auf »Verwaltungskosten«. Bei Liquidationserlösen von mehr als 50 000 $ (Durchschnitt von 152 000 $) lag der Prozentsatz nur noch bei 19,9 %.[9] Bei Kapitalgesellschaften, die allgemein größer sind, dürften sich die Verwaltungskosten im Durchschnitt auf einen etwas niedrigeren Prozentsatz der Liquidationserlöse belaufen, doch sind sie bei weitem nicht bedeutungslos. Kurz, es gibt Belege für die Feststellung von Burchett, daß »eine Konkursverwaltung ein kostspieliger Luxus in der Unternehmungsleitung ist« (10, S. 868).

Vermutlich liegen die bedeutendsten Kosten eines Konkursverfahrens in der negativen Wirkung, die eine angespannte Finanzsituation auf den Strom der Betriebsüberschüsse haben kann. Die Unternehmung kann Schwierigkeiten bei der Aufnahme von Lieferantenkrediten haben, Kunden können an ihrer Zuverlässigkeit und ihrem Fortbestehen als Beschaffungsquelle zweifeln und andere Lieferanten vorziehen. Zweifelhafte finanzielle Verhältnisse können wie negative Werbung auf das Ansehen der Unternehmung wirken. Dies wird sicher für Banken und andere Finanzinstitute gelten, vielleicht in geringerem Maße für Industrieunternehmungen.

Natürlich ist es äußerst schwierig, den Absatz- und Ertragsrückgang einer in Konkurs geratenen Unternehmung aufzuteilen in einen Anteil, der auf die Konkurssituation zurückzuführen ist, und einen Anteil, der auf die Faktoren zurückzuführen ist, die zunächst erst den Konkurs ausgelöst haben. Mit anderen Worten, in den Konkursregistern erscheinen nicht gesunde Unternehmungen, die nur zu hohe Schulden hatten und zufällig eine Reihe von schlechten Geschäftsjahren erlebten. Man findet hier vielmehr in erster Linie solche Unternehmungen, deren Absatz- und Ertragslage schlecht ist, und daher ist es schwierig, den zusätzlichen Verlust, der durch den Konkurs verursacht wird, zu isolieren.

Trotz dieser Schwierigkeit erbringt die Untersuchung einiger Konkursfälle interessante Ergebnisse, aufgrund deren wir zumindest die Hypothese nicht verwerfen dürfen, daß es mit dem Konkurs verknüpfte Faktoren gibt, die die Betriebserträge negativ beeinflussen.

Tabelle 1
Geschäftsergebnisse von Unternehmungen in Konkursverwaltung
(in Millionen Dollar)

	Muntz T. V.			Waltham Watch			F. L. Jacobs Co.	
Geschäfts-jahr endend am	Umsatz	Gewinn nach Steuern	Geschäfts-jahr endend am	Umsatz	Gewinn nach Steuern	Geschäfts-jahr endend am	Umsatz	Gewinn nach Steuern
31. 3. 51	27,1	0,7	28. 12. 46	9,8	−0,4	31. 7. 56	24,2	−2,0
31. 3. 52	32,9	0,9	27. 12. 47	11,2	−0,4	31. 7. 57	18,6	−0,9
31. 3. 53	50,0	0,7	31. 12. 48	8,2	−1,6	31. 7. 58	keine Angaben	
5 Mon. bis								
31. 8. 53[a]	41,7[a]	−3,5[b]	6 Mon. bis			31. 7. 59	12,3	−0,1
			25. 6. 49	4,2[a]	0,4[a]	31. 7. 60	9,4	–
31. 8. 54	20,0	−8,3	31. 12. 50	3,4	−0,4	31. 7. 61	11,6	0,8
31. 8. 55	8,4	0,3	31. 12. 51	2,3	–	31. 7. 62	13,6	1,0
31. 8. 56	10,5	–				31. 7. 63	19,3	0,2
			31. 12. 52	5,0	0,2	31. 7. 64	24,8	1,0
31. 8. 57	6,0	1,0	31. 12. 53	6,0	0,1	31. 7. 65	27,6	0,9
						Sanierung noch nicht abgeschlossen		

Für jede Unternehmung bezeichnet die obere Linie den Zeitpunkt der Konkursanmeldung, die untere den Zeitpunkt des Abschlusses der Sanierung.

[a] Umgerechnet in Jahresraten unter der Annahme, daß der Umsatz während des Jahres gleichmäßig verteilt ist.
[b] Einschließlich einer Steuerrückvergütung von 0,7 Millionen Dollar.
Quelle: Moody's Industrials.

In Tabelle 1 werden die Umsätze und Nettogewinne (nach Steuern) für drei Unternehmungen aufgeführt, die sich in jüngster Zeit in Konkursverwaltung befanden. Für jede Unternehmung gibt die obere Linie an, wann der Konkurs beantragt wurde, und die untere Linie, wann die Sanierung abgeschlossen war. Im Fall der Muntz TV zeigt sich ein einschneidender Umsatzrückgang unmittelbar nach Eröffnung des Konkursverfahrens (März 1954). Bis zu diesem Zeitpunkt war die Absatzlage trotz sinkender Gewinne gut. Die Zahlen decken sich vollkommen mit der Hypothese, daß der Umsatzrückgang durch den Konkurs erheblich verschärft wurde; man beachte, daß der Umsatz während und nach dem Konkursverfahren sehr viel niedriger lag als zuvor. Hinzu kommt, daß Muntz etwa eine Million Dollar an Verwaltungskosten zu zahlen hatte, obwohl diese teilweise durch eine Reduzierung der Ansprüche nicht sichergestellter Gläubiger ausgeglichen wurden.

Waltham Watch machte ähnliche Erfahrungen. In diesem Fall liegt ein Beweis für die schädliche Wirkung der Sanierung in der Tatsache, daß der Betrieb im Jahre 1950 für 7 Monate schließen mußte, was auf einen Prozeß zurückzuführen war. Hingegen erging es F. L. Jacobs Co., wo die Sanierung im Juli 1965 noch nicht abgeschlossen war, im Konkurs viel besser. Obwohl der Umsatz in den ersten Jahren nach Konkurseröffnung zurückging, hat er sich inzwischen erholt und den vor dem Konkurs erreichten Höchststand übertroffen.

Kurz, obwohl Verallgemeinerungen nicht möglich sind, gibt es konkrete Anhaltspunkte dafür, daß der Konkurs Kosten verursacht – nämlich Verwaltungskosten und oft auch Kosten in Form eines Rückganges der Betriebsüberschüsse. Deswegen kann eine übermäßige Verschuldung, die zum Konkurs führen kann, tatsächlich die Kapitalkosten einer Unternehmung erhöhen.

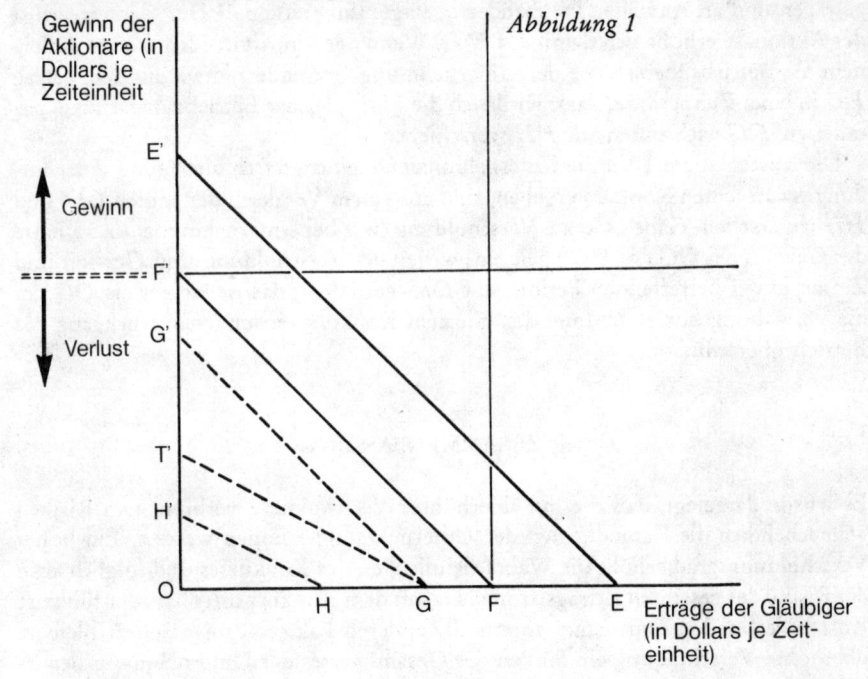

Abbildung 1

In Abbildung 1 wird die Argumentation zusammengefaßt. Der Gewinn der Anteilseigner (je Zeiteinheit) wird auf der vertikalen Achse und der Zinsertrag der Inhaber von Obligationen auf der horizontalen Achse dargestellt. OF' stellt die fixen Zinsverpflichtungen dar, die die Gesellschaft jedes Jahr erfüllen muß. Wenn der Betriebsüberschuß gleich OE ist oder gleich irgendeinem anderen Betrag, der größer als OF ist, so wird der Betrag OF an die Inhaber von Obligationen gezahlt, und der Restbetrag (F'E') steht den Aktionären zur Verfügung. Sinkt der Betriebsüberschuß auf OF, so werden die Zinsen für die Obligationen voll bezahlt, während die Aktionäre in dieser Periode leer ausgehen. Sinkt der Betriebsüberschuß unter OF auf OG ab, so erleiden die Aktionäre einen Verlust von $F'G'$. Eine derartige Situation kann jedoch nicht unbegrenzt bestehenbleiben. Sollten die Erträge bei OG verbleiben, dann wird das Unternehmen schließlich mit seinen Zinsverpflichtungen in Verzug geraten müssen, und die Inhaber der Obligationen werden den Konkurs erzwingen.

Soweit wurden Rückgänge des Betriebsüberschusses durch Parallelverschiebungen der Linien gleichen Betriebsüberschusses von EE' über FF' zu GG' dargestellt.[10] Diese Betriebsüberschüsse standen für Zahlungen an die Aktionäre oder die Inhaber von Obligationen bereit. Sobald die Unternehmung in Konkurs geraten ist (bei einem Betriebsüberschuß, der der Linie GG' entspricht), knickt die Kurve jedoch zu GT' ab.

Der Betrag $G'T'$ stellt die jährlichen Verwaltungskosten und andere direkte Kosten des Konkursverfahrens dar, die, so wird angenommen, von den Aktionären getragen und an Anwälte, Treuhänder usw. gezahlt werden.[11] Der Gesamtverlust der Aktionäre erhöht sich damit auf $F'T'$. Wenn der Eintritt des Konkurses außerdem die Betriebsüberschüsse der Unternehmung vermindert, etwa um den Betrag HG in einer Zeitperiode, dann wird sich die Linie gleicher Betriebsüberschüsse parallel zu $T'G$ nach unten auf HH' verschieben.

Die Kosten, die sich für die Unternehmung aus einem durch überhöhte Verschuldung verursachten Konkurs ergeben, sind aus einem Vergleich der Linien GG' und HH' zu ersehen. Gäbe es keine Verschuldung (wie bei Unternehmung A), so hätte der Gewinn bei OG ($= OG'$) gelegen; wegen der Verschuldung sind Gewinn und Zinsen in der betreffenden Periode auf OH' gesunken; das ist kleiner als OG um die Verwaltungskosten und um den mit dem Konkurs verbundenen Rückgang des Betriebsüberschusses.

III. ZUSAMMENFASSUNG

Es wurde dargelegt, daß die mit überhöhter Verschuldung verbundenen Risiken wahrscheinlich die Kapitalkosten der Unternehmung erhöhen werden. Ein hoher Verschuldungsgrad erhöht die Wahrscheinlichkeit des Konkurses und folglich auch das Risiko des gesamten Ertragsstroms. Da mit dem Konkurs offenbar sehr fühlbare Kosten verbunden sind, kann, sofern alle anderen Faktoren unverändert bleiben, überhöhte Verschuldung ein Sinken des Gesamtwertes der Unternehmung bewirken.

Der Einfluß des Konkursrisikos wird sich sicher nicht linear zum Einsatz von Fremdkapital auswirken. Ist die Verschuldung sehr gering, dann wird ein erhöhter Einsatz von Fremdkapital kaum wesentlichen Einfluß auf die Wahrscheinlichkeit eines Konkurses haben. Enthält jedoch die Kapitalstruktur einen erheblichen Fremdkapitalanteil, dann wird eine Erhöhung der Verschuldung eher wesentlich größeren Einfluß auf die Kapitalkosten haben. Das Konkursrisiko gewinnt also mit steigendem Verschuldungsgrad an Bedeutung. Deswegen wird der Zinssatz für Fremdkapital, wenn überhaupt, nur sehr langsam mit der Verschuldung ansteigen, solange der Einsatz von Fremdkapital gering ist; der Zinssatz wird jedoch stark ansteigen, wenn die Kapitalstruktur riskanter wird.

Außerdem wird die Fähigkeit einer Unternehmung, Verschuldung zu »bewältigen«, von der Varianz ihrer Betriebsüberschüsse abhängen. Da Unternehmungen mit verhältnismäßig stabilen Betriebsüberschüssen (wie Versorgungsbetriebe) weniger der Gefahr des Konkurses ausgesetzt sind, wird es ihnen wünschenswert erscheinen, sich verhältnismäßig stark auf Fremdfinanzierung zu stützen. Unternehmungen mit sehr unsicheren Betriebsüberschüssen sind andererseits in geringem Maße in der Lage, fixe Belastungen in Form von Zinsverpflichtungen zu übernehmen, und werden deswegen feststellen, daß die durchschnittlichen Kapitalkosten mit wachsender Verschuldung ansteigen, auch wenn Fremdkapital nur in mäßigem Umfang eingesetzt wird.

Die Körperschaftsteuer, die Zinsen als absetzbare Aufwendung behandelt, wirkt in der Richtung, daß durch Verschuldung die Kapitalkosten einer Unternehmung gesenkt werden. In diesem Aufsatz wurde gezeigt, daß das Konkursrisiko diesem Einfluß entgegenwirken kann. Wenn der Einsatz von Fremdkapital gering ist, wird der Steuereffekt wahrscheinlich überwiegen; aber mit steigender Verschuldung wächst die Bedeutung des Konkursrisikos. Daher können wir bei Berücksichtigung aller dieser Einflüsse zu dem Schluß kommen, daß sich bei Abschwächung der engen Annahmen von Modigliani und Miller gemäß den realen Gegebenheiten die herkömmliche Kapitalkostenkurve ergibt, die bei niedriger Verschuldung sinkt, jedoch ansteigt, sobald die Verschuldung einen beträchtlichen Umfang erreicht.

ANMERKUNGEN

* Ich danke K. L. Thompson für seine sehr gewissenhafte und kritische Assistenz bei der Forschungsarbeit und B. G. Malkiel und D. Vickers für hilfreiche Anregungen. Eine vorläufige Fassung dieses Aufsatzes wurde auf der 13. Internationalen Tagung des Institute of Management Sciences am 7. September 1966 vorgelegt. Die Untersuchung wurde mit finanzieller Unterstützung der National Science Foundation abgeschlossen.

1. Ferner weisen Baumol und Malkiel (2) darauf hin, daß bei Berücksichtigung von Transaktionskosten in realistischer Höhe die Verschuldung wahrscheinlich in einem bestimmten Bereich von Verschuldungsgraden den Wert der Unternehmung erhöht (die Kapitalkosten senkt).

2. Unter optimaler Verschuldung ist die Kapitalstruktur zu verstehen, bei der die durchschnittlichen Kapitalkosten am kleinsten sind und daher der Marktwert von Eigenkapital und Fremdkapital am größten ist. Im vorliegenden Aufsatz steht wie in den meisten Arbeiten zu diesem Thema die Verschuldung, die durch Aufnahme von Fremdkapital entsteht, im Mittelpunkt, obwohl in der Literatur erkannt wird, daß ein Verschuldungseffekt auch durch Ausgabe von Vorzugsaktien zustande kommen kann.

3. Vgl. z. B. die Darstellung von Donaldson (5, S. 224ff. in diesem Band).

4. Wenn umgekehrt die Kapitalkosten für das verschuldete Unternehmen niedriger sind (Steuern und Transaktionskosten bleiben unberücksichtigt), werden die Kapitalanleger es vor-

teilhaft finden, ihre Anteile an der verschuldeten Unternehmung zu verkaufen und unter persönlicher Verschuldung Anteile der eigenfinanzierten Unternehmung zu erwerben. Der Arbitrage-Mechanismus wurde in vielen Veröffentlichungen beschrieben, so daß eine Wiederholung hier überflüssig erscheint. Eine gute Darstellung findet sich bei Solomon (3), Kapitel III.

5. Das wird klar, wenn wir bedenken, daß die Investoren bei gleicher erwarteter Rendite immer vorziehen würden, Forderungstitel und nicht Beteiligungstitel und somit einen vorrangigen Anspruch zu besitzen. Folglich würden rationale Investoren, gleichgültig, wie hoch die Verschuldung ist, bei gleicher Rendite es immer vorziehen, Anteile an einer unverschuldeten Unternehmung A zu verkaufen und Forderungen an die verschuldete Unternehmung B zu erwerben. Der Punkt, an dem der Fremdkapitalzins mit der Kapitalisierungsrate für Gewinne der unverschuldeten Unternehmung übereinstimmt, entspricht Solomons Punkt der optimalen Verschuldung (4, S. 164 in diesem Band). (Zu beachten ist jedoch, daß Solomon eine Erhöhung des gesamten Kapitaleinsatzes im Auge hat und daß daher sein Punkt der optimalen Verschuldung sich begrifflich von dem von Modigliani und Miller unterscheidet.) Jenseits dieses Niveaus würden die Grenzkosten des Fremdkapitals die durchschnittlichen Kapitalkosten übersteigen. In diesem Fall könnte die Unternehmung durch Erhöhung von Fremdkapital und Eigenkapital im gleichen Verhältnis wie in der gegebenen Kapitalstruktur (Erhöhung des *Umfangs* der Finanzierung bei unveränderter *Struktur*) billiger Kapital aufbringen als durch reine Fremdfinanzierung. Das würde bedeuten, daß die reine Fremdfinanzierung die durchschnittlichen Kapitalkosten erhöhen würde. Aus den obenerwähnten Gründen könnte eine derartige Situation in der wirklichen Welt nicht entstehen. Eher wäre zu erwarten, daß sich die Fremdkapitalkosten asymptotisch den durchschnittlichen Kapitalkosten annähern; die beiden Größen wären nur im hypothetischen Fall der reinen Fremdkapital-Unternehmung gleich, in der natürlich die Gläubiger das gleiche Risiko tragen wie Anteilseigner und wo die zwei Kapitalisierungssätze folglich übereinstimmen.

6. Die Situation völliger Gewißheit, also keiner Varianz der Betriebsüberschüsse, ist trivial, denn in diesem Fall gibt es keinen wirklichen Unterschied zwischen Fremd- und Eigenkapital.

7. Hunt, Williams und Donaldson (6), S. 579–580.

8. Mit anderen Worten, Zahlungsunfähigkeit im technischen Sinne kann auftreten, bevor das Unternehmen wirklich zahlungsunfähig ist. Vgl. z. B. Guthmann und Dougall (7), S. 628, und Dewing (8), S. 1215.

9. Die Angaben stammen aus (9).

10. Der gesamte zur Ausschüttung zur Verfügung stehende Überschuß auf jeder Linie ist fix. Die Linien verlaufen so, daß sie die Koordinaten in einem Winkel von 45° schneiden.

11. Die Annahme, daß die Aktionäre die Kosten tragen, beruht auf der Prämisse, daß Konkursverfahren eingeleitet werden, bevor das Eigenkapital in der Unternehmung vollkommen verschwunden ist. In Wirklichkeit ist die Situation sehr kompliziert, und es hängt zum großen Teil von den Verhandlungspositionen der Schuldner und Gläubiger ab, wer die Verwaltungskosten zu tragen hat.

LITERATUR

1. F. Modigliani und M. H. Miller, The Cost of Capital, Corporation Finance and the Theory of Investment, *American Economic Review,* Juni 1958. Übersetzung auf S. 86ff. in diesem Band.

2. W. J. Baumol und B. G. Malkiel, The Firm's Optimal Debt-Equity Combination and the Cost of Capital, *Quarterly Journal of Economics*, 1967.
3. E. Solomon, *The Theory of Financial Management* (Columbia University Press, 1963).
4. E. Solomon, Leverage and the Cost of Capital, *The Journal of Finance*, Mai 1963. Übersetzung auf S. 160 ff. in diesem Band.
5. G. Donaldson, New Framework for Corporate Debt Policy, *Harvard Business Review*, März-April 1972. Übersetzung auf S. 224 ff. in diesem Band.
6. P. Hunt, C. M. Williams und G. Donaldson, *Basic Business Finance: Text and Cases* (Homewood, Illinois: R. D. Irwin, 1961).
7. H. G. Guthmann und H. E. Dougall, *Corporate Financial Policy* (Englewood Cliffs, N. J.: Prentice-Hall, 1962).
8. A. S. Dewing, *Financial Policy of Corporations*, Fifth Ed., Volume II (New York: Ronald Press, 1953).
9. U.S. Administrative Office of the United States Courts, *Tables of Bankruptcy Statistics* (Washington: U.S. Government Printing Office, 1965).
10. F. F. Burtchett, *Corporation Finance* (New York: Harper, 1934).

Finanzstruktur und Wert der Unternehmung

RONALD F. WIPPERN*

Eine der zentralen Fragen in der Theorie wie in der Praxis der Finanzierung ist das Problem der Bestimmung der optimalen Kapitalstruktur der Unternehmung. Existiert bei gegebenen Marktverhältnissen und Investitionsmöglichkeiten eine optimale Kombination von Fremd- und Eigenkapital, bei der der Wert der Unternehmung maximiert wird?

Der zu maximierende Wert der Unternehmung ist eine Funktion von zwei Variablen, dem erwarteten Gewinnstrom aus dem investierten Kapital und dem Satz, zu dem dieser Strom vom Markt kapitalisiert wird. Entscheidungen hinsichtlich der Kapitalstruktur müssen unter Berücksichtigung ihres Einflusses auf diese beiden Variablen getroffen werden.

Ein allgemein anerkannter und einleuchtender Satz besagt, daß die Fremdfinanzierung so lange den Gewinnstrom erhöht, wie die direkten Kosten der Fremdfinanzierung unter dem Ertrag aus Kapitalanlagen liegen. Im Mittelpunkt der Kontroverse über die optimale Kapitalstruktur steht die Frage, welchen Einfluß die Ausweitung der Fremdfinanzierung auf die »Qualität« der Unternehmensgewinne und damit auf den Satz hat, mit dem diese Gewinne kapitalisiert werden. Bewirkt eine geringfügige Erhöhung des Fremdkapitals, daß die Aktionäre eine Erhöhung der in ihrer Rendite enthaltenen Risikoprämie fordern, mit der Folge, daß der Effekt der durch die Kapitalbeschaffung ermöglichten zusätzlichen Gewinne kompensiert wird?

Wenn die Investoren in dieser Weise reagieren, bleibt der Unternehmenswert von Veränderungen in der Kapitalstruktur unbeeinflußt, und daraus darf man schließen, daß die Kapitalstruktur ohne Bedeutung ist, wenn es einer Unternehmung darum geht, den Wert des Vermögens ihrer Aktionäre zu maximieren.

Wenn jedoch die Erhöhung der von den Aktionären geforderten Rendite höher oder niedriger ist, als erforderlich wäre, um die Vorteile der zusätzlichen Gewinne aus erhöhter Fremdfinanzierung genau zu kompensieren, dann wird die Kapitalstruktur einen erheblichen Einfluß auf den Wert der Unternehmung haben. Im letzteren Fall werden Entscheidungen über die Kapitalstruktur zu wichtigen Bestimmungsgrößen bei der Maximierung des Vermögens der Aktionäre.

In jüngster Zeit war das Problem der Kapitalstruktur Gegenstand lebhafter Diskussionen, doch eine Annäherung der gegensätzlichen Standpunkte ist nicht zustande gekommen.[1] Die in der Literatur vorgeschlagenen normativen Lösungen sind in starkem Maße von den zugrunde liegenden Prämissen hinsichtlich der Art der Reaktion der Investoren und des Grades der Marktvollkommenheit abhängig.

---

* Im Original: Financial Structure and the Value of the Firm. Mit freundlicher Genehmigung des Verfassers und der American Finance Association entnommen aus: *The Journal of Finance*, 21 (1966), S. 615–633. Übersetzt von Diplomübersetzerin Helmke Mundt.

Empirische Untersuchungen von Kapitalkosten und Verschuldung haben bisher wegen systematischer Fehler sowohl in der Messung als auch in der Konzeption keine eindeutigen Ergebnisse erzielt.

In diesem Aufsatz wird ein anderer empirischer Ansatz zur Bestimmung der Beziehungen zwischen Risiko, Kapitalstruktur und Kapitalkosten bei industriellen Unternehmungen vorgeschlagen. In Abschnitt I wird die empirische Analyse entwickelt. Dieser Abschnitt enthält eine Diskussion der begrifflichen und statistischen Probleme, die bei empirischen Untersuchungen von Verschuldungseffekten auftauchen, die Entwicklung einer methodischen Alternative, die nach unserer Ansicht von systematischen Fehlern frei ist, und einen Bericht über die statistischen Tests. Abschnitt II enthält die Interpretation der Ergebnisse und ihrer Bedeutung für die Diskussion über die Kapitalstruktur.

I. DIE EMPIRISCHE ANALYSE

Über empirische Untersuchungen der Beziehungen zwischen Kapitalkosten und Verschuldung wurde von Alexander Barges (1), Modigliani und Miller (13) und J. Fred Weston (19) berichtet. Untersuchungen über einen derartigen Gegenstand bringen verschiedene Schwierigkeiten sowohl begrifflicher als auch statistischer Art mit sich. Die Hauptprobleme empirischer Untersuchungen des Verschuldungsproblems werden in diesem Abschnitt behandelt, und es wird versucht, neue Methoden zur Bestimmung der Beziehungen zwischen Verschuldung und Kapitalkosten anzubieten, die hoffentlich fruchtbarer sein werden.

1. Begriffliche Probleme bei empirischen Untersuchungen des Verschuldungseffekts

Die Maßgröße der Verschuldung:
Eines der zentralen Probleme bei empirischen Untersuchungen von Verschuldungseffekten liegt in der Definition einer Maßgröße der Verschuldung, die frei von systematischen Fehlern ist. Die Verschuldung wurde in früheren Forschungsarbeiten als das Verhältnis von Fremdkapital zu Eigenkapital – bewertet entweder zum Buchwert oder zum Marktwert – verstanden. Diese beiden Maßgrößen enthalten beide erhebliche systematische Fehler.

Das Verhältnis von Fremdkapital zu Eigenkapital (beides zum Buchwert) gibt die Beziehung zwischen dem Nennwert der Verschuldung – abzüglich oder zuzüglich eines noch nicht amortisierten Disagio oder Agio – zu der Höhe des Eigenkapitals an, das durch die historischen Anschaffungs- oder Herstellungskosten der Aktiva abzüglich des Nennwerts der Verbindlichkeiten bestimmt wird. In diesem Verhältnis finden alle in der Vergangenheit getroffenen Entscheidungen über bilanzielle Bewertung und Gewinnermittlung ihren Niederschlag. Seine Verwendung als Maßgröße des finanziellen Risikos beruht auf der Voraussetzung, daß das Verhältnis zwischen

Fremdkapital und dem Buchwert des Eigenkapitals von erheblicher Bedeutung für die Bestimmung der Ansprüche von Kreditgebern und Kapitalanlegern auf den Gewinnstrom des Unternehmens ist. Diese Interpretation ist nur gerechtfertigt, wenn man von der Auffassung ausgeht, daß die Risiken der festverzinslichen Fremdfinanzierung sich nur aus potentiellen Verlusten bei der Liquidation ergeben und daß dieses Verlustpotential in den Buchwerten richtig zum Ausdruck kommt.

Bei Messung der Verschuldung auf der Grundlage von Marktwerten werden einige der oben erwähnten Schwierigkeiten vermieden. Es ergeben sich jedoch im Zusammenhang mit der auf Marktwerten basierenden Verhältniszahl andere Probleme. Modigliani und Miller wiesen auf den systematischen Fehler hin, der sich aus der Division der abhängigen und der unabhängigen Variablen durch den Marktwert des Eigenkapitals in den von ihnen berechneten Korrelationen ergab (13). Diese Art der Verwendung von Marktwerten führt zu statistischen systematischen Fehlern in der Korrelationsberechnung.

Ein noch schwerwiegenderer begrifflicher Fehler entsteht, wenn die Verschuldung als das Verhältnis des Fremdkapitals zum Marktwert des Eigenkapitals gemessen wird. Es ist allgemein anerkannt, daß der Marktwert des Eigenkapitals eines Unternehmens eine Funktion verschiedener anderer Variablen außer der Kapitalstruktur ist. Wenn die Aktien einer Unternehmung auf dem Markt relativ hoch in Kurs stehen, aus Gründen, die nichts mit der Kapitalstruktur zu tun haben bzw. zu ihr hinzukommen, dann wird die Verhältniszahl für die Verschuldung dieser Unternehmung natürlich niedriger liegen, als es der Fall wäre, wenn ihre Aktien bei den Investoren weniger gefragt wären. Also ist die Schwierigkeit bei einer Messung der Kapitalstruktur mehr als nur statistischer Natur. Diese Verhältniszahl ist keine reine Maßgröße für das finanzielle Risiko, sondern ist ihrerseits wiederum eine Funktion des Marktwerts. Hierdurch werden Geltungsbereich und Erklärungskraft jedes Modells, das diese Maßgröße verwendet, klar begrenzt.

Die Prämisse der äquivalenten Risikoklassen:
Ein zweites bei solchen Untersuchungen auftretendes Problem liegt darin, daß das Geschäftsrisiko vom finanziellen Risiko zu unterscheiden ist. Das Geschäftsrisiko schließt nach allgemeiner Auffassung alle Elemente der Ungewißheit des Gewinnstromes einer Unternehmung ein, die sich nicht aus finanziellen Transaktionen ergeben. Hierzu gehören die Risiken, die sich aus der Wettbewerbslage, den Bestimmungsfaktoren der Nachfrage und der Kostenstruktur ergeben. Das finanzielle Risiko ist jenes Element der Ungewißheit, das auf Einbeziehung der festverzinslichen Fremdfinanzierung in die Kapitalstruktur der Unternehmung zurückgeht.

Der empirische Nachweis des Einflusses der Kapitalstruktur auf den Wert der Unternehmung setzt voraus, daß die Kapitalisierungssätze von Unternehmungen mit gleichem Geschäftsrisiko und unterschiedlichem finanziellem Risiko, d. h. unterschiedlicher Verschuldung verglichen werden. In früheren Untersuchungen wurde angenommen, daß Homogenität hinsichtlich des Geschäftsrisikos dadurch erreicht werden kann, daß man Unternehmungen des gleichen Industriezweiges vergleicht.

Unternehmungen, die auch nur eine entfernte Ähnlichkeit in ihren Kostenstrukturen, ihren Nachfragemerkmalen und ihren Wettbewerbspositionen aufweisen, sind jedoch äußerst schwer zu finden, und die Zugehörigkeit zum gleichen Industriezweig bietet keine Gewähr für die Homogenität des Geschäftsrisikos. Die Fähigkeit der Unternehmensleitung, nicht nur im Rahmen der Bedingungen eines Industriezweigs zu arbeiten, sondern diese Bedingungen selber zu gestalten, ist oft ein wesentlicher Bestimmungsfaktor für die Ungewißheit, der der erwartete Gewinnstrom der Unternehmung unterliegt.

Die Maßgröße der Kapitalisierungssätze für Eigenkapital:
Auf weitere Probleme trifft man bei dem Versuch, eine brauchbare Maßgröße für die Reaktion der Investoren zu definieren. Das Hauptanliegen dieser Untersuchung ist es, Veränderungen der Kapitalisierungssätze für Eigenkapital in Abhängigkeit von der Verschuldung zu messen. Diese Sätze, bei denen die Barwerte der erwarteten zukünftigen Gewinne gleich den gegenwärtigen Kursen werden, sind nicht direkt meßbar. Schlüsse auf ihre relative Höhe müssen daher mit Hilfe einer Ersatz-Maßgröße, die auf objektiv bestimmbaren Daten beruht, gezogen werden.

2. Der methodische Ansatz

Ziel der empirischen Analyse ist, durch Regressions-Analyse die Beziehungen zwischen den Kapitalisierungssätzen für Eigenkapital und der Verschuldung für eine Stichprobe von Industrieunternehmungen zu bestimmen und das Ergebnis im Hinblick auf die unterschiedlichen theoretischen Auffassungen auszuwerten.

In diesem Abschnitt wird das Grundprinzip beschrieben, das sowohl der Auswahl und der Definition der Variablen als auch der Stichprobenbildung und der Wahl der Jahre für die Querschnittsuntersuchung zugrunde liegt.

Die Auswahl der Variablen:
Ein wichtiges Ziel bei der Ausarbeitung des methodischen Plans dieser Untersuchung war es, eine Maßgröße der Verschuldung zu bestimmen, die frei von den dem Verhältnis Fremdkapital zu Eigenkapital eigenen systematischen Fehlern ist.

Ein weiteres damit verbundenes Ziel war, die Annahme risikoäquivalenter Industrieklassen zu vermeiden. Um diese Ziele zu erreichen, wird eine Ersatzvariable für die Ungewißheit in die Analyse einbezogen.

Die Maßgröße für die Ungewißheit:
Unternehmungen und Aktionäre treffen ihre Entscheidungen meist unter Ungewißheit, wobei die Häufigkeitsverteilung der Ergebnisse nicht objektiv festgestellt werden kann. Die Bedingung, daß keine *objektive* Information über die Wahrscheinlichkeitsdichtefunktionen der Gewinnströme vorliegt, ist jedoch nicht gleichbedeutend damit, daß überhaupt keine Information über diese Funktionen gegeben ist (4, S. 2).

Man darf annehmen, daß alle Entscheidungsträger Risiko und Unsicherheit nach ähnlichen Maßstäben und Regeln beurteilen. In dieser Untersuchung wird als eine Ersatzmaßgröße für die Ungewißheit eine objektive Maßgröße für die früheren Leistungen der Unternehmung verwandt. Der Verwendung einer derartigen Maßgröße zur annähernden Erfassung der subjektiven Ungewißheit zukünftiger Gewinnströme liegt der Gedanke zugrunde, daß die Information über die Entwicklung der Erträge in der Vergangenheit wohl die wichtigste Grundlage zur Schätzung von Parametern der subjektiven Wahrscheinlichkeitsverteilungen zukünftiger Erträge darstellt.

Eine Maßgröße für die Schwankungsbreite früherer Gewinne im Konjunkturablauf gehört zu den am häufigsten benutzten Parametern, wenn es darum geht, Schlüsse auf die Ungewißheit des Eingangs zukünftiger Gewinne zu ziehen. Ein wichtiger unerwünschter Effekt der Verschuldung, auf den in der Literatur hingewiesen wird, liegt darin, daß sie die Schwankungsbreite des Ertragsstroms der Aktionäre vergrößert. Die Schwankungsbreite des Ertragsstroms vor Abzug der Finanzierungskosten wird allgemein als ein wichtiger Bestimmungsfaktor für den vertretbaren Umfang der festverzinslichen Fremdfinanzierung angeführt.

Die Schwankungsbreite allein ist jedoch keine ausreichende Grundlage für Schlüsse auf die relativen Ungewißheitsgrade beim Vergleich mehrerer Unternehmungen. Ein Gewinnstrom, der große Schwankungen aufweist, bei dem aber sogar noch die niedrigsten Werte weit über allen fixen Zahlungsverpflichtungen liegen, bietet weniger Risiken für Aktionäre und Unternehmung als ein Strom, der eine geringere Schwankungsbreite aufweist, bei dem aber die niedrigsten Werte nahe bei der Höhe der fixen Zahlungsverpflichtungen liegen. Aus diesem Grund wird das Verhältnis zwischen Ertragsniveau und den fixen Zahlungsverpflichtungen für Fremdkapital als zweite Dimension der Maßgröße für Ungewißheit in die Analyse einbezogen.

Die Verschuldungsvariable:

Die zwei Dimensionen der Maßgröße für Ungewißheit werden unmittelbar in eine Verschuldungsmaßgröße einbezogen. Die Verschuldung wird durch eine einzige Kennziffer gemessen, in der das Ertragsniveau, die Schwankungsbreite des Ertragsstromes und die Höhe der fixen Zahlungsverpflichtungen eingehen. In dieser Kennziffer ist der Nenner ein Schätzwert für den normalisierten Minimalgewinn. Dieser Nenner wird berechnet, indem man aus einer logarithmischen Regressionslinie für das Einkommen einer Zehnjahresperiode den letztjährigen Wert des Cash Flow (»cash flow net operating income«)[2] je Aktie entnimmt und hiervon den Betrag von zwei Standardabweichungen $2s$, berechnet als mittlere Abweichung von der Regressionslinie, subtrahiert. Dies wäre eine Annäherung an ein Konfidenzintervall, das mit 95 % Wahrscheinlichkeit nicht unterschritten wird, wenn man voraussetzen könnte, daß die beobachteten Werte unabhängig und normalverteilt sind. Unabhängig von der zugrunde liegenden Verteilung kann bewiesen werden, daß die Wahrscheinlichkeit von Werten, die außerhalb dieser Grenzen liegen, nicht höher als 0,25 (5, S. 183–184) ist. Der Zähler der Kennziffer, i, ist die gegenwärtige Höhe der fixen Belastungen (Zinszahlungen und Dividenden für Vorzugsaktien) der Unternehmung.

Der Quotient $i/(\bar{E} - 2s)$ mißt die Verschuldung mit Hilfe eines Minimalüberschusses, der unter Berücksichtigung der Schwankungsbreite des Cash Flow in der Vergangenheit berechnet wird, und der Höhe der fixen Belastungen, die vorab aus dem Cash Flow zu bestreiten sind.[3]

Abgesehen davon, daß die Verwendung einer mit systematischen Fehlern behafteten Verschuldungsmaßgröße vermieden wird, hat diese Kennziffer den zusätzlichen Vorzug, daß sie die Unterschiede im Geschäftsrisiko berücksichtigt und auf diese Weise Untersuchungen der Beziehung zwischen Kapitalstruktur und Eigenkapitalverzinsung für eine Stichprobe von Unternehmen aus verschiedenen Industriezweigen ermöglicht und nicht nur getrennt für jeden einzelnen Industriezweig. Bei Verwendung dieser Maßgröße der Verschuldung entfällt die Notwendigkeit von Prämissen hinsichtlich äquivalenter Risikoklassen oder der Homogenität des Geschäftsrisikos innerhalb von Industriezweigen.

Die abhängige Variable:
Kapitalisierungssätze für das Eigenkapital von Unternehmen sind Sätze, bei denen der Barwert der in Zukunft für eine Aktie erwarteten Gewinne gleich ihrem gegenwärtigen Kurswert wird.

Diese Sätze sind daher nicht objektiv bestimmbare Werte, sondern beruhen auf Schätzungen über die Erwartungen der Investoren.

Das Verhältnis der Dividende zum Kurswert ebenso wie das des Gewinns zum Kurswert sind in empirischen Untersuchungen als Schätzwerte für den Kapitalisierungssatz für Eigenkapital verwandt worden. Keine von beiden Maßgrößen ist jedoch befriedigend, da sie nicht berücksichtigen, daß der Zahlungsstrom an die Aktionäre ansteigen oder absinken kann. Aus diesen Gründen scheint die Gordon-Shapiro-Formel (19) des gegenwärtigen Dividendensatzes zuzüglich der erwarteten Wachstumsrate der Dividende – zumindest auf theoretischer Basis – eine sinnvolle Lösung. Dieses Modell ist jedoch in seiner empirischen Anwendung auch begrenzt.

Ziel einer empirischen Untersuchung des Verschuldungseffektes sollte es sein, zu bestimmen, ob – und in welchem Maße – Unterschiede in der Bewertung von Aktien auf dem Markt durch Unterschiede in der Finanzstruktur der in der Stichprobe enthaltenen Unternehmungen erklärt werden können. Daher ist sinnvollerweise davon auszugehen, daß die Maßgröße für die Kapitalkosten eine möglichst unmittelbar zu beobachtende Maßgröße des Verhaltens der Investoren hinsichtlich der Bewertung sein sollte. Maßgrößen, die die Summe der Dividende bzw. Gewinne (Erlöserträge) und Wachstumsrate verwenden, werden in vielen Fällen stark durch den Wachstumsfaktor beeinflußt, und der Einfluß relativer Einschätzung durch die Investoren, der nur in der Ertragskomponente dieser Maßgröße zum Ausdruck kommt, wird erheblich abgeschwächt und kann sich der Feststellung entziehen.

Der beste Indikator für das Verhalten von Investoren gegenüber Entscheidungen über die Finanzstruktur ist die Gewinnrendite der Aktie. Dieser Satz ist nicht gleichbedeutend mit einem Kapitalisierungssatz für Eigenkapital. Er ist jedoch eine objektiv bestimmbare Maßgröße für relative Reaktionen der Investoren, aus der Schlüsse auf das Verhalten von Kapitalisierungssätzen für Eigenkapital gezogen werden können.

Die als abhängige Variable verwandte Gewinnrendite ist das Verhältnis eines normalisierten Gewinns je Aktie zu dem Mittel zwischen dem höchsten und dem niedrigsten Aktienkurs im ersten Vierteljahr, das auf das Jahr der Querschnittsanalyse folgt. Der normalisierte Gewinn ist der letzte Wert einer logarithmischen Regressionslinie für die Gewinne je Aktie für eine Zeitspanne von zehn Jahren, die mit dem Jahr der Querschnittsanalyse endet. Die Kursnotierungen für das erste Vierteljahr nach dem Jahr der Querschnittsanalyse wurden aus zwei Gründen ausgewählt. Erstens schlägt sich in ihnen die Kursentwicklung nach Bekanntgabe der Gewinne im Jahr der Querschnittsanalyse nieder; sie können daher als Bewertungen angesehen werden, die in starkem Maße durch diese Gewinne begründet sind. Zweitens wurden die nach Jahresende beobachteten Kurse herangezogen, um den Einfluß von Verkäufen zu minimieren, die nur der Realisierung steuerlicher Verluste dienen und die oft die Kursentwicklung stark beeinflussen.

Die Kontrollvariablen:
Eine Reihe von Kontrollvariablen wird zusätzlich zu der Verschuldungsvariablen eingeführt, um zu erreichen, daß andere Faktoren, die die relativen Aktienkurse beeinflussen, konstant gehalten werden. Diese Kontrollvariablen werden folgendermaßen definiert:

Wachstumsrate: Der Mittelwert der Steigungsmaße der logarithmischen Regressionslinien für die Gewinne je Aktie über einen Zehnjahresabschnitt und über einen Vierjahresabschnitt.

Dividendenausschüttung: Der Mittelwert über vier Jahre für das Verhältnis der Stammaktiendividende zu dem auf Stammaktien entfallenden Gewinn.

Größe: Der Buchwert des Netto-Anlagevermögens am Ende des Jahres der Querschnittsanalyse.

Störvariablen: Störvariablen wurden eingeführt, um alle systematischen Unterschiede zwischen Industriezweigen zu erkennen, die nicht durch andere unabhängige Variablen erklärt werden. Die Koeffizienten der Störvariablen verschieben, falls sie signifikant sind, das absolute Glied der Regressions-Gleichung für jeden Industriezweig nach oben oder unten.

Die Stichprobe:
Die in die Stichprobe einbezogenen Industriezweige wurden im Hinblick darauf ausgewählt, ein hohes Maß an Heterogenität hinsichtlich von Faktoren wie Wachstumstrends, Kosten- und Nachfragestrukturen und relative Auswirkungen von Konjunkturschwankungen zu erreichen.

Die in die Stichprobe einbezogenen Industriezweige sind:
Behälterbau: Metall und Glas
Arzneimittel
Nahrungsmittel: Brot, Kuchen und Feinbackwaren

Industriemaschinenbau
Inländische Erdölindustrie
Papier
Gummi.

Fünfzig Unternehmungen dieser Industriezweige sind in der Stichprobe enthalten.[4]

Die Elektrizitätserzeugung, die am häufigsten als Beispiel zur Untersuchung von Kapitalstruktureffekten herangezogen wird, wurde in dieser Stichprobe nicht berücksichtigt, da wir sie für ungeeignet halten, um Schlüsse hinsichtlich der Reaktion der Aktionäre auf finanzielles Risiko zu begründen. Zinszahlungen gehören zu den Kosten, die von den Aufsichtsbehörden bei der Festsetzung der Tarife der Elektrizitätswerke berücksichtigt werden. Außerdem haben die Aufsichtsbehörden offenbar erheblichen Einfluß auf die bei Unternehmungen dieses Industriezweiges gebräuchliche Finanzstruktur. Es ist daher zweifelhaft, ob eine Finanzierung mit festen Zahlungsverpflichtungen für den Aktionär der Elektrizitätserzeugung ein finanzielles Risiko bedeutet, das in Art und/oder Umfang dem des Aktionärs eines nicht unter Aufsicht stehenden Unternehmens gleichzusetzen ist.

Die Jahre 1956, 1958, 1961 und 1963 wurden für die Querschnittsanalyse ausgewählt, um die Stabilität der Vorzeichen und Werte der Koeffizienten in Zeiten unterschiedlicher Konjunktur- und Kapitalmarktbedingungen zu testen.

3. Die Ergebnisse der Regressionsanalyse

Eine multiple Regressionsanalyse der Daten der ausgewählten Unternehmen wurde für jedes Jahr vorgenommen unter Verwendung der Gleichung

$$\text{Gewinn-Kurs-Verhältnis} = a + b_1 (\text{Verschuldung}) + b_2 (\text{Wachstumsrate}) + b_3 (\text{Dividendenausschüttung}) + b_4 (\text{Log Größe}) + b_5 + \ldots + b_{10} (\text{Störvariablen der Industriezweige}) \tag{1}$$

Die Ergebnisse der Regressionsanalyse sind in Tabelle 1 zusammengefaßt.

Tabelle 1
Regressionsgleichungen (*t*-Verhältnisse in Klammern)

Jahr	a	X_1 Verschuldung	X_2 Wachstumsrate	X_3 Dividendenausschüttung
1956	0,1441	0,0878 (1,794)[a]	−0,0491 (1,719)[a]	−0,0438 (2,080)[a]
1958	0,0990	0,0717 (1,972)[a]	−0,0612 (2,132)[a]	−0,0522 (2,961)[a]
1961	0,0990	0,0321 (0,7627)[c]	−0,1116 (5,847)[a]	−0,0268 (1,888)[a]
1963	0,0865	0,1130 (2,338)[a]	−0,0562 (1,856)[a]	−0,0170 (1,312)[b]

Jahr	$\log X_4$ Größe	X_5 Erdöl	X_6 Maschinenbau	X_7 Papier
1956	−0,0076 (1,810)[a]	0,0008 (0,065)	−0,0191 (1,834)[a]	−0,0162 (1,555)[b]
1958	−0,0007 (0,2723)	−0,0029 (0,356)	0,0063 (0,9021)[c]	−0,0167 (2,432)[a]
1961	−0,0046 (2,202)[a]	−0,0215 (2,825)[a]	0,0028 (0,4296)	−0,0080 (1,275)[c]
1963	−0,0042 (2,233)[a]	0,0128 (1,720)[a]	0,0052 (0,8701)[c]	−0,0076 (1,268)[b]

Jahr	X_8 Arzneimittel	X_9 Gummi	X_{10} Behälterbau	R^2
1956	−0,0222 (1,818)[a]	−0,0046 (0,343)	−0,0074 (0,5116)	0,533
1958	−0,0246 (2,737)[a]	−0,0128 (1,422)[b]	−0,0048 (0,570)	0,604
1961	−0,0195 (2,950)[a]	−0,0007 (0,902)[c]	−0,0009 (0,1276)	0,693
1963	−0,0149 (2,207)[a]	−0,0030 (0,4129)	0,0003 (0,0435)	0,624

[a] Signifikant mit der Wahrscheinlichkeit 0,95
[b] Signifikant mit der Wahrscheinlichkeit 0,9
[c] Signifikant mit der Wahrscheinlichkeit 0,75

Eine ausführliche Diskussion zur Interpretation der für die Verschuldung ermittelten Koeffizienten wird im nächsten Abschnitt erfolgen.

Die Koeffizienten der Kontrollvariablen stimmten in ihren Vorzeichen in den einzelnen Jahren überein und waren alle signifikant mit einer Wahrscheinlichkeit von 0,95 und mehr mit Ausnahme des Koeffizienten für die Dividendenauszahlung von 1963, der mit einer Wahrscheinlichkeit von über 0,90 signifikant war, und des Koeffizienten für die Größe von 1958, der statistisch nicht signifikant war.

Die Vorzeichen der Koeffizienten der Kontroll-Variablen entsprechen alle den theoretischen Voraussagen, wobei sowohl die Wachstumsrate als auch die Größe negativ mit der Gewinnrendite korreliert sind.

Die Frage der Interpretation der negativen Korrelation zwischen Dividendenausschüttung und Gewinnrendite muß im Rahmen dieses Aufsatzes offenbleiben. Zwischen Dividendenausschüttungen und Gewinnrenditen besteht eine eindeutige und statistisch signifikante Beziehung. Ob in dieser Beziehung Fehler bei der Messung der Gewinnerwartung zum Ausdruck kommen, wie Haskell Benishay vermutet hat (2), oder ob damit die Präferenzen der Investoren für verteilte und gegen einbehaltene Gewinne belegt werden, ist eine über den Rahmen dieses Aufsatzes hinausgehende Frage.

Die Koeffizienten der Kontroll-Variablen sind in ihrer Höhe zeitlich gesehen ziemlich stabil, mit Ausnahme der Werte von 1961 und des Koeffizienten für die Dividendenausschüttung von 1963. Im Jahre 1961 ist der Koeffizient der Wachstumsvariablen sowohl hinsichtlich seiner Größe als auch seines Signifikanzniveaus dominierend. Die Ergebnisse für das Jahr 1961 veranschaulichen lebhaft »die fast mystische Bedeutung« des Wachstums auf dem Markt der Jahre 1961/62, die von Malkiel beschrieben und analysiert wurde (12).

Die Störvariablen wurden zur Aufdeckung aller systematischen Unterschiede eingeführt, die auf Unterschiede zwischen den Industriezweigen zurückzuführen sind. Nur die Variablen der Arzneimittel- und der Papierindustrie haben Koeffizienten, die über den vierjährigen Zeitraum hinweg sowohl statistisch signifikant als auch im Vorzeichen konstant sind. Die Koeffizienten der übrigen Industrie-Variablen wiesen unterschiedliche Signifikanz und Vorzeichen auf. Der Koeffizient der Behälter-Industrie war in allen Gleichungen statistisch nicht signifikant.

Diese Unterschiede in Größe, Vorzeichen und Signifikanz der Störvariablen für die Industriezweige sind nicht überraschend. Es ist zu erwarten, daß durch Veränderungen in den grundlegenden wirtschaftlichen Merkmalen der Industriezweige, wie z. B. Produktinnovationen, Nachfragestrukturen, Technologie, gesetzliche Regelungen und Besteuerung, Verschiebungen im Grad des Interesses der Investoren an diesen Industriezweigen stattfinden.

Die relative Stabilität der Koeffizienten der Kontrollvariablen bei den verschiedenen Querschnittsanalysen [5] rechtfertigt es, die Daten zur Berechnung eines einzigen Koeffizientenvektors zusammenzufassen, wobei die Wirkung der Besonderheit einzelner Jahre durch Verwendung von Störvariablen berücksichtigt wird. Die Ergebnisse dieser zusammenfassenden Analyse finden sich in Tabelle 2.

Tabelle 2
Regressionsgleichungen – Zusammengefaßte Schätzung (t-Verhältnisse in Klammern)

Jahr	a^*	X_1 Verschuldung	X_2 Wachstumsrate	X_3 Dividendenausschüttung
1956	0,1172			
1958	0,0995	0,0773 (3,474)[a]	−0,0825 (5,368)[a]	−0,0318 (3,769)[a]
1961	0,1020			
1963	0,1000			

Jahr	$\log X_4$ Größe	X_5 Erdöl	X_6 Maschinenbau	X_7 Papier
1956				
1958				
1961	−0,0039 (3,078)[a]	0,0065 (1,466)[d]	0,0012 (0,324)	−0,0119 (3,298)[a]
1963				

Jahr	X_8 Arzneimittel	X_9 Gummi	X_{10} Behälterbau	R^2
1956				
1958				
1961	−0,0176 (4,402)[a]	−0,0044 (0,981)[e]	0,0021 (0,463)	0,589
1963				

* Die absoluten Glieder wurden für drei der vier Jahre in folgender Weise mit Hilfe der Störvariablen bestimmt:

1958   −0,0177 (6,921)[a]
1961   −0,0152 (5,730)[a]
1963   −0,0172 (6,568)[a]

[a] Signifikant mit der Wahrscheinlichkeit 0,995
[b] Signifikant mit der Wahrscheinlichkeit 0,99
[c] Signifikant mit der Wahrscheinlichkeit 0,95
[d] Signifikant mit der Wahrscheinlichkeit 0,9
[e] Signifikant mit der Wahrscheinlichkeit 0,8

Die Koeffizienten der Kontrollvariablen in der zusammenfassenden Regressionsgleichung entsprechen den theoretischen Voraussagen und sind alle signifikant mit Wahrscheinlichkeiten über 0,995.[6]

II. INTERPRETATION DER ERGEBNISSE

Die in Abschnitt I durchgeführte empirische Analyse läßt eine linear ansteigende Beziehung zwischen Eigenkapitalrendite und Verschuldung erkennen. Diese Beziehung steht in Widerspruch zu der extremen theoretischen Auffassung, daß sich die Bewertung nach dem Nettogewinn (*NI* = net income = Gewinn nach Abzug der Fremdkapitalzinsen) richtet; das Beweismaterial bestätigt aber auch nicht notwendigerweise die Theorie, daß die Bewertung von dem Betriebsgewinn (*NOI* = net operating income = Gewinn vor Abzug der Fremdkapitalzinsen) abhängt. Statistisch gesehen bedeutet dies: Das Beweismaterial ist ausreichend zur Verwerfung der Null-Hypothese, daß Eigenkapitalrenditen unabhängig von der Verschuldung sind; es ist jedoch keine ausreichende Grundlage dafür, die Gegenhypothese der Bewertung aufgrund des Betriebsgewinns (*NOI*) zu akzeptieren. Der Grund dafür, daß diese Gegenhypothese auf der Basis des Beweismaterials von Modigliani und Miller nicht akzeptiert werden kann, ist, daß es zwei und nicht nur eine Gegenhypothese gibt.

Die zweite Gegenhypothese, die herkömmliche oder vermittelnde Auffassung von den Auswirkungen der Kapitalstruktur, besagt ebenfalls, daß die Kapitalisierungssätze für Eigenkapital mit steigender Verschuldung größer werden. Das Maß der Steigerung ist jedoch geringer als der Satz, der der Bewertung aufgrund des Betriebsgewinns (NOI) entsprechen würde.

Mit der Verschuldung wachsende Kapitalisierungssätze für Eigenkapital sind also sowohl mit der Theorie der Bewertung aufgrund des Betriebsgewinns als auch mit der herkömmlichen Theorie der Kapitalstruktureffekte vereinbar. Der Unterschied zwischen beiden liegt nicht in der Frage, ob die Kapitalisierungssätze für Eigenkapital mit der Verschuldung ansteigen, sondern darin, ob das Steigungsmaß so groß ist, daß die Gesamtkapitalkosten lediglich um einen Betrag sinken, der ausschließlich auf Steuereffekte zurückzuführen ist. Bei der statistischen Beweisführung muß man zwischen der herkömmlichen und der Betriebsgewinn-Hypothese (NOI) ebenso unterscheiden wie zwischen der Nettogewinn-Hypothese (NI) und der Betriebsgewinn-Hypothese (NOI), wenn man schlüssige Beweise über Kapitalstruktureffekte führen will.

An diesem Punkt scheint es zweckmäßig, die nach den einzelnen Theorien geltenden Beziehungen zwischen Kapitalisierungssätzen für Eigenkapital und Verschuldung in algebraischer Form zusammenzufassen. Gegeben sei die allgemeine Funktion:

$$\frac{NI}{S} = a + b\frac{D}{S} \qquad (2)$$

Hierin bedeutet: NI langfristig erwarteter Gewinn der Aktionäre nach Steuern
S Marktwert des Eigenkapitals
D Marktwert des Fremdkapitals

Unterschiede zwischen den Theorien ergeben sich hinsichtlich der Werte, die für b, das Steigungsmaß der Funktion, angenommen werden. Diese Unterschiede werden in Tabelle 3 dargestellt.

Die in Tabelle 3 gezeigten Beziehungen bieten eine Grundlage zur Interpretation der Regressions-Ergebnisse und zur Unterscheidung zwischen den drei Theorien über Kapitalstruktureffekte.

Die Koeffizienten der Verschuldungsvariablen, die sich in der empirischen Analyse ergaben, sind in den Tabellen 1 und 2 angegeben. Diese Werte sind partielle Regressions-Koeffizienten, die die Wirkung der Verschuldung auf die Eigenkapitalrendite angeben, wobei der Einfluß der Kontrollvariablen konstant gehalten wurde.

Die in den Tabellen 1 und 2 aufgeführten Koeffizienten aus der multiplen Regressionsanalyse sind jedoch nicht direkt mit den in Tabelle 3 definierten Beziehungen vergleichbar. Die in der Regressionsanalyse verwandte Verschuldungsvariable wurde als das Verhältnis der fixen Fremdkapitalkosten zu dem minimalen Cash Flow definiert. Die Steigung b der Funktion, die den Zusammenhang zwischen Kapitalisierungssatz für Eigenkapital und Verschuldung beschreibt, wurde definiert als die

Tabelle 3
Beziehungen zwischen Verschuldung und Kapitalisierungssätzen für Eigenkapital
gemäß den verschiedenen Theorien über Kapitalstruktureffekte

	Ohne Steuern	Mit Steuern
Nettogewinn-Theorie	$b = 0$	$b = 0$
Modigliani-Miller-Theorie	$b = (k - r)$	$b = (1 - t)(k - r)$
herkömmliche oder vermittelnde Theorie	$0 < b < (k - r)$	$0 < b < (1 - t)(k - r)$

Hierbei bedeutet:

b Steigung der Funktion, die den Zusammenhang zwischen Kapitalisierungssatz
für Eigenkapital und Verschuldung angibt
k Kapitalisierungssatz für Eigenkapital von nicht verschuldeten Unternehmungen
in einer gegebenen Risikoklasse
r Zinssatz für festverzinsliche Papiere
t Marginaler Körperschaftsteuersatz

Änderungsrate des Kapitalisierungssatzes, bezogen auf das Fremdkapital-Eigenkapital-Verhältnis.

Um einen direkten Vergleich zwischen den festgestellten Koeffizienten und den in Tabelle 3 definierten Beziehungen zu ermöglichen, wurden die beobachteten Werte auf die Dimension des Fremdkapital-Eigenkapital-Verhältnisses umgerechnet unter Verwendung einer aus den Daten der Stichproben-Unternehmungen gewonnenen Regressionslinie der Form:

$$X_1 = cX_1' \tag{3}$$

Hierin bedeutet:
X_1 Verhältnis der fixen Fremdkapitalkosten zum minimalen Cash Flow
X_1' Verhältnis des Buchwerts von Fremdkapital und Vorzugsaktien zum Marktwert der Stammaktien

Dann ist es möglich, in jeder der Gleichungen cX_1' für X_1 einzusetzen und Koeffizienten zu erhalten, die mit den in Tabelle 3 angeführten Steigungsmaßen vergleichbar sind. Aufgrund dieser Substitution erhält man positive Regressions-Koeffizienten in Höhe von 0,0126, 0,0148, 0,0066 und 0,0204 für die Jahre 1956, 1958, 1961 und 1963. Der umgerechnete Koeffizient für die zusammengefaßte Schätzung ist 0,0179.

Die Vorzeichen und Größen dieser Koeffizienten widerlegen eindeutig die extreme Nettogewinn-Theorie. Wir erstreben hier jedoch eine Interpretation, die es ermöglich, das Beweismaterial so zu verwenden, daß zwischen der Modigliani-Miller-These und der herkömmlichen oder vermittelnden Auffassung von den Kapitalstruktureffekten unterschieden werden kann. Wie aus Tabelle 3 zu ersehen ist, hängt diese Unterscheidung davon ab, ob es gelingt, die Differenz zwischen den Kapitalisierungssätzen für Eigenkapital nicht verschuldeter Unternehmungen und den Zinssätzen für Obligationen zu bestimmen.

Es ist äußerst schwierig, zu genauen Schätzungen dieser Differenzen zu gelangen, von denen die Interpretation abhängt. Das trifft insbesondere auf Schätzung von Kapitalisierungssätzen für Eigenkapital nicht verschuldeter Unternehmungen zu. In diesen Sätzen ist außer dem reinen Zinssatz und der Risikokomponente ein Erwartungselement enthalten, das sich notwendigerweise der genauen Messung entzieht. Bei der Interpretation stößt man also auf alle Schwierigkeiten, die sich bei der Messung der relativen Höhe der Kapitalisierungssätze für Eigenkapital im Vergleich mit der Rendite anderer Wertpapierarten ergeben.

Als Grundlage der Schätzung kommen die absoluten Glieder der aus der empirischen Untersuchung hergeleiteten Regressionsgleichungen in Frage. Diese absoluten Glieder geben die Höhe der Gewinnrendite des Eigenkapitals an, wobei die Wirkungen von Verschuldung, Kontrollvariablen und industriezweigbezogenen Störvariablen ausgeschaltet sind. Die Abschnitte stellen insoweit eine brauchbare Schätzung dar, wie es gelungen ist, die unabhängigen Variablen korrekt auszuwählen und zu definieren, und wie die Vergangenheitswerte gute Ersatzgrößen für die erwarteten zukünftigen Werte dieser Variablen darstellen. Schätzungen der Kapitalisierungssätze für Eigenkapital, die auf dieser Methode beruhen, sind in den Tabellen 4 und 5 aufgeführt.

Eine zweite Methode zur Schätzung der Höhe der Kapitalisierungssätze für Eigenkapital ist die Verwendung der Gordon-Shapiro-Formel (9). Dieses Modell wurde bereits erörtert und als Grundlage zur Bestimmung der Änderungen der Kapitalisierungssätze für Eigenkapital in Abhängigkeit von Verschuldung und Kontrollvariablen abgelehnt. Das Modell ist jedoch nützlich und in der Konzeption einleuchtend, wenn es um die Schätzung der von den Aktionären erwarteten Höhe der Gewinne geht. Gordon und Shapiro haben gezeigt, daß bei einem konstanten Dividendenausschüttungssatz die Summe aus der gegenwärtigen Dividendenrendite und der erwarteten Wachstumsrate der Dividende dem Kapitalisierungssatz für Eigenkapital sehr nahe kommt.

Die Kapitalisierungssätze für Eigenkapital jedes Industriezweiges wurden mit Hilfe der Gordon-Shapiro-Formel für jedes Jahr der Querschnittsanalyse bestimmt. Die durchschnittliche Dividendenausschüttung jedes Industriezweiges wurde mit dem absoluten Glied der Regressionsgleichung für die Gewinnrendite des Industriezweiges multipliziert; zu dieser Dividendenrendite wurde die durchschnittliche Wachstumsrate addiert; es ergaben sich die in Tabelle 6 aufgeführten Schätzungen. Eine Schwierigkeit, die bei der Anwendung dieses Modells auftritt, liegt in dem Problem, daß Wachstumsraten der Vergangenheit zur Schätzung des erwarteten Wachstums verwandt werden, insbesondere wenn die durchschnittliche Wachstumsrate der

Gewinne in der Vergangenheit für Unternehmungen eines Industriezweiges sehr niedrig oder sogar negativ ist. Um dieses Problem zu bewältigen, wurde in Tabelle 6 von den beiden Schätzwerten, der um die Wachstumsrate erhöhten Dividendenrendite und dem absoluten Glied der Regressionsgleichung, jeweils der größere eingesetzt.[7]

Kurz zusammengefaßt zeigen die Tabellen 4, 5 und 6 für jeden Industriezweig und jedes Jahr und für die über alle Jahre aggregierten Daten folgende Auswertungsergebnisse:

Tabelle 4
Beziehung zwischen vorhergesagten und beobachteten Koeffizienten*
Zusammengefaßte Koeffizientenschätzung, Schätzung von k aufgrund der absoluten Glieder

	Nahrungsmittel	Papier	Arzneimittel	Erdöl	Gummi	Behälterbau	Maschinenbau
			1956				
k	0,1172	0,1053	0,0996	0,1273	0,1128	0,1151	0,1184
$(k-r)(1-t)$	0,0411	0,0351	0,0323	0,0461	0,0389	0,0400	0,0417
$[t = 0,50, r = 0,0350**]$							
$b = 0,0179$							
			1958				
k	0,0995	0,0876	0,0819	0,1060	0,0951	0,1016	0,1007
$(k-r)(1-t)$	0,0298	0,0239	0,0210	0,0331	0,0276	0,0309	0,0304
$[t = 0,50, r = 0,0398**]$							
$b = 0,0179$							
			1961				
k	0,1020	0,0901	0,0844	0,1085	0,0976	0,1041	0,1032
$(k-r)(1-t)$	0,0283	0,0223	0,0195	0,0315	0,0261	0,0293	0,0289
$[t = 0,50, r = 0,0454**]$							
$b = 0,0179$							
			1963				
k	0,1000	0,0881	0,0824	0,1065	0,0956	0,1021	0,1012
$(k-r)(1-t)$	0,0279	0,0219	0,0191	0,0311	0,0257	0,0289	0,0285
$[t = 0,50, r = 0,0442**]$							
$b = 0,0179$							

* Modigliani-Miller-These: $b = (k-r)(1-t)$
  Vermittelnde Auffassung: $0 < b < (k-r)(1-t)$
** Moody's Industrial Bond Yield Index (15, S. a19–a23)

Tabelle 5
Beziehung zwischen vorhergesagten und beobachteten Koeffizienten*
Schätzung von k aufgrund der absoluten Glieder

	Nahrungs-mittel	Papier	Arznei-mittel	Erdöl	Gummi	Behälter-bau	Maschi-nenbau
			1956				
k	0,1441	0,1279	0,1219	0,1441	0,1441	0,1441	0,1250
$(k-r)(1-t)$	0,0545	0,0464	0,0434	0,0545	0,0545	0,0545	0,0450
$[t = 0{,}50, r = 0{,}0350**]$							
$b = 0{,}0126$							
			1958				
k	0.0990	0,0823	0,0744	0,0990	0,0862	0,0990	0,1053
$(k-r)(1-t)$	0,0296	0,0212	0,0173	0,0296	0,0232	0,0296	0,0327
$[t = 0{,}50, r = 0{,}0398**]$							
$b = 0{,}0148$							
			1961				
k	0,0990	0,0910	0,0795	0,0775	0,0983	0,0990	0,0990
$(k-r)(1-t)$	0,0273	0,0228	0,0170	0,0160	0,0264	0,0273	0,0273
$[t = 0{,}50, r = 0{,}0454**]$							
$b = 0{,}0066$							
			1963				
k	0,0865	0,0789	0,0716	0,0993	0,0865	0,0865	0,0917
$(k-r)(1-t)$	0,0211	0,0173	0,0137	0,0275	0,0211	0,0211	0,0237
$[t = 0{,}50, r = 0{,}0442**]$							
$b = 0{,}0204$							

* Modigliani-Miller-These: $b = (k - r)(1 - t)$
  Vermittelnde Auffassung: $0 < b < (k - r)(1 - t)$
** Moody's Industrial Bond Yield Index (15, S. a19–a23)

Tabelle 6
Beziehung zwischen vorhergesagten und beobachteten Koeffizienten*
Schätzung von k als Summe von Dividendenrendite und Wachstumsrate

	Nahrungs-mittel	Papier	Arznei-mittel	Erdöl	Gummi	Behälter-bau	Maschi-nenbau
			1956				
k	0,1441	0,1635	0,2481	0,1441	0,1441	0,1828	0,1532
$(k-r)(1-t)$	0,0545	0,0642	0,1065	0,0545	0,0545	0,0739	0,0591
$[t = 0{,}50, r = 0{,}0350**]$							
$b = 0{,}0126$							
			1958				
k	0,0990	0,0823	0,1875	0,0990	0,0862	0,0990	0,1053
$(k-r)(1-t)$	0,0296	0,0212	0,0738	0,0296	0,0232	0,0296	0,0327
$[t = 0{,}50, r = 0{,}0398**]$							
$b = 0{,}0148$							
			1961				
k	0,0990	0,0910	0,1286	0,0888	0,1199	0,0990	0,0990
$(k-r)(1-t)$	0,0268	0,0278	0,0416	0,0217	0,0372	0,0268	0,0268
$[t = 0{,}50, r = 0{,}0454**]$							

	1963						
k	0,0865	0,0789	0,1146	0,0993	0,0865	0,0914	0,0917
$(k-r)(1-t)$	0,0211	0,0173	0,0352	0,0275	0,0211	0,0236	0,0237
[$t = 0,50, r = 0,0442$**]							
$b = 0,0204$							

*Modigliani-Miller-These: $b = (k-r)(1-t)$
Vermittelnde Auffassung: $0 < b < (k-r)(1-t)$
**Moody's Industrial Bond Yield Index (15, S. a19–a23)

k Kapitalisierungssatz für Eigenkapital nicht verschuldeter Unternehmungen

r Zinssatz für Obligationen

$(k-r)(1-t)$ Steigungsmaß des Kapitalisierungssatzes bei wachsender Verschuldung gemäß der Modigliani-Miller-These bei Existenz von Steuereffekten

b empirisch beobachtetes Steigungsmaß des Kapitalisierungssatzes für Eigenkapital bei wachsender Verschuldung (umgerechnet auf das Fremdkapital-Eigenkapital-Verhältnis als Maßgröße der Verschuldung).

In Tabelle 3 wurde gezeigt, daß zur Bestätigung der Modigliani-Miller-These bei Existenz von Steuereffekten das beobachtete Steigungsmaß des Kapitalisierungssatzes für Eigenkapital bei wachsender Verschuldung mit der Größe $(k-r)(1-t)$ übereinstimmen muß. Ein empirisch beobachtetes Steigungsmaß, das kleiner als diese Größe, jedoch größer als 0 ist, würde die herkömmliche oder vermittelnde Auffassung von den Verschuldungseffekten unterstützen.

Die Tabellen 4 bis 6 zeigen, daß die beobachteten Werte für die aggregierten Daten und für die Querschnitt-Jahre 1956, 1958 und 1961 unter den Werten liegen, in vielen Fällen mit großem Abstand, die nach der Modigliani-Miller-Theorie für alle Industriezweige zu erwarten gewesen wären. Diese Ergebnisse bestätigen die Befunde einer früheren Querschnitts-Untersuchung für das Jahr 1962 (20). Das Beweismaterial erbringt eine recht deutliche und überzeugende Bestätigung der herkömmlichen oder vermittelnden Theorie der Kapitalstruktureffekte. Die empirische Untersuchung zeigt, daß die Kapitalisierungssätze für Eigenkapital mit wachsender Verschuldung steigen, jedoch nicht in dem Umfang, daß die Gewinnvorteile der festverzinslichen Finanzierung vollständig kompensiert werden. Es ergibt sich also aus dieser Untersuchung, daß die Aktionäre tatsächlich von der Verschuldung profitieren. Das Beweismaterial des Querschnitt-Jahres 1963 ist etwas weniger überzeugend. Der beobachtete Koeffizient liegt für alle Industriezweige außer der Papier- und Arzneimittelindustrie niedriger als der, der nach der Modigliani-Miller-These zu erwarten wäre, wenn man vom absoluten Glied der Regressionsgleichung als Schätzwert für den Kapitalisierungssatz ausgeht. Der beobachtete Koeffizient bestätigt die vermittelnde Theorie für alle Industriezweige außer Papier, wenn man von der um die Wachstumsrate vergrößerten Dividendenrendite als Schätzwert ausgeht. Die

Unterschiede zwischen den beobachteten Koeffizienten und den nach der Modigliani-Miller-Theorie zu erwartenden Werten sind jedoch in den meisten Fällen nur sehr klein. Die Interpretation des Beweismaterials ist daher für die Querschnittsuntersuchung für 1963 viel weniger eindeutig.

Ein weiterer für diese Interpretation wichtiger Faktor spricht zugunsten der vermittelnden Auffassung von den Kapitalstruktureffekten auch für das Jahr 1963. Die in dieser Untersuchung verwandte Verschuldungsvariable wurde als das Verhältnis von Zinsen und Vorzugsdividenden zu dem minimalen Cash Flow definiert; die Koeffizienten wurden dann auf das Verhältnis von Fremdkapital und Vorzugsaktienkapital zum Eigenkapital als Maßgröße der Verschuldung umgerechnet. Die nach Modigliani-Miller zu erwartenden Koeffizienten sind für das Verhältnis des Fremdkapitals zum Eigenkapital definiert. Der nach den Modigliani-Miller-Thesen für das Verhältnis zwischen Vorzugsaktienkapital und Stammaktienkapital zu erwartende Koeffizient wäre $(k - d)$, wobei k der oben bereits definierte Kapitalisierungssatz für Eigenkapital und d die Dividendenrendite der Vorzugsaktien darstellt. Folglich wird der für das Verhältnis zwischen Vorzugsaktienkapital und Stammaktienkapital zu erwartende Koeffizient von dem für das Fremdkapital-Eigenkapital-Verhältnis in zweierlei Weise abweichen. Erstens wird er in dem Umfang kleiner sein, in dem die Rendite der Vorzugsaktien den Zinssatz von Obligationen übersteigt. Wichtiger aber ist, daß der Koeffizient für das Verhältnis zwischen Vorzugsaktienkapital und Stammaktienkapital wesentlich größer sein wird, da der Steuerfaktor, $(1 - t)$, auf Vorzugsaktien nicht zutrifft.

Die empirischen Ergebnisse enthalten folglich eine wesentliche systematische Verzerrung zugunsten der Modigliani-Miller-Thesen. Eine Maßgröße für die Reaktion von Investoren auf den Einsatz von Fremdkapital und Vorzugsaktien wird beurteilt im Vergleich mit einer Größe, die der bei ausschließlichem Gebrauch von Fremdkapital zu erwartenden Reaktion entspricht.

Das Beweismaterial spricht daher überzeugend für die herkömmliche oder vermittelnde Auffassung von den Kapitalstruktureffekten; für die Auffassung sprechen die Unterschiede zwischen den theoretisch berechneten und den beobachteten Koeffizienten für die ersten drei Jahre der Querschnittsuntersuchung sowie die systematische Verzerrung der Meßmethode zugunsten der Modigliani-Miller-Thesen, die für alle vier Jahre gilt. Aktionäre können durch den wohlüberlegten Einsatz festverzinslichen Fremdkapitals durch die Unternehmung profitieren; die Kombination der Finanzierungsarten wird damit zu einer wichtigen Entscheidungsvariablen für eine Unternehmensleitung, die das Ziel der Maximierung des Vermögens ihrer Aktionäre verfolgt.

Daß es eine optimale Kombination von Finanzierungsarten gibt, wurde durch das Beweismaterial nicht belegt. Die beobachteten Beziehungen zeigen lediglich, daß im gesamten Bereich der in der Stichprobe untersuchten Kapitalstrukturen das Vermögen der Aktionäre mit steigender Verschuldung größer wird. Wird die Prämisse eines bei wachsender Verschuldung konstanten Zinssatzes fallengelassen, dann kommt man jedoch zu dem Schluß, daß es ein Optimum gibt. Es läge in dem Punkt, in dem die Grenzkosten des Fremdkapitals mit den gewichteten durchschnittlichen Gesamtkapitalkosten übereinstimmen.

Ein weiteres Problem, das Rückschlüsse auf den Punkt oder Bereich, in dem ein Optimum vorliegt, unmöglich macht, liegt darin, daß Beobachtungen über die Beziehung zwischen Eigenkapitalrendite und Verschuldung im gesamten Bereich denkbarer Verschuldungsgrade, auch für extreme Kapitalstrukturen, angestellt werden müßten. Es ist sehr unwahrscheinlich, daß eine Stichprobe von großen, zum Börsenhandel zugelassenen Kapitalgesellschaften genügend Daten außerhalb des Bereichs normaler Verschuldungsgrade enthalten wird, um eine Erweiterung der Interpretation auf Verschuldungsgrade, die außerhalb des in dieser Untersuchung beobachteten Bereichs liegen, zu ermöglichen.

Aus dem Beweismaterial wird deutlich, daß sich in den beobachteten Bereichen das Vermögen der Aktionäre mit zunehmender Verschuldung vergrößert. Es wird jedoch ebenfalls deutlich, daß man aus dem Beweismaterial nicht schließen darf, diese Gewinne seien unbegrenzt. Institutionelle Kreditbeschränkungen, steigende Zinssätze und möglicherweise ein verstärktes Anwachsen der Eigenkapitalrendite bei steigender Verschuldung werden den Gewinnen aus festverzinslicher Fremdfinanzierung Grenzen setzen.

III. ZUSAMMENFASSUNG UND SCHLUSSFOLGERUNGEN

Die theoretische Analyse macht klar, daß die Bestimmung der Kapitalstruktureffekte auf das Vermögen der Aktionäre eine Untersuchung des Nachfrager-Verhaltens sein muß. Die normative Analyse beweist lediglich, daß durch den Einsatz festverzinslichen Fremdkapitals durch die Unternehmung das Vermögen vergrößert werden kann; sie kann jedoch nicht beweisen, daß Fremdfinanzierung die Position des Investors verbessern *wird* oder *sollte*. Die Lösung des Verschuldungsproblems ist daher ein Problem der positiven Wirtschaftswissenschaft.

Ein Hauptanliegen dieser Untersuchung war es, die empirischen Tests der Beziehung zwischen Eigenkapitalrendite und Verschuldung möglichst frei von den Messungsproblemen zu gestalten, die die Gültigkeit und Anwendbarkeit früherer Untersuchungen beeinträchtigt haben.

Verschuldung wurde als das Verhältnis der festen Zahlungsverpflichtungen zu dem minimalen Cash Flow gemessen, um die systematischen Fehler begrifflicher und statistischer Art zu vermeiden, die mit dem Fremdkapital-Eigenkapital-Verhältnis als Maßgröße verbunden sind. Eine Ersatz-Maßgröße für das Risiko wurde zur Berücksichtigung des Geschäftsrisikos explizit in die Analyse einbezogen; dadurch wurde es möglich, in die Untersuchungen der Beziehungen zwischen Eigenkapitalrendite und Verschuldung Unternehmungen aus sieben Industriezweigen einzubeziehen. Bei Verwendung dieser Ersatz-Maßgröße für das Risiko erübrigen sich Prämissen hinsichtlich der Risikoäquivalenz innerhalb von Industriezweigen.

Das in dieser Untersuchung vorgelegte Material über die Auswirkungen der Kapitalstruktur auf den Wert der Unternehmung spricht für die herkömmliche oder vermittelnde Auffassung, daß das Vermögen der Aktionäre durch den Einsatz festverzinslicher Fremdmittel in der Unternehmung vergrößert wird. Die Kapitalmärkte sind nach dem von uns vorgelegten Beweismaterial nicht vollkommen genug, um das Arbitrage-Argument von Modigliani und Miller zu bestätigen; auch abgesehen vom Steuereffekt profitieren die Unternehmungen durch die Kombination verschiedener Finanzierungsarten.

ANMERKUNGEN

Die Forschungsarbeit wurde als Teil einer Doktor-Dissertation, die 1964 an der Stanford University vollendet wurde, begonnen. In dem Workshop in Research in Business Finance der Harvard Business School wurden die Untersuchungen 1965 ergänzt und beendet. Ich danke der Ford-Stiftung für ihre finanzielle Unterstützung meiner Dissertation und der Arbeiten im Workshop. Ezra Solomon, Charles Bonini und Edward Shaw von der Stanford University und John Lintner, Eli Shapiro und Charles Christenson von Harvard bin ich für hilfreiche Anregungen und Kritik verpflichtet.

1. Zu Diskussionen der normativen Aspekte der Kapitalstruktureffekte vgl. F. Modigliani und M. Miller (13, 14), D. Durand (3), J. Lintner (11) und E. Solomon (16).
2. Der Begriff »Cash Flow« (cash flow net operating income) wird definiert als Gewinn vor Finanzierungskosten und Steuern plus nicht mit Auszahlungen verbundenen Kosten, wie z. B. Abschreibungen. Der Begriff wird hier verwandt, weil er zweckmäßig und allgemein üblich ist. Dabei wird nicht übersehen, daß diese Maßgröße genaugenommen weder Bargeld (Cash) noch ein Strom (Flow) ist.
3. Eine vollständigere Verschuldungs-Maßgröße müßte im Zähler alle Auszahlungen, die mit Fremdfinanzierung verbunden sind, also auch Rückzahlungen von Fremdkapital, einschließen. Wenn jedoch Kapitalrückzahlungen im Zähler enthalten sind, dann muß der Einzahlungsstrom irgendeine Wahrscheinlichkeitsschätzung für zusätzliche Neuverschuldung und Verlängerung alter Kredite enthalten.
4. Eine Liste der in der Stichprobe enthaltenen Unternehmungen kann beim Verfasser angefordert werden.
5. Ein annähernder Signifikanztest für die Unterschiede zwischen den partiellen Regressionskoeffizienten für die vier Querschnitts-Jahre ist der ursprünglich von Lawrence Fisher entwickelte. »Man nehme an, daß alle geschätzten partiellen Regressionskoeffizienten, b_{it}, aus den einzelnen Stichproben $t = 1, \ldots T$ sich auf dieselbe Grundgesamtheit beziehen. s_{it} sei die Standardabweichung der Schätzung von b_{it}, und es gelte

$$b_i^* = \frac{\sum_t b_{it} / s_{it}^2}{\sum_t 1 / s_{it}^2}$$

Dann hat die Größe

$$y = \sum_t \frac{(b_{it} - b_i^*)}{s_{it}^2}$$

annähernd Chi-Quadrat-Verteilung mit $T-1$ Freiheitsgraden. Folglich begründet ein die Wahrscheinlichkeitsgrenze übersteigender Wert für y die Verwerfung der Hypothese, daß die partiellen Regressionskoeffizienten sich auf dieselbe Grundgesamtheit beziehen.« (6, S. 230)

Der Test wurde auf die in Tabelle 1 aufgeführten Koeffizienten angewandt. Die Ergebnisse sind im folgenden zusammengefaßt:

Koeffizient	y	Wahrscheinlichkeit eines χ^2 in dieser Höhe	Ist die Hypothese zu akzeptieren, daß für alle Jahre der gleiche Koeffizient gilt?
Verschuldung	1,75	0,65	Ja
Wachstum	11,53	0,01	Nein
Wachstum (ohne 1961)	0,96	0,95	Ja
Dividendenausschüttung	3,07	0,40	Ja
Größe	2,28	0,50	Ja

6. Einer der problematischen Punkte bei einer solchen Untersuchung ist, ob der Fehlerterm, wie allgemein vorausgesetzt wird, eine unabhängige Zufallsvariable ist. Die Prämisse der Zufälligkeit ist nicht haltbar in Fällen, in denen ständig Fehlereffekte von einzelnen Unternehmungen der Stichprobe ausgehen. Kuh (10, S. 160–165) hat gezeigt, daß die Summe der Quadrate für den gesamten Querschnitt in zwei unabhängig voneinander verteilte Summen von Quadraten aufgeteilt werden und die statistische Bedeutung des Einflusses einzelner Unternehmungen mit Hilfe einer Größe F abgeschätzt werden kann.

$$F = \frac{T \Sigma y_i^2 / J}{\sum_t \sum_j v_{jt} / T(J-k-1) - J}$$

$t = 1,\dots T$ Zeitindex
$j = 1,\dots J$ Index der einzelnen Unternehmungen
y_j Fehlerterm der Unternehmung j
v_{jt} Quadratsumme für den Fehlerterm vermindert um die Quadratsumme für den Einfluß einzelner Unternehmungen
$k =$ Anzahl der Variablen in der Regressionsanalyse.

Diese Varianzanalyse wurde für die zusammengefaßte Regressionsgleichung durchgeführt; das Ergebnis für F war 1.84. Der F-Wert für ein Signifikanzniveau mit 99 % Wahrscheinlichkeit ist 1.73. Die Hypothese statistisch signifikanter Unterschiede – und damit des Vorliegens ständiger Fehlereffekte von einzelnen Unternehmungen – wird damit zwar akzeptiert, jedoch nur sehr knapp. Es ist klar, daß irgendwelche ständigen Fehlereffekte von einzelnen Unternehmungen vorhanden sind. Sie scheinen jedoch nicht so stark zu sein, daß die Regressions-Schätzungen erheblich dadurch verzerrt werden könnten.

7. Es kann gezeigt werden, daß es für jeden Dividendenausschüttungssatz, der von Null verschieden ist, eine minimale positive Wachstumsrate gibt, die ein vernünftiger Investor fordern wird. Die mindestens geforderte Wachstumsrate kann nur bei hundertprozentiger Dividendenausschüttung Null sein; in diesem Fall stimmen Gewinnrendite und Dividendenrendite überein. Dieses Konzept einer minimal erforderlichen Wachstumsrate wird Gegenstand eines noch zu veröffentlichenden Aufsatzes sein.

LITERATUR

1. A. Barges, *The Effect of Capital Structure on the Cost of Capital*, Englewood Cliffs, 1963.
2. H. Benishay, Variability in Earnings-Price Ratios of Corporate Equities, *Am. Econ. Rev.*, März 1961, 51, S. 81–94.
3. D. Durand, Costs of Debt and Equity Funds for Business: Trends and Problems of Measurement, *Conference on Research in Business Finance*, New York, 1952.
4. D. E. Farrar, *The Investment Decision Under Uncertainty*, Englewood Cliffs, 1962.
5. W. Feller, *An Introduction to Probability Theory and Its Applications*, Vol. I, New York, 1950.
6. L. Fisher, Determinants of Risk Premiums on Corporate Bonds, *Jour. Pol. Econ.*, Juni 1959, 67, S. 217–237.
7. L. Fisher und J. Lorie, Rates of Return on Investments in Common Stocks, *Jour. Bus.*, Jan. 1964, 37, S. 1–21.
8. L. Fisher, Outcomes for »Random« Investments in Common Stocks Listed on the New York Stock Exchange, *Jour. Bus.*, April 1965, 38, S. 149–161.
9. M. Gordon und E. Shapiro, Capital Equipment Analysis: The Required Rate of Profit, *Mgt. Sci.*, Oktober 1956, 3, S. 102–110. Übersetzung auf S. 54 ff. in diesem Band.
10. E. Kuh, *Capital Stock Growth: A Micro-Econometric Approach*, Amsterdam 1963.
11. J. Lintner, Dividends, Earnings, Leverage, Stock Prices and the Supply of Capital to Corporations, *Rev. Econ. Stat.*, Aug. 1962, 44, S. 243–269.
12. B. Malkiel, Equity Yields, Growth, and the Structure of Share Prices, *Am. Econ. Rev.*, Dezember 1963, 53, S. 1004–1031.
13. F. Modigliani und M. Miller, The Cost of Capital, Corporation Finance and the Theory of Investment, *Am. Econ. Rev.*, Juni 1958, 48, S. 261–297. Übersetzung auf S. 86 ff. in diesem Band.
14. F. Modigliani und M. Miller, Taxes and the Cost of Capital: A Correction, *Am. Econ. Rev.*, Juni 1963, 53, S. 433–442. Übersetzung auf S. 120 ff. in diesem Band.
15. Moody's Investor Service, Inc., *Moody's Industrial Manual*, New York, 1964.
16. E. Solomon, Leverage and the Cost of Capital, *Jour. Finance*, Mai 1963, 18, S. 273–279. Übersetzung auf S. 160 ff. in diesem Band.
17. D. Suits, Use of Dummy Variables In Regression Equations, *Jour. Am. Stat. Assoc.*, Dezember 1957, 52, S. 548–551.
18. D. Usher, *The Debt Equity Ratio*, Unpublished doctoral dissertation, Univ. Chicago, 1960.
19. J. F. Weston, A Test of Cost of Capital Propositions, *So. Econ. Jour.*, Oktober 1963, 30, S. 105–112.
20. R. Wippern, *Earnings Variability, Financial Structure and the Value of the Firm*, unpublished doctoral dissertation, Stanford Univ., 1964.

Finanzierungsrisiken und Kreditspielraum

H. J. KRÜMMEL*

In den theoretischen Ansätzen der Finanzierungstheorie wird überwiegend mit nach Art und Umfang gegebenen Fremdfinanzierungsmöglichkeiten gearbeitet. Die Frage der Abhängigkeit des Finanzierungsspielraums des Unternehmens von der Struktur seiner Vermögensverlustrisiken und Gewinnchancen wird nicht explizit berücksichtigt. Mit Hilfe einer speziellen Darstellungsmethode versucht der Verfasser, den Zusammenhang zwischen Unternehmensrisiken und den den Kreditspielraum des Unternehmens im Entscheidungskalkül seiner Kreditgeber bestimmenden Faktoren in engem Anschluß an die Verhältnisse an den Kreditmärkten der Praxis zu behandeln.

I. BESTANDSÖKONOMISCHE DARSTELLUNG DER RISIKO-CHANCE-STRUKTUREN VON FINANZIERUNGSOBJEKTEN

Der Einfluß, den die Risiko-Struktur eines Finanzierungsobjekts (Risiken des Vermögensverlustes und Chancen des Vermögenszuwachses) auf die Entscheidungen der Financiers und damit auf den Kreditspielraum des Inhabers des Finanzierungsobjektes hat, ist bisher im Gegensatz zu anderen Einflußgrößen wie Kredithöhe und gebotene Verzinsung wenig beachtet worden. Für die Darstellung solcher Risikostrukturen erweist sich ein Verfahren als leistungsfähig, das wir als bestandsökonomische Darstellungsform bezeichnen wollen [1]. Der Terminus Bestandsökonomie wird deshalb vorgeschlagen, weil wir für die Übersetzung der in der angelsächsischen Literatur geläufigen Bezeichnung asset preference keine bessere Möglichkeit sehen. Die Darstellungsmethode eignet sich nicht nur für die Wiedergabe des Risiko-Chance-Inhalts von Fremdfinanzierungsobjekten, sondern generell als Darstellungsmittel für die Risiko- und Chanceerwartungen, die irgendein Wirtschaftssubjekt bezüglich des von ihm gehaltenen Vermögensbestandes hegt, sei das nun ein Bestand an Wertpapieren – wie regelmäßig in den Modellen der portfolio selection theory –, an anderen Geldvermögensbeständen, an einzelnen Sachvermögensbeständen oder schließlich auch an zusammengesetzten Vermögenskomplexen bis hin zum Unternehmen mit sehr komplizierter Bestandsstruktur. Sie läßt sich in aller Kürze unter Verwendung eines einfachen Zahlenbeispiels wie folgt beschreiben:
Auf der Ordinate werden abgetragen
– entweder der Wert des eingesetzten Vermögens (V_{t_0}) und die Werte der wahr-

---

* Mit freundlicher Genehmigung des Verfassers und des Verlages entnommen aus: *Zeitschrift für Betriebswirtschaft*, 36 (1966), 1. Ergänzungsheft, S. 134–157.

scheinlich am Ende der Planungsperiode vorhandenen Endvermögensbestände V_{t_1,s_i}, (wo die $s_i = s_1, \ldots, s_n$ die von dem Wirtschaftssubjekt für erfolgswirksam erachteten Ereignisse indizieren). Diese Werte werden von der Nullinie des Vermögenseinsatzes aus gemessen (Koordinatenursprung in Abbildung 1).
- oder die wahrscheinlichen Gewinne und Verluste. Sie werden von einer zuvor jeweils genau zu definierenden Nullinie der Vermögenskonstanz, hier von V_{t_0} aus als $(V_{t_1, s_i} - V_{t_0})$ gemessen.

Abb. 1

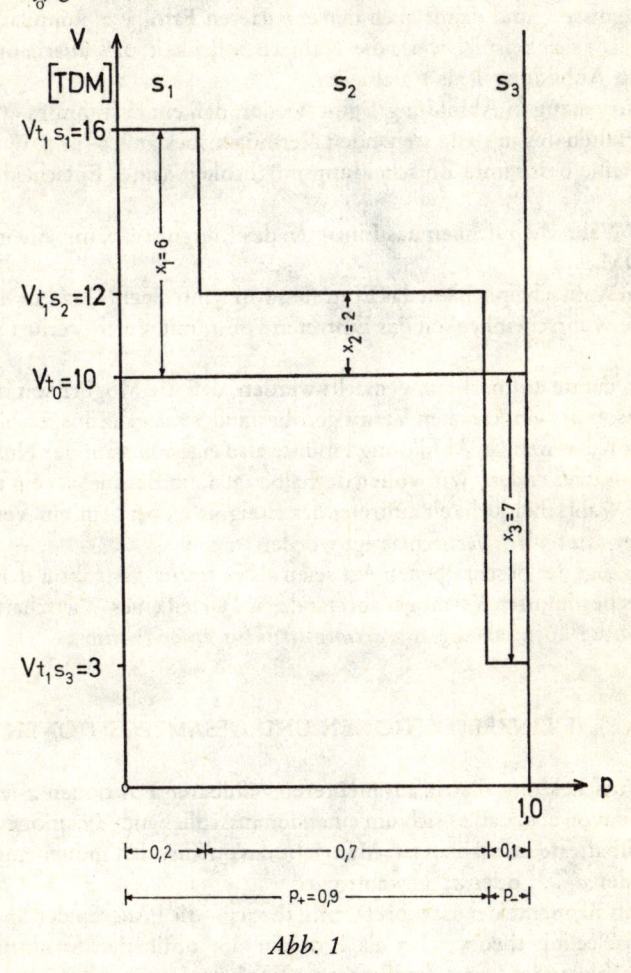

Um Erörterungen über die zu wählende Methode der Bewertung der Vermögensbestände in t_0 und t_1, die für die hier vorzutragenden Überlegungen unerheblich sind, zu vermeiden, gehen wir davon aus, daß die V_{t_0} und V_{t_1, s_i} unmittelbar vor t_0 bzw. nach t_1 Zahlungsmittelbestände sind, d. h. auch, daß erwartete Gewinne und Verluste als in t_1 mutmaßlich realisierte Veränderungen von Zahlungsmittelbeständen gemessen werden.

Wichtige Aufschreibregel für die erwarteten möglichen Erfolge der Bestandshaltung ist, daß die Erfolge in Richtung der Abszisse, beginnend mit dem größten erwarteten Gewinn, endend mit dem größten erwarteten Verlust, aufgetragen werden (Abb. 1).

Auf der Abszisse werden die Eintrittswahrscheinlichkeiten p_i der erfolgswirksamen Ereignisse s_i und damit auch der erwarteten Erfolge x_i kumulativ abgetragen. Dadurch läßt sich beispielsweise die Wahrscheinlichkeit, daß überhaupt ein Gewinn eintritt, in Abbildung 1 als p_+ ablesen.

Der Kurvenzug in Abbildung 1 gibt wieder, daß ein bestimmtes Wirtschaftssubjekt bei Halten des in Rede stehenden Vermögensbestandes (m.a.W. bei Entscheidung für eine bestimmte Entscheidungsmöglichkeit seines Entscheidungsfeldes) in t_1

– mit $1/5$ Wahrscheinlichkeit das Eintreten des Ereignisses s_1 mit einem Gewinn von 6000 DM,
– mit $7/10$ Wahrscheinlichkeit das Eintreten von s_2 mit einem Gewinn von 2000 DM,
– mit $1/10$ Wahrscheinlichkeit das Eintreten von s_3 mit einem Verlust von 7000 DM

erwartet.

Es muß darauf aufmerksam gemacht werden, daß die Möglichkeit des vollständigen Verlustes des eingesetzten Vermögensbestandes nie ganz ausgeschlossen werden kann. Der Kurvenzug in Abbildung 1 müßte also eigentlich auf der Nullinie des Vermögenseinsatzes enden. Wir wollen deshalb sagen, im Beispiel sei ein mit nach Null gehender Wahrscheinlichkeit eintretendes Ereignis s_n, bei dem ein Verlust in Höhe von V_{t_0} erwartet wird, vernachlässigt worden.

Kurvenzüge der beschriebenen Art seien als Erwartungsstruktur der Bestandshaltung eines bestimmten Vermögensbestandes im Urteil eines Wirtschaftssubjekts bezeichnet, oder kurz: als die *Erwartungsstruktur einer Position*.

II. EINZELPOSITIONEN UND GESAMTPOSITIONEN

In einer Entscheidungsmatrix aus mehreren wählbaren Positionen a_j ($j = 1, \ldots, m$) geht man davon aus, daß es sich um einander ausschließende Positionen handelt, deren vorteilhafteste zu wählen ist. Man geht davon aus, daß immer nur entweder a_1 oder a_2 oder $a_3 \ldots$ oder a_m gewählt wird.

Will man Elemente der asset preference theory – die bisher in der Spezialform der portfolio selection theory, also als Problem der optimalen Strukturierung eines Wertpapierbestandes (-portefeuilles) eines Kapitalanlegers, aber nicht in allgemeiner Form auf beliebige komplexe Vermögensbestände bezogen betrieben wird – für die Finanzierungstheorie fruchtbar machen, dann ist es zweckmäßig, von Einzelpositionen auszugehen, die nicht im Verhältnis gegenseitiger Ausschließlichkeit zueinander stehen. Einzelpositionen können vielmehr in verschiedener Weise miteinander verbunden werden, mit dem Ziel, eine Gesamtposition anderer Risiko-Chance-Struktur zu erhalten. Die Verbindung von Einzelpositionen zu einer Gesamtposition kann zur Risikotransformation führen[2]. Mit Hilfe der bestandsökonomischen Darstellungsform ist es leicht, die Transformation der Risiken von Einzelpositionen bei ihrer Verbindung zu einer Gesamtposition zu zeigen.

Es gibt drei reine Typen solcher Verbindung: kumulative Verbindung, Hedging und Diversifikation.

1. Kumulative Verbindung

Wir verwenden die soeben als Beispiel gegebene einfache Erwartungsstruktur und nehmen zunächst an, es würden zwei Erwartungsstrukturen dieser Art miteinander verbunden. Hängen dabei die mit gleichen Wahrscheinlichkeitsgraden erwarteten Gewinne und Verluste bei beiden Einzelpositionen von denselben Ereignissen ab, dann addieren sich die Gewinne und Verluste der beiden Einzelpositionen zum Gewinn und Verlust der Gesamtposition. Die Eintrittswahrscheinlichkeiten p_i der drei Ergebnisstufen sind in Einzelpositionen und Gesamtposition gleich.

Bei Verdoppelung des Vermögensmaßstabes bekommt man für die Gesamtposition den gleichen Kurvenzug wie für die beiden Einzelpositionen (Abb. 2), d. h. durch kumulative Verbindung von Einzelpositionen ändert sich die Erwartungsstruktur für den Inhaber der Position nicht.

2. Hedging

Gelingt es, zwei Einzelpositionen zu verbinden, deren mögliche Ergebnisse vom Eintritt derselben Ereignisse abhängen, jedoch so, daß jedes Ereignis s_i mit der gleichen Wahrscheinlichkeit bei der ersten Einzelposition ein besseres Ergebnis, bei der zweiten ein schlechteres bringt und umgekehrt, so kann der Inhaber der resultierenden Gesamtposition mit Sicherheit erwarten, daß sich ein mittleres Ergebnisniveau einstellt. Diese Form der Verbindung von Einzelpositionen nennt man Hedging.

Wir gehen zur Illustration vom Extremfall des Hedging, nämlich von zwei Einzelpositionen aus, deren Gewinne und Verluste sich bei gegebenen Ereignissen s_1, s_2, s_3 gerade kompensieren. Der Inhaber der Gesamtposition erwartet unter Sicherheit Vermögenskonstanz (Abb. 3).

Klassische Beispiele für das Hedging sind Kurssicherungsgeschäfte in Wertpapieren oder Devisen. Aber auch in anderen Bereichen, wo es nicht leicht gelingt, Einzelpositionen mit sich gerade aufhebenden Risiken und Chancen zu finden, wird Risikotransformation in der Form des Hedging betrieben. Es geht dabei immer darum, Einzelpositionen mit partiell negativ korrelierten Erwartungsstrukturen zu finden, durch deren Verbindung das in der Gesamtposition involvierte Risiko so vermindert wird, daß es die durch die Haftungsbasis des Positionsinhabers gezogene Grenze

Abb. 2: Kumulative Verbindung

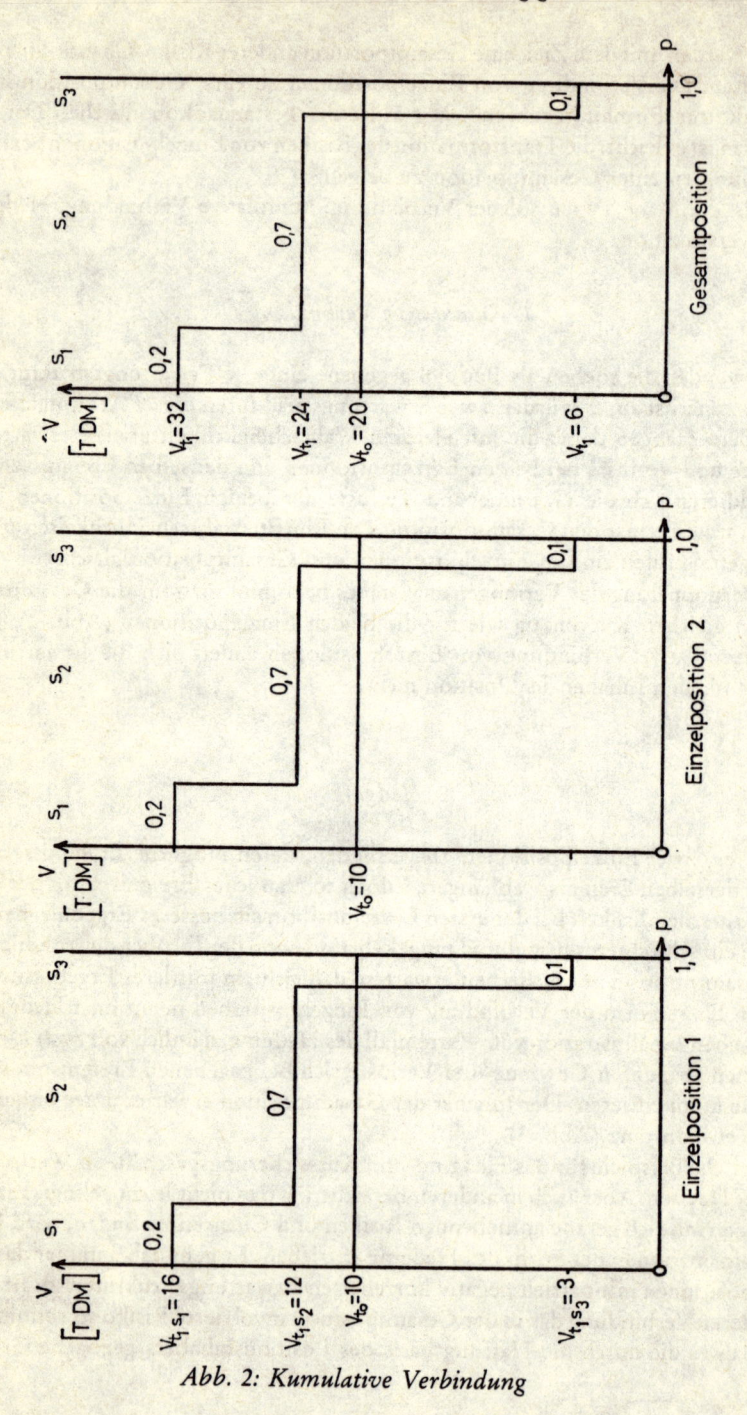

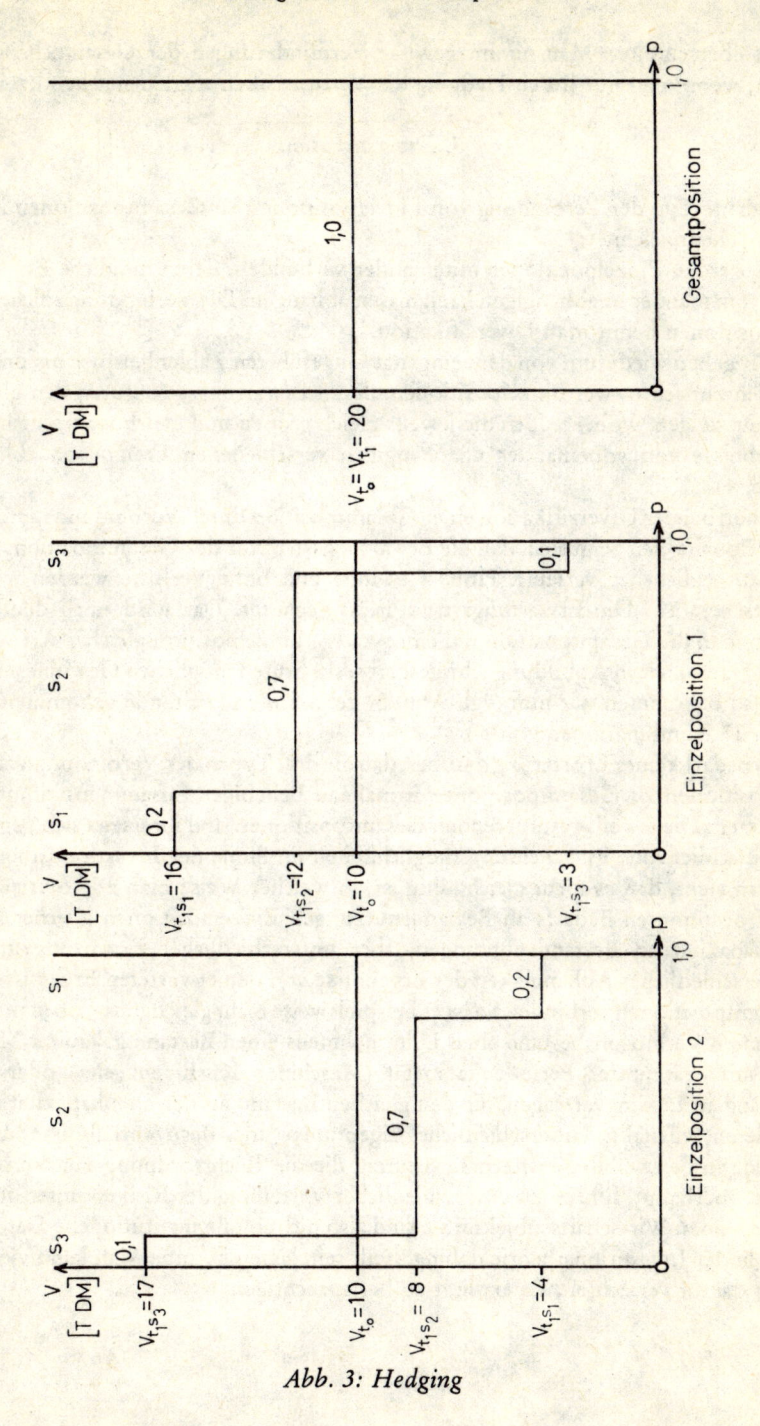

Finanzierungsrisiken und Kreditspielraum 205

Abb. 3: Hedging

nicht überschreitet. Man nimmt gewisse Verminderungen der Gewinnchancen in Kauf, wenn man nur durch Hedging die Verlustrisiken tragbar machen kann.

3. Diversifikation

Der dritte Typ der Verbindung von Einzelpositionen zu Gesamtpositionen ist wie folgt gekennzeichnet:

Es werden Einzelpositionen miteinander verbunden, deren mögliche Ergebnisse von voneinander unabhängigen Ereignissen abhängen. Die Verbindung solcher Einzelpositionen nennt man Diversifikation.

Wir gehen wiederum von dem eingangs eingeführten Zahlenbeispiel aus und verbinden zunächst zwei Einzelpositionen, deren Erwartungsstrukturen den gleichen Verlauf zeigen, wobei jedoch die jeweils gleich großen und gleich wahrscheinlichen Ergebnisse von voneinander unabhängigen verschiedenen Ereignissen abhängen (Abb. 4).

Schon bei der Diversifikation einer Gesamtposition durch Verbindung nur zweier Einzelpositionen zeigt sich, daß die Erwartungsstruktur der Gesamtposition erheblich ausgeglichener verläuft. Hohe Gewinne und hohe Verluste werden weniger wahrscheinlich. Die Erwartungsstruktur ist geglättet. Das wird noch deutlicher, wenn man die Gesamtposition um eine weitere Einzelposition gleicher Art vergrößert. Hatten wir in Abbildung 4 insgesamt sechs Stufen möglichen Gewinnes/Verlustes, so bekommen wir nun (vgl. Abb. 5) zehn Stufen (zustande gekommen aus 9 bzw. 27 Kombinationen von p_i).

Es bedarf keiner Erörterung darüber, daß die drei Typen der Verbindung von Einzelpositionen zu Gesamtpositionen in nahezu beliebiger Zusammenstellung vorkommen. Die jeweils resultierenden Gesamtpositionen sind ihrerseits sich gegenseitig ausschließende Entscheidungsmöglichkeiten im Sinne der Investitionstheorie.

Man sieht, daß es nicht gleichgültig ist, in welcher Weise man zur Befriedigung eines bestimmten Bedarfs an Bestandsnutzungen Einzelpositionen gleicher Periodenkapazität an Bestandsnutzungen, aber unterschiedlicher Erwartungsstruktur (unterschiedlicher Abhängigkeit der Ergebnisse von den erwarteten Ereignissen) zu Gesamtpositionen verbindet. So ist es beispielsweise nicht gleichgültig, ob man in den gesamten Vermögensbestand eines Unternehmens einen Bestand gekaufter Maschinen mit bestimmter Periodenkapazität (Maschinen im Eigenbesitz) oder einen Bestand an Leasingverträgen, die den gleichen Bestand an Periodenkapazität repräsentieren, einstellt. Unterschiedliche Eigentums- und Besitzverhältnisse, Unterschiede in den wählbaren Rechtsinstituten, die die Rechtsordnung zur Verfügung stellt, überhaupt, führen zu unterschiedlicher Verteilung der Risiken unter die risikotragenden Wirtschaftssubjekte. Sie sind also nicht bloße institutionelle Daten, die man in der Investitionstheorie dahingestellt sein lassen könnte. Man kann vielmehr nicht darauf verzichten, sie explizit zu berücksichtigen.

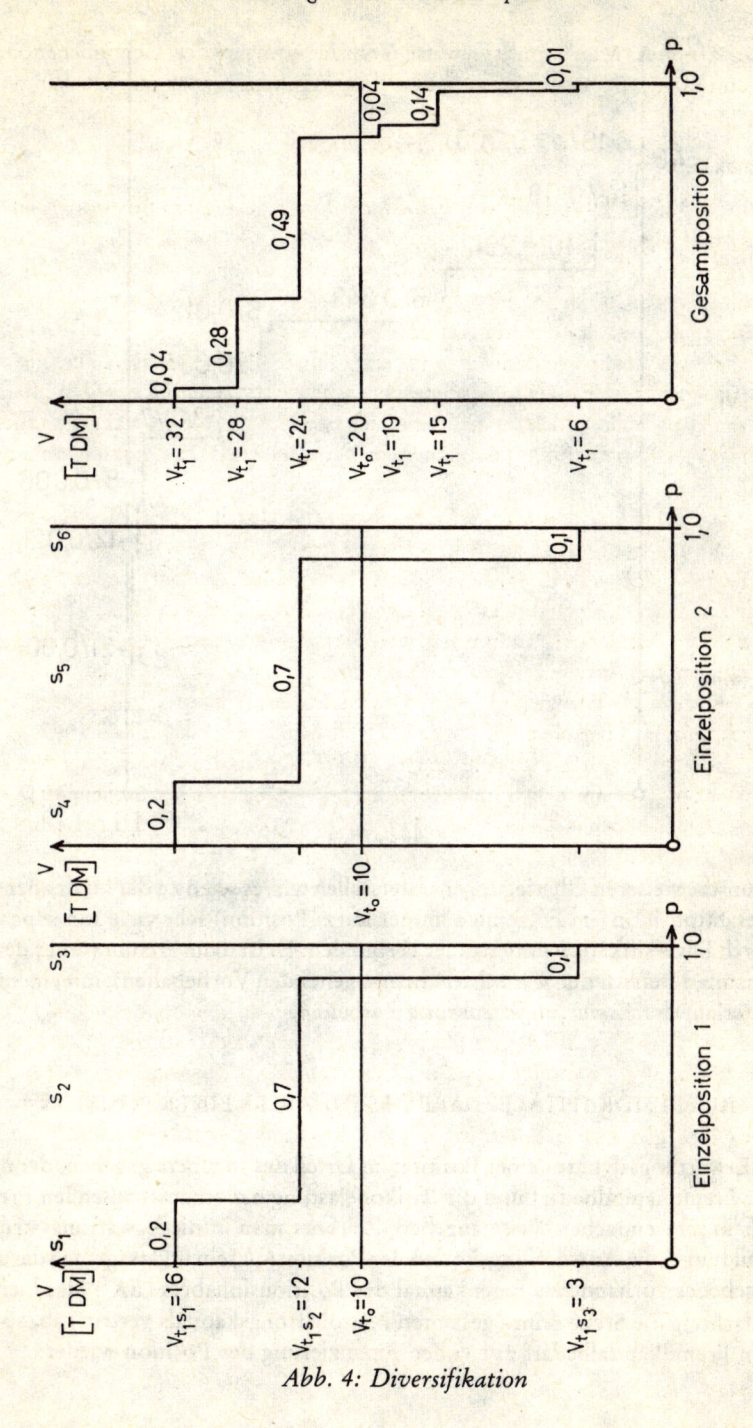

Abb. 4: Diversifikation

Abb. 5

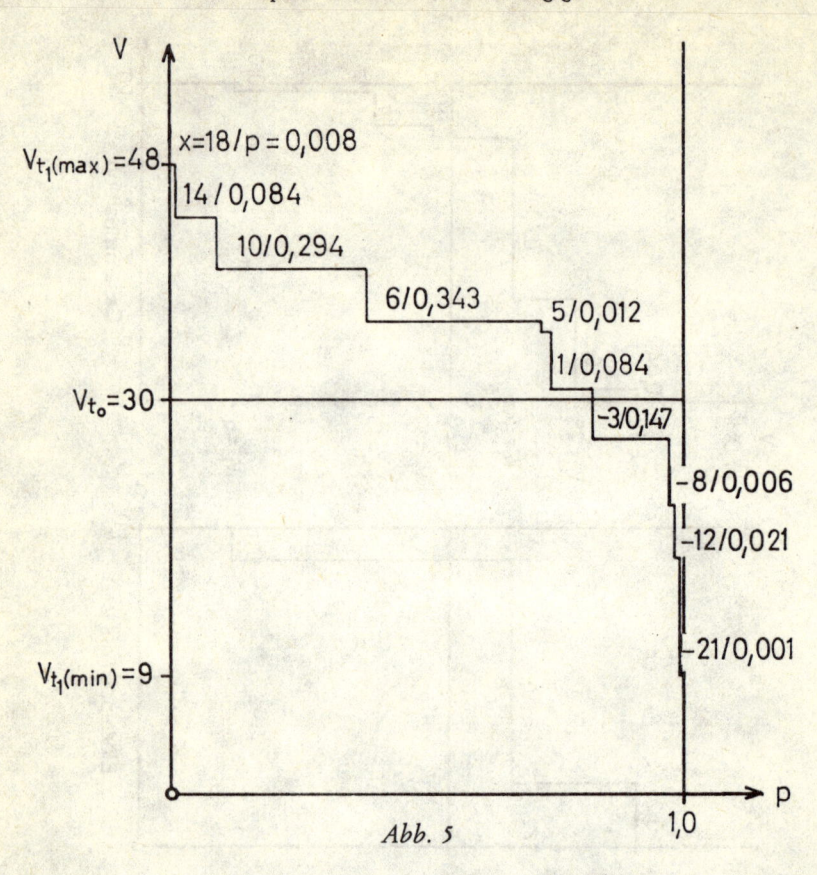

Für unsere weiteren Überlegungen unterstellen wir, es seien zu der zu finanzierenden Gesamtposition (im Folgenden immer kurz: Position) sehr viele Einzelpositionen durch Diversifikation miteinander verbunden. Es ist dann erlaubt (unter den für den gesamten Bereich der Wirtschaftstheorie geltenden Vorbehalten), mit einem stetigen Verlauf der Erwartungsstruktur zu arbeiten.

III. FREMDKAPITALBEDARF DES INHABERS EINER POSITION

Ist die Erwartungsstruktur einer Position im Urteil des Inhabers gegeben, dann läßt sich ihr Fremdkapitalbedarf und die Risikobelastung des einzuschießenden Fremdkapitals in sehr einfacher Weise angeben. Zeichnet man in die Erwartungsstruktur in Abbildung 6 die Anschaffungskosten der Position (V_{t_p}) ein und trägt man darunter ein gegebenes vorhandenes Eigenkapital des Positionsinhabers (EK^I) (das hier zur Vereinfachung die Stelle seines gesamten Nettohaftungskapitals vertritt) ab, so gibt FB^I den Fremdkapitalbedarf zur vollen Finanzierung der Position wieder.

Es läßt sich auch unmittelbar das durchschnittlich erwartete Ausfallrisiko des gesamten Fremdkapitals ableiten. In Abbildung 6 ist es mit $\bar{p}$ bezeichnet.

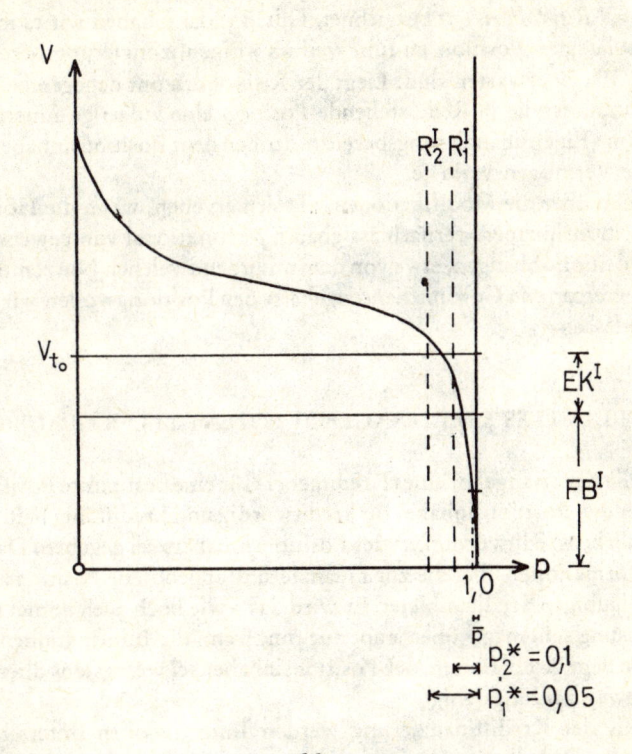

Abb. 6

IV. ZULÄSSIGKEITSKRITERIUM DES POSITIONSINHABERS

Man kann mit Hilfe der Erwartungsstruktur schließlich ermitteln, ob die Position unter Berücksichtigung des vorhandenen Eigenkapitals eine zulässige Entscheidungsmöglichkeit in dem Entscheidungsfeld des Inhabers ist. Jeder Positionsinhaber hat nämlich eine Vorstellung darüber, bis zu welcher höchsten Eintrittswahrscheinlichkeit er
- erwartete eigene Vermögensverluste
- oder (wenn er einen höheren Standard der Konkursmoral hat) erwartete eigene und fremde Vermögensverluste vernachlässigen will.

Lassen wir einmal das im Urteil des Positionsinhabers vernachlässigbare Risiko, daß seine Gläubiger Vermögensverluste erleiden, beiseite, und nehmen wir an, der

Inhaber der Position halte Wahrscheinlichkeitsgrade für das Eintreten eigener Verluste von weniger als $p^*_1 = 5\%$ – wie hoch die Verluste ihrem Betrage nach auch immer sein mögen – für vernachlässigbar; dann bildet sich die Grenze vernachlässigbarer Risiken in Abbildung 6 durch die mit R^I_1 bezeichnete Senkrechte ab. Sie sei der Kürze wegen als *Risikohorizont* bezeichnet. Gilt R^I_1, dann haben wir es im Beispiel mit einer unzulässigen Position zu tun, weil im »Eigenfinanzierungsbereich« Verluste mit $p > 5\%$ zu erwarten sind. Liegt der Risikohorizont dagegen bei R^I_2 (mit $p^*_2 = 10\%$), dann ist die in Rede stehende Position eine zulässige Entscheidungsmöglichkeit. Im »Eigenfinanzierungsbereich« drohen dem Positionsinhaber nur vernachlässigbare Vermögensverluste.

Überlegungen über die Modifikationen, die sich ergeben, wenn die Höhe der im Urteil des Positionsinhabers vernachlässigbaren p^* funktional von gewissen Eigenschaften der Position abhängen, etwa von dem mit irgendwelchen Nutzenfunktionen bewerteten aggregierten »Gewinnchancengehalt« der Position, wollen wir an dieser Stelle beiseite lassen.

V. INDIVIDUELLES KREDITANGEBOT POTENTIELLER GLÄUBIGER

Das individuelle Kreditangebot eines Kreditgebers für eine bestimmte Position hängt davon ab, ob er den Positionsinhaber für kreditwürdig und kreditfähig hält. Nehmen wir an, persönliche Kreditwürdigkeit des Positionsinhabers sei gegeben. Dann hängt es von den Informationen über die zur Finanzierung angebotene Position ab, ob ein potentieller Gläubiger Kredit anbietet. Er wird das – wie hoch auch immer die angebotene Verzinsung sein mag – überhaupt nur tun, wenn die Informationen über die Position ihn zu dem Urteil führen, der Positionsinhaber sei wenigstens über die Kreditlaufzeit hinweg zahlungsfähig.

In der Praxis der Kreditfinanzierung werden Informationen unterschiedlicher Qualität und unterschiedlichen Umfangs verlangt und gegeben. Und sie werden von den Kreditgebern auf der Grundlage unterschiedlicher Ansichten über die Aufbereitung und Interpretation von Schuldner- und Drittinformationen, die wiederum auf unterschiedlichen Liquiditätsregeln beruht, zu Indizien der Kreditfähigkeit verarbeitet. Wir haben an anderer Stelle über Methoden der Kreditfähigkeitsprüfung und die zugrundeliegenden liquiditätstheoretischen Vorstellungen geschrieben und verzichten hier auf die Einzelheiten[3]. Wie immer auch die herrschenden Vorstellungen potentieller Kreditgeber aussehen mögen – grob oder differenzierend, fehlerhaft oder sachgerecht –, sie bestimmen, ob der Inhaber einer Position Fremdkapital attrahiert oder nicht, sie sind Bestimmungsgründe für das individuelle Kreditangebot jedes einzelnen potentiellen Kreditgebers und damit auch für den Kreditspielraum insgesamt.

Es ist nun sehr unbefriedigend, finanzierungstheoretische Probleme unter der Voraussetzung zu diskutieren, die Kreditgeber verwendeten die ihnen gegebenen Informationen nach den bei ihnen jeweils zufällig herrschenden mehr oder weniger sachgerechten Liquiditätsvorstellungen. Wir wollen deshalb annehmen, sie verwenden Informationen über den gesamten Finanzierungsbedarf der Position (V_{t_0}), über das vorhandene Eigenkapital des Positionsinhabers (EK^I), über das Vorhandensein anderer Gläubiger und Informationen, die sich zur Ableitung der Höhe und der Eintrittswahrscheinlichkeit zukünftiger Gewinne und Verluste der angebotenen Position eignen, zur Aufstellung einer Erwartungsstruktur. Sie halten den Positionsinhaber für kreditfähig, wenn das in der Position angelegte Fremdkapital mit hinreichender Wahrscheinlichkeit von Vermögensverlusten nicht betroffen wird, und das heißt, wenn die Liquidationswerte aller Aktiva wenigstens immer so hoch sind wie das Fremdkapital.

Da wir davon ausgegangen sind, in t_1 sei das Vermögen in Zahlungsmitteln gemessen, können wir die Kreditfähigkeitsbedingung wie folgt ausdrücken: Der Positionsinhaber gilt im Urteil potentieller Kreditgeber als solvent (zahlungsfähig, kreditfähig), wenn sich aus der Erwartungsstruktur ergibt, daß die im Urteil der Kreditgeber nicht vernachlässigbaren Risiken des Vermögensverlustes durch Eigenkapital gedeckt sind. Wir werden sogleich sehen, daß danach das vorhandene Eigenkapital nicht benötigt wird, um den Betrag des individuellen Kreditangebots eines potentiellen Gläubigers abzuleiten.

Wie der Inhaber der Position, so haben auch die Gläubiger eine Vorstellung über vernachlässigbare Risiken des Vermögensverlustes (p^*). Zeichnet man in die Darstellung der Erwartungsstruktur einer Position im Urteil des Gläubigers[4] den (zunächst wiederum senkrechten) Risikohorizont R^G ein (Abb. 7), so gibt der senkrechte Abstand des Schnittpunkts zwischen Erwartungsstruktur und Horizont von der p-Achse den Betrag des individuellen Kreditangebots K^G dieses Gläubigers an. Gibt nämlich der Gläubiger gerade einen Kredit in Höhe von K^G, dann kann er auf Grund der Erwartungsstruktur der Position mit der ihm hinreichend erscheinenden Wahrscheinlichkeit $1-p^*$ erwarten, daß in t_1 wenigstens ein Vermögen in Höhe des Kredits vorhanden sein wird. Geht man davon aus, er sei einziger Gläubiger oder es gelinge ihm, seine Forderung gegen den Positionsinhaber voll zu besichern (d. h. sich für den Fall des Konkurses des Positionsinhabers ein vorrangiges Befriedigungsrecht vor anderen Gläubigern zu verschaffen), dann erscheint ihm der Kredit in Höhe von K^G als ausreichend gedeckt. Man sieht, unter den gemachten Annahmen genügt zur Bestimmung des individuellen Kreditangebots die Erwartungsstruktur und der Risikohorizont des Gläubigers.

Die Einführung des Fremdkapitalzinses bereitet keine Schwierigkeiten. K^G wird um den Zinsbetrag z geringer.

An dieser Stelle wird es notwendig, einige Überlegungen über den Verlauf des Risikohorizonts des Gläubigers anzustellen. Die Annahme eines senkrechten Risikohorizonts beinhaltet, daß der Betrag des Ausfallrisikos keinerlei Einfluß auf die vernachlässigbare Eintrittswahrscheinlichkeit von Verlusten hat. Das ist in hohem Maße unrealistisch.

Gibt der potentielle Gläubiger den nachgefragten Kredit, dann hat er zuvor festgestellt, daß die gebotenen Verzinsungschancen die Finanzierung der Position in sei-

Abb. 7

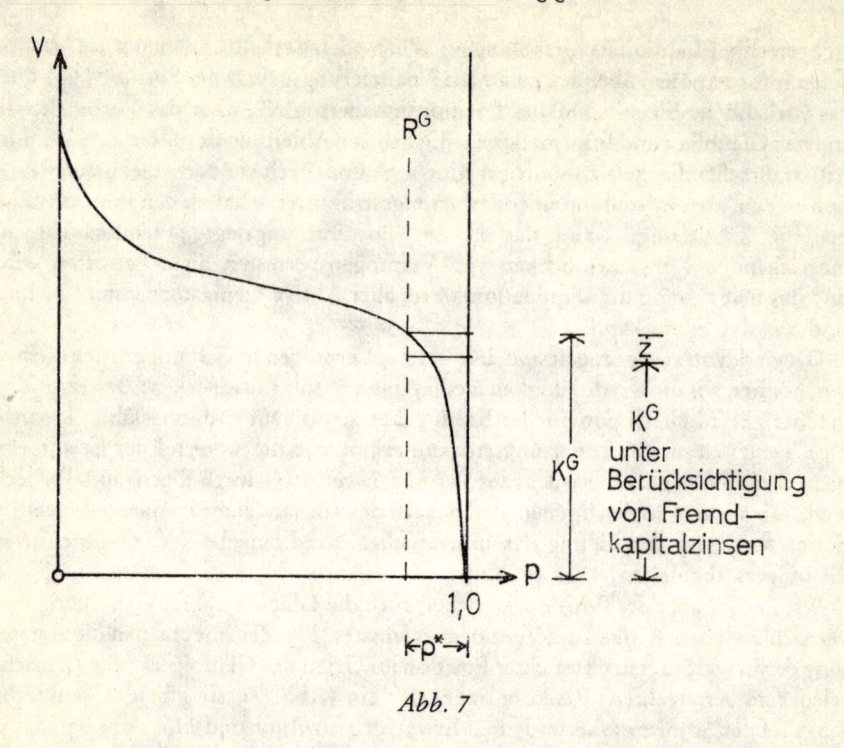

nem Entscheidungsfeld als vorteilhafte Entscheidungsmöglichkeit erscheinen lassen und daß die hinzunehmenden Verlustrisiken in dem mit allenfalls p^* erwarteten Fall ihres Eintretens durch seine Haftungsbasis (sein Eigenkapital) gedeckt sind. Diese beiden Überlegungen des potentiellen Gläubigers sind also durch entsprechende Formulierung des Risikohorizonts zu berücksichtigen.

Einen Weg, durch einige geeignete Annahmen solche Risikohorizonte zu bekommen, ohne das ganze Entscheidungskalkül des potentiellen Gläubigers explizit darstellen zu müssen, sehen wir wie folgt: Wir nehmen an, die in t_0 bestehenden riskanten Engagements des Gläubigers seien bekannt und über die Laufzeit des nachgefragten Kredits hinweg nicht veränderlich. Dann ist auch der Teil des Eigenkapitals des Gläubigers bekannt, der zur Bedeckung schon eingegangener Verlustrisiken »verbraucht« ist. Der noch freie Teil des Eigenkapitals EK^G gibt das maximale individuelle Kreditangebot K^G_{max} an, das bei einer vernachlässigbaren Eintrittswahrscheinlichkeit p^* von annähernd Null gerade noch übernommen werden kann, ohne daß sich der Gläubiger der Gefahr aussetzt, insolvent zu werden. Bestünde auch nur die geringste Wahrscheinlichkeit, daß ein gewährter Kredit in Höhe von $K^G > EK^G$ ausfällt, so sähe der Gläubiger seine Solvenz unmittelbar gefährdet. Es ist dies der Berührungspunkt der Solvenz des Gläubigerunternehmens und seiner Neigung, Kredite nur bis zu einer bestimmten Höhe zu geben. Wie sich auch in der Finanzierungspraxis zeigt, verschwindet bei einem bestimmten Kreditbetrag abrupt die Kreditbereitschaft selbst solcher Gläubiger, die weit mehr als diesen Betrag zur Kreditgewährung zur Verfügung haben. Von ins Auge fallender Bedeutung ist dieses K^G_{max} bei Banken. Dort bezeichnet es den bei gegebenen haftenden Mitteln gerade noch für zulässig gehaltenen einzelnen Großkredit. Jedes kleiner gestückelte Kreditangebot ist vorteilhafter, weil der obwohl mit nur p^* erwartete, wie sich aber später zeigt tatsächlich eintretende Gesamtausfall eines kleineren Kredits nicht sogleich die Gefahr der Insolvenz (Summe der verbleibenden Risiken > Eigenkapital) heraufbeschwört (Bestimmungsgrund der Risikozerfällungsneigung).

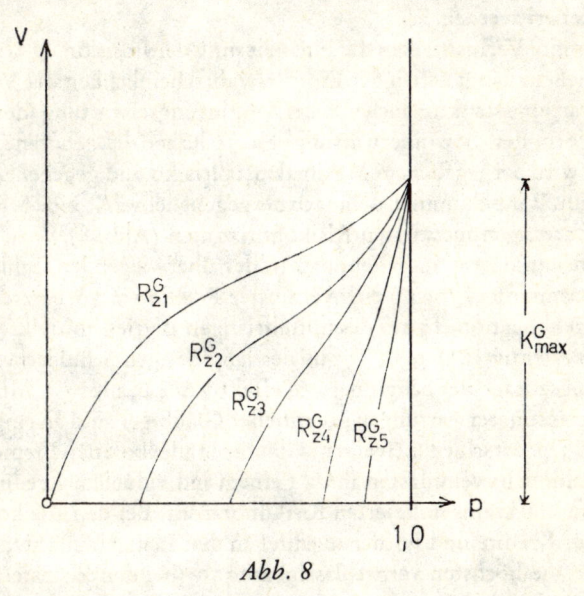

Abb. 8

In Abbildung 8 ist dieses K^G_{max} an der rechtsliegenden Vermögensachse des Erwartungsfeldes abgetragen. Gehen wir von einer gegebenen Verzinsung aus, dann gilt: Je höher der gewährte Kredit ist, desto höher ist – wie wir gleich zu Anfang sahen – der Betrag, den der Gläubiger im ungünstigsten Falle verlieren kann. Es kann nie ausgeschlossen werden, daß der gesamte Kredit verlorengeht. Das Maximalausfallrisiko ist dem Betrage nach immer gleich dem jeweils gegebenen Kredit (K^G). Die dem Maximalausfall zukommende Eintrittswahrscheinlichkeit kann dabei dahingestellt bleiben. Man muß außerdem davon ausgehen, daß es Gläubigern nicht gleichgültig ist, ob sie mit einer Wahrscheinlichkeit von beispielsweise 10% einen Betrag von 100 DM, von 10000 DM oder von 100000 DM verlieren. Ob die Eintrittswahrscheinlichkeit von 10% ihnen vernachlässigbar erscheint, hängt bei Maximalausfallrisiken unterschiedlicher Höhe davon ab, welches noch freie Eigenkapital beim Eintritt dieses ungünstigen Falles zur Verfügung steht. Mit steigendem individuellen Kreditangebot (mit steigendem Betrag des Maximalausfallrisikos) nimmt der Grad der Ausnutzung der freien Haftungsbasis des Gläubigers durch den in Rede stehenden Kredit zu. Im Entscheidungskalkül des Gläubigers hat also ein höheres Maximalausfallrisiko das schwerere Gewicht. Das vernachlässigbare Risiko p^* ist eine sinkende Funktion des individuellen Kreditangebots. Bei einem Maximalausfallrisiko von gerade K^G_{max} erreicht p^* seinen kleinsten (jedoch immer positiven) Wert. Die dem Konzept des Risikohorizonts, insbesondere dem des nichtlinearen Risikohorizonts zugrunde liegenden Verhaltensannahmen sind aus Beobachtungen in der Praxis abgeleitet. Die Einführung des Risikohorizonts ins Modell kann also nicht als Unterstellung irgendeines entscheidungstheoretisch streng formulierten rationalen Entscheidungsverhaltens interpretiert werden.

Ob bestimmte Verlustrisiken die Finanzierung der Position im Urteil des Gläubigers ausschließen, hängt neben der Eintrittswahrscheinlichkeit der Verluste ausweislich der Erwartungsstruktur auch von der Verzinsungserwartung (der hier vorliegenden Spezialform der Gewinnerwartung) ab. Je höher die gebotene Verzinsung ist, desto höher wird bei gegebenem Maximalausfallrisiko und gegebenem freiem Eigenkapital p^* sein. Wir bekommen demnach bei gegebenem EK^G eine Schar von mit Verzinsungserwartungen indizierten Risikohorizonten (Abb. 8).

Man kann nun davon ausgehen, daß in der überwiegenden Zahl aller Finanzierungsfälle bestimmte Typen gleich verzinster Positionen vorherrschen (Typus der 7%-Industrieobligation, Typus des mittelfristigen Betriebsmittelkredits banküblich besichert zu effektiv 10% p.a., Typus des langfristigen Schuldscheindarlehens mit Arrondierungszusage des Schuldners zu effektiv 6% p.a. usw.). Mit anderen Worten: Die Verzinsungserwartungen potentieller Gläubiger sind an empirischen Märkten typisiert. Die verschiedenen einem Gläubiger angebotenen Fremdfinanzierungsobjekte (Positionen) veranlassen ihn zu einem individuellen Kreditangebot gemäß dem mit dem Marktzins indizierten Risikohorizont. Bei den Risikohorizonten der Gläubiger für Kredite und Forderungstitel an den Leihgeldmärkten der Unternehmungen sind die höchsten vernachlässigbaren p^* (bei den kleinsten marktüblichen Abschnitten) sehr klein [5].

In Abb. 9 ergibt sich das individuelle Kreditangebot als senkrechter Abstand des Schnittpunktes zwischen Erwartungsstruktur und marktzinsindiziertem Risikohorizont R^G_{zi} von der p-Achse. Der Gläubiger sieht sich in der Lage, die angebotene Position mit einem Kredit in Höhe von K^G zu finanzieren.

VI. KREDITSPIELRAUM DES POSITIONSINHABERS

Welcher Zusammenhang besteht nun zwischen dem individuellen Kreditangebot einzelner Gläubiger in bezug auf eine bestimmte Position und dem Kreditspielraum des Positionsinhabers?

Wir nehmen an, alle Gläubiger hätten den gleichen Risikohorizont mit einem für marktübliche Finanzierungsformen typischen sehr kleinen maximalen p^* [6]. Dann bietet jeder einzelne gerade K^G an, jeder einzelne Gläubiger ist bereit, die Position mit höchstens K^G zu beleihen. Stellt man das Kreditangebot der einzelnen Gläubiger

Abb. 9

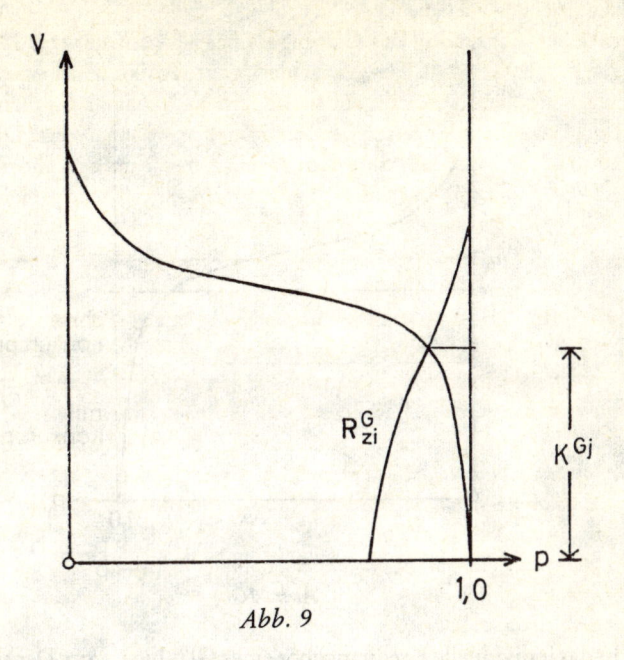

K^G dem Fremdfinanzierungsbedarf des Positionsinhabers gegenüber, so ergibt sich folgendes Bild:

1. Reicht das individuelle Kreditangebot eines Gläubigers zur Deckung des Fremdfinanzierungsbedarfs aus, so kann jeder potentielle Gläubiger für sich diesen Bedarf befriedigen. In diesem Falle, und wie wir gleich sehen werden nur in diesem Falle, ist es auch möglich, daß mehrere potentielle Gläubiger je zum Teil den Fremdfinanzierungsbedarf decken.

Finanzieren mehrere Gläubiger gemeinsam, dann wird für jeden von ihnen die Frage relevant, auf welche Weise er sich vor den anderen Gläubigern Vorrang im Konkurs verschaffen kann. Jeder Gläubiger wird sich bemühen, von dem Inhaber der Position Besicherungsmittel zu bekommen, die ihm separate Befriedigung seiner Tilgungs- und Zinsansprüche ermöglichen, wenn der Verlust des finanzierten Objekts größer wird als das EK^I, wenn der Positionsinhaber (Schuldner) zahlungsunfähig wird[7]. Hier liegt der Berührungspunkt zwischen der Theorie des Kreditspielraums und der Theorie der Besicherung.

Die hier gewählte Darstellungsform erlaubt es im übrigen, das durchschnittliche Ausfallrisiko der Forderungen unterschiedlicher Rangklasse im Konkurs unmittelbar anzugeben. In Abb. 10 tragen wir zwei Rangklassen ab: Kredite von Gläubigern mit und ohne Konkursprivilegien. Die mit $\bar{p}_m$ und $\bar{p}_0$ bezeichneten Restwahrscheinlichkeiten geben das durchschnittliche Ausfallrisiko der beiden Klassen an. Da es sehr viele unterschiedliche Besicherungsformen gibt, sind Finanzierungsfälle häufig, in denen eine größere Zahl von Rangklassen zu verzeichnen ist.

Abb. 10

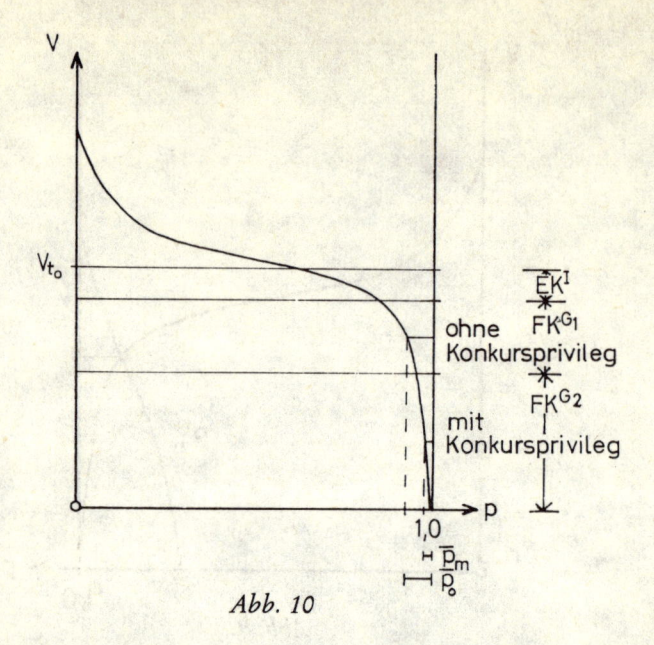

2. Reicht das individuelle Kreditangebot eines Gläubigers zur Deckung des gesamten Finanzierungsbedarfs der Position nicht aus, dann gibt unter den gegebenen Voraussetzungen (gleiche Erwartungsstruktur, gleiche Risikohorizonte) keiner der potentiellen Gläubiger ausreichenden Kredit, ja keiner gibt überhaupt Kredit, und auch mehrere gemeinsam halten sich von dem Finanzierungsobjekt fern. Man ist gewohnt, Einzelangebotsmengen zu Gesamtangebotskurven zu addieren. Das hat hier keinen Sinn. Es gäbe zwar ein individuelles Kreditangebot für Positionen dieser Art, es gibt aber – so paradox das auch klingen mag – für den Inhaber der Position keinen Kreditspielraum. Die Gläubiger haben jeder für sich aus Erwartungsstruktur und Risikohorizont den Kreditbetrag ermittelt, den sie geben würden, wenn die Gesamtfinanzierung gelingt. Entsteht aber, wie in Abb. 11 dargestellt, eine Lücke zwischen EK^I und K^{Gj}, dann kommt darin unmittelbar zum Ausdruck, daß den Gläubigern der Grad der Solvenz des Inhabers der Position nicht ausreicht. Gäben sie Kredit, dann müßten sie ein nicht vernachlässigbares, nicht durch Haftungsmittel des Inhabers der Position gedecktes Verlustrisiko tragen. Die Haftungsbasis des Inhabers der Gesamtposition erweist sich als im Urteil der potentiellen Gläubiger zu schmal.

Hier kommt deutlich zum Ausdruck, daß jede Position allein im Haftungsbereich des Inhabers finanziert wird und daß alle Versuche, Zusammenhänge zwischen Kreditspielraum und Teilbeständen in der Position herzustellen[8], unzulässige Spezialzurechnungen sind. Man finanziert nicht isolierte Objekte, man finanziert Gesamtpositionen haftender Rechtssubjekte.

3. Es bleibt noch, in der Darstellung der Erwartungsstruktur des Inhabers der Position die verschiedenen Finanzierungssituationen darzustellen, die sich bei be-

Abb. 11

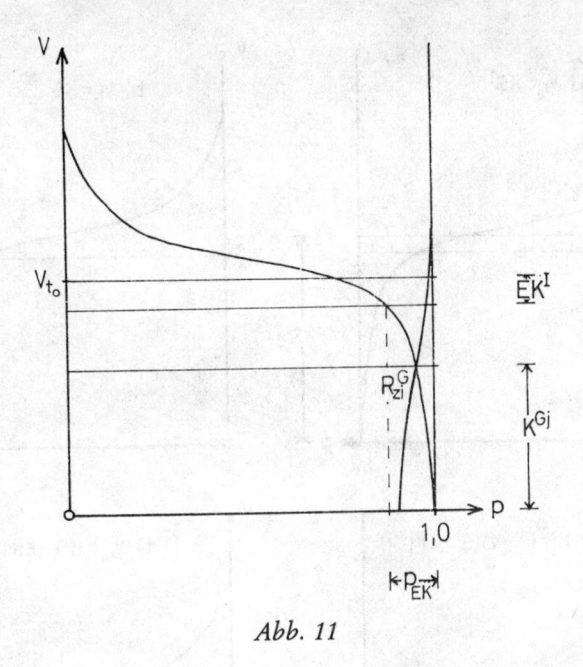

stimmten Kreditspielräumen KS^I und bestimmten Eigenkapitalbeständen ergeben können (Abb. 12).

a) $Vt_o < KS^I$

Hat die Position eine Erwartungsstruktur, bei der die potentiellen Gläubiger mehr Kredit, als der Betrag von Vt_o ausmacht, geben könnten, so würden sie (wenn sich gleiche Positionen ohne weiteres bilden lassen) selbst eine solche Position kaufen und im Bestand halten, um die hohen Gewinnchancen selbst zu nutzen.

b) $Vt_o = KS^I$

Hier würde reine Fremdfinanzierung möglich.

c) $KS^I < Vt_o < KS^I + EK^I$

Es handelt sich um eine günstige Finanzierungssituation, in der Fremdkapital vergleichsweise leicht zu bekommen ist. Das EK^I deckt einen Teil des Ausfallrisikos des Fremdkapitals.

Zu a) bis c):

In allen drei Finanzierungssituationen ist das gesamte EK^I oder ein Teil davon »überschüssig«. Bei gegebener Einschätzung der Risiken der Position durch potentielle Gläubiger ist Eigenkapital vorhanden, das ebensogut durch Fremdkapital ersetzt werden könnte. Uns scheint, daß allein in diesem Zusammenhang und nicht bei exzessiver Haltung von nach Usance als »Liquidität« bezeichneten Beständen an Zahlungsmitteln und leicht und vollwertig liquidierbaren Forderungstiteln von »Überliquidität« gesprochen werden sollte. Zur Messung von »Überliquidität« im

218   Kapitalkosten und Verschuldungsgrad

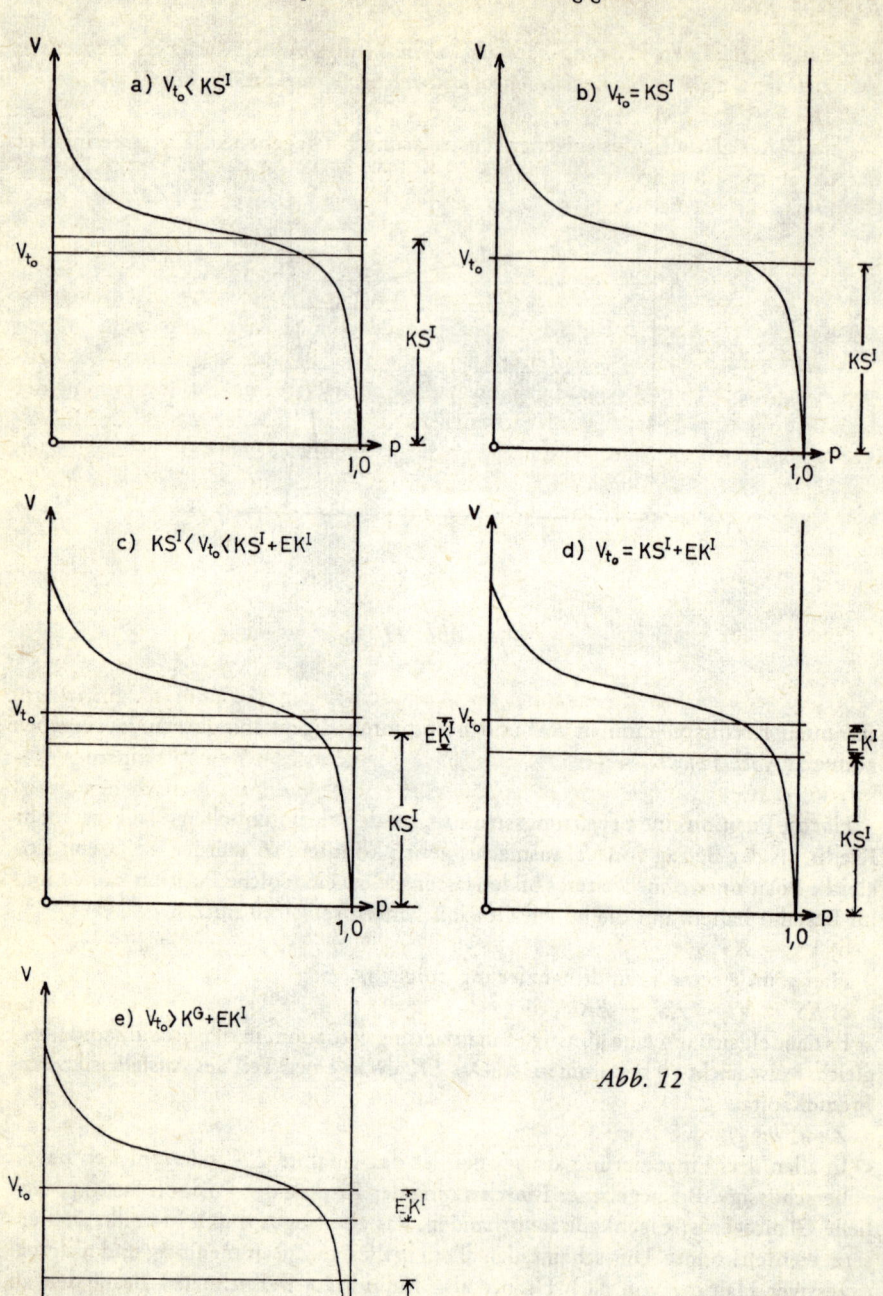

a) $V_{t_o} < KS^I$

b) $V_{t_o} = KS^I$

c) $KS^I < V_{t_o} < KS^I + EK^I$

d) $V_{t_o} = KS^I + EK^I$

e) $V_{t_o} > K^G + EK^I$

Abb. 12

Sinne überschüssigen Haftungskapitals ist die Nullinie des Normalen theoretisch wohldefiniert, nicht so bei Beständen irgendwelcher »Liquidität 1. oder 2. Grades«.

d) $V_{t_0} = KS^I + EK^I$

Dies ist der glatte Fall gelungener Finanzierung bei gegebenem EK^I. Der Inhaber der Gesamtposition bekommt – wenn auch nicht mehr sehr leicht – hinreichende Kredite.

e) $V_{t_0} > K^G + EK^I$

Die Finanzierung ist bei gegebenem EK^I mißglückt. Es gibt, wie wir schon sahen, potentielles Kreditangebot. Mangels ausreichenden EK^I wird dieses Kreditangebot nicht effektiv, es verschafft dem Positionsinhaber keinen Kreditspielraum.

Abhilfe kann hier nur geschaffen werden, indem der Inhaber der Position zusätzliches Eigenkapital aufnimmt. Hier schließen sich die Probleme der Bestimmung der Eigenkapitalattraktivität des Inhabers der Position an. Ob der zusätzliche Eigenkapitalbedarf gedeckt werden kann, hängt davon ab, ob die gebotene Beteiligung an der angebotenen Position als Einzelposition im Entscheidungskalkül potentieller Beteiligter vorziehenswert ist. Wir gehen dieser Frage nicht nach.

VII. ERWARTUNGSSTRUKTUREN DER EIGENPOSITIONEN DES GLÄUBIGERS UND DES INHABERS DER GESAMTPOSITION

Gegeben sei eine mit Eigenkapital und dem Kredit eines Gläubigers finanzierte Gesamtposition. Es kann dann bei der gewählten Darstellungsform in einfacher Weise die von dem Gläubiger und dem Inhaber der Position (den Partizipanten) gehaltene eigene Risiko-Chance-Beteiligung, die *Eigenposition*, grafisch gewonnen werden.

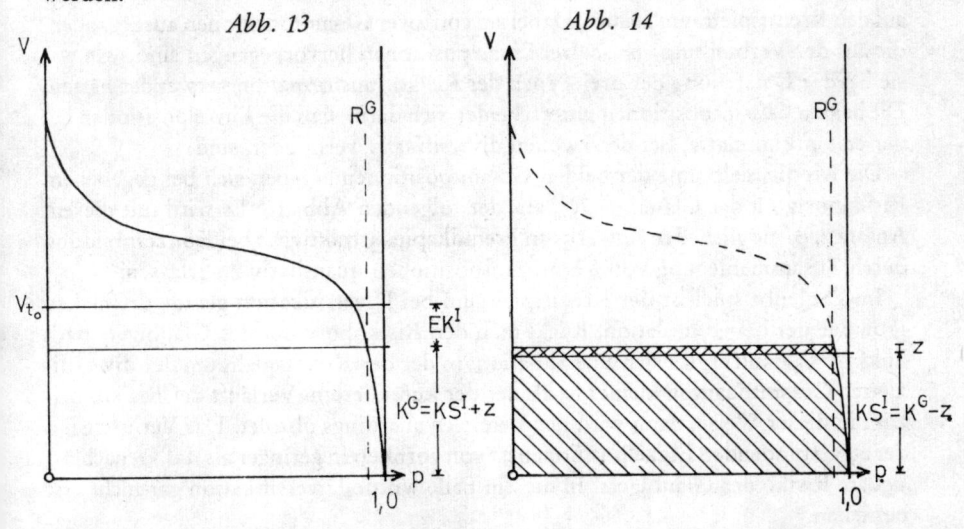

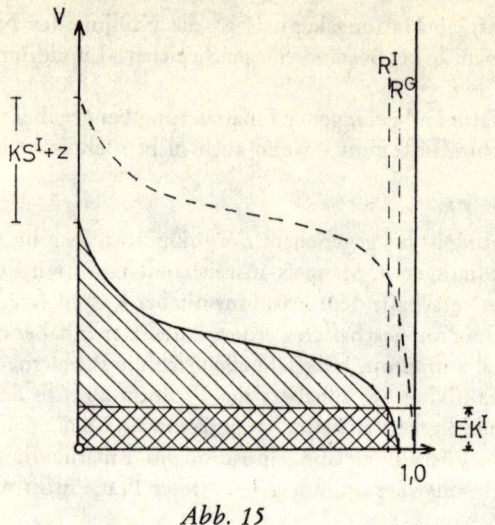

Abb. 15

Die Eigenposition des Inhabers der Gesamtposition (Abb. 15) ergibt sich durch »senkrechte Subtraktion« der Eigenposition des Gläubigers (Abb. 14) von der Erwartungsstruktur (Abb. 13).

VIII. WIRKUNG DER DIVERSIFIKATION AUF DEN KREDITSPIELRAUM

Wir wollen uns zum Schluß noch mit der Wirkung befassen, die die Diversifikation auf den Kreditspielraum ausübt. Dabei sei von zwei Gesamtpositionen ausgegangen, die aus der Verbindung von je drei Einzelpositionen hervorgegangen sind, wie wir sie bei der Darstellung der drei Typen der Risikotransformation verwendet hatten. Die beiden Gesamtpositionen unterscheiden sich darin, daß die Einzelpositionen bei der ersten kumulativ, bei der zweiten diversifikativ verbunden sind.

Die Kreditspielräume der beiden Gesamtpositionen ergeben sich bei gegebenem Risikohorizont der Gläubiger R^G_1 aus der folgenden Abb. 16. Es wird mit diesem Ansatz z. B. möglich, den Zuwachs an Fremdkapitalattraktivität bei Konzernbildung durch Zusammenlegung von Vermögenspositionen quantitativ zu erfassen.

Im Zahlenbeispiel ist der Kreditspielraum bei Diversifikation gerade dreimal so groß wie der bei Kumulation. Rückt man den Risikohorizont des Gläubigers nach links (R^G_2), dann ergibt sich eine Situation, in der der Kreditspielraum der diversifizierten Gesamtposition kleiner ist als der der kumulierten. Verläuft der Risikohorizont in dieser Weise, dann wird der Vergleich allerdings obsolet. Das Verlustrisiko der zu verbindenden Einzelpositionen ist von vornherein geringer als das vernachlässigbare Risiko des Gläubigers. In diesem Falle würde Diversifikation gar nicht erst betrieben.

Abb. 16

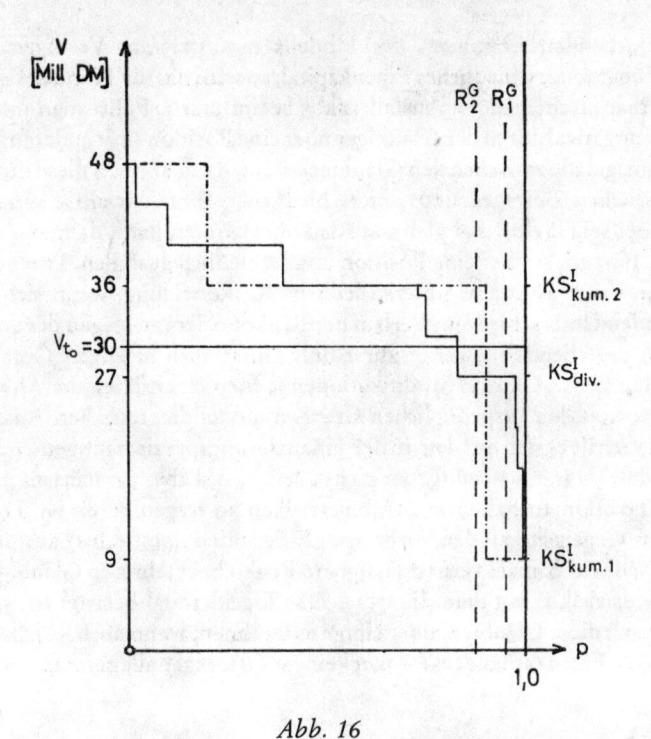

Weitere Fragen der Finanzierungstheorie, deren Erörterung unter Verwendung von Erwartungsstrukturen möglich ist, sollen an dieser Stelle nicht verfolgt werden. Es seien lediglich einige Bemerkungen zu oben gemachten Annahmen erlaubt.

Ein naheliegender theoretischer Einwand wäre, die Abhängigkeit des Risikohorizonts des Positionsinhabers von Eigenschaften der Erwartungsstruktur der Position könne nicht in der gleichen vereinfachenden Weise eingeführt werden wie bei den Risikohorizonten der Gläubiger. Der über V_{t_0} liegende Teil der Erwartungsstruktur (Gewinn-Erwartungsstruktur) kann sehr viele unterschiedliche Formen aufweisen. Die Gewinn-Wahrscheinlichkeits-Kombinationen, die diese Fläche abbildet, können nicht, wie die Kreditzinserwartungen der potentiellen Gläubiger, ohne weiteres als wohlgeordnete Indizes Risikohorizonten zugeordnet werden. Es fehlt dazu an Vorstellungen über eine Zielfunktion bei Unsicherheit, die den Wertmaßstab für die Wahl unter Gewinn-Erwartungsstrukturen enthält.

Der Praktiker wird uns vor allem entgegenhalten, unser Ergebnis, es könne die Position entweder von jedem einzelnen potentiellen Gläubiger voll oder aber überhaupt nicht finanziert werden, spräche gegen unsere Theorie. Es sei doch häufige Erfahrung, daß von zwei bei der Kreditvergabe gleich sorgfältigen und gleich finanzkräftigen Kreditgebern zwar der eine keinen Kredit gebe, wohl aber der andere. Das ist richtig. Indessen führt uns unsere Theorie zu dem gleichen Ergebnis, sobald wir die vereinfachenden Prämissen des Modells modifizieren. Verfügen potentielle Gläubiger über unterschiedliches Eigenkapital, so wird das die Höhe des ihnen maximal vertretbar erscheinenden Ausfallrisikos beeinflussen. Führt man unterschiedliche Erwartungsstrukturen der Gläubiger über eine Position (mit anderen Worten ein Informationsgefälle zwischen den Gläubigern) ein, dann können diese durch Risiken unterschiedlichen Betrages und unterschiedlicher Eintrittswahrscheinlichkeit gekennzeichnet sein. Selbst bei gleichen Risikohorizonten kann dann das Urteil verschiedener Financiers über eine Position unterschiedlich ausfallen. Potentielle Gläubiger haben sicher auch eine unterschiedliche Risikoneigung, wenn sich die daraus resultierenden Unterschiede im Verlauf der Risikohorizonte wegen des an allen Kreditmärkten bestehenden Zwangs zur Konformität auch in engen Grenzen halten werden. Man sieht: Alle drei Modifikationen je für sich erklären die Abweichungen der Empirie von den ursprünglichen strengen modelltheoretischen Aussagen.

Ähnlich verhält es sich mit dem in der Finanzierungspraxis häufigen und bedeutsamen Fall, daß zwar ein Kreditgeber nicht allein, wohl aber gemeinsam mit anderen die in der Position enthaltenen Gläubigerrisiken zu tragen bereit ist. Das läßt sich indessen im Gegensatz zu den vorherigen Einwänden unmittelbar aus dem Modell erklären: Ist das maximale vernachlässigbare Risiko bei mehreren Gläubigern größer als das Verlustrisiko, mit dem die letzte DM Eigenkapital belastet ist, so kann die Position durch diese Gläubiger oder einige unter ihnen, wenn auch – vielleicht wegen dessen kurzer Eigenkapitaldecke – von keinem Gläubiger allein finanziert werden.

ANMERKUNGEN

1. Vgl. dazu Stützel, W., Entscheidungstheoretische Elementarkategorien als Grundlage einer Begegnung von Wirtschaftswissenschaft und Rechtswissenschaft, in: *Schriften des Vereins für Socialpolitik*, Neue Folge, Band 33, S. 27ff., hier S. 29.

2. Dazu und zu anderen Risikotransformationen siehe Arnold, H., *Risikentransformation – Finanzierungsinstrumente und Finanzierungsinstitute als Institutionen zur Transformation von Unsicherheitsstrukturen*, Diss. Saarbrücken 1965, S. 20ff.

3. Zur Bewertung im Kreditstatus, *Zeitschrift für handelswissenschaftliche Forschung*, 14. Jg. (1962), Heft 3, S. 137ff.

4. Es beeinträchtigt die weiteren Überlegungen nicht, wenn davon ausgegangen wird, der Positionsinhaber und die potentiellen Gläubiger hätten allesamt die gleiche Erwartungsstruktur in bezug auf die zu finanzierende Position. Wir sind unter dieser Annahme in der Lage, immer den gleichen Kurvenzug zu verwenden.

5. Die Risikohorizonte R^G_{z2} und R^G_{z3} in Abb. 8 würden etwa für hochrentable Spekulationsobjekte, R^G_{z1} (mit einem maximalen p^* von 100%) für den Lotteriefall gelten.

6. Streng genommen darf zur Geltung der folgenden Schlüsse über den Zusammenhang der Einzelangebotsmengen der Gläubiger mit dem Kreditspielraum das maximale p^* nicht größer sein als das Ausfallrisiko, dem die letzte DM des vorhandenen Eigenkapitals ausgesetzt ist (in Abb. 11 p_{EK}). Ist das maximale p^* größer, so können zwei oder mehrere Gläubiger die Position gemeinsam finanzieren.

7. Vgl. in des Verfassers Buch: *Bankzinsen – Untersuchungen über die Preispolitik von Universalbanken*, Köln 1964, den Abschnitt über Bonitäts- und Besicherungsanforderungen, S. 173 ff.

8. Indiz für solche Zurechnungen: Die Frage nach dem Finanzierungszweck des Kredits in den Kreditverhandlungen wird häufig in der Meinung gestellt, das finanzierte Teilobjekt – z.B. eine Erweiterungsinvestition – sei Grundlage der Kreditfähigkeit des Antragstellers, die Forderungen des Kreditgebers seien mit den Zahlungsmittelzuflüssen aus dem finanzierten Objekt zu bedienen.

Ein neuer Rahmen für die Verschuldungspolitik der Kapitalgesellschaft

GORDON DONALDSON*

Warum sind viele der üblichen Faustregeln zur Bestimmung der Verschuldungsfähigkeit einer Unternehmung irreführend oder sogar gefährlich?

Warum sind Erfahrungen und Ratschläge von Außenstehenden als Richtlinie für die Entscheidungen der Unternehmungsleitung über die Verschuldungsfähigkeit nur teilweise brauchbar?

Welcher Ansatz ermöglicht der Unternehmensleitung eine unabhängige und realistische Abschätzung des Risikos auf Grund von Daten, die schon bekannt sind, und mit Hilfe von Begriffen, die sie zu verwenden gewohnt ist?

Die Entscheidung, ob es klug und angebracht für eine Kapitalgesellschaft ist, den langfristigen Kapitalbedarf durch Fremdkapital zu decken und, wenn ja, wie weit man gehen kann, ist eine Entscheidung, mit der die meisten Vorstände sich gelegentlich auseinanderzusetzen haben. Für viele Unternehmungen ist die Entscheidung über den Verschuldungsumfang von grundlegender Bedeutung wegen ihres möglichen Einflusses auf Gewinn und Zahlungsfähigkeit. Für *alle* Unternehmungen, ganz gleich, wie groß und finanziell gefestigt sie auch sein mögen, ist diese Entscheidung sorgfältig zu treffen. In den letzten Jahren hat jedoch die Frage der Verschuldungspolitik der Unternehmung trotz ihrer Bedeutung überraschend wenig Aufmerksamkeit in der betriebswirtschaftlichen Literatur gefunden. Man kann daraus entweder schließen, daß bereits verläßliche Methoden zur Lösung des Problems entwickelt wurden, oder daß der Fortschritt im Hinblick auf eine befriedigende Lösung sehr langsam vor sich geht.

Meiner Meinung nach kommt der zweite Schluß der Wahrheit näher. Zur Wahl des Verhältnisses zwischen Fremd- und Eigenkapital benützen viele Unternehmungen heute noch wenig elegante Methoden. Daraus folgt, daß die Möglichkeit besteht, den Entscheidungsprozeß zu verbessern. Derzeit jedoch gibt es wenige Anzeichen für Unzufriedenheit mit den konventionellen Entscheidungskriterien auf der Seite derjenigen, die diese Entscheidungen zu treffen haben. In den letzten drei Jahren habe ich maßgebliche Meinungen über die Verschuldungspolitik eingeholt und nur wenige Anzeichen dafür gefunden, daß eine Veränderung vor sich geht, wie dies derzeit bei den Investitionsentscheidungen der Fall ist.

Der Hauptzweck dieses Artikels ist daher, Unzufriedenheit über die derzeit üblichen Regeln bezüglich der Verschuldungsfähigkeit zu erzeugen und die Richtung an-

---

* Im Original: New Framework for Corporate Debt Policy. Translated from the *Harvard Business Review*, 40 (1962), March–April, S. 117–131. © 1973 by the President and Fellows of Havard College; all rights reserved. Translated by Renate Breth.

zugeben, in der eine Möglichkeit zur Verbesserung liegt. Ich will zeigen, daß die allgemein verwendeten Faustregeln, die die Verschuldungsfähigkeit mit Hilfe von Verhältniszahlen aus der Bilanz abschätzen, ernstlich irreführend, ja sogar gefährlich für die Liquidität einer Unternehmung sein können. Ebenso beabsichtige ich, den Beweis zu erbringen, daß Verschuldungspolitik allgemein und Verschuldungsfähigkeit im besonderen für eine bestimmte Unternehmung nicht durch Außenstehende oder allgemeine Richtlinien vorgeschrieben werden können; sie können und sollen vielmehr von der Unternehmungsleitung auf Grund der individuellen Gegebenheiten und Zielsetzungen und der beobachteten Verhaltensmuster des Cash Flow bestimmt werden.

Die Frage der Verschuldungsfähigkeit einer Kapitalgesellschaft kann von verschiedenen Gesichtspunkten aus betrachtet werden – z.B. dem der Unternehmungsleitung, dem der Aktionäre oder potentiellen Aktionäre und natürlich dem der Fremdkapitalgeber. Da jede dieser Gruppen mit gutem Recht eine andere Meinung von optimaler Verschuldungshöhe haben kann, möchte ich den in diesem Aufsatz bezogenen Standpunkt klarstellen. Ich beabsichtige, das Problem vom Gesichtspunkt der Leitung der kreditnehmenden Unternehmung zu besprechen, unter der Annahme, daß der Vorstand, der die endgültige Entscheidung fällt, den üblichen Auftrag der Aktionäre hat, für alle Angelegenheiten, die die Sicherheit und Rendite ihrer Anlage betreffen, Sorge zu tragen. Für den Leser, der diesem Problem als Kreditgeber, potentieller Aktionär oder Anlageberater gegenübersteht, mag die Untersuchung in diesem Beitrag nur begrenzt anwendbar erscheinen. Ich hoffe, daß zumindest die zugrunde liegenden Gedanken als richtig anerkannt werden, unabhängig davon, von welchem Standpunkt aus man dieses Problem betrachtet. Das Konzept soll Verbesserungsmöglichkeiten in der internen wie externen Analyse des Verschuldungsrisikos aufzeigen.

I. DIE ART DER RISIKEN

Um eine Basis für die Diskussion möglicher Verbesserungen zu finden, will ich zunächst kurz bestimmte Aspekte der derzeit üblichen Entscheidungsgrundsätze für langfristige Fremdfinanzierung beschreiben. Diese Beobachtungen sind Ergebnisse einer Forschungsarbeit, die gängige Methoden und Meinungen in einer Gruppe von ziemlich großen und gefestigten Industrieunternehmungen zum Gegenstand hatte.*
Die Zusammensetzung dieser Stichprobe muß man sich vor Augen halten, wenn man die beschriebenen Methoden interpretieren will.

* Die vollständigen Ergebnisse sind in Buchform veröffentlicht worden: Gordon Donaldson, *Corporate Debt Capacity* (Boston, Division of Research, Harvard Business School, 1961, Paperback-Ausgabe: Richard D. Irwin Inc., Homewood/Ill., 1971).

Die Gefahr zu hoher Verschuldung

Der Grund des Anreizes zur Fremdfinanzierung als Alternative zur Finanzierung durch Kapitalerhöhung ist allgemein bekannt. Fremdkapital in den Größenordnungen, die üblicherweise von seriösen Kreditinstituten genehmigt werden, ist eine vergleichsweise günstige Kapitalquelle. Ob es als die billigste Quelle angesehen wird, hängt davon ab, ob einbehaltene Gewinne als »kostenlos« betrachtet werden oder nicht. Unter der Annahme normaler Rentabilität ist es jedenfalls für die meisten Unternehmungen leicht zu zeigen, daß durch die Kombination von mäßigen Zinssätzen und hohen Körperschaftsteuern das Fremdkapital wesentlich bessere Erträge je Aktie erzielt als ein vergleichbarer Kapitalbetrag aus der Ausgabe von Stamm- oder Vorzugsaktien. Tatsächlich ist der Vorteil so offensichtlich, daß sich nur wenige Unternehmungen überhaupt noch die Mühe machen, zu kalkulieren, wenn sie diese Alternativen betrachten.

Unter diesen Umständen ist es verständlich, daß es ein starkes Abschreckungsmittel geben muß, das die Unternehmungen davon abhält, diese Quelle bis an die Grenze des Möglichen auszuschöpfen. Das Hauptabschreckungsmittel ist offenbar das Risiko, das bei langfristiger Schuldentilgung unvermeidlich ist. Es mag eine übermäßige Vereinfachung sein, zu behaupten, daß die Entscheidung über Fremdfinanzierung darin besteht, daß höhere Gewinnaussichten der Aktionäre gegen Verlustrisiken abzuwägen sind; auf jeden Fall liegt hier aber der Kern des Problems.

Wendet man das Wort »Risiko« im Zusammenhang mit Verschuldung an, so kann sich das auf eine Reihe von nachteiligen Folgen beziehen; die genaue Bedeutung ist nicht immer klar, wenn dieses Thema diskutiert wird. Für die meisten Menschen bedeutet Risiko im Zusammenhang mit Verschuldung die Möglichkeit, zahlungsunfähig zu werden. Dieses Risiko wird unweigerlich erhöht durch einen Vertrag, der die Unternehmung verpflichtet, fixe Beträge zu vorher bestimmten zukünftigen Zeitpunkten zu bezahlen, ohne Rücksicht auf die finanzielle Lage zu dieser Zeit. Natürlich gibt es viele Möglichkeiten für Bargeldbedarf – Dividenden, Investitionen, Forschungsprojekte usw. –, für den der Einnahmenüberschuß in einem zukünftigen Zeitpunkt unzureichend sein mag.

Zu geringe liquide Mittel

Die Gefahr der Zahlungsunfähigkeit jedoch, die immer im Hintergrund einer Verschuldungsentscheidung steht, liegt in der Möglichkeit einer Situation, in der die liquiden Mittel so knapp sind, daß Verträge nicht eingehalten werden können, Konkurs eintritt und die normalen Geschäfte aufhören. Da keine private Unternehmung über garantierte Einnahmen verfügt, muß es immer ein gewisses Risiko geben, ganz gleich, wie gering die Wahrscheinlichkeit dieses Ereignisses auch sein mag. Folglich wird jede zusätzliche zwingende Ausgabe, die durch neue Schulden oder andere Ereignisse bedingt ist, dieses Risiko erhöhen müssen. Ich habe mich entschieden, den Ausdruck »unzureichende Zahlungsfähigkeit« (»cash inadequacy«) zu benutzen, um damit eine ganze Gruppe von Problemen zu bezeichnen, die damit zusammenhängen, daß man nicht in der Lage ist, Zahlungen zu leisten, die im Interesse der langfristigen finanziellen Gesundheit der Unternehmung erforderlich sind; Zahlungsunfähigkeit (»cash insolvency«) ist der Extremfall der unzureichenden Zahlungsfähigkeit. Es sollte noch ausdrücklich betont werden, daß, obwohl Verschuldung notwendigerweise die Wahrscheinlichkeit der unzureichenden Zahlungsfähigkeit erhöht, dieses Risiko existiert, ganz gleich, ob die Unternehmung verschuldet ist oder nicht. Daher ist die Wahl des Verhältnisses zwischen Fremd- und Eigenkapital keine Wahl zwischen Risiko und keinem Risiko, sondern zwischen mehr oder weniger Risiko.

II. HERKÖMMLICHE ANSÄTZE

Beobachtungen der derzeitigen Geschäftspraktiken deuten darauf hin, daß die Unternehmungsleiter ihre Vorstellungen von Verschuldungsfähigkeit aus einer oder mehreren der im folgenden genannten Quellen beziehen.

1. Man sucht Ratschläge von institutionellen Kreditgebern und Kreditvermittlern (z. B. von Investmentbanken). – Die meisten Schuldner verhandeln über Kreditverträge in unregelmäßigen Abständen, während Geldgeber und Investmentbanken dauernd mit Darlehensentscheidungen beschäftigt sind und daher wahrscheinlich eine erheblich größere Erfahrung und bessere Beurteilungsfähigkeit haben. Weiter ist offensichtlich, daß es keinen Kredit geben kann, wenn der Kreditgeber nicht einverstanden ist. Schließlich haben Banken und Versicherungen den wohlbegründeten Ruf, vorsichtig zu sein, und vorsichtige Schuldner werden sich damit trösten, daß sich der Kreditgeber allenfalls in Richtung auf zuviel Sicherheit irrt.

2. Man achtet darauf, wie vergleichbare Unternehmungen die entsprechenden Finanzierungsentscheidungen treffen. – Jede Unternehmung hat eine Vorstellung davon, welche Gesellschaften in derselben oder einer anderen Branche ihr annähernd gleichen, soweit es die Faktoren betrifft, von denen das Risiko abhängt. Da zu diesem Aspekt der Unternehmungspolitik öffentliche Informationen vorliegen, werden natürlich die Verschuldungsgrade der Konkurrenten sorgfältig betrachtet, und mangels anderer sachlicher Anhaltspunkte geht die Tendenz dahin, dem allgemeinen Brauch zu folgen und Extreme abzulehnen. Dieser Ansatz hat einen zusätzlichen praktischen Vorzug: Für die Einschätzung der Finanzkraft einer Unternehmung auf dem Kapitalmarkt sind Gruppennormen wichtig. Liegt eine Unternehmung außerhalb dieser Normen, so kann sie benachteiligt werden – auch wenn die Abweichung vom Durchschnitt für diese Unternehmung durchaus angemessen sein mag.

3. Man folgt den Verfahrensweisen der Vergangenheit. – Es gibt eine verständliche Tendenz, die finanziellen Traditionen einer Unternehmung zu respektieren, und dies wird oft bei der Verschuldungspolitik erkennbar. Viele Unternehmungen sind stolz auf eine »saubere Bilanz«, eine Einstufung als erstklassige Schuldner oder eine Tradition der Kreditaufnahme zu Bestkonditionen. Es würde einer Entweihung gleichkommen, eine Abkehr vorzuschlagen, die diese hochgeschätzten Symbole finanzieller Stärke und Reputation in Frage stellte! Die Tatsache, daß diese Standards in der

Vergangenheit offensichtlich die Zahlungsfähigkeit erhalten haben, ist ein stichhaltiges Argument, sie weiter zu befolgen, besonders wenn die Folgen einer Änderung meist nicht genau angegeben werden können.

4. Man beruft sich auf sehr zweifelhafte Instanzen, wie »allgemeine Übung«, »branchenübliches Verfahren«, »allgemeine Erkenntnis« oder weniger respektvoll »finanzielles Brauchtum«. – Wie bemerkenswert es im Hinblick auf die Verschiedenheit der als industriell klassifizierten Unternehmungen auch scheinen mag, existiert der weitverbreitete Glaube, daß eine angemessene Grenze für langfristige Verschuldung für industrielle Unternehmungen bei 30% des Gesamtkapitals (oder, bisweilen, $1/3$) liegt. Der Ursprung dieser Entscheidungsregel oder die Motivation dafür ist im Laufe der Zeit verlorengegangen; sie stellt aber ohne Zweifel eine in Ehren gehaltene Faustregel dar, sowohl für Entscheidungen der Schuldner als auch der Gläubiger.

Der Trugschluß des zweifachen Maßstabes

Ohne die praktische Bedeutung einiger Betrachtungen leugnen zu wollen, die Unternehmer dazu geführt haben, diesen Richtlinien bei der Bestimmung ihrer Verschuldungspolitik zu folgen, muß man erkennen, daß es ernstzunehmende Grenzen bei ihrer Verwendung (einzeln oder en bloc) als ausschließliche Anhaltspunkte für die angemessene Verschuldungsfähigkeit gibt. Betrachten wir zuerst die Möglichkeit, den Rat vom Geldgeber anzunehmen. Vom Standpunkt des Verleihers aus ist der einzelne Darlehensvertrag eine von vielen Geldanlagen, welche ein dauernd wechselndes Portefeuille ergeben. Bei den Vorverhandlungen ist dieser Vertrag nur einer von vielen, die unverzüglich bearbeitet und beurteilt werden müssen aufgrund begrenzter Information und unter Verwendung standardisierter Maßstäbe. Die Art des Risikos des Geldgebers ist notwendigerweise von der Tatsache beeinflußt, daß dieses Darlehen nur ein kleiner Teil der von ihm angelegten Summe ist und daß durch kluge Diversifizierung die Wirkung eines einzelnen Ausfalls ausgeglichen werden kann. Weiter ist es sogar bei einem Ausfall möglich, daß nicht alles verlorengeht; mit der Zeit kann das Darlehen »herausgewirtschaftet« werden durch Sanierung oder Liquidation.

Das ist alles nur ein geringer Trost für den Gläubiger. Der individuelle Kredit, der vor die Hunde geht, bedeutet eine Katastrophe, wenn es sich um seinen Kredit handelt. Es gibt nur wenige Unternehmer, die eine sorglose Haltung einnehmen, wenn bei Nichteinhaltung eines Vertrages die Gefahr des Konkurses droht. Den meisten erscheint dies als das Ende. Ebenso ist es wichtig, folgendes zu erkennen: Während der Kreditgeber sich nur über die Rückzahlung seiner eigenen Forderungen zu sorgen braucht, die Vorrang genießen, muß der Kreditnehmer auch an den Geldbedarf denken, der während des Zeitraums vor dem Eintritt der Zahlungsunfähigkeit unbefriedigt bleibt, wenn die Schuldentilgung wertvolle Liquiditätsreserven verzehrt.

Dies soll nicht besagen, daß der Gläubiger unempfindlich gegenüber individuellen Verlusten und ihren Auswirkungen auf die betreffende Unternehmung ist; aber es bedeutet, daß Risiko für Gläubiger und Schuldner nicht dasselbe ist, und daraus folgt, daß die Maßstäbe des einen nicht notwendig für den anderen gelten müssen. Die Maßstäbe der Gläubiger können aus der Sicht der Schuldner zu bestimmten Zeitpunkten zu liberal oder zu konservativ sein. Man kann dem das praktische Argument entgegenhalten, daß der Schuldner die Maßstäbe der Verschuldungsfähigkeit vom Gläubiger akzeptieren muß, da sonst kein Vertrag zustande kommt. Das würde aber bedeuten, daß über die obere Grenze des Kreditbetrags nicht verhandelt werden kann, daß es keine Unterschiede zwischen den Kreditgebern gibt und daß der Kreditnehmer die Kreditgeber nicht gegeneinander ausspielen kann. Zwar haben alle Kreditinstitute absolute Grenzen für das annehmbare Risiko (sogar bei höchsten Zinssätzen); diese lassen jedoch oft noch Raum für Verhandlungen, falls der Schuldner will. Unter bestimmten Umständen kann es gute Gründe dafür geben, die oberen Grenzen der Bereitschaft der Kreditgeber zu sondieren.

Erfahrungsregeln

Die zweite oben erwähnte Orientierungsquelle sind die beobachteten Praktiken vergleichbarer Unternehmungen. Dies hat ebenfalls offensichtlich seine Grenzen. Selbst unter der Annahme vollkommener Vergleichbarkeit, was schwer festzustellen ist, gibt es keinen Beweis, daß die betrachtete Unternehmung ihren jetzigen Verschuldungsgrad auf durchdachte und zweckmäßige Weise erreicht hat. Im Hinblick auf die großen Abweichungen in der Verschuldungspolitik innerhalb eines beliebigen Industriezweiges sagt der Durchschnitt nicht viel aus. Und was geschieht, wenn jeder der Gruppe sich an dem anderen orientiert? Allenfalls kann über diesen Lösungsversuch gesagt werden, daß es die betreffende Unternehmung vermeidet, atypisch zu erscheinen, zumindest in bezug auf die Kapitalstruktur. Aber wie in den meisten Bereichen der Wirtschaft gibt es einen Spielraum für annehmbares Verhalten, und die Fähigkeit des Managements zeigt sich darin, die Grenzen zu erkennen und daraus Vorteile zu ziehen, ohne zuviel Aufsehen zu erregen.

Sogar die eigene Erfahrung der Unternehmung mit Fremdfinanzierung hat ihre Grenzen als Leitlinie zur Bestimmung der Verschuldungsfähigkeit. Daß eine spezielle Verschuldungspolitik in der Vergangenheit nicht zu finanzieller Verlegenheit geführt hat, kann bestenfalls beweisen, daß diese Politik konservativ war. Wenn jedoch die Orientierung an konservativen Grundsätzen das vorrangige Ziel ist, ist die einzige befriedigende Politik, gar keine Schulden zu machen.

Für Unternehmungen mit einer gewissen Verschuldung ist die Erfahrung einer Rezession in vergangenen Perioden nur teilweise ein Beweis für den Schutz, den eine bestimmte Politik gewährt. In den meisten Industriezweigen waren in den lezten 20 Jahren maximal 4–5 Jahre durch Umsatz- und Gewinnrückgänge gekennzeichnet. Diese beschränkte Erfahrung mit dem Verhalten des Cash Flow während einer Rezession – dem kritischen Punkt bei der Schuldentilgung – kann irreführend sein, da der Cash Flow von einer Reihe von verschiedenen Faktoren beeinflußt wird und die Erfahrung in jeder einzelnen Rezession eine einzigartige Kombination von Ereignissen darstellt, die möglicherweise in der Zukunft nicht wieder auftritt. Daher kann der sogenannte Test der Erfahrung nicht für voll genommen werden.

Die Verantwortlichkeit der Unternehmungsleitung

Ein kritischer Überblick der Quellen, denen das Management normalerweise seine Maßstäbe zur Verschuldungsfähigkeit entnimmt, ergibt zwei Aspekte, die betont werden müssen. Beide beziehen sich auf die Gewohnheit, sich auf die Urteilskraft anderer zu verlassen in einer Situation, wo die Unternehmungsleitung allein am besten imstande ist, das Problem in seiner vollen Bedeutung zu beurteilen. Die Punkte, an die ich denke, sind:

1. Bei der Einschätzung des Risikos, wegen übermäßiger fester Zahlungsverpflichtungen »zahlungsunfähig« zu werden, hat der Analytiker vor allem die Umstände und Daten der einzelnen Unternehmung zu berücksichtigen. Die Unternehmungsleitung hat offensichtlich Vorteile gegenüber Außenstehenden hinsichtlich der Verwendung dieser Daten; denn sie hat freien und unbegrenzten Zugang zu ihnen, die Zeit und den Anreiz, sie gründlich zu untersuchen, und ein persönliches Interesse daran, die Beobachtungen vernünftig zu beurteilen.

Auch das Urteil früherer Unternehmungsleitungen beruht auf Informationen, die unzureichend sind im Vergleich zu denen, über die die Unternehmungsleitung heute verfügt, schon deshalb, weil die Informationen vieler Unternehmungsleitungen 10–20 Jahre alt sind. (Wir werden später darauf eingehen, wie die Unternehmungsleitung eine unabhängige Bewertung des Risikos für die einzelne Unternehmung durchführen kann.)

2. Die Messung des Risikos ist nur eine Dimension der Entscheidung über die Verschuldungsfähigkeit. In einer freien Marktwirtschaft ist die Übernahme eines Risikos eine freiwillige Sache, und niemand kann bestimmen, welches Risiko ein anderer auf sich nehmen sollte. Die Entscheidung, die Verschuldung mit 10%, 30% oder irgendeinem anderen Prozentsatz des Gesamtkapitals zu begrenzen, spiegelt zweierlei wider (oder sollte es widerspiegeln); das Ausmaß des Risikos, das mit der Tilgung des Fremdkapitalbetrags verbunden ist, und die Bereitschaft derer, die das Risiko tragen – die Eigentümer oder ihre rechtmäßigen Vertreter –, die darin enthaltene Gefahr zu akzeptieren.

Dies ist letztlich eine subjektive Entscheidung, die allein die Unternehmungsleitung treffen kann. Tatsächlich kann man sagen, daß eine Kapitalgesellschaft ihre Verschuldungspolitik festlegt, lange bevor eine bestimmte Finanzierungsentscheidung fällt; dies geschieht durch die Wahl der Personen, die zu entscheiden haben. Die darauf folgenden, mit finanziellem Risiko behafteten Entscheidungen werden ihre grundsätzliche Haltung widerspiegeln – ob sie eine Situation als zu nützende günstige Gelegenheit oder als zu minimierende Gefahr sehen.

Eine sehr interessante grundlegende Frage taucht hier auf, die dem gesamten Verhältnis zwischen Unternehmungsleitung und Aktionären zugrunde liegt; nämlich, bestimmt die Unternehmungsleitung die Einstellung zum Risiko, mit der die Aktionäre sich abfinden müssen, oder ist es umgekehrt? Dies ist ein Teil der umfassenderen Frage, ob die Unternehmungsleitung die Finanzpolitik wählen soll, die sie selbst vorzieht, um damit eine gleichgesinnte Aktionärsgruppe anzuziehen (nach dem

Grundsatz »Wem es nicht gefällt, der kann verkaufen«), oder ob sie auf die eine oder andere Art die Einstellungen und Ziele der derzeitigen Aktionäre bestimmen und versuchen soll, diese in entsprechende Handlungen umzusetzen.

Ich will in diesem Beitrag kein Urteil über dieses schwierige Problem fällen. Tatsache ist, daß bei Einnahme der einen wie der anderen Haltung oder einer Mischform aus beiden die Unternehmungsleitung die Entscheidungen trifft. Im Hinblick auf die Risikoübernahme ist jedenfalls ein Punkt eindeutig: Eine verantwortungsvolle Unternehmungsleitung sollte dieses Problem nicht aus rein subjektiven Risikopräferenzen heraus behandeln. Ich vermute, daß viele Vorstandsmitglieder diesem Aspekt nicht die Aufmerksamkeit schenken, die er verdient.

Gründe für die derzeitigen Verfahren

Nachdem wir die Argumente für eine Verschuldungspolitik, die eher unternehmensintern als -extern bestimmt wird, betrachtet haben, können wir mit Recht fragen, warum sich so viele Unternehmungen bei der Entscheidung, wie weit sie im Gebrauch A. L. G. (Anderer Leute Geld) gehen können, so sehr auf A. L. R. (Anderer Leute Rat) verlassen. Die Antwort scheint dreifach zu sein:

1. Ein Mißverständnis des Problems und insbesondere das Unvermögen, die subjektiven von den objektiven Elementen zu trennen.
2. Die der objektiven Seite (der Messung des Risikos) eigene Komplexität.
3. Die Unzulänglichkeit der herkömmlichen Entscheidungsregeln über die Verschuldungsfähigkeit als Ansatz für eine unabhängige Abschätzung.

Es ist offensichtlich, daß eine Unternehmung, wenn sie keinen brauchbaren Weg sieht, das allgemeine Ausmaß des Risikos von zuviel Fremdkapital unter Berücksichtigung der speziellen Umstände der Unternehmung und der Branche abzuschätzen, zwei Möglichkeiten zur Auswahl hat. Entweder wird sie auf allgemeine (außerbetriebliche) Vorstellungen vom Risiko in »vergleichbaren« Unternehmungen zurückgreifen, oder sie wird die Entscheidung auf rein subjektiver Grundlage treffen – aufgrund des »Gefühls« der Unternehmungsleitung. In der Praxis basiert häufig eine unternehmensintern gewonnene Regel über die Verschuldungsfähigkeit auf der allgemeinen Einstellung des Managements zu dieser Art von Problemen, ohne Rücksicht darauf, wie groß das Risiko tatsächlich ist und welcher Art die potentiellen Gewinn- und Verlustmöglichkeiten für die Risikoübernahme in dem gegebenen Fall sind. Die augenscheinlichsten Beispiele treten bei Unternehmungen auf, die eine extreme Politik verfolgen, wie »keine Verschuldung, unter welchen Umständen auch immer« oder »verschulde dich soviel als möglich«. (Wir müssen vorsichtig sein und dürfen nicht annehmen, daß eine Unternehmung mit der einen oder der anderen extremen Politik immer irrational oder gefühlsmäßig handelt.) Eine der Fragen, über die wir derzeit sehr wenig wissen, ist, wie sich in der Praxis individuelle und gruppenmäßige Einstellungen zur Risikoübernahme bilden. Es ist augenscheinlich, daß in dieser Hinsicht beträchtliche Unterschiede zwischen den Mitgliedern einer bestimmten Unternehmungsleitung auftreten, ja sogar bei einzelnen Mitgliedern im

Hinblick auf verschiedene Dimensionen des Risikos in der Unternehmung. Das Risiko der übermäßigen Verschuldung scheint oft eine spezielle Bedeutung zu haben; jemand, der in der Verkaufspolitik oder Forschung ein Spekulant ist, kann im Hinblick auf die Verschuldung erzkonservativ sein. Das Risiko der Zahlungseinstellung infolge von Verschuldung ist unmittelbarer verbunden mit dem finanziellen Zusammenbruch, ungeachtet der zugrunde liegenden Ursachen, einfach weil es das letzte Glied in einer Kette von Ereignissen ist, die sich aus einer Verschlechterung der Kassenlage ergeben.

Es gibt andere Tatsachen, die eine mögliche Erklärung für ein schizophrenes Verhalten bei der Risikoübernahme darstellen:

1. Verschuldungspolitik wird von der Spitze der Führungshierarchie getroffen, während andere Verkaufs- oder Produktionsstrategien, die andere Dimensionen des Risikos beinhalten, bis zu einem gewissen Grad von allen Führungsebenen gestaltet werden. Die typische Altersstruktur von Vorständen trägt zweifellos zum Konservativismus der Finanzpolitik und damit der Verschuldungspolitik bei.

2. Teilweise stimmt die Verallgemeinerung, daß Finanzleute dazu tendieren, konservativer zu sein als andere Führungskräfte in der gleichen Ebene, und soweit sie die Verschuldungspolitik beeinflussen, werden sie es vorziehen, das Risiko an sich zu verkleinern, unabhängig vom potentiellen Vorteil der Risikoübernahme.

Wie sieht ein vernünftiger Ansatz aus?

Was bisher gesagt wurde, war lediglich Vermutung auf einem Gebiet, wo wirkliche Forschung notwendig ist. Der springende Punkt ist folgender: Es ist unlogisch, eine interne Entscheidung über Verschuldungspolitik im Hinblick auf die Haltung zum Risiko zu begründen, ebenso wie es unlogisch ist zu glauben, daß die Verschuldungspolitik einer Kapitalgesellschaft bestimmt werden kann, ohne diese individuellen Haltungen zu berücksichtigen.

Es ist für eine sinnvolle Stellungnahme zur Verschuldungspolitik einer Kapitalgesellschaft nicht nötig, von der Unternehmungsleitung eine logische Erklärung ihrer Empfindungen über Fremdkapital zu erwarten, obwohl es theoretisch wünschenswert wäre. Es genügt, wenn die Unternehmungsleiter wissen, wie sie empfinden, und imstande sind, auf Risikoalternativen zu reagieren. Das Problem ist, daß sie in manchen Fällen gar nicht wissen, worauf sie reagieren; sie haben kein sinnvolles Maß für das spezielle Risiko der Zahlungsunfähigkeit (mit oder ohne einen bestimmten Betrag von langfristigem Fremdkapital).

Deshalb liegt ein hoffnungsvoller Ansatz für eine unabhängige Abschätzung der Verschuldungsfähigkeit in der Entwicklung eines Verfahrens zur Messung des Risikos der einzelnen Unternehmung.

III. UNZULÄNGLICHKEIT DER GEGENWÄRTIGEN REGELN

Unglücklicherweise helfen die Finanzierungsregeln der herkömmlichen Form wenig oder gar nicht weiter zu der Entwicklung eines Ansatzes in der von mir vorgeschlagenen Art. Die Verschuldungsfähigkeit wird meist ausgedrückt in Form einer Bilanzrelation zwischen langfristigem Fremdkapital und langfristigem Kapital insgesamt oder als Prozentsatz des Gesamtkapitals. In etwas anderer Form findet man das Verhältnis oft in Kreditverträgen, in denen zusätzliche langfristige Kredite auf einen Prozentsatz des Sachanlagevermögens begrenzt werden.

Ein alternatives Verfahren zur Bestimmung von Grenzen für die langfristige Verschuldung setzt bei der Erfolgsrechnung an. Dies ist das Einkunfts-Deckungsverhältnis, das Verhältnis der für den Kapitaldienst zur Verfügung stehenden Nettoeinkünfte zum Gesamtbetrag der jährlichen Zinsen und Tilgungszahlungen. Bei einer solchen Regel könnten neue langfristige Kredite nur dann aufgenommen werden, wenn die Nettoeinkünfte, die zur Schuldentilgung zur Verfügung stehen, ein Vielfaches der jährlichen Zinsen und Tilgungszahlungen, etwa das Dreifache, erreichen oder übersteigen, so daß die Unternehmung eine Periode von Umsatz- und Gewinnrückgängen überstehen kann und trotzdem immer genügend Einkünfte hat, um die fixen Kreditkosten zu decken. Wie wir bald sehen werden, sagt dieses Verhältnis mehr für die interne Bestimmung der Politik aus, obwohl es auch seine Grenzen hat.

Nun wollen wir die einzelnen Ausdrücke genauer untersuchen.

Kapitalstruktur

Betrachten wir eine Unternehmung, die ihren Maßstab für die Verschuldung als Prozentsatz des Gesamtkapitals zu formulieren wünscht. Hierzu muß offenbar die Regel mit Hilfe von Daten ausgedrückt werden, die zum Umfang des Risikos derart in Beziehung gebracht werden können, daß Veränderungen des Verhältnisses in Veränderungen des Insolvenzrisikos umgewandelt werden können und umgekehrt. Aber wie viele leitende Angestellte, die heute mit diesem Problem beschäftigt sind, haben eine wirkliche Vorstellung davon, wie sehr sich das Insolvenzrisiko erhöht, wenn das langfristige Fremdkapital ihrer Unternehmung von 10% auf 20% oder von 20% auf 30% des Gesamtkapitals erhöht wird? Nicht sehr viele, wenn meine Stichprobe der Managementinformationen auf diesem Gebiet eine gewisse Aussagefähigkeit hat.

Das ist nicht überraschend, da die Bilanzdaten, auf die sich die Regel stützt, nur geringfügige unmittelbare Hinweise auf das Problem der Zahlungsschwierigkeiten geben können, ja sogar sehr unzuverlässig und irreführend sein können.

Es ist nicht nötig, hier ausführlich zu erörtern, warum das Verhältnis des Fremdkapitals zu den historischen Werten des Vermögens als Beurteilungsmaßstab für die Gefahr der Illiquidität unzulänglich ist; auf die offensichtlichen Schwächen sei jedoch hingewiesen:

1. Bei den Darlehensverträgen gibt es große Unterschiede im Verhältnis des Kapitalbetrags zu den jährlichen Zahlungsverpflichtungen. In Industrieunternehmungen

kann die Rückzahlung des Fremdkapitals ratenweise während der Laufzeit des Kreditvertrags erfolgen, die 10 Jahre oder weniger bis 30 Jahre oder mehr betragen kann. Daher können die jährlichen Ausgaben, die mit in der Bilanz ausgewiesenen 10 Mill. $ verbunden sind, z. B. zwischen $ 500 000 (nur Zinsen zu 5%), $ 833 000 (Zinsen plus Kapitalrückzahlung über 30 Jahre) bis $ 1 500 000 (Zinsen plus Kapitalrückzahlung über 10 Jahre) variieren.

2. Da Kredite, wie es bei Industrieunternehmungen üblich ist, in jährlichen Raten zurückgezahlt werden, nimmt der Kapitalbetrag ab, und sein Verhältnis zum Gesamtkapital bessert sich, obwohl der jährliche Bargeldabfluß für die Rückzahlung so lange gleichbleibt, bis die Tilgung abgeschlossen ist.

3. Besonders im Zusammenhang mit der Lagerbewertung und der Bemessung von Abschreibungen kann es zu erheblichen Änderungen der Aktiva kommen und als Folge davon zu Änderungen des Verhältnisses des Fremdkapitals zum Gesamtkapital, die in keinem Zusammenhang mit der Fähigkeit stehen, feste Zahlungsverpflichtungen zu erfüllen.

4. Bestimmte, nicht in der Bilanz aufscheinende Faktoren haben einen wesentlichen Einfluß auf den Cash Flow, von dem die herkömmliche Verhältniszahl keine Kenntnis nimmt. Ein Faktor dieser Art sind Zahlungen aus Leasingverträgen. (Während verschiedene Fachleute darauf bestehen, daß Zahlungen aus Leasingverträgen als Verbindlichkeiten in der Bilanz und in der Berechnung der Verschuldungsfähigkeit anzusehen seien, gibt es kein allgemeines Übereinkommen, wie dies durchgeführt werden könnte. Vor allem gibt es keine klare Antwort auf die Frage, mit welchem Kapitalisierungszinsfuß Leasingzahlungen in Bilanzansätze umgewandelt werden sollen. Meiner Meinung nach ist diese Debatte dazu verurteilt, künstlich und ergebnislos zu sein; sie ist außerdem überflüssig für den Analytiker. Wie später gezeigt wird, ist es sinnvoller, Leasingverträge ebenso wie Schulden eher im Hinblick auf die damit verbundenen jährlichen Ausgaben als als Kapitalbeträge zu betrachten. Daher ist eine Anmerkung mit Angabe der jährlichen Ausgaben aus dem Leasingvertrag vollständig ausreichend.)

Das Einkunfts-Deckungs-Verhältnis

Das Einkunfts-Deckungs-Verhältnis erscheint zumindest auf den ersten Blick eher geeignet als Risikomaß der einzelnen Unternehmung mit unmittelbarem Bezug auf die Faktoren, die zu Zahlungsschwierigkeiten führen können. Bezieht man die gesamten Ausgaben aufgrund von langfristigen Kreditverträgen auf die für Schuldentilgung verfügbaren Nettoeinkünfte, so ist damit beabsichtigt, sicherzustellen, daß aus den Erträgen jederzeit die Ausgaben getragen werden können. Aus diesem Ansatz ergibt sich: Je größer die erwarteten Schwankungen in den Erträgen sind, um so höher ist das erforderliche Verhältnis (oder um so größer ist das »Polster« zwischen normalen Erträgen und Zins- und Tilgungszahlungen).

Dieser Maßstab hat als Basis für die unternehmensinterne Bestimmung der Verschuldungsfähigkeit aber seine Grenzen:

1. Die Nettoeinkünfte, die man aus der normalen Buchhaltung erhält, sind nicht dasselbe wie die Nettoeinnahmen – eine Annahme die im Einkunfts-Deckungs-Verhältnis enthalten ist. Sogar wenn Berichtigungen für die nichtbaren Posten (Abschreibungen) gemacht werden, wie es häufig in den anspruchsvolleren Anwendungsfällen geschieht, kann die Übereinstimmung nicht mit Sicherheit angenommen werden. Sie mag in den Zeiten grob gegeben sein, in denen man sorglos gegenüber den Gefahren der Verschuldung ist, z. B. wenn die Verkäufe von Periode zu Periode ungefähr gleichbleiben. In Zeiten starker Veränderungen (einschließlich Rezessionen) ist man über Schuldenlasten am meisten besorgt, und dann gibt es sicherlich deutliche Unterschiede zwischen Nettoeinkünften und Nettoeinnahmen.

2. Die Frage, wie das richtige Verhältnis zwischen Erträgen und Schuldentilgung aussieht, ist problematisch. Sollte das Verhältnis in einem bestimmten Fall zwei zu eins oder zwanzig zu eins sein? Wenn wir außerbetrieblich abgeleitete Kriterien oder Faustregeln ausschließen und verlangen, daß eine Unternehmung ihr eigenes Verhältnis aus den eigenen Umständen entwickelt, ergibt sich die Frage, wie das geschehen soll. Vielleicht wäre es das beste, mit den Daten vergangener Rezessionen zu arbeiten, die niedrige Nettoerträge aufweisen, um so zu einem Verhältnis zwischen diesem Erfahrungswert und den »normalen« Einkünften zu kommen, mit dem Ziel, eine volle Deckung des Kapitaldienstes durch die Nettoeinkünfte jederzeit zu sichern. Wählt man diesen Weg, so liefert die Abschätzung der minimalen Nettoeinkünfte selbst ein Maß für die Verschuldungsfähigkeit, und die Umformung in eine Verhältniszahl wäre überflüssig. Weiter gibt es, wie bereits erwähnt, Gefahren bei einer zu buchstäblichen Übertragung von vergangenen Geschehnissen in Richtlinien für die Zukunft. Was geschieht, wenn die Unternehmung in der Vergangenheit einen Nettoverlust erlitten hat? Heißt dies, daß eine langfristige Verschuldung nicht möglich ist? Falls ein Nettoverlust möglich ist, wird kein Verhältnis zwischen normalen Nettoeinkünften und Kapitaldienst, egal wie groß, die erforderliche Deckung in zukünftigen Rezessionen sichern.

Das Einkunfts-Deckungs-Verhältnis scheint nicht häufig als Basis für die Bestimmung der Verschuldungspolitik von Kapitalgesellschaften verwendet zu werden. Wo es angewendet wird, steckt entweder der Rat von Banken dahinter oder einfach die Einstellung des Schuldners zur Risikoübernahme. Seine Verwendung deutet jedoch nicht darauf hin, daß versucht wird, individuelles Risiko mit irgendwelchen objektiven Mitteln zu erfassen.

IV. EIN SINNVOLLERER ANSATZ

Angenommen, die herkömmlichen Entscheidungskriterien zur Fremdfinanzierung sind ungeeignet, gibt es eine brauchbare Alternative? Ich glaube ja; nur muß man sogleich bedenken, daß diese Alternative auf Daten aufbaut, die wesentlich komplexer sind als die, die man nach den herkömmlichen Regeln benötigt; um diese Daten zu sammeln und auszuwerten, benötigt man einen beträchtlich höheren Zeit- und

Arbeitsaufwand. Im Hinblick auf die unbestrittene Bedeutung der Entscheidung über den Verschuldungsgrad für die Zukunft der Unternehmung und im Hinblick auf die Tatsache, daß, wie später gezeigt werden soll, diese Daten einen Nutzen besitzen, der weit über die Entscheidung über die Fremdfinanzierung hinausreicht, gibt es Grund genug, diese Alternative ernstlich zu betrachten.

Die grundlegenden Fragen in der Beurteilung des Risikoausmaßes bei langfristiger Verschuldung können mit trügerischer Einfachheit gestellt werden: Wie ist die Wahrscheinlichkeit, daß eine Unternehmung in absehbarer Zukunft nicht genügend Zahlungsmittel hat? Wie ändert sich diese Wahrscheinlichkeit durch zusätzliche Zahlungsverpflichtungen von x-tausend Dollar für Zinsen und Kredittilgungen? Zunächst ist zu präzisieren, ob wir uns mit dem Zustand »nicht genügend Zahlungsmittel« in einem absoluten Sinn befassen wollen (Zahlungsunfähigkeit) oder nur mit der Gefahr der »Zahlungsschwierigkeiten«, d. h. dem Mangel an Zahlungsmitteln für gewisse Zwecke, die das Management als wichtig ansieht (z. B. Mindestdividende für Stammaktien). Wir können beide Möglichkeiten behandeln, aber wir wollen für den Augenblick nur die äußerste Gefahr betrachten, die mit der übermäßigen Verschuldung einhergeht – die Möglichkeit, daß alle Geldreserven erschöpft sind, mit der Folge der Nichterfüllung des Kreditvertrags und des Konkurses.

Selbstverständlich gibt es eine Reihe verschiedener Umstände, unter denen sich die Geldreserven einer Unternehmung erschöpfen können. Wenn man jedoch das Problem vom Standpunkt ausgereifter, normal rentabler und vernünftig geführter Unternehmungen betrachtet, kann man wohl sagen, daß die Hauptsorge in bezug auf die Verschuldung die Frage ist, was während einer allgemeinen oder branchenweisen Rezession geschieht, wenn die Umsätze und Gewinne durch Einflüsse herabgesetzt werden, die außerhalb des unmittelbaren Einflußbereichs der Unternehmungsleitung liegen. Wenn der erfahrene Unternehmer aggressiven jungen Männern, die auf Verschuldung erpicht sind, den gehörigen Respekt für die Gefahren allzu großer Verschuldung beibringen will, wird er ihnen schaurige Geschichten von den finanziellen Katastrophen und Beinahe-Katastrophen in den frühen dreißiger Jahren erzählen.

Neue Betrachtung des Problems

Die Daten, die wir suchen, sind Informationen über das Verhalten des Cash Flow während Rezessionsperioden. Eine interne Analyse darf sich daher nicht mit Verhältniszahlen aus Bilanz und Erfolgsrechnung befassen, sondern unmittelbar mit jenen Faktoren, die Änderungen bei den Einnahmen und Ausgaben herbeiführen. Da wir uns mit dem gemeinsamen Nenner aller Transaktionen befassen, muß die Analyse unvermeidlich alle wesentlichen Einflüsse auf das Verhalten des Cash Flow in Betracht ziehen. Kurz und gut, das Problem betrifft die gesamte Unternehmung. Alle Entscheidungen, die die Zahlungsmittel betreffen, sollten miteinbezogen werden, und wo die Zahlungsfähigkeit auf dem Spiel steht, kann es keine sinnvollen Risikogrenzen geben außer denen, die für die Unternehmung insgesamt gelten.

Es ist daher ziemlich gekünstelt, mit der Vorstellung der »für den Kapitaldienst verfügbaren Zahlungsmittel« zu arbeiten, wie dies beim Einkunfts-Deckungs-Verhältnis der Fall ist, als ob dies ein feststellbarer Vorrat wäre, wenn eine Reihe von gleich dringenden Bedürfnissen um die begrenzte Geldreserve konkurriert. Folglich ist das Problem, dem sich dieser Beitrag ursprünglich zuwandte – Bestimmung der Kapazität, zusätzliche fixe Zahlungen für langfristige Schulden zu übernehmen –, in Wirklichkeit ein viel allgemeineres, nämlich das Problem der *Bestimmung der Kapazität, zusätzliche fixe Zahlungsverpflichtungen, für welche Zwecke auch immer, zu übernehmen.*

Bestimmung der Schlüsselfaktoren

Die Analyse, die in diesem Artikel als Lösungsversuch dieses Problems vorgeschlagen wird, kann hier nur kurz zusammengefaßt werden*. Sie umfaßt:

1. Identifizierung. – Zu Beginn ist es wichtig, die Hauptfaktoren, die größere Veränderungen im Cash Flow, besonders Rückgänge, bewirken, zu bestimmen. Der wichtigste Faktor wird der Umsatz sein; viele andere Faktoren werden in mehr oder weniger starkem Maße mit dem Umsatz zusammenhängen. Es kann jedoch auch das Beispiel eines anderen wichtigen Faktors, nämlich der Ausgaben für Rohmaterialien, angeführt werden; diese stehen in einer Rezession nicht in einem direkten Zusammenhang mit dem Umsatz, da die Ausgaben für Rohmaterialien auch abhängen von:

der Größe des Fertigwarenlagers am Beginn der Rezession;

den Beziehungen zwischen dem Bestand an Fertigwaren, der Produktionsplanung und den Rohmaterialbestellungen;

der Größe des Rohmateriallagers;

der Reaktion der Unternehmungsleitungen auf die beobachteten Umsatzänderungen.

Für die meisten Faktoren, die den Cash Flow beeinflussen, gibt es ein gewisses Maß an gegenseitiger Abhängigkeit und einen selbständigen Variationsbereich; beides muß zu Analysezwecken erfaßt werden.

2. Der gewünschte Verfeinerungsgrad. – Offensichtlich hängt die Länge der Liste der Faktoren, die den Cash Flow beeinflussen und einzeln berücksichtigt werden müssen, vom gewünschten Verfeinerungsgrad ab; je umfangreicher die Liste ist, desto komplizierter wird die Analyse sein. Es ist daher unbedingt erforderlich, sich von vornherein darüber klarzuwerden, wie weit die Verfeinerung der Analyse im Hinblick auf die Ziele derselben geführt werden soll. Bei der Durchführung der Cash-Flow-Analyse kann man sich sehr unterschiedlicher Methoden bedienen, von einfachen und ziemlich groben Näherungsverfahren auf der einen Seite bis zu statistischen und mathematischen Methoden, ja bis zur Simulation des Cash Flow in der Rezession mit Hilfe eines Computers als entgegengesetztes Extrem.

---

* Eine ausführlichere Behandlung findet sich in den Kapiteln 7–9 von Donaldson, *Corporate Dept Capacity*, a. a. O.

In seiner einfachsten Form kann der Cash Flow näherungsweise aus Angaben der Bilanz und der Erfolgsrechnung entnommen werden. So könnte man z. B. die Umsätze um Änderungen bei den Kundenforderungen berichtigen und so die laufenden Einnahmen erhalten; ebenso könnte man die Kosten der verkauften Güter in Ausgaben für tatsächlich produzierte Güter umrechnen, indem man um Bestandsveränderungen berichtigt. Jedoch liegt die Gefahr der Vereinfachung darin, daß wichtige Veränderungen durch eine Kombination von Faktoren verschleiert werden können, die sich einmal gegenseitig aufheben, das andere Mal jedoch summieren können. So werden z. B. Umsatzveränderungen hervorgerufen durch Änderungen im Sortiment, der verkauften Stückzahl und dem Preis.

Hier hat der betriebsinterne Analytiker einen großen Vorteil. Erfahrung lehrt ihn, welche Faktoren gesondert zu behandeln sind, und er hat Zugang zu Daten, die hinter der Bilanz stehen, so daß er die Verfeinerung so weit führen kann, wie er wünscht. Die Analyse sollte im Idealfall auf Informationen über tatsächliche Zahlungsvorgänge und nicht über Verrechnungsgrößen der Buchhaltung beruhen; d. h.: sie sollte von Zahlungseingängen (nicht von verrechneten Umsätzen) und von Auszahlungen für gekaufte Rohmaterialien (nicht von buchhalterischen Verrechnungen des Rohmaterialverbrauchs auf die verkauften Artikel) ausgehen.

3. Verhaltensanalyse. – Liegt eine Liste aller den Cash Flow beeinflussenden Faktoren vor, so besteht der nächste Schritt darin, daß ihr individuelles Verhalten über einen Zeitraum und im besonderen während einer Rezession beobachtet wird. Der bereits früher angeführte Einwand gegen die Verwendung historischer Daten als Richtlinie für die Verschuldungsfähigkeit ist, daß bei der üblichen Vorgehensweise nur die Nettowirkung der Veränderung aller dieser Faktoren bei bestimmten Gelegenheiten beobachtet wird; dies kann äußerst irreführend sein. Wenn jedoch die Unternehmungsleitung jeden einzelnen dieser Faktoren in Betracht zieht, wird dieses Problem so geringfügig, daß es vernachlässigt werden kann.

Erfahrungen einer Unternehmung, die in ihrer Branche eine angesehene Position einnimmt, führen die Unternehmungsleitung gewöhnlich zu dem vernünftigen Schluß, daß ein Rückgang des Umsatzes auf Null wohl theoretisch möglich ist, daß es aber Gründe gibt, warum dies höchst unwahrscheinlich ist. Diese Gründe ergeben sich aus fundamentalen und andauernden Kräften in der Wirtschaft und in der Branche, aus den Kaufgewohnheiten der Konsumenten und so weiter. So werden Erfahrungen der Vergangenheit einen Bereich des Rezessionsverhaltens aufzeigen, der die äußersten Grenzen einer zukünftigen Rezession angibt. Ich möchte diese Grenzen als die günstigste Grenze und die ungünstigste Grenze bezeichnen (in bezug auf den Einfluß auf Cash Flow und Kassenstand). Aufgrund von Aufzeichnungen über die Vergangenheit und des Urteils der Unternehmungsleitung, die diese Vergangenheit gestaltet hat, können wir diese Grenzen des erwarteten Verhaltens für alle Faktoren, die den Cash Flow beeinflussen, darstellen. Dies zu tun, wird Teil unserer Analyse sein, wobei wir aus früher angegebenen Gründen sorgfältig auf Zusammenhänge zwischen den Abweichungen bei verschiedenen Faktoren achten müssen.

4. Erwarteter Bereich des Rezessionsverhaltens. – Auf der Grundlage solcher fundierter Beobachtungen kann z. B. geschlossen werden, daß der Rückgang des Verkaufsvolumens in einer Rezession mit mindestens 5% und nicht mehr als 25% des Absatzes während der Periode unmittelbar vor der Rezession erwartet wird. Diese Zahlen stellen die günstigste und ungünstigste Grenze für die in Frage kommende Unternehmung dar. Es könnte ferner geschlossen werden, daß die Rezession nicht weniger als 1 Jahr und nicht länger als 3 Jahre dauern wird und daß höchstens 40% des Verkaufsrückgangs im ersten Jahr der Rezession auftreten wird. Es ist klar, daß unser Interesse vor allem den ungünstigsten Grenzen gilt, da wir ja die Gefahr der Zahlungsunfähigkeit zu erfassen versuchen. Dadurch, daß wir Grenzen für das ungünstigste Rezessionsverhalten eines Hauptfaktors, der den Cash Flow beeinflußt, ermitteln, haben wir einen Ansatz zur Feststellung ähnlicher Grenzen für das Rezessionsverhalten des Cash Flow selbst.

An diesem Punkt drängt sich eine Frage auf, die für die weitere Analyse von großer Bedeutung ist: Kann man sinnvolle Aussagen über das Verhalten des Verkaufsvolumens oder irgendeines anderen Faktors *innerhalb* der eben beschriebenen Grenzen machen?

V. WAHRSCHEINLICHKEITSANALYSE

Es ist möglich, daß es innerhalb der Unternehmung Aufzeichnungen aus der Vergangenheit über die relativen Chancen oder Wahrscheinlichkeiten des Auftretens von Verkaufsrückgängen um z. B. 5–11%, 12–18%, 18–25% gibt (oder für eine andere Aufteilung dieses Bereichs), aber die statistischen Daten sind meist nur lückenhaft. Es ist wahrscheinlicher, daß die Unternehmungsleitung aufgrund ihrer Erfahrungen Aussagen über die Verkaufsrückgänge macht, wie etwa: mit 50% Wahrscheinlichkeit liegt der Rückgang zwischen 12 und 18%, mit 30% Wahrscheinlichkeit gehen die Verkäufe um 5–11% zurück, und die Wahrscheinlichkeit, daß der Rückgang im Bereich 19–25% liegt, ist 20%.

Falls man solche Informationen für alle Faktoren, die den Cash Flow beeinflussen, erhalten kann, dann ist es möglich, eine Reihe von Werten für den Cash Flow in zukünftigen Rezessionsperioden abzuschätzen, die sich aus allen möglichen Kombinationen der verschiedenen Faktoren ergeben. Ebenso erhält man für jede Schätzung ein Maß für die Wahrscheinlichkeit ihres Auftretens. Damit werden sämtliche überhaupt vorhergesehenen Möglichkeiten beschrieben. Durch Addition der Wahrscheinlichkeiten jener Ereigniskombinationen, bei denen der ursprüngliche Bestand an Zahlungsmitteln nicht ausreicht, erhält man die Gesamtwahrscheinlichkeit für das Eintreten der Zahlungsunfähigkeit. Wir erwarten uns von der beschriebenen Cash-Flow-Analyse ein Ergebnis wie etwa: die Möglichkeit, zahlungsunfähig zu werden, ist 1:20 oder 1:50.

Zu überwindende Probleme

Um jedoch ein solch genaues Maß für das Insolvenzrisiko zu erhalten, benötigen wir Schätzungen der Wahrscheinlichkeit innerhalb des erwarteten Bereichs und nicht bloß die Grenzen des Verhaltens. Es gibt wesentliche praktische Probleme, die der Erlangung solcher Informationen und der Durchführung dieser Art von Analysen im Wege stehen:

1. Obwohl die vorgeschlagene Analyse relativ einfach zu sein scheint, kann sie in der Praxis recht schwierig werden und den Einsatz einer Person erfordern, die in der Wahrscheinlichkeitstheorie wie auch in der Finanzanalyse erfahren ist, damit mögliche Fehler bei der Untersuchung des Cash Flow vermieden werden. Das Problem liegt hauptsächlich bei (1) einer genauen Beschreibung von Anpassungsmustern im Zeitablauf und (2) einer Beurteilung des unterschiedlichen Grades der gegenseitigen Abhängigkeit zwischen den Variablen. Diese Schwierigkeiten sind jedoch nicht unüberwindbar, da die Statistiker ähnliche Schwierigkeiten bei anderen betriebswirtschaftlichen Problemen überwunden haben.

2. Es ist möglich, daß vergangene Rezessionen nicht genug Erfahrungen im Hinblick auf das Verhalten der Verkäufe, Zahlungseingänge, Lagerbestände usw. vermittelt haben, auf denen die Wahrscheinlichkeitsschätzungen der Unternehmung für den gesamten Bereich möglichen Verhaltens aufbauen können. Einige Unternehmungen haben nur 2 oder 3 Rezessionen in den letzten 20 Jahren gehabt, und selbst dann fehlen oft Statistiken (obwohl die Unternehmungsleitung vermutlich gewisse Vorstellungen über die Ereignisse hat). Aber *einige* Erfahrungen mit verschiedenen Rezessionsbedingungen sind sogar für eine Vermutung notwendig. Im allgemeinen ist diese Beschränkung für eine umfassende Abschätzung des Risikos wesentlich ernster als die zuvor erwähnten fachlichen Fähigkeiten.

3. Die Unternehmungsleitung wird heikle Entscheidungen wie die über die Fremdfinanzierung nicht auf Daten stützen, die sie nicht versteht oder zu denen sie kein Vertrauen hat. Ich glaube, das ist das Haupthindernis, das einer weitverbreiteten Anwendung einer umfassenden Cash-Flow-Analyse als Grundlage für die Risikoabschätzung und Bestimmung der Verschuldungsfähigkeit derzeit im Wege steht. Da die Methode nicht einfach ist (besonders im Gegensatz zu den verbreiteten Faustregeln) und die Aussagen über Wahrscheinlichkeiten und andere Aspekte der Analyse vielleicht dürftig erscheinen – und es vielleicht auch sind –, mag die Unternehmungsleitung nicht gewillt sein, die Ergebnisse anzuwenden, besonders wenn die Zahlungsfähigkeit der Unternehmung auf dem Spiel steht.

Aber trotzdem verbleibt die Tatsache, daß viele der jetzt angewendeten Methoden höchst ungeeignet sind und ein dringender Bedarf für einen aussagefähigen Ansatz besteht, besonders für die Beurteilung vom Standpunkt des Schuldners. Es ist daher ein starker Anreiz gegeben, die Möglichkeiten für eine Abschätzung des Insolvenzrisikos im Rahmen der vorgeschlagenen, umfassenden Analyse zu untersuchen. Ein solcher Ansatz soll beschrieben werden. Sein Ziel ist die Entwicklung eines Indikators für das Risiko, der aus herkömmlichen und weniger komplexen Daten, zu denen die Unternehmungsleitung Vertrauen hat, abgeleitet werden kann.

Analyse der ungünstigsten Grenzen

Der neue Ansatz konzentriert sich auf die erwarteten *Grenzen* des Rezessionsverhaltens und insbesondere auf die ungünstigste Grenze. Er basiert auf der Annahme, daß die Unternehmungsleitung, auch wenn sie nicht in der Lage sein sollte, die Wahrscheinlichkeiten innerhalb des Bereichs abzuschätzen, doch genaue Vorstellungen von den erwarteten Grenzen hat und bereit ist, ihre Entscheidungen auf solche Erwartungen aufzubauen. Um zu dem Beispiel der Verkaufsrückgänge zurückzukehren: Die Unternehmungsleitung ist möglicherweise nicht gewillt, den 3 Intervallen von 5% bis 25% Wahrscheinlichkeiten zuzuordnen, aber sie hat wahrscheinlich die Überzeugung, daß 25% die »absolute« Grenze nach der ungünstigen Seite innerhalb absehbarer Zukunft ist. Diese Vermutung basiert nicht allein auf Statistiken, sondern auf einer sachkundigen Abschätzung aller Tatsachen, von denen die Kaufgewohnheiten der Kunden, die Wettbewerbssituation usw. abhängen.

Folgt man diesem Verfahren, so erhält man eine Menge von geschätzten Werten für die ungünstigste Grenze des Rezessionsverhaltens, die alle Faktoren einschließt, die den Cash Flow beeinflussen. Es ist dann verhältnismäßig einfach, eine Schätzung für den Cash Flow selbst – ausgedrückt in minimalen Einzahlungen oder maximalen Auszahlungen – bei ungünstigstem Verhalten für alle zukünftigen Rezessionsperioden zu erhalten. Durch ähnliche Beurteilungen der ungünstigsten Bedingungen für die Periode vor der Rezession – einschließlich der Entwicklung des Kassenbestandes vor der Rezession – ist es dann möglich zu bestimmen, ob die Unternehmung unter den ungünstigsten Annahmen zahlungsunfähig wird und wenn ja, wie bald und in welchem Maße.

Diese Berechnung gibt der Unternehmungsleitung ein »Gefühl«, wie nah oder fern das Ereignis der Zahlungsunfähigkeit ist. Sie kann zeigen, wie ich das im Fall von bestimmten Unternehmungen getan habe, daß sogar unter diesen ungünstigsten Annahmen die Unternehmung noch einen positiven Einnahmenüberschuß hat. Dieser Mindestsaldo ist ein objektiver Maßstab für den Gesamtbetrag von zusätzlichen fixen Ausgaben, die die Unternehmung tätigen kann, ohne jede Gefahr der Zahlungsunfähigkeit. Wenn man einige Annahmen über die Art und die Konditionen des Kreditvertrages macht, kann diese Zahl in jenen Kapitalbetrag von zusätzlichem Fremdkapital umgerechnet werden, der mit der Erwartung vollständiger Sicherheit aufgenommen werden kann.

Nimmt man andererseits an, daß die ungünstigsten Voraussetzungen einen negativen Einnahmensaldo ergeben, so wird damit die Möglichkeit der Zahlungsunfähigkeit unter gewissen ungünstigsten Bedingungen angezeigt. Das bedeutet nicht, daß langfristige Verschuldung ausgeschlossen ist (außer für jene Unternehmungsleitungen, für die jede Handlung, die das Insolvenzrisiko erhöht, ohne Rücksicht darauf, wie klein es auch sein mag, unannehmbar ist). Wahrscheinlicher ist die Reaktion, daß die Unternehmung bereit ist, das Risiko einzugehen, wenn die Wahrscheinlichkeit »hinreichend klein« ist.

Wir sind so zurückgekehrt zum Problem der Abschätzung des Risikos und des Ausmaßes, in dem es durch einen gegebenen Fremdkapitalbetrag erhöht wird. Um zu einer präzisen Vorstellung der Insolvenzerwartung am ungünstigsten Ende des Rezessionsbereichs zu gelangen ohne das formale Verfahren der Zuordnung von Wahrscheinlichkeiten, schlage ich die Definition eines zweiten ungünstigen Grenzpunkts für jeden Faktor, der den Cash Flow beeinflußt, vor. Dieser soll wahrscheinlichster ungünstiger Grenzwert genannt werden. Er spiegelt die Vorstellungen der Unternehmungsleitung über die Grenzen bei normalem Rezessionsverhalten wider, im Gegensatz zu den ungünstigsten Grenzen, die auch weniger wahrscheinliche Fälle einschließen.

Modalwert und Bereiche

Eine graphische Darstellung dieser beiden Verhaltensgrenzen findet sich in Abb. 1. Unter der Annahme, daß die Erfahrungswerte und das erwartete Verhalten etwa normal verteilt um einen Modalwert (d. i. der Wert, der am häufigsten auftritt) sind, gibt es:

1. einen Bereich von Werten, die sich um diesen Punkt zusammenballen, in dem also die meisten Erfahrungswerte der Vergangenheit liegen und in dem sich auch Vorausschätzungen für die Zukunft konzentrieren werden.

2. Extreme an beiden Enden des Bereichs, die Ereignisse darstellen, welche eine verhältnismäßig kleine Wahrscheinlichkeit besitzen.

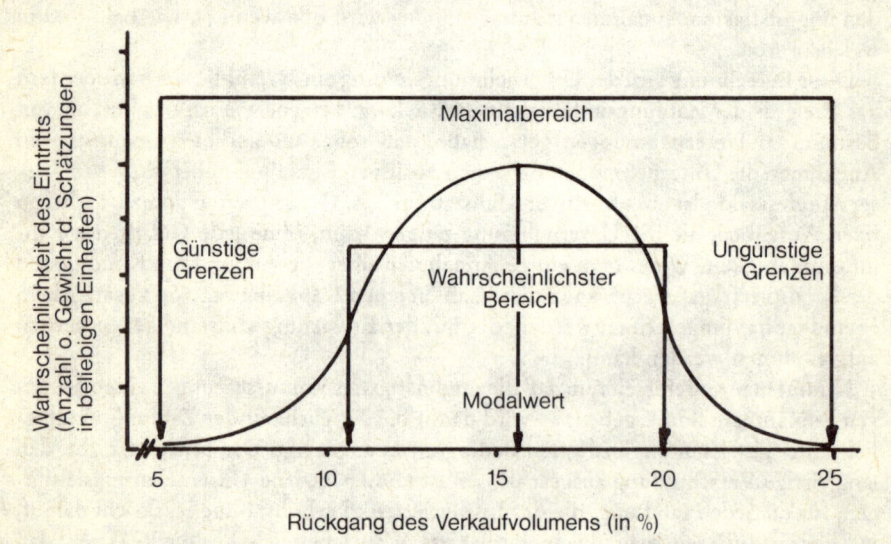

Abb. 1: Beispiel für die maximalen und die wahrscheinlichsten Grenzen des Rezessionsverhaltens

Der wahrscheinlichste Grenzwert schneidet den extremen »Schwanz« der Häufigkeitsverteilung in einer etwas unpräzisen, aber doch aussagefähigen Art ab. Wenn die Unternehmungsleitung Grenzen für den erwarteten Verkaufsrückgang abschätzt, kann sie z. B. annehmen, die Verkäufe *könnten* um 25% zurückgehen, ein Rückgang von mehr als z. B. 20% sei aber *nicht sehr wahrscheinlich*. Diese 20% sind dann der wahrscheinlichste ungünstige Grenzwert. Meine Terminologie mag für Praktiker aus der Wirtschaft neu sein; die angegebene Unterscheidung wird jedoch oft getroffen, und viele Risikobeurteilungen basieren auf ihr.

Aus den Daten über die wahrscheinlichsten ungünstigen Grenzen der verschiedenen Faktoren, die den Cash Flow beeinflussen, wird die wahrscheinlichste ungünstige Grenze für den Netto-Cash-Flow in der Rezession berechnet und daraus der wahrscheinlichste ungünstige Bestand an Zahlungsmitteln in der Rezession. Diese letzte Zahl spiegelt die bestmögliche Aussage der Unternehmungsleitung über die ungünstige Grenze von dem, was mit dem Netto-Cash-Flow »wahrscheinlich geschieht«, wider, im Gegensatz zu dem, was »geschehen könnte«.

Richtlinien für die Politik

An dieser Stelle sollte bemerkt werden, daß bei der Betrachtung des Cash Flow vom Standpunkt der Zahlungsfähigkeit aus die Liste der möglichen Ausgaben reduziert wird auf jene, die unbedingt notwendig für die Existenz der Gesellschaft oder für die Sicherung der laufenden Einkünfte sind. (Wir werden bald andere, weniger wichtige Ausgaben wie Dividenden und Investitionen betrachten.) Es sei angenommen, die Cash-Flow-Analyse zeige, daß unter ungünstigsten Voraussetzungen der minimale Einnahmeüberschuß negativ ist, d. h. daß ein Defizit von z. B. $ 1 500 000 auftritt. Nehmen wir weiter an, daß unter den wahrscheinlichsten ungünstigen Voraussetzungen ein Einnahmeüberschuß von $ 3 000 000 auftritt. Wie können diese Schätzungen als Richtlinie für die Bestimmung der Verschuldungsfähigkeit interpretiert werden?

Erstens ist es in diesem Beispiel klar, daß die Erwartungen des Managements über die Faktoren, die den Cash Flow beeinflussen, die Möglichkeit einschließen, daß die Unternehmung ohne zusätzliche Verschuldung insolvent wird. Allerdings ist die Wahrscheinlichkeit für dieses Ereignis relativ gering, denn wenn man die Analyse beschränkt auf das wahrscheinlichste Rezessionsverhalten, dann hat die Unternehmung einen positiven Zahlungssaldo. Dieser Saldo ist ein grobes Maß für die Gesamtsumme der zusätzlichen fixen Ausgaben (z. B. Belastungen durch Fremdkapital), die übernommen werden können, ohne unter normalen Rezessionsbedingungen die Gefahr der Zahlungsunfähigkeit herbeizuführen. Daher:

Falls die wahrscheinlichste ungünstige Dauer der Rezession mit 2 Jahren geschätzt wird, kann die Unternehmung zusätzliche Zins- und Tilgungszahlungen von $ 1 500 000 tragen. Diese Zahl kann leicht in die Höhe des entsprechenden Kapitalbetrags umgerechnet werden. So könnte etwa bei einer Anleihe mit 20 Jahren Laufzeit, Tilgung in jährlichen, gleich großen Raten und 5% Verzinsung die Aufnahme zusätzlichen Fremdkapitals von etwa $ 15 000 000 unter normalen Rezessionsbedingungen als ungefährlich angesehen werden.

Ich möchte betonen, daß der Einnahmeüberschuß nicht als Richtlinie für die Fremdfinanzierung dienen kann, wenn die Unternehmungsleitung nicht bereit ist, eine geringe Wahrscheinlichkeit für das Eintreten der Zahlungsunfähigkeit in Kauf zu nehmen – eine Wahrscheinlichkeit, die durch neue Verschuldung offenbar erhöht würde. Wenn die Unternehmungsleitung dazu nicht bereit ist, muß sie Fremdkapital überhaupt ablehnen oder die Verschuldungsgrenze irgendwo zwischen Null und $ 15 000 000 ansetzen. In jedem Fall aber wird die Unternehmungsleitung die Fremdmittel nicht über $ 15 000 000 erhöhen, wenn sie nicht ein Insolvenzrisiko in Kauf nehmen will, das innerhalb des wahrscheinlichsten Bereiches liegt. Aus der Definition der wahrscheinlichsten ungünstigen Grenze folgt, daß sich die Wahrscheinlichkeit der Zahlungsunfähigkeit rasch und erheblich erhöht, wenn das Fremdkapital $ 15 000 000 wesentlich übersteigt.

Die von der Unternehmungsleitung aufgrund der normalen Rezessionserfahrungen festgelegte 15 000 000-Dollar-Grenze ist natürlich nicht tabu. Es gibt keinen Grund, warum eine Unternehmungsleitung das Fremdkapital nicht beträchtlich über diesen Betrag hinaus erhöhen sollte, vorausgesetzt, das Kapital ist verfügbar. Ein solcher Schritt hängt nur von der Bereitwilligkeit ab, das finanzielle Risiko zu tragen, und den Verdienstmöglichkeiten, die sich aus der Risikoübernahme ergeben. Die beschriebene Art der Analyse hat dabei jedoch die wichtige Aufgabe, die Unternehmungsleitung auf den Verschuldungsbereich aufmerksam zu machen, bei dessen Überschreitung sich das Risiko beträchtlich erhöht.

Praktische Vorteile

Es ist nun augenscheinlich, daß der vorgeschlagene analytische Ansatz eine Entscheidungsgrundlage liefert in Form des Dollarbetrags für den Kapitaldienst, der im Rahmen der Risikovorstellungen der Unternehmungsleitung in einem bestimmten Zeitpunkt akzeptiert werden kann. Das Kriterium wurde ausschließlich unternehmensintern abgeleitet und ist völlig unabhängig von externen Faustregeln. Obwohl es zugegebenermaßen im Vergleich mit dem theoretischen Ideal des Risikoverhaltens grob ist und nur Näherungswerte liefert, glaube ich doch, daß es in der Praxis aussagefähig und nützlich und aus verschiedenen Gründen den herkömmlichen Regeln zur Bestimmung der Verschuldungsfähigkeit überlegen ist.

Es muß hinzugefügt werden, daß die vorgeschlagene Analyse von denen, die sie übernehmen, so angewandt werden muß, wie alle anderen Entscheidungskriterien. Das heißt, man muß sie als allgemeine Richtlinie betrachten und nicht als Präzisionsinstrument. Für die meisten Unternehmungsleitungen wird dies vollständig ausreichen.

Bessere Entscheidungen

Einer der Vorteile dieses Ansatzes zur Bestimmung der Verschuldungsfähigkeit ist, daß er eine viel umfassendere Frage aufwirft und auch beantwortet. Wie bereits früher bemerkt, beschäftigt sich die Analyse mit der Kapazität, zusätzliche fixe Zahlungsverpflichtungen jeglicher Art zu übernehmen; wenn eine derartige Kapazität nachgewiesen wird, muß sie nicht notwendig für Zinsen und Tilgung von Fremdkapital verwendet werden. Wenn sich daher wie in dem eben besprochenen Beispiel ergibt, daß die Unternehmung in der Rezession zusätzliche Ausgaben in Höhe von $ 3 000 000 tätigen kann, muß die Unternehmungsleitung als erstes über die Verwendung dieser Kapazität entscheiden.

Es gibt eine Reihe von Möglichkeiten, diese Kapazität zu verwenden: für Zahlungen im Rahmen eines Leasingvertrages, zur Fortführung eines Forschungsprogramms, zur Erhaltung der Vollbeschäftigung, zur Zahlung einer regelmäßigen Dividende in guten wie in schlechten Jahren usw. Dies sind alles konkurrierende Verwendungsmöglichkeiten für die Kapazität. Mit Hilfe der Informationen, die die Cash-Flow-Analyse liefert, kann die Unternehmungsleitung nun Prioritäten setzen und überlegen, wieweit sich diese Zielsetzungen auch realisieren lassen. Falls der Kapitaldienst für zusätzliche Verschuldung die höchste Priorität erhält, werden diese Daten ein Hilfsmittel zur Bestimmung der Verschuldungsfähigkeit.

Da die Bedeutung der vorgeschlagenen Analyse weit über die Frage der Fremdfinanzierung (so wichtig sie auch sein mag) hinausgeht, glaube ich, daß die bei der Gewinnung der Daten entstehenden Kosten für die Unternehmung wohl gerechtfertigt sind. Die Analyse vermittelt Informationen, die die Grundlage für eine ganze Reihe von Entscheidungen im Finanzsektor und in anderen Bereichen bilden und von andauernder Bedeutung sind. Auch verfügen die meisten Finanzleiter von Aktiengesellschaften über den Mitarbeiterstab und die grundlegenden Daten zur Durchführung einer detaillierten und sorgfältigen Untersuchung über das Verhalten jener Faktoren, die den Cash Flow beeinflussen.

Test auf angemessene Ausstattung mit Zahlungsmitteln

Bisher wurde die Cash-Flow-Analyse im Hinblick auf die Zahlungsfähigkeit diskutiert. Wie bereits früher bemerkt, bedeutet dies, daß sich die Aufmerksamkeit auf die Ausgaben beschränkt, die für das Weiterbestehen der Unternehmung wesentlich sind. Es wurde jedoch ebenfalls angedeutet, daß das Risiko der Zahlungsunfähigkeit Teil einer größeren Gruppe von Risiken ist, die man als die Risiken der Zahlungsschwierigkeiten bezeichnen könnte. Bei der Diskussion der Frage der Zahlungsfähigkeit findet man oft Ausgaben, die in Notfällen gestrichen werden könnten; aber es besteht eine Abneigung in der Unternehmungsleitung, solche Maßnahmen ergreifen zu müssen. Dies sind Ausgaben, die aus unternehmenspolitischen Gründen als unbedingt notwendig behandelt werden müssen, da die Unternehmungsleitung glaubt, eine Streichung würde sich für die Unternehmung auf lange Sicht gesehen nachteilig auswirken. Die besten Beispiele für solche Aufwendungen sind gewisse Mindestausgaben für Forschung, Sachinvestitionen und Dividenden für Vorzugs- und Stammaktien.

Diese Situation kann leicht in die vorher skizzierte Art der Analyse aufgenommen werden. Die dazu angewandte Methode bezeichne ich als »Test auf angemessene Ausstattung mit Zahlungsmitteln«, im Gegensatz zum Test auf Zahlungsfähigkeit. Sobald das Management das »unbedingte Minimum« für diese Ausgaben festgelegt hat, werden sie einfach den Ausgaben der vorhergehenden Analyse zugerechnet; dann ist der Betrag für den ungünstigsten oder wahrscheinlichsten ungünstigen Einnahmeüberschuß der Saldo, der nach Durchführung dieser Zahlungen verbleibt. Um zu dem vorgehenden Beispiel zurückzukehren:

Die Wirkung wäre, daß der wahrscheinlichste ungünstige Überschuß ($ 3 000 000) ganz oder teilweise entfällt oder daß das Defizit im ungünstigsten Fall ($ 1 500 000) noch vergrößert wird. Wenn z. B. als unbedingtes Minimum die Zahlung einer Stammdividende von $ 500 000 für zwei Jahre und Minimalinvestitionen von $ 1 000 000 angesehen werden, so ergibt sich, daß der wahrscheinlichste ungünstige Einnahmeüberschuß auf $ 1 000 000 sinkt. Die Möglichkeit, zusätzlich bestimmte Ausgaben zu übernehmen, ist daher bedeutend verringert. Die Unternehmungsleitung gibt in diesem Fall offensichtlich den Dividendenzahlungen und Investitionen die Priorität vor der Aufnahme von Fremdmitteln – oder einer anderen Verwendung der Mittel.

Einer der Vorteile einer solchen Analyse ist, daß die Unternehmungsleitung die Prioritäten explizit formuliert, die konkurrierende Rolle der Verwendungsmöglichkeiten erkennt und eine Überprüfung ihrer Bedeutung für die Unternehmung durchführen kann.

Die Durchführung besonderer Tests auf Zahlungsfähigkeit und auf angemessene Ausstattung mit Zahlungsmitteln dient noch einem anderen wichtigen Zweck. Die meisten Abhandlungen über das Risiko der Fremdfinanzierung betonen, daß die Gefahr im Risiko der Insolvenz liegt, und diese Gefahr wird üblicherweise sorgfältig beobachtet. Unsere Analyse kann aber ergeben, daß innerhalb der Erwartungen der Unternehmungsleitung das Insolvenzrisiko klein oder nicht vorhanden ist, daß aber ein wesentliches Risiko des Eintritts von Zahlungsschwierigkeiten besteht, besonders wenn größere Beträge an langfristigen Fremdmitteln aufgenommen werden. Falls die Unternehmungsleitung in der Vergangenheit Grenzen für die Verschuldung mit Hilfe des geschätzten Insolvenzrisikos gesetzt hat und nun erkennt, daß das einzig bedeutsame Risiko darin besteht, daß bestimmte Mindestdividenden nicht mehr gezahlt werden können, dann mag sie geneigt sein, ein größeres Risiko einzugehen und mehr Fremdmittel aufzunehmen. Eine Unternehmungsleitung, die das Risiko der Zahlungsunfähigkeit, falls seine Wahrscheinlichkeit $1/50$ übersteigt, ablehnt, kann sehr wohl bereit sein, das Risiko einzugehen, ein oder zwei Jahre keine Dividenden auszuschütten, falls die Wahrscheinlichkeit z. B. $1/20$ nicht überschreitet.

Wenn die Unternehmungsleitung einmal die Art des Risikos kennt, kann sie beginnen, zwischen den möglichen Notfällen zu unterscheiden, und braucht nicht mit der Annahme zu arbeiten, der einzige Grund zur Sorge sei die mögliche Zahlungsunfähigkeit. Bessere Information ist daher die Voraussetzung für bessere Entscheidungen.

Neueinschätzung der herkömmlichen Regeln

Angenommen, die Unternehmungsleitung könne mit Hilfe der beschriebenen Methoden zu einer unabhängigen Einschätzung der langfristigen Verschuldungsfähigkeit kommen, was bedeutet das dann für die herkömmlichen Entscheidungsregeln, die aus externen Quellen stammen oder aus der Vergangenheit übernommen wurden? Bedeutet es, daß sie in Zukunft völlig ignoriert werden? Die Antwort ist wahrscheinlich nein. Die Frage der Fremdfinanzierung kann nicht isoliert betrachtet werden. Die Bereitwilligkeit der Geldgeber, Kredite zu gewähren, muß ebenso berücksichtigt werden wie die Reaktionen der Investoren auf dem Aktienmarkt, die sich ihr Urteil über die Risiken der Unternehmung bilden.

Eines der ersten Ergebnisse der Analyse ist daher eine Neueinschätzung der herkömmlichen Kriterien zur Fremdfinanzierung. Zur Erläuterung: Angenommen, eine Unternehmung glaubt, daß sie ohne Gefahr langfristige Fremdmittel in Höhe von maximal 30% des Gesamtkapitals aufnehmen kann. Aus dieser Regel kann man den äquivalenten Kapitaldienst berechnen und direkt mit den Ergebnissen der Cash-Flow-Analyse vergleichen. Im Hinblick auf die Tatsache, daß die Regel wahrscheinlich aus externen Quellen stammt, ist zu vermuten, daß der nach ihr zulässige Kapitaldienst den in der internen Cash-Flow-Analyse ermittelten Betrag entweder übersteigt oder unterschreitet.

Da die Analyse nur Näherungswerte liefert, wird dies wahrscheinlich die Fremdkapitalpolitik nicht ändern, wenn die Unterschiede in den Ergebnissen nicht wesentlich sind. Es ist natürlich auch möglich, daß die herkömmlichen Entscheidungsregeln und die Cash-Flow-Analyse zu demselben Ergebnis führen – in diesem Fall ist die herkömmliche Regel verifiziert. Aber das ist im voraus unbekannt, und auf jeden Fall sind die Daten in eine Form gebracht worden, die wesentlich aussagefähiger ist.

Durch einen solchen Vergleich erhält man einen Maßstab für die Einstellung der Unternehmungsleitung zu dem Risiko, das mit den herkömmlichen Entscheidungskriterien verbunden ist (obwohl die Unternehmungsleitung wahrscheinlich keine klaren Vorstellungen davon hat, wie groß das Risiko im Zeitpunkt der Aufstellung der Regel war).

Die Ergebnisse der Cash-Flow-Analyse können auch mit den Vorstellungen der Geldgeber über die Verschuldungsfähigkeit verglichen werden – falls sie sich von denen der Unternehmung unterscheiden. Während die Geldgeber oft nur widerstrebend bereit sind, die äußersten Kreditgrenzen anzugeben, geben sie doch von Zeit zu Zeit Hinweise darauf, was sie unter einer angemessenen Kapitalstruktur für eine bestimmte Branche oder Unternehmung verstehen. Falls die Einschätzung der Verschuldungsfähigkeit durch den Schuldner die des Geldgebers übersteigt, dann könnte er sich dazu entschließen, diesen bis an die äußerste Grenze seiner Bereitschaft zur

Kreditgewährung zu drängen. Ohne fundierte Daten aus der Cash-Flow-Analyse scheinen aber viele Schuldner ihre Argumente nicht hartnäckig genug zu vertreten, wahrscheinlich weil sie selbst unsicher sind, wo die Grenzen der Sicherheit liegen.

Die Ergebnisse können auch zu anderen Fragen der Verschuldungsfähigkeit in Beziehung gesetzt werden, wie z. B. den Anforderungen an erstklassige Obligationen oder den Risikoerwartungen der Investoren auf dem Aktienmarkt, die in einer Aktienrendite zum Ausdruck kommen kann (vorausgesetzt, daß diese feststellbar ist). Man vergleicht auch hier wieder die ungenutzte Verschuldungskapazität, die die interne Analyse anzeigt, mit den Normen, die sich aus externen Überlegungen ergeben. Das Ziel ist die Bestimmung einer annehmbaren und zweckmäßigen oberen Grenze für die langfristigen Fremdmittel.

Ich habe diese Art der Analyse für eine Stichprobe von Unternehmungen aus verschiedenen Industriezweigen durchgeführt und die Ergebnisse mit den herkömmlichen Normen der Unternehmung selbst wie auch ihrer Geldgeber für die Verschuldungsfähigkeit verglichen. Die Ergebnisse deuten stark darauf hin, daß beträchtliche Gegensätze bestehen zwischen den ausdrücklichen Erwartungen der Unternehmungsleitung in bezug auf den Cash Flow in der Rezession und den Erwartungen, die implizit den allgemein anerkannten Regeln über die Verschuldungsfähigkeit zugrunde liegen. Die Ergebnisse sind aber keineswegs hinreichend, um gesicherte und sinnvolle Verallgemeinerungen über industrielle Fremdfinanzierungspolitik zu treffen. Trotzdem kann man für die großen Kapitalgesellschaften, die die Grundlage für die Untersuchung bildeten, folgendes feststellen: Entweder wird das Verschuldungsrisiko von einer beträchtlichen Anzahl von Unternehmungen wesentlich überbewertet, oder die Unternehmungsleitungen tendieren für diesen Bereich des Unternehmensrisikos zu ungewöhnlichem Konservativismus.

VI. ZUKÜNFTIGE TRENDS

Die wirtschaftliche Entwicklung der letzten 20 Jahre legt es nahe, daß sowohl das Bedürfnis als auch die Möglichkeit für einen verfeinerten Ansatz zur Bestimmung des Verhältnisses zwischen Fremd- und Eigenkapital in Kapitalgesellschaften besteht. Die Erinnerung an die Depression der dreißiger Jahre ist verblaßt, und das Vertrauen in unsere Möglichkeiten, eine Wiederholung extremer wirtschaftlicher Stagnation zu verhindern, steigt. Eine neue Generation von Vorstandsmitgliedern zeigt daher immer größere Bereitschaft, langfristige Fremdmittel als Kapitalquelle zur Konsolidierung und Expansion zu verwenden.

Soweit langfristiges Fremdkapital überhaupt nicht oder nur in geringem Maß aufgenommen wird, sind grobe Entscheidungskriterien, die einen breiten Sicherheitsspielraum bieten, durchaus hinreichend. Wenn aber der Anteil des Fremdkapitals ansteigt, sind genauere Methoden und eine sorgfältigere Analyse notwendig. Diese Notwendigkeit wird weiter verstärkt durch den Zuwachs an anderen fixen Zahlungsverpflichtungen, wie etwa für Leasingverträge und die zwar nicht vertragsgebundenen, aber trotzdem wichtigen Ausgaben für Forschung, Dividenden usw. Größere wirtschaftliche Stabilität über längere Zeiträume begünstigt eine Reihe von festgelegten Ausgaben, die später nicht mehr gestrichen werden können, und einfache Faustregeln sind zur Bewältigung dieser Probleme ungeeignet.

Mit dem wachsenden Bedarf nach einer verbesserten Analyse hat sich auch eine Verbesserung der Möglichkeiten zur Ausführung dieser Analyse ergeben. Der Fortschritt wurde sowohl durch bessere Daten als auch durch verbesserte Techniken zur Verarbeitung und Analyse dieser Daten bewirkt. Die Finanzleiter haben heute Zugang zu mehr Daten über den Cash Flow und die Faktoren, die ihn beeinflussen, als vor 20 Jahren – weit mehr, als viele tatsächlich verwenden. Sie haben auch Zugang zu wesentlich verfeinerten Methoden zur Analyse von komplexen Daten und zu Maschinen, die diese auf handlichere Ausmaße reduzieren. Da die Finanzleiter im Laufe der Zeit immer mehr mit diesen Analysemethoden und den Möglichkeiten, die sie bieten, vertraut werden, schwindet die gegenwärtige Abneigung gegen komplizierte analytische Ansätze.

Aber da gibt es eine Schwierigkeit. Auch wenn der Mitarbeiter mit den neuen Techniken vertraut ist, ist nicht viel gewonnen, wenn dem Vorstand Daten serviert werden, die er noch nicht verdauen kann. Aus diesem Grund habe ich in dem Beitrag nicht versucht, dem Leser die ganze Problematik der internen Risikoanalyse und ihrer Teilbereiche näherzubringen. Ich habe mir vielmehr das bescheidenere Ziel gesetzt, Unternehmungsleiter auf die vier wichtigsten Faktoren bei der Entscheidung über die Fremdfinanzierung aufmerksam zu machen:

1. Obwohl auch externe Quellen als Hilfe bei der Entscheidungsfindung berücksichtigt werden können und sollen, ist die Frage der Fremdfinanzierung im wesentlichen ein internes Problem, das von der Unternehmungsleitung aufgrund der individuellen Umstände und Präferenzen entschieden werden muß.

2. Die gegenwärtigen Faustregeln über die Verschuldungsfähigkeit sind höchst ungeeignet als Grundlage für diese Entscheidung.

3. Die Lösung des Problems liegt in der Kenntnis des Verhaltens des Cash Flow und in der Entwicklung eines brauchbaren Maßstabs für die Fähigkeit, zusätzliche fixe Ausgaben zu übernehmen.

4. Die Unternehmungsleitung benötigt Ansätze, mit deren Hilfe sie die Verschuldungsfähigkeit aufgrund von Daten, die bereits bekannt sind, und mit Begriffen, an die sie gewöhnt ist, abschätzen kann. Der in diesem Beitrag beschriebene Ansatz erfüllt diese Bedingungen.

Wenn die Unternehmungsleitung diese Punkte beachtet, ist ein wesentlicher Schritt vorwärts zu Entscheidungen über die Kapitalstruktur getan, in die Gläubiger wie Schuldner in gleicher Weise besser vertrauen können.

»Kreditwürdigkeit«

Bezugsgrößen von Verhaltenserwartungen in Kreditbeziehungen

JÜRGEN HAUSCHILDT*

> *Shylock:* »Wenn ich sage, er ist ein guter Mann, so meine ich damit, versteht mich, daß er vermögend ist. Aber seine Mittel stehen auf Hoffnung; er hat eine Galeone, die auf Tripolis geht, eine andere nach Indien. Ich höre ferner auf dem Rialto, daß er eine dritte zu Mexiko hat, eine vierte nach England. Aber Schiffe sind nur Bretter, Matrosen nur Menschen; es gibt Landratten und Wasserratten, Wasserdiebe und Landdiebe – ich will sagen, Korsaren, und dann haben wir die Gefahr von Wind, Wellen und Klippen. – Der Mann ist bei alledem vermögend – 3000 Dukaten – ich denke, ich kann seine Bürgschaft annehmen.«
>
> *Shakespeare,* Der Kaufmann von Venedig

Ist der laut gedachte Entscheidungsprozeß des *Shylock* heute noch repräsentativ für einen Kreditgeber, der zu dem Schluß kommen will, seine Kreditnehmer seien kreditwürdig, eines Kredites »würdig«? Kann der Bankier unserer Tage seine Erwartungen auf prinzipiell andere Informationen stützen? Muß er – wie *Shylock* – einem diffusen Gewisper »auf dem Rialto« Glauben schenken? Ist er gezwungen, in der Mentalität des Pfandleihers Sicherheiten und Versilberungswerte zu überschlagen? Läßt sich die Struktur seiner Erwartungen heute stärker differenzieren?

Sicher ist, daß die *Zielsetzung des Kreditgeschäfts* über die Jahrhunderte hin die gleiche geblieben ist, wie sie von Paul Jacob Marperger im Jahre 1717 in folgenden Satz gefaßt wurde[1]: ». . . die Lehn-Banco sucht nichts anderes, als ihr gebührendes Interesse oder Zins vor das ausgeliehene Capital, und hat weiter mit der Handlung nichts zu thun . . ., wann sie ihr darauff vorgeschossenes Geld nur wiederbekommet . . .«

Der Antrag eines potentiellen Kreditnehmers oder die erfolgreiche Suche nach neuen Kreditnehmern stellen das Kreditinstitut an den Start eines Entscheidungs- und Verhandlungsprozesses, in dessen Verlauf ein vieldimensionales Problem zu lösen ist: die *Bewältigung der Unsicherheit.* Die Unsicherheit bezieht sich auf ein ganzes Bündel von Problemaspekten, auf höchst unterschiedlich meßbare Phänomene, auf vielfältig miteinander verflochtene Wirkungszusammenhänge. Mögen einzelne Informationen über die intendierte Kreditbeziehung sicher sein, andere, auf den gleichen Kreditnehmer und den gleichen Kreditantrag gerichtete Erwartungen sind ex-

---

* Mit freundlicher Genehmigung des Verfassers und des Herausgebers entnommen aus: *Hamburger Jahrbuch für Wirtschafts- und Gesellschaftspolitik,* 17 (1972), S. 167–183.

trem unsicher, bestenfalls nominal klassifizierbar und/oder in ihrer Komplexität undurchschaubar.[2]

Eine realtheoretische, verhaltensorientierte Betriebswirtschaftslehre fragt nach den Dimensionen dieser Erwartungsstruktur. Die folgende Darstellung versucht, einen Ansatz für die dazu notwendige empirische Forschung zu liefern. Zu einigen Aspekten können empirische Befunde vorgelegt werden.

Dem wissenschaftlichen Vorgehen bieten sich dabei zwei unterschiedliche Wege an:
- In einer dynamischen Betrachtung ist im *Zeitablauf* zu beobachten, wie zwischen *dem* Kreditnehmer und *dem* Kreditgeber eine sich zunehmend stabilisierende Struktur der Erwartungen aufgebaut wird.
- In einer statischen Betrachtung ist zu einem *Zeitpunkt* zu analysieren, welche Arten von Erwartungen ein Kreditgeber gegenüber einer *Vielzahl* unterschiedlicher Kreditnehmer hegt.

Wir werden im folgenden die zweite Vorgehensweise wählen: Unsere Entscheidung wurde wesentlich durch die Tatsache bestimmt, daß wir durch das Entgegenkommen einer deutschen Bank eine Erhebung aus »lebenden« Kreditakten durchführen konnten.[3] Die historischen und lokalen Eigenheiten unserer Erhebung fordern zur weiteren Prüfung anhand anderer Erhebungsfelder auf.[4]

I. SICHERE ERWARTUNGEN DURCH SICHERHEITEN?

Es ist kein Zufall, daß in der Theorie der unvollkommenen Information und in der bankbetrieblichen Kredittheorie der Begriff der »Sicherheit« eine zentrale Bedeutung hat. Zwar scheint der Leser hier auf den ersten Blick einem Wortspiel ausgesetzt, auf den zweiten Blick zeigt sich aber eine enge inhaltliche Beziehung: Sicherheiten[5] sind im Selbstverständnis der Banken ihre Rechte zur Liquidierung von Vermögenspositionen des Schuldners, wenn er die wesentlichen Teile des Kreditvertrages nicht erfüllt.[6] Diese bankbetrieblichen Sicherheiten gewähren eine vergleichsweise sichere Erwartung im Sinne der Theorie der unvollkommenen Information. Denn der Kreditgeber kann nach eigenem Entschluß einen Liquidationsprozeß auslösen: Sicherheiten sind somit »*dispositions-sicher*«. Sie sind in ihrer Höhe so dimensionierbar, daß der Kreditgeber den vollen Kredit oder doch einen relativ hohen Anteil durch sie decken kann: Sicherheiten sind »*betrags-sicher*«. Wenn der Kreditgeber die maßgeblichen Sicherheiten seines Kreditnehmers auf sich ziehen kann[7], setzen sie Barrieren vor den Einbruch der Konkurrenz: Sicherheiten sind »*konkurrenz-sicher*«.

Sicherheiten beziehen sich indessen auf eine Ausnahmesituation, von der alle Beteiligten hoffen, daß sie möglichst niemals eintrete. Denn die Liquidierung von Sicherheiten beendet nach aller Erfahrung die Kreditbeziehungen.[8] Wenn aber die Bank beabsichtigt, die Kreditbeziehung über die Laufzeit des einzelnen Kreditvertrages hinaus fortzuführen, dann muß sie die Kreditgewährung von anderen Erwartungen abhängig machen, als sie durch Sicherheiten repräsentiert werden. Sicherheit der Erwartungen durch Stellung von Sicherheiten bedeutet lediglich Gewißheit in einem unerwünschten Grenzfall.[9]

Daraus folgt indessen nicht, daß die Bank auf Sicherheiten verzichtet.[10] Wenn aber der Fall auftritt, daß die Banken in nennenswertem Maße auch ungesicherte Kredite vergeben, dann läßt sich daraus schließen, daß die Erwartungen über den unerwünschten Grenzfall hinausreichen.[11] Die zu prüfende Hypothese lautet dementsprechend:

Hypothese I:
Sicherheitenstellung ist keine zwingende Voraussetzung für eine auf Dauer gerichtete Kreditbeziehung.

Die in unserer Stichprobe enthaltenen Kreditnehmer pflegen seit mindestens drei Jahren die Beziehung zu der untersuchten Bank. Wir sehen darin eine Dauerbeziehung i. S. der Hypothese I. Die Sicherheitenstellung wurde durch folgende Frage erhoben:

Welche Sicherheiten wurden für die Kreditgewährung im Jahre 1966 gestellt?
1 sachenrechtliche Sicherheiten innerhalb der Unternehmung, wie Hypotheken, Grundschulden
2 staatliche Bürgschaften
3 private Bürgschaften und Privatvermögen
4 sonstige Sicherheiten
5 es wurden keine Sicherheiten gestellt

Die Auswertung unserer Stichprobe ergab folgendes Bild:

Tabelle 1
Stellung von Sicherheiten

Sicherheitenstellung	%
Sicherheiten wurden gestellt	48
Sicherheiten wurden *nicht* gestellt	52
Insgesamt	100

n = 213

Die Hypothese I wurde damit bestätigt.[12] Der Befund ist indessen weiter zu differenzieren, denn möglicherweise besteht zwar ein Kreditvertrag, der Kredit wird aber tatsächlich nicht genutzt. Hypothese I wird in noch strengerer Weise geprüft, wenn die Fälle ausgewertet werden, in denen die Kredite laufend in Anspruch genommen, zugleich aber keine Sicherheiten gestellt wurden. Diese spezielle Auswertung zeigt, daß in 30% der erhobenen Fälle der Kredit ohne Stellung von Sicherheiten nachhaltig genutzt wurde. Damit erweist sich unsere theoretische Fragestellung, auf welche *an-*

deren Erwartungen sich die Kreditgewährung stützt, in einer beachtlichen Zahl von Fällen als berechtigt.[13] Das gilt selbst dann, wenn wir – der obigen Argumentation folgend – davon absehen, daß in den Fällen, in denen Sicherheiten gestellt werden, ebenfalls noch zusätzliche Verhaltenserwartungen die Kreditvergabe stützen.

Die Behauptung sei durch eine weitere Prüfung gestützt, die sich auf die *Art* der gestellten Sicherheiten richtet. Unter Berücksichtigung von Mehrfachnennungen ergibt sich folgende Struktur der Sicherheiten (vgl. Tabelle 2):[14]

Bei näherer Analyse zeigt sich, daß höchstens etwa drei Viertel der als »sicher« im Sinne der Ungewißheitstheorie angenommenen Erwartungen dieses Prädikat verdienen: Die Grundbesitzbelastungen, die anderen sachenrechtlichen Sicherheiten sowie die Sicherheiten außerhalb der Unternehmung. Die Zessionen stützen sich indessen auf Erwartungen, die wesentlich weniger dispositionssicher und betragssicher sind. Die Negativerklärungen stützen sich ausschließlich auf Verhaltenserwartungen des Kreditgebers.

Tabelle 2
Struktur der Sicherheiten

Art der Sicherheiten	%
Sicherheiten innerhalb der Unternehmung:	
a) Hypotheken und/oder Grundschulden sowie andere sachenrechtliche Sicherheiten	35
b) Zessionen	14
c) Negativerklärungen	9
Sicherheiten außerhalb der Unternehmung:	
Bürgschaften von nicht voll haftenden Gesellschaftern, von sonstigen Personen sowie privates Vermögen	42
Insgesamt	100

Fassen wir zusammen: Die große Zahl von Kreditbeziehungen ohne Sicherheitenstellung sowie die Betrachtungen zur Struktur der Sicherheitenstellung zeigen, daß in auf Dauer gerichteten Kreditbeziehungen zusätzliche, über die Liquidierungserwartungen von Sicherheiten hinausgehende Verhaltenserwartungen existieren müssen.

II. »GOLDENE« VERHALTENSERWARTUNGEN – ORIENTIERUNG AN BILANZREGELN

Wenn es gilt, Erwartungen zu analysieren, liegt der Rückgriff auf eine Theorie nahe, die sich einer speziellen Art von Erwartungen widmet, der Theorie der Rollenerwartungen:[15] Banken sind gegenüber dem Kreditnehmer Bezugsgruppen mit einem überaus wirksamen Sanktionsinstrumentarium. Der Kreditnehmer wird mit allen Mitteln danach streben, die Rollenerwartungen der Banken und speziell »seiner« Bank zu erfüllen.[16]

In dieser Situation ist die Struktur der Rollenerwartungen entscheidend, wie sie sich in hinreichend konkordanter und konsistenter Form im Bewußtsein der Entscheidungsträger in der Bank ausgebildet hat.[17] Sie fußt auf »Erfahrung«, d.h. auf einer mehr oder weniger bewußten, mehr oder weniger detaillierten, oftmals unreflektiert tradierten »Theorie der erfolgreichen Kreditbeziehung«. Eine derartige »Theorie« hat nicht die Form von Lehrbuchtheorien. Sie operiert mit groben Vereinfachungen und vagen Erfolgsindikatoren. Sie schließt von bestimmten Daten auf andere, ohne die Zwischenglieder des Wirkungszusammenhanges zu beachten – ja, oftmals ohne sie zu kennen. Die wichtigsten »Hypothesen« dieser »Theorie der erfolgreichen Kreditbeziehung« sind die bekannten *»goldenen« Regeln:*[18]

Der Kreditgeber vermutet, daß der Kreditnehmer seine Zins- und Rückzahlungsverpflichtungen erfüllen wird, wenn in der Bilanz des Kreditnehmers

1. das Anlagevermögen durch Eigenkapital und langfristiges Fremdkapital gedeckt ist (Goldene Bilanzregel),

2. die Zugänge im Anlagevermögen (Investitionen) durch zusätzliches Eigen- und langfristiges Fremdkapital gedeckt sind (Goldene Finanzierungsregel),

3. das Eigenkapital größer ist als das Fremdkapital (banker's rule, 1:1-Regel),

4. die flüssigen Mittel zuzüglich der kurzfristigen Forderungen die kurzfristigen Verbindlichkeiten überdecken (Liquiditätsregel).

Mag sich auch die Kritik[19], ja sogar der Spott der Wissenschaft über jene Erfahrensregeln ergossen haben – in einem Punkt handelt es sich um eine hoch einzuschätzende »Theorie«: Sie wird immer wieder an der Realität geprüft, und es gab aufgrund dieser Prüfungen nur unbedeutend wenige Testergebnisse, die derartige »goldene Regeln« verwerfen ließen.

Erklärbar ist dieses Ergebnis vielleicht mit Hilfe des Gedankens der »selffulfilling-prophecy«: Mag auch die Einhaltung der »goldenen Regeln« noch keine hinreichende Gewähr für die finanzielle Stabilität eines Kreditnehmers bieten, entscheidend ist, daß der Kreditgeber glaubt, daß dieser Effekt eintrete: Er wird dem Kreditnehmer bei Einhaltung der »goldenen Regeln« Kredit geben und dadurch dazu beitragen, daß dessen finanzielles Gleichgewicht erhalten wird – wodurch wiederum seine Theorie einer erfolgreichen Kreditbeziehung bestätigt wird.

Stützel kommt zum gleichen Ergebnis wiederum unter Verwendung rollentheoretischer Kategorien, wenn er formuliert: »Eine Bank als Transformationsinstitut darf sich bei Abschätzung von Risiken gar nicht von der subjektiven eigenen Einschätzung dieser Risiken leiten lassen ... Sie *muß*, damit die Rückzahlung an ihre Einleger gesichert bleibt, ihre Kredite abtretbar halten. Sie muß sich ... davon leiten lassen, wie andere diese Risiken beurteilen ...; entscheidend ist ... das, was in der Bankwelt als tragbar und vertretbar *gilt*.«[20]

Diese Gedanken lassen sich zu folgender Hypothese verdichten:

Hypothese II:
Banken orientieren sich bei der Kreditgewährung an bestimmten Schwellenwerten von Bilanzrelationen.

Um Hypothese II zu prüfen, müßten Kreditentscheidungsprozesse während ihres Ablaufs beobachtet werden. Die Diskretion der Kreditbeziehung zieht der empirischen Forschung hier indessen eine Grenze. Zur Prüfung sind daher andere Beobachtungen heranzuziehen. Diese indiziellen Prüfbefunde lassen dann vielleicht ein mittelbares Urteil über die Hypothese II zu. Geprüft werde folgender Satz:

In ihren Jahresabschlüssen präsentieren die Unternehmen ein Bilanzbild, das den »goldenen Regeln« entspricht.

Tabelle 3
Bilanzrelationen von Aktiengesellschaften

Relationen	Grenzwert der Hypothese	1966	1967	1968
1. $\frac{\text{langfr. Kapital}^1}{\text{Anlagevermögen}^2}$	$\geq 1,0$	1,15	1,22	1,25
2. $\frac{\text{langfr. Finanzierung}^3}{\text{Investitionen}^4}$	$\geq 1,0$	1,36		1,38
3. $\frac{\text{Eigenkapital}}{\text{Gläubigerkapital}^5}$	$\geq 1,0$	0,85	0,85	0,79
4. $\frac{\text{flüssige Mittel} + \text{Forderungen}}{\text{kfr. Verbindlichkeiten}}$	$\geq 1,0$	0,85	0,99	1,14

1. Grundkapital + Rücklagen + Posten mit Rücklagenanteil + Pensionsrückstellungen + langfristige Verbindlichkeiten.
2. Sachanlagevermögen + Finanzanlagevermögen.
3. Zuwachs an Eigenkapital + Zuwachs an lfr. Fremdkapital + Abschreibungen auf Sachanlagen, auf immaterielle Anlagewerte und auf Finanzanlagen.
4. Zuwachs an Anlagevermögen + Abschreibungen auf Anlagevermögen.
5. Gläubigerkapital = Fremdkapital − Pensionsrückstellungen.

Zunächst werden die Jahresabschlüsse von Aktiengesellschaften des verarbeitenden Gewerbes unter Ausschluß von Handels-, Dienstleistungs- und Bauunternehmen herangezogen (vgl. Tabelle 3)[21].

In bezug auf die Relationen 1 und 2 präsentieren die Unternehmen ein Bilanzbild, das den »goldenen Regeln« entspricht. Unterschritten wird regelmäßig der Grenzwert des Verhältnisses von Eigenkapital zu Fremdkapital. Der Grenzwert der Liquiditätsregel wird ebenfalls weniger streng eingehalten.

Tabelle 4 prüft die Einhaltung der gleichen Regeln anhand eines anderen Prüffeldes: Es handelt sich dabei um Bilanzdaten von 46 000 Unternehmen aller Rechtsformen, die von der Deutschen Bundesbank erhoben wurden.[22]

Auch in diesem Befund zeigt sich, daß die Unternehmen in ihren Jahresabschlüssen ein Bild ausweisen, das der »goldenen Bilanzregel« und der »goldenen Finanzierungsregel« entspricht. Die »1:1-Regel« zum Verschuldungsgrad und die »Liquiditätsregel« werden – wie von den Aktiengesellschaften – nicht mit der gleichen Strenge eingehalten.

Tabelle 4
Bilanzrelationen von Unternehmen lt. Erhebung
der Deutschen Bundesbank

Relationen	Grenzwert der Hypothese	1966	1967	1968
1. $\dfrac{\text{langfr. Kapital}^1}{\text{Anlagevermögen}^2}$	$\geq 1,0$	1,01	1,04	1,08
2. $\dfrac{\text{langfr. Finanzierung}}{\text{Investitionen}}$	$\geq 1,0$		1,14	1,10
3. $\dfrac{\text{Eigenkapital}}{\text{Gläubigerkapital}^3}$	$\geq 1,0$	0,72	0,85	0,79
4. $\dfrac{\text{flüssige Mittel} + \text{kfr. Forderungen}^4}{\text{kfr. Verbindlichkeiten}}$	$\geq 1,0$	0,82	0,87	0,91

1. Kapital und Rücklagen + lfr. Verbindlichkeiten.
2. Sachanlagen + Beteiligungen.
3. Die Rückstellungen sind in der Berichterstattung der Deutschen Bundesbank nicht differenziert. Sie wurden hier nicht in das Gläubigerkapital eingerechnet.
4. Kasse, Bank- und Postscheckguthaben + Wertpapiere des Umlaufvermögens + kfr. Forderungen.

»*Kreditwürdigkeit*« 257

Die bisher analysierten Testergebnisse sind Durchschnittswerte. Unsere Beurteilungen würden in den Fällen nicht zutreffen, in denen die Bilanzrelationen so stark streuen, daß eine große Zahl im »unzulässigen Bereich«, d. h. *unter* dem Grenzwert der Hypothese, liegt. Um diesen Zweifel zu beseitigen, seien die folgenden Streuungsdiagramme einer Zufallsstichprobe von 75 deutschen, börsennotierten Aktiengesellschaften herangezogen:

Streuung der Bilanzrelationen
deutscher Aktiengesellschaften (1968)

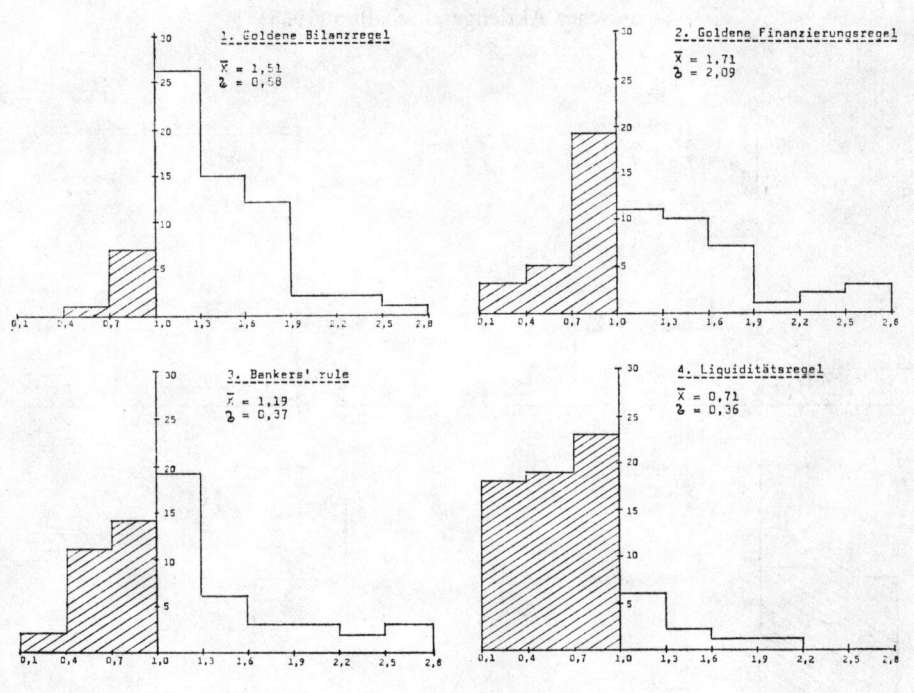

Schaubild 1

Die Grenzwerte der Hypothesen werden durch die Senkrechten repräsentiert, die schraffierten Felder sind der jeweils »unzulässige Bereich«. Die Streuungsdiagramme der ersten zwei Relationen zeigen eine *hypothesenkonforme Schiefe der Verteilung* sowie eine weitgehend *hypothesenkonforme Lage gegenüber dem Grenzwert*.[23] Konkret: die Zahl der Fälle im »unzulässigen« Bereich ist wesentlich kleiner als im »zulässigen«. Die Kennzahl zum Verschuldungsgrad (1:1-Regel) zeigt eine stärkere Streuung.[24] Die Liquiditätsregel wird nicht streng eingehalten – ein Hinweis darauf, daß die Praxis diese theoretisch besonders anfechtbare Relation zu Recht weniger beachtet.

Damit ist unsere rollentheoretisch begründete Vermutung weitgehend bestätigt, daß die Unternehmen tatsächlich ein Bilanzbild präsentieren, das den »goldenen Regeln« entspricht.[25] Die folgenden Streuungsdiagramme von 74 japanischen, börsennotierten Aktiengesellschaften machen sogar deutlich, daß diese Rollenerwartungen selbst unter den andersartigen lokalen und sozialen Bedingungen Japans lediglich in bezug auf den Verschuldungsgrad (Bilanzrelation 3) modifiziert sind.[26]

Streuung der Bilanzrelationen
japanischer Aktiengesellschaften (1968)

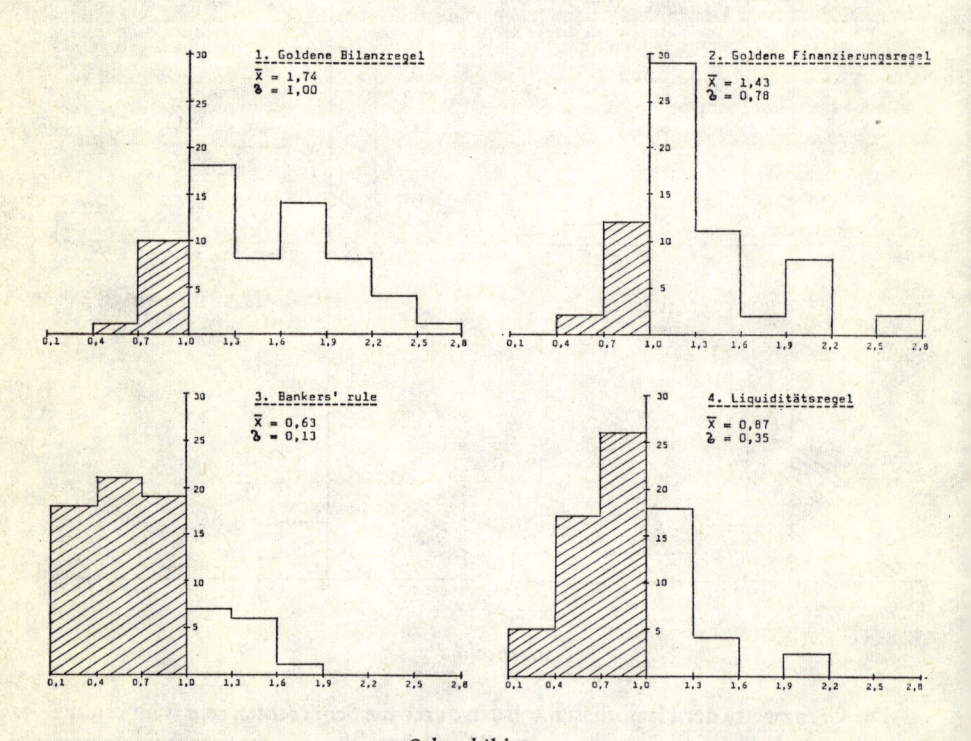

Schaubild 2

Die strenge Beachtung der Bilanzregeln wirft die Frage auf, ob sie überhaupt ein Kriterium von hinreichender *Trennschärfe* darstellen, um die Frage nach der Kreditwürdigkeit zu entscheiden. Die Kreditgeber brauchen offenbar weitere Informationen über den Kreditnehmer, um zu einem individuellen Kreditwürdigkeitsurteil zu gelangen.[27]

III. DAS PLANUNGSVERMÖGEN DES KREDITNEHMERS – IM URTEIL DER BANK

Die Bilanz schließt einen vergangenen Zeitraum ab. Verhaltenserwartungen, die sich auf Bilanzrelationen stützen, müssen also von der Unterstellung ausgehen, daß die aus der Bilanz ersichtlichen Verhaltensweisen der Vergangenheit repräsentativ für das zukünftige Verhalten sind – angesichts der Dynamik der Realität wahrhaftig eine »heroische« Annahme.[28]

Die Entscheidung über die Kreditgewährung verlangt Informationen über die *Zukunft* des Kreditnehmers: das sind zunächst die Informationen, die *alle* Kreditnehmer in gleicher Weise betreffen. Darüber hinaus werden Informationen über die Zukunft des *individuellen* Kreditnehmers benötigt. Bei geringer lokaler und sozialer Distanz zum Kreditnehmer läßt sich ein Teil derartiger Zukunftsinformationen zuverlässig gewinnen. Eine noch zweckdienlichere Möglichkeit der Informationsgewinnung und -beurteilung liegt für den Kreditgeber darin, die Pläne des Kreditnehmers einzusehen und sein Planungsvermögen zu beurteilen.[29] Diese Überlegung führt zu

Hypothese III:
Banken orientieren sich bei der Kreditgewährung an den Plänen und am Planungsvermögen der Kreditnehmer.

Die Lehre von der betriebswirtschaftlichen Planung unterscheidet die Planung einzelner Projekte (Objekte) von der Routineplanung der gesamten Güter- und Geldströme. Die Prüfung der Hypothese III hätte also zu fragen, ob die Bank die Kredite mit Blick auf Projektpläne vergibt und ob sie die Existenz eines Routine-Planungssystems in ihrer Kreditentscheidung positiv bewertet.

Unser Material ließ die Prüfung der zweiten Teilfrage in bezug auf die *Finanzplanung des Kreditnehmers*[30] zu, die Krümmel als ». . . das einzige zweckentsprechende Informationsmittel über die Zahlungsfähigkeit des Kreditnehmers während der ganzen Laufzeit des Kredits«[31] ansieht.

Wir stellten folgende Frage:

Geht aus den Kreditunterlagen hervor, ob die Unternehmung mit Hilfe einer laufenden Finanzplanung die ein- und ausgehenden Zahlungen des kommenden Monats hinreichend genau voraussieht?

1 Ja, die Unternehmung hat eine derartige Finanzplanung.
2 Nein, die Unternehmung hat eine derartige Finanzplanung nicht.
3 Unsere Unterlagen geben keinen Aufschluß darüber, ob die Unternehmung eine derartige Finanzplanung hat.

Die Antwort auf diese Erhebungsfrage ließ dem Kreditsachbearbeiter einen Freiheitsraum, das prognostische Potential seines Kunden zu bewerten. Die Frage band ihn dabei an die Aufzeichnungen in der Kreditakte. Eine tiefergehende Prüfung der Leistungsfähigkeit der Finanzplanung wurde mit unserer Frage nicht erreicht und war auch nicht angestrebt.

Hypothese III fragt nach dem Einfluß auf die Kreditgewährung. Da wir das Bankgeheimnis zu respektieren hatten, konnten wir die Höhe der eingeräumten Kredite nicht direkt erfragen. Die Bedeutsamkeit eines Finanzplanungssystems für die Kreditgewährung ließ sich nur indirekt bestimmen durch den Zusammenhang des Wissens der Bank um die Existenz einer funktionsfähigen Finanzplanung mit der Stellung von Sicherheiten und den ausgehandelten Zinskonditionen.

Wir testen somit folgende Hypothesen IIIa und IIIb:
Wenn ein kreditbegehrendes Unternehmen nach Meinung der kreditgewährenden Bank über ein Finanzplanungssystem verfügt, dann ist die Wahrscheinlichkeit,
– *daß es keine Sicherheiten stellt (Hypothese IIIa),*
– *daß es günstigere Kreditkonditionen erzielt (Hypothese IIIb),*
größer, als wenn das kreditbegehrende Unternehmen nach Ansicht der Bank über ein Finanzplanungssystem nicht verfügt.

Die Auswertung unserer Stichprobe ergab unter den Fragestellungen der Hypothesen IIIa und IIIb *keinen signifikanten Befund*.

Erklärbar ist dieses erste Testergebnis nur dadurch, daß der Testansatz einen bedeutsamen Einfluß außer acht ließ, der als Rahmenbedingung prinzipiell das Verhältnis von Kreditnehmer und Kreditgeber bestimmt: die *Konkurrenz der Banken* untereinander. Aus der betriebswirtschaftlichen Preis- und Absatztheorie folgt, daß starker Wettbewerb der Banken zu geringeren Sicherheits- und Zinsforderungen führt als schwacher Wettbewerb.[32] Wenn sich eine Bank unter der Wirkung der Konkurrenz zur Kreditgewährung entschließt, wird sie sich wenigstens dadurch zu ver»sichern« suchen, daß sie fragt, ob der Kreditnehmer in der Lage sei, mit Hilfe einer funktionsfähigen Finanzplanung seine Geldströme zu kontrollieren.

Wir erweitern die Hypothesen IIIa und IIIb um eine entsprechende Wenn-Komponente:
Wenn um eine kreditbegehrende Unternehmung ein starker Wettbewerb der Kreditinstitute geführt wird und wenn diese Unternehmung nach Meinung der kreditgewährenden Bank über ein Finanzplanungssystem verfügt, dann treten die von den Hypothesen IIIa und IIIb bezeichneten Effekte auf.

Die Konkurrenzsituation wurde nach folgender Frage skaliert.[33]

Wie stark war der Wettbewerb mit anderen Kreditinstituten um die untersuchte Unternehmung im Jahre 1966?
1 kein Wettbewerb
2 geringer Wettbewerb
3 verschärfter Wettbewerb

Im ersten Testansatz dieser erweiterten Hypothesen wurde der Zusammenhang zwischen *Sicherheitenstellung* und Finanzplanung bei *schwacher* Konkurrenz der Kreditinstitute geprüft. Interessanterweise zeigten sich bei dieser Rahmenbedingung *keine* signifikanten Unterschiede zwischen Unternehmen mit und ohne Finanzplanung: Fehlender Wettbewerb der Kreditinstitute verlangt keine Differenzierung der Erwartungsstruktur, macht Beachtung des Planungspotentials des Kreditnehmers entbehrlich.[34]

Bei *starker* Konkurrenz der Kreditinstitute zeigte sich folgendes Testergebnis, das die Hypothese IIIa bestätigt (vgl. Tabelle 5):

Wenn die kreditbegehrenden Unternehmen von den Kreditinstituten in starkem Konkurrenzkampf umworben sind und nach Meinung der kreditgewährenden Bank über eine funktionierende Finanzplanung verfügen, dann erhalten sie in einer wesentlich größeren Zahl von Fällen den Kredit, ohne Sicherheiten zu stellen – gemessen an der Zahl der Fälle, in denen der Kreditnehmer ein derartiges Finanzplanungssystem nicht ausgewiesen hat.

Tabelle 5
Sicherheitenstellung und Finanzplanung von Kreditnehmern
bei starker Konkurrenz der Kreditinstitute (Angaben in Prozent)

Finanzplanung \ Sicherheitenstellung	Der Kreditnehmer stellt *keine* Sicherheiten	Der Kreditnehmer stellt Sicherheiten	Summe
Der Kreditnehmer hat eine Finanzplanung	61	39	100
Der Kreditnehmer hat *keine* Finanzplanung	40	60	100

$n^*_s = 91$, $p < 0{,}05$ (χ^2-Test)

Die *praktische Konsequenz* für kreditbegehrende Unternehmen liegt auf der Hand: Die Verschuldungsfähigkeit steigt, wenn sich die Unternehmensleitung der Instrumente einer rationalen finanziellen Unternehmensführung, wozu eine Finanzplanung gehört, bedienen kann.[35]

Nach dem soeben praktizierten Testansatz wird im folgenden der Zusammenhang zwischen der Existenz einer Finanzplanung und den *Kreditkonditionen* untersucht. Dabei wurden die Kreditkonditionen dichotom in »Normalkonditionen« und in »Sonderkonditionen« aufgeteilt. Eine derartige Zuordnung war im Jahr 1966 noch einwandfrei möglich, denn vom Zeitpunkt des Inkrafttretens der Zinsfreigabeverordnung vom 21. März 1967 besteht die hier noch ausgewertete Zinsbindung nicht mehr. »Sonderkonditionen« für Kontokorrentkredite umschlossen seinerzeit alle Zinssätze, die den Sollzinssatz für »Normalkonditionen« (Diskontsatz + 4½%) unterschritten. Eine genauere Erhebung war wegen des Bankgeheimnisses nicht möglich. Die diesbezügliche Erhebungsfrage lautete:

Welche Konditionen sind der Unternehmung im Jahre 1966 gewährt worden?
1 Normalkonditionen
2 Sonderkonditionen

Wie bei Test IIIa wurde der Test IIIb nach der Intensität der Konkurrenzsituation der Kreditinstitute differenziert. Wie dort zeigte sich *keine signifikante* Beziehung zwischen der Existenz einer Finanzplanung und den Konditionen bei *schwacher* Konkurrenz der Kreditgeber. Um so deutlicher ist der Hinweis auf das Funktionieren des Marktmechanismus im Kreditgeschäft, wenn wir den Befund bei *starker* Konkurrenz der Kreditinstitute betrachten:

Wenn kreditbegehrende Unternehmen von den Kreditinstituten in starkem Konkurrenzkampf umworben werden und nach Meinung des Kreditgebers über eine funktionierende Finanzplanung verfügen, dann erhalten sie in wesentlich höherer Zahl von Fällen Kredite zu (günstigeren) Sonderkonditionen, als wenn sie ein derartiges Planungsinstrument nicht aufweisen – ein weiteres, in diesem Fall sogar in Geld quantifizierbares Votum für den Aufbau eines Planungssystems.

Tabelle 6
Konditionen und Finanzplanung von Kreditnehmern
bei starker Konkurrenz der Kreditinstitute (Angaben in Prozent)

Konditionen / Finanzplanung	Der Kreditnehmer erhält Sonderkonditionen	Der Kreditnehmer erhält Normalkonditionen	Summe
Der Kreditnehmer hat *eine* Finanzplanung	67	33	100
Der Kreditnehmer hat *keine* Finanzplanung	41	59	100

$n_x^* = 86$ (in fünf Fällen konnten – verglichen mit n_s^* – die Kreditkonditionen nicht erhoben werden), $p < 0,05$ (χ^2-Test)

Der Wissenschaftler muß indessen Distanz wahren und die Frage anschließen, ob die beobachteten Effekte möglicherweise durch ein drittes, bisher noch nicht berücksichtigtes Phänomen hervorgerufen oder verstärkt werden. Die Effekte könnten »Gemeinsamkeitskorrelationen« mit der *Unternehmensgröße* aufweisen. Für diesen Zusammenhang bestehen folgende Vermutungen:
- Der Wettbewerb der Banken konzentriert sich auf relativ große Unternehmen, und umgekehrt: große Unternehmen sind leichter in der Lage, einen Konkurrenzkampf der Banken untereinander auszulösen.[36]
- Großunternehmen stehen im Ruf, über ein Finanzplanungssystem zu verfügen.[37]

Wir wählen den Jahresumsatz der Unternehmen als Meßwert für die Unternehmensgröße und prüfen zunächst die direkte Beziehung zwischen Unternehmensgröße und den betrachteten Eigenschaften. Dabei zeigen sich in allen Fällen hochsignifikante Beziehungen

- zwischen Unternehmensgröße und Meinung der Bank über das Vorhandensein einer Finanzplanung ($p < 0,001$),
- zwischen Unternehmensgröße und Konkurrenzsituation ($p < 0,001$),
- zwischen Unternehmensgröße und Sicherheitenstellung ($p < 0,001$),
- zwischen Unternehmensgröße und Kreditkonditionen ($p < 0,001$).

Entscheidend für unsere Frage, ob ein *eigenständiger* Einfluß der Finanzplanung neben dem Größeneinfluß besteht, ist jetzt die Prüfung, wie groß die Unterschiede der durchschnittlichen Umsätze zwischen den Unternehmen in den einzelnen Zellen der Tabellen 5 und 6 sind.

Der folgende Testansatz zeigt in den Zellen der Matrix die durchschnittliche Umsatzhöhe für das Jahr 1966 in Millionen DM.

Tabelle 7
Unternehmensgröße, Finanzplanung und Sicherheitenstellung der Kreditnehmer bei starker Konkurrenz der Kreditinstitute (Angaben in Millionen DM Umsatz)

Sicherheiten- stellung Finanzplanung	Der Kreditnehmer stellt *keine* Sicherheiten	Der Kreditnehmer stellt Sicherheiten
Der Kreditnehmer hat eine Finanzplanung	11,3	11,4
Der Kreditnehmer hat *keine* Finanzplanung	10,0	5,9

Für die in Tabelle 5 ausgewiesene Verteilung der Zahl der Unternehmen auf die Zellen der Matrix liefert das Größenkriterium laut Ausweis der Tabelle 7 keine Erklärung. Das gilt zumindest für den Fall, daß die Unternehmen über eine Finanzplanung verfügen, denn die beiden Teilklassen unterscheiden sich in der Größe nicht. Für die in Tabelle 5 gezeigte Verteilung bleibt somit letztlich die Tatsache ausschlaggebend, daß die Kreditnehmer nach Ansicht der Bank über eine funktionsfähige Finanzplanung verfügen.

Tabelle 7 läßt indessen deutlich werden, daß ein Kreditnehmer, der keine Finanzplanung ausweist und überdies auch noch relativ klein ist, mit hoher Wahrscheinlichkeit Sicherheiten stellt – und es ist wohl nicht unrealistisch zu sagen – stellen muß.

Das gleiche Bild zeigt sich bei Einbeziehung der Unternehmensgröße in die Analyse des Zusammenhanges zwischen Finanzplanung und Kreditkonditionen.

Die in Tabelle 6 ausgewiesene relativ hohe Zahl von Kreditnehmern mit Finanzplanung und Sonderkonditionen – gemessen an der Zahl von Kreditnehmern mit Finanzplanung und Normalkonditionen – wird ebenfalls nicht durch signifikante Größenunterschiede erklärt.[38] Lediglich in den Fällen, in denen Fehlen der Finanz-

Tabelle 8
Unternehmensgröße, Finanzplanung und Kreditkonditionen der Kreditnehmer bei starker Konkurrenz der Kreditinstitute (Angaben in Millionen DM Umsatz)

Konditionen / Finanzplanung	Der Kreditnehmer erhält Sonderkonditionen	Der Kreditnehmer erhält Normalkonditionen
Der Kreditnehmer hat eine Finanzplanung	12,2	10,5
Der Kreditnehmer hat *keine* Finanzplanung	9,0	6,9

planung und geringe Unternehmensgröße zusammentreffen, ist wiederum die Wahrscheinlichkeit gering, daß der Kreditnehmer günstige Sonderkonditionen aushandeln kann.

Insgesamt läßt sich also zum Einfluß der Unternehmensgröße *neben* dem Einfluß der Finanzplanung auf die Kreditwürdigkeit folgendes feststellen:
– Die Unternehmensgröße ist nicht von ausschlaggebender Bedeutung in den Fällen positiver Einflüsse (keine Sicherheiten, Sonderkonditionen).
– Die Wirkung des Fehlens einer Finanzplanung (Sicherheitsstellung, Normalkonditionen) wird verstärkt, wenn der Kreditnehmer ein relativ kleines Unternehmen ist.

IV. ZUSAMMENFASSUNG

Das Problem der unsicheren Erwartungen in der Entscheidung zur Kreditwürdigkeit liegt in der Einschätzung des Verhaltens der potentiellen Kreditnehmer. Der Kreditgeber orientiert seine Erwartungen dabei an charakteristischen Bezugsgrößen:

Die erste Gruppe von Bezugsgrößen sind die *Sicherheiten* – indessen löst diese Orientierung das Entscheidungsproblem nur im unerwünschten Grenzfall: Sicherheiten geben nur Gewißheit bei ihrer Liquidation. Diese bedeutet in aller Regel das Ende der Kreditbeziehung.

Die zweite Gruppe von Bezugsgrößen sind Grenzwerte bestimmter *Bilanzrelationen*. Die empirische Analyse von Bilanzen zeigt, daß diese Grenzwerte von den betrachteten Unternehmen in einem erstaunlichen Ausmaß eingehalten werden. Damit verlieren diese Grenzwerte der Bilanzrelationen ihre Eignung, das Kreditwürdigkeitsurteil hinreichend zu begründen.

Wir haben einen dritten Bezugstatbestand empirisch geprüft: die *Finanzplanung des Kreditnehmers*. Die Befunde zeigen, daß das Urteil der Bank über das Planungsvermögen des Kreditnehmers die Kreditgewährung beeinflußt. Das gilt interessanterweise nur in der Situation eines verschärften Konkurrenzkampfes der Banken untereinander – ein Hinweis auf die Wirksamkeit des Marktmechanismus.

ANMERKUNGEN

1. Paul Jacob Marperger: *Beschreibung der Banquen*, Halle und Leipzig 1717, S. 42f.
2. Infolgedessen sind die klassischen Typologien der »Entscheidung unter Sicherheit«, »unter Risiko« oder »unter Unsicherheit« für die realtheoretische Analyse nicht brauchbar. Vgl. auch Manfred Wächtershäuser: *Der Kreditentscheidungsprozeß im Bankbetrieb*, Diss. Frankfurt 1970, S. 61f.
3. Jürgen Hauschildt: *Organisation der finanziellen Unternehmensführung – eine empirische Untersuchung*, Stuttgart 1970, S. 24ff. – Die empirische Prüfung wurde u. a. im folgenden anhand eines Datenmaterials vorgenommen, das vom Verf. für eine Untersuchung finanzorganisatorischer Probleme erhoben wurde. Ausgewertet wurden 213 Kreditakten einer Großbank mit Hilfe von Dokumentenfragebögen. Das Erhebungsfeld umfaßt konzernfreie Nicht-Aktiengesellschaften mit Sitz im Rhein/Neckar-Raum im Größenbereich von 1–20 Mill. DM Umsatz (Zeitraum 1964–1966).
4. Vgl. dazu auch die empirische Untersuchung von Pfisterer – eine Umfrage über die Instrumente der Kreditwürdigkeitsanalyse bei Volksbanken – aus dem Jahre 1967. Friedrich Pfisterer: *Der Informationsbedarf bei der Kreditgewährung von Volksbanken und seine Deckung in der Praxis*, Diss. Karlsruhe 1968.
5. Vgl. Hans Jacob Krümmel: Zur Bewertung im Kreditstatus. In: *Zeitschrift für handelswissenschaftliche Forschung*, Jg. 14, N.F. (1962), S. 141f.; Hellmut Scholz: *Das Recht der Kreditsicherung*, 3. Aufl., Berlin 1965, S. 20; Axel Stier: *Die Sicherung von Industrieanleihen*, Frankfurt a./M. 1970, S. 34ff.; Karl Fr. Hagenmüller: *Der Bankbetrieb*, 3. Aufl., Bd. II, Wiesbaden 1970, S. 24ff.
6. Außerdem rechnet die Bankpraxis die sog. »Negativerklärungen« zu den Sicherheiten; das sind Willenserklärungen des Schuldners, die auf das Unterlassen bestimmter Verhaltensweisen gerichtet sind: Grundstücksbelastungen, Gewinnentnahmen, Verkauf bestimmter Vermögensteile etc. Vgl. Wilhelm Schütz (Bearb.): *Bankgeschäftliches Formularbuch*, 18. Ausgabe, Köln 1969, S. 413.
7. Eine Grenze wird der Sicherheitenstellung durch die Wirkung von § 419 *BGB* gesetzt, nach dem bei vollständiger Vermögensübernahme auch die Haftung auf den Übernehmer übergeht.
8. So kennzeichnet Wehrhahn die Verwertung des Sicherungsgutes sehr plastisch als »die letzte Erfüllung seines Daseinszwecks«. Jürgen Wehrhahn: *Der notleidende Kredit – Maßnahmen bei Zahlungsunfähigkeit von Bankkunden*, Wiesbaden 1965, S. 79.
9. Jonas und Büschgen sprechen in diesem Zusammenhang vom »Aufbau einer zweiten Verteidigungslinie«. Heinrich H. Jonas: *Grenzen der Kreditfinanzierung*, Wiesbaden 1960, S. 181, 188; Hans Egon Büschgen: Die Fremdfinanzierung der Unternehmung als Strukturentscheidungsproblem der Geschäftsbank. In: *Betriebswirtschaftliche Information, Entscheidung und Kontrolle, Festschrift für Hans Münstermann*, Hrsg. W. Busse von Colbe und G. Sieben, Wiesbaden 1969, S. 260.
10. Dieter Münker: *Das langfristige Kreditgeschäft der Großbanken*, Stuttgart 1967, S. 165.

11. So der Gedanke der »dynamischen Kreditbegebung« bei F. Fink: *Dynamische Kreditbegebung. Ein Beitrag zur Lösung des Kreditproblems des mittleren und kleinen Industriebetriebes*, Diss. München 1956, S. 114; vgl. auch Wehrhahn: a. a. O., S. 14; Uwe Rameken: *Die Konkurrenzpolitik der Kreditbanken*, Diss. Hamburg 1965, S. 220.

12. Vgl. auch die gleichlautenden Befunde bei Jonas: a. a. O., S. 151.

13. Wegen des Bankgeheimnisses konnte nicht geprüft werden, welchen Einfluß die relative Kredithöhe auf die Sicherheitenstellung hatte.

14. Vgl. auch Jonas: a. a. O., S. 151; Stier: a. a. O., S. 81f. Siehe auch die für kleinere Unternehmen ermittelte Struktur der Sicherheiten bei Klaus Oelschläger, Peter Schöber, unter Mitarbeit von Klaus Tiepelmann: *Das Finanzierungsverhalten der westdeutschen Handwerker*, Köln und Opladen 1969, S. 56ff.

15. Aus der Fülle der Literatur zur Rollentheorie seien herausgegriffen Friedrich H. Tenbruck: Zur deutschen Rezeption der Rollentheorie. In: *Kölner Zeitschrift für Soziologie und Sozialpsychologie*, Jg. 13 (1963), S. 1ff.; ders.: »Rolle«. In: *Handwörterbuch der Organisation*, Hrsg. E. Grochla, Stuttgart 1969, Sp. 1466ff.; Ralf Dahrendorf: *Homo sociologicus*, 6. Aufl., Köln und Opladen 1967, S. 28ff.; Heinrich Popitz: *Der Begriff der sozialen Rolle als Element der soziologischen Theorie*, 2. Aufl., Tübingen 1968.

16. Dietrich Börner: Die Bedeutung von Finanzierungsregeln für die betriebswirtschaftliche Kapitaltheorie. In: *Zeitschrift für Betriebswirtschaft*, Jg. 37 (1967), S. 347ff.; Ralf-Bodo Schmidt: *Wirtschaftslehre der Unternehmung – Grundlagen*, Stuttgart 1969, S. 80f.

17. Rollentheoretische Interpretationen erfuhren die Entscheidungsregeln bei Dietrich Härle: *Finanzierungsregeln und ihre Problematik*, Wiesbaden 1961, S. 108f.; Horst Albach: Finanzplanung im Unternehmen. In: *Management international*, Jg. 2 (1962) H. 6, S. 71; Klaus v. Wysocki: *Das Postulat der Finanzkongruenz als Spielregel*, Stuttgart 1962; H. Wissenbach: Die Bedeutung der Finanzierungsregeln für die betriebliche Finanzpolitik. In: *Zeitschrift für Betriebswirtschaft*, Jg. 34 (1964), S. 447f.; Börner: a. a. O., S. 348.

18. Eine ausführliche Zusammenstellung derartiger Regeln findet sich bei Härle: a. a. O., S. 23ff. Zu den amerikanischen Varianten siehe Roy A. Foulke: *Practical Financial Statement Analysis*, 5th ed., New York, Toronto, London, Tokyo 1957, 1961, S. 232ff.; Jules I. Bogen (Hrsg.): *Financial Handbook*, 4th ed., New York 1968, sect. 8, S. 31ff.

19. Siehe unter anderem Martin Lohmann: Die Problematik der goldenen Bilanzregel. In: *Die Wirtschaftsprüfung*, Jg. 12 (1959), S. 141ff.; Härle: a. a. O., S. 55ff.; Horst Albach: Das optimale Investitionsbudget bei Unsicherheit. In: *Zeitschrift für Betriebswirtschaft*, Jg. 37 (1967), S. 509ff.; Erich Gutenberg: Gewinnverwendungspolitik – Einfluß der Gewinnverwendung auf das Wachstum der Unternehmung. In: *Finanzierungs-Handbuch*, Hrsg. H. Janberg, Wiesbaden 1970, S. 69f.; ders.: *Grundlagen der Betriebswirtschaftslehre*, 3. Bd.: *Die Finanzen*, 3. Aufl., Berlin/Heidelberg/New York 1969, S. 277ff.; Dieter Schneider: *Investition und Finanzierung*, Köln und Opladen 1970, S. 393ff.; Robert Buchner: Bilanzanalyse und Bilanzkritik. In: *Handwörterbuch des Rechnungswesens*; Hrsg. E. Kosiol, Stuttgart 1970, Sp. 220ff. Anders Helmut Lipfert: Finanzierungsregeln und Bilanzstrukturen. In: *Finanzierungs-Handbuch*, a. a. O., S. 173. Für Lipfert sind derartige Regeln »... als Orientierungshilfe für unternehmerische Finanzierungs- und Investitionsentscheidungen gut brauchbar ...«. In ähnlichem Sinne äußern sich Hans Janberg: Finanzierung und Finanzpolitik, ebenda, S. 52ff., und Hagenmüller: a. a. O., S. 23.

20. Wolfgang Stützel: Banken, Kapital und Kredit in der zweiten Hälfte des zwanzigsten Jahrhunderts. In: *Strukturwandlungen einer wachsenden Wirtschaft, Verhandlungen auf der Tagung des Vereins für Socialpolitik in Luzern 1962*, 2. Band, Berlin 1964, S. 566.

21. *Statistisches Jahrbuch für die Bundesrepublik Deutschland,* 1970, Hrsg. Statistisches Bundesamt, Stuttgart und Mainz 1970, S. 172 ff., sowie *Statistisches Jahrbuch* 1971, S. 174 ff.
22. Die Jahresabschlüsse von Unternehmen für 1968, in: *Monatsberichte der Deutschen Bundesbank,* Jg. 23 (1971), Januar 1971, S. 12 ff.
23. Unser Befund zur Bilanzrelation I deckt sich mit den Ergebnissen einer Untersuchung des Statistischen Bundesamtes aus dem Jahre 1957: Streuung in der Kapitalstruktur von Aktiengesellschaften der Industrie. In: *Wirtschaft und Statistik,* Jg. 10, N.F. (1958), S. 662 ff.
24. Diese breitere Streuung in bezug auf Relation 3 zeigt sich auch in der bereits erwähnten Untersuchung des Statistischen Bundesamtes aus dem Jahre 1957, a.a.O., S. 664.
25. Siehe auch Befunde von Rudolf Berndsen: *Die deutschen Aktiengesellschaften – Bilanzanalyse seit 1948,* Hannover 1965, S. 315 ff.
26. Die Daten wurden aus der Berichterstattung von »Daiwa's Analysis, 116 Japanese Stocks«, 18th Ed., August 1971, Hrsg. The Daiwa Securities Co., Ltd., entnommen. Die hier genannte Zahl von 74 Unternehmen ergibt sich nach Abzug von Banken, Versicherungen und Handelsunternehmen. Dieser Test widerlegt auch teilweise eine Vermutung Börners: a.a.O., S. 349, Fußnote 23.
27. Bemerkenswerte Ansätze zur statistischen Untersuchung von Bilanzdaten unter der Frage, ob charakteristische Veränderungen bestimmter Relationen auf Insolvenz hinzudeuten vermögen, finden sich bei William H. Beaver: Financial ratios as Predictors of Failure. In: *Empirical Research in Accounting, Selected Studies,* 1966 (Ergänzungsheft zu *Journal of Accounting Research,* Vol. 4, 1966) S. 71 ff., ders.: Alternative Accounting Measures as Predictors of Failure. In: *The Accounting Review,* Nr. 1, Vol. XLIII (Januar 1968), S. 113 ff.; Peter Weibel: Probleme der Bonitätsbeurteilung von Unternehmungen. In: *Betriebswirtschaftliche Probleme des Bankbetriebs,* Bern/Stuttgart 1971, S. 97 ff. Siehe auch meine Ansätze zur property-space-Analyse und zur Konsistenzanalyse von Bilanzen (Jürgen Hauschildt: Entwicklungslinien der Bilanzanalyse. In: *Zeitschrift für betriebswirtschaftliche Forschung,* Jg. 23 (1971), S. 335 ff.).
28. Wolfram Engels: *Betriebswirtschaftliche Bewertungslehre im Licht der Entscheidungstheorie,* Köln/Opladen 1962, S. 182 ff.; Karl Käfer: Die Bilanz als Zukunftsrechnung. In: *Mitteilungen aus dem handelswissenschaftlichen Seminar der Universität Zürich,* Hrsg. R. Büchner und K. Käfer, H. 115, Zürich 1962, S. 26; Eberhard Witte: *Die Liquiditätspolitik der Unternehmung,* Tübingen 1963, S. 126 ff.; insbes. 130; Adolf Moxter: Die Grundsätze ordnungsmäßiger Bilanzierung und der Stand der Bilanztheorie, Besprechungsaufsatz. In: *Zeitschrift für betriebswirtschaftliche Forschung,* 18. Jg., N.F. (1966), S. 51; Wolfgang Stützel: Bemerkungen zur Bilanztheorie. In: *Zeitschrift für Betriebswirtschaft,* 37. Jg. (1967), S. 336.
29. Dieser Gedanke wurde besonders eindringlich bereits im Jahre 1933 von Gubitz vertreten. Wolfgang Gubitz: Finanzpläne als Kontrollmittel für Bank-Kredite. In: *Zeitschrift für betriebswirtschaftliche Forschung,* Jg. 27 (1933), S. 506 ff., insbes. S. 509 ff.; L. Faißt: Kreditwürdigkeitsprüfung in Theorie und Praxis. In: *Betriebswirtschaftliche Blätter für die Praxis der Sparkassen und Girozentralen,* Jg. 14 (1965), S. 82; H. J. Krümmel: Finanzierungsrisiken und Kreditspielraum. In: *Zeitschrift für Betriebswirtschaft,* Jg. 36 (1966), S. 144 f., abgedruckt in diesem Band S. 200 ff.; Rex J. Morthland: Credit Analysis – Specific tools of Analysis. In: *The Banker's Handbook,* Hrsg. W. H. Baughn und C. E. Walker, Homewood, Ill., 1966, S. 302; Wächtershäuser: a.a.O., S. 78 ff., 102 ff.
30. Kurt Berger: *Kreditwürdigkeitsprüfung und Kreditgutachten,* Berlin 1948, S. 66 ff.; K. Mellerowicz und H. Jonas: *Bestimmungsfaktoren der Kreditfähigkeit,* 2. Aufl., Berlin 1957, S. 221 ff.; Jonas: a.a.O., S. 182; Ludwig Orth: *Die kurzfristige Finanzplanung industrieller*

Unternehmungen, Köln und Opladen 1961, S. 35; Burkhard Witteler: *Die Beurteilungskriterien im Kreditwürdigkeitsgutachten – Ermittlung und Aussagefähigkeit*, Diss. Frankfurt 1962, S. 200 ff.; Manuel Falter: *Die Praxis des Kreditgeschäfts bei Sparkassen und anderen Kreditinstituten*, 6. Aufl., Stuttgart 1966, S. 382 ff.; Pfisterer: a.a.O., S. 70 ff.; Wächtershäuser: a.a.O., S. 170 ff.

31. Krümmel: *Zur Bewertung im Kreditstatus*, a.a.O., S. 140.

32. Vgl. K. F. Hagenmüller: *Bankbetrieb und Bankpolitik*, Wiesbaden 1959, S. 230 f.; E. Aust: *Der Wettbewerb in der Bankwirtschaft – Grundzüge und Anregungen für eine allgemeine Theorie*, Diss. Frankfurt 1962, S. 95; O. V.: Die Regelung der Bankkonditionen nach § 23 KWG (Zinsverordnung). In: *Monatsberichte der deutschen Bundesbank*, Jg. 17, März 1965, S. 4 f.; Hans-Jacob Krümmel: *Bankzinsen. Untersuchung über die Preispolitik von Universalbanken*, Köln 1964, S. 230.

33. In 16 Fällen wurde »kein Wettbewerb« konstatiert.

34. Die fehlende Differenzierung der Befunde Pfisterers unter dem Kriterium der Konkurrenzsituation macht einen Vergleich dieser Befunde mit seinen Angaben problematisch (Pfisterer: a.a.O., S. 82).

35. Vgl. auch meine Befunde über das Verhältnis von Verschuldung zur hierarchischen Position der Verhandlungspartner in Kreditverhandlungen, Jürgen Hauschildt: Finanzorganisation und Verschuldungsgrad. In: *Zeitschrift für Betriebswirtschaft*, Jg. 40 (1970), S. 432 ff., 442 ff.; siehe auch Helmut Koch: Finanzplanung. In: *Handwörterbuch der Betriebswirtschaft*, Hrsg. H. Seischab und K. Schwantag, 3. Aufl., Bd. II, Stuttgart 1957/58, Sp. 1911.

36. E. Aust: a.a.O., S. 56; Joachim Süchting: *Kalkulation und Preisbildung der Kreditinstitute*, Frankfurt a. M. 1963, S. 70; Wolfgang Stützel: *Bankpolitik heute und morgen – ein Gutachten*, Frankfurt 1964, S. 56.

37. Eugen Schmalenbach: *Die Aufstellung von Finanzplänen*, Leipzig 1931, S. 3; Orth: a.a.O., S. 52; J. Hauschildt: *Organisation der finanziellen Unternehmensführung*, a.a.O., S. 122, 128 ff.

38. $t = 0{,}51$.

DRITTER TEIL

Dividendenpolitik und Selbstfinanzierung

Dividendenpolitik, Wachstum und die Bewertung von Aktien

MERTON H. MILLER, FRANCO MODIGLIANI*

Der Einfluß der Dividendenpolitik einer Unternehmung auf den Kurs ihrer Aktien ist nicht nur für die Vorstände, die die Politik bestimmen müssen, von erheblicher Bedeutung, sondern auch für die Anleger, die Portefeuilles zusammenstellen, und für die Wirtschaftswissenschaftler, die die Funktionsweise der Kapitalmärkte zu verstehen und zu beurteilen versuchen. Stehen Aktien von Gesellschaften, die eine großzügige Ausschüttungspolitik betreiben, beständig höher im Kurs als Aktien von Gesellschaften, die mäßige Ausschüttungsquoten aufweisen? Oder ist das Gegenteil gar der Fall? Wenn ja, unter welchen Bedingungen? Gibt es eine optimale Ausschüttungsquote oder einen Bereich von Quoten, die den Anteilswert maximieren?

Obwohl diese Fragen in den letzten Jahren Gegenstand vieler empirischer Untersuchungen gewesen sind, wurde dennoch keine Übereinstimmung erzielt. Ein Grund dafür scheint zu sein, daß in der Literatur noch eine vollständige und einigermaßen exakte Darlegung jener Teile der ökonomischen Bewertungstheorie fehlt, die sich direkt auf die Dividendenpolitik bezieht. Da eine solche Darlegung fehlt, waren die Forscher noch nicht in der Lage, ihre Tests mit genügender Genauigkeit auszuarbeiten, um zwischen den verschiedenen verfochtenen Hypothesen entsprechend zu unterscheiden. Zudem konnten sie auch nicht überzeugend erklären, was ihre Testergebnisse hinsichtlich des zugrunde liegenden Bewertungsverfahrens implizieren.

In der Hoffnung, diese Hindernisse für eine effektive empirische Prüfung überwinden zu helfen, versucht diese Arbeit die bestehende Lücke in der theoretischen Bewertungsliteratur zu schließen. Wir werden in Teil I damit beginnen, die Wirkungen unterschiedlicher Dividendenpolitiken auf den Aktienkurs in einer idealen Wirtschaft zu prüfen, die gekennzeichnet ist durch vollkommene Kapitalmärkte, rationales Verhalten und Sicherheit. Noch innerhalb dieses bequemen analytischen Gerüsts fahren wir in Teil II und III fort mit der Betrachtung gewisser eng verwandter Konzepte, die für die beträchtlichen Mißverständnisse hinsichtlich der Rolle der Dividendenpolitik verantwortlich gewesen zu sein scheinen. Insbesondere wird sich der Teil II auf den langwierigen Streit darüber konzentrieren, was Anleger »wirklich« kapitalisieren, wenn sie Anteile kaufen; Teil III bezieht sich auf die vielumstrittenen Beziehungen zwischen dem Kurs, der Wachstumsrate der Gewinne und der Wachstumsrate der Dividenden pro Anteil. Nachdem diese Grundlagen erarbeitet sind, werden

---

* Im Original: Dividend Policy, Growth, and the Valuation of Shares. Mit freundlicher Genehmigung der Verfasser und des Verlages entnommen aus: *The Journal of Business*, 34 (1961), S. 411–433. Übersetzt von Rainer Saelzle.

wir in Teil IV damit fortfahren, die Annahme der Sicherheit aufzuheben, um zu ersehen, wie die früheren Schlußfolgerungen über die Dividendenpolitik geändert werden müssen. Schließlich werden wir in Teil V die Implikationen verschiedener Arten von Marktunvollkommenheiten für die Dividendenpolitik kurz untersuchen.

I. DIE WIRKUNG DER DIVIDENDENPOLITIK BEI VOLLKOMMENEN MÄRKTEN, RATIONALEM VERHALTEN UND SICHERHEIT

Die Bedeutung der Grundannahmen

Obwohl die Begriffe »vollkommene Märkte«, »rationales Verhalten« und »Sicherheit« in der ökonomischen Theorie weit verbreitet sind, mag es hilfreich sein, damit zu beginnen, die genaue Bedeutung dieser Annahmen in unserem Zusammenhang darzulegen.

1. In »vollkommenen Kapitalmärkten« ist kein Käufer oder Verkäufer (oder Emittent) stark genug, um mit seinen Transaktionen einen spürbaren Einfluß auf den Kurs auszuüben. Alle Marktteilnehmer haben gleichen und kostenlosen Zugang zu Informationen über den Kurs und über alle anderen relevanten Merkmale von Anteilen (die später noch im einzelnen dargelegt werden). Es fallen keine Maklergebühren, Transfersteuern oder andere Transaktionskosten an, wenn Wertpapiere gekauft, verkauft oder emittiert werden, und es gibt sowohl zwischen verteilten und unverteilten Gewinnen als auch zwischen Dividenden und Kapitalgewinnen keine steuerlichen Unterschiede.

2. »Rationales Verhalten« bedeutet, daß die Anleger stets mehr Reichtum gegenüber weniger Reichtum bevorzugen und dahingehend indifferent sind, ob ein gegebener Vermögenszuwachs die Form von Bargeld oder einer Erhöhung des Marktwertes ihrer Anteile annimmt.

3. »Sicherheit« bedeutet völlige Gewißheit jedes Investors hinsichtlich des zukünftigen Investitionsprogramms und der zukünftigen Gewinne jeder Gesellschaft. Wegen dieser Gewißheit ist es unter anderem in dieser Phase der Untersuchung nicht notwendig, zwischen Aktien und Anleihen als Geldquellen zu unterscheiden. Wir können deshalb so verfahren, als ob es nur einen einzigen Typ von Finanzierungsinstrument gäbe, den wir der Bequemlichkeit halber als Aktie bezeichnen.

Das Grundprinzip der Bewertung

Unter diesen Annahmen ist die Anteilsbewertung von folgendem Grundprinzip beherrscht: Der Kurs jedes Anteils muß so hoch sein, daß die Rendite (Dividenden plus Kapitalgewinn pro investierten Dollar) jedes Anteils in jedem Zeitraum jeweils gleich hoch ist. Definieren wir $d_j(t)$ = Dividende pro Anteil, die von der Unternehmung j in der Periode t gezahlt wird, $p_j(t)$ = Kurs (nach Dividendenzahlung in Periode $t-1$) eines Anteils an der Unternehmung j zu Beginn der Periode t, so gilt

$$\frac{d_j(t) + p_j(t+1) - p_j(t)}{p_j(t)} = \rho(t) \text{ unabhängig von } j; \qquad (1)$$

oder äquivalent

$$p_j(t) = \frac{1}{1+\rho(t)} [d_j(t) + p_j(t+1)] \qquad (2)$$

für alle j und für alle t. Denn sonst könnten Eigner von Anteilen mit niedrigen Renditen (hohen Kursen) ihr Endvermögen erhöhen, indem sie ihre Anteile verkaufen und die Erlöse in Anteile anlegen, die eine höhere Rendite bieten. Dieser Prozeß würde tendenziell die Kurse der Anteile mit niedrigen Renditen senken und die Kurse der Anteile mit hohen Renditen erhöhen, und zwar so lange, bis der Unterschied in den Renditen aufgehoben wäre.

Die Wirkung der Dividendenpolitik

Die Implikationen dieses Prinzips für unser Problem der Dividendenpolitik können leichter gesehen werden, wenn Gleichung (2) mehr im Sinne eines gesamten Unternehmenswertes als im Sinne des Wertes eines einzelnen Anteils neu formuliert wird. Da es im jetzigen Zusammenhang zu keinen Unklarheiten führt, lassen wir den Unternehmensindex j wegfallen. Außerdem sei

$n(t)$ = Anzahl der alten Anteile zu Beginn der Periode t
$m(t+1)$ = Anzahl der neuen Anteile, die während der Periode t zum Kurs nach Dividendenabschlag $p(t+1)$ verkauft werden, so daß
$n(t+1) = n(t) + m(t+1)$ gilt.
$V(t) = n(t) p(t)$ = Gesamtwert des Unternehmens und
$D(t) = n(t) d(t)$ = gesamte Dividende, die während der Periode t an die zu Beginn dieser Periode vorhandenen Aktionäre bezahlt wird.

Wir können (2) dann schreiben als

$$V(t) = \frac{1}{1+\rho(t)} [D(t) + n(t)p(t+1)] \qquad (3)$$

$$= \frac{1}{1+\rho(t)} [D(t) + V(t+1) - m(t+1)p(t+1)].$$

Der Vorteil der Neuformulierung der grundsätzlichen Regel in dieser Form besteht darin, daß sie die drei möglichen Wege klarer erkennen läßt, auf denen Dividendenzahlungen den gegenwärtigen Marktwert des Unternehmens $V(t)$ oder äquivalent den Kurs der einzelnen Anteile $p(t)$ beeinflussen könnten. Die laufenden Dividenden beeinflussen $V(t)$ selbstverständlich über den ersten Ausdruck in der Klammer, $D(t)$. Grundsätzlich könnten die laufenden Dividenden $V(t)$ auch indirekt über den zweiten Ausdruck, $V(t+1)$, den neuen Marktwert nach Dividendenabschlag, beeinflussen. Da $V(t+1)$ nur von zukünftigen und nicht von vergangenen Ereignissen abhängen kann, könnte dies jedoch nur dann der Fall sein, wenn sowohl (a) $V(t+1)$ eine Funktion der zukünftigen Dividendenpolitik ist, als auch (b) die laufende Ausschüttung $D(t)$ dazu dient, sonstige nicht verfügbare Informationen hinsichtlich der zukünftigen Dividendenpolitik zu übermitteln. Da die erste Möglichkeit vom Standpunkt der Beurteilung der Auswirkungen der Dividendenpolitik relevant ist, wird es zur Klärung beitragen, wenn vorläufig angenommen wird, daß die zukünftige Dividendenpolitik der Unternehmung für die Periode $t+1$ und alle späteren Perioden bekannt und gegeben und unabhängig von der aktuellen Dividendenentscheidung in Periode t ist. Damit ist auch $V(t+1)$ unabhängig von der laufenden Dividendenentscheidung, obwohl dieser Ausdruck sehr wohl von $D(t+1)$ und allen folgenden Ausschüttungen abhängen kann. Schließlich können die laufenden Dividenden $V(t)$ über den dritten Ausdruck, $-m(t+1)p(t+1)$, den Wert der neuen Anteile, die während der laufenden Periode an neue Aktionäre ausgegeben werden, beeinflussen. Denn je höher die Ausschüttung in irgendeiner Periode ist, desto mehr neues Kapital muß aus externen Quellen herangezogen werden, um ein angestrebtes Investitionsvolumen aufrechtzuerhalten.

Aufgrund der Tatsache, daß die Dividendenentscheidung nicht auf einem, sondern auf diesen beiden entgegengesetzten Wegen – direkt über $D(t)$ und umgekehrt über $m(t+1)p(t+1)$ – den Kurs beeinflußt, spricht man von einem *Problem* der Dividendenpolitik. Reicht das Mehr an Ausschüttungen an die Anteilseigner aus, um ihren geringeren Anteil am Endwert auszugleichen, wenn die Unternehmung bei gegebener Investitionsentscheidung die Dividenden in Periode t erhöht? Welches ist die bessere Strategie für die Unternehmung bei der Finanzierung ihrer Investitionen: Dividenden zu kürzen und sich auf einbehaltene Gewinne zu stützen oder Dividenden zu erhöhen und mehr neue Anteile in Umlauf zu bringen?

In unserer idealen Welt können zumindest diese und damit verwandte Fragen einfach und sofort beantwortet werden: Die beiden Dividendenwirkungen müssen sich immer genau aufheben, so daß die Dividendenpolitik der Periode t *keinen* Einfluß hat auf den Kurs dieser Periode.

Um dies nachzuweisen, brauchen wir nur $m(t+1)p(t+1)$ mittels $D(t)$ ausdrükken. Wenn $I(t)$ das gegebene Investitionsvolumen oder den Zugang an materiellen Vermögensgegenständen und $X(t)$ den gesamten Nettogewinn der Periode t darstellt, so ergibt sich für den durch Außenfinanzierung zu beschaffenden Betrag

$$m(t+1)\,p(t+1) = I(t) - [X(t) - D(t)]. \tag{4}$$

Setzt man den Ausdruck (4) in (3) ein, so hebt sich $D(t)$ auf, und wir erhalten als Unternehmenswert zu Beginn von Periode t

$$V(t) \equiv n(t)p(t) = \frac{1}{1+\rho(t)}\left[X(t) - I(t) + V(t+1)\right]. \tag{5}$$

Da $D(t)$ nicht direkt als Argument erscheint und da $X(t)$, $I(t)$, $V(t+1)$ und* $\varrho(t)$

---

* Der Buchstabe ϱ im Text hat dieselbe Bedeutung wie das leicht abweichende Symbol ρ in den Formeln. Die Verwendung zweier Symbole hat lediglich drucktechnische Gründe.

unabhängig von $D(t)$ sind (entweder von Natur aus oder durch Annahme), folgt, daß der Marktwert der Unternehmung unabhängig von der laufenden Dividendenentscheidung sein muß.

Nachdem gezeigt wurde, daß $V(t)$ durch die laufende Dividendenentscheidung nicht beeinflußt wird, kann man leicht nachweisen, daß $V(t)$ durch irgendwelche zukünftigen Dividendenentscheidungen ebensowenig beeinflußt wird. Solche zukünftigen Entscheidungen können $V(t)$ nur über ihre Wirkung auf $V(t + 1)$ beeinflussen. Wir können jedoch obige Überlegung wiederholen und zeigen, daß $V(t + 1)$ – und folglich $V(t)$ – durch die Dividendenpolitik in Periode $t + 1$ nicht beeinflußt wird und daß $V(t + 2)$ – und folglich $V(t + 1)$ und $V(t)$ – von der Dividendenpolitik in Periode $t + 2$ unbeeinflußt bleiben. Diese Überlegung können wir beliebig weit in die Zukunft fortsetzen. Wir können somit schließen, daß sich die Ausschüttungspolitik einer Unternehmung bei gegebener Investitionspolitik weder auf den Kurs der Anteile noch auf das gesamte Einkommen der Anteilseigner aus den Anteilen auswirkt.

Wie viele andere Theoreme in den Wirtschaftswissenschaften ist die Irrelevanz der Dividendenpolitik bei gegebener Investitionspolitik »einleuchtend, wenn man einmal darüber nachgedacht hat«. Sie ist nach allem nur ein weiteres Beispiel für das allgemeine Prinzip, daß es keine »finanziellen Illusionen« in einer rationalen und vollkommen ökonomischen Welt gibt. Werte werden einzig und allein durch »reale« Betrachtungen bestimmt – in diesem Fall von der Ertragskraft der Vermögensgegenstände der Unternehmung und ihrer Investitionspolitik und nicht dadurch, wie die Früchte der Ertragskraft zur Verteilung »verpackt« werden.

So selbstverständlich das Theorem sein mag, wird es in der umfangreichen Literatur zu diesem Problem jedoch selten erwähnt.[1] In der Literatur wimmelt es regelrecht von Feststellungen, daß die Dividendenpolitik in bestimmtem »theoretischem« Sinne eigentlich unmaßgeblich sein müßte; aber entweder ist dieser Sinn nicht klar erläutert, oder er wird, was häufiger und insbesondere unter Ökonomen vorkommt, (fälschlicherweise) mit einer Situation identifiziert, in der die interne Rendite gleich dem externen Marktzinsfuß ist.[2]

Eine hauptsächliche Quelle dieser und verwandter Mißverständnisse über die Rolle der Dividendenpolitik ist die fruchtlose Kontroverse darüber gewesen, was Anleger »wirklich« kapitalisieren, wenn sie Anteile kaufen. Wir sagen fruchtlos, weil es durchaus möglich ist – wie wir im folgenden zeigen werden – aus dem Grundprinzip der Bewertung (1) nicht nur eine, sondern mehrere Bewertungsformeln abzuleiten, von denen jede auf einer der klassischen »Auffassungen« darüber beruht, was von den Investoren kapitalisiert wird. Obwohl sie sich in ihrer äußeren Gestalt etwas unterscheiden, kann gezeigt werden, daß die verschiedenen Formeln in allen wesentlichen Gesichtspunkten – ihre Implikation, daß die Dividendenpolitik irrelevant ist, eingeschlossen – äquivalent sind. Während somit die Kontroverse selbst inhaltsleer wird, haben die verschiedenen Ausdrücke einen gewissen Wert, da sie verschiedene Variablenkombinationen beleuchten, somit zusätzliche Einsichten in den Bewertungsprozeß bringen und alternative Ausgangspunkte für empirische Tests offenlegen.

II. WAS KAPITALISIERT DER MARKT »WIRKLICH«?

In der Bewertungsliteratur kann man mindestens die folgenden vier mehr oder weniger unterschiedlichen Konzepte (Ansätze) zur Bewertung von Aktien finden: 1) die Methode der Zahlungsstromdiskontierung; 2) die Bewertung der laufenden Gewinne und der zukünftigen Investitionsmöglichkeiten; 3) die Bewertung des Dividendenstroms; und 4) die Bewertung des Gewinnstroms. Um zu zeigen, daß diese Ansätze in der Tat äquivalent sind, ist es sinnvoll, zunächst auf Gleichung (5) zurückzugreifen und aus ihr eine Bewertungsformel zu entwickeln, die als Bezugs- und Vergleichsgrundlage dient. Wenn wir nun der Einfachheit halber annehmen, daß der Marktzinssatz $\varrho(t) = \varrho$ für alle Perioden t,[3] so können wir Formel (5) wie folgt schreiben, wenn wir $t = 0$ setzen

$$V(0) = \frac{1}{1+\rho}[X(0) - I(0)] + \frac{1}{1+\rho} V(1). \tag{6}$$

Da (5) für alle t gilt, können wir $V(1)$ mittels $V(2)$ ausdrücken, indem wir $t = 1$ setzen. $V(2)$ kann wiederum mittels $V(3)$ ausgedrückt werden, und so weiter bis zu einer beliebigen Endperiode T. Führen wir diese Substitution durch, so erhalten wir

$$V(0) = \sum_{t=0}^{T-1} \frac{1}{(1+\rho)^{t+1}} [X(t) - I(t)] + \frac{1}{(1+\rho)^T} V(T). \tag{7}$$

Im allgemeinen kann man erwarten, daß der Ausdruck $(1 + \varrho)^{-T} \cdot V(T)$ sich Null nähert[4], wenn T gegen unendlich geht. (7) kann dann ausgedrückt werden als

$$V(0) = \lim_{T \to \infty} \sum_{t=0}^{T-1} \frac{1}{(1+\rho)^{t+1}} [X(t) - I(t)], \tag{8}$$

oder kürzer

$$V(0) = \sum_{t=0}^{\infty} \frac{1}{(1+\rho)^{t+1}} [X(t) - I(t)]. \tag{9}$$

Die Methode der Zahlungsstromdiskontierung

Betrachten wir zunächst das Konzept der Diskontierung der Zahlungsströme, das aus investitionstheoretischen Diskussionen wohlbekannt ist. Bei der Bewertung irgendeiner speziellen Maschine diskontieren wir dabei mit dem Marktzinsfuß den Einzahlungsstrom, der durch die Maschine hervorgerufen wird, zusätzlich eines Schrott- oder Veräußerungswertes und abzüglich des Auszahlungsstromes für Löhne, Material, Reparaturen und Instandhaltung. Derselbe Ansatz kann selbstverständlich auf die ganze Unternehmung übertragen werden, die man sich in diesem Zusammenhang einfach als große, aus vielen Teilen zusammengesetzte Maschine vorstellen kann.[5] Nach diesem Ansatz wird der Unternehmenswert definiert als

$$V(0) = \sum_{t=0}^{T-1} \frac{1}{(1+\rho)^{t+1}} [\mathcal{R}(t) - \mathcal{O}(t)] + \frac{1}{(1+\rho)^T} V(T), \tag{10}$$

wobei $\mathcal{R}(t)$ den Einzahlungsstrom und $\mathcal{O}(t)$ den Auszahlungsstrom repräsentiert, oder kürzer als

$$V(0) = \sum_{t=0}^{\infty} \frac{1}{(1+\rho)^{t+1}} [\mathcal{R}(t) - \mathcal{O}(t)]. \tag{11}$$

Nun wissen wir aber, daß definitionsgemäß $[X(t) - I(t)] = [\mathcal{R}(t) - \mathcal{O}(t)]$ gilt, da sich $X(t)$ von $\mathcal{R}(t)$ und $I(t)$ von $\mathcal{O}(t)$ lediglich durch die »Kosten der verkauften Erzeugnisse« (und außerdem durch die Abschreibungen, wenn wir $X(t)$ und $I(t)$ als Netto- statt als Bruttogewinne und -investitionen interpretieren wollen) unterscheiden. Deshalb ist (11) formal äquivalent mit (9). Der Ansatz diskontierter Einzahlungsüberschüsse kann somit als Implikation des Bewertungsprinzips für vollkommene Märkte gemäß Gleichung (1) angesehen werden.

Das Konzept der Investitionsmöglichkeiten

Betrachten wir als nächstes *den* Bewertungsansatz, der vom Standpunkt eines Investors, der ein bereits bestehendes Unternehmen aufzukaufen und zu führen beabsichtigt, am nächstliegenden zu sein scheint. Bei der Ermittlung dessen, was für das Vorrecht, die Unternehmung zu betreiben, gezahlt werden sollte, sind die geplanten zukünftigen Dividenden eindeutig irrelevant, da der neue Eigentümer seinen zukünftigen Dividendenstrom beliebig innerhalb weiter Grenzen gestalten kann. Für ihn hängt der Wert der Unternehmung als solcher doch nur ab von: a) dem »Normalertragssatz«, den er bei Kapitalanlage in Wertpapieren verdienen kann (d.h. dem Marktzinssatz); b) der Ertragskraft der materiellen Vermögensgegenstände, die sich bereits im Unternehmen befinden, und c) den Möglichkeiten, die die Unternehmung bietet, zusätzliche Realinvestitionen durchzuführen, die mehr als den »Normalertragssatz« (Marktzinsfuß) bringen. Letztere Möglichkeiten, oft als »Firmenwert« bezeichnet, erwachsen in Wirklichkeit aus einer Reihe von Umständen (angefangen bei Standortvorteilen bis hin zu Patenten und anderen monopolistischen Vorteilen).

Um ersehen zu können, wie diese Möglichkeiten den Unternehmenswert beeinflussen, nehmen wir an, die Unternehmung investiere in einer bestimmten zukünftigen Periode t $I(t)$ Dollar. Wir nehmen der Einfachheit halber weiterhin an, daß die Projekte in allen Perioden, die auf den Zeitpunkt der Investitionen folgen, Nettogewinne in Höhe eines konstanten Prozentsatzes $\varrho^*(t)$ von $I(t)$ erbringen.[6] Der auf t bezogene Barwert dieses (unendlichen) Stromes von Gewinnen beträgt $I(t)\varrho^*(t)/\varrho$ und der »goodwill« der Projekte (d.h. die Differenz zwischen Wert und Kosten) beträgt

$$I(t) \frac{\rho^*(t)}{\rho} - I(t) = I(t) \left[\frac{\rho^*(t) - \rho}{\rho} \right].$$

Der auf die Periode $t = 0$ bezogene Barwert aller solcher zukünftigen Vorteile ist einfach die Summe

$$\sum_{t=0}^{\infty} I(t) \frac{\rho^*(t) - \rho}{\rho} (1+\rho)^{-(t+1)}.$$

Addieren wir diesen Betrag zum Barwert des (uniformen unendlichen) Gewinnstroms $X(0)$ aus den bereits vorhandenen Vermögensgegenständen, so erhalten wir folgenden Ausdruck für den Unternehmenswert

$$V(0) = \frac{X(0)}{\rho} + \sum_{t=0}^{\infty} I(t) \frac{\rho^*(t) - \rho}{\rho} (1 + \rho)^{-(t+1)} \qquad (12)$$

Um zu zeigen, daß dieselbe Formel auch aus (9) abgeleitet werden kann, ist zunächst zu bemerken, daß unsere Definition von $\varrho^*(t)$ folgende Beziehung zwischen den $X(t)$ impliziert:

$$X(1) = X(0) + \rho^*(0)I(0),$$
$$\dots\dots\dots\dots\dots\dots\dots\dots\dots\dots\dots\dots\dots\dots\dots\dots\dots\dots$$
$$X(t) = X(t-1) + \rho^*(t-1)I(t-1)$$

Bei sukzessiver Substitution ergibt sich:

$$X(t) = X(0) + \sum_{\tau=0}^{t-1} \rho^*(\tau)I(\tau),$$

$$t = 1, 2 \cdots \infty.$$

Setzt man diesen Ausdruck für $X(t)$ in (9) ein, erhält man

$$V(0) = [X(0) - I(0)](1 + \rho)^{-1}$$

$$+ \sum_{t=1}^{\infty} \left[X(0) + \sum_{\tau=0}^{t-1} \rho^*(\tau)I(\tau) - I(t) \right] (1 + \rho)^{-(t+1)}$$

$$= X(0) \sum_{t=1}^{\infty} (1 + \rho)^{-t} - I(0)(1 + \rho)^{-1}$$

$$+ \sum_{t=1}^{\infty} \left[\sum_{\tau=0}^{t-1} \rho^*(\tau)I(\tau) - I(t) \right] (1 + \rho)^{-(t+1)}$$

$$= X(0) \sum_{t=1}^{\infty} (1 + \rho)^{-t} + \sum_{t=1}^{\infty} \left[\sum_{\tau=0}^{t-1} \rho^*(\tau)I(\tau) - I(t-1) \right.$$

$$\left. \times (1 + \rho) \right] (1 + \rho)^{-(t+1)}.$$

Der erste Ausdruck ist selbstverständlich nur die Summe einer geometrischen Reihe mit dem Wert $X(0)/\varrho$, was dem ersten Glied von (12) entspricht. Der zweite Ausdruck kann zur Vereinfachung wie folgt geschrieben werden

$$\sum_{t=0}^{\infty} I(t) \left[\rho^*(t) \sum_{\tau=t+2}^{\infty} (1 + \rho)^{-\tau} - (1 + \rho)^{-(t+1)} \right].$$

Summiert man innerhalb der Klammer, so ergibt sich

$$\sum_{t=0}^{\infty} I(t) \left[\rho^*(t) \frac{(1+\rho)^{-(t+1)}}{\rho} - (1+\rho)^{-(t+1)} \right]$$

$$= \sum_{t=0}^{\infty} I(t) \left[\frac{\rho^*(t) - \rho}{\rho} \right] (1+\rho)^{-(t+1)},$$

was genau dem zweiten Glied von (12) entspricht.

Formel (12) hat eine Anzahl von klärenden Eigenschaften und verdient es, in Bewertungsdiskussionen häufiger verwendet zu werden.[7] Einmal durchleuchtet sie in erheblichem Maße die Bedeutung jener arg mißbrauchten Begriffe »Wachstum« und »Wachstumsaktien«. Es ist ohne weiteres aus (12) ersichtlich, daß die Aktien einer Gesellschaft nicht allein schon deswegen zu »Wachstumsaktien« mit hohem Kurs-Gewinn-Verhältnis werden, weil die Vermögensgegenstände und Gewinne dieser Gesellschaft im Zeitablauf wachsen. Damit die Aktien in die Kategorie der Börsenfavoriten gehören, muß $\varrho^*(t)$ größer als ϱ sein. Wenn nämlich $\varrho^*(t) = \varrho$, könnte das Wachstum der Vermögensgegenstände beliebig groß sein; das zweite Glied in (12) wäre gleich Null und das Kurs-Gewinn-Verhältnis der Unternehmung würde ein bescheidenes $1/\varrho$ nicht übersteigen. Kurz gesagt, das Wesen des Wachstums ist nicht Expansion, sondern die Möglichkeit, beträchtliche Kapitalmengen zu höheren als »normalen« Ertragssätzen anzulegen.

Wenn $\varrho^*(t) < \varrho$ gilt, wird eine Realinvestition in der Unternehmung den Marktpreis ihrer Anteile sogar umgehend vermindern. Dies sollte unter anderem klären, warum die »Kapitalkosten« der Unternehmung von der Art der Finanzierung der Investitionen und der Wachstumsrate unbeeinflußt bleiben. Die Funktion der Kapitalkosten in der Investitionsrechnung besteht darin, den kritischen Zinsfuß im Sinne eines Mindestertrages zu liefern, den Investitionsprojekte bieten müssen, damit sie für die gegenwärtigen Anteilseigner vorteilhaft sind. Es ist einleuchtend, daß ein vorgeschlagenes Projekt nicht im Interesse der gegenwärtigen Anteilseigner wäre, wenn sein Ertrag geringer als ϱ ist, da bei Realisation eines solchen Projekts der Wert der Anteile sinken würde. Andererseits lohnt es sich, jedes Projekt zu realisieren, das mehr als ϱ bringt, da es notwendigerweise den Unternehmenswert erhöht. Daraus folgt, daß die Kapitalkosten bzw. der kritische Zinssatz für Investitionsentscheidungen einfach gleich ϱ ist.[8]

Schließlich dient Formel (12) dazu, einen wichtigen Mangel in vielen neueren statistischen Untersuchungen über die Wirkungen der Dividendenpolitik (z. B. Walter [19] oder Durand [4,5]) hervorzuheben. Diese Studien enthalten typischerweise Regressionsgleichungen, in denen der Kurs als irgendeine Funktion der laufenden Gewinne und Dividenden ausgedrückt wird. Die übliche Feststellung, daß der Dividendenkoeffizient signifikant ist, wird dann als Widerlegung der Hypothese interpretiert, die Dividendenpolitik beeinflusse die Bewertung nicht.

Sogar wenn man Fragen der Verzerrung in den Koeffizienten[9] nicht anschneidet, sollte es einleuchtend sein, daß ein solcher Schluß unbegründet ist, da Formel (12) und die ihr zugrunde liegende Untersuchung nur implizieren, daß Dividenden unmaßgeblich sind, wenn laufende Gewinne *und das Wachstumspotential* gegeben sind. In der Theorie wird keine allgemeine Vorhersage darüber gemacht (oder kann nicht gemacht werden), was mit dem Dividendenkoeffizienten geschieht, wenn die entscheidende Wachstumsvariable weggelassen wird.[10]

Der Ansatz des Dividendenstroms

Nach dem Ansatz von Gewinnen und Gewinnmöglichkeiten wenden wir uns dem Dividendenansatz zu, der aus einigen Gründen in der Bewertungsliteratur am gebräuchlichsten ist. Dieser Ansatz ist, wenn er richtig formuliert wird, völlig stichhaltig, obwohl er selbstverständlich kein alleingültiger Ansatz ist, wie es seine enthusiastischen Vertreter häufig behaupten.[11] Er hat jedoch im Gegensatz zu den vorherigen Ansätzen den Nachteil, die Rolle der Dividendenpolitik zu verschleiern. Insbesondere hat die unkritische Anwendung des Dividendenkonzepts oft zu der unbegründeten Schlußfolgerung geführt, daß die Dividendenpolitik den Marktpreis beeinflussen müsse, da Investoren ja Dividenden kauften und die Dividendenpolitik sich auf die Höhe des Dividendenbetrags auswirke.

Richtig formuliert, definiert das Dividendenkonzept den Marktwert eines Anteils als den Barwert des Dividendenstroms, der auf diesen Anteil entfällt. Somit ist

$$p(t) = \sum_{\tau=0}^{\infty} \frac{d(t+\tau)}{(1+\rho)^{\tau+1}}. \tag{13}$$

Um die Äquivalenz zwischen diesem Ansatz und den vorherigen ersehen zu können, wollen wir zunächst (13) neu formulieren im Hinblick auf den gesamten Marktwert

$$V(t) = \sum_{\tau=0}^{\infty} \frac{D_t(t+\tau)}{(1+\rho)^{\tau+1}}, \tag{14}$$

wobei $D_t(t+\tau)$ jenen Teil der in Periode $t+\tau$ insgesamt gezahlten Dividenden $D(t+\tau)$ bezeichnet, der auf diejenigen Anteile fällt, die zu Beginn der Periode t vorhanden waren (durch das Subskript indiziert). Für den Sonderfall, daß nach Periode t keine Außenfinanzierung erfolgt, ist Gleichung (14) mit (9) und folglich auch mit (12) äquivalent, denn in diesem Fall gilt

$$D_t(t+\tau) = D(t+\tau) = X(t+\tau) - I(t+\tau)$$

Um die Außenfinanzierung zu berücksichtigen, können wir (14) wie folgt schreiben

$$V(t) = \frac{1}{1+\rho}\left[D_t(t) + \sum_{\tau=1}^{\infty} \frac{D_t(t+\tau)}{(1+\rho)^{\tau}}\right] \tag{15}$$

$$= \frac{1}{1+\rho}\left[D(t) + \sum_{\tau=0}^{\infty} \frac{D_t(t+\tau+1)}{(1+\rho)^{\tau+1}}\right]$$

Das Summationsglied im letzten Ausdruck kann als Differenz zwischen dem Dividendenstrom geschrieben werden, der auf alle in $t + 1$ vorhandenen Anteile entfällt, und jenem Teil, der den in t neu ausgegebenen Anteilen zukommt, es gilt also

$$\sum_{\tau=0}^{\infty} \frac{D_t(t+\tau+1)}{(1+\rho)^{\tau+1}} = \left(1 - \frac{m(t+1)}{n(t+1)}\right) \sum_{\tau=0}^{\infty} \frac{D_{t+1}(t+\tau+1)}{(1+\rho)^{\tau+1}} \quad (16)$$

Aus (14) wissen wir jedoch, daß die zweite Summe in (16) genau $V(t+1)$ ergibt, so daß (15) vereinfacht werden kann in

$$V(t) = \frac{1}{1+\rho}\left[D(t) + \left(1 - \frac{m(t+1)p(t+1)}{n(t+1)p(t+1)}\right) V(t+1)\right] \quad (17)$$

$$= \frac{1}{1+\rho}\left[D(t) + V(t+1) - m(t+1)p(t+1)\right],$$

was Formel (3) entspricht, von der bereits gezeigt wurde, daß sie sowohl (9) als auch (12) impliziert.[12]

Es gibt natürlich andere Methoden, mit denen die Äquivalenz des Dividendenansatzes mit anderen Ansätzen nachgewiesen werden kann, aber die hier angewandte Methode hat vielleicht den Vorteil, einige weitere Einsichten in die Begründung der Irrelevanz der Dividendenpolitik zu liefern. Eine Erhöhung der laufenden Dividenden muß bei gegebener Investitionspolitik notwendigerweise den Endwert der bestehenden Anteile vermindern, weil ein Teil des zukünftigen Dividendenstroms, der sonst auf die bereits ausgegebenen Anteile entfallen wäre, abgezweigt werden muß, um neues Kapital zu attrahieren, mit dem in Wirklichkeit die erhöhte laufende Dividende bezahlt wird. Nach unseren Grundannahmen muß jedoch ρ für alle Investoren, neue und alte, gleich sein. Folglich muß der Marktwert der Dividenden, die auf die neuen Anteilseigner entfallen, immer genau gleich der Erhöhung der laufenden Dividenden sein. Er entspricht sowohl dem Wert ihrer Einlage als auch der Verminderung des Endwertes der bereits umlaufenden Anteile.

Der Gewinnstromansatz

Im Gegensatz zu einer weitverbreiteten Ansicht ist es auch möglich, statt der Dividendenausschüttungen an den Anteilseigner den Gewinnstrom, der durch die Gesellschaft erzeugt wird, bei der Entwicklung eines sinnvollen und konsistenten Bewertungsansatzes heranzuziehen. Unglücklicherweise ist es sehr leicht, den Gewinnansatz falsch darzustellen oder falsch zu interpretieren, was der Fall ist, wenn der Unternehmenswert einfach als Summe der diskontierten zukünftigen Gesamtgewinne definiert wird.[13] Die Schwäche einer solchen Definition liegt nicht – wie oft angenommen wird – darin, die Tatsache zu übersehen, daß die Gesellschaft eine selbständige Einheit ist und daß die Profite nicht beliebig durch die Anteilseigner entnommen werden können; sie liegt vielmehr darin, die Tatsache zu vernachlässigen, daß zusätzliches Kapital zu gewissen Kosten erworben werden muß, um den zukünftigen Gewinnstrom auf dem festgelegten Stand zu halten. Selbstverständlich benötigt man in jeder zukünftigen Periode Kapital in Höhe von $I(t)$, dessen Opportunitätskosten unabhängig von der Finanzierungsart ϱ Prozent pro Folgeperiode betragen. Folglich muß der Unternehmenswert nach dem Gewinnansatz lauten

$$V(0) = \sum_{t=0}^{\infty} \frac{1}{(1+\rho)^{t+1}} \left[X(t) - \sum_{\tau=0}^{t} \rho I(\tau) \right]. \tag{18}$$

Diese Variante des Gewinnansatzes ist in der Tat mit unseren Grundannahmen konsistent. Sie ist mit den vorherigen Ansätzen äquivalent, wie man ersehen kann, wenn man die Ausdrücke umordnet und Gleichung (18) folgendermaßen schreibt

$$V(0) = \sum_{t=0}^{\infty} \frac{1}{(1+\rho)^{t+1}} X(t) - \sum_{t=0}^{\infty} \left(\sum_{\tau=t}^{\infty} \frac{\rho I(t)}{(1+\rho)^{\tau+1}} \right) \tag{19}$$

$$= \sum_{t=0}^{\infty} \frac{1}{(1+\rho)^{t+1}} X(t) - \sum_{t=0}^{\infty} \frac{1}{(1+\rho)^{t+1}}$$

$$\times \left(\sum_{\tau=0}^{\infty} \frac{\rho I(t)}{(1+\rho)^{\tau+1}} \right).$$

Da sich die Summe in der letzten Klammer auf $I(t)$ vereinfacht, reduziert sich Ausdruck (19) auf

$$V(0) = \sum_{t=0}^{\infty} \frac{1}{(1+\rho)^{t+1}} [X(t) - I(t)], \tag{20}$$

was genau unserer früheren Gleichung (9) entspricht.

Es ist zu beachten, daß die Gültigkeit der hier dargestellten Variante des Gewinnansatzes nicht von irgendwelchen speziellen Annahmen über die zeitliche Struktur des Gewinn- oder Dividendenstroms abhängt. Zweifelsohne sind jedoch die zeitlichen Entwicklungen der beiden Ströme (über die Finanzierungspolitik) eng miteinander und mit dem Strom der Erträge der Anteilseigner verwandt. Da diese Beziehungen von gewissem Interesse an sich sind und da Mißverständnisse über sie zu der Verwirrung über die Rolle der Dividendenpolitik beigetragen haben, ist es der Mühe wert, sie kurz zu untersuchen, bevor damit begonnen wird, die Grundannahmen aufzuheben.

III. GEWINNE, DIVIDENDEN UND WACHSTUMSRATEN

Der bequeme Fall konstanter Wachstumsraten

Die Beziehung zwischen dem Strom der Gewinne der Unternehmung und dem Strom der Dividenden und Erträge der Anteilseigner kann am klarsten herausgearbeitet werden, indem man (12) auf den Spezialfall bezieht, in dem die Investitionsprojekte eine konstante Wachstumsrate der Gewinne in alle Ewigkeit erzeugen. Es wird zugegeben, daß dieser Fall geringe praktische Bedeutung hat. Er eignet sich aber gut zur Darstellung und hat in der Literatur viel Aufmerksamkeit erweckt.

Es sei angenommen, daß die Unternehmung in jeder Periode t die Möglichkeit habe, den Betrag $I(t)$ in Realinvestitionsprojekten anzulegen. $I(t)$ betrage k Prozent des Periodengewinnes. Die Investition bringe in jeder zukünftigen Periode eine Rendite von ϱ^*. Dann gilt ex definitione

$$X(t) = X(t-1) + \rho^* I(t-1) = X(t-1)[1 + k\rho^*] \qquad (21)$$
$$= X(0)[1 + k\rho^*]^t$$

wobei $k\varrho^*$ die (konstante) Wachstumsrate der Gesamtgewinne ist. Ersetzt man $I(t)$ in Formel (12) mit Hilfe von (21), erhalten wir

$$V(0) = \frac{X(0)}{\rho} + \sum_{t=0}^{\infty} \left(\frac{\rho^* - \rho}{\rho}\right) k X(0)[1 + k\rho^*]^t (1 + \rho)^{-(t+1)} \qquad (22)$$
$$= \frac{X(0)}{\rho}\left[1 + \frac{k(\rho^* - \rho)}{1 - \rho} \sum_{t=0}^{\infty} \left(\frac{1 + k\rho^*}{1 + \rho}\right)^t\right].$$

Bildet man die unendliche Summe und vereinfacht man, so gelangt man schließlich zur Formel [14]

$$V(0) = \frac{X(0)}{\rho}\left[1 + \frac{k(\rho^* - \rho)}{\rho - k\rho^*}\right] = \frac{X(0)(1 - k)}{\rho - k\rho^*}, \qquad (23)$$

die den Unternehmenswert als Funktion des laufenden Gewinns, der Wachstumsrate der Gewinne, des internen Ertragssatzes und des Marktzinssatzes ausdrückt.[15]

Es ist zu bemerken, daß (23) nicht nur für Periode 0, sondern für jede Periode t gilt. Da $X(t)$ mit der Rate $k\varrho^*$ wächst, folgt, daß auch der Unternehmenswert $V(t)$ mit dieser Rate wächst.

Das Wachstum der Dividenden und das Wachstum der gesamten Gewinne

Wie hoch ist nun die Wachstumsrate der Dividenden und des Aktienkurses, wenn die Gewinne (und der Unternehmenswert) mit der Rate $k\varrho^*$ wachsen? Es ist einleuchtend, daß die Antwort davon abhängt, ob die Unternehmung einen hohen Prozentsatz ihrer Gewinne ausschüttet und sich somit hauptsächlich auf Außenfinanzierung verläßt, oder nicht. Wir können das Wesen dieser Abhängigkeit eindeutig zeigen, indem wir berücksichtigen, daß der Barwert der Unternehmung unabhängig von der Wachstumsrate der Dividende pro Anteil beim Dividendenansatz der gleiche sein muß wie beim Gewinnansatz.

Es sei

g = Wachstumsrate der Dividende pro Anteil oder, was gleichbedeutend ist, Wachstumsrate der Dividenden, die den gegenwärtigen Anteilseignern zufallen (d.h. $D_0(t) = D_0(1 + g)^t$);

k_r = Teil des gesamten Gewinns, der in jeder Periode einbehalten wird (so daß $D(t) = X(0)(1 - k_r)$);

$k_e = k - k_r$ = der Betrag des externen Kapitals, der pro Periode aufgenommen wird, ausgedrückt als Bruchteil der Gewinne in der Periode.

Der Barwert des Dividendenstroms an die ursprünglichen Anteilseigner beträgt dann

$$D_0(0) \sum_{t=0}^{\infty} \frac{(1+g)^t}{(1+\varrho)^{t+1}} = \frac{D(0)}{\varrho - g} = \frac{X(0)[1-k_r]}{\varrho - g}. \tag{24}$$

Aufgrund des Dividendenansatzes wissen wir, daß (24) gleich $V(0)$ sein muß. Wenn wir nun (24) mit der rechten Seite von (23) gleichsetzen, so erhalten wir

$$\frac{X(0)[1-k_r]}{\varrho - g} = \frac{X(0)[1-(k_r + k_e)]}{\varrho - k\varrho^*},$$

woraus folgt, daß für die Wachstumsrate der Dividenden pro Anteil und die Wachstumsrate des Kurses eines Anteils gelten muß:[16]

$$g = k\varrho^* \frac{1-k_r}{1-k} - k_e \varrho \frac{1}{1-k}. \tag{25}$$

Es ist zu bemerken, daß im Sonderfall ausschließlicher Selbstfinanzierung ($k_e = 0$ und $k = k_r$) der zweite Ausdruck wegfällt und sich der erste zu $k\varrho^*$ vereinfacht. In diesem speziellen Falle stimmt folglich die Wachstumsrate der Dividenden mit der Wachstumsrate des Gesamtgewinns und des Gesamtwertes überein und ist der Einbehaltungsrate k_r proportional. In allen anderen Fällen ist g notwendigerweise kleiner als $k\varrho^*$ und kann sogar trotz eines positiven $k\varrho^*$ negativ werden, wenn $\varrho^* < \varrho$ und die Unternehmung einen hohen Teil ihres Gewinnes als Dividenden ausschüttet. Andererseits sehen wir aus (25), daß der Dividendenstrom und der Anteilspreis sogar bei einer »Wachstumsgesellschaft« ($\varrho^* > \varrho$) im Zeitablauf wachsen müssen, wenn $k_r = 0$, was bedeutet, daß sie *alle* ihre Gewinne als Dividenden ausschütten.

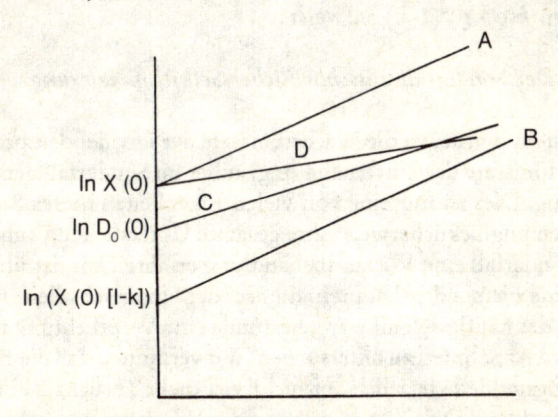

Abb. 1: Wachstum der Dividenden pro Anteil in Relation zum Wachstum der Gesamtgewinne

A Gesamtgewinn: $\quad \ln X(t) = \ln X(0) + k \cdot \varrho^* \cdot t;$
B Gesamtgewinn minus investiertes Kapital:
$$\ln [X(t) - I(t)] = \ln X(0) [1-k] + k \cdot \varrho^* \cdot t;$$
Dividenden pro Anteil (vollständige Selbstfinanzierung):
$$\ln D_0(t) = \ln D(0) + gt = \ln X(0) [1-k] + k \cdot \varrho^* \cdot t;$$
C Dividenden pro Anteil (teilweise Außenfinanzierung):
$$\ln D_0(t) = \ln D(0) + gt;$$
D Dividenden pro Anteil (vollständige Außenfinanzierung):
$$\ln D_0(t) = \ln X(0) + [(k/1-k)(\varrho^* - \varrho)] t.$$

Die Beziehung zwischen der Wachstumsrate der Unternehmung und der Wachstumsrate der Dividenden bei verschiedenen Dividendenpolitiken ist in Abbildung 1 graphisch dargestellt. Der größtmöglichen Klarheit halber ist der natürliche Logarithmus der Gewinne und Dividenden im Zeitablauf abgetragen worden.[17]

Die Gerade *A* zeigt, wie die Gewinne der Unternehmung im Zeitablauf mit dem konstanten Satz $k\varrho^*$, der Steigung von *A*, wachsen. Die Gerade *B* zeigt das Wachstum (1.) des Stromes der Gewinne abzüglich des investierten Kapitals und (2.) des Dividendenstroms an die ursprünglichen Anteilseigner (oder Dividenden pro Anteil) im Spezialfall der vollständigen Selbstfinanzierung. Die Steigung von *B* ist selbstverständlich ebenso groß wie die der Geraden *A*. Der (konstante) senkrechte Abstand zwischen beiden Kurven beträgt einfach $\ln(1-k)$, der Logarithmus der Ausschüttungsquote. Gerade *C* zeigt das Wachstum der Dividenden pro Anteil, wenn die Unternehmung sowohl Innen- als auch Außenfinanzierung betreibt. Im Vergleich zum reinen Einbehaltungsfall beginnt die Gerade bei einem höheren Ordinatenwert, ihre Steigung ist aber niedriger, nämlich *g*, wobei *g* durch (25) gegeben ist. Je höher die Ausschüttungsquote, um so höher ist die Anfangsposition und um so niedriger ist die Steigung, bis der andere Grenzfall der vollständigen Außenfinanzierung erreicht ist, der durch die Gerade *D* gekennzeichnet wird, die bei $\ln X(0)$ beginnt und eine Steigung von $k(\varrho^*-\varrho)/(1-k)$ aufweist.

Der Sonderfall ausschließlicher Selbstfinanzierung

Wie oben festgestellt wurde, ist die Wachstumsrate der Dividenden pro Anteil nicht gleich der Wachstumsrate der Unternehmung, außer im Sonderfall der vollständigen Selbstfinanzierung. Dies ist nur eine von vielen Eigenheiten dieses Sonderfalls, auf dem viele Autoren unglücklicherweise ihre gesamte Untersuchung aufgebaut haben. Warum dieser Sonderfall eine Vorzugsbehandlung erfahren hat, ist überhaupt nicht klar. Gewiß würde niemand behaupten, dies sei der empirisch allein relevante Fall. Selbst wenn dies der häufigste Fall wäre, bestünde eine Verpflichtung für den Theoretiker, alternative Annahmen zu untersuchen. Wir vermuten, daß die Beliebtheit der Selbstfinanzierungsmodelle letztlich auf nicht viel mehr zurückzuführen ist als auf ihre leichte Handhabung. Damit verbunden ist das Versäumnis, die Analyse weit genug voranzutreiben, um zu enthüllen, wie speziell und irreführend dieser Fall wirklich ist.

Insbesondere scheint die Konzentration auf diesen Sonderfall weitgehend für die stark verbreitete Ansicht verantwortlich zu sein, daß es auch bei vollkommenen Kapitalmärkten eine optimale Dividendenpolitik gibt, die von der im Unternehmen erzielbaren Rendite abhängt. Ein solcher Schluß ist fast unvermeidbar, wenn man explizit oder implizit mit der Annahme arbeitet, daß die Mittel für die Investitionen *ausschließlich* aus einbehaltenen Gewinnen kommen. Denn in diesem Fall ist die *Dividendenpolitik* von der *Investitionspolitik* nicht zu unterscheiden, und *es gibt* eine optimale Investitionspolitik, die im allgemeinen von den im Unternehmen erzielbaren Erträgen abhängt.

In (23) kann um den Ausdruck $(1 - k_r)$ gekürzt werden, wenn $\varrho^* = \varrho$ und $k = k_r$ gilt. Für den Unternehmenswert ergibt sich dann einfach $X(0)/\varrho$, d.h. der kapitalisierte Wert der laufenden Gewinne. In Ermangelung eines Standardbewertungsmodells, das allgemeiner als der Einbehaltungsfall ist, war es für viele allzu leicht zu schließen, daß das Wegfallen der Ausschüttungsquote $(1 - k_r)$ bei $\varrho^* = \varrho$ den Sachverhalt darstellt, der unter Irrelevanz der Dividendenpolitik verstanden wird und daß $V(0) = X(0)/\varrho$ den »Gewinn«-Ansatz darstelle.

Ein weiteres Beispiel für die Fehler, die man begehen kann, wenn man seine Überlegungen auf diesen Sonderfall beschränkt, liefert die jüngste ausführliche Arbeit von M. Gordon über Unternehmensbewertung.[18] Gordon argumentiert im wesentlichen, daß der Diskontierungssatz $\hat{\varrho}(t)$, der von einem Investor auf zukünftige Dividendenzahlungen angewendet wird, infolge der erhöhten Unsicherheit im Zeitablauf steigt. t bezeichnet dabei keinen bestimmten Zeitpunkt, sondern vielmehr den Abstand von der Periode, in der der Investor die Diskontierung vornimmt.[19]

Wenn man einen einzigen uniformen Diskontierungssatz ϱ wie in (22) oder (23) verwendet, sollte man sich diesen Satz als arithmetisches Mittel der »wahren« Sätze $\hat{\varrho}(t)$ vorstellen, die mit der Höhe der in t erwarteten Dividendenzahlungen gewichtet sind. Wenn der Dividendenstrom exponentiell wächst, so wäre ein derartig gewogenes Mittel ϱ selbstverständlich um so höher, je größer die Wachstumsrate g der Dividenden ist, denn um so größer wird dann jener Anteil des Dividendenstroms sein, der in der fernen statt in der nahen Zukunft anfällt. Nimmt man jedoch reine Selbstfinanzierung an, so gilt $g = k_r\varrho^*$, so daß bei gegebenem ϱ^* der gewichtete durchschnittliche Diskontierungssatz ϱ eine steigende Funktion der Einbehaltungsrate k_r ist. Dies liefe unserer Schlußfolgerung entgegen, daß die Dividendenpolitik keinen Einfluß auf den Unternehmenswert oder die Kapitalkosten hat.

Trotz allen Scharfsinns und der scheinbaren Stütze in der Unsicherheit leidet das Argument offensichtlich grundlegend an der typischen Vermischung der Dividendenpolitik mit der Investitionspolitik, die mit der Verwendung von Selbstfinanzierungsmodellen einherzugehen pflegt. Hätte Gordon seine Aufmerksamkeit nicht auf diesen Sonderfall (oder seine äquivalenten Varianten) beschränkt, wäre ihm aufgefallen, daß ein Wechsel der Dividendenpolitik zwar die Höhe der erwarteten Dividendenzahlung pro Anteil in irgendeiner zukünftigen Periode notwendigerweise beeinflussen muß, sich aber im allgemeinen Fall nicht auf die Höhe des *gesamten* Einkommens auszuwirken braucht, das der Investor während dieser Periode erwartet. Ebensowenig beeinflußt der Wechsel den Unsicherheitsgrad, mit dem dieses gesamte Einkommen behaftet ist. Es sollte nun reichlich klar sein, daß eine Änderung der Dividendenpolitik bei gegener Investitionspolitik lediglich eine Veränderung der Aufteilung des gesamten Einkommens in irgendeiner Periode in Dividenden und Kapitalgewinne zur Folge hat. Wenn sich die Investoren rational verhalten, kann ein solcher Wechsel die Marktbewertung nicht beeinflussen. Würde nach dem Gordon-Ansatz bewertet und somit eine Prämie für hohe Ausschüttungsquoten bezahlt, so realisierten Eigner von Anteilen mit niedrigen Ausschüttungsquoten in jedem beliebigen Zeitabschnitt beständig höhere Einkommen aus ihren Investitionen.[20]

Gewinne der Gesellschaft und Einkommen der Investoren

Kennen wir die Beziehung zwischen g und $k\varrho^*$, können wir eine Frage beantworten, die für Wirtschaftstheoretiker von beträchtlichem Interesse ist, nämlich: Welcher Art ist die genaue Beziehung zwischen Gesellschaftsgewinnen in einer Periode, $X(t)$, und dem gesamten Einkommen der Anteilseigner während dierer Periode?[21] Bezeichnen wir mit $G_t(t)$ die Kapitalgewinne der während der Periode t vorhandenen Anteilseigner, dann gilt:

$$D_t(t) + G_t(t) = X(t)(1 - k_r) + gV(t) \tag{26}$$

da die Wachstumsrate des Anteilspreises gleich jener der Dividenden pro Anteil ist. Verwendet man (25) und (23), um g und $V(t)$ in (26) zu ersetzen, ergibt sich nach Vereinfachung

$$D_t(t) + G_t(t) = X(t)\left[\frac{\rho(1-k)}{\rho - k\rho^*}\right]. \tag{27}$$

Es ist somit ersichtlich, daß das Verhältnis zwischen dem Einkommen des Investors und dem Gewinn der Gesellschaft gänzlich von der Beziehung zwischen ϱ^* und ϱ abhängt. Wenn $\varrho^* = \varrho$ (d.h. die Unternehmung hat keine speziellen Wachstumsmöglichkeiten), wird der Klammerausdruck gleich *1* und das Einkommen des Investors ist genau gleich dem Gewinn der Gesellschaft. Gilt $\varrho^* < \varrho$, wird das Einkommen des Investors kleiner als der Gewinn der Gesellschaft sein. Im Falle der Wachstumsgesellschaften wird das Einkommen des Investors tatsächlich größer sein als der Strom der Gesellschaftsgewinne im Zeitablauf.[22]

Einige Implikationen für die Konstruktion empirischer Tests

Die Tatsache, daß wir mit $k\varrho^*$ und g zwei unterschiedliche (aber nicht unabhängige) Wachstumsmaße und zwei entsprechende Gruppen von Bewertungsformeln besitzen, bedeutet schließlich unter anderem, daß wir zwei Wege bei empirischen Bewertungsstudien beschreiten können. Wir können der Standardpraxis des Wertpapieranalytikers folgen und in Begriffen wie Anteilspreis, Dividenden pro Anteil und Dividendenwachstumsraten pro Anteil denken; oder wir können mit Begriffen wie Gesamtwert der Unternehmung, Gesamtgewinn und Wachstumsrate des Gesamtgewinns arbeiten. Wir bevorzugen den zweiten Ansatz in erster Linie deswegen, weil bestimmte zusätzliche Variablen von Interesse – wie Dividendenpolitik, Verschuldungsgrad und Unternehmensgröße – leichter und sinnvoller in die Testgleichungen, in denen als Wachstumsvariable das Wachstum des Gesamtgewinns verwendet wird, eingebaut werden können. Aber dies hat Zeit. Hier sollte zunächst nur gezeigt werden, daß sich die beiden Ansätze, wenn man sie richtig versteht, keineswegs widersprechen. Sie laufen vielmehr auf dasselbe hinaus, und die Wahl zwischen ihnen ist weitgehend eine Sache des Geschmacks und der Bequemlichkeit.

IV. DIE WIRKUNGEN DER DIVIDENDENPOLITIK BEI UNSICHERHEIT

Unsicherheit und allgemeine Bewertungstheorie

Da wir uns nun von der idealen Welt der Sicherheit zu einer Welt der Unsicherheit wenden, muß unser erster Schritt leider darin bestehen, das z.B. durch Gleichung

$$V(t) = \frac{1}{1 + \rho(t)} [D(t) + n(t)p(t+1)] \quad (3)$$

ausgedrückte fundamentale Bewertungsprinzip über Bord zu werfen, aus dem wir die Irrelevanzthese wie alle folgenden Bewertungsformeln in den Abschnitten II und III ableiteten. Denn die Ausdrücke in der Klammer können nicht länger als gegebene Werte betrachtet werden. Sie sind vom Standpunkt des Investors zu Beginn der Periode t »Zufallsvariablen«. Es ist zudem überhaupt nicht klar, welche Bedeutung dem Diskontierungsfaktor $1/[1+\varrho(t)]$ beigemessen werden kann, denn es wird kein gegebenes Einkommen, sondern bestenfalls eine Wahrscheinlichkeitsverteilung möglicher Einkommen diskontiert. Wir können uns selbstverständlich selbst täuschen, indem wir uns überlegen, Gleichung (3) durch den einfachen und beliebten Trick beizubehalten, über jeden Begriff einen Strich zu schreiben und uns auf diesen danach als mathematischen Erwartungswert der Zufallsvariablen beziehen. Den trivialen Fall allgemeiner linearer Nutzenfunktionen ausgenommen, wissen wir, daß $V(t)$ auch materiell durch die Momente höherer Ordnung der Verteilung der Einkommen beeinflußt wird. Infolgedessen gibt es keinen Grund anzunehmen, daß der Diskontierungsfaktor für Erwartungswerte, $1/[1+\varrho(t)]$, für zwei beliebig ausgewählte Unternehmen tatsächlich gleich wäre. Es braucht wohl nicht erwähnt zu werden, daß die Erwartungswerte selbst sehr wohl für verschiedene Investoren unterschiedlich sein können.

All dies soll selbstverständlich nicht heißen, daß es unüberwindbare Schwierigkeiten dabei gibt, eine nachprüfbare Theorie rationaler Marktbewertung unter Unsicherheit zu entwickeln.[23] Im Gegenteil, unsere gegenwärtigen Untersuchungen haben uns überzeugt, daß es in der Tat möglich ist, eine solche Theorie zu konstruieren – obwohl die Konstruktion, wie man sich leicht vorstellen kann, eine sehr komplexe und aufwendige Aufgabe ist. Glücklicherweise braucht diese Aufgabe in dieser Arbeit, die sich primär mit den Wirkungen der Dividendenpolitik auf die Marktbewertung befaßt, nicht unternommen zu werden. Wir können nämlich ohne eine gesicherte Theorie über den Marktwert bei Unsicherheit zeigen, daß die Dividendenpolitik den Marktwert nicht beeinflußt. Um diese Verallgemeinerung der obigen Ergebnisse bei Sicherheit nachzuweisen, brauchen wir nur eine entsprechende Verallgemeinerung des ursprünglichen Postulats rationalen Verhaltens vorzunehmen, die berücksichtigt, daß Entscheidungen unter Unsicherheit sowohl von Erwartungen als auch von Neigungen abhängen.

»Unterstellte Rationalität« und »symmetrische Marktrationalität«

Diese Verallgemeinerung kann wie folgt in zwei Schritten formuliert werden. Zunächst sagen wir, daß ein individueller Marktteilnehmer »dem Markt Rationalität zurechnet« oder das Postulat »unterstellter Rationalität« erfüllt, wenn er bei der Erwartungsbildung annimmt, daß jeder andere Marktteilnehmer (a) rational in dem Sinne ist, daß er mehr Reichtum weniger Reichtum vorzieht, ohne Rücksicht auf die Form des Reichtumszuwachses, und (b) selbst allen anderen Marktteilnehmern Rationalität unterstellt. Zweitens sagen wir, daß ein Markt als Ganzes das Postulat »symmetrischer Marktrationalität« erfüllt, wenn jeder Marktteilnehmer sich rational verhält und zugleich auch dem Markt Rationalität unterstellt.[24]

Es ist zu beachten, daß sich dieses Postulat der symmetrischen Marktrationalität von dem üblichen Rationalitätspostulat in einigen wichtigen Punkten unterscheidet. Erstens umfaßt das neue Postulat nicht nur das Entscheidungsverhalten von Individuen, sondern auch deren Erwartungen über das Entscheidungsverhalten von anderen. Zweitens ist das Postulat eine Aussage über den Markt als Ganzes und nicht nur über Individualverhalten. Schließlich ist nicht zu vergessen, daß symmetrische Marktrationalität nicht allein aus individuellem Rationalverhalten im üblichen Sinne abgeleitet werden kann, da hierbei nicht impliziert wird, daß man anderen Rationalität unterstellt. Es kann in der Tat ein Entscheidungsverhalten implizieren, das mit unterstellter Rationalität inkonsistent ist, es sei denn, das Individuum glaubt tatsächlich, der Markt sei symmetrisch rational. Für einen gewöhnlich rationalen Investor, der guten Grund hat, zu glauben, daß andere Investoren sich nicht rational verhalten, kann es nämlich durchaus rational sein, eine Strategie einzuschlagen, die er sonst als irrational zurückgewiesen hätte. Unser Postulat schließt somit unter anderem die Möglichkeit spekulativer »Seifenblasen« aus. Hierbei kauft ein individuell rationaler Investor eine Aktie, von der er weiß, daß sie überbewertet ist (d.h. zu teuer in Relation zu den *langfristig* erwarteten Erträgen ist, um für immer in das Portefeuille aufgenommen zu werden), in der Erwartung, sie zu einem noch höheren Preis wiederverkaufen zu können, bevor die Blase platzt.[25]

Die Irrelevanz der Dividendenpolitik trotz Unsicherheit

In Kapitel I konnten wir zeigen, daß die Dividendenpolitik bei gegebener Investitionspolitik einer Unternehmung für die Marktbewertung irrelevant ist. Wir werden nun zeigen, daß diese fundamentale Schlußfolgerung nicht schon deswegen modifiziert werden muß, weil Unsicherheit über den zukünftigen Verlauf von Gewinnen, Investitionen oder Dividenden besteht (wobei wiederum angenommen wird, die Investitionspolitik sei von der Dividendenpolitik trennbar). Um ersehen zu können, daß die Unsicherheit über diese Größen nichts Wesentliches verändert, sei ein Fall betrachtet, in dem die Investoren glauben, daß die zukünftigen Ströme von Gewinnen und Investitionsausgaben zweier Unternehmen 1 und 2 identisch seien, gleichgültig, welche tatsächlichen Werte sie zu verschiedenen Zeitpunkten auch annehmen mögen.[26] Weiterhin sei vorläufig angenommen, dies gelte auch für die gesamten zukünftigen Dividendenzahlungen von Periode 1 an, so daß sich die beiden Unternehmen nur in bezug auf die voraussichtliche Dividende in Periode 0, der gegenwärtigen Periode, unterscheiden können. Unter Verwendung unserer vorigen Symbole nehmen wir somit an, daß

$$\tilde{X}_1(t) = \tilde{X}_2(t) \qquad t = 0 \cdots \infty$$
$$\tilde{I}_1(t) = \tilde{I}_2(t) \qquad t = 0 \cdots \infty$$
$$\tilde{D}_1(t) = \tilde{D}_2(t) \qquad t = 1 \cdots \infty$$

Die Indizes 1 und 2 kennzeichnen die Unternehmen. Die Tilden über den Variablen bringen zum Ausdruck, daß diese aus der Sicht der gegenwärtigen Periode betrachtet werden müssen, nämlich nicht als bekannte, sondern ungewisse Größen. Wir können nun fragen: »Welches Einkommen $\tilde{R}_1(0)$ erhalten die gegenwärtigen Anteilseigner von Unternehmung 1 während der laufenden Periode?« Es ist natürlich gleich

$$\tilde{R}_1(0) = \tilde{D}_1(0) + \tilde{V}_1(1) - \tilde{m}_1(1)\tilde{p}_1(1). \tag{28}$$

Die Beziehung zwischen $\tilde{D}_1(0)$ und $\tilde{m}_1(1)\tilde{p}_1(1)$ ist notwendigerweise noch durch Gleichung (4) gegeben, die lediglich eine buchhalterische Identität ausdrückt, so daß wir schreiben können

$$\tilde{m}_1(1)\tilde{p}_1(1) = \tilde{I}_1(0) - [\tilde{X}_1(0) - \tilde{D}_1(0)] \tag{29}$$

Setzen wir (29) in (28) ein, ergibt sich für Unternehmen 1

$$\tilde{R}_1(0) = \tilde{X}_1(0) - \tilde{I}_1(0) + \tilde{V}_1(1) \tag{30}$$

Durch einen genau parallelen Prozeß können wir für $\tilde{R}_2(0)$ einen äquivalenten Ausdruck erhalten.

Vergleichen wir nun $\tilde{R}_1(0)$ mit $\tilde{R}_2(0)$. Es ist zunächst festzuhalten, daß annahmegemäß $\tilde{X}_1(0) = \tilde{X}_2(0)$ und $\tilde{I}_1(0) = \tilde{I}_2(0)$ gilt. Weiterhin können die Endwerte $\tilde{V}_i(1)$ infolge der symmetrischen Marktrationalität nur von den voraussichtlichen zukünftigen Gewinnen, Investitionen und Dividenden ab Periode 1 abhängen. Diese sind per Annahme ebenfalls für beide Gesellschaften identisch. Somit impliziert symmetrische Rationalität, daß jeder Investor erwartet, daß $\tilde{V}_1(1) = \tilde{V}_2(1)$ gilt, und infolgedessen gilt schließlich auch $\tilde{R}_1(0) = \tilde{R}_2(0)$. Wenn aber das Einkommen der Investoren in beiden Fällen gleich ist, erfordert die Realität, daß beide Unternehmen den gleichen Marktwert haben. $V_1(0)$ muß gleich $V_2(0)$ sein, ohne Rücksicht auf irgendwelche Unterschiede in den Dividendenzahlungen während Periode 0. Wir nehmen nun an, daß die Dividenden nicht nur in Periode 0, sondern in Periode 1 unterschiedlich hoch sind, behalten aber die Annahme gleicher $\tilde{X}_i(t)$ und $\tilde{I}_i(t)$ in allen Perioden und gleicher $\tilde{D}_i(t)$ ab Periode 2 bei. Es ist klar, daß Unterschiede in den Dividendenzahlungen in der Periode 1 $\tilde{R}_i(0)$ und folglich $V_i(0)$ nur über $\tilde{V}_i(1)$ beeinflussen können. Nun wissen die gegenwärtigen Investoren aufgrund der Annahme symmetrischer Marktrationalität, daß die nach Beginn von Periode 1 vorhandenen Anleger die beiden Unternehmen rational bewerten werden. Zudem haben wir schon gezeigt, daß unterschiedliche laufende Dividenden den gegenwärtigen Wert nicht beeinflussen. Somit muß ohne Rücksicht auf mögliche Unterschiede in den Dividendenzahlungen in Periode 1 gelten: $\tilde{V}_1(1) = \tilde{V}_2(1)$ und folglich auch $V_1(0) = V_2(0)$. Aus einer naheliegenden Erweiterung der Beweisführung auf $\tilde{V}_i(2)$, $\tilde{V}_i(3)$ usw. folgt, daß in jeder zukünftigen Periode der Kurs der Aktien von den Dividendenzahlungen unabhängig ist und die Dividendenpolitik somit für die Bestimmung der Marktpreise bei gegebener Investitionspolitik irrelevant ist.[27]

Dividendenpolitik und Verschuldungsgrad

Bei genauer Betrachtung der obigen Beweisführung zeigt sich, daß sie dem Beweis für die Welt unter Sicherheit im wesentlichen analog ist. In dieser Welt können Unternehmen, wie wir wissen, in der Tat nur zwei alternative Quellen für die Finanzierung ihrer Investitionen haben: Gewinneinbehaltung oder Kapitalerhöhung. In einer unsicheren Welt gibt es jedoch zusätzlich die Möglichkeit der Fremdfinanzierung. Es erhebt sich natürlich die Frage, ob die Schlußfolgerung der Irrelevanz der Dividendenpolitik auch bei Einbeziehung der Fremdfinanzierung gültig bleibt, da insbesondere Wechselwirkungen zwischen Verschuldungsgrad und Dividendenpolitik sehr wohl auftreten können. Die Antwort ist, daß die Irrelevanz bestehen bleibt. Da ein vollständiger Beweis vielleicht zu langwierig und voller Wiederholungen wäre, wollen wir kurz die Hauptzüge der Beweisführung umreißen. Wir beginnen wie oben, indem wir diejenigen Bedingungen für Periode 1 und die Folgeperioden aufstellen, unter denen $\tilde{V}_1(1) = \tilde{V}_2(1)$ gilt. Dabei müssen die V, dem Vorgehen unserer früheren Arbeit [17] folgend, nun als gesamter Marktwert der Unternehmung interpretiert werden, der Fremd- plus Eigenkapital – also nicht nur das Eigenkapital allein – umfaßt. Bei der Ermittlung des gesamten Einkommens der ursprünglichen Anteilseigner aus dem Unternehmen müssen nun auch Fremdkapitalzinsen einbezogen werden. Es sei daran erinnert, daß jedes Individuum jederzeit das Wahlrecht hat, einen proportionalen Anteil sowohl des Eigen- als auch des Fremdkapitals zu kaufen. Die buchhalterische Identität (4) muß ebenfalls erweitert werden, um einerseits das Zinseinkommen, andererseits die Fremdmittel zu berücksichtigen, die zur völligen oder teilweisen Finanzierung von Investitionen verwendet werden. Im Endergebnis heben sich sowohl die Dividenden- als auch die Zinskomponente des gesamten Gewinns auf. Das relevante (Gesamt-)Einkommen ergibt sich wie zuvor als $[\tilde{X}_i(0) - \tilde{I}_i(0) + \tilde{V}_i(1)]$ und ist eindeutig unabhängig von der laufenden Dividende. Daraus folgt, daß der Unternehmenswert auch unabhängig von der Dividendenpolitik sein muß, sofern die Investitionspolitik gegeben ist.[28]

Der Informationsgehalt von Dividenden

Um unsere Diskussion der Dividendenpolitik unter Unsicherheit zu beschließen, wollen wir kurz auf eine weitverbreitete Verwirrung über die Bedeutung der Irrelevanzthese Bezug nehmen. Sie wird ausgelöst durch die Tatsache, daß in der Realität einem Wechsel des Dividendensatzes oft eine Änderung des Kurses folgt (die manchmal sogar spektakulär ist). Eine solche Erscheinung ist mit der Irrelevanzthese nicht unvereinbar. Sie ist bloß eine Reflexion dessen, was als »Informationsgehalt« von Dividenden bezeichnet wird, eine Eigenschaft einzelner Dividendenzahlungen, die bisher per Annahme von der Diskussion und den Beweisen ausgeschlossen wurde. Wenn z. B. eine Unternehmung die Politik stabiler Dividende mit einer langfristig festgelegten und allgemein bekannten »Plan-Ausschüttungsquote« eingeschlagen hat, interpretieren die Investoren (und haben guten Grund dazu) eine Änderung des Dividendensatzes als eine Veränderung der Erwartungen der Geschäftsleitung über die zukünftigen Gewinnaussichten der Unternehmung.[29] Die Änderung der Dividende schafft die Gelegenheit für die Kursänderung, verursacht sie aber nicht. Im Kurs spiegeln sich allein zukünftige Gewinn- und Wachstumschancen wider. In einem besonderen Fall könnten die Investoren sich bei dieser Interpretation der Dividendenänderung irren, wenn nämlich die Geschäftsleitung wirklich nur die geplante Ausschüttungsquote ändern wollte oder möglicherweise sogar versuchte, den Kurs zu »manipulieren«. Aber dies stünde nicht im Widerspruch zur Irrelevanzthese, es sei denn, die Kursänderungen bildeten sich in solchen Fällen nicht zurück, wenn die Offenlegung der Ereignisse die wirkliche Lage klargemacht hat.[30]

V. DIVIDENDENPOLITIK UND MARKTUNVOLLKOMMENHEITEN

Um die Untersuchung der Dividendenpolitik zu vervollständigen, besteht der nächste Schritt vornehmlich darin, die Annahme vollkommener Kapitalmärkte aufzuheben. Dies ist jedoch viel leichter gesagt als getan, vor allem weil es keine einheitliche Menge von Bedingungen gibt, die »Unvollkommenheit« konstituieren. Wir können eine Vielzahl einzelner und kombinierter Abweichungen von der strengen Vollkommenheit beschreiben. Der Versuch, den Implikationen jeder dieser Abweichungen nachzugehen, würde wohl nur dazu dienen, unmäßig viel zu einer schon überlangen Diskussion hinzuzufügen. Deshalb werden wir uns in diesem Schlußteil auf einige kurze und allgemeine Bemerkungen über unvollkommene Märkte beschränken. Wir hoffen, daß sie sich als hilfreich für jene erweisen, die sich der Aufgabe widmen, die Bewertungstheorie in dieser Richtung zu erweitern.

Man muß zunächst im Auge behalten, daß vom Standpunkt der Dividendenpolitik nicht die Unvollkommenheit an sich zählt. Wichtig sind jene Unvollkommenheiten, die einen Investor dazu bringen könnten, eine systematische Präferenz zwischen einem Dollar laufender Dividende und einem Dollar Kapitalgewinn zu haben. Wird keine solche systematische Präferenz hervorgerufen, so können wir die Unvollkommenheit in der (Zufalls-)Fehlergröße subsumieren, die sich immer dann ergibt, wenn von Idealmodellen abgeleitete Thesen auf reale Verhältnisse übertragen werden.

Sogar wo wir Unvollkommenheiten finden, die individuelle Präferenzen in eine bestimmte Richtung lenken – wie z.B. die Existenz von Maklergebühren, die tendenziell dazu führt, daß junge »Akkumulatoren« Anteile mit niedrigen Ausschüttungsquoten bevorzugen und ältere Leute zu »Einkommensaktien« neigen –, sind solche Unvollkommenheiten höchstens nur notwendige, aber keine hinreichenden Bedingungen dafür, daß bestimmte Ausschüttungspolitiken vom Markt beständig honoriert werden. Wenn z.B. die Häufigkeitsverteilung der Ausschüttungsquoten der Gesellschaften zufällig genau mit der Verteilung der Präferenzen der Anleger für Ausschüttungsquoten übereinstimmt, würde die Existenz dieser Präferenzen schließlich eindeutig zu einer Situation führen, deren Implikationen sich nicht grundsätzlich vom Fall des vollkommenen Marktes unterscheiden. Jede Gesellschaft würde tendenziell eine »clientele« anziehen, die aus jenen Anteilseignern bestünde, die die spezielle Ausschüttungsquote der Gesellschaft bevorzugten. Aber eine »clientele« wäre bezüglich der Bewertung, die sie für die Unternehmung impliziert, genauso gut wie eine andere. Es ist selbstverständlich auch nicht notwendig, daß sich die Verteilungen genau entsprechen, um zu diesem Ergebnis zu gelangen. Sogar wenn eine »Knappheit« an einer bestimmten Ausschüttungsquote bestünde, hätten die Investoren normalerweise noch die Möglichkeit, ihre besonderen Sparziele ohne die Zahlung einer Prämie für knappe Aktien zu erreichen, indem sie einfach entsprechend gewichtete Kombinationen der reichlicher vorhandenen Ausschüttungsquoten kauften. Weiß man, daß ein großer Bereich von Ausschüttungsquoten verfügbar ist, würde dieser Prozeß in der Tat nur dann dauerhafte Prämien und Abschläge nicht beseitigen, wenn sich die Verteilung der Präferenzen der Investoren stark auf die beiden äußeren Enden der Ausschüttungsskala konzentrieren.[31]

Von all den Marktunvollkommenheiten, die man aufführen kann, besteht die einzige, die eventuell eine solche Konzentration erzeugen könnte, in dem beträchtlichen Vorteil, der den Kapitalgewinnen im Vergleich zu den Dividenden bei der Einkommensteuer gewährt wird. Diese steuerliche Bevorzugung der Kapitalgewinne mag zwar für Bezieher hoher Einkommen sehr stark sein, es ist jedoch zu bedenken, daß ein erheblicher (und wachsender) Teil der insgesamt umlaufenden Anteile in den Händen von Investoren ist, für die entweder keine unterschiedliche Besteuerung besteht (Wohltätigkeitsvereinigungen, Bildungsanstalten, Stiftungen, Pensionskassen und Bezieher niedriger Einkommen) oder bei denen die Dividenden steuerlich begünstigt werden (Unfallversicherungsgesellschaften und steuerpflichtige Körperschaften im allgemeinen). Folglich tritt der »clientele-Effekt« wiederum ein. Außer bei Individuen mit Spitzeneinkommensteuersätzen fällt darüber hinaus die Differenz bei den Renditen vor Steuer, die erforderlich ist, um gleiche Renditen nach Steuer zu erzeugen, zumindest bei bescheidenen Änderungen der Zusammensetzung der Einkommen nicht besonders ins Gewicht.[32] Das soll natürlich nicht heißen, daß Differenzen bei den Renditen (Marktwerten), die durch unterschiedliche Dividendenpolitiken verursacht wurden, von den Unternehmensleitungen bloß deswegen nicht beachtet werden sollten, weil sie relativ gering sind. Aber es soll Forscher davor bewahren, allzu überrascht zu sein, wenn es sich als schwierig herausstellt, eine Prämie für Anteile mit niedrigen Ausschüttungsquoten mittels statistischer Standardtechniken zu messen oder gar nur zu entdecken.

Da der steuerliche Unterschied zugunsten der Kapitalgewinne zweifellos die bedeutendste *systematische* Marktunvollkommenheit darstellt, wollen wir schließlich darauf hinweisen, daß man die Differenz zwischen unserer Irrelevanzthese und der herrschenden Meinung über die Rolle der Dividendenpolitik, wie man sie in der Finanzierungsliteratur findet, wohl kaum durch das Heraufbeschwören von »Unvollkommenheiten« erklären kann. Die herrschende Meinung besagt nämlich nicht, daß Gesellschaften mit niedrigen Ausschüttungsquoten höher, sondern daß ihre Anteile im allgemeinen niedriger bewertet werden![33] Wenn das in der Tat der Fall wäre – wir sind zumindest nicht bereit zuzugestehen, daß dies erwiesen sei –, dann gäbe es nach der hier vorgelegten Untersuchung nur einen Weg der Erklärung; es wäre das Ergebnis systematischer Irrationalität seitens der Anleger.[34]

Die Aussage, daß das Auftreten einer positiven Prämie für hohe Ausschüttungen auf Irrationalität beruhe, machte selbstverständlich dieses Phänomen kaum unwirklicher. Es würde aber zumindest ein gewisses Maß an Vorsicht für langfristige Entscheidungen anzuraten sein, denn Anleger – so naiv sie auch sein mögen, wenn sie zum erstenmal auf dem Markt auftreten – lernen manchmal aus der Erfahrung; vielleicht lernen sie gelegentlich sogar beim Lesen solcher Aufsätze wie diesem.

ANMERKUNGEN

1. Außer den Hinweisen in unseren früheren Arbeiten, insbesondere [16], scheint Bodenhorn [1, S. 492] dem Problem am nächsten gekommen zu sein, aber auch seine Behandlung der Rolle der Dividendenpolitik ist nicht ganz eindeutig. (Die Zahlen in den Klammern beziehen sich auf die Quellenangaben am Ende der Arbeit, S. 299.)

2. Siehe S. 285

3. Allgemeinere Formeln, in denen $\varrho(t)$ sich im Zeitablauf ändern kann, können jederzeit aus den hier dargestellten abgeleitet werden, indem $(1 + \varrho)^{t+1}$ durch das komplizierte Produkt $\prod_{\tau=0}^{t} [1 + \varrho(\tau)]$ ersetzt wird.

4. Die Annahme, daß der Restwert verschwindet, wurde zur Vereinfachung der Darstellung gemacht. Sie ist für die Argumentation unwesentlich. Wesentlich ist natürlich, daß $V(0)$, d.h. die Summe der beiden Ausdrücke in (7) endlich ist, was in einer ökonomischen Analyse immer getrost angenommen werden kann. Siehe unten Fußnote 14.

5. In der Tat ist dies der Bewertungsansatz, der in der Wirtschaftstheorie üblicherweise angewendet wird, wenn man den Wert der *Vermögensgegenstände* einer Unternehmung diskutiert. Unglücklicherweise wird er viel seltener bei der Bewertung der Passivseite angewendet. Einer der wenigen, die den Ansatz ebenso auf Anteile wie auf Vermögensgegenstände beziehen, ist Bodenhorn in [1], der ihn dazu verwendet, eine Formel abzuleiten, die (9) sehr ähnlich ist.

6. Die Annahme, die Ausgabe $I(t)$ bringe einen uniformen unendlichen Strom, ist im gegenwärtigen Zusammenhang sicherer Erwartungen nicht restriktiv, da es immer möglich ist, mittels einfacher Barwertrechnungen für jedes Projekt einen äquivalenten uniformen Strom zu finden, gleichgültig wie die zeitliche Struktur des tatsächlichen Stroms aussieht. Es ist außerdem zu bemerken, daß $\varrho^*(t)$ ein *Durchschnittszinssatz* ist. Wenn sich die Geschäftsleitung rational verhält, wird sie selbstverständlich ϱ als kritischen Zinsfuß verwenden (siehe S. 285). In diesem Falle würde gelten $\varrho^*(t) \geq \varrho$. Die Formeln behalten ihre Gültigkeit auch wenn $\varrho^*(t) < \varrho$ gilt.

7. Bei Bodenhorn [1] findet man eine zu (12) analoge Bewertungsformel, die jedoch in einer etwas anderen Art und Weise abgeleitet und interpretiert wird. Varianten von (12) für bestimmte Sonderfälle werden von Walter [20] diskutiert.

8. Zum selben Schluß wären wir selbstverständlich gekommen, wenn wir die Kosten für jede besondere Kapitalquelle ermittelt hätten. Da ϱ der ständige Marktzinssatz für Eigenkapital ist, muß der Kurs neuer Anteile, die zur Investitionsfinanzierung ausgegeben werden, so festgelegt sein, daß die Aktien eine Rendite von ϱ bieten; enthält man andererseits den Anteilseignern Mittel vor, um Investitionen zu finanzieren, so würde man ihnen die Möglichkeit nehmen, mit diese Mitteln ϱ zu verdienen, indem sie ihre Dividende in anderen Anteilen anlegten. Der Vorteil, mit dem Konzept der Kapitalkosten als kritischem Zinsfuß zu arbeiten, besteht darin, daß es die Gefahr minimiert, »Kosten« mit bloßen »Ausgaben« durcheinanderzubringen.

9. Das schwierige Verzerrungsproblem bei Tests, in denen veröffentlichte Gewinnziffern als Maß für $X(0)$ verwendet wurden, ist von uns kurz in [16] diskutiert worden.

10. Wenn wir zu bedenken geben, daß jüngere statistische Untersuchungen das Wachstum nicht angemessen berücksichtigen, so wollen wir dabei Gordon in [8] oder [9] nicht ausnehmen. Seine Tests enthalten zwar eine explizite Wachstumsvariable, sie ist jedoch im wesentlichen nichts anderes als das Verhältnis aus einbehaltenen Gewinnen und Buchwert. Dieses Verhältnis bringt im allgemeinen in jenen Fällen keine brauchbare Annäherung an die »Wachstums«-Variable von (12), in denen die Unternehmung auf externe Finanzierung zurückgreift. Darüber hinaus können seine Tests das Problem der Dividendenpolitik sogar dann noch nicht einmal lösen, wenn er durch Zufall eine Stichprobe gefunden hätte, in der sich alle Unternehmungen auf Selbstfinanzierung beschränkten. Wenn nämlich alle Unternehmen ihre Investitionen intern finanzierten (oder ein strenges Verhältnis zwischen interner und externer Finanzierung einhielten, wie Gordon in [8] annimmt), so könnte man nicht mehr zwischen den Wirkungen der Dividenden- und Investitionspolitik unterscheiden (siehe S. 285).

11. Siehe dazu die klassische Darstellung dieser Auffassung bei J. B. Williams [21]. Auf die Äquivalenz des Dividendenansatzes mit vielen anderen Standardmethoden wurde unseres Wissens nur von uns in [16] und implizit von Bodenhorn in [1] hingewiesen.

12. Die Feststellung, daß die Gleichungen (9), (12) und (14) äquivalent sind, muß genauer erläutert werden, um bestimmte extreme Fälle zu berücksichtigen, die glücklicherweise praktisch nicht bedeutsam sind. Ein offensichtliches Beispiel eines solchen Falles ist die legendäre Gesellschaft, von der man erwartet, daß sie *niemals* eine Dividende ausschüttet. Wäre dieser Fall gegeben, so würde der Unternehmenswert nach (14) Null betragen, nach (9) wäre er eben-

falls Null (oder möglicherweise negativ, da Dividenden von Null zwar $X(t) > I(t)$, aber nicht $X(t) < I(t)$ ausschließen), während der Wert nach (12) möglicherweise positiv sein könnte. Der Grund dafür liegt ganz einfach in einer Unstetigkeitsstelle bei Null, da der Wert nach (14) und (9) positiv und äquivalent mit (12) wäre, wenn dieser Wert auch so lange positiv wäre, als ob es eine in beliebiger Zukunft liegende Periode T gäbe, nach der die Unternehmung einen beliebig kleinen Prozentsatz $\varepsilon > 0$ ihrer Gewinne ausschüttete.

13. Der Gerechtigkeit halber sollten wir darauf hinweisen, daß es nach unserer Kenntnis niemanden gibt, der diese Ansicht ernsthaft unterstützt hat. Es ist eine Auffassung, deren Hauptfunktion darin besteht, als »Strohmann« zu dienen, um von denjenigen zerstört zu werden, die der Dividendenthese anhängen. Siehe z. B. Gordon [9, insb. S. 102 f.]. Andere Verfasser beziehen sich bei ihrer Gegenthese zum Dividendenansatz nicht auf den Gewinn*strom*, sondern behaupten einfach, der Preis sei den laufenden Gewinnen proportional, z. B. $V(0) = X(0)/\varrho$. Die wahrscheinlichen Wurzeln dieser weitverbreiteten Fehldeutung des Gewinnansatzes werden weiter unten (S. 285) diskutiert.

14. Ein Vorteil des Ausdrucks (23) besteht darin, daß er leicht ersichtlich macht, was sich wirklich hinter der hier und später gemachten Annahme verbirgt, daß jeder $V(0)$-Wert, der sich aus irgendeiner unserer Summationsformeln ergibt, notwendigerweise endlich ist (vgl. oben, Fußnote 4). Nach (23) lautet die Bedingung eindeutig $k\varrho^* < \varrho$, d. h., die Wachstumsrate der Unternehmung muß kleiner sein als der Marktzinssatz. Obwohl der Fall, in dem die (ewigen) Wachstumsraten größer als der Diskontierungssatz sind, als »Wachstumsaktien-Paradoxon« viel diskutiert wurde (z. B. in [6]), hat er, wie wir gezeigt haben [16, insbes. Fußnote 17, S. 664] keine praktische Bedeutung. Dies wird offensichtlich, wenn man daran erinnert, daß der Diskontierungssatz ϱ vom gesamten System her gesehen in Wirklichkeit eine Variable ist, wenn er auch in der partiellen Gleichgewichtsanalyse (d. h. in der Analyse der relativen Preise), wie sie hier dargestellt wurde, als Konstante behandelt wird. Wenn die Annahme endlicher Werte für alle Anteile nicht erfüllt werden könnte, weil für einige Anteile $k\varrho^*$ (ständig) größer als ϱ wäre, so würde ϱ so lange steigen, bis ein Gesamtgleichgewicht auf den Kapitalmärkten wiederhergestellt wäre.

15. Eine interessante und realistischere Variante von (22), die auch eine Reihe angenehmer Eigenschaften hinsichtlich der Entwicklung empirischer Tests aufweist, erhält man durch die Annahme, daß die speziellen Investitionsmöglichkeiten nicht in alle Ewigkeit bestehen, sondern nur während eines endlichen Zeitraums von T Perioden. Um den Unternehmenswert für diesen Fall zu ermitteln, brauchen wir nur die unendliche Summe in (22) durch eine Summe zu ersetzen, die von $t = 0$ bis $t = T-1$ läuft. Berechnen wir den sich ergebenden Ausdruck, erhalten wir

$$V(0) = \frac{X(0)}{\varrho}\left\{1 + \frac{k(\varrho^*-\varrho)}{\varrho-k\varrho^*}\left[1 - \left(\frac{1+k\varrho^*}{1+\varrho}\right)^T\right]\right\} \quad (22\text{a})$$

Es ist zu beobachten, daß (22a) sogar im Falle $k\varrho^* > \varrho$ gilt, so daß das sogenannte Wachstumsaktien-Paradoxon gänzlich verschwindet. Wenn $(1 + k\varrho^*)/(1 + \varrho)$, wie wir allgemein erwarten dürften, nahe bei Eins liegt und wenn T nicht zu groß ist, läßt sich für die rechte Seite von (22a) eine geeignete Näherungsformel anwenden. In diesem Fall können wir schreiben

$$\left[\frac{1+k\varrho^*}{1+\varrho}\right]^T \cong 1 + T(k\varrho^* - \varrho)$$

Die Approximation gilt, wenn $(1 + k\varrho^*)$ und $(1 + \varrho)$ nahe bei Eins liegen, was wir erwarten sollten. Setzt man diese Näherungsformel in (22a) ein und vereinfacht, so erhält man schließlich

$$V(0) \cong \frac{X(0)}{\rho} \left[1 + \frac{k(\rho^* - \rho)}{\rho - k\rho^*} T(\rho - k\rho^*) \right] \tag{22b}$$

$$= \left[\frac{X(0)}{\rho} + kX(0) \left(\frac{\rho^* - \rho}{\rho} \right) T \right].$$

Die Bedeutung von (22b) ist leicht ersichtlich. Der gegenwärtige Unternehmenswert ist gegeben durch den Wert der Ertragskraft der vorhandenen Vermögensgegenstände und den Marktwert der speziellen Ertragsmöglichkeiten multipliziert mit der Anzahl der Jahre, in denen diese voraussichtlich gegeben sein wird.

16. Daß g sowohl die Wachstumsrate des Anteilspreises als auch der Dividenden pro Anteil ist, folgt daraus, daß wegen (13) und der Definition von g die Gleichung

$$p(t) = \sum_{\tau=0}^{\infty} \frac{d(t+\tau)}{(1+\varrho)^{\tau+1}} = \sum_{\tau=0}^{\infty} \frac{d(0)[1+g]^{t+\tau}}{(1+\varrho)^{\tau+1}}$$

$$= (1+g)^t \sum_{\tau=0}^{\infty} \frac{d(\tau)}{(1+\varrho)^{\tau+1}} = p(0)[1+g]^t.$$

gilt.

17. D.h., wir ersetzen jeden diskreten Ausdruck, wie z.B. $X(t) = X(0)(1 + k\varrho^*)^t$ durch den entsprechenden Ausdruck bei stetiger Verzinsung $X(t) = X(0) e^{k\varrho^* t}$, wodurch sich die einfache lineare Beziehung $\ln X(t) = \ln X(0) + k\varrho^* t$ ergibt.

18. Vgl. insbesondere [8]. Gordons Arbeit repräsentiert die klarste und intelligenteste Formulierung des sog. »Spatz-in-der-Hand«-Trugschlusses. Andere weniger sorgfältige Darstellungen stammen u.a. von Graham und Dodd [11, S. 433] sowie von Clendenin und Van Cleave [3].

19. Wir verwenden die Bezeichnung $\hat{\varrho}(t)$, um Verwechslungen zwischen Gordons rein subjektivem Diskontierungssatz und dem objektiven Marktzinssatz $\varrho(t)$ in obigem Kapitel I zu vermeiden. Der Versuch, Bewertungsformeln unter Unsicherheit mit diesen rein subjektiven Diskontierungsfaktoren abzuleiten, beinhaltet einen Fehler, der im wesentlichen zu dem Fehler analog ist, den man begeht, wenn man Bewertungsformeln für Sicherheit aus »marginalen Zeitpräferenzraten« und nicht aus objektiven Marktmöglichkeiten entwickelt.

20. Es soll damit nicht bestritten werden, daß Wachstumsaktien (in unserem Sinne) durchaus »risikoreicher« als Nicht-Wachstumsaktien sein können. Dies ist auf die möglicherweise größere Unsicherheit zurückzuführen, mit der Größe und Dauer zukünftiger Wachstumsmöglichkeiten und folglich die Breite des zukünftigen Gesamteinkommensstroms behaftet sind. Dies hat aber mit irgendwelchen Problemen der Dividendenpolitik nichts zu tun.

21. Es ist auch anzumerken, daß es uns obige Untersuchung ermöglicht, das vertraute Problem, ob die Eigenkapitalkosten einer Unternehmung durch das Gewinn/Kurs-Verhältnis oder durch das Dividenden/Kurs-Verhältnis gemessen werden, sehr leicht zu lösen. Selbstverständlich lautet die Antwort, daß sie durch keines von beiden gemessen werden, besondere Umstände ausgenommen. Aus (23) folgt für das Gewinn/Kurs-Verhältnis

$$\frac{X(0)}{V(0)} = \frac{\rho - k\rho^*}{1 - k},$$

was mit den Kapitalkosten ϱ nur dann übereinstimmt, wenn die Unternehmung kein Wachstumspotential aufweist (d.h., $\varrho^* = \varrho$). Aus (24) entnehmen wir für das Dividenden/Kurs-Verhältnis

$$\frac{D(0)}{V(0)} = \rho - g,$$

was mit ϱ nur dann übereinstimmt, wenn $g = 0$; wir ersehen aus (25), daß dies der Fall ist, wenn entweder $k = 0$ gilt oder falls $k > 0$, $\varrho^* < \varrho$ gilt und der Betrag der Außenfinanzierung sich genau auf

$$k_e = \frac{\rho^*}{\rho} k [1 - k_r]$$

beläuft, so daß der Überschuß aus der Gewinneinbehaltung genau den Verlust aufhebt, der sich andererseits durch die unvorteilhafte Investition ergäbe.

22. Obige Beziehung zwischen Gewinn pro Anteil und Dividenden plus Kapitalgewinn besagt auch, daß es eine systematische Relation zwischen der Höhe der einbehaltenen Gewinne und der Kapitalgewinne gibt. Die »Grenz«-Relation ist leicht ersichtlich und beträgt ohne Rücksicht auf Wachstum und Finanzierungspolitik genau Eins zu Eins. Kürzt man also die Dividenden um einen Dollar und fügt ihn den einbehaltenen Gewinnen hinzu (ceteris paribus), so ergibt dies eine Erhöhung des Kapitalgewinns um einen Dollar (oder eine Verminderung des Kapitalverlustes um einen Dollar). Die »Durchschnitts«-Rate ist etwas komplizierter. Aus (26) und (27) ist ersichtlich, daß

$$G_t(t) = k_r X(t) + k X(t) \frac{\rho^* - \rho}{\rho - k\rho^*}.$$

Wenn $\varrho^* = \varrho$, ist der gesamte Kapitalgewinn genau gleich dem gesamten einbehaltenen Gewinn pro Anteil. Bei Wachstumsgesellschaften wird der Kapitalgewinn jedoch immer größer als der einbehaltene Gewinn sein (und es wird sich ein Kapitalgewinn von

$$k X(t) \left[\frac{\rho^* - \rho}{\rho - k\rho^*} \right]$$

ergeben, selbst wenn alle Gewinne ausgeschüttet werden).

Bei Nicht-Wachstumsgesellschaften ist die Beziehung zwischen Gewinn und Einbehaltung umgekehrt. Es ist zudem zu bemerken, daß die absolute Differenz zwischen dem gesamten Kapitalgewinn und dem gesamten thesaurierten Gewinn (bei gegebenen ϱ, k und ϱ^*) eine Konstante ist, die von der Dividendenpolitik unabhängig ist. Folglich ändert sich das Verhältnis aus Kapitalgewinn und einbehaltenem Gewinn bei Wachstumsgesellschaften direkt mit der Ausschüttungsquote (und vice-versa bei Nicht-Wachstumsgesellschaften). Das bedeutet unter anderem, daß der Versuch gefährlich ist, Schlüsse über das relative Wachstumspotential oder die relative *Grenzleistungsfähigkeit* von Gesellschaften allein aufgrund der Relation zwischen Kapitalgewinnen und einbehaltenen Gewinnen zu ziehen (vgl. Harkavy [12, insb. S. 289–294]).

23. Es bedeutet auch nicht, daß die vorausgehende Sicherheitsanalyse bei Unsicherheit keinerlei Relevanz hat.

Es gibt viele Probleme, wie jene, die in Kapitel I und II diskutiert wurden, die sich wirklich nur auf das beziehen, was die reine »Zukunfts«-Komponente in der Bewertung genannt werden kann. Hier können die Bewertungsformeln noch äußerst nützlich sein, indem sie die innere Konsistenz der Beweisführung aufrechterhalten und empirische Tests bestimmter Hypothesenklassen über die Bewertung anregen (oder kritisieren), wenn auch die Formeln selbst nicht dazu verwendet werden können, genaue numerische Werte für spezifische reale Aktien zu errechnen.

24. Wir bieten den Begriff »symmetrische Marktrationalität« mit erheblichem Vorbehalt und nur nach Versicherung von Spieltheoretikern an, daß es keinen anerkannten Begriff für

dieses Konzept in der einschlägigen Literatur gibt, wenn auch das Postulat selbst (oder enge Parallelen zu ihm) häufig erscheint. Ein ähnliches, aber nicht genau gleiches Konzept ist Muths »Hypothese rationaler Erwartungen« [18]. Unter den wohlklingenderen, aber unserem Gefühl nach weniger treffenden Alternativen, die uns vorgeschlagen wurden, befinden sich »mutmaßliche Rationalität« (von T. J. Koopmans), »Bi-Rationalität« (von G. L. Thompson), »Einfühlungsrationalität« (von Andrea Modigliani) und »Panrationalität« (von A. Ando).

25. Wir sind uns selbstverständlich darüber im klaren, daß solche spekulativen Seifenblasen in der Vergangenheit tatsächlich auftraten (und wahrscheinlich in Zukunft auch wieder vorkommen werden), so daß unser Postulat gewiß nicht als universell anwendbar angenommen werden kann. Wir glauben jedoch, daß es auch nicht universell unanwendbar ist, da nach unserer Beobachtung spekulative Seifenblasen – obwohl sie gut publiziert werden, wenn sie auftreten – kein beherrschendes oder sogar grundlegendes Merkmal wirklichen Marktverhaltens unter Unsicherheit zu sein scheinen. Wir wollen somit behaupten, daß sich Märkte in der Regel und im Durchschnitt nicht so verhalten, daß sie dem Postulat offensichtlich widersprechen. Das Postulat kann daher zumindest als erste Annäherung nützlich für die Untersuchung langfristiger Tendenzen in organisierten Kapitalmärkten sein. Es braucht wohl nicht erwähnt zu werden, daß durch empirische Tests seiner Implikationen festgestellt werden muß, ob unser Vertrauen in das Postulat gerechtfertigt ist (das gilt natürlich auch für die Irrelevanz der Dividendenpolitik).

26. Die Annahme zweier identischer Unternehmen wurde nur der leichteren Darstellung halber eingeführt, da die Implikationen der Rationalität gewöhnlich eher ersichtlich sind, wenn es einen expliziten Arbitrage-Mechanismus gibt, der in diesem Falle in der Umschichtung der Anteile beider Unternehmen bestünde. Die Annahme ist jedoch nicht notwendig. Wir können uns die beiden Unternehmen auch so vorstellen, daß sie zwei Zuständen des gleichen Unternehmens entsprechen, für die ein Investor eine Serie »gedanklicher Experimente« hinsichtlich der Dividendenpolitik durchführt.

27. Wir können bemerken, daß die Annahme symmetrischer Marktrationalität hinreichend, aber nicht streng notwendig ist, um diesen Schluß abzuleiten, wenn wir bereit sind, die Irrelevanzthese so abzuschwächen, daß sie langfristige durchschnittliche Tendenzen auf dem Markt beschreibt. Es ist vorstellbar, daß bei individueller Rationalität die abgeschwächte Irrelevanzthese gilt, denn langfristig könnten rationale Investoren »unterbewertete« Aktien kaufen und behalten. Sie können sich damit höhere langfristige Erträge sichern, wenn sich die Kurse eventuell angleichen. Aber sie könnten dabei ziemlich lange warten müssen.

28. Der gleiche Schluß muß auch für den Marktwert aller Anteile (und folglich für den Kurs pro Anteil) gelten, der gleich dem gesamten Marktwert der Unternehmung abzüglich des anfänglich vorhandenen Fremdkapitals ist. Es braucht wohl kaum erwähnt zu werden, daß der Anteilspreis und der Wert des Eigenkapitals in *zukünftigen* Zeitpunkten nicht unabhängig von der Dividenden- und Verschuldungspolitik der Zwischenzeit ist.

29. Zum Nachweis der allgemeinen Verbreitung der Dividendenstabilisierung und Plan-Ausschüttungsquoten vgl. Lintner [15].

30. Vgl. Modigliani und Miller [16, S. 666–668] hinsichtlich einer weiteren Diskussion über den Informationsgehalt von Dividenden, einschließlich seiner Implikationen für empirische Tests der Irrelevanzthese.

31. Obige Diskussion sollte klären, warum es unter anderem nicht möglich wäre, einen gültigen Schluß hinsichtlich des relativen Übergewichts von »Akkumulatoren« gegenüber »Einkommens«-käufern bzw. der Stärke ihrer Präferenzen zu ziehen, wenn man lediglich das Gewicht betrachtet, das den Dividenden in einer einfachen Querschnittsregression zwischen

Anteilswert und Ausschüttung beigemessen wird (wie es von Clendenin [2, S. 50] oder Durand [5, S. 651] versucht wurde).

32. Wenn ein Steuerpflichtiger z. B. einem Grenzsteuersatz von 40% auf Dividenden und dem halben Satz, d. h. 20% auf langfristige Kapitalgewinne unterliegt, dann ergibt sich aus einer Rendite vor Steuern in Höhe von 6%, die sich zu 40% aus Dividenden und zu 60% aus Kapitalgewinnen zusammensetzt, eine Rendite nach Steuern von 4,32%. Um dieselbe Rendite nach Steuern für eine Aktie zu erzielen, deren Ertrag aus 60% Dividenden und 40% Kapitalgewinn besteht, wäre eine Rendite vor Steuern in Höhe von 6,37% erforderlich. Der Unterschied wäre etwas geringer, wenn man den zur Zeit gültigen »dividend credit« (Steuerabzug in Höhe von 4% der Dividenden, der in den USA 1954–1961 in Kraft war, A. d. Ü.) berücksichtigte. Man muß aber auch im Auge behalten, daß die Steuer auf Kapitalgewinne unter den gegenwärtigen Regelungen gänzlich vermieden werden kann, wenn die Gewinne zu Lebzeiten des Anteilseigners nicht realisiert werden.

33. Siehe unter vielen anderen Gordon [8, 9], Graham und Dodd [11, insb. Kapitel XXXIV und XXXVI], Durand [4, 5], Hunt, Williams und Donaldson [13, S. 647–649], Fisher [7], Gordon und Shapiro [10], Harkavy [12], Clendenin [2], Johnson, Shapiro und O'Meara [14] und Walter [19].

34. Oder, weniger plausibel, daß es eine systematische Tendenz gibt, externe Mittel produktiver als interne verwenden zu können.

LITERATUR

1. Bodenhorn, Diran, On the Problem of Capital Budgeting, *Journal of Finance*, XIV (Dezember, 1959), S. 473–492.
2. Clendenin, John, What Do Stockholders Like?, *California Management Review*, I (Herbst, 1958), S. 47–55.
3. Clendenin, John, und Van Cleave, M., Growth and Common Stock Values, *Journal of Finance*, IX (September, 1954), S. 365–376.
4. Durand, David, *Bank Stock Prices and the Bank Capital Problem* (Occasional Paper, No. 54) New York: National Bureau of Economic Research, 1957.
5. Ders., The Cost of Capital and the Theory of Investment: Comment, *American Economic Review*, XLIX (September, 1959), S. 639–654.
6. Ders., Growth Stocks and the Petersburg Paradox, *Journal of Finance*, XII (September, 1957), S. 348–363.
7. Fisher, G. R., Some Factors Influencing Share Prices, *Economic Journal*, LXXI, No. 281 (März, 1961), S. 121–141.
8. Gordon, Myron, The Savings, Investment, and Valuation of a Corporation, *Review of Economics and Statistics*, XLIV (Februar 1962), S. 37–51.
9. Ders., Dividends, Earnings and Stock Prices, ebenda, XLI, No. 2, Teil I (Mai, 1959), S. 99–105.
10. Gordon, Myron, und Shapiro, Eli, Capital Equipment Analysis: The Required Rate of Profit, *Management Science*, III, 1956, S. 102–110. Übersetzung S. 54 ff. in diesem Band.
11. Graham, Benjamin, und Dodd, David, *Security Analysis*, New York: McGraw-Hill Book Company, 1951.
12. Harkavy, Oscar, The Relation between Retained Earnings and Common Stock Prices for Large Listed Corporations, *Journal of Finance*, VIII (September, 1953, S. 283–297).

13. Hunt, Pearson, Williams, Charles, und Donaldson, Gordon, *Basic Business Finance*, Homewood, Ill., Richard D. Irwin, 1958.
14. Johnson, L. R., Shapiro, Eli, und O'Meara, J., Valuation of Closely Held Stock for Federal Tax Purposes: Approach to an Objective Method, *University of Pennsylvania Law Review*, C, S. 166–195.
15. Lintner, John, Distribution of Incomes of Corporations among Dividends, Retained Earnings and Taxes, *American Economic Review*, XLVI (Mai, 1956), S. 97–113.
16. Modigliani, Franco, und Miller, Merton, The Cost of Capital, Corporation Finance and the Theory of Investment: Reply, *American Economic Review*, XLIX (September, 1959), S. 655–669.
17. Dies., The Cost of Capital, Corporation Finance and the Theory of Investment, ebda., XLVIII (1958), S. 261–297. Übersetzung S. 86 ff. in diesem Band.
18. Muth, John F., Rational Expectations and the Theory of Price Movements, *Econometrica*, XXIX (April, 1961), S. 315–335.
19. Walter, James E., A Discriminant Function for Earnings-Price Ratios of Large Industrial Corporations, *Review of Economics and Statistics*, XLI (Februar, 1959), S. 44–52.
20. Ders., Dividend Policies and Common Stock Prices, *Journal of Finance*, XI (März, 1956), S. 29–41.
21. Williams, John B., *The Theory of Investment Value*. Cambridge, Mass.: Harvard University Press, 1938.

Zum Problem der Dividendenpolitik bei unvollkommenem Markt

WILLIAM J. BAUMOL*

Die Professoren Miller und Modigliani haben einen beachtenswerten Beitrag geleistet mit ihrer These, daß in einem vollkommen Markt, wo vollkommene Sicherheit und Rationalität herrschen, die Dividendenpolitik einer Kapitalgesellschaft ökonomisch irrelevant sei – sie »beeinflußt weder den laufenden Kurs der Aktien noch das Gesamteinkommen der Aktionäre«.[1] Die Autoren setzen die Bedeutung ihres Theorems keineswegs herab, wenn sie betonen, daß dieses (wie viele grundlegende Erkenntnisse) »einleuchtend sei, wenn man einmal darüber nachgedacht hat«. In der Tat hat man aber den Verdacht, daß dies eines jener einleuchtenden Ergebnisse ist, die erst nach einer langwierigen Periode mühsamer und gründlicher Überlegung einleuchten.

Der Zweck dieser Stellungnahme liegt darin, die Ausführungen der Autoren über Marktunvollkommenheit, Unsicherheit und Irrationalität zu ergänzen, um zu zeigen, wie unter diesen Umständen die Dividendenpolitik einiges ihrer Bedeutung zurückgewinnt.

ZUSAMMENFASSUNG DER ARGUMENTATION VON MILLER UND MODIGLIANI

Die Argumentation von Miller und Modigliani kann sehr kurz in der folgenden, stark vereinfachten Form zusammengefaßt werden. Es wird angenommen, eine Gesellschaft erwäge, eine laufende Dividende von insgesamt D Dollar an ihre Anteilseigner auszuschütten. Jeder tatsächliche und potentielle Anteilseigner weiß (und weiß, daß andere es wissen), daß diese Entscheidung keinen Einfluß auf zukünftige Pläne (einschließlich geplanter zukünftiger Investitionen und Dividendenzahlungen) der Gesellschaft hat. Weil es keine wirkliche Änderung der zukünftigen Betriebstätigkeit gibt, muß der Gesamtwert aller ausstehenden Anteile der Unternehmung am Ende der Periode, $V(t + 1)$, auch unverändert bleiben. Da die Gesellschaft aber ihre Investitionspläne nicht revidiert hat, muß sie die gerade ausbezahlten D Dollar durch die Ausgabe neuer Anteile in Höhe von D Dollar ersetzen. In diesem Fall muß der Wert der Anteile der ursprünglichen Anteilseigner am Ende der Periode $V(t + 1) - D$ betragen, d.h. er muß gleich dem Gesamtwert des Eigenkapitals der Unternehmung minus dem Wert der Anteile, die anderen Anteilseignern gehören, sein.

* Im Original: On Dividend Policy and Market Imperfections. Mit freundlicher Genehmigung des Verfassers und des Verlages entnommen aus: *The Journal of Business*, 36 (1963), S. 112–115. Übersetzt von Rainer Saelzle.

Insgesamt setzt sich der Wert des gegenwärtigen Vermögens der bisherigen Anteilseigner zusammen aus der Dividendenzahlung von D Dollar plus dem Wert ihres Anteils an den zukünftigen Erträgen der Gesellschaft in Höhe von $V(t + 1) - D$ Dollar, was einen Nettowert von $V(t + 1)$ ergibt, der völlig unbeeinflußt von der Höhe der laufenden Dividendenzahlung ist, ob sie nun Null beträgt oder den Gewinn der Gesellschaft übersteigt.[2] Wir schließen daraus, daß es bei gegebenen Investitionsplänen und zukünftigen Dividendenzahlungen für den Anteilseigner keinen Unterschied macht, ob er Dividenden erhält oder nicht und die Unternehmung statt dessen die Gewinne einbehält, um ihre Investitionen zu finanzieren.[3]

Diese Zusammenfassung macht einen wichtigen Punkt deutlich, auf den ich in Kürze zurückkommen werde. Bei der Argumentation wird angenommen, daß der zukünftige Dividendenstrom bei gegebenen Investitionsplänen der Gesellschaft festliegt und unabhängig von der gegenwärtigen Entscheidung der Gesellschaft ist, ob mittels Gewinneinbehaltung oder Ausgabe neuer Aktien finanziert wird.[4] Dies ist in einem vollkommenen Markt, der bisher angenommen wurde, gewiß richtig. Denn in einem vollkommenen Kapitalmarkt, wo die Unternehmung beliebig viel Geld zum geltenden Verzinsungssatz aufnehmen kann, gibt es keinen Grund für sie, ihre Investitionspläne zu ändern, nur weil sie eine Geldquelle (einbehaltene Gewinne) teilweise durch eine andere ersetzt.

DIE WIRKUNGEN VON UNVOLLKOMMENHEITEN

Miller und Modigliani behaupten als nächstes, ihre These könne auf Verhältnisse übertragen werden, die eine Vielfalt von Unvollkommenheiten umfassen, vorausgesetzt, daß die Investoren einem Postulat genügen, das sie als »symmetrische Marktrationalität« bezeichnen. Diese Annahme bedeutet, daß jeder Teilnehmer am Aktienmarkt ein effizienter Reichtumsmaximierer ist, dem es gleichgültig ist, ob er Dividenden oder ihr Äquivalent in Form von Kapitalgewinnen erhält und *der glaubt, dies gelte auch für alle anderen Marktteilnehmer*. Daraus leiten sie ab, daß jeder Investor erwartet, Dividenden seien für alle anderen Investoren irrelevant, und daß folglich Dividenden auch für seine eigenen Entscheidungen über Kauf und Verkauf von Aktien irrelevant sind. Ich möchte nun zeigen, daß es unter bestimmten Umständen begründet ist, die Plausibilität dieser Grundannahmen in Frage zu stellen.

So bemerken die Autoren, daß es »für einen normalerweise rationalen Investor, der guten Grund hat zu glauben, daß andere Investoren sich nicht rational verhalten, durchaus rational sein kann, eine Strategie zu wählen, die er sonst als irrational zurückgewiesen hätte« (S. 428, S. 288 in diesem Band).[5]

Wenn eine derartige defensive »Irrationalität« einmal als Möglichkeit erkannt ist, kann man von keinem Investor erwarten, er werde darauf vertrauen, daß andere sich nicht in dieser Weise entscheiden. Wir befinden uns in der klassischen spieltheoretischen Situation des Gefangenendilemmas, wo zwei getrennt verhörte Angeklagte beide freikommen können, wenn sie sich *beide* übereinstimmend weigern, ein Geständnis zu machen. Da aber jedem das volle Vertrauen in den anderen fehlt, wird er wahrscheinlich aus rationalen Gründen heraus die Versuchung zu »singen« ganz unwiderstehlich finden. Der einzelne Anleger, der weiß, daß bei rationalem Verhalten aller alle gewinnen, wird durch diese Überlegung ebensowenig beeinflußt werden wie der kleine Bauer, der weiß, daß alle gewinnen, wenn er und jeder andere Bauer unabhängig voneinander ihre Produktion um 50% kürzen. Jeder wird aus rationalen Gründen dazu veranlaßt, sich »irrational« zu verhalten, weil er weiß, daß andere die gleichen rationalen Gründe haben, es genauso zu tun.

Deshalb gefällt uns Keynes' bekanntes Gleichnis so gut: »Professionelle Geldanlage kann mit jenem Preisausschreiben verglichen werden, bei dem die Teilnehmer die sechs hübschesten Gesichter aus hundert Fotografien auswählen müssen. Der Preis fällt jenem Teilnehmer zu, dessen Wahl den durchschnittlichen Präferenzen aller Teilnehmer am ehesten entspricht. So muß jeder Mitbewerber nicht die Gesichter auswählen, die er am hübschesten findet, sondern jene, von denen er denkt, daß sie den Konkurrenten am besten gefallen. Alle betrachten das Problem vom selben Standpunkt.«[6]

Aber was folgt daraus für die Relevanz der Dividendenpolitik für die Kurse? Es läßt als möglich erscheinen, daß Wertpapierkäufer dazu gezwungen werden, als Teil ihrer Strategie auf eindeutig erkennbare und objektive, konventionell anerkannte Signale zu achten.[7] Unter bestimmten Umständen ist dies offenbar der Fall – die Tatsache, daß die Kurse (wenn auch nur vorübergehend) merklich stiegen, als Amerikas erster bemannter Satellit die Erde erfolgreich umkreiste, läßt vermuten, daß selbst irrelevante, aber sichtbare Erscheinungen als Indikatoren des Marktverhaltens aufgegriffen werden. Aber dieses Beispiel scheint ebenso wie das Keynessche Gleichnis zu implizieren, daß die Bewegungen von Aktienkursen chaotischer und unvorhersehbarer seien, als sie in Wirklichkeit sind. In der Praxis scheinen Wertpapierkäufer mehr oder weniger vernünftige ökonomische Indikatoren als objektive Signale für Kauf und Verkauf zu wählen – Indizes sowohl der allgemeinen Wirtschaftslage als auch der Aussichten jeder Gesellschaft *und ihrer Aktien* im besonderen. Es ist plausibel, daß die laufenden Dividendensätze gerade eine solche Rolle spielen, insbesondere weil es (wie Miller und Modigliani zeigen und dokumentieren) eine allgemeine Ansicht zu sein scheint, daß die Anteile von Gesellschaften mit geringen Ausschüttungen zu verhältnismäßig niedrigen Kursen notieren (S. 432, insb. Fußnote 33, S. 294 in diesem Buch). In dem Ausmaß, in dem dies die allgemeine Erwartung der Wertpapierkäufer ist, wenn sie es auch als ein Ergebnis irrationalen Verhaltens betrachten, haben sie keine andere Wahl, als sich in einer Weise zu verhalten, die die Voraussage wahr macht. Wir würden demnach erwarten, daß vollständig rationale Investoren *keine andere Wahl hätten*, als Gesellschaften, die einen relativ hohen Prozentsatz ihres Gewinns einbehalten, subjektiv niedriger zu bewerten; diese Schlußfolgerung würde ihre eigene Rechtfertigung liefern – die Aktien dieser Gesellschaft würden in der Tat einen Kursabschlag erfahren im Vergleich zu Gesellschaften, die großzügigere Dividenden bezahlen.[8] Die jüngsten Ereignisse an der Effektenbörse, wo sich die Kurse von Anteilen mit hohen Ausschüttungen sehr viel besser als die Kurse anderer Papiere gehalten haben, scheinen sehr stark darauf hinzudeuten, daß eine solche

»Unterbewertung« von Anteilen mit geringen Ausschüttungen in der Tat manchmal vorkommt.

Es muß betont werden, daß es nichts gibt, was der individuelle Wertpapierkäufer in seinem eigenen Interesse dagegen tun kann oder sollte. Die Tatsache, daß eine Aktie gemäß dem Miller-Modigliani-Kriterium »unterbewertet« ist, impliziert nicht, daß Aktien mit geringen Ausschüttungen günstige Kaufmöglichkeiten sind, die der rationale Investor nutzen sollte. Betrachten wir einen Käufer, der über Mittel verfügt, die er für zwei Jahre in Wertpapieren festlegen kann. Er zieht die Aktien von zwei Gesellschaften mit gleichen laufenden und erwarteten Gewinnen, aber unterschiedlicher Ausschüttungspolitik in Betracht. Wenn ein Anteil der Unternehmung mit hoher Ausschüttung $ 100, $ 110 und $ 121 zu Beginn der nächsten drei Jahre wert ist (wobei der Wert der Dividendenausschüttung in diesen Zahlen eingeschlossen ist), während ein gleicher Anteil an einer Unternehmung mit niedriger Ausschüttung $ 90, $ 99 und $ 108,90 wert ist, gibt es keinen Grund für den Anleger, einzusteigen und letzteren trotz seiner ständigen »Unterbewertung« hochzutreiben. Jeder Anteil bietet dem Anleger eine Verzinsung seines Geldes von 10%, so daß er zwischen den beiden indifferent sein sollte.

IMPLIKATIONEN FÜR DIE UNTERNEHMUNGSPOLITIK

Ist dies tatsächlich der Fall, wird die Dividendenpolitik für eine wachsende Gesellschaft, deren Geldquellen nicht unbegrenzt sind, zu einer sehr wichtigen Angelegenheit. Für eine solche Gesellschaft werden Gewinneinbehaltungen und Dividendenzahlungen zu konkurrierenden Methoden, Geld aufzubringen. Wenn die Dividenden einen zu geringen Bruchteil des Gewinns ausmachen, wird die Möglichkeit, Kapital durch Ausgabe von Anteilen zu erhalten, ungünstig beeinflußt. Es wird dann wahrscheinlich eine optimale Ausschüttungspolitik geben, bei der der marginale Ertrag einer Dividendenerhöhung in Form des zusätzlichen Potentials, Mittel durch Aktienemission aufzubringen, gleich deren Kosten in Form entgangener Selbstfinanzierungsmittel ist.[9]

Es ist nun ersichtlich, wie die der Irrelevanzthese von Miller und Modigliani zugrunde liegende Annahme, daß Investitionspläne nicht von den Dividendenzahlungen beeinflußt werden, in Wirklichkeit sehr wohl verletzt werden kann. Es ist denkbar, daß in einem unvollkommenen Kapitalmarkt die Dividendenpolitik dazu beiträgt, den Betrag zu bestimmen, der für die Finanzierung des Investitionsprogramms verfügbar ist, und daß manche Entscheidungen in der Dividendenpolitik sehr wohl eine Änderung langfristiger Investitionspläne erzwingen können.[10]

Es gibt noch einen Grund, warum die Dividendenpolitik für die Unternehmungsleitung in einer Welt unvollkommener Märkte ein ernsthaftes Entscheidungsproblem darstellt, das nicht bloß nach Lust und Laune gelöst werden kann. In der Praxis ist der Spatz in der Hand vor allem für jene Anteilseigner mehr wert, deren Bedürfnisse dringend sind, weil sie nicht bequem und billig Mittel aufnehmen können, um die Lebensmittelrechnung in der Zeit zu bezahlen, bis die Taube auf dem Dach gefangen ist. Andere Anteilseigner können einfach nicht warten – älteren Anlegern rät man charakteristischerweise, eher Wertpapiere mit hohen Dividenden zu kaufen als Aktien, für die ein schnelles Wachstum erwartet wird. Zudem haben die meisten Anleger nicht die Möglichkeit, Kapitalgewinne in jeder Periode sofort zu realisieren, indem sie so viele Aktien verkaufen, daß sie ebensoviel Bargeld haben wie bei Aktien, für die Dividenden gezahlt werden. Die Maklergebühren für diese kleinen Transaktionen wären unerschwinglich hoch.

Über eine solche Welt sagen Miller und Modigliani aus: »Jede Gesellschaft würde tendenziell eine ›Anlegerschicht‹ anziehen, die aus jenen bestünde, die die spezielle Ausschüttungsquote der Gesellschaft bevorzugen.« Aber daraus folgt nicht – außer im Hinblick auf ein gewisses langfristiges Gleichgewicht –, daß »eine ›Anlegerschicht‹ bezüglich der Bewertung, die sie für die Unternehmung implizierte, genauso gut wie jede andere wäre« (S. 432, S. 292 in diesem Buch). Wie es bei jedem potentiellen Anbieter eines differenzierten Produkts der Fall ist, besteht eine gute Produktgestaltungsstrategie darin, nach Marktabschnitten zu suchen, deren Bedürfnisse relativ gering befriedigt werden, und ein Produkt herauszubringen, das darauf hin berechnet ist, diese Wünsche zu erfüllen. Ein solches Produkt wird einen Preis erzielen, der in Relation zu jenen, die stärker gesättigte Marktabschnitte bedienen, vergleichsweise hoch ist. Somit kann die Wahl der Dividendenpolitik eine Angelegenheit von beträchtlicher Tragweite für die Gesellschaft sein, die sorgfältigste Überlegung und Planung verdient und für die Optimalitätsberechnungen von größter Bedeutung sind.

ANMERKUNGEN

* Der Autor ist B. Malkiel und den Professoren Miller und Modigliani für ihre wertvollen Anregungen zu Dank verpflichtet, ebenso der National Science Foundation, deren finanzielle Unterstützung die Vollendung dieser Arbeit ermöglichte.

1. Merton H. Miller und Franco Modigliani, Dividend Policy, Growth and the Valuation of Shares, *Journal of Business*, XXXIV (Oktober 1961), S. 412–415, deutsche Übersetzung in diesem Buch, S. 270.

2. Der Einfachheit halber wird in dieser kurzen Zusammenfassung das Diskontierungsproblem außer acht gelassen, das beim Vergleich von Dividendenzahlungen zu Beginn der Periode mit dem Wert der Unternehmung am Ende der Periode entsteht. Wir können dieses Problem durch die Annahme umgehen, der gesamte Prozeß finde in einem Zeitpunkt statt. Miller und Modigliani sind in diesem Punkt selbstverständlich viel sorgfältiger, und ihre mathematischen Ausdrücke sind demzufolge etwas komplizierter.

3. In der Tat kann die beliebte Übung, Stockdividenden zu bezahlen (d.h. Gratisaktien an die Anteilseigner auszugeben), als eine Art Gedächtnishilfe betrachtet werden, um den Anteilseigner daran zu erinnern, daß die laufenden Bardividenden, die ihm entgehen, im wesentlichen für ihn einfach eine zusätzliche Kapitalanlage darstellen. Dies wird sich letztlich im gesamten Anlagewert der Anteile widerspiegeln. Selbstverständlich ist die ökonomische Bedeutung von Gratisaktien gleich Null. Doch wir sehen nun, daß die Unterscheidung zwischen Bardividenden und Stockdividenden ebenfalls irrelevant ist.

4. Wir haben bisher nur die Dividendenentscheidung der laufenden Periode betrachtet. Wenn die Wahl der Periode, die wir »laufende Periode« nennen, völlig willkürlich ist, so folgt daraus, wie Miller und Modigliani gezeigt haben, daß die Dividendenpolitik in irgendeinem und folglich in jedem bestimmten zukünftigen Zeitpunkt ebenso irrelevant ist.

5. Die Autoren zeigen, daß die Dividendenpolitik in der Realität nicht ganz irrelevant ist. Im Gegensatz zu einer weitverbreiteten Meinung ist es rational, in einer Welt mit völliger Gewißheit Anteile mit niedrigen Ausschüttungsquoten zu bevorzugen. Dies wird damit begründet, daß Anleger, die in Unternehmungen mit niedrigen Dividenden investieren, der Kapitalgewinnbesteuerung und nicht der Einkommensbesteuerung unterliegen und daß Emissionskosten, die bei der Emission neuer Anteile zur Investitionsfinanzierung entstehen, dabei vermieden werden. Ich werde jedoch zeigen, daß bei Unvollkommenheiten, die wahrscheinlich aus den Erwartungen der Investoren über das Verhalten der anderen Investoren entstehen, das Umgekehrte auch möglich ist, daß der Markt manchmal in rationaler Weise Aktien mit hohen Dividenden begünstigen *kann*.

6. J.M. Keynes, *The General Theory of Employment Interest and Money* (New York: Harcourt, Brace & Co., 1936), S. 156.

7. Dies scheint die Erklärung der teuren und sonst sinnlosen Übung zu sein, Gratisaktien auszugeben, wie es so häufig geschieht.

8. Hier kommen wir nun auf die Überlegung zum Gefangenendilemma zurück. Jeder Investor ist gezwungen, sich irrational zu verhalten, weil er fürchtet, daß andere Investoren ähnliche Befürchtungen gegen ihn hegen. Das Argument ist etwas schwächer als im Falle der oben aufgezeigten Analogie zum Problem des Bauern, weil jeder Bauer es vorteilhaft finden würde, sein Angebot auszuweiten, selbst wenn er völlig darauf vertraute, daß es die anderen Bauern nicht tun. Der Gefangene ebenso wie der Investor werden nur deshalb zur defensiven Irrationalität gezwungen, weil sie argwöhnen, andere wären auch dazu gezwungen.

9. Dabei wird selbstverständlich angenommen, daß die entsprechenden Bedingungen zweiter Ordnung für ein inneres Maximum erfüllt sind. Gilt dies nicht, ist eine Umformulierung in ein Problem der linearen Programmierung sehr wohl möglich.

10. In einer Welt nach den Annahmen von Miller und Modigliani wäre die Dividendenpolitik auch von einiger Bedeutung, aber eine optimale Politik wäre von sehr einfacher Art. Unternehmungen, deren Investitionsmöglichkeiten schlechter sind als jene, die sich anderswo bieten, sollten alle Gewinne in Form von Dividenden auszahlen. Alle andern sollten so weit wie möglich ihre günstigen Investitionen aus einbehaltenen Gewinnen finanzieren, um ihren Anteilseignern die höheren Einkommensteuersätze zu ersparen und die beträchtlichen Kosten zu vermeiden, die die Emission neuer Anteile mit sich bringt. Tatsächlich ist diese Regel oft nicht so sehr weit entfernt von dem, was in der Praxis als eine sinnvolle Politik angesehen werden könnte.

Probleme der Aktienfinanzierung unter dem Einfluß des gespaltenen Körperschaftsteuer-Satzes

KARL HAX[*]

1. DAS VERHÄLTNIS VON SELBSTFINANZIERUNG UND FINANZIERUNG ÜBER DEN KAPITALMARKT

In der Theorie geht man davon aus, daß die Unternehmung das erforderliche Kapital von außenstehenden Kapitalgebern erhält; in diesem Sinne spricht man von Außenfinanzierung oder Finanzierung über den Kapitalmarkt. Wer den Markt und seine Dynamik als den Lenkungsfaktor ansieht, der ein Höchstmaß von gesamtwirtschaftlicher Produktivität gewährleistet, wird geneigt sein, diese Form der Finanzierung als die einzig legitime anzusehen. Bei Unternehmungen, die bereits produzieren und ihre Leistungen auf dem Markte absetzen, gewinnt eine zweite Finanzierungsquelle wachsende Bedeutung: die Zurückbehaltung von Teilen des Erlöses, der durch Verkauf der Unternehmungsleistungen erzielt wird. Dabei handelt es sich einmal um Gewinne, die über den Aufwandersatz hinaus hereingeholt und nicht an die Kapitalgeber ausgeschüttet werden, und zum anderen um den Gegenwert für Aufwendungen, die erst nach Ablauf einer längeren Periode wieder zu Ausgaben führen, z. B. Abschreibungen auf Anlagen oder Rückstellungen langfristiger Art. Man spricht in diesem Falle von Innenfinanzierung oder Selbstfinanzierung. Im praktischen Sprachgebrauch verwendet man allerdings die Bezeichnung »Selbstfinanzierung« gewöhnlich nicht in diesem umfassenden Sinne, sondern versteht darunter lediglich die Finanzierung durch Zurückbehaltung von Gewinn.

Die Selbstfinanzierung wird nun wegen der damit verbundenen Ausschaltung des Kapitalmarktes und seiner Lenkungsfunktion sowohl von der Wirtschaftswissenschaft als auch von der Wirtschaftspolitik mit Mißtrauen betrachtet. Zeitweise bestand die Tendenz, diese Finanzierungsmethode für wesentliche Mängel im Ablauf der Marktwirtschaft verantwortlich zu machen. Sie gilt als Symptom für den Aufbau von Machtpositionen innerhalb der Unternehmungen (Managerherrschaft contra Herrschaft der Aktionäre). Sie erleichtere den Aufbau von Machtpositionen in der Gesamtwirtschaft, die Bildung von Konzernen, die Marktbeherrschung und die Ausschaltung des Wettbewerbs. Sie führe zwangsläufig zu Kapitalfehlleitungen, weil das Kapital ohne Kontrolle des Kapitalmarkts beschafft und angelegt werde. Die Konsequenz aus diesen Überlegungen kann natürlich nur sein, daß wirtschaftspolitisch die Selbstfinanzierung der Unternehmungen möglichst erschwert werden solle und die Unternehmungen zur Deckung ihres Kapitalbedarfs auf den Kapitalmarkt verwiesen werden sollten.

[*] Mit freundlicher Genehmigung des Verfassers entnommen aus: *Zeitschrift für handelswissenschaftliche Forschung*, 15 (1963), S. 49–64.

Nach der Währungsreform von 1948 wurde die Selbstfinanzierung der Unternehmungen zunächst gefördert, weil der Kapitalmarkt weder neue Aktien aufnahm noch genügend Leihkapital zur Verfügung stellte. Das für den Wiederaufbau der Unternehmungen erforderliche Kapital war im wesentlichen nur auf dem Wege der Selbstfinanzierung zu beschaffen. Nach einer Übergangsperiode von etwa vier Jahren versuchte man, die Selbstfinanzierung wieder einzuschränken, weil der Kapitalmarkt nunmehr leistungsfähig genug sei. Dieser Prozeß vollzog sich in mehreren Etappen und ist auch heute noch im Gange. Seine Wirkung zeigte sich darin, daß bei der Finanzierung der mit dem Wachstum der Gesamtwirtschaft und der Unternehmungen ständig steigenden Investitionen die Außenfinanzierung durch Aktienemissionen und durch Aufnahme von Fremdkapital immer stärker an die Stelle der Selbstfinanzierung trat. Im Rahmen dieser Außenfinanzierung blieb die Beschaffung von Eigenkapital durch Ausgabe von Aktien relativ zurück, weil dieses Kapital durch die Höhe der üblichen Dividendensätze und die auf der Dividende lastende Körperschaftsteuer in der Regel wesentlich teurer war als Fremdkapital. Beide Quellen für neues Eigenkapital flossen also spärlicher: die Aktienemission wie auch die Einbehaltung von Gewinn. In den letzten Jahren wurde der Rückgang der Selbstfinanzierung noch dadurch verstärkt, daß in vielen Industriezweigen die Kosten schneller stiegen als die Erlöse und die erzielten Gewinne zurückgingen, ohne daß gleichzeitig die Dividendenzahlungen entsprechend gekürzt werden konnten. Die Unternehmungen waren so zur Finanzierung ihrer Investitionen immer stärker auf Leihkapital angewiesen.

Als zwangsläufige Folge dieser Entwicklung ergab sich in den Bilanzen der Unternehmungen eine erhebliche Verschiebung in der Zusammensetzung der Passivseite: Der Anteil des »verantwortlichen« Eigenkapitals ging zurück, während der Anteil des Fremdkapitals entsprechend anstieg. Das ist aber im Hinblick auf das weitere Wachstum einer Unternehmung nicht gleichgültig. Für die Aufnahme von Fremdkapital gibt es nämlich eine Obergrenze, die durch das Sicherheitspotential einer Unternehmung gebildet wird. Für neue Anleihen oder Schuldschein-Darlehen sind jeweils entsprechende Sicherheiten zu stellen. Wenn alle vorhandenen Anlagen und sonstigen Vermögenswerte bereits belastet sind, ist zusätzlicher Kredit kaum mehr zu erlangen. Man könnte einwenden, daß durch die mit den zusätzlichen Krediten erstellten Anlagen automatisch neue Sicherheiten geschaffen würden. Dabei wird aber übersehen, daß die Kapitalgeber für Fremdkapital eine ausreichende Risikoabsicherung durch Eigenkapital fordern. Aus diesem Grunde müssen bei der Sicherstellung gewisse Beleihungsgrenzen eingehalten werden; man geht in der Regel dabei selten über 60% des Vermögenswertes der Sicherheiten hinaus.

Die Finanzierung durch Fremdkapital findet also in den Eigenarten des Kapitalmarktes ihre natürliche Begrenzung. Diese Grenzen werden auch spürbar, wenn das Unternehmen sich auf dem Kapitalmarkt zusätzliches Eigenkapital verschaffen möchte, etwa durch Emission von Aktien. Auch hier prüfen die Kapitalgeber, ob eine gewisse Risikoabschirmung gegeben ist und ob eine ausreichende Dividende erwirtschaftet werden kann. Daraus ergibt sich, daß gerade im Hinblick auf den Kapitalmarkt die Methode der Selbstfinanzierung nicht zu entbehren ist. Wer investieren will und dafür Geld vom Kapitalmarkt beansprucht, sei es in Form von Leihkapital oder von Eigenkapital, muß in der Lage sein, einen mehr oder weniger großen Teil des Kapitals von sich aus bereitzustellen. Kann man für eine neue Investition 40 bis 50% der erforderlichen Gesamtsumme aus eigenen Mitteln der Unternehmung aufbringen – aus Abschreibungserlösen und einbehaltenem Gewinn –, dann erhält man den Rest relativ leicht auf dem Kapitalmarkt. Denn der Kapitalgeber weiß, daß mindestens das Spitzenrisiko einer fehlerhaften Investition abgedeckt ist, und bei Aufnahme von Fremdkapital ist auch das Beleihungsproblem in diesem Falle leicht lösbar. Es zeigt sich, daß die beiden Grundformen der Unternehmungsfinanzierung – die Finanzierung über den Kapitalmarkt und die Selbstfinanzierung – sich nicht ausschließen, sondern sich notwendigerweise ergänzen. Der Weg der ausschließlichen Selbstfinanzierung ist nur denkbar, wenn ein Unternehmen eine starke Monopolstellung besitzt. Solche Fälle gibt es, wie das Beispiel des Volkswagenwerkes in der Vergangenheit gezeigt hat. Aber das ist ein Ausnahmefall. In der Regel muß bei größeren Betriebserweiterungen die Selbstfinanzierung durch Aufnahme von Fremdkapital oder Emission von Aktien ergänzt werden. Umgekehrt setzt, wie sich gezeigt hat, die Aufnahme von zusätzlichem Kapital auf dem Kapitalmarkt ein gewisses Maß von Selbstfinanzierung voraus.

Für das zahlenmäßige Verhältnis beider Finanzierungsmethoden gibt es keine allgemein gültigen Regeln. Maßgebend sind die Bedingungen des Einzelfalls und die Zeitverhältnisse. Im Einzelfall ist die Größe des Risikos entscheidend, das mit der Investition übernommen wird: je größer dieses Risiko ist, desto größer muß der Anteil der Selbstfinanzierung sein. Hier besteht ein Zusammenhang mit der Größe der Unternehmung und der Möglichkeit, beleihungsfähige Sicherheiten zu stellen. Mittlere und kleinere Unternehmungen sind in der Regel mehr auf Selbstfinanzierung angewiesen als größere Unternehmungen, weil das Risiko für den Kapitalgeber bei ihnen vielfach größer ist und die Möglichkeiten einer Absicherung durch Beleihung geringer sind.

Außerdem verändert sich das Verhältnis beider Finanzierungsmethoden mit der allgemeinen Wirtschaftslage. Wenn der Wettbewerb die Preise der Unternehmungsleistungen drückt, dann vermindern sich notwendigerweise die materiellen Möglichkeiten der Gewinneinbehaltung und damit der Selbstfinanzierung, und die Unternehmungen sind stärker auf den Kapitalmarkt angewiesen. Wenn aber der Kapitalmarkt unergiebig ist und andererseits die Wettbewerbslage relativ hohe Gewinne erlaubt – eine Situation, wie sie in den Jahren nach der Währungsreform vielfach gegeben war –, dann gewinnt zwangsläufig die Selbstfinanzierung an Gewicht.

Eine gesamtwirtschaftlich »optimale« Selbstfinanzierungsquote gibt es also nicht. Ein abgewogenes Verhältnis von Marktfinanzierung und Selbstfinanzierung ist aber sowohl im Interesse der einzelnen Unternehmung als auch gesamtwirtschaftlich erwünscht. Wie hoch dieser Anteil aber bemessen werden sollte, hängt von den Umständen des Einzelfalles und den Zeitverhältnissen ab.

2. DIE LENKUNG DER UNTERNEHMUNGSFINANZIERUNG DURCH STEUERRECHT UND UNTERNEHMENSRECHT

Wenn die Methoden der Unternehmensfinanzierung nicht nur für die Unternehmungen selbst, sondern auch für die Gesamtwirtschaft von erheblicher Bedeutung sind, dann liegt es nahe, die Entwicklung in diesem Bereich durch wirtschaftspolitische Maßnahmen zu beeinflussen und zu lenken. Im Bereich der Außenfinanzierung wird man sich dabei in erster Linie des Instrumentariums der Kreditpolitik bedienen, etwa indem man die Kreditversorgung kleiner und mittlerer Unternehmungen über das durch die Risikolage dieser Unternehmungen und die Marktverhältnisse gegebene Maß hinaus verbessert. Die Selbstfinanzierung entzieht sich dagegen weitgehend der unmittelbaren kreditpolitischen Beeinflussung; hier kann man in der Regel nur mittelbar einwirken durch Maßnahmen im Bereich des Steuerrechts und des Unternehmensrechts. Allerdings müssen trotz des unterschiedlichen Instrumentariums die Maßnahmen in beiden Bereichen aufeinander abgestimmt sein, wenn die gewünschte Wirkung erzielt werden soll. Wenn der Staat die Selbstfinanzierung durch steuerpolitische Maßnahmen beschränkt, dann muß er gleichzeitig durch kreditpolitische Maßnahmen dafür sorgen, daß die Unternehmungen ihren Kapitalbedarf in entsprechend größerem Umfange auf dem Kapitalmarkt decken können. Wenn der Staat dagegen den Kapitalmarkt für seine eigenen Bedürfnisse, z. B. für Rüstungs- und Verteidigungsaufgaben, stärker als bisher ausschöpfen möchte, dann muß er den Unternehmungen entsprechend erweiterte Möglichkeiten der Selbstfinanzierung zugestehen.

Im folgenden sollen diejenigen wirtschaftspolitischen Maßnahmen behandelt werden, die sich unmittelbar im Bereich der Selbstfinanzierung auswirken. Es handelt sich dabei also nicht um Maßnahmen der Kreditpolitik, sondern um die Gestaltung des Steuerrechts und des Unternehmensrechts.

Das Steuerrecht kann das Ausmaß der Selbstfinanzierung zunächst durch die Variation der Abschreibungsmöglichkeiten beeinflussen. Man könnte zwar einwenden, daß Abschreibungen als Aufwand und nicht als Gewinnbestandteil anzusehen seien. Es wurde aber bereits betont, daß der Begriff der Selbstfinanzierung weiter gefaßt werden kann, indem man dazu alle diejenigen Erlösbestandteile rechnet, die zwar Aufwandersatz sind, aber erst nach Ablauf einer längeren Periode zur Wiederbeschaffung der verbrauchten Aufwandgüter benötigt werden. Derartige Erlösteile sind die Gegenwerte für die Abschreibungen auf langlebige Wirtschaftsgüter. Aber selbst wenn man den Begriff der Selbstfinanzierung auf die Einbehaltung der eigentlichen Gewinne begrenzen möchte, dann ist zu berücksichtigen, daß die Abgrenzung zwischen Abschreibungsaufwand und Gewinn sehr unbestimmt ist. Großzügig ermittelte Abschreibungen vermindern zwar den Gewinn, aber nicht die gesamten Erlöse. Mit dem Gewinnbetrag sinkt aber auch die Höhe der abzuführenden Gewinnsteuern, so daß dem Unternehmen durch die Erhöhung der Abschreibungen bei sonst gleichen Verhältnissen ein größerer finanzieller Überschuß verbleibt. Umgekehrt kann man durch Beschränkung der steuerlich zulässigen Abschreibungen den finanziellen Überschuß, der den Unternehmungen aus ihren Erlösen verbleibt, erheblich vermindern.

In den Jahren nach der Währungsreform hat man in der BR Deutschland den Unternehmungen, die neue Investitionen vornahmen, Finanzierungsmöglichkeiten durch Gewährung von Sonderabschreibungen gegeben (§§ 7a und 7e EStG). Ab 1952 wurden diese Möglichkeiten aber auf einen eng begrenzten Personenkreis beschränkt und haben heute praktisch keine Bedeutung mehr. An die Stelle dieser Sonderabschreibungen trat die Methode der degressiven Abschreibung. Diese Methode war zwar grundsätzlich immer schon zulässig, aber im Hinblick auf die Verwaltungspraxis der Steuerbehörden nur selten durchsetzbar. Durch eine Änderung dieser Verwaltungspraxis und schließlich auch durch eine entsprechende Anpassung der gesetzlichen Vorschriften wurde sie nunmehr für große Teile des beweglichen Anlagevermögens zugelassen, allerdings mit einer Begrenzung des Abschreibungssatzes nach oben. Dieser Höchstsatz betrug bei zehnjähriger Nutzungsdauer zunächst 28,31 %, seit 1958 noch 25 % und seit 1960 noch 20 %. Der enge Zusammenhang beider Abschreibungsvergünstigungen zeigt sich darin, daß sie nicht nur zeitlich unmittelbar aufeinanderfolgten, sondern auch in ihrem Ausmaß einander angepaßt waren.

Die Sonderabschreibungen für bewegliche Güter des Anlagevermögens beliefen sich bei 10jähriger Lebensdauer nach den bis 1951 allgemein geltenden Vorschriften auf 50 % des Anschaffungswertes in den ersten beiden Nutzungsjahren. Die degressive Abschreibung der späteren Jahre ermöglichte bei denselben Anlagegegenständen in den beiden ersten Nutzungsjahren eine Abschreibung von 48,6 % (28,31 % vom Buchwert pro Jahr).

In ähnlicher Weise wie über die Abschreibungshöhe kann man die Selbstfinanzierungsquote der Unternehmen über die Bildung langfristiger Rückstellungen beeinflussen. Erhebliche Bedeutung haben hier die Rückstellungen für Pensionsverpflichtungen und im Bergbau die Rückstellungen für Bergschäden. Die Pensionsverpflichtungen, die gegenüber der aktiven Belegschaft anwachsen, gehören eindeutig zu den Aufwendungen des laufenden Jahres. Die Gegenwerte sind deshalb durch Aufwandverrechnung aus dem erzielten Erlös auszusondern. Die entsprechenden Ausgaben fallen aber erst nach vielen Jahren an, so daß die angesammelten Mittel in der Zwischenzeit dem Unternehmen zur Verfügung stehen. Auch diese Finanzierungsmöglichkeiten kann die Steuerpolitik ausdehnen oder einschränken. Möglichkeiten dazu bieten einmal die Erleichterung oder Verschärfung der rechtlichen Voraussetzungen für die Bildung einer steuerlich zulässigen Pensionsrückstellung und die Festlegung des Kapitalisierungszinsfußes. Nachdem in den ersten Jahren nach der Währungsreform die Voraussetzungen für die steuerrechtliche Anerkennung von Pensionsverpflichtungen sehr weit gefaßt waren – es genügten Gewohnheitsrecht und Zusagen mit Vorbehalten –, wird seit 1958 die Übernahme einer vertraglichen Verpflichtung als Voraussetzung für die Anerkennung der Pensionsverpflichtung gefordert. Der Kapitalisierungszinsfuß, der ursprünglich auf 3,5 % festgesetzt war, wurde ab 1960 auf 5,5 % erhöht. Das bedeutet praktisch eine Verminderung der Rückstellungsmöglichkeit bei gleichem Zuwachs an Pensionsansprüchen.

Am unmittelbarsten vermag der Steuergesetzgeber die Selbstfinanzierungsquote durch eine Differenzierung der Gewinnsteuersätze zu beeinflussen. Die Differenzierung erfolgt dabei nach der Gewinnverwendung: Der im Unternehmen zurückbehaltene Gewinn wird anders belastet als der ausgeschüttete Gewinn. Es kommt dabei auf die von der Steuerpolitik verfolgten Ziele an, in welchem Verhältnis beide Steuersätze zueinander stehen. Wenn der Staat die Investition der erzielten Gewinne begünstigen möchte, wird er die ausgeschütteten Gewinne stärker belasten als die zurückbehaltenen. Wenn dagegen die Selbstfinanzierung erschwert werden soll, wie das die Absicht der deutschen Wirtschaftspolitik seit der Mitte der 50er Jahre ist, dann wird man die Gewinnausschüttungen steuerlich begünstigen. In der BR Deutschland hat man dieses Verfahren seit 1953 bei der Besteuerung der Körperschaften eingeführt, um auf diese Weise die hier vorliegende Doppelbesteuerung des Gewinns mit Körperschaftsteuer und persönlicher Einkommensteuer zu mildern. Bemerkenswert ist dabei die Entwicklungstendenz: Die Differenz zwischen beiden Sätzen hat sich durch eine fortschreitende Begünstigung der Gewinnausschüttung immer mehr vergrößert.

Entwicklung des Körperschaftsteuersatzes

| | Ohne Notopfer Berlin | | Einschl. Notopfer Berlin | |
	Ausgeschüttete Gewinne	Zurückbehaltene Gewinne	Ausgeschüttete Gewinne	Zurückbehaltene Gewinne
1953–1954	60	45	64	49
1955–1958	45	30	49	34
seit 1958	51	15		

In den Bereich der Gewinnverwendung greifen auch diejenigen steuerlichen Vorschriften ein, die sich auf die Verwendung versteuerter Rücklagen zugunsten der Anteilseigner von Kapitalgesellschaften beziehen. Bei Barausschüttung unterliegen sie der persönlichen Einkommensteuer. Das müßte grundsätzlich auch für die Ausschüttung in Form von Aktien (Gratisaktien oder Zusatzaktien) gelten; denn es handelt sich dabei um eine, wenn auch zeitlich hinausgezögerte, Gewinnverteilung. Bis 1959 hat das deutsche Steuerrecht diesen Standpunkt vertreten, dadurch allerdings im Zusammenhang mit der Mehrbelastung des in die Rücklagen eingestellten Gewinns die Ausgabe von Gratis- oder Zusatzaktien unmöglich gemacht. Seit 1960 ist die Einkommensteuerpflicht für Gratis- oder Zusatzaktien entfallen. Das bedeutet praktisch eine Begünstigung der Selbstfinanzierung, da sie die Möglichkeit gibt, Gewinne einzubehalten, sie aber nachträglich den Aktionären durch Gewährung von Zusatzaktien zukommen zu lassen. Da die Einkommensteuer bei diesen Zusatzaktien entfällt, wird für die in dieser Form dem Aktionär zufließenden Gewinne die Doppelbesteuerung der Gewinne von Körperschaften voll aufgehoben.

Eine wirtschaftspolitische Beeinflussung der Unternehmensfinanzierung, insbesondere der Selbstfinanzierungsquote, ist auch durch die Gestaltung des Unternehmensrechts möglich. Der wirksamste Ansatzpunkt ist hier das Aktienrecht, da die Aktiengesellschaft die typische Rechtsform der Großunternehmung ist. Die Möglichkeiten der Selbstfinanzierung in der Aktiengesellschaft werden erheblich beeinflußt einmal durch die Frage, wer über die Feststellung des Jahresabschlusses entscheidet, und zum anderen durch das Ausmaß der aktienrechtlichen Publizität. Nach dem geltenden deutschen Aktienrecht wird der Jahresabschluß durch die Verwaltung (Vorstand und Aufsichtsrat) festgestellt. Die Hauptversammlung der Aktionäre ist an diesen Abschluß gebunden und hat lediglich die Entscheidung über die Verteilung des sich aus diesem Abschluß ergebenden Gewinns. Dabei ist zu beachten, daß dieser Gewinn nicht der wirklich erzielte Gewinn ist. Der erzielte Gewinn kann nach den geltenden Grundsätzen der Bilanzbewertung durch Bildung oder Auflösung stiller Rücklagen weitgehend manipuliert werden und wird deshalb nur selten mit dem im Jahresabschluß erkennbaren Gewinn übereinstimmen. Aber selbst die Verteilung dieses erkennbaren Gewinnbetrages ist teilweise bereits dadurch präjudiziert, daß bei der Feststellung des Jahresabschlusses bereits über die Bildung oder Auflösung von Rücklagen entschieden wird, so daß praktisch die Hauptversammlung nur über die Verteilung des Gewinnes beschließen kann, der durch die Verwaltung für die Verteilung bereitgestellt wird. Eine solche gesetzliche Regelung erleichtert naturgemäß die Zurückhaltung von Gewinnen und damit die Selbstfinanzierung. Verstärkt wird diese Tendenz durch die Einschränkung der aktienrechtlichen Publizität in bezug auf den tatsächlich erzielten Gewinn, das Ausmaß der stillen Rücklagen oder auf sonstige Tatbestände, die einen Rückschluß auf den effektiven Gewinn zulassen, z.B. die Höhe der gezahlten Körperschaftsteuer. Der Aktionär ist in dieser Beziehung weitgehend auf Vermutungen angewiesen und darum gegenüber der Verwaltung in seinen Bemühungen um eine Erhöhung der Gewinnausschüttung benachteiligt.

Bei der Beratung der Aktienrechtsreform sind die Tendenzen nicht eindeutig. Zwar möchte man die Stellung der Hauptversammlung gegenüber der Verwaltung stärken. Andererseits soll die Verwaltung die Möglichkeit behalten, die zur Sicherung der Unternehmung erforderlichen Rücklagen zu bilden, d.h. in dem notwendigen Umfange Selbstfinanzierung zu betreiben. Offenbar bahnt sich ein Kompromiß auf folgender Basis an: Verstärkung der Publizität, damit der Aktionär sich ein zuverlässiges Bild über die tatsächliche Gewinnlage der Unternehmung machen kann. Dafür soll aber die Verwaltung auch in Zukunft über die Feststellung des Jahresabschlusses und damit auch weitgehend über die Verwendung des Gewinnes, d.h. über das Verhältnis von Rücklagenbildung und Ausschüttung entscheiden*. Offenbar sucht man einen Mittelweg, um gleichzeitig den Interessen der Unternehmungen und der Aktionäre gerecht zu werden. Diese Tendenz, die Interessen der Aktionäre im Falle der Gewinneinbehaltung stärker zu berücksichtigen, hat aber jetzt schon zu neuen Formen der Aktienfinanzierung geführt, die uns weiter unten noch beschäftigen werden.

* Kronstein, Heinrich, und Claussen, Carsten Peter, *Publizität und Gewinnverteilung im neuen Aktienrecht*, Frankfurt (Main) 1960. Zur Großen Aktienrechtsreform. Schriftenreihe der Forschungsstelle der Friedrich-Ebert-Stiftung, Hannover 1962.

3. DIE AUSWIRKUNG DES GESPALTENEN KÖRPERSCHAFTSTEUER-SATZES IM BESONDEREN

Bei unserer Fragestellung interessiert in erster Linie, wie sich die Spaltung des Körperschaftsteuer-Satzes auf die Finanzierungsmethoden der Unternehmungen auswirkt. Das hängt vor allem davon ab, welche effektive Belastung sich für die einzelnen Gewinnbestandteile je nach ihrer Verwendung ergibt. Diese letzte Frage scheint einfach zu sein, da die Körperschaftsteuer-Sätze für die beiden Gewinnbestandteile bekannt sind; sie betragen in der BR Deutschland gegenwärtig 51% für den zurückbehaltenen Gewinn und 15% für den Gewinn, der an die Aktionäre ausgeschüttet wird. Damit ist aber noch nicht bewiesen, daß wir diese Sätze bei unseren Vergleichsrechnungen auch zugrunde legen müssen. Das hängt vom Inhalt der Rechnung und vor allem von der jeweiligen Bezugsgröße ab.

Um diese Frage überprüfen zu können, sind zwei Fälle zu unterscheiden. Im Falle 1 behält die Gesellschaft von dem erzielten Gewinn nichts zurück, sondern verwendet ihn in voller Höhe zur Ausschüttung an die Aktionäre und zur Bezahlung der darauf ruhenden Körperschaftsteuer-Schuld. Weil der Steuersatz für ausgeschüttete Gewinne 15% beträgt, liegt folgende Rechnung nahe: Gewinn vor Körperschaftsteuer (KSt) 100, Abzug für KSt 15, Ausschüttung 85. Diese Rechnung ist aber falsch; denn begünstigt wird nur der Betrag, der an die Aktionäre ausgeschüttet wird. Derjenige Teil des Gewinnes, der zur Begleichung der Körperschaftsteuer zurückbehalten wird, unterliegt dem höheren Satz von 51%. Aus diesem Grunde ist der ausschüttbare Betrag im vorliegenden Falle wie folgt zu berechnen: Gewinn *vor* KSt = 100, ausschüttbarer Gewinn = x, Steuerschuld = $100 - x$. Die Steuerschuld beträgt 15% von x, d.h. $0,15x$, zuzüglich 51% von $(100 - x)$, d.h. $0,51 (100 - x)$. Wir erhalten also folgende Gleichung:

$$0,15 x + 0,51 (100 - x) = 100 - x$$
$$0,64 x = 49$$
$$x = 76,5625$$
$$100 - x = 23,4375$$

Wir kommen also zu dem Ergebnis, daß unter den gegebenen Voraussetzungen – Verwendung des gesamten Gewinnes zur Dividendenzahlung und zur Begleichung der darauf entfallenden KSt-Schuld – die steuerliche Belastung des Gewinnes nicht 15% beträgt, sondern 23,44%. Dabei ist zu beachten, daß sich der Satz von 15% auf die eigentliche Ausschüttung, gewissermaßen auf einen Nettobetrag, bezieht und der Satz von 23,44% auf den Gesamtgewinn (Gewinn *vor* KSt).

Man könnte einwenden, daß sich die Belastung des ausgeschütteten Gewinnes dann auf 15% vermindern ließe, wenn man den vollen Gewinn von 100 ausschütte und die daraus entfallende KSt durch Auflösung von Rücklagen decke. Dann seien also für Körperschaftsteuer nur 15 zu zahlen. Dabei ist aber zu beachten, daß es sich bei den Rücklagen um Gewinn früherer Jahre handelt, die schon einmal der KSt für zurückbehaltene Gewinne (51%) unterlegen haben. Die Rücklagenentnahme von 15 entspricht also einem Gewinn von 30,6 *vor* KSt. Von dem gesamten Gewinn *vor* KSt von 100 + 30,6 = 130,6 entfallen also auf KSt 30,6, das sind wiederum 23,44%.

Von Interesse ist in diesem Zusammenhang die Frage, welche Faktoren das Verhältnis des nominalen KSt-Satzes – in unserem Beispiel 15% – zu der effektiven Belastung der ausgeschütteten Gewinne – in unserem Beispiel 23,44% – bestimmen. Das muß man wissen, wenn man beabsichtigt, das Verhältnis der beiden KSt-Sätze zueinander zu ändern. So ist z. B. vorgeschlagen worden, den Steuersatz für ausgeschüttete Gewinne herabzusetzen und zum Ausgleich des Steuerausfalls den Steuersatz für die zurückbehaltenen Gewinne entsprechend zu erhöhen. Auf diese Weise will man die Tendenz zur möglichst weitgehenden Ausschüttung des erzielten Gewinnes verstärken. Wenn man allerdings gleichzeitig einen Steuerausfall vermeiden möchte, dann würde eine Senkung des ersten Satzes etwa um 5% (von 15% auf 10%) eine wesentlich stärkere Heraufsetzung des zweiten Satzes erforderlich machen, also möglicherweise um 10 oder 15%, d. h. von 51% auf 61 oder 66%.

Zeichenerklärung:

a = Gesamtgewinn vor KSt-Abzug
x = Gewinn nach KSt-Abzug (ausschüttbare Dividende)
β = KSt-Satz für den ausgeschütteten Gewinn (x)
α = KSt-Satz für den zwecks Deckung der KSt-Schuld zurückgehaltenen Gewinn ($a - x$)

Algebraische Ableitung:

$$\beta x + \alpha(a-x) = a - x$$
$$x + \beta x - \alpha x = a - \alpha a$$
$$x(1+\beta-\alpha) = a(1-\alpha)$$
$$x = a\frac{1-\alpha}{1+\beta-\alpha}$$
$$a-x = a - a\frac{1-\alpha}{1+\beta-\alpha}$$
$$a-x = a\frac{(1+\beta-\alpha)-(1-\alpha)}{1+\beta-\alpha}$$
$$a-x = a\frac{\beta}{1+\beta-\alpha}$$
$$a-x = a \cdot \beta \frac{1}{1+\beta-\alpha} \tag{1}$$

Die Steuerschuld ($a - x$) wird also gemäß Formel (1) in der Weise errechnet, daß man den gesamten Gewinn *vor* KSt (a) mit dem effektiven Belastungssatz multipliziert. Dieser effektive Belastungssatz ergibt sich aus dem nominalen Steuersatz für ausgeschüttete Gewinne (β) und dem Faktor $1/[1 - (\alpha - \beta)]$. Die Höhe dieses Faktors wird bestimmt durch die Differenz zwischen den beiden Körperschaftsteuer-Sätzen

($\alpha - \beta$). Je größer diese Differenz ist, desto kleiner wird der Nenner des Bruches und desto größer wird der Faktor, mit dem der Nominalsatz β multipliziert werden muß, um die effektive Belastung des Gewinnes bei voller Ausschüttung zu ermitteln. Bei den geltenden Sätzen von 51% und 15% ist die Differenz $\alpha - \beta$ gleich 36% oder 0,36. Der Nenner des Bruches ist dann 0,64 und der Wert des Bruches 1:0,64 = 1,5623. Die effektive Belastung ist demgemäß 0,15 · 1,5623 = 0,234375.

Wenn man den Steuersatz für den ausgeschütteten Gewinn auf 10% herabsetzte, um auf diese Weise eine möglichst hohe Ausschüttung zu erzwingen, und wenn man gleichzeitig zum Ausgleich des Steuerausfalls den Steuersatz für die nicht ausgeschütteten Gewinne auf 70% erhöhte, dann hätte der Faktor $1/[1 - (\alpha - \beta)]$ den Wert 1:0,4 = 2,5. Die effektive Belastung des Gesamtgewinnes wäre also 0,10 × 2,5 = 0,25 oder 25%. Die Unternehmungen, welche also ganz im Sinne des Gesetzgebers handeln, indem sie ihren Gewinn in voller Höhe ausschütten und nur den Teil zurückbehalten, der zur Deckung der Steuerschuld erforderlich ist, hätten dann also eine höhere Steuerlast zu tragen als bei den jetzigen Steuersätzen (25% des Gesamtgewinns statt 23,44%).

Bisher haben wir nur den Fall behandelt, bei dem die Gesellschaft für sich selbst keinerlei Gewinnteile zurückbehält, sondern nur das zurückbehält, was zur Deckung der KSt-Schuld erforderlich ist. Das ist aber nicht die Regel. Gewöhnlich wird ein gewisser Teil des Gewinnes zur Rücklagenbildung verwandt, sei es in versteckter oder in offener Form. In diesem zweiten Falle, dem wir uns nunmehr zuwenden, wird also der Gesamtgewinn (a) in drei Teile aufgeteilt: die an die Aktionäre gezahlte Dividende (x), die neu gebildeten Rücklagen (y) und die zu zahlende KSt-Schuld. Diese KSt-Schuld berechnet sich wie folgt: Für die ausgezahlte Dividende (x) gilt der untere Satz (β), für den gesamten Restgewinn ($a - x$) gilt der obere Satz (α). Die KSt-Schuld ist demgemäß $\beta x + \alpha (a - x)$. Für den Gesamtgewinn erhalten wir also folgende Formel:

$$\begin{aligned} a &= x + y + [\alpha a - x(\alpha - \beta)] \\ a &= x + y + [\beta x + \alpha(a - x)] \end{aligned} \quad (2)$$

Die Formel enthält zwei Unbekannte, läßt sich also nur lösen, wenn man eine Größe, etwa die Höhe der auszuschüttenden Dividende oder den Betrag der neu zu bildenden Rücklage, willkürlich festlegt. Wenn z. B. der Gewinn vor KSt 1000 beträgt und man sich entschließt, davon 400 an Dividende auszuschütten, dann kann man anschließend die KSt-Schuld ermitteln. Sie beträgt nach Formel (2) αa oder 51% von 1000 gleich 510, wenn die Ausschüttung Null ist. Für jede DM, die ausgeschüttet wird, vermindert sie sich um die Differenz der beiden Steuersätze ($\alpha - \beta$) nämlich um 0,36. Bei einer Dividendenausschüttung von 400 ist der Abzugsbetrag also 144, so daß eine Steuerschuld von 510 − 144 = 366 verbleibt. Nunmehr kann auch der für die Rücklagenbildung verbleibende Betrag errechnet werden: er beläuft sich auf 1000 − (400 + 366) = 234. Der Gesamtgewinn von 1000 verteilt sich also wie folgt:

Dividende an die Aktionäre (x)	400
Gewinnsteuer an den Staat	366
Zusätzliche Rücklage für das Unternehmen (y)	234
Gesamtgewinn	1000

Für die im folgenden Abschnitt durchzuführenden Vergleichsrechnungen ist nun der Teil der Formel wesentlich, der sich aus Gleichung (2) für die Berechnung der Körperschaftsteuer ergeben hat. Er lautet:

$$KSt = \alpha\, a - x\,(\alpha - \beta) \tag{3}$$

Danach berechnet man also zuerst vom Gesamtgewinn a den vollen Satz für nicht ausgeschüttete Gewinne (α), in unserem Falle also 51%. Dieser Höchstbetrag vermindert sich aber für jede ausgeschüttete DM um 0,36 DM ($\alpha - \beta$, in unserem Falle also 36%), so daß die ausgeschütteten Beträge effektiv nur mit 15% belastet sind.

Oben haben wir festgestellt, daß bei Verwendung des gesamten Gewinnes für Dividendenzahlung und Deckung der KSt-Schuld – Fall 1 – die Belastung des Gesamtgewinns mit KSt nicht 15% beträgt, sondern effektiv 23,44%. Wenn wir in der Frage »Gewinn-Einbehaltung oder Ausschüttung« Vergleichsrechnungen durchführen wollen, müssen wir nunmehr klären, welchen Belastungssatz wir bei diesen Vergleichen für den ausgeschütteten Gewinn zugrunde legen sollen, ob wir also mit 23,44% oder mit 15% rechnen sollen. Wenn der Gesamtgewinn und seine Verteilung bei einer bestimmten Ausschüttung vorläufig festgelegt ist, etwa so wie in dem obigen Zahlenbeispiel, dann kann die Frage gestellt werden, wie sich eine Erhöhung der Ausschüttung auswirken würde. Es handelt sich dann um einen reinen Substitutionsvorgang: die Mehrausschüttung tritt an die Stelle von Rücklagenbildung und eingesparter Körperschaftsteuer. Wie Formel (3) zeigt, verbleibt dann für den einbehaltenen Gewinn eine Belastung von 51%; für jedes Mehr an Ausschüttung werden aber 36% ($\alpha - \beta$) eingespart, so daß als Belastung für die ausgeschütteten Beträge 15% verbleiben. Das ist zugleich auch der Belastungssatz, der bei einer auf dieser Grundlage durchgeführten Vergleichsrechnung anzusetzen ist.

Dieses Ergebnis ist überraschend, weil es sich nicht mit dem effektiven Belastungssatz von 23,44% deckt, den wir für den Fall 1 errechneten. Zu beachten ist aber, daß es sich bei dem Satz von 23,44% um einen auf den Gesamtgewinn bezogenen Durchschnittssatz handelt. Wird keine Dividende gezahlt, dann ist dieser Durchschnittssatz 51%. Wenn man Teile des Gewinns ausschüttet und diese Ausschüttung allmählich erhöht, erzielt man für jede DM, die man mehr ausschüttet, eine Steuerersparnis von 0,36 DM. Für die ausgeschütteten Beträge verbleibt also eine Steuerbelastung von 15% gegenüber 51% für die Beträge, die in die Rücklagen überführt werden. Die Substitution höher belasteter Gewinnanteile durch geringer belastete Gewinnanteile bewirkt zwangsläufig ein Absinken der durchschnittlichen Belastung des Gesamtgewinnes. Diese kann aber niemals niedriger werden als 23,44%. Das ist dann erreicht, wenn die Rücklagenbildung gleich Null ist und der Gesamtgewinn voll zur Dividendenzahlung und zur Begleichung der darauf ruhenden Steuerschuld verwandt wird, wenn also Fall 2 in den Fall 1 übergegangen ist. Eine andere Situation ist gegeben, wenn über die Verwendung eines im Vergleich zum Vorjahr erzielten zusätzlichen Gewinnes entschieden werden soll. Wir nehmen an, daß über die Verteilung des »Gewinnsockels« in Höhe des Vorjahresgewinnes bereits entschieden ist. Es handelt sich lediglich darum, zu bestimmen, ob der Mehrgewinn zur Rücklagenbildung oder zur Ausschüttung verwandt werden soll. Dann ist für den Fall der Gewinneinbehaltung eine Belastung von 51 % anzusetzen, für den Fall der Ausschüttung aber eine Belastung von 23,44 %; denn aus dem Mehrgewinn ist nicht nur die Ausschüttung zu decken, sondern auch die darauf ruhende Körperschaftsteuer, die sich bei Ausschüttung auf 23,44 % des gesamten Mehrgewinns beläuft.

4. AUSGABE VON ZUSATZAKTIEN ODER VON BONUSAKTIEN ALS NEUE FORMEN DER SELBSTFINANZIERUNG

a) Beschreibung der Verfahren

Im allgemeinen geht man davon aus, daß Selbstfinanzierung in erster Linie den Interessen der Unternehmungsleitung dient und daß sie den Interessen des Aktionärs vielfach zuwiderläuft. Allerdings ist die Stellung der Aktionäre zwiespältig. Sie sind sich in der Mehrzahl darüber im klaren, daß Selbstfinanzierung zur Sicherung des Unternehmens und zur Erhaltung seiner Ertragsfähigkeit nicht zu entbehren ist. Andererseits befürchten sie, daß ihnen mit Hilfe dieser Methode Gewinne, die mit ihrem Kapital erzielt worden sind, vorenthalten werden und möglicherweise anderen Personenkreisen zugute kommen. Um diesen Interessengegensatz zu überbrücken, ist man allerdings bemüht, Methoden der Selbstfinanzierung zu entwickeln, mit denen besondere Vorteile für die Aktionäre verbunden sind.

Selbstfinanzierung im engeren und traditionellen Sinne vollzieht sich durch Einbehaltung von Gewinnen und Rücklagenbildung. Bisher vollzog sich diese Rücklagenbildung vorwiegend in verstecker Form, so daß der Aktionär keinerlei Kontrolle über die tatsächliche Entwicklung des Gewinnes und der Kapitalrücklagen hatte. Damit war für ihn die Gefahr von falschen Entscheidungen bei der Verfügung über seinen Aktienbesitz gegeben, ganz abgesehen von der Möglichkeit bewußter Täuschung und Übervorteilung durch die Kreise, welche auf Grund ihrer Beziehungen zur Verwaltung über die erforderlichen Informationen verfügen. Es bedeutet schon einen erheblichen Fortschritt, wenn die Rücklagenbildung aus den Bilanzen ersichtlich ist, wie das offenbar in den USA auf Grund der strengen Rechnungslegungsvorschriften bei den Gesellschaften weitgehend der Fall ist, deren Aktien zum Börsenhandel zugelassen sind. Die schwebende Aktienrechtsreform soll entsprechende Grundsätze auch für die BR Deutschland verwirklichen. Ob das allerdings gelingen wird, ist unsicher, da der Widerstand in den Kreisen der Unternehmerverwaltungen sehr stark ist.

Für den Aktionär wäre es über diese Publizität hinaus erwünscht, wenn er für die seiner Aktie zugewachsenen unverteilten Gewinne eine verwertbare Urkunde erhielte, so daß er die Möglichkeit hätte, diese Gewinnanteile in bar zu realisieren. In der BR Deutschland ist diese Möglichkeit durch das Gesetz über die Kapitalerhöhung aus Gesellschaftsmitteln vom 23. 12. 1959 in Verbindung mit dem Gesetz über steuerliche Maßnahmen bei Erhöhung des Nennkapitals aus Gesellschaftsmitteln vom 30. 12. 1959 geschaffen worden. Nach diesen Vorschriften kann eine Gesellschaft ohne erhebliche formale Schwierigkeiten und ohne zusätzliche steuerliche Belastung ihre Rücklagen zu einem erheblichen Teil in Nennkapital umwandeln. Dieses Verfahren setzt voraus, daß zunächst Gewinne von der Gesellschaft einbehalten und in die Rücklagen eingestellt werden. Wenn diese Rücklagen genügend groß sind, kann man sie in Aktien umwandeln und diese dem Aktionär in Form von »Gratisaktien« oder »Zusatzaktien« aushändigen. Das aus Gewinnen angesammelte Kapital verbleibt also in der Gesellschaft; der Aktionär kann aber seinen ihm in dieser Form zufließenden Gewinnanteil realisieren, indem er die Zusatzaktien verkauft. Das Verfahren hat allerdings gewisse Nachteile: die Gewinne müssen zunächst einbehalten und in die Rücklage eingestellt werden. Aus diesem Grunde unterliegen sie dem hohen KSt-Satz für diese Gewinnkategorie, gegenwärtig 51%. Außerdem fließen diese Gewinne dem Aktionär gewöhnlich mit erheblicher Verspätung zu, da man in der Regel Gewinne mehrerer Jahre ansammeln muß, ehe man die Zusatzaktien ausgibt. Auf der anderen Seite braucht der Aktionär für diese Zuflüsse keine Einkommensteuer zu zahlen; es entfällt also die bei in Körperschaften erzielten Gewinnen sonst übliche Doppelbesteuerung. Da bei dieser Konstruktion eine rein formale Umwandlung von Rücklagen in Nennkapital unterstellt wird, liegt auch keinerlei effektive Kapitalbewegung vor, so daß die Gesellschaft die sonst übliche Kapitalverkehrsteuer (gegenwärtig 2,5%) nicht zu zahlen braucht.

Das Verfahren wird vom Standpunkt des Aktionärs aus problematisch durch die Spaltung des KSt-Satzes. Die Gewinne müssen dabei zunächst einmal einbehalten werden und unterliegen dabei dem hohen Satz von 51%, während sie bei Ausschüttung nur mit 15% KSt belastet wären. So lag es nahe, einen Weg zu suchen, bei dem für das Unternehmen wie für die Aktionäre dasselbe Ziel erreicht wird, aber unter Ausnutzung des niedrigen KSt-Satzes von 15%. Zu diesem Zwecke zahlt man den Aktionären neben der Bardividende einen zusätzlichen Bonus, der auf Antrag zum Nennwert in neu emittierte Aktien umgewandelt werden kann. Die Didier-Werke Akt.-Ges. in Wiesbaden, ein führendes Unternehmen der Feuerfest-Industrie, hat dieses Verfahren in zwei aufeinanderfolgenden Geschäftsjahren angewandt (für 1960 und 1961). 1960 zahlte die Gesellschaft 12% Dividende und daneben noch einen Bonus von 5% für die Zuteilung von neuen Stammaktien. 1961 betrug die Dividende 14%; dazu kam wieder ein »Aktienbonus« von 5%. Die Aktionäre haben selbstverständlich ein Wahlrecht; sie können also auf der Auszahlung des Bonus in bar bestehen. Wenn aber der Börsenkurs der Aktie wesentlich über pari steht, wird jeder Aktionär von seinem Bezugsrecht Gebrauch machen, so daß die als Aktienbonus ausgeschütteten Gewinne der Unternehmung unmittelbar wieder zufließen. Insofern wird also der gleiche Effekt wie bei Selbstfinanzierung erzielt. Da aber die Gewinne zunächst einmal ausgeschüttet werden, unterliegen sie dem niedrigen KSt-Satz von 15%. Dieser Vorteil wird allerdings zum Teil dadurch ausgeglichen, daß die Ausschüttung beim Aktionär als Einkommen zu versteuern ist. Da bei Kapitalerträgen in Form von Dividenden das Prinzip der Quellenbesteuerung gilt, hat die auszahlende Gesellschaft 25% der Ausschüttung als Kapitalertragsteuer (KESt) einzubehalten und an das Finanzamt abzuführen. Außerdem stellt die Ausgabe der neuen Aktien einen Kapitalverkehr dar, für den die Gesellschaftsteuer von 2,5% zu entrichten ist.

Diese Ausführungen zeigen, daß es nicht möglich ist, die ganze Dividende als Aktienbonus auszuschütten; es muß auf jeden Fall noch eine Bardividende zum mindesten in Höhe der abzuführenden KESt hinzutreten. Bei der Didier-Werke Akt.-Ges. war z. B. die Dividende für 1960 insgesamt 12 + 5 = 17%. Die darauf entfallende KESt betrug also 4,25%; die Aktionäre erhielten dementsprechend (12 − 4,25 =) 7,75% in bar und 5% als Aktienbonus.

Im Gegensatz zu dem Verfahren der Zusatzaktien braucht der Aktionär beim Aktienbonus nicht mehrere Jahre auf die Zuteilung der zusätzlichen Aktienurkunden für die dem Unternehmen wieder zur Verfügung gestellten Gewinnteile zu warten; sie fließen ihm praktisch mit der Bardividende noch im gleichen Jahr zu. Das hat allerdings einen technischen Nachteil: es ergeben sich recht ungünstige Bezugsverhältnisse. Bei einem Bonus von 5% des bisherigen Grundkapitals ist das Bezugsverhältnis 20:1. Es werden sich also erhebliche Spitzenbeträge bei den einzelnen Aktionären ergeben. Das wird aber in der Regel deshalb nicht als Nachteil empfunden, weil viele Kleinaktionäre die zusätzlichen Aktien oder Spitzenbeträge sowieso verkaufen und dadurch ihre Bareinnahmen aus dieser Kapitalanlage noch erheblich zu steigern vermögen. Wenn der Kurs der Aktien bei 400% liegt, dann haben die mit dem Bonus von 5% beziehbaren Aktien einen Wert von etwa 20%. Wenn der Aktionär in diesem Falle sein Bezugsrecht verkauft, erhält er neben der Bardividende von 12% weitere 20% in bar, zusammen also 32%. Davon unterliegt nur die eigentliche Dividende von (12 + 5 =) 17% der Einkommensteuer; der Wert des Bezugsrechts von 15% ist dagegen von der Einkommensteuer befreit, da es sich hier zum mindesten teilweise um eine Veräußerung von Vermögenssubstanz handelt. Ausschlaggebend für das Urteil des Aktionärs ist aber die psychologische Wirkung: der Aktienbonus erhöht die Einnahmen aus seinem Aktienbesitz erheblich. Diese Wirkung tritt allerdings nur ein, wenn der Aktienkurs erheblich über pari liegt.

Für die Gesellschaft hat das Verfahren den technischen Nachteil, daß das Grundkapital in jedem Jahre um meist krumme Beträge erhöht werden muß. Bei der Didier-Werke Akt.-Ges. betrug z. B. die durch Ausgabe der Bonusaktien bedingte Kapitalerhöhung 1960 1 662 500 DM und 1961 1 956 250 DM.

Diese Überlegungen zeigen, daß das Verfahren in erster Linie im Hinblick auf die Interessen der Aktionäre entworfen wurde. Die Gesellschaft hätte bei dem günstigen Börsenkurs ihrer Aktien für ihre jungen Aktien ein erhebliches Aufgeld erzielen können, während sie bei dem Verfahren des Aktienbonus nur den Nennwert erhält.

Da die Bonusaktien voll dividendenberechtigt sind, wird das der Gesellschaft auf diesem Wege zufließende Kapital sehr teuer.

b) Vergleichsrechnung

Wir haben zwei Verfahren der Aktienfinanzierung kennengelernt, die auf verschiedenen Wegen das gleiche Ziel verfolgen, nämlich Selbstfinanzierung bei gleichzeitiger Förderung der Aktionärinteressen. Bei dem Verfahren der Zusatzaktien unterliegen die Gewinne dem hohen KSt-Satz von 51%, dafür sind die zusätzlichen Aktien beim Empfänger frei von der Einkommensteuer, und außerdem entfällt die Gesellschaftsteuer für die Kapitalzuführung. Bei dem Verfahren der Bonusaktien unterliegen die Gewinne dem niedrigeren KSt-Satz von 15%. Dafür haben die Empfänger für diese Ausschüttungen Einkommensteuer zu zahlen, und außerdem wird die Gesellschaft für das zufließende Kapital mit 2,5% Gesellschaftsteuer belastet.

Die Einkommensteuerpflicht tritt zunächst in Form der Kapitalertragsteuer von 25% der Dividende auf. Für die Vergleichsrechnung ist aber nicht diese KESt maßgebend, bei der es sich meist nur um eine vorläufige Zahlung handelt, sondern der tatsächliche Satz der Einkommensteuer. Dieser Einkommensteuersatz ist aber nach den persönlichen Verhältnissen der Aktionäre sehr unterschiedlich. Aus diesem Grunde ist man gezwungen, einen Satz zugrunde zu legen, der für Aktionäre von Publikums-Aktiengesellschaften als typisch angesehen werden kann. Das dürfte der Satz von 25% sein, der deshalb auch für das Vorabzugsverfahren gilt. Dieser Satz wird demgemäß auch den folgenden Berechnungen zugrunde gelegt. Es ist aber zu beachten, daß die Ergebnisse sich ändern, wenn man von einem niedrigeren oder höheren Einkommensteuersatz ausgeht.

Bei unserer Vergleichsrechnung gehen wir von dem Zahlenbeispiel S. 316 f. aus. Der Gesamtgewinn vor KSt-Abzug ist 1000; davon sind zunächst 400 zur Ausschüttung bestimmt. Die KSt ist in diesem Falle (510 − 400 · 0,36) gleich 366, und die neugebildete Rücklage beläuft sich auf 234. Für die folgende Vergleichsrechnung ist nun zu unterscheiden der Fall der Substitution und der Fall des Mehrgewinns. Im Falle der Substitution überprüft man, welche Auswirkungen es hat, wenn man bei gleichem Gesamtgewinn die Ausschüttung zu Lasten von Rücklagenbildung und KSt erhöht (in unserem Falle um 100). Im Falle des Mehrgewinns überprüft man die Auswirkungen, die sich ergeben, wenn man einen Mehrgewinn von 100 entweder ganz einbehält oder ganz zur Erhöhung der Ausschüttung verwendet.

Fall der Substitution

	Ges.-Gewinn		Dividende		Rücklage		KSt
Ausgangslage	1000	=	400	+	234	+	366
Neuer Vorschlag	1000	=	500	+	170	+	330
Änderung			+100		−64		−36

Die Mehrausschüttung von 100 ist dadurch möglich geworden, daß die Rücklagenbildung um 64 verkleinert wurde und gleichzeitig die KSt-Last um 36 zurückging. Es wird nun hier angenommen, daß der Mehrbetrag der Ausschüttung die Form eines Aktienbonus haben soll, während die bei Gewährung des Aktienbonus fortfallende Neu-Rücklage von 64 sofort oder später zur Ausgabe von Zusatzaktien verwandt werden könnte. Die Alternative lautet also: Mehrausschüttung von 100 in Form von Bonusaktien oder Einbehaltung der 100 und Verwendung der verbleibenden Neu-Rücklage für Zusatzaktien. Bei Verzicht auf die Mehrausschüttung ist diese mit 51% KSt statt mit 15% belastet, d.h. mit 36% mehr. Um diese 36% wird also der Betrag von 100, auf dessen Ausschüttung man verzichtet, gekürzt. Es verbleiben dann der Gesellschaft 64, und in diesem Ausmaß kann sie dem Aktionär Zusatzaktien zukommen lassen, die für ihn einkommensteuerfrei sind.

Wenn die Gesellschaft dagegen den Betrag von 100 als Aktienbonus zur Verfügung stellt, dann muß sie ihn zunächst einmal für die dabei anfallenden Barauszahlungen kürzen, nämlich um 25% Kapitalertragsteuer und um 2,5% Kapitalverkehrsteuer. Nur der verbleibende Rest kann für die Ausgabe von Bonusaktien verwandt werden. Die folgende Aufstellung zeigt das Ergebnis beider Rechnungen*:

Zusatzaktien		*Bonusaktien*	
Gesamtgewinn	100	Gesamtgewinn	100
−36% KSt-Differenz	36	−2,5% KVSt	1,84
		Verbleibender Betrag	98,16
Verbleibender Betrag für Zusatzaktien	64	−25% KESt	24,54
		Verbleibender Betrag für Bonusaktien	73,62

Unter der Voraussetzung, daß die Einkommensteuerbelastung des Aktionärs nicht mehr als 25% beträgt, ist also das Verfahren der Bonusaktie günstiger für ihn, aber auch günstiger für die Gesellschaft. Der Gesellschaft verbleibt von den 100 Gewinn, die als Aktienbonus ausgeschüttet werden, 73,62 gegen nur 64, wenn die 100 Gewinn zurückgestellt werden. Der Aktionär erhält an zusätzlichen Aktien 73,62 je 100 Mehrausschüttung in Form von Bonusaktien, statt nur 64 bei Rücklagenbildung in Form von Zusatzaktien. Das Verfahren der Bonusaktien bringt also etwa 15% mehr als das Verfahren der Zusatzaktien.

---

* Der Restbetrag nach Abzug von 2,5% KVSt und 25% KESt sei x. Dann ist die KVSt gleich $0,025\, x$. Da der Restbetrag x nach Abzug der KESt gleich 75% der Gesamtausschüttung ist, ist die KESt von 25% der Gesamtausschüttung gleich einem Drittel des Restbetrages oder gleich $0,333\ldots x$. Die beiden Abzugsposten sind also zusammen $0,3583\, x$ und die Gesamtausschüttung (100) ist gleich $1,3583\ldots x$. Daraus ergibt sich für x ein Wert von 73,62.

Fall der Verwendung eines Mehrgewinnes

Einbehaltung des Mehrgewinnes

	Ges.-Gewinn		Dividende		Rücklage		KSt
Gewinnsockel	1000	=	400	+	234	+	366
Mehrgewinn	100	=	0	+	49	+	51
Gesamtgewinn	1100	=	400	+	283	+	417

Volle Ausschüttung des Mehrgewinnes

	Ges.-Gewinn		Dividende		Rücklage		KSt
Gewinnsockel	1000	=	400	+	234	+	366
Mehrgewinn	100	=	76,56	+	0	+	23,44
Gesamtgewinn	1100	=	476,56	+	234	+	389,44

Vergleich beider Verfahren

	Ges.-Gewinn		Dividende		Rücklage		KSt
Einbehaltung Mehrgewinn	1100	=	400	+	283	+	417
Ausschüttung Mehrgewinn	1100	=	476,56	+	234	+	389,44
Unterschied			+ 76,56		− 49		− 27,56

Wenn man den Mehrgewinn von 100 voll zur Erhöhung der Ausschüttung zur Verfügung stellt, verbleiben nach Abzug der darauf lastenden Körperschaftsteuer 76,56, die in Form von Bonusaktien den Aktionären zugeteilt werden können. Wenn man den gesamten Mehrgewinn von 100 einbehält, dann verbleiben für die Rücklagen-Neubildung 49, die später in Form von Zusatzaktien dem Aktionär zufließen können. Beim Vergleich beider Methoden ist gegenüber dem Substitutionsvergleich zu beachten, daß für die Berechnung der verbleibenden Rücklage der volle KSt-Satz von 51% abzusetzen ist, während für den Fall der Ausschüttung der effektive KSt-Satz für ausgeschüttete Gewinne in Höhe von 23,44% vom Mehrgewinn abzusetzen ist. Darüber hinaus sind im Falle der Ausschüttung noch 2,5% Gesellschaftsteuer und 25% Kapitalertragsteuer zu berücksichtigen. Die folgende Aufstellung zeigt das Ergebnis der Vergleichsrechnung:

Zusatzaktien		Bonusaktien	
Gesamtgewinn	100	Gesamtgewinn	100
−51% KSt	51	−23,44% KSt	23,44
Verbleibender Betrag für Zusatzaktien	49	Ausschüttung	76,56
		−2,5% KVSt	1,41
			75,15
		−25% KESt	18,79
		Verbleibender Betrag für Bonusaktien	56,36

Auch bei dieser Rechnung kommen wir zu dem Ergebnis, daß das Verfahren der Bonusaktien für Unternehmung und Aktionäre günstiger ist als das Verfahren der Zusatzaktien. Der Mehrertrag beträgt wiederum etwa 15%.

Allerdings ist zu beachten, daß auch hier eine Einkommensteuerbelastung von 25% zugrunde liegt. Das entspricht nach dem Splitting-Tarif (für Verheiratete) einem Einkommen von jährlich 40000 DM und nach dem Grundtarif (für Unverheiratete) von 20000 DM. Wenn der für den Aktionär in Betracht kommende Einkommensteuersatz über 25% hinaussteigt, vermindert sich für diesen Aktionär der Vorteil der Bonusaktie. Bei einem Einkommensteuersatz von 35% gleichen sich beide Methoden aus und bei höheren Einkommensteuersätzen ist die Methode der Zusatzaktien für den Aktionär günstiger. Die Grenze liegt bei dem geltenden Einkommensteuertarif bei einem Einkommen von etwa 100000 DM (Splittingtarif) und 50000 DM (Unverheiratete). Daraus ergibt sich, daß für die Aktionäre von Publikums-Aktiengesellschaften das Verfahren der Bonusaktien im allgemeinen günstiger sein dürfte als das Verfahren der Zusatzaktien.

5. SCHLUSSBEMERKUNG

Die Ergebnisse unserer Vergleichsrechnung dürfen nicht zu dem Schluß verführen, daß das Verfahren der Bonusaktien Aussicht auf weite Verbreitung hätte. Es ist aber charakteristisch für gewisse Tendenzen im Aktienwesen, die auf eine stärkere Berücksichtigung der Aktionäre mit kleineren und mittleren Einkommen hinauslaufen und deshalb besonders bei ausgesprochenen Publikums-Aktiengesellschaften zu finden sind.

Zunächst ist aber zu beachten, daß das Verfahren attraktiv wird durch den gespaltenen Körperschaftsteuersatz. Wenn hier eine Änderung eintritt, entfallen die entscheidenden Vorteile der Bonusaktien.

Aber selbst wenn man annimmt, daß die wirtschaftspolitischen Tendenzen, die in der Spaltung des KSt-Satzes Ausdruck finden, dauerhaften Charakter besitzen, dann darf man nicht übersehen, daß die Bonusaktien nur dann besonders reizvoll sind, wenn die Aktien der emittierenden Gesellschaft einen hohen Börsenkurs haben. Diese Gesellschaften könnten sich zusätzliches Kapital aber wesentlich billiger verschaffen, nämlich durch eine Aktienemission mit hohem Agio. Wenn sie trotzdem Bonusaktien ausgeben, dann geschieht das fast ausschließlich im Interesse der Aktionäre, denen man auf diese Weise einen Sondervorteil zukommen läßt. Eine Gesellschaft, deren Aktienkurs bei 100 % liegt, wird es kaum wagen dürfen, ihren Aktionären statt einer Bardividende wahlweise einen Aktienbonus anzubieten. Eine solche Gesellschaft wäre vermutlich an einer Finanzierung durch Ausgabe von Bonusaktien interessiert. Aber gerade ihr dürfte dieser Weg praktisch verschlossen sein.

Das Verfahren der Kapitalerhöhung aus Gesellschaftsmitteln durch Ausgabe von Zusatzaktien hat für die Gesellschaften vor allem den großen Vorzug, daß es elastischer ist. Man beginnt mit der Zurückbehaltung von Gewinnen und der Bildung von Rücklagen. Die Umwandlung dieser Rücklagen in Grundkapital durch Ausgabe von Zusatzaktien ist nicht an bestimmte Termine und Fristen gebunden. Man kann sich den jeweiligen Zeitumständen anpassen. Die Ausgabe von Bonusaktien braucht zwar nicht in jedem Jahre zu erfolgen. Wenn die Aktionäre aber einmal daran gewöhnt sind, kommt man so leicht nicht mehr davon ab.

Im übrigen entspricht das Verfahren des Aktienbonus nur den Interessen der Aktionäre in mittlerer Einkommenslage. In manchen Fällen mögen auch Großaktionäre daran interessiert sein, wenn sie im Ausland sitzen und auf Grund von Doppelbesteuerungs-Abkommen für die aus ihrem Aktienbesitz anfallenden Kapitalerträge nur relativ niedrige Ertragsteuer-Belastungen zu tragen haben. Aber das sind Ausnahmefälle. Für die Entscheidungen der Unternehmensleitungen sind in der Regel die Interessen der Aktionäre mit hohem Anteilsbesitz und demgemäß auch hohen Einkommen im allgemeinen von größerem Gewicht als die Interessen der Aktionäre mit geringem Anteilsbesitz und entsprechenden Einkommensverhältnissen. Dieser Tatbestand dürfte für die zukünftige Verbreitung des Aktienbonus nicht ohne Bedeutung sein.

Der Einfluß der Investitions- und Ausschüttungspolitik auf den Zukunftserfolgswert der Unternehmung

HERBERT HAX*

I. ZUR PROBLEMSTELLUNG

Bei der Bewertung von Unternehmungen und von Unternehmungsanteilen geht man von der Annahme aus, daß die Inhaber und potentiellen Käufer sich am Ziel des Einkommenserwerbs orientieren. Der Wert einer Unternehmung richtet sich folglich nach Höhe und Unsicherheit des Einkommens, das aus ihr bezogen werden kann. Man berechnet ihn als Kapitalwert des erwarteten Einkommensstroms, wobei der Kalkulationszinsfuß um so größer ist, je unsicherer die Erwartungen sind. Der so berechnete Wert wird in der Literatur überwiegend als Ertragswert bezeichnet; neuerdings setzt sich die klarere Bezeichnung Zukunftserfolgswert, die von Münstermann geprägt wurde [1], mehr und mehr durch.

Eine offene Frage der Bewertungstheorie ist, was in diesem Zusammenhang unter Einkommen verstanden werden soll. Nach herkömmlicher und weitverbreiteter Ansicht sind es die erwarteten Gewinne des Unternehmens, die die Grundlage der Bewertung bilden. Dem steht die Auffassung gegenüber, daß es nicht auf die Gewinne ankommt, sondern auf die Zahlungen, die dem Inhaber einer Unternehmung oder eines Unternehmungsanteils zufließen, auf die Gewinnausschüttungen und die Ausschüttungen im Fall einer Liquidation oder Teilliquidation also. In verschiedenen neueren Untersuchungen wird schließlich auch vorgeschlagen, von dem Überschuß der in der Unternehmung erzielten Einzahlungen über die Auszahlungen auszugehen [2]. Dieses letzte Verfahren steht allerdings im wesentlichen mit der an zweiter Stelle genannten Auffassung in Einklang. Den Einzahlungen, die das Unternehmen erzielt, stehen zunächst die durch den laufenden Betrieb verursachten Auszahlungen gegenüber, außerdem die Auszahlungen für Investitionen und für Fremdkapitalzinsen und -tilgung. Sieht man von Veränderungen des Zahlungsmittelbestandes ab, so stimmt der verbleibende Überschuß mit den Ausschüttungen überein. Faßt man Veränderungen des Zahlungsmittelbestandes in der Unternehmung als Investition bzw. Desinvestition auf, und nichts anderes sind sie vom Standpunkt des Inhabers oder Anteilseigners aus gesehen, so stimmen die Einzahlungsüberschüsse der Unternehmung vollständig mit den Ausschüttungen überein.

* Mit freundlicher Genehmigung des Verlages entnommen aus: *Betriebswirtschaftliche Information, Entscheidung und Kontrolle*, Hrsg. W. Busse von Colbe und G. Sieben, Wiesbaden 1969, S. 359–380.

Es bleiben also zwei Möglichkeiten, eine Unternehmung zu bewerten, erstens aufgrund erwarteter Gewinne, zweitens aufgrund erwarteter Ausschüttungen. Gegen die erste Methode spricht, daß der Gewinn als Differenz zwischen Aufwendungen und Erträgen eine reine Verrechnungsgröße ist, die nur in den Büchern der Unternehmung erscheint, ganz im Gegensatz zu den Ausschüttungen, die für den Inhaber oder Anteilseigner einen realen Zahlungsmittelzufluß darstellen, Einkommen also, das ohne Einschränkung für Konsum oder Investitionen verfügbar ist. Warum sollte sich der Bewertende an einer abstrakten Verrechnungsgröße wie dem Gewinn orientieren statt an dem realen Vorgang der Ausschüttung?

Hiergegen ließe sich wieder anführen, daß der Gewinn, soweit er nicht ausgeschüttet wird, auch als Teil des der Bewertung zugrunde zu legenden Einkommens aufgefaßt werden kann, weil er sich in einer Erhöhung des Nettovermögens der Unternehmung niederschlägt, somit also den Wert der Unternehmung erhöht. Werden die Aktien der Unternehmung an der Börse gehandelt, so wäre zu erwarten, daß sich die Werterhöhung in einer Kurssteigerung niederschlägt. Die Schwäche dieser Argumentation ist offensichtlich; um zu begründen, daß der Gewinn die geeignete Grundlage des Bewertungskalküls ist, unterstellt man von vornherein, daß ein Gewinn, der nicht ausgeschüttet wird, den Wert der Unternehmung erhöht. Sofern man nicht von der Vorstellung eines objektiven Wertes ausgeht, der der Unternehmungssubstanz »inhäriert«, müßte diese Werterhöhung doch als Erhöhung des Zukunftserfolgswertes erklärt werden. Auch ein Ansteigen des Börsenkurses kann doch nicht anders erklärt werden als damit, daß es Kapitalanleger gibt, die bereit sind, einen höheren Preis für die Aktie zu entrichten, weil der Zukunftserfolgswert der Unternehmung gestiegen ist.

Man müßte also unterstellen, daß der Wertzuwachs der Unternehmung in jeder Periode gleich dem Betrag des nicht ausgeschütteten Gewinns ist. Das setzt aber voraus, daß zum Zwecke der Gewinnermittlung bereits das Vermögen der Unternehmung mit seinem Zukunftserfolgswert angesetzt wird. Wenn aber der Gewinn aus dem Zukunftserfolgswert abgeleitet wird, so kann er nicht zugleich die Grundlage für die Ermittlung des Zukunftserfolgswertes sein[3]. Bei der Gewinnermittlung in der Bilanz wird allerdings das Vermögen nicht mit dem Zukunftserfolgswert angesetzt, vielmehr sind für die Bewertung ganz andere Gesichtspunkte maßgeblich. Damit wird aber auch das Argument hinfällig, der Gewinn sei als Bewertungsgrundlage besser geeignet als die Ausschüttungen, weil er auch die Werterhöhung des Nettovermögens der Unternehmung enthalte.

Werden bei der Bewertung hingegen die Ausschüttungen zugrunde gelegt, so entfallen alle diese Schwierigkeiten. Daß die Nichtausschüttung von Gewinnen werterhöhend wirkt, ist einfach damit zu erklären, daß der nicht ausgeschüttete Betrag investiert wird und aus dieser Investition später Überschüsse erzielt werden, die ausgeschüttet werden können; der Wert der Unternehmung steigt um den Barwert dieser durch die Investition ermöglichten zusätzlichen Ausschüttungen.

Daß die Gewinne keine geeignete Bewertungsgrundlage darstellen, wird besonders deutlich, wenn man sich eine Unternehmung vorstellt, die in absehbarer Zeit liquidiert werden soll. Der Wert dieser Unternehmung ist offenbar nicht gleich dem Barwert der bis zur Liquidation erzielten Gewinne; vielmehr kann sie auch einen positiven Wert haben, wenn gar keine Gewinne mehr erzielt werden, ja sogar wenn nur noch Verluste entstehen. Dieser Wert ergibt sich aus den Ausschüttungen, die im Zusammenhang mit der Liquidation erfolgen[4].

Daß die Bewertung im Prinzip auf der Grundlage erwarteter Ausschüttungen und nicht erwarteter Gewinne zu erfolgen hat, ist Ausgangspunkt der folgenden Überlegungen. Der Wert der Unternehmung ist unter dieser Voraussetzung sowohl von der Ausschüttungspolitik abhängig als auch von den Investitionen, mit denen ausschüttbare Gewinne erzielt werden. Investitions- und Ausschüttungspolitik sind aber nicht unabhängig voneinander, insofern als von der Höhe der Ausschüttungen die Selbstfinanzierungsmöglichkeiten für Investitionen bestimmt werden. Im folgenden soll versucht werden, diesen Zusammenhang zwischen Unternehmungswert, Ausschüttungen und Investitionen anhand eines einfachen Modells darzustellen. Insbesondere soll auch versucht werden, aus diesem Modell Aussagen über optimale Investitions- und Ausschüttungspolitik abzuleiten, optimal in dem Sinne, daß der Unternehmungswert maximiert wird. Das Modell soll in mehreren Varianten entwickelt werden. In einer ersten Variante soll untersucht werden, wie der Unternehmungswert dadurch beeinflußt wird, daß stets nur eine bestimmte Quote des erzielten Gewinns ausgeschüttet und der Rest einbehalten und für Investitionen verwandt wird. In den weiteren Varianten sollen dann Bedingungen für die Optimierung der Ausschüttungsquote abgeleitet werden, und zwar sowohl für den Fall ausschließlicher Selbstfinanzierung als auch für den kombinierter Selbst- und Beteiligungsfinanzierung. Der letzte Fall wird wieder in zwei Varianten betrachtet, erstens unter Vernachlässigung von Steuern, zweitens mit Berücksichtigung der Doppelbesteuerung ausgeschütteter Gewinne, insbesondere auch des Einflusses gespaltener Körperschaftsteuersätze.

Nicht behandelt werden im folgenden die Probleme, die sich im Zusammenhang mit der Fremdfinanzierung ergeben. Fremdfinanzierung beeinflußt den Wert der Anteile am Eigenkapital der Unternehmung nicht nur, weil die ausschüttbaren Gewinne durch Zinsen geschmälert werden, sondern auch weil das Risiko mit steigender Verschuldung steigt. Die sich hieraus ergebenden Fragen sind vor allem seit Erscheinen der grundlegenden Arbeit von Modigliani und Miller[5] Gegenstand zahlreicher Untersuchungen gewesen; hier soll dieser Komplex jedoch ausgeklammert bleiben. Im folgenden wird also angenommen, daß die Unternehmung von dieser Finanzierungsmöglichkeit keinen Gebrauch macht.

II. ZWEI ANNAHMEN

Der Modellanalyse liegen zwei Annahmen zugrunde, die zunächst erläutert werden sollen:

Erstens wird angenommen, daß der Kalkulationszinsfuß, mit dessen Hilfe der Marktwert der Unternehmung als Barwert aller erwarteten Ausschüttungen berechnet werden kann, eine gegebene und unveränderliche Größe ist. Berücksichtigt man, daß zukünftige Gewinne und Ausschüttungen unsichere Größen sind, so wird der Kalkulationszinsfuß, mit dem erwartete Ausschüttungen abgezinst werden, vom Unsicherheitsgrad dieser Ausschüttungen abhängen. Wenn man davon ausgeht, daß Kapitalanleger in der Regel risikoscheu sind, wird er um so größer sein, je größer das Risiko ist. Hierin kommt zum Ausdruck, daß erwartete Einkommensströme auf dem Kapitalmarkt einen um so niedrigeren Preis haben, je größer das Risiko ist. Der Kalkulationszinsfuß ist also eine Gegebenheit des Marktes, die z. B. bei Aktiengesellschaften mit bestimmten Dividendenerwartungen im Aktienkurs zum Ausdruck kommt.

Wie das Risiko in diesem Zusammenhang zu messen ist, soll hier nicht untersucht werden. Es wird angenommen, daß die Unternehmung zu einer bestimmten Risikoklasse gehört, für die der Kalkulationszinsfuß festliegt. Wenn der Kalkulationszinsfuß als unveränderlich angenommen wird, so wird damit impliziert, daß die Unternehmung stets in derselben Risikoklasse bleibt. Es wäre durchaus denkbar, daß eine Unternehmung durch riskante Investitionen in eine Klasse größeren Risikos oder auch durch Investitionen, die eine Risikomischung bewirken, in eine Klasse geringeren Risikos geriete. Möglich wäre auch, daß der Kalkulationszinsfuß für weiter in der Zukunft liegende Ausschüttungen größer wäre als der für zeitlich nähere; dies ließe sich damit erklären, daß die Unsicherheit mit der zeitlichen Entfernung vom Bewertungszeitpunkt zunähme. Diese Möglichkeiten sind hier durch die Annahme eines unveränderlichen Kalkulationszinsfußes ausgeschlossen.

Die zweite Annahme bezieht sich auf die Investitionen, die die Unternehmung vornehmen kann. Es soll nur einen Typ von Investitionen geben, der dadurch charakterisiert ist, daß durch eine Anfangsauszahlung eine unendliche Reihe gleich hoher Einzahlungen, eine ewige Rente also, induziert wird. Diese Annahme ist sicherlich wirklichkeitsfremd, vereinfacht die Modellformulierung jedoch erheblich. Die Ergebnisse der Modellanalyse lassen sich jedoch auf den allgemeineren Fall beliebiger Investitionsmöglichkeiten übertragen.

III. UNTERNEHMUNGSWERT UND AUSSCHÜTTUNGSPOLITIK BEI GEGEBENER VERZINSUNG EINBEHALTENER GEWINNE [6]

Betrachtet sei eine Unternehmung, die aufgrund früherer Investitionen jährlich einen Gewinn, der zugleich Einzahlungsüberschuß ist, in Höhe von a erzielt. Wird dieser Gewinn ausgeschüttet, so erhält man den Unternehmungswert W mit Hilfe des Kalkulationszinsfußes i gemäß der Formel

$$W = \frac{a}{i} \qquad (1)$$

Wie ändert sich nun W, wenn alljährlich ein bestimmter Bruchteil c des Gewinns nicht ausgeschüttet, sondern investiert wird, wobei sich die Investition mit dem Satz

r verzinst. Wird also im Jahr t der Betrag I_t investiert, so entsteht für alle folgenden Jahre ein zusätzlicher Gewinn in Höhe von $r \cdot I_t$. Bezeichnet man mit G_t den Gewinn des t-ten Jahres, so gelten folgende Beziehungen:

$$I_t = c \cdot G_t \quad \text{und} \quad G_{t+1} = G_t + r \cdot I_t \qquad (t = 1 \ldots \infty)$$

Da $G_1 = a$ ist, gilt:

$$G_{t+1} = G_t(1 + c \cdot r) = G_1(1 + cr)^t = a(1 + cr)^t$$

Für den Unternehmungswert W ergibt sich dann (mit $q = 1 + i$):

$$W = \sum_{t=0}^{\infty} (1-c) \cdot a \cdot (1+cr)^t \cdot q^{-(t+1)} \qquad (2)$$

Diese geometrische Reihe hat eine endliche Summe, wenn

$$\frac{1+cr}{q} < 1 \text{ oder } cr < i \text{ ist. Dann wird:}$$

$$W = a\frac{1-c}{i-cr} \text{[7]} \qquad (cr < i) \qquad (3)$$

Offenbar wird $a\frac{1-c}{i-cr} = \frac{a}{i}$, wenn $r = i$ ist. Verzinsen sich also die Investitionen der Unternehmung genau in Höhe des Kalkulationszinsfußes, so ist die Höhe der Einbehaltungsquote c ohne Einfluß auf den Unternehmungswert. Welche Bedeutung c hat, wenn $i \neq r$ ist, ist am besten aus dem Differentialquotienten dW/dc zu ersehen:

$$\frac{dW}{dc} = a\frac{r-i}{(i-cr)^2} \text{[8]} \qquad (cr < i)$$

Der Ausdruck auf der rechten Seite ist positiv, wenn $r > i$ ist, hingegen negativ, wenn $r < i$ ist. Der Unternehmungswert steigt also mit wachsender Einbehaltungsquote, wenn die Investitionen der Unternehmung sich höher verzinsen als mit dem Kalkulationszinsfuß. Dieses Ergebnis ist insofern beachtenswert, als die Einbehaltungsquote unbegrenzt beibehalten wird. Die mit der erhöhten Einbehaltungsquote verbundene Verminderung der Ausschüttungen bewirkt also keine Minderung des als Barwert der Ausschüttungen ermittelten Unternehmungswertes; durch die Verzinsung der einbehaltenen Gewinnanteile wird die Ausschüttungsminderung vielmehr überkompensiert.

Die optimale Einbehaltungsquote, diejenige also, bei der W ein Maximum erreicht, liegt bei Null, wenn $r < i$ ist. Ist $r = i$, so ist W unabhängig von c. Gilt $r > i$, so existiert kein endliches Maximum von W; sobald nämlich $c \geq \frac{i}{r}$ ist, wird $cr \geq i$; das bedeutet nach Formel (2), daß W alle endlichen Grenzen übersteigt. Man könnte also einen unendlich großen Wert erreichen. Dieses Ergebnis ist aus der Modellannahme zu erklären, daß die Unternehmung beliebig hohe Investitionen vornehmen kann, die sich mit dem Satz r verzinsen; unter dieser Voraussetzung kann es auf dem Kapitalmarkt kein Gleichgewicht geben, bei dem $r > i$ ist. Um sinnvollere Aussagen über die optimale Ausschüttungs- und Einbehaltungspolitik zu erhalten, muß man die Annahme eines konstanten r durch die einer vom Umfang der Investitionen abhängigen Verzinsung ersetzen.

Der Unternehmungswert wird nach (2) als Barwert aller Ausschüttungen ermittelt. Würde man ihn als Barwert aller Gewinne ermitteln, so ergäbe sich ein höherer Wert, nämlich:

$$W = \frac{a}{i - cr}$$

Diese Berechnungsweise wäre jedoch nicht sinnvoll. Die für $c = 0$ geltende Gewinnreihe in konstanter Höhe von a ist zugleich eine realisierbare Ausschüttungsreihe. Ist aber $c \neq 0$, so ist die sich ergebende Gewinnreihe a, $a(1 + cr)$, $a(1 + cr)^2$, $a(1 + cr)^3$ usw. als Ausschüttungsreihe nicht realisierbar. Die Erzielung dieser Gewinne setzt ja gerade voraus, daß die Ausschüttungen kleiner als die Gewinne sind. In den Barwert der Gewinne gehen sowohl der Gewinn des Jahres t ein als auch die zusätzlichen Gewinne späterer Jahre, die nur erzielt werden können, weil man auf Ausschüttung des Gewinns des t-ten Jahres teilweise verzichtet. Würde man den Unternehmungswert so berechnen, so würden zwei Einkommensvorteile erfaßt, von denen man immer nur einen haben kann. Dieser Fehler wird in der Literatur auch als Doppelzählung bezeichnet; der nichtausgeschüttete Gewinn des Jahres t wird sowohl unmittelbar als auch in Form der mit seiner Hilfe erzielten zusätzlichen Gewinne erfaßt, im Ergebnis also doppelt[9].

Diese Überlegung gilt nicht nur unter den engen Prämissen des Modellfalls, sondern läßt sich verallgemeinern: Der Unternehmungswert läßt sich nur dann als Barwert einer Gewinnreihe angeben, wenn diese Gewinnreihe zugleich Ausschüttungsreihe ist. Setzt die Erzielung der Gewinnreihe jedoch voraus, daß nicht alle Gewinne ausgeschüttet werden, so kann der Unternehmungswert nur als Barwert der Ausschüttungsreihe berechnet werden.

IV. AUSSCHÜTTUNGS- UND INVESTITIONSPOLITIK BEI VOM UMFANG DER INVESTITION ABHÄNGIGER VERZINSUNG

A Reine Selbstfinanzierung

1. Lösung unter Vernachlässigung der Bedingung $I_t \leq G_t$

Die Annahme der vorangehenden Abschnitte, daß alle Investitionen aus einbehaltenen Gewinnen finanziert werden, Beteiligungsfinanzierung und Fremdfinanzierung also außer Betracht bleiben, soll hier noch beibehalten werden. Daraus ergibt sich die Nebenbedingung, daß in einem Jahr nie mehr investiert werden kann als der erzielte Gewinn, also $I_t \leq G_t$.

Zur Vereinfachung der Modellformulierung soll diese Nebenbedingung jedoch zunächst unberücksichtigt bleiben. Es wird also angenommen, daß der Gewinn zur Finanzierung des optimalen Investitionsprogramms stets ausreicht.

Das hier betrachtete Modell unterscheidet sich von dem des vorangehenden Abschnitts dadurch, daß die Verzinsung der Investitionen nicht konstant ist. Durch die Investitionen des Jahres t (I_t) wird für alle folgenden Jahre ein zusätzlicher Einzahlungsüberschuß $g_t(I_t)$ erzielt; g_t hängt nur von I_t ab, nicht auch von den Investitionen früherer Jahre; eine intertemporäre Abhängigkeit zwischen den Investitionen gibt es also nicht.

Die marginale Verzinsung $g'_t = \dfrac{dg_t}{dI_t}$ sei stets positiv, falle aber mit wachsendem I (also $g''_t < 0$).

Für den Gewinn des t-ten Jahres ergibt sich also:

$$G_t = a + \sum_{\tau=1}^{t-1} g_\tau(I_\tau)$$

Für den Unternehmungswert erhält man:

$$W = \sum_{t=1}^{\infty}(G_t - I_t) \cdot q^{-t} = (a - I_1) \cdot q^{-1} + \sum_{t=2}^{\infty}\left[a + \sum_{\tau=1}^{t-1} g_\tau(I_\tau) - I_t\right] \cdot q^{-t} \quad (4)$$

$$= \sum_{t=1}^{\infty} a \cdot q^{-t} + \sum_{t=2}^{\infty}\sum_{\tau=1}^{t-1} g_\tau(I_\tau) q^{-t} - \sum_{t=1}^{\infty} I_t \cdot q^{-t}$$

Der zweite Ausdruck dieser Summe läßt sich in folgender Weise umformen:

$$\sum_{t=2}^{\infty}\sum_{\tau=1}^{t-1} g_\tau(I_\tau) \cdot q^{-t} = g_1(I_1) \cdot q^{-2}$$

$$+ g_1 \cdot (I_1) q^{-3} + g_2 \cdot (I_2) q^{-3}$$

$$+ g_1(I_1) \cdot q^{-4} + g_2(I_2) \cdot q^{-4} + g_3(I_3) \cdot q^{-4}$$

$$+ \ldots\ldots\ldots\ldots$$

$$= \sum_{\tau=1}^{\infty}\sum_{t=\tau+1}^{\infty} g_\tau(I_\tau) \cdot q^{-t}$$

$$= \sum_{\tau=1}^{\infty} \frac{g_\tau(I_\tau)}{i} q^{-\tau} = \sum_{t=1}^{\infty} \frac{g_t(I_t)}{i} \cdot q^{-t}$$

Setzt man dieses Ergebnis in (4) ein, so erhält man:

$$W = \sum_{t=1}^{\infty} a \cdot q^{-t} + \sum_{t=1}^{\infty} \frac{g_t(I_t)}{i} q^{-t} - \sum_{t=1}^{\infty} I_t \cdot q^{-t} \quad (5)$$

$$= \frac{a}{i} + \sum_{t=1}^{\infty}\left[\frac{g_t(I_t)}{i} - I_t\right] \cdot q^{-t}$$

Der Unternehmungswert ist also gleich der Summe des Barwertes der ohne zusätzliche Investitionen erzielbaren Gewinnreihe a und der auf den Zeitpunkt Null abgezinsten Barwerte aller zukünftigen Investitionen.

Soll W maximiert werden, so muß die Bedingung

$$\frac{dW}{dI_t} = \left(\frac{g'_t}{i}\right) \cdot q^{-t} - q^{-t} = 0$$

oder

$$g'_t = i \qquad (6)$$

erfüllt sein. Diese Bedingung besagt, daß in jedem Jahr so viel investiert wird, daß die marginale Verzinsung der Investitionen gleich dem Kalkulationszinsfuß ist. Da annahmegemäß alle Investitionen selbstfinanziert werden, liegt mit dem optimalen Investitionsvolumen zugleich die optimale Höhe der Ausschüttung fest [10]. Der Kalkulationszinsfuß i ist also der für Investitionsentscheidungen maßgebliche Kapitalkostensatz.

2. Lösung unter Berücksichtigung der Bedingung $I_t \leq G_t$

Die im vorstehenden Abschnitt angegebene Lösung gilt nur, wenn der Gewinn in jedem Jahr zur Finanzierung der Investitionen ausreicht. Es kann aber auch der Fall eintreten, daß die vorhandenen Mittel nicht genügen, um ein Investitionsvolumen gemäß der Optimalbedingung (6) zu realisieren. Soll auch dieser Fall berücksichtigt werden, so ist das Entscheidungsmodell in folgender Weise zu formulieren:

Die Funktion

$$W = \frac{a}{i} + \sum_{t=1}^{N} \left(\frac{g_t(I_t)}{i} - I_t\right) \cdot q^{-t} \qquad (7a)$$

ist zu maximieren unter Beachtung der Nebenbedingungen:

$$I_t \leq G_t \quad (t = 1 \ldots N) \qquad (7b)$$

und

$$I_t \geq 0 \quad (t = 1 \ldots N) \qquad (7c)$$

Bei dieser Formulierung werden nur die bis zur N-ten Periode durchzuführenden Investitionen erfaßt. Diese Beschränkung ist erforderlich, da man sonst ein nichtlineares Programm mit unendlich vielen Nebenbedingungen erhielte. Da für N ein beliebig großer endlicher Wert angenommen werden kann, entsteht kein wesentlicher Fehler.

Statt (7b) kann man auch schreiben:

$$f_1(I_1 \ldots I_N) = I_1 \leq a \qquad (7d)$$

$$f_t(I_1 \ldots I_N) = I_t - \sum_{\tau=1}^{t-1} g_\tau(I_\tau) \leq a \qquad (t = 2 \ldots N)$$

Für die weitere Entwicklung werden die ersten Ableitungen der Funktionen f_t nach den Variablen $I_t \ldots I_N$ benötigt. Es gilt:

$$\frac{\delta f_T}{\delta I_t} = \begin{cases} 0, \text{ falls } t > T \\ 1, \text{ falls } t = T \\ -g_t, \text{ falls } t < T \end{cases}$$

Die Kuhn-Tucker-Bedingungen [11] für die optimale Lösung des nichtlinearen Programms lauten:

$$I_t \geq 0 \text{ und } y_t - \sum_{\tau=t+1}^{N} y_\tau \cdot g'_t = \left(\frac{g'_t}{i} - 1\right) q^{-t} \qquad (8a)$$

oder $\quad I_t = 0 \text{ und } y_t - \sum_{\tau=t+1}^{N} y_\tau \cdot g'_t > \left(\frac{g'_t}{i} - 1\right) q^{-t} \qquad (8b)$

$$y_t \geq 0 \text{ und } I_t = G_t \qquad (8c)$$
oder $\quad y_t = 0 \text{ und } I_t < G_t \qquad (8d)$

Aus (8c) und (8d) geht hervor, daß y_t nur dann positiv wird, wenn in einem Jahr der gesamte Gewinn für Investitionen verwandt wird. (8a) besagt folgendes: Wenn in einem Jahr überhaupt investiert wird, dann so viel, daß die an zweiter Stelle genannte Bedingung erfüllt wird. Diese Bedingung läßt sich in folgender Weise umformen:

$$g'_t = i \frac{1 + y_t \cdot q^t}{1 + \sum_{\tau=t+1}^{N} y_\tau \cdot q^t \cdot i} \qquad (9)$$

Der Ausdruck auf der rechten Seite der Gleichung gibt die Marginalverzinsung im Optimum, die Kapitalkosten also, an. Erreicht in einem bestimmten Jahr und allen folgenden Jahren I_t nicht die durch G_t gesetzte Obergrenze, so liegen die Kapitalkosten bei i; dies stimmt mit dem Ergebnis des vorhergehenden Abschnitts überein. Wird in einem Jahr t die Obergrenze erreicht, in allen folgenden jedoch nicht, so ergibt sich aus (9):

$$g'_t = i(1 + y_t \cdot q^t)$$

Die Kapitalkosten können dann größer als i sein; das ergibt sich daraus, daß die zur Verfügung stehenden Mittel nicht ausreichen, um alle Investitionen durchzuführen, deren Verzinsung größer als i ist. Wird schließlich im t-ten Jahr die Obergrenze nicht erreicht, wohl aber in einem oder mehreren späteren Jahren, so gilt:

$$g'_t = \frac{i}{1 + \sum_{\tau=t+1}^{N} y_\tau \cdot q^t \cdot i}$$

Hier werden die Kapitalkosten kleiner als i. Dies ist damit zu erklären, daß die durch die Investition des t-ten Jahres erzielten Gewinne in späteren Jahren zur

Finanzierung von Investitionen verwandt werden können, die eine über i liegende marginale Verzinsung erbringen. Dieses Ergebnis ist z. T. durch die Modellprämissen bedingt, die es nicht zulassen, daß man den Gewinn eines Jahres nur vorübergehend anlegt, um ihn später zur Finanzierung von Investitionen zu verwenden. Vor allem aber wirkt sich hier aus, daß es annahmegemäß außer der Selbstfinanzierung keine andere Finanzierungsmöglichkeit gibt; unter dieser Voraussetzung gilt allgemein, daß es sich lohnen kann, Gewinne nicht auszuschütten, sondern vorübergehend auch mit einer unter i liegenden Verzinsung anzulegen, wenn später damit höher verzinsliche Investitionen finanziert werden können, die andernfalls unterbleiben müßten.

B Selbst- und Beteiligungsfinanzierung

1. Lösung unter Vernachlässigung von Steuern

Der bisher angenommene Zusammenhang zwischen Ausschüttungs- und Investitionspolitik ist weniger eng, wenn man die Möglichkeit der Beteiligungsfinanzierung in die Betrachtung einbezieht. Dann führt eine Erhöhung der Ausschüttung nicht mehr zwangsläufig zu einer Verkleinerung des Investitionsvolumens. Bezeichnet man für das Jahr t die Ausschüttung mit D_t, den einbehaltenen Gewinn mit S_t und den im Wege der Beteiligungsfinanzierung aufgenommenen Betrag mit B_t, so gelten folgende Beziehungen:

$$S_t + B_t = I_t$$

und

$$S_t + D_t = G_t$$

In welcher Weise wird nun der gegenwärtige Wert einer Unternehmung durch die Aufnahme von Beteiligungskapital am Ende des Jahres t beeinflußt? Dieser Unternehmungswert wird gleich dem Barwert der dem gegenwärtigen Anteilseigner zufließenden Ausschüttungen sein, also gleich dem Barwert aller Ausschüttungen, vermindert um den Barwert der Ausschüttungen an die neuen Anteilseigner, die durch den Vorgang der Beteiligungsfinanzierung hinzukommen. Wie der gegenwärtige Unternehmungswert durch diesen Vorgang beeinflußt wird, hängt also allein davon ab, unter welchen Konditionen die Beteiligungsfinanzierung erfolgt. Handelt es sich um eine Aktiengesellschaft, so ist vor allem der Emissionskurs der neuen Aktien von Bedeutung.

Hier soll nun eine Konditionsgestaltung angenommen werden, durch die stets erreicht wird, daß der Barwert der den neuen Anteilseignern zufließenden Ausschüttungen gleich dem Betrag ist, den sie als Einlage zu leisten haben. Diese Annahme ist gerechtfertigt, wenn alle Beteiligten dieselben Erwartungen hinsichtlich der zukünftigen Gewinne und Ausschüttungen haben. Die neuen Anteilseigner werden bereit sein, maximal den Barwert der ihnen in Zukunft zufließenden Ausschüttungen als Einlage zu leisten. Der Barwert dieser Ausschüttung ist dann gleich B_t im Zeitpunkt der Kapitalaufnahme, gleich $B_t\, q^{-t}$ im Bezugszeitpunkt der Modellbetrachtung.

Für den Wert der Unternehmung erhält man damit:

$$W = \sum_{t=1}^{\infty} D_t \cdot q^{-t} - \sum_{t=1}^{\infty} B_t \cdot q^{-t} = \sum_{t=1}^{\infty} [(G_t - S_t) - (I_t - S_t)] \cdot q^{-t} \quad (10)$$

$$= \sum_{t=1}^{\infty} (G_t - I_t) q^{-t}$$

$$= \frac{a}{i} + \sum_{t=1}^{\infty} \left[\frac{g_t(I_t)}{i} - I_t \right] \cdot q^{-t}$$

Diese Formel für den Unternehmungswert stimmt mit (4) und (5) überein. Sie ist jedoch etwas anders zu interpretieren, weil in (4) und (5) I_t sowohl das Investitionsvolumen als auch den einbehaltenen Gewinn angibt, während es in (10) nur die erste dieser Bedeutungen hat. Für das optimale Investitionsvolumen gilt auch im vorliegenden Fall Formel (6); i gibt also die Kapitalkosten an.

Der Unternehmungswert ist nach (10) von den Investitionen I_t, nicht jedoch von den nicht ausgeschütteten Gewinnen S_t abhängig, ein Ergebnis, das überraschen mag. Es erscheint paradox, daß die Ausschüttungspolitik sich als bedeutungslos für den Wert der Unternehmung erweist, nachdem eben dieser Wert als Barwert aller Ausschüttungen definiert worden war. Das Paradoxon ist jedoch leicht zu erklären. Eine Erhöhung der Ausschüttung um einen bestimmten Betrag bedeutet bei unverändertem Investitionsvolumen eine Erhöhung der Beteiligungsfinanzierung um den gleichen Betrag, und dies bewirkt wieder eine Minderung der auf die bisherigen Anteilseigner entfallenden zukünftigen Ausschüttungen. Der Barwert der zukünftigen Minderausschüttungen ist aber annahmegemäß gleich dem durch Beteiligungsfinanzierung zusätzlich aufgebrachten Betrag, also auch gleich dem Betrag, um den die Ausschüttung zunächst erhöht wurde. Für die Anteilseigner tritt also nur ein Tausch zukünftiger gegen gegenwärtige Ausschüttungen ein, der den Barwert aller Ausschüttungen unberührt läßt [12].

Eine optimale Ausschüttungspolitik gibt es unter den Voraussetzungen des Modells nicht, da der Unternehmungswert bei gegebener Investitionspolitik unabhängig davon ist, ob die Mittel für Investitionen durch Selbstfinanzierung oder durch Beteiligungsfinanzierung aufgebracht werden [13].

2. Lösung unter Berücksichtigung von Körperschaft- und Einkommensteuern

Würden alle Gewinne, ob ausgeschüttet oder einbehalten, in der gleichen Weise besteuert, so könnte man die bisherigen Ergebnisse ohne Schwierigkeit auf den Steuerfall übertragen. G_t müßte dann als Gewinn nach Steuerabzug definiert werden; außerdem wäre zu erwarten, daß sich der Kalkulationszinsfuß i unter dem Einfluß der Besteuerung veränderte. Es wäre also durchaus möglich, daß die optimale Investitionspolitik unter dem Einfluß der Besteuerung anders aussähe als ohne Steuern. Die formalen Optimalitätsbedingungen würden sich jedoch nicht ändern.

Dies gilt allerdings nicht, wenn ausgeschüttete Gewinne in unterschiedlicher Weise besteuert werden, was in Deutschland durch das Zusammenwirken von Körperschaftsteuer und Einkommensteuer zustande kommt. Es soll nun gezeigt werden, wie die bisherigen Ergebnisse durch dieses Steuersystem beeinflußt werden.

G_t soll im folgenden als Bruttogewinn (vor Steuerabzug) verstanden werden, i als der Zinssatz, mit dem erwartete Nettoeinkünfte abzuzinsen sind. Es gelten folgende Steuersätze:

E = Einkommensteuersatz
K_1 = Körperschaftsteuersatz für nicht ausgeschüttete Gewinne
K_2 = Ermäßigter Körperschaftsteuersatz für ausgeschüttete Gewinne

Im Modell soll unberücksichtigt bleiben, daß E nach geltendem Einkommensteuerrecht mit wachsendem Einkommen steigt und infolgedessen für verschiedene Anteilseigner unterschiedlich groß sein kann. Es gilt nun:

$$G_t = D_t + S_t + K_1(G_t - D_t) + K_2 \cdot D_t$$

Hieraus erhält man:

$$D_t = \frac{G_t(1-K_1) - S_t}{1-(K_1-K_2)}$$

Der Wert der Unternehmung ergibt sich aus der folgenden Formel:

$$W = \sum_{t=1}^{\infty}(1-E)D_t \cdot q^{-t} - \sum_{t=1}^{\infty} B_t \; q^{-t} = \sum_{t=1}^{\infty}\left[\frac{1-E}{1-(K_1-K_2)} \cdot (G_t(1-K_1)-S_t) - (I_t - S_t)\right] \cdot q^{-t} \quad (11a)$$

Man sieht, daß Formel (11a) in Formel (10) übergeht, wenn $E = (K_1 - K_2)$ ist und G_t in Formel (10) als Nettogewinn (nach Abzug der Körperschaftsteuer) aufgefaßt wird.

Ist jedoch $E \neq K_1 - K_2$, so sind die aus (10) abgeleiteten Ergebnisse nicht mehr ohne weiteres gültig. Auf diesen Fall beziehen sich die folgenden Überlegungen. Der Wert nach (11a) ist zu maximieren unter Beachtung der Nebenbedingungen[14]:

$$S_t \leq G_t(1-K_1) \text{ oder } f_{1t} = S_t - G_t(1-K_1) \leq 0 \quad (11b)$$
$$S_t \leq I_t \quad \text{oder } f_{2t} = S_t - I_t \leq 0 \quad (t=1\ldots N) \quad (11c)$$
und $\quad S_t \geq 0, I_t \geq 0 \quad (11d)$

Aus (11a–c) ergibt sich weiter:

$$\frac{\delta W}{\delta S_t} = \left[1 - \frac{1-E}{1-(K_1-K_2)}\right] \cdot q^{-t} = q^{-t} \cdot \frac{E-(K_1-K_2)}{1-(K_1-K_2)}$$

$$\frac{\delta W}{\delta I_t} = \sum_{\tau=t+1}^{\infty} \frac{1-E}{1-(K_1-K_2)} (1-K_1) \cdot g'_t \cdot q^{-\tau} - q^{-t}$$

$$= \left[\frac{1-E}{1-(K_1-K_2)} \cdot (1-K_1) \cdot \frac{g'_t}{i} - 1\right] \cdot q^{-t}$$

$$\frac{\delta f_{1T}}{\delta S_t} = \begin{cases} 1, \text{ falls } t = T \\ 0, \text{ falls } t \neq T \end{cases} \qquad \frac{\delta f_{2T}}{\delta S_t} = \begin{cases} 1, \text{ falls } t = T \\ 0, \text{ falls } t \neq T \end{cases}$$

$$\frac{\delta f_{1T}}{\delta I_t} = \begin{cases} 0, \text{ falls } t \geq T \\ -g'_t(1-K_1), \text{ falls } t < T \end{cases} \qquad \frac{\delta f_{2T}}{\delta I_t} = \begin{cases} -1, \text{ falls } t = T \\ 0, \text{ falls } t \neq T \end{cases}$$

Damit lassen sich nun die Kuhn-Tuckerschen Bedingungen für die optimale Lösung des nichtlinearen Programms (11a–d) formulieren:

$$S_t \geq 0 \text{ und } x_t + y_t = q^{-t} \frac{E-(K_1-K_2)}{1-(K_1-K_2)} \tag{12a}$$

oder

$$S_t = 0 \text{ und } x_t + y_t > q^{-t} \frac{E-(K_1-K_2)}{1-(K_1-K_2)} \tag{12b}$$

$$I_t \geq 0 \text{ und } - \sum_{\tau=t+1}^{N} g'_t (1-K_1) x_\tau - y_t = \tag{12c}$$

$$\left[\frac{1-E}{1-(K_1-K_2)} \cdot (1-K_1) \cdot \frac{g'_t}{i} - 1\right] \cdot q^{-t}$$

oder

$$I_t = 0 \text{ und } - \sum_{\tau=t+1}^{N} g'_t (1-K_1) \cdot x_\tau - y_t > \tag{12d}$$

$$\left[\frac{1-E}{1-(K_1-K_2)} \cdot (1-K_1) \cdot \frac{g'_t}{i} - 1\right] \cdot q^{-t}$$

$$x_t \geqq 0 \text{ und } S_t = G_t(1-K_1) \tag{12e}$$

oder

$$x_t = 0 \text{ und } S_t < G_t(1-K_1) \tag{12f}$$

$$y_t \geqq 0 \text{ und } S_t = I_t \tag{12g}$$

oder

$$y_t = 0 \text{ und } S_t < I_t \tag{12h}$$

Es kann nun entweder $E < K_1 - K_2$ oder $E > K_1 - K_2$ gelten. Zunächst sei der erste Fall betrachtet. Dann ist der Ausdruck

$$q^{-t} \frac{E - (K_1 - K_2)}{1 - (K_1 - K_2)} \text{ negativ.}$$

Wegen der Nichtnegativität der x_t und y_t muß für alle t (12b) gelten. Damit ist

$$S_t = 0 \ (t = 1 \ldots N)$$

und nach (12f)

$$x_t = 0 \ (t = 1 \ldots N)$$

Selbstfinanzierung findet also nicht statt, ein Ergebnis, das unmittelbar einleuchtend ist; der Vorteil der Körperschaftsteuerermäßigung auf Ausschüttungen ist größer als der Nachteil durch Einkommensteuerbelastung der Ausschüttungen.

Ist in einem bestimmten Jahr $I_t > 0$, so gilt auch $I_t > S_t$ und damit nach (12h) $y_t = 0$. Dann gilt nach (12c):

$$\left[\frac{1 - E}{1 - (K_1 - K_2)} \cdot (1 - K_1) \frac{g'_t}{i} - 1 \right] \cdot q^{-t} = 0$$

Hieraus erhält man:

$$g'_t \frac{1 - K_1}{1 - (K_1 - K_2)} \cdot (1 - E) = i \tag{13a}$$

oder

$$g'_t = i \cdot \frac{1 - (K_1 - K_2)}{(1 - K_1)(1 - E)} \tag{13b}$$

(13a) kann man folgendermaßen erklären: Da alle Investitionen beteiligungsfinanziert werden, muß jede investierte Geldeinheit nach Abzug aller Steuern einen Mindestgewinn von i abwerfen. Der Gewinn aus der letzten investierten Geldeinheit vor Steuerabzug beträgt g'_t. Bei der Ermittlung der Steuerbelastung ist davon auszugehen, daß der Gewinn ausgeschüttet wird. Den Ausschüttungsbetrag vor Einkommensteuerabzug (d'_t) erhält man nach folgender Formel:

$$g'_t = d'_t + K_1(g'_t - d'_t) + K_2 d'_t$$

Also

$$d'_t = g'_t \cdot \frac{1 - K_1}{1 - (K_1 - K_2)}$$

Nach Einkommensteuerabzug verbleibt:

$$d'_t (1 - E) = g'_t \frac{1 - K_1}{1 - (K_1 - K_2)} \cdot (1 - E)$$

Dies ist genau der Ausdruck auf der linken Seite von (13a). Also: Investitionen lohnen sich, wenn für die Anleger die Nettoverzinsung nach Steuern mindestens gleich *i* ist. Das optimale Investitionsvolumen ist erreicht, wenn die marginale Nettoverzinsung gleich *i* ist.

Der Ausdruck auf der rechten Seite von (13b) kann als Kapitalkostensatz gedeutet werden. Er gibt an, wie hoch die Verzinsung vor Steuerabzug bei Investition mindestens sein muß, wenn sie sich lohnen soll. Ist in einem Jahr $I_t = 0$, so läßt sich entsprechend mit Hilfe von (12d) nachweisen, daß

$$g'_t \leq i \, \frac{1 - (K_1 - K_2)}{(1 - K_1)(1 - E)}$$

ist. Die Marginalverzinsung übersteigt also von Anfang an nicht den Kapitalkostensatz.

Nun bleibt noch der zweite Fall, in dem $E > K_1 - K_2$ ist. Dann ist

$$q^{-t} \cdot \frac{E - (K_1 - K_2)}{1 - (K_1 - K_2)}$$

stets positiv, und nach (12a) und (12b) gilt

$$x_t + y_t > 0 \; (t = 1, 2, \ldots, N)$$

Hieraus ergibt sich, daß für jedes Jahr mindestens eine der beiden Größen x_t und y_t positiv ist, und daraus folgt nach (12e und f), daß stets $S_t = G_t(1 - K_1)$ und/oder $S_t = I_t$ gilt. Insgesamt gibt es für ein Jahr t drei Möglichkeiten:

a) $S_t = I_t < G_t(1 - K_1)$
b) $S_t = G_t(1 - K_1) < I_t$
c) $S_t = I_t = G_t(1 - K_1)$

Von der Möglichkeit der Selbstfinanzierung wird in jedem Fall in größtzulässigem Umfang Gebrauch gemacht, also entweder bis zu der durch das Investitionsvolumen oder bis zu der durch den verfügbaren Gewinn gesetzten Obergrenze. Die Kapitalkosten sind unterschiedlich hoch, je nachdem, ob in dem betreffenden Jahr die Bedingung *a*, *b* oder *c* gilt.

Gilt in einem Jahr *t* die Bedingung *a*, so ist nach (12f) $x_t = 0$. Ist nun $I_t > 0$, so ist auch $S_t > 0$, und nach (12a) gilt:

$$y_t = q^{-t} \, \frac{E - (K_1 - K_2)}{1 - (K_1 - K_2)}$$

Setzt man dies in (12c) ein, so erhält man nach Umformung:

$$g'_t(1 - K_1) = \frac{\dfrac{1 - E}{1 - (K_1 - K_2)} \cdot i}{\dfrac{1 - E}{1 - (K_1 - K_2)} + i \cdot q^t \sum_{\tau = t+1}^{N} x_\tau} \tag{14}$$

Ist $x_\tau = 0$ für $\tau = t + 1 \ldots N$, erreicht also in keinem späteren Jahr die Selbstfinanzierung die durch den verfügbaren Gewinn gesetzte Obergrenze, so vereinfacht sich (14) zu

$$g'_t \cdot (1 - K_1) = i \tag{15a}$$

oder

$$g'_t = \frac{i}{(1 - K_1)} \tag{15b}$$

(15a) ist in folgender Weise zu erklären. Bedingung a impliziert, daß alle Investitionen aus einbehaltenen Gewinnen finanziert werden. Wird nun ein Bruttogewinn in Höhe von einer Geldeinheit ausgeschüttet, so erhalten die Anteilseigner nach Abzug aller Steuern den Betrag $[(1 - K_1)(1 - E)] : [1 - (K_1 - K_2)]$[15]. Wird die Geldeinheit hingegen investiert, so unterliegt sie zunächst dem Körperschaftsteuerabzug nach dem Satz K_1 und bringt somit jährlich einen zusätzlichen Gewinn von $(1 - K_1) \cdot g'_t$. Wird dieser zusätzliche Gewinn ausgeschüttet, so erhalten die Anteilseigner nach Abzug aller Steuern den Betrag $(1 - K_1) \cdot g'_t[[(1 - K_1)(1 - E)] : [1 - (K_1 - K_2)]]$. Eine Investition lohnt sich, wenn dieser Betrag größer ist als die Verzinsung der Ausschüttung, die stattfindet, wenn die Investition unterbleibt, wenn also gilt:

$$(1 - K_1) \cdot g'_t \cdot \frac{(1 - K_1)(1 - E)}{1 - (K_1 - K_2)} \geq i \frac{(1 - K_1)(1 - E)}{1 - (K_1 - K_2)}$$

oder

$$(1 - K_1) g'_t \gtreqless i$$

Das optimale Investitionsvolumen ist erreicht, wenn (15a) gilt. Aus (15b) ergibt sich der Kapitalkostensatz.

Wird in mindestens einem späteren Jahr die Selbstfinanzierung durch die Höhe des erzielten Gewinns effektiv begrenzt, so können die Kapitalkosten gemäß (14) unter den Satz nach (15b) sinken. Hierin kommt zum Ausdruck, daß es sich lohnt, auch Investitionen mit niedrigerer Verzinsung durchzuführen, weil damit die Selbstfinanzierungsmöglichkeiten in späteren Jahren vergrößert werden.

Gilt in einem Jahr t die Bedingung b, so folgt aus (12h), daß $y_t = 0$ ist. Aus (12c) ergibt sich dann

$$g'_t (1 - K_1) = \frac{i}{\dfrac{1 - E}{1 - (K_1 - K_2)} + i\, q^t \cdot \sum_{\tau = t+1}^{N} x_\tau} \tag{16}$$

Ist $S_\tau < G_\tau(1 - K_1)$ für $\tau = t + 1 \ldots N$, so gilt nach (12f) $x_\tau = 0$ und (16) geht in (13b) über. Reichen also in allen späteren Jahren die Gewinne zur Selbstfinanzierung aller Investitionen aus, so haben die Kapitalkosten dieselbe Höhe wie nach (13b). Das ist damit zu erklären, daß nach Bedingung b die marginale Investition beteiligungsfinanziert wird. Es gelten die Optimalitätsbedingungen für beteiligungsfinanzierte Investitionen, wie sie im Anschluß an die Formeln (13a und b) erklärt wurden.

Wird in mindestens einem späteren Jahr die Selbstfinanzierung durch die Höhe des erzielten Gewinns effektiv begrenzt, so ergibt sich aus (16), daß die Kapitalkosten niedriger sein können als nach (13b). Dies ist in der gleichen Weise zu erklären wie im Fall a.

Gilt in einem Jahr t die Bedingung c, so folgt aus (12a):

$$0 \leq y_t \leq q^{-t} \cdot \frac{E - (K_1 - K_2)}{1 - (K_1 - K_2)} \tag{17}$$

Aus (12c) ergibt sich:

$$y_t = -\left[\frac{1-E}{1-(K_1-K_2)}(1-K_1)\frac{g'_t}{i} - 1\right]q^{-t} - \sum_{\tau=t+1}^{N} g'_t(1-K_1)x_\tau \tag{18}$$

Durch Einsetzung von (18) in (17) und Umformung erhält man:

$$\frac{i}{\frac{1-E}{1-(K_1-K_2)} + i\,q^t \sum_{\tau=t+1}^{N} x_\tau} \geq g'_t(1-K_1) \geq \frac{\frac{1-E}{1-(K_1-K_2)} \cdot i}{\frac{1-E}{1-(K_1-K_2)} + i\,q^t \sum_{\tau=t+1}^{N} x_\tau} \tag{19}$$

Gilt $x_\tau = 0$ für $\tau = t+1, \ldots, N$, so vereinfacht sich (19) zu:

$$i \cdot \frac{1-(K_1-K_2)}{1-E} \geq g'_t(1-K_1) \geq i$$

Die Kapitalkosten liegen also im Fall c zwischen dem im Fall a und im Fall b geltenden Satz.

Zusammenfassend läßt sich feststellen: Welche Ausschüttungspolitik optimal ist, hängt davon ab, ob $E < K_1 - K_2$ oder $E > K_1 - K_2$ gilt. Im ersten Fall sind alle Gewinne auszuschütten; das Kapital für Investitionen wird ausschließlich durch Beteiligungsfinanzierung aufgebracht. Im zweiten Fall hingegen wird nach Möglichkeit das gesamte Investitionsvolumen durch Selbstfinanzierung gedeckt. Ausschüttungen finden nur statt, wenn das optimale Investitionsvolumen kleiner als der verfügbare Gewinn ist.

Nun kann aber der marginale Einkommensteuersatz bei den einzelnen Anteilseignern unterschiedlich hoch sein; liegt er bei einigen unter $(K_1 - K_2)$, bei anderen darüber, so entsteht ein Interessenkonflikt. Richtet die Unternehmungsleitung sich nach den Interessen der Anteilseigner mit niedrigem marginalem Einkommensteuersatz, so wird sie alle Gewinne ausschütten; sind hingegen die Interessen der Anteilseigner mit hohem marginalem Einkommensteuersatz maßgeblich, so wird soweit wie möglich selbstfinanziert [16].

Das optimale Investitionsvolumen läßt sich jeweils mit Hilfe des Kapitalkostensatzes ermitteln. Ist $E < K_1 - K_2$, so betragen die Kapitalkosten der Beteiligungsfinanzierung $i \cdot \frac{1-(K_1-K_2)}{(1-K_1)(1-E)}$, sind also kleiner als $\frac{i}{1-K_1}$. Ist $E > K_1 - K_2$, so hängt der Kapitalkostensatz eines bestimmten Jahres auch davon ab, ob in späteren

Jahren alle Investitionen selbstfinanziert werden können, ohne daß der verfügbare Gewinn eine effektive Beschränkung bildet. Ist dies der Fall, so liegen die Kapitalkosten bei $\frac{i}{1-K_1}$, wenn in dem betreffenden Jahr die verfügbaren Gewinne ebenfalls die Selbstfinanzierung nicht effektiv beschränken, das optimale Investitionsvolumen also kleiner als der verfügbare Gewinn ist. Sie steigen auf $i \cdot \frac{1-(K_1-K_2)}{(1-K_1)(1-E)}$, wenn das Investitionsvolumen den verfügbaren Gewinn übersteigt, wobei die Differenz durch Beteiligungsfinanzierung aufgebracht wird. Der Kapitalkostensatz liegt zwischen diesen beiden Grenzen, wenn das Investitionsvolumen genau mit dem verfügbaren Gewinn übereinstimmt. Die drei Fälle sind noch einmal in der folgenden Abbildung dargestellt:

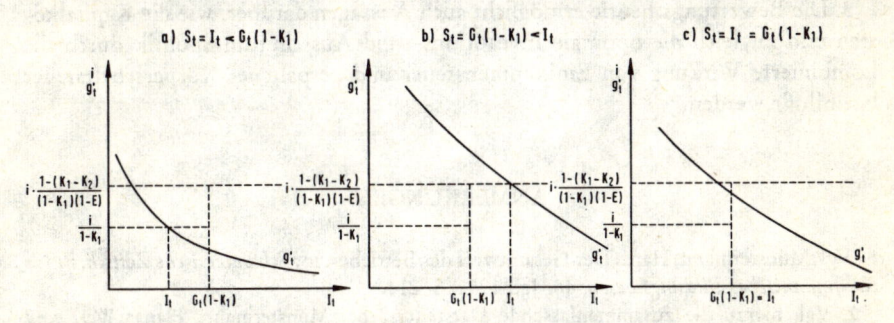

a) $S_t = I_t < G_t(1-K_1)$ b) $S_t = G_t(1-K_1) < I_t$ c) $S_t = I_t = G_t(1-K_1)$

Bildet in mindestens einem späteren Jahr der verfügbare Gewinn eine effektive Beschränkung für die Selbstfinanzierung, so liegen die Kapitalkosten niedriger; man kann mit einer niedrigeren Verzinsung auskommen, weil der Gewinn in späteren Jahren die Möglichkeiten der Selbstfinanzierung erweitert, die im Vergleich zur Beteiligungsfinanzierung vorteilhafter ist.

Das tatsächliche Verhalten von Aktiengesellschaften entspricht nicht immer diesen theoretischen Ergebnissen. Die Verwaltung einer Aktiengesellschaft müßte sich nach der hier entwickelten Theorie entweder auf Aktionäre mit niedrigem marginalem Einkommensteuersatz ($E < K_1 - K_2$) oder auf Aktionäre mit hohem marginalem Einkommensteuersatz ($E > K_1 - K_2$) einstellen. Im ersten Fall müßte sie alle Gewinne ausschütten und Investitionen beteiligungsfinanzieren. Im zweiten Fall hingegen müßte sie in größtmöglichem Umfang Selbstfinanzierung betreiben; ausgeschlossen wäre, daß in einem Jahr, in dem eine Kapitalerhöhung stattfindet, auch eine Dividende gezahlt würde. Die meisten Aktiengesellschaften betreiben weder die eine noch die andere Politik; sie betreiben in gewissem Umfang Selbstfinanzierung, zahlen aber auch Dividenden und decken den verbleibenden Kapitalbedarf durch Kapitalerhöhungen. Diese Abweichung zwischen Modell und Realität ist wohl damit zu erklären, daß die Verwaltungen mit der Dividendenzahlung gewissen Erwartungen der Anteilseigner Rechnung tragen wollen, die zwar rational nicht begründbar sind, für die Kursbildung in der Realität aber große Bedeutung haben[17]. Die Modellanalyse kann nur zeigen, wie die optimale Investitions- und Ausschüttungspolitik vom Standpunkt des rational urteilenden Kapitalanlegers aussieht.

V. ZUSAMMENFASSUNG

Mit Hilfe des verhältnismäßig einfachen Modells konnte gezeigt werden:

1. Grundlage der Unternehmensbewertung sind die erwarteten Ausschüttungen. Die Bewertung auf der Grundlage erwarteter Gewinne kann zu offensichtlich falschen Ergebnissen führen.

2. Auf dieser Grundlage läßt sich eine Bewertungstheorie entwickeln, aus der sich Aussagen über optimale Investitions- und Ausschüttungspolitik ableiten lassen.

3. Die Bewertungstheorie ermöglicht auch Aussagen darüber, wie die Kapitalkosten und zugleich die optimale Investitions- und Ausschüttungspolitik durch die kombinierte Wirkung von Einkommensteuer und gespaltener Körperschaftsteuer beeinflußt werden.

ANMERKUNGEN

1. Vgl. Münstermann, Hans: Der Gesamtwert des Betriebes, in: *Schweizerische Zeitschrift für Kaufmännisches Bildungswesen*, 46. Jg., 1952, S. 214.

2. Vgl. hierzu die zusammenfassende Darstellung bei Münstermann, Hans: *Wert und Bewertung der Unternehmung*, Wiesbaden 1966, S. 29 ff.; einen Überblick über die in der englischsprachigen Literatur vertretenen Auffassungen findet man bei Lintner, John: Dividends, Earnings, Leverage, Stock Prices and the Supply of Capital to Corporations, in: *The Review of Economics and Statistics*, Bd. XLIV, 1962, S. 243 f. Die Auffassung, daß der Zukunftserfolgswert durch Abzinsung erwarteter Gewinne zu ermitteln sei, wird u. a. vertreten in: Union Européenne des Experts Comptables, Economiques et Financiers (UEC): *Die Bewertung von Unternehmungen und Unternehmungsanteilen*, Düsseldorf 1961, S. 39 ff.; unter den Autoren, die die Berechnung aufgrund von Ein- und Auszahlungen vorziehen, ist vor allem zu nennen Busse von Colbe, Walther: *Der Zukunftserfolg*, Wiesbaden 1957. Daß es bei der Bewertung auf die Ausschüttung ankomme, wird betont durch Käfer, Karl: Zur Bewertung der Unternehmung als Ganzes, in: *Rechnungsführung in Unternehmung und Staat, Festgabe für Otto Juzi*, Zürich 1946, S. 79; von den zahlreichen Vertretern dieser Auffassung in der englischsprachigen Literatur sei hier nur genannt Williams, John Burr: *The Theory of Investment Value*, Cambridge, Mass., 1938, 3rd. printing, Amsterdam 1964, insbes. S. 55 ff.

3. Vgl. Hax, Herbert: Der Bilanzgewinn als Erfolgsmaßstab, in: *Zeitschrift für Betriebswirtschaft*, 34. Jg., 1964, S. 647.

4. Vgl. hierzu Käfer, Karl: Zur Bewertung der Unternehmung als Ganzes, in: *Rechnungsführung in Unternehmung und Staatsverwaltung, Festgabe für Otto Juzi*, Zürich 1946, S. 79.

5. Modigliani, Franco/Miller, Merton: The Cost of Capital, Corporation Finance, and the Theory of Investment, in: *The American Economic Review*, Bd. 48, 1958, S. 261 ff. Deutsche Übersetzung in diesem Buch S. 86 ff.

6. Vgl. zu dieser Modellvariante vor allem Gordon, Myron J.: *The Investment, Financing and Valuation of the Corporation*, Homewood, Ill., 1962, S. 43 ff., ferner Williams, John Burr: *The Theory of Investment Value*, Cambridge, Mass., 1938, 3rd. printing, Amsterdam 1964, S. 87 ff.

7. Für die Bewertung wachsender Unternehmungen wurde diese Formel entwickelt durch Gordon, Myron J./Shapiro, Eli: Capital Equipment Analysis: The Required Rate of Profit, in: *Management Science*, Bd. 3, 1956, S. 102 ff., Übersetzung in diesem Band S. 54 ff.; vgl. auch Gordon, Myron J.: *The Investment, Financing, and Valuation of the Corporation*, Homewood, Ill., 1962, S. 45, Robichek, Alexander A./Myers, Stewart C.: *Optimal Financing Decisions*, Englewood Cliffs, N. J., 1965, S. 61, und Lerner, Eugene M./Carleton, Willard T.: *A Theory of Financial Analysis*, New York-Chicago-San Francisco-Atlanta 1966, S. 112.

8. Vgl. Robichek, Alexander A./Myers, Stewart C.: *Optimal Financing Decisions*, Englewood Cliffs, N. J., 1965, S. 62.

9. Vgl. Bodenhorn, Diran: On the Problem of Capital Budgeting, in: *Journal of Finance*, Bd. 14, 1959, S. 473 ff., und Robichek, Alexander A./Myers, Stewart C.: *Optimal Financing Decisions*, Englewood Cliffs, N. J., 1965, S. 58. Der Fehler läßt sich vermeiden durch eine modifizierte Definition des zugrunde gelegten Gewinns; vgl. Miller, Merton H./Modigliani, Franco: Dividend Policy, Growth, and the Valuation of Shares, in: *The Journal of Business*, Bd. XXXIV, 1961, S. 420, Übersetzung in diesem Band S. 270 ff.

10. Da angenommen wurde, daß alle Investitionen selbstfinanziert werden, liegt mit der optimalen Investitionspolitik auch der Umfang der Selbstfinanzierung fest. Gelegentlich wird versucht, in dieser Weise Aussagen über optimale Selbstfinanzierung herzuleiten (so z. B. Schneider, Dieter: Modellvorstellungen zur optimalen Selbstfinanzierung, in: *Zeitschrift für betriebswirtschaftliche Forschung*, N. F., 20. Jg., 1968, S. 705 ff. Derart abgeleitete Aussagen sind von sehr begrenztem Erkenntniswert; ein Modell zur Bestimmung der optimalen Selbstfinanzierung muß alternative Finanzierungsmöglichkeiten, insbesondere die Beteiligungsfinanzierung einbeziehen und vor allem auch die Frage beantworten, ob bei gegebenem Investitionsvolumen eine bestimmte Kombination der Finanzierungsformen existiert, die allen anderen vorzuziehen ist.

11. Vgl. Künzi, Hans Paul/Krelle, Wilhelm: *Nichtlineare Programmierung*, Berlin-Göttingen-Heidelberg 1962, S. 63.

12. Zum gleichen Ergebnis kommen mit etwas anderen Modellansätzen Miller, Merton H./Modigliani, Franco: Dividend Policy, Growth, and the Valuation of Shares, in: *The Journal of Business*, Bd. XXXIV, 1961, S. 411 ff., Übersetzung in diesem Band. S. 270 ff., sowie Lintner, John: Dividends, Earnings, Leverage, Stock Prices, and the Supply of Capital to Corporations, in: *The Review of Economics and Statistics*, Bd. XLIV, 1962, S. 243 ff.

13. Gordon (Gordon, Myron J.: *The Investment, Financing, and Valuation of the Corporation*, Homewood, Ill., 1962, S. 61 ff.) versucht die Existenz einer optimalen Ausschüttungspolitik daraus abzuleiten, daß mit steigender Selbstfinanzierungsquote eine immer stärkere Verschiebung der Ausschüttungen in die Zukunft stattfinde. Damit steige der Unsicherheitsgrad der Einkünfte, und damit müsse auch der Kalkulationszinsfuß i steigen. An dieser Argumentation ist richtig, daß der Zinssatz steigt, wenn mit den Investitionen die Unsicherheit zunimmt. Dies ist jedoch nur von Bedeutung für die Bestimmung des optimalen Investitionsvolumens, nicht für die Bestimmung der optimalen Ausschüttungspolitik bei gegebenem Investitionsvolumen. Bei gegebenem Investitionsvolumen wird eine Erhöhung der Ausschüttung durch verstärkte Beteiligungsfinanzierung ausgeglichen; der damit verbundene Tausch zukünftiger gegen gegenwärtige Ausschüttungen bleibt ohne Einfluß auf den Barwert der Ausschüttungen,

es sei denn, die neuen Anleger hätten andere Erwartungen als die alten. Vgl. hierzu auch Miller, Merton H./Modigliani, Franco: Dividend Policy, Growth, and the Valuation of Shares, in: *The Journal of Business*, Bd. XXXIV, 1961, S. 424f., in diesem Band S. 285f.

14. Die Nebenbedingungen sind für endlich viele Perioden aufgestellt worden; andernfalls würden sich Schwierigkeiten bei der Formulierung der Kuhn-Tucker-Bedingungen ergeben; vgl. S. 333.

15. Vgl. oben S. 338.

16. Vgl. zu diesem Ergebnis auch Hax, Karl: Probleme der Aktienfinanzierung unter dem Einfluß des gespaltenen Körperschaftsteuersatzes, in: *Zeitschrift für handelswissenschaftliche Forschung*, N. F., 15. Jg., 1963, S. 49ff., S. 307ff. in diesem Band, und Swoboda, Peter: Einflüsse der Besteuerung auf die Ausschüttungs- und Investitionspolitik von Kapitalgesellschaften, in: *Zeitschrift für betriebswirtschaftliche Forschung*, N. F., 19. Jg., 1967, S. 1ff., S. 347ff. in diesem Band.

17. Vgl. hierzu Robichek, Alexander A./Myers, Stewart C.: *Optimal Financing Decisions*, Englewood Cliffs, N. J., 1965, S. 54.

Einflüsse der Besteuerung auf die Ausschüttungs- und Investitionspolitik von Kapitalgesellschaften [1]

PETER SWOBODA*

I. METHODOLOGISCHE VORBEMERKUNG

In der betriebswirtschaftlichen Steuerlehre sind mehr als in anderen betriebswirtschaftlichen Forschungsgebieten *normative Bestrebungen* wirksam. Grundlegung und Zielsetzung der normativen Tendenzen in der betriebswirtschaftlichen Steuerlehre unterscheiden sich zudem wesentlich von den Merkmalen normativen Forschens in anderen Wissenschaftsbereichen. Der Aufbau von Arbeiten aus der betriebswirtschaftlichen Steuerlehre wird nun maßgeblich von der Einstellung des Forschers zur speziellen normativen Ausprägung des Faches beeinflußt. Aus diesem Grunde erscheint es angebracht, einleitend die normativen Bestrebungen in der betriebswirtschaftlichen Steuerlehre kritisch zu beleuchten und daraus einige Einsichten über die wissenschaftliche Stellung des Faches und über den Aufbau von Forschungsarbeiten aus der betriebswirtschaftlichen Steuerlehre zu gewinnen.

Normative Bestrebungen in der Betriebswirtschaftslehre haben im allgemeinen zum Ziel, für die betriebliche Praxis Verfahren zu entwickeln bzw. ihr Leitbilder zu geben, die aus Normen, somit aus letztlich nicht beweisbaren Grundsätzen abgeleitet sind. Solche Normen sind generell von ethischen Forderungen bzw. Überlegungen beeinflußt, auch wenn versucht wird, sie direkt aus dem wirtschaftlichen Bereich zu entnehmen, wie etwa die Leitsätze Gemeinwirtschaftlichkeit, gerechter Lohn oder gerechter Preis zeigen. Die aus den Normen abgeleiteten Verfahren sollen erziehend auf das Verhalten der Wirtschaftssubjekte einwirken [2].

Einen sehr unterschiedlichen Ausdruck hat jedoch der Normativismus in der betriebswirtschaftlichen Steuerlehre, zum Teil auch im Treuhandwesen, gefunden. Zu Normen werden hier zumeist *Ergebnisse der betriebswirtschaftlichen Forschung* erklärt. Aus diesen Normen werden Schlußfolgerungen abgeleitet, die nicht etwa die betriebliche Praxis beeinflussen, sondern die auf die *Steuergesetzgebung und -rechtsprechung* einwirken sollen. Am deutlichsten kommt dieser originelle normative Charakter der Disziplin bei Findeisen, dem Begründer der betriebswirtschaftlichen Steuerlehre, zum Ausdruck. Er meint, daß die betriebswirtschaftliche Steuerlehre »nicht etwa aus der Erkenntnis der Wirkungen steuergesetzlicher Maßnahmen die betriebswirtschaftlichen Lehren beeinflussen« will. »Für sie ist die betriebswirtschaftliche Notwendigkeit das Primäre, und sie steht auf dem Standpunkt, daß der Steuergesetzgeber aus allgemeinwirtschaftlichen Gründen die betriebswirtschaftli-

---

* Mit freundlicher Genehmigung des Verfassers entnommen aus: *Zeitschrift für betriebswirtschaftliche Forschung*, 19 (1967), S. 1–16.

chen Notwendigkeiten zu berücksichtigen und sich den Gebräuchen ordentlicher kaufmännischer Wirtschaftsführung anzupassen hat.«[3]

Diese Auffassung wurde zwar in derselben Ausschließlichkeit nach Findeisen kaum mehr vertreten. Sie beeinflußte aber die Entwicklung des Faches wesentlich[4]. Sie findet erstens Ausdruck in der Forderung vieler Autoren nach Steuersenkung bzw. in ihrer Ablehnung von Steuererhöhungen, mit der Begründung, daß hohe Steuern leistungshemmend seien. Noch 1948 erklärte z.B. Schmalenbach, daß jede Einkommensteuer von mehr als 10% hemmend wirke »und eine solche von mehr als 40 oder 50% geradezu ein Widersinn« sei[5]. Sie zeigt sich weiter darin, daß Autoren bestrebt sind, den gesetzgebenden oder rechtsprechenden Organen betriebswirtschaftliche Lehrmeinungen aufzuzwingen. Dies gilt besonders für die Bemühungen, die *Bemessungsgrundlagen* der Besteuerung entsprechenden betriebswirtschaftlichen Größen (Gewinn, Vermögen, Umsatz usw.) anzugleichen[6]. Bezeichnend hierfür sind Diskussionen, ob bestimmte Regelungen des Steuerrechts oder der Steuerrechtsprechung etwa der dynamischen oder statischen Bilanztheorie entsprechen sollen oder tatsächlich entsprechen[7]. Urteile darüber, ob eine spezielle steuerliche Regelung »betriebswirtschaftlich zweckmäßig« oder »verfehlt« bzw. ob sie vom »wirtschaftlichen Standpunkt« aus zu akzeptieren oder abzulehnen ist, sind auch in der modernen Literatur der betriebswirtschaftlichen Steuerlehre häufig zu finden[8] und dokumentieren ihre diesbezüglich normative Ausprägung. Es gibt erst in neuerer Zeit eine nennenswerte Anzahl von Arbeiten aus der betriebswirtschaftlichen Steuerlehre, die sich solcher Werturteile über steuerliche Regelungen enthalten[9].

Eine unterschiedliche normative Auffassung vertritt Pohmer. Er hält neben einer theoretischen und angewandten auch eine »ethisch-normative« betriebswirtschaftliche Steuerlehre für vertretbar. Ihre Aufgabe liege darin zu untersuchen, ob das Steuersystem der Wirtschaftspolitik eines Landes entspricht, nicht jedoch, ob es betriebswirtschaftlichen Theorien nachkommt. Dazu müßten vorerst die Wirkungen der Besteuerung auf den betrieblichen Entscheidungsprozeß studiert werden[10]. – Eine von obigen Auffassungen abweichende normative Stellung bezieht Strickrodt[11].

Vor einer Kritik der normativen Tendenzen in der betriebswirtschaftlichen Steuerlehre soll festgestellt werden, daß betriebswirtschaftliche Erkenntnisse generell entweder durch exakte oder durch empirische Forschung gewonnen werden können[12]. In der exakten Richtung innerhalb der theoretischen Betriebswirtschaftslehre werden aus einem durch *Abstraktion* aus der Realität gewonnenen *Grundmodell*, bei Annahme eines bestimmten Unternehmenszieles, betriebliche Grundbegriffe, Erscheinungen und Handlungsweisen, z.B. Reaktionen auf die Besteuerung, durch Deduktion ermittelt[13]. Dagegen versucht die empirische Richtung, Realtypen und empirische Gesetzmäßigkeiten zu entwickeln[14]. Aus *Hypothesen* werden auf deduktivem Weg Folgerungen abgeleitet, die dann an der Realität überprüft werden. Das tatsächliche Verhalten der Unternehmer, z.B. im Hinblick auf steuerliche Daten bzw. Datenänderungen, soll auf diese Weise typisiert werden[15].

Für die Bildung von Normen bietet sich in erster Linie die exakte Richtung innerhalb der betriebswirtschaftlichen Theorie an, da nur durch Deduktion aus einem abstrakten Grundmodell Begriffe wie Gewinn, Vermögen, Substanz eindeutig definiert werden können. Woher läßt sich aber die Berechtigung ableiten, solche aus einem abstrakten Modell gewonnenen Auffassungen zu »objektiv« richtigen Besteuerungsgrundlagen zu erklären? Wie könnte der Gesetzgeber von der »Richtigkeit« betriebswirtschaftlicher Grundbegriffe überzeugt werden, zumal da der Gewinn, die Kosten, das Vermögen je nach dem betriebswirtschaftlichen Grundmodell der einzelnen Autoren sehr unterschiedlich definiert werden? Werturteilen über die Besteuerung, die sich an betriebswirtschaftlichen Lehrmeinungen orientieren, ohne auch nur die betrieblichen Wirkungen der steuerlichen Regelungen zu beachten, fehlt jede Beweiskraft. – Dem steht nicht entgegen, daß betriebswirtschaftliche Theorien sich in Gepflogenheiten der betrieblichen Praxis, z. B. in den Grundsätzen ordnungsgemäßer Buchführung, niederschlagen und insoweit Rechtsprechung und auch Gesetzgebung indirekt mitbestimmen können; die Beeinflussung der Rechtsprechung erfolgt in diesem Fall jedoch nicht deswegen, weil die Theorie »richtig« oder beweisbar wäre, sondern weil einzelne Ergebnisse der theoretischen Forschung – aus welchen Gründen immer – von der Praxis angenommen wurden [15a].

Eher ließe es sich vertreten, im Rahmen exakter oder empirischer Forschung die Wirkungen von steuerlichen Regelungen auf den Betrieb zu analysieren und, falls die Wirkungen für nachteilig gehalten werden, dem Gesetzgeber eine Anpassung der betreffenden Regelungen vorzuschlagen. Man übersieht aber bei der Abgabe solcher Werturteile, daß nicht nur die Betriebe an der Besteuerung interessiert sind, sondern daß die Besteuerung ein Instrument der Finanz- und Wirtschaftspolitik ist. Durch die Abgabe von Werturteilen, die betriebliche Interessen widerspiegeln, setzt man sich jedoch dem berechtigten Vorwurf aus, Gruppeninteressen fördern zu wollen; dies auch dann, wenn die Abgabe von Werturteilen über steuerliche Regelungen damit gerechtfertigt wird, daß nicht privatwirtschaftliche, sondern volkswirtschaftliche Interessen vertreten werden (wie z. B. Findeisen, Graf, Hasenack und Wall). Man erklärte etwa, daß die Substanzerhaltung der Betriebe nichts mit privatwirtschaftlichen Interessen zu tun habe, da sie im Interesse der Volkswirtschaft liege (Graf, Wall), und setzte in diesem Zusammenhang »gesamtwirtschaftlich nützlich« mit »betriebswirtschaftlich richtig« gleich (Hasenack) [16].

Auch die Kontrolle, ob ein Steuersystem der Wirtschaftspolitik eines Landes entspricht, wie sie Pohmer von der »ethisch-normativen« betriebswirtschaftlichen Steuerlehre verlangt, kann nur dann vorgenommen werden, wenn sich der Betriebswirt eingehend mit Wirtschaftspolitik bzw. angewandter Volkswirtschaftslehre beschäftigt. Damit würde allerdings zum Teil der betriebswirtschaftliche Standpunkt verlassen werden [17].

Eine betriebswirtschaftliche Steuerlehre, die von Werturteilen über steuerliche Regelungen absieht, bezieht von den für die Wirtschaft bedeutsamen Größen nur jene als endogene Variable ein, die von der Einzelwirtschaft autonom gestaltet werden können. Alle anderen Variablen, auch das Steuerrecht, werden fixiert, d. h. als exogene Variable behandelt. Gegebene oder auch hypothetische Steuern und andere Mittel der Beziehungen zwischen Staat und Betrieb, wie Subventionen, werden jedoch explizit in das Modell aufgenommen, um ihre Wirkungen auf die vom Betrieb autonom zu gestaltenden Variablen zu erforschen [18]. Steuern können im Rahmen *exakter* oder im Rahmen *empirischer* betriebswirtschaftlicher Forschungen als Einflußgrößen Berücksichtigung finden. Auf der Basis einer exakten, theoretischen betriebswirtschaftlichen Steuerlehre kann eine *angewandte* betriebswirtschaftliche Steuerlehre aufgebaut werden. In dieser werden für eine bestimmte Zielsetzung optimale Verfahren für die betriebliche Entscheidungsfindung entwickelt, die verschiedene steuerliche Konstellationen berücksichtigen lassen [19]. Die Abgrenzung zwischen theoretischer, exakter Forschung und angewandter Forschung ist allerdings in der Betriebswirtschaftslehre schwierig zu treffen, zumal die Erfordernisse der angewandten Betriebswirtschaftslehre weitgehend die Untersuchungsobjekte der theoretischen Betriebswirtschaftslehre bestimmen.

Die Ermittlung von Bemessungsgrundlagen für Steuern wird auch bei einer solchen Auffassung der betriebswirtschaftlichen Steuerlehre nicht entbehrlich. Nur durch die Errechnung der Bemessungsgrundlagen (nicht aber deren Kritik) können die Steuern und deren Wirkungen quantifiziert und der Einfluß von steuerlichen Bewertungswahlrechten auf Liquidität und Rentabilität beurteilt werden.

Eine auf diese Weise konzipierte betriebswirtschaftliche Steuerlehre kann (vor allem als angewandte Forschung) dem betrieblichen Praktiker ein vertieftes Wissen über die Zusammenhänge von Besteuerung und betrieblichen Aktionen und damit Anregungen für die Anpassung an steuerliche Datenkonstellationen geben. Die exakte oder empirische Erforschung der Reaktionen der Betriebe auf Besteuerungsformen würde aber auch der Finanzwissenschaft bzw. Finanzpolitik wertvolle Daten für die Planung von Steuersystemen liefern können.

Die Isolierung einer betriebswirtschaftlichen Steuerlehre innerhalb der Betriebswirtschaftslehre wird damit zu einer Zweckmäßigkeitsfrage: eine forschungs- und lehrmäßige Ausgliederung als spezielles Fach wird sich dann rechtfertigen, wenn Umfang und Art der sich aus einer solchen Problemstellung ergebenden Forschungsaufgaben eine Spezialisierung einzelner Forscher bzw. Studenten als vorteilhaft erscheinen lassen; bzw. wenn es als günstig erachtet wird, daß der Finanzpolitiker ebenso wie der Steuerfachmann des Betriebes die sie interessierenden Forschungsergebnisse in einem abgegrenzten Zweig innerhalb der Betriebswirtschaftslehre vorfinden [20]. Es ist in dieser Sicht nicht wesentlich, ob – wie Hasenack meint [21] – die betriebswirtschaftliche Steuerlehre als eine Funktionslehre oder ob sie nach Wöhe [22] als Teil der allgemeinen Betriebswirtschaftslehre aufgefaßt wird [23].

Das im folgenden zu behandelnde Thema – die Einflüsse der Besteuerung auf die Ausschüttungs- und Investitionspolitik der Kapitalgesellschaften – wird im Rahmen exakter betriebswirtschaftlicher Forschung abgehandelt; es wird somit von einer bestimmten Zielsetzung (hier dem Gewinnstreben der Gesellschafter) ausgegangen und an Hand eines die wesentlichsten Beziehungen umfassenden, die Steuern explizit berücksichtigenden Modells argumentiert. Die Resultate der Untersuchung werden nicht zum Anlaß genommen, Werturteile über steuerliche Regelungen abzugeben.

II. DAS PROBLEM

Es wurde bereits mehrfach der Nachweis erbracht, daß die Einbeziehung von Steuern in Investitionsüberlegungen die Qualität der Investitionsentscheidungen verbessert. Insbesondere kann der Einfluß bilanzpolitischer Maßnahmen (z. B. der Abschreibungspolitik) auf die Investitionspolitik nur dann erkannt werden, wenn die Steuerzahlungen explizit in die Investitionsrechnung eingeführt werden [24].

In dieser Abhandlung soll auf die steuerliche Beeinflussung der Gewinnverwendung bei Kapitalgesellschaften und die daraus resultierenden Folgerungen für die Investitionspolitik abgestellt werden. Bei Kapitalgesellschaften steht man jährlich vor der Alternative, den erzielten Gewinn ganz oder teilweise einzubehalten oder auszuschütten. Eine Einbehaltung kann einer Investition der Gewinne bei der Gesellschaft, eine Ausschüttung einer Investition bei den Gesellschaftern gleichgesetzt werden. Insoweit die ausgeschütteten Beträge von Anteilseignern konsumiert werden, wird Äquivalenz von Konsum- und Investitionserträgen unterstellt. Die steuerliche Belastung der Gewinne und der durch ihre Investition erzielten jährlichen Erträge hängt nun wesentlich davon ab, ob die Gewinne bei der Kapitalgesellschaft oder bei ihren Eigentümern investiert werden. Es ist offenkundig, daß gegenwärtig die Einbehaltung von Gewinnen eine höhere Besteuerung verursacht als ihre Ausschüttung. Daraus kann von vornherein gefolgert werden, daß eine Einbehaltung von Gewinnen nur zu rechtfertigen ist, wenn die Kapitalgesellschaft die Gewinne mit einer höheren Rentabilität anlegen kann, als dies den Anteilseignern möglich ist.

Im folgenden soll untersucht werden, wie hoch die von der Kapitalgesellschaft erzielbare Rentabilität sein muß, damit eine Einbehaltung der Gewinne für die *Gesellschafter* von Vorteil ist. Zu diesem Zwecke muß analysiert werden, in welcher Weise diese mindestens zu fordernde Rentabilität abhängig ist

1. von der von den *Gesellschaftern erzielbaren Rentabilität*;
2. vom *Planungshorizont*, von jenem Zeitraum also, für den eine Abschätzung der erzielbaren Rentabilitäten möglich ist;
3. von der Behandlung der Erträge, die mittels der einbehaltenen Gewinne in den nächsten Jahren erzielt werden (Einbehaltung oder Ausschüttung);
4. von der Steuerbelastung der Gesellschafter.

In diesem Zusammenhang sollen auch die Strategien der Ausschüttung offener Rücklagen bzw. der Bildung stiller Rücklagen untersucht werden.

Der erste Teil der Untersuchung wird einen *Katalog von Rentabilitäten* ergeben, die in verschiedenen Situationen mindestens erzielt werden müssen, damit eine Einbehaltung von Gewinnen für die Gesellschafter vorteilhaft ist. Im zweiten Teil wird behandelt, wie die Festlegung solcher Mindestrentabilitäten das Investitionsvolumen und die Zusammensetzung des *Investitionsprogramms* beeinflussen kann. Dabei soll nicht übersehen werden, daß für bestimmte Investitionsobjekte, die speziellen steuerlichen Regelungen unterliegen (Schachtel- und Organschaftsbeteiligungen), die Ergebnisse der Untersuchung entsprechend anzupassen sind.

III. STEUERLICHE EINFLÜSSE AUF DIE GEWINN- UND RÜCKLAGEN-DISPOSITION DER KAPITALGESELLSCHAFTEN

1. Die Disposition über Gewinne

Als erstes werden folgende Strategien untersucht:

Strategie 1: Der Gewinn eines Jahres (ein Teilgewinn) wird bei der Kapitalgesellschaft einbehalten und investiert. Die dadurch in den nächsten Jahren erzielten Mehrerträge sollen ebenfalls einbehalten werden.

Strategie 2: Der Gewinn eines Jahres (ein Teilgewinn) wird ausgeschüttet und von den Gesellschaftern angelegt.

Symbole und Prämissen:

g: (Teil-)Gewinn eines Jahres.

n: Untersuchungszeitraum = Dauer der Einbehaltung und Investierung von Gewinnen = Planungsperiode.

r_1: Rentabilität, die die Kapitalgesellschaft durch die Investition der einbehaltenen Gewinne erzielen kann.

r_2: Rentabilität, die die Anteilseigner durch die Investition der ausgeschütteten Gewinne erzielen können.

r_1 und r_2 sind Rentabilitäten nach Berücksichtigung aller Steuern außer Körperschaftsteuer, Einkommensteuer und (zusätzlicher) Vermögensteuer der Kapitalgesellschaft.

r_1 und r_2 werden für sämtliche Jahre des Untersuchungszeitraums, r_2 auch für sämtliche Gesellschafter, als konstant und bekannt unterstellt. Die unvollkommene Transparenz der Zukunft wird somit ausschließlich durch eine entsprechende Festlegung der Planungsperiode berücksichtigt.

k_1: Körperschaftsteuersatz für einbehaltene Gewinne.

k_2: Körperschaftsteuersatz für auszuschüttende Gewinne.

v: Vermögensteuersatz.

e: Einkommensteuersatz; e wird für alle Gesellschafter und für alle Perioden des Untersuchungszeitraums als konstant angenommen.

Es soll ermittelt werden, bei welchen Kombinationen von r_1 und r_2 eine Einbehaltung der Gewinne bei der Gesellschaft (Strategie 1) vorteilhaft sein kann, und wie lange die Gewinne mindestens einbehalten werden müssen, damit die Gesellschafter bei Strategie 1 schließlich den gleichen Betrag erhalten wie bei Strategie 2.

Zu Strategie 1: Ein zum Zeitpunkt 0 einbehaltener Gewinnbetrag (g) unterliegt der Körperschaftsteuer zum Satz von k_1. Nach Steuerzahlung kann somit ein Betrag von $g(1 - k_1)$ investiert werden, der im ersten Jahr einen Bruttogewinn von $g(1 - k_1)r_1$ erbringt. Der Abzug der Körperschaftsteuer und der Vermögensteuer (auf das durch die Einbehaltung des Gewinnes zusätzlich zur Verfügung stehende Vermögen[25]) ergibt einen Nettogewinn von $g(1 - k_1)(r_1 - r_1 k_1 - v)$. Dieser Nettogewinn wird ebenfalls einbehalten, so daß im zweiten Jahr ein Betrag von $g(1 - k_1)[1 + r_1(1 - k_1) - v]$ gewinnbringend angelegt werden kann. Nach $(n - 1)$ Jahren ist dieser Betrag auf $g(1 - k_1)[1 + r_1(1 - k_1) - v]^{n-1}$ angewachsen.

Entsprechend der Aufgabenstellung wird angenommen, daß der ursprünglich einbehaltene Betrag einschließlich der durch seine Anlage erzielten Gewinne nach n Jahren ausgeschüttet wird. Der Gewinn des n-ten Jahres unterliegt daher einer Körperschaftsbesteuerung zum Satz von k_2. Nach n Jahren kann somit ein Betrag von

$$g(1 - k_1)[1 + r_1(1 - k_1) - v]^{n-1}\left[1 + \left(r_1 - \frac{v}{1 - k_1}\right)(1 - k_2)\right]$$

ausgeschüttet werden [26]. Der ausgeschüttete Betrag wird bei den Gesellschaftern von der Einkommensteuer erfaßt, so daß den Anteilseignern bei dieser Politik folgender Nettobetrag zufließt:

$$g(1 - k_1)[1 + r_1(1 - k_1) - v]^{n-1}\left[1 + \left(r_1 - \frac{v}{1 - k_1}\right)(1 - k_2)\right](1 - e). \quad (1)$$

Es muß beachtet werden, daß hier und in allen folgenden Modellen neben dem ursprünglich einbehaltenen Gewinn nur jener Teil der Gewinne der späteren Jahre untersucht wird, der auf die Investition des ursprünglich einbehaltenen Betrags zurückzuführen ist. Für die übrigen Bestandteile der Gewinne der nächsten Jahre können die Strategien 1–3 analog analysiert werden.

Zu Strategie 2: Wird g ausgeschüttet, so unterliegt er einer Körperschaftsteuer zum Satz von k_2 und der Einkommensteuer bei den Gesellschaftern. Den Gesellschaftern steht somit ein Betrag von $g(1 - k_2)(1 - e)$ zur Investition zur Verfügung. Durch die Anlage dieses Betrages kann im ersten Jahr ein Gewinn von $g(1 - k_2)(1 - e)r_2$ erzielt werden, der der Einkommensteuer unterliegt. Der Nettogewinn des ersten Jahres beträgt daher $g(1 - k_2)(1 - e)r_2(1 - e)$. Insgesamt steht nach dem ersten Jahr ein Betrag von $g(1 - k_2)(1 - e)[1 + r_2(1 - e)]$ zur Verfügung [27]. Nach n Jahren wächst dieser Betrag an auf

$$g(1 - k_2)(1 - e)[1 + r_2(1 - e)]^n. \quad (2)$$

Eine Einbehaltung ist vom Standpunkt der Anteilseigner nur dann vorteilhaft, wenn der sich aus Formel (1) ergebende Betrag (nach n Jahren ausschüttbarer Betrag minus Einkommensteuer der Anteilseigner) nicht kleiner ist als die sich aus Formel (2) ergebende Summe. Es muß somit gelten (unter Kürzung durch g und $(1 - e)$):

$$(1 - k_1)[1 + r_1(1 - k_1) - v]^{n-1}\left[1 + \left(r_1 - \frac{v}{1 - k_1}\right)(1 - k_2)\right] \geqq (1 - k_2)[1 + r_2(1 - e)]^n. \quad (A)$$

In Tabelle A wurden nun verschiedene Kombinationen von r_1, r_2 und n berechnet, für die diese Bedingung gilt. Dabei wurden folgende Steuersätze unterstellt: $v = 0{,}01$, $k_1 = 0{,}51$, $k_2 = 0{,}234$ [28], $e = 0{,}50$ oder $0{,}25$.

Tabelle A

r_1	r_2	$n\,(e = 0{,}5)$	$n\,(e = 0{,}25)$
0,10	0	12	12
0,10	0,05	32	–
0,10	0,08	–	–
0,15	0	7	7
0,15	0,05	12	17
0,15	0,08	19	–
0,20	0	5	5
0,20	0,05	7	9
0,20	0,08	9	16
0,25	0	4	4
0,25	0,05	5	6
0,25	0,08	6	9

Mindestinvestitionsdauer einbehaltener Gewinne in Abhängigkeit von den durch die Kapitalgesellschaft bzw. durch die Gesellschafter erzielbaren Rentabilitäten (Strategie 1).

Aus Tabelle A ergibt sich z.B., daß, wenn die Anteilseigner Beträge mit 5% (r_2) und die Gesellschaft Beträge mit 10% (r_1) anlegen können, eine Einbehaltung bei einem Einkommensteuersatz von 50% nur dann für die Gesellschafter vorteilhaft ist, wenn sichergestellt ist, daß r_1 für 32 Jahre gilt. Eine Anlage bei der Gesellschaft für etwa nur 25 Jahre würde für die Anteilseigner unvorteilhafter sein als eine sofortige Ausschüttung. Wenn der Einkommensteuersatz für die Anteilseigner nur 25% beträgt, so ist eine Anlage bei der Kapitalgesellschaft (also eine Nichtausschüttung) in diesem Fall überhaupt nicht zu rechtfertigen. Je günstiger die Anlagemöglichkeiten bei der Kapitalgesellschaft und je ungünstiger sie bei den Anteilseignern sind, desto eher empfiehlt sich eine Einbehaltung von Gewinnen. Aber selbst wenn eine Kapitalgesellschaft den einbehaltenen Gewinn mit 25% anlegen kann und den Gesellschaftern keinerlei Anlagemöglichkeiten offenstehen ($r_2 = 0$), ist eine Investition bei der Gesellschaft nur zu vertreten, wenn das Kapital von den Gesellschaftern in den nächsten vier Jahren nicht benötigt wird und wenn sichergestellt ist, daß die günstige Rentabilität von 25% für mindestens vier Jahre gelten wird. – Diese Ergebnisse werden dann noch verschärft, wenn die Gesellschafter – im Gegensatz zur Kapitalgesellschaft – nicht gewerbesteuerpflichtig sind. Die in der Tabelle angeführten Werte für r_1 sind bereits Rentabilitäten nach Berücksichtigung der Gewerbesteuerbelastung. Eine Rentabilität von 20% (r_1) nach Gewerbesteuerbelastung entspricht etwa einer Rentabilität von 23,6% vor Gewerbesteuerbelastung (0,6% Gewerbekapitalsteuer, 15% von 20% = 3% Gewerbeertragsteuer). Die bei Einbehaltung von Gewinnen zu fordernde Bruttorentabilität würde sich somit noch erhöhen.

Man kann das Ergebnis auch aus der Sicht der Ertragsbewertung der Anteile interpretieren. Der Ertragswert der Anteile ergibt sich aus Diskontierung der erwarteten Dividendenzahlungen mittels des »Alternativertragsatzes« der Anteilseigner [29]. Die Verlagerung einer Dividendenzahlung auf einen späteren Termin erhöht nur dann den Ertragswert der Anteile, wenn die auszuschüttenden Beträge entsprechend vermehrt werden [30]. Dies ist aber nur dann möglich, wenn der zunächst durch die hohe Körperschaftsbesteuerung verminderte einbehaltene Betrag während einiger Perioden mit einer Rentabilität angelegt werden kann, die den Alternativertragsatz der Gesellschafter wesentlich übersteigt.

Moxter kommt in einer Analyse mit ähnlicher Zielsetzung [31] zu bedeutend kleineren Werten für r_1 (bei Moxter r_i) für gegebene r_2. Dies liegt einmal daran, daß in den Moxterschen Modellen ein Planungshorizont von unendlich unterstellt wird; es wird somit eine spätere Ausschüttung einbehaltener Beträge und damit auch eine Liquidation der Gesellschaft ausgeschlossen. Weiter sind die Werte für r_i offenbar Rentabilitäten nach Ertragsbesteuerung; da r_i als bekannt unterstellt wird, wird nicht differenziert, inwieweit die durch die Mitteleinbehaltung in den nächsten Jahren erzielten Erträge ebenfalls einbehalten oder ausgeschüttet werden (siehe Strategie 3). Schließlich wird von der Doppelbelastung des Vermögens durch die Vermögensbesteuerung abstrahiert.

Wieder andere Prämissen setzt D. Schneider [32]. Er kommt ohne Berücksichtigung der Investitionsmöglichkeiten und der Einkommensteuerzahlungen der Anteilseigner und ohne Einbeziehung der Vermögensteuer zu folgendem Ergebnis: »Im Falle des gespaltenen Körperschaftsteuersatzes wird das Zurückhalten von Gewinnen ungünstiger. Dividendenausschüttungen lohnen sich so lange, als die Finanzierungskosten zukünftiger Investitionen das Verhältnis

$$\frac{\text{Körperschaftsteuersatz für zurückbehaltene Gewinne}}{\text{Körperschaftsteuersatz bei totaler Ausschüttung}} \quad \left(\frac{51}{23{,}43}\right)$$

mal Kalkulationszinsfuß nicht übersteigen.«

Strategie 1 kann nun derart variiert werden, daß wohl der Gewinn eines Jahres (ein Teilgewinn) einbehalten wird, aber die dadurch erzielten Erträge ausgeschüttet werden. Diese Handlungsweise wird mit *Strategie 3* bezeichnet und soll mit Strategie 2 verglichen werden.

Zu Strategie 3: Bei Einbehaltung und Investierung von g durch n Jahre und jährlicher Ausschüttung der dadurch erzielten Erträge fließt den Gesellschaftern jährlich ein Betrag von $g(1 - k_1)\left(r_1 - \dfrac{v}{1 - k_1}\right)(1 - k_2)$ zu. Dieser Betrag wird von den Gesellschaftern versteuert und angelegt. Der nach dem ersten Jahr ausgeschüttete Gewinn wächst bis zum Zeitpunkt n, während $(n-1)$ Jahren, auf

$$g(1-k_1)\left(r_1 - \frac{v}{1-k_1}\right)(1-k_2)(1-e)[1+r_2(1-e)]^{n-1} \text{ an.}$$

Die in den späteren Jahren ausgeschütteten Gewinne können nur für eine entsprechend kürzere Dauer investiert werden. Insgesamt sind die in den einzelnen Jahren ausgeschütteten Gewinne nach n Jahren auf folgende Summe angewachsen:

$$g(1-k_1)\left(r_1-\frac{v}{1-k_1}\right)(1-k_2)(1-e)\left\{[1+r_2(1-e)]^{n-1}+[1+r_2(1-e)]^{n-2}+\ldots+1\right\}$$

$$= g(1-k_1)\left(r_1-\frac{v}{1-k_1}\right)(1-k_2)(1-e)\frac{[1+r_2(1-e)]^n-1}{r_2(1-e)}.$$

Dieser Betrag erhöht sich um den ursprünglich einbehaltenen Gewinn $g(1-k_1)$, der nach n Jahren ausgeschüttet wird und ebenfalls der Einkommensteuer unterliegt. Nach n Jahren steht somit bei Strategie 3 zur Verfügung:

$$g(1-k_1)(1-e)\left\{\left(r_1-\frac{v}{1-k_1}\right)(1-k_2)\frac{[1+r_2(1-e)]^n-1}{r_2(1-e)}+1\right\}. \qquad (3)$$

Diese Politik ist für die Anteilseigner gegenüber einer sofortigen Ausschüttung nur dann vorteilhaft, falls der aus Formel (3) sich ergebende Betrag mindestens so hoch ist wie die aus Formel (2) ermittelte Summe. Unter Kürzung durch g und $(1-e)$ ist daher zu fordern:

$$(1-k_1)\left\{\left(r_1-\frac{v}{1-k_1}\right)(1-k_2)\frac{[1+r_2(1-e)]^n-1}{r_2(1-e)}+1\right\} \geqq (1-k_2)[1+r_2(1-e)]^n. \qquad (B)$$

Wieder wurden bei gleichen steuerlichen Daten Beziehungen zwischen r_1, r_2 und n hergestellt und in Tabelle B angeführt.

Tabelle B

r_1	r_2	$n\,(e=0{,}5)$	$n\,(e=0{,}25)$
0,10	0	10	10
0,10	0,05	21	64
0,10	0,08	–	–
0,15	0	6	6
0,15	0,05	9	12
0,15	0,08	13	34
0,20	0	5	5
0,20	0,05	6	7
0,20	0,08	7	10
0,25	0	4	4
0,25	0,05	4	5
0,25	0,08	5	6

Mindestinvestitionsdauer einbehaltener Gewinne in Abhängigkeit von den durch die Kapitalgesellschaft bzw. durch die Gesellschafter erzielbaren Rentabilitäten (Strategie 3).

Aus dem Vergleich mit Tabelle A ist ersichtlich, daß bei Strategie 3 eine Einbehaltung sich eher (das heißt bei kleinerem r_1 bzw. kleinerem n) rechtfertigen läßt als bei Strategie 1. Bei $r_2 = 0$, $e = 0,5$ und $n = 4$ lohnt sich eine Einbehaltung von Gewinnen bei Strategie 3 bereits dann, wenn r_1 20,4% beträgt; eine Einbehaltung von Gewinnen bei Strategie 1 ist jedoch erst bei einem r_1 von 23,4% zu vertreten.

Die Ergebnisse dieses und der nächsten Abschnitte gelten nur unter der Voraussetzung, daß die Anteilseigner an einem langfristigen Besitz der Anteile interessiert sind. Wenn kurzfristige Dispositionen über Anteile einbezogen werden, sind sie zu revidieren. Vor allem ist dann zu berücksichtigen, daß Gewinne aus dem Verkauf von Anteilen an Kapitalgesellschaften im Gegensatz zum Dividendeneinkommen zumeist nicht oder begünstigt besteuert werden.

2. Disposition über offene Rücklagen

Bis zu diesem Stadium der Untersuchung wurde auf Gewinne abgestellt, die in der Entscheidungsperiode erzielt wurden. Nun findet man bei Kapitalgesellschaften zumeist freie Rücklagen, die auf die Einbehaltung von in der Vergangenheit erzielten Gewinnen zurückzuführen sind. Die ihnen entsprechenden Beträge können nun weiterhin im Betrieb investiert bleiben, z.B. bei Annahme, daß die dadurch erzielten Erträge jeweils ausgeschüttet werden (Strategie 4), oder sie können den Anteilseignern ausgeschüttet werden (Strategie 5). Weder Zurückhalten noch Ausschüttung verursacht Körperschaftsteuer. Den nach n Jahren dem Anteilseigner zur Verfügung stehenden Betrag erhält man deshalb für Strategie 4, indem Formel (3) durch $(1 - k_1)$ gekürzt wird, und für Strategie 5, indem Formel (2) durch $(1 - k_2)$ dividiert wird. Das Zurückhalten ist dann vorteilhaft, wenn:

$$\left(r_1 - \frac{v}{1-k_1}\right)(1-k_2)\frac{[1+r_2(1-e)]^n - 1}{r_2(1-e)} + 1 \geq [1+r_2(1-e)]^n.$$

Dies läßt sich vereinfachen auf:

$$\frac{\left(r_1 - \dfrac{v}{1-k_1}\right)(1-k_2)}{r_2(1-e)} \geq 1$$

$$r_1 \geq \frac{r_2(1-e)}{1-k_2} + \frac{v}{1-k_1} \qquad (C)$$

Die Entscheidung zwischen weiterer Einbehaltung und Ausschüttung hängt hier somit nur von r_1, r_2 und den Steuersätzen, nicht jedoch vom Planungshorizont (n) ab. Aus der Tabelle C ist zu erkennen, bei welchen Kombinationen von r_1 und r_2 (bei den gegebenen Steuersätzen) eine Einbehaltung vorteilhaft ist.

Es zeigt sich, daß bei hohem Einkommensteuersatz (50%) eine Einbehaltung sogar dann im Interesse des Anteilseigners liegt, wenn die Anlagemöglichkeiten bei der Kapitalgesellschaft ungünstiger sind als die Anlagemöglichkeiten beim Gesellschafter. Wenn z.B. die Rentabilität bei Anlage durch den Anteilseigner 12,18% beträgt,

Tabelle C

r_1	r_2 (bei $e = 0{,}5$)	r_2 (bei $e = 0{,}25$)
0,10	0,1218	0,0812
0,15	0,1984	0,1322
0,20	0,2750	0,1833
0,25	0,3516	0,2344

Mindestrentabilitäten für die Kennzeichnung, ob weitere Einbehaltung oder Ausschüttung offener Rücklagen vorteilhaft ist.

ist eine Einbehaltung dann günstiger, wenn die Rentabilität bei Anlage durch die Kapitalgesellschaft größer als 10 % ist. Bei niedrigem Einkommensteuersatz muß die Rentabilität der Investitionen der Kapitalgesellschaft allerdings um weniges günstiger sein als die von den Anteilseignern erzielbare Rentabilität, um eine Ausschüttung von offenen Rücklagen als unvorteilhaft erscheinen zu lassen.

3. Die Disposition über stille Rücklagen

Zuletzt soll die steuerlich zulässige Bildung stiller Rücklagen untersucht werden (Strategie 6). Eine »stille« Einbehaltung von Gewinnen ist gegenüber einer Ausschüttung (Strategie 2) dann vorteilhaft, wenn der durch Anlage der still einbehaltenen Gewinne erzielte und ausschüttbare jährliche Gewinn nach Einkommenbesteuerung durch die Anteilseigner $[g\, r_1 (1 - k_2)(1 - e)]$ größer ist als der bei Auflösung bzw. Nichtbildung der stillen Rücklage den Anteilseignern ausschüttbare Betrag minus der Einkommensteuer der Anteilseigner mal der erzielbaren Nettorendite $[g(1 - k_2)(1 - e)\, r_2 (1 - e)]$. Die Zeit (die Investitionsdauer) braucht in die Untersuchung nicht einbezogen zu werden, da der Steuersatz nicht davon abhängt, ob stille Rücklagen im Jahre 0 oder in einem späteren Jahr aufgelöst werden. Voraussetzung ist jedoch, daß man nicht mit dem Eintritt von Verlusten bzw. Steuersatzänderungen rechnet. Der Steuersatz variiert nur mit der Entscheidung, ob aufgelöste stille Rücklagen ausgeschüttet oder einbehalten werden sollen; dies führt jedoch auf die erste Fragestellung zurück[33].

Es gilt somit:

$$g\, r_1 (1 - k_2)(1 - e) \gtreqless g(1 - k_2)(1 - e)\, r_2 (1 - e)$$

$$r_1 \gtreqless r_2 (1 - e) \qquad (D)$$

Wie aus Formel (D) ersichtlich ist, liegt die Nichtbildung bzw. Auflösung von steuerlich anerkannten stillen Rücklagen und eine Ausschüttung dieser Beträge nur dann im Interesse der Gesellschafter, wenn sie bedeutend günstigere Investitionsmöglichkeiten haben, als der Kapitalgesellschaft zur Verfügung stehen. Es zeigt sich auch, daß eine Bildung stiller Rücklagen der Bildung offener Rücklagen (Strategie 1 oder 3) stets vorzuziehen ist.

IV. FOLGERUNGEN FÜR DIE »INVESTITIONSPOLITIK« DER KAPITALGESELLSCHAFTEN«

1. Trotz der vereinfachenden Voraussetzungen, auf denen die gebrachten Modelle beruhen, ist es offensichtlich, daß eine *Einbehaltung von Gewinnen* bei Kapitalgesellschaften für die Gesellschafter nur dann vorteilhaft ist, wenn die Rentabilität bei Anlage in der Kapitalgesellschaft bedeutend höher ist als die Rentabilität, die die Gesellschafter selbst durchschnittlich erzielen könnten. Wenn wir einen Planungshorizont von 6 bis 7 Jahren und eine Rentabilität bei Anlage durch die Gesellschafter von mindestens 5% unterstellen [34], so ist eine Einbehaltung von Gewinnen nur dann günstig, falls r_1 (nach Gewerbesteuerbelastung) etwa 20% beträgt.

Daraus läßt sich folgern, daß die Mindestrentabilität r_1 als Kalkulationszinsfuß für jene Investitionsobjekte anzusetzen ist, die aus dem Gewinn finanziert werden. Bezieht man die Körperschaft- und Vermögensteuerzahlungen ebenso wie die Gewerbesteuerzahlungen als Ausgaben in die Investitionsrechnung ein, so ist der Kalkulationszinsfuß entsprechend zu verringern (bei Strategie 1 und bei $r_1 = 20\%$ auf etwa 9% [35]). Der hohe Zinsfuß bewirkt, daß das Investitionsbudget der Kapitalgesellschaft eher verringert wird, weil diejenigen Projekte, die eine kleinere Rentabilität als r_1 aufweisen, eine Einbehaltung von Gewinnen nicht rechtfertigen. Falls sich eine Einbehaltung von Gewinnen lohnt, bewirkt der hohe Kalkulationszinsfuß, daß sich eine Tendenz zur Wahl kapitalextensiverer Alternativen und zur Verlängerung der Nutzungsdauern ergibt, da ein hoher Zinsfuß kapitalintensivere Verfahren bzw. Neuanlagen infolge ihrer höheren Kapitalbindung stärker belastet als kapitalextensivere Verfahren bzw. gebrauchte Anlagen.

Nun muß man bedenken, daß die durch Abschreibungsfreisetzung ebenso wie die durch Fremdfinanzierung gewonnenen finanziellen Mittel vorzugsweise im Betriebe investiert werden, da eine Ausschüttung dieser Mittel (und damit Minderung der Rücklagen) nur in seltenen Fällen vorteilhaft sein wird und überhaupt nur dann in Frage kommt, wenn zuvor die Gewinne ausgeschüttet werden. Die günstigsten Investitionsobjekte können somit ohnehin durch die Verwendung dieser Mittel finanziert werden. Eine Einbehaltung von Gewinnen ist daher nur dann vorteilhaft, wenn nach Investition der durch Umschichtungen und Fremdfinanzierung aufgebrachten Beträge noch Objekte verbleiben, die eine Rentabilität von r_1 gewährleisten [36], und zwar während des gesamten Planungshorizontes; die Grenzrendite des Investitionsbudgets der Kapitalgesellschaft muß somit für eine Reihe von Jahren relativ hoch sein.

Eine Einbehaltung von Gewinnen kann nun nicht nur deshalb angezeigt sein, weil eine rentable Anlagemöglichkeit gegeben ist, sondern auch, weil infolge der Vergrößerung der Eigenkapitalbasis mehr bzw. billigeres Fremdkapital beschafft werden kann. Solche Vorteile aus der Einbehaltung von Gewinnen sind auf die Mindestrendite anzurechnen. Allerdings gilt diese Überlegung nur insoweit, als es nicht günstiger ist, die Eigenkapitalbasis statt durch Einbehaltung von Gewinnen durch Ausgabe neuer Aktien zu vergrößern. So kann es vorteilhafter sein, Gewinne auszuschütten und die Anteilseigner zu veranlassen, einen Teil der Gewinne in neue Aktien zu investieren [37]. – Risikoerwägungen können dann zu einer Verringerung der Mindestrendite r_1 führen, wenn die Anlage der Mittel bei der Kapitalgesellschaft infolge der beschränkten Haftung ein geringeres Risiko verursacht als die Anlage der Mittel beim Anteilseigner. Dies ist aber dann kaum der Fall, wenn die Alternativanlage des Anteilseigners in Wertpapieren besteht.

2. Besondere steuerliche Bedingungen bewirken, daß die eben ermittelten Ergebnisse nicht für alle Investitionsobjekte einer Kapitalgesellschaft gleichermaßen gelten. Sie sind nicht anwendbar auf Schachtelbeteiligungen (Organschaftsbeteiligungen). Das in Schachtelbeteiligungen gebundene Vermögen erhöht nicht die Vermögen- und Gewerbekapitalsteuerbasis der Gesellschaft, die erzielten Erträge unterliegen nicht der Gewerbeertragsteuer und dann nicht der Körperschaftsteuer, falls sie ausgeschüttet werden. Dies hat zur Folge, daß der Gesellschafter bei einem direkten Kauf von Beteiligungen keinen höheren Ertrag erhalten kann als bei indirektem Kauf durch die Kapitalgesellschaft. Eine Einbehaltung von Gewinnen für den Kauf von Schachtel- bzw. Organschaftsbeteiligungen ist somit immer dann für den Anteilseigner vorteilhaft (unter der Voraussetzung, daß die daraus erzielten Erträge jeweils ausgeschüttet werden), falls $g(1 - k_1) \gtreqless g(1 - k_2)(1 - e)$, falls somit bei Einbehaltung der Gewinne mehr Mittel für den Kauf von Papieren zur Verfügung stehen als bei Ausschüttung [38]. Allerdings lohnt eine Einbehaltung von Gewinnen nur dann, wenn die sonstigen zur Verfügung stehenden finanziellen Mittel für rentablere Investitionsobjekte verwendet wurden.

3. Es zeigte sich schließlich, daß die Ausschüttung eines einmal einbehaltenen Gewinnes (von Rücklagen) zumeist den Interessen der Gesellschafter widersprechen wird. Vor allem aber sollten die Gesellschafter einer Kapitalgesellschaft mit durchschnittlicher Ertragslage an der Bildung von steuerlich anerkannten stillen Rücklagen überaus interessiert sein, mit Ausnahme der Gesellschafter mit hoher Konsumpräferenz. Dieses Ergebnis steht im Widerspruch zu manchen herkömmlichen, auch betriebswirtschaftlichen Beurteilungen von stillen und offenen Rücklagen. Zumeist wird die offene Einbehaltung von Gewinnen der Bildung stiller Reserven vorgezogen, wobei man sich auf das Streben der Anteilseigner nach vollständigerer Information beruft. Die Ergebnisse dieser Abhandlung zeigen jedoch, daß die Außerachtlassung steuerlicher Folgen dazu führen kann, das Interesse der Anteilseigner unrichtig zu interpretieren; die Nachteile aus unvollständigerer Information werden kaum die Vorteile aus der Bildung steuerlich anerkannter stiller Rücklagen bei rentablen Kapitalgesellschaften übertreffen können, abgesehen davon, daß die Gesellschafter auch

über das Ausmaß an stillen Reserven informiert werden könnten. – Es mag von Interesse sein, festzustellen, daß die Regelungen des Aktiengesetzes 1965 den so gesehenen Interessen der Gesellschafter weitgehend entsprechen. Obwohl die Möglichkeiten der Bildung von stillen Reserven generell eingeschränkt wurden, ist die stille Einbehaltung von Gewinnen grundsätzlich dann gestattet, wenn sie auch steuerlich anerkannt wird (§§ 154 und 155). Die offene Einbehaltung von Gewinnen ist dagegen weitgehend an die Zustimmung der Anteilseigner gebunden (§ 58).

ANMERKUNGEN

1. In gekürzter Form gehalten als Antrittsvorlesung vor der Wirtschafts- und Sozialwissenschaftlichen Fakultät der Johann Wolfgang Goethe-Universität, Frankfurt (Main), am 4. Juli 1966.
2. Vgl. Wöhe, G., *Methodologische Grundprobleme der Betriebswirtschaftslehre*, Meisenheim am Glan 1959, S. 108 ff.
3. Findeisen, F., *Unternehmung und Steuer* (Steuerbetriebslehre), Stuttgart 1923, S. III.
4. Folgende Autoren seien angeführt, die die Ausrichtung der steuerlichen Gesetzgebung auf die von der Betriebswirtschaftslehre erarbeiteten Forschungsergebnisse als eine der Aufgaben der betriebswirtschaftlichen Steuerlehre betrachten: Graf, A., *Betriebswirtschaftliche Steuerlehre*, Zürich 1950, S. 9. Grossmann, H., Der Kausalzusammenhang zwischen Wirtschaft und Steuer. In: *ZfhF*, 1950, S. 61 ff., bes. S. 62: »Aufgabe und Ziel der betriebswirtschaftlichen Steuerlehre ist es, aufklärend zu wirken, die Steuerwilligkeit zu fördern, aber auch die Gebote und Notwendigkeiten der Betriebe als Steuerquelle darzutun.« van der Velde, K., Die steuerliche Betriebswirtschaftslehre. In: *ZfhF*, 1950, S. 467 ff., bes. S. 472: Die betriebswirtschaftliche Steuerlehre habe zu prüfen, »inwieweit die Ausgestaltung unseres Steuerrechts mit betriebswirtschaftlichen Gedankengängen übereinstimmten«. Die Ausgestaltung der Steuer, die Auslegung und Schaffung von Steuergesetzen habe »vom wirtschaftlichen Standpunkt aus zu erfolgen«. Wall, F., Steuerlehre, betriebswirtschaftliche. In: *Handwörterbuch der Betriebswirtschaft*, 3. Aufl., Hrsg. H. Seischab und K. Schwantag, Band III, Stuttgart 1960, Sp. 5140 ff., bes. Sp. 5145 f., bezeichnet es als »Krönung« der betriebswirtschaftlichen Steuerlehre, in das »Feld des steuerlichen Sein-Sollens hinüberzuwechseln«. Ähnlich: Wall, F., Betriebswirtschaftliche Steuerlehre. In: *WPg*, 1956, S. 470 ff., bes. S. 475. Wöhe, G., *Betriebswirtschaftliche Steuerlehre*, Band I, Berlin–Frankfurt 1964, S. 7 f., zählt zu den Aufgaben der betriebswirtschaftlichen Steuerlehre die Analyse der Anwendungsmöglichkeiten betriebswirtschaftlicher Erkenntnisse bei der Gestaltung der Steuergesetze. S. 8: »Urteile darüber, ob die gegebene Form der Besteuerung zur Erreichung dieser staatlichen Zielsetzungen die für den Betrieb zweckmäßigste ist oder ob die gleichen Zielsetzungen sich auch auf eine für den Betrieb zweckmäßigere Weise realisieren lassen, gehören in den Bereich der Betriebswirtschaftslehre...«.
5. Schmalenbach, E., Wirtschaft und Steuer. In: *Betriebswirtschaftliche Beiträge*, Hrsg. E. Schmalenbach, Heft 2, Bremen-Horn 1948, S. 1 ff., bes. S. 1. Ähnliche Aussagen sind zu finden bei: Grossmann, H., a. a. O., S. 72 ff.; Hasenack, W., Entwicklungsprobleme und Fragestellungen der betriebswirtschaftlichen Steuerlehre (steuerlichen Betriebswirtschaftslehre). In: *BFuP*, 1953, S. 266 ff., bes. S. 283.
6. Es seien beispielhaft aufgeführt: Aufermann, E., *Grundzüge Betriebswirtschaftlicher Steuerlehre*, Wiesbaden 1959, S. 137: »Als Bemessungsgrundlage jeder Steuer, die den Betrieb

als Kostenfaktor oder als Gewinnbeteiligung belastet, finden wir Werte. Deren Ermittlung ist vom betriebswirtschaftlichen Standpunkt aus zu kritisieren und zu verbessern.« Wöhe, G., Die betriebswirtschaftliche Steuerlehre – eine spezielle Betriebswirtschaftslehre? In: *ZfhF*, 1961, S. 49 ff., bes. S. 51: »Es ist nicht zu vertreten, wenn beispielsweise zur Ermittlung der Steuerbemessungsgrundlagen durch den Steuergesetzgeber Verfahren vorgeschrieben werden, die im Widerspruch zu den Erkenntnissen der Betriebswirtschaftslehre stehen.« van der Velde, K., a. a. O., S. 479/480.

7. Es seien beispielhaft aufgeführt: Dornemann, R., Dynamische Bilanzauffassung und Steuerrecht. In: *ZfhF*, 1954, S. 375 ff. Le Coutre, W., Gimmy, Th., *Betriebswirtschaftliche Steuerlehre*, Stuttgart 1964. Die Autoren versuchen für einen speziellen Fall nachzuweisen, daß die statische Bilanzauffassung dem Steuerrecht entspricht und daß die Realisierung von Forderungen der dynamischen Bilanzauffassung im Steuerrecht (z. B. nach degressiver Abschreibung) abzulehnen ist (S. 35/36).

8. Wöhe, G., *Betriebswirtschaftliche Steuerlehre*, Band II, 1. Halbband, 2. Aufl., Berlin und Frankfurt (Main) 1965, z. B. S. 153 und S. 178.

9. Voraussetzungslose Analysen der Wirkungen der Besteuerung und der betrieblichen Reaktionsmöglichkeiten enthalten z. B.: Illetschko, L. L., *Betriebswirtschaftslehre für Ingenieure*, Wien–New York 1965, S. 159 ff. Mellerowicz, K., *Unternehmenspolitik*, Band III, Freiburg im Breisgau 1964, S. 442 ff. Scherpf, P., Steuerpolitik, betriebswirtschaftliche. In: *Handwörterbuch der Betriebswirtschaft*, 3. Aufl., Band III, a. a. O., Sp. 5173 ff. Schneider, D., Der Einfluß von Ertragsteuern auf die Vorteilhaftigkeit von Investitionen. In: *ZfbF*, 1962, S. 539 ff. Swoboda, P., Der Einfluß der steuerlichen Abschreibungspolitik auf betriebliche Investitionsentscheidungen. In: *ZfbF*, 1964, S. 414 ff. Wacker, F., *Die Steuerwirkungen im Industriebetrieb*, Darmstadt 1963. Wöhe, G., *Betriebswirtschaftliche Steuerlehre*, Band II, 2. Halbband, Berlin und Frankfurt (Main) 2. Aufl., 1965. Wysocki, K. v., Der Einfluß von Steuern auf Produktions- und Kostenfunktionen. In: *ZfB*, 1964, S. 15 ff.

10. Pohmer, D., *Grundlagen der betriebswirtschaftlichen Steuerlehre*, Berlin 1958, S. 146/147: »Der reibungslose Ablauf der Betriebsprozesse ist insbesonders auch nur dann gewährleistet, wenn die Finanzwirtschaft auf die gewollte Wirtschaftsordnung ausgerichtet ist. Damit wird die Abstimmung der finanzwirtschaftlichen Vorgänge, namentlich des Steuersystems, auf die Wirtschaftsordnung zum Ausrichtungsgesichtspunkt ethisch-normativer Forschung für die betriebswirtschaftliche Steuerlehre.« Diese so skizzierte normative Methode wendet Pohmer übrigens an in seinem Beitrag: Pohmer, D., Die betriebswirtschaftliche Problematik der Gewinnrealisation und der Periodenabgrenzung unter dem Gesichtspunkt der Erfolgsbesteuerung. In: *WPg*, 1957, S. 461 ff., S. 498 ff., S. 523 ff. und S. 551 ff. Vgl. S. 463: »Wir wollen vielmehr die wirtschaftlichen Konsequenzen dieses Urteils (Urteil des BFH I/103 55 U, d. Verf.) aufzeichnen, weil sie nach unserem Dafürhalten den Grundsätzen unseres Einkommensteuerrechts widersprechen.« Bei der Beurteilung des Pohmerschen Standpunktes muß man allerdings beachten, daß Pohmer das Erkenntnisobjekt der betriebswirtschaftlichen Steuerlehre relativ weit faßt (vgl. Anm. 23).

11. Strickrodt fordert, daß die betriebswirtschaftliche Steuerlehre »aus einer Hilfswissenschaft der Betriebswirtschaftslehre zu deren Gesetzgeber« werden sollte, wobei er davon ausgeht, daß im Rahmen der Umordnung der Wirtschaft die Besteuerung zum Ausdruck einer höheren Vernunft, ja, zum eigentlichen Zweck des Wirtschaftsprozesses werden sollte. Vgl. Strickrodt, G., Die betriebswirtschaftliche Steuerlehre, Probleme einer Disziplin. In: *ZfhF*, 1952, S. 389 ff., bes. S. 395.

12. Menger, C., *Untersuchungen über die Methode der Socialwissenschaften und der politischen Ökonomie insbesondere*, Leipzig 1883, S. 36 ff.

13. Vgl. Menger, C., a.a.O., S. 77ff., und Moxter, A., *Methodologische Grundfragen der Betriebswirtschaftslehre*, Köln und Opladen 1957, S. 62.

14. Menger, C., a.a.O., S. 36.

15. So Katterle, S., Methodenprobleme der praktischen (normativen) und der theoretischen (explikativen) Betriebswirtschaftslehre. In: *ZfbF*, 1966, S. 286ff., bes. S. 295ff., und Jonas, F., *Das Selbstverständnis der ökonomischen Theorie*, Berlin 1964, bes. S. 218. Katterle lehnt übrigens die exakte Richtung als »normativ« ab, weil sie etwa das Rentabilitätsstreben von vornherein als wesentlich definiert, somit als Norm einführt.

15a. Die gleiche Auffassung wird von Huth in einem Diskussionsbeitrag zur Arbeitstagung der Schmalenbach-Gesellschaft in Köln am 1. Juli 1966 vertreten. In: *ZfbF*, 1966, S. 579ff., vgl. auch die von ihm angegebene Literatur. Leffson, U., *Die Grundsätze ordnungsmäßiger Buchführung*, Düsseldorf 1964, S. 24ff., bes. S. 39, vertritt den Standpunkt, daß die Grundsätze ordnungsmäßiger Buchführung der Sache nach durch die Betriebswirtschaftslehre als »sachkundige und neutrale Instanz« abzuleiten sind. Einen entschieden gegenteiligen Standpunkt vertritt neuerdings auch Rose, G., Über den gegenwärtigen Einfluß der Betriebswirtschaftslehre auf die Steuerpraxis. In: *Finanz-Rundschau*, 1966, S. 467ff. (bearbeitete Wiedergabe einer Einführungsvorlesung). Er beklagt, »daß der Einfluß der Betriebswirtschaftslehre auf die Steuerpraxis ... recht klein ist (und eher ab- als zunimmt)« (S. 467) und fordert: »Die Auslegung, d.h. die Erfassung und Verdeutlichung des Sinngehaltes, und die Verbesserung steuerlicher Vorschriften ist, soweit die zu regelnde oder geregelte Materie betriebswirtschaftlichen Charakter hat, nicht in erster Linie Sache der Rechtswissenschaft; es ist vielmehr Angelegenheit des Betriebswirtschaftlers, sich solcher Bestimmungen, bei denen betriebliche Sachverhalte Anknüpfungspunkte und Gegenstände der Besteuerung sind, anzunehmen und sich ihrer kritisch-wissenschaftlich zu bemächtigen« (S. 468).

16. Findeisen, F., Steuerlehre, betriebswirtschaftliche (Steuerbetriebslehre). In: *Handwörterbuch der Betriebswirtschaft*, 1. Aufl., Hrsg. H. Nicklisch, 5. Band, Stuttgart 1928, Sp. 133: Die betriebswirtschaftliche Steuerlehre ist nicht privatwirtschaftlich, sondern gemeinwirtschaftlich orientiert, »... wenn sie betriebsvernichtende Wirkungen eines Steuersystemes bekämpft und auf Abänderung einer derartigen Steuerordnung drängt«. Graf, A., a.a.O., S. 9. Hasenack, W., a.a.O., S. 275, und S. 280: »Denn betrieblich unzweckmäßige Steuernormen verfälschen und verzerren die gesamtwirtschaftlich nützlichen und betriebswirtschaftlich richtigen Überlegungen der Unternehmensleitungen.« Wall, F., Betriebswirtschaftliche Steuerlehre. In: *WPg*, 1956, a.a.O., S. 475.

17. Schon Frank wies darauf hin, daß es der »enge Gesichtskreis« der betriebswirtschaftlichen Steuerlehre unmöglich macht, für das Steuerrecht »die Rezepte dieser Lehre so ohne weiteres zu übernehmen« (Frank, E., Zur gegenwärtigen betriebswirtschaftlichen Steuerlehre. In: *Die Betriebswirtschaft*, 1931, S. 71ff., hier S. 74).

18. Vgl. Wysocki, K. von, Betriebswirtschaftslehre und Staat. In: *ZfbF*, 1966, S. 198ff., bes. S. 201–202, S. 208–211. Indirekte Wirkungen der Besteuerung, z.B. auf die Preis-Absatzmengen-Beziehung, können von einer betriebswirtschaftlichen Steuerlehre jedoch nicht erfaßt werden, da sie sich vom betriebswirtschaftlichen Standpunkt aus nicht von durch andere Ursachen hervorgerufenen Änderungen der Preis-Absatzkurve unterscheiden. Solche Wirkungen können nur bei makroökonomischer Betrachtung analysiert werden (S. 211). Vgl. auch Pohmer, D., Grundlagen ..., a.a.O., S. 97.

19. Vgl. zum Verhältnis zwischen theoretischer und angewandter Betriebswirtschaftslehre: Schreiber, R., *Erkenntniswert betriebswirtschaftlicher Theorien*, Wiesbaden 1960, S. 76ff.

20. Es wird hier die Auffassung vertreten, daß die Gliederung der Wissenschaften in Einzelwissenschaften und innerhalb der Einzelwissenschaften in Spezialgebiete nicht etwa von »vor-

gegebenen« Grenzen ausgeht, die nur »entdeckt« zu werden brauchen, sondern eine Zweckmäßigkeitsfrage ist, die z. B. von den amerikanischen Wirtschaftswissenschaftlern ganz anders behandelt wird als von den deutschen Fachvertretern, ohne daß man hier von »falschen« bzw. »richtigen« Kriterien sprechen könnte. Gegenteiliger Auffassung ist z. B. Wöhe, G., *Einführung in die Allgemeine Betriebswirtschaftslehre*, 6. Aufl., Berlin und Frankfurt (Main), 1965, S. 18/19.

21. Hasenack, W., a. a. O., bes. S. 275–278.

22. Wöhe, G., Die betriebswirtschaftliche Steuerlehre – eine spezielle Betriebswirtschaftslehre. In: *ZfhF*, 1961, S. 49 ff.

23. Nicht jedoch erscheint die Auffassung Pohmers zweckmäßig, der die Betriebswirtschaftslehre in eine betriebswirtschaftliche Finanzwirtschaftslehre (= betriebswirtschaftliche Steuerlehre) und in eine betriebswirtschaftliche Marktwirtschaftslehre teilt. Pohmer kommt zu dieser Auffassung dadurch, daß er das Erkenntnisobjekt der betriebswirtschaftlichen Steuerlehre relativ weit faßt und in ihr nicht ausschließlich die mikroökonomische Betrachtungsweise anwenden möchte (vgl. Grundlagen . . ., a. a. O., insbes. S. 55/56 und S. 51: »Im Rahmen der betriebswirtschaftlichen Steuerlehre sind die wirtschaftlichen Vorgänge, die die sonstigen abgeleiteten Betriebe einerseits mit den Haushaltungen und Unternehmungen andererseits verbinden, und deren Wirkungen auf innerbetriebliche und zwischenbetriebliche Erscheinungen unter Anwendung wirtschaftswissenschaftlicher Methoden vorzugsweise in mikroökonomischer Betrachtung zu untersuchen.« Eine mehr makroökonomische Betrachtungsweise zeigt sein Aufsatz »Die steuerliche Beeinflussung der Unternehmungskonzentration unter besonderer Berücksichtigung der Verhältnisse in der Bundesrepublik Deutschland und in Berlin (West)«. In: *Die Konzentration in der Wirtschaft*, Hrsg. von Helmut Arndt, 2. Band, *Ursachen der Konzentration*, Berlin 1960, S. 1045 ff.

24. Albach, H., Zur Berücksichtigung von Ertragsteuerzahlungen in der Theorie der Investitionsketten. In: *ZfB*, 1964, S. 436 ff. Böhm, H. H., Kostenwirkungen der Ertragsbesteuerung in der Investitionsrechnung. In: *Führungsentscheidungen und ihre Dispositionshilfen*, Vorträge des 11. Deutschen Betriebswirtschaftertages, Hrsg. Deutsche Gesellschaft für Betriebswirtschaft, Berlin 1958, S. 105 ff. Mertens, P., Ertragsteuerwirkungen auf die Investitionsfinanzierung – ihre Berücksichtigung in der Investitionsrechnung. In: *ZfhF*, 1962, S. 570 ff. Schneider, D., a. a. O. Schneider, H., *Der Einfluß der Steuern auf die unternehmerischen Investitionsentscheidungen*, Tübingen 1964. Schwarz, H., Zur Berücksichtigung erfolgssteuerlicher Gesichtspunkte bei Investitionsentscheidungen. In: *BFuP*, 1962, S. 135 ff. und S. 199 ff. Schwarz, H., Unterschiedliche Erfolgssteuerbelastungen von Investitionsalternativen. In: *Neue Betriebswirtschaft*, 1963, S. 1 ff. Swoboda, P., a. a. O.

25. Die Vermögensteuer ist von der Körperschaftsteuerbasis nicht abzugsfähig. Es wird angenommen, daß die Vermögensteuerbasis (Einheitswert) kurzfristig angepaßt wird und daß die Erhöhung des Einheitswertes dem jeweils einbehaltenen Gewinn entspricht.

26. Durch den Ausdruck $\frac{v}{1-k_1}$ wird berücksichtigt, daß die für die Zahlung der Vermögensteuer einbehaltenen Beträge der Körperschaftsteuer zum Satz k_1 unterliegen.

27. Die Ausschüttung von Gewinnen erhöht wohl die Vermögensteuerbasis der Anteilseigner. Trotzdem wird keine zusätzliche Vermögensteuer berücksichtigt, weil auch bei Einbehaltung der Gewinne über die Anteilsbewertung die Vermögensteuerbelastung der Anteilseigner erhöht wird. Es wird vereinfachend angenommen, daß sich bei Einbehaltung von Gewinnen die Vermögensteuer der Gesellschafter in gleicher Weise erhöht wie bei Ausschüttung.

28. Der Steuersatz für ausgeschüttete Gewinne beträgt für nicht personenbezogene Kapitalgesellschaften 15 %. Doch muß ein Teil des Gewinns für die Bezahlung der Körperschaftsteu-

erverpflichtungen einbehalten werden; dieser Teil des Gewinns unterliegt einem Körperschaftsteuersatz von 51%. Mindestens müssen etwa 23,4% des Gewinnes einbehalten werden, um die Körperschaftsteuerverpflichtungen decken zu können (vgl. Hax, K., Probleme der Aktienfinanzierung unter dem Einfluß des gespaltenen Körperschaftsteuersatzes. In: *ZfhF*, 1963, S. 49ff., bes. S. 55, in diesem Band auf S. 307ff.). – Die Steuersätze wären für personenbezogene Kapitalgesellschaften entsprechend anzupassen, wobei sich bei gleichen Daten für r_2, e und n geringere Werte für r_1 ergeben würden.

29. Vgl. Moxter, A., Die Grundsätze ordnungsmäßiger Bilanzierung und der Stand der Bilanztheorie. In: *ZfbF*, 1966, S. 28ff., und Moxter, A., Die Bestimmung des optimalen Selbstfinanzierungsgrades unter privatwirtschaftlichem Aspekt. In: *Der Betrieb in der Unternehmung, Festschrift für Wilhelm Rieger*, Hrsg. Johannes Fettel und Hanns Linhard, Stuttgart 1963, S. 300ff., bes. S. 307ff.

30. Vgl. Moxter, A., Die Grundsätze . . ., a.a.O., S. 46, Anm. 2: »Eine Ausschüttung (und eine Nichtzuführung) von Mitteln ist dann geboten, wenn dies zu einem günstigeren Zielstrom führt, das heißt zu einem Nettoausschüttungsstrom (an die betreffenden Individuen) von größerer Breite und/oder besserer zeitlicher Struktur und/oder geringerer Unsicherheit. Ob dies der Fall ist, hängt von den »Erträgen« dieser Mittel im Unternehmen im Vergleich zu den Erträgen bei Ausschüttung ab, zu den Erträgen bei Ausschüttung zählen auch die »Konsumerträge« der Individuen, die von ihrer zeitlichen Konsumpräferenz bestimmt werden.«

31. Vgl. Moxter, A., Die Bestimmung . . ., a.a.O., S. 303ff.

32. Vgl. Schneider, D., Der Einfluß der Ertragsteuern auf die Vorteilhaftigkeit von Investitionen. In: *ZfhF*, 1962, S. 539ff., bes. S. 567.

33. Eine Vermögensbesteuerung wird nicht einbezogen, da es zweifelhaft ist, inwieweit bei der Bildung körperschaftsteuerlich anerkannter stiller Rücklagen die Einheitswerte des Vermögens der Kapitalgesellschaft bzw. der Anteilseigner angepaßt werden.

34. Zur Quantifizierung von r_2 vgl. Moxter, A., Die Bestimmung . . ., a.a.O., S. 314ff.

35. Der vergleichbare Netto-Fremdkapitalzinsfuß wäre bei expliziter Berücksichtigung von Gewerbe- und Körperschaftsteuerzahlungen in der Investitionsrechnung mit Bruttozinsfuß mal $(1 - k_1)$ festzusetzen. Er wäre somit in den meisten Fällen bedeutend niedriger als 9%.

36. Man könnte so vorgehen, daß alle in Frage kommenden Investitionsvorhaben mit r_1 diskontiert werden. Erfordert das sich so ergebende optimale Investitionsprogramm einen Betrag, der kleiner ist als die durch Umschichtungen im Unternehmen und durch Fremdfinanzierung gewonnenen Beträge, so wird der gesamte Gewinn ausgeschüttet. Eine nochmalige Durchrechnung der Objekte mit einer entsprechend geringeren Grenzrendite wird entweder das Investitionsvolumen den zur Verfügung stehenden Mitteln angleichen oder Antwort auf die Frage geben, ob Fremdmittel rückgezahlt bzw. ob Rücklagen ausgeschüttet werden sollen. – Übersteigt der erforderliche Betrag jedoch die durch Umschichtungen bzw. Fremdfinanzierung gewonnenen Mittel, wird ein entsprechender Teil des Gewinnes einzubehalten sein.

37. Vgl. das Verfahren der Bonusaktien bei Hax, K., a.a.O., S. 58ff.

38. Eventuelle Auswirkungen auf die Vermögensteuer der Anteilseigner werden außer acht gelassen.

VIERTER TEIL

Besondere Finanzierungsformen

Zur Verteidigung von Vorzugsaktien

GORDON DONALDSON*

Aufzeichnungen über Finanzierungsgewohnheiten von Aktiengesellschaften für die letzten zehn Jahre lassen klar erkennen, daß Vorzugsaktien als Kapitalquelle deutlich an Popularität verloren haben. Dieser Wandel zeigt sich auch in der Haltung derjenigen, die über die Ausgestaltung neuer Finanzierungswege diskutieren und schreiben.[1] Ihre Ernüchterung bezüglich Vorzugsaktien entstammt gemeinhin einer einfachen und einleuchtenden Gedankenkette: Für eine Gesellschaft, die die Politik verfolgt, Dividenden auf ihre Stammaktien zu zahlen, führt der bevorzugte Anspruch kumulativer Vorzugsaktien zu einer nicht vermeidbaren, festen Belastung der Periodenerfolge; unter diesen Bedingungen würde die Gesellschaft besser fahren, wenn sie festverzinsliche Papiere ausgäbe, deren Zinsen niedriger und bei der Errechnung der zu zahlenden Körperschaftssteuer abzugsfähig sind. Die Differenz zwischen dem Zinssatz für Obligationen nach Steuern und dem auf Vorzugsaktien gezahlten Satz vor Steuern war in den vergangenen Jahren groß genug, um viele Unternehmensleitungen in der Überzeugung zu stützen, daß nicht nur Vorzugsaktien bei aufkommendem Mittelbedarf zu vermeiden seien, sondern daß auch bereits ausgegebene Vorzugsaktien abgelöst werden sollten.

Trotz der heutigen Popularität dieser These bei Geschäftsleuten und Dozenten beabsichtige ich in diesem Aufsatz einige der Annahmen, auf denen die Überlegung aufgebaut wurde, anzugreifen und die Folgerichtigkeit einiger der Schlüsse und Maßnahmen in Frage zu stellen. Insbesondere möchte ich zeigen:

1. Die Ähnlichkeit zwischen Vorzugsaktien und Fremdkapital sollte nicht dazu führen, daß wichtige Unterschiede zwischen den Finanzierungsrisiken beider Instrumente übersehen werden. Diese Unterschiede können äußerst bedeutend sein, wenn bei ungünstigen Umweltzuständen eine unzureichende Liquiditätslage droht.

2. Vergleiche zwischen den Vorteilen von Fremdkapital und Vorzugsaktien führen tendenziell vom Kern des Problems weg und stiften Verwirrung, weil die verbleibende, hauptsächliche Quelle finanzieller Mittel nicht Fremdkapital, sondern Eigenkapital ist (einbehaltene Gewinne).

3. Während Fremdkapital im Vergleich zu Vorzugsaktien die billigere Quelle ist, die bis zu einer akzeptablen Grenze ausgeschöpft werden sollte, besteht das eigentliche Problem in der Wahl: Ausgabe von Vorzugsaktien oder Einbehaltung von Gewinnen. Eine Politik, die die Priorität einbehaltenen Gewinnen zugesteht, kann Anteilseigner, die sich in einer hohen Progressionsstufe der Einkommenssteuer befinden, bevorzugen auf Kosten der Anteilseigner, die sich auf einer niedrigeren Progressionsstufe befinden.

* Im Original: In Defense of Preferred Stock. Translated from *The Harvard Business Review*, 39 (1962), July–August, pp. 123–136. © 1973 by the President and Fellows of Harvard College; all rights reserved. Translated by Jochen Drukarczyk.

DAS ABSINKEN DER POPULARITÄT

Jeder, der mit den geschichtlichen Trends in den Finanzierungsgewohnheiten von Aktiengesellschaften vertraut ist, weiß, daß die Beliebtheit verschiedener, verbreiteter Finanzierungsinstrumente von Jahrzehnt zu Jahrzehnt in Abhängigkeit von vielfältigen Einflüssen variiert. Ein ausgeprägter Trend des Marktes für eine besondere Wertpapierform, wie er für Vorzugsaktien in der Zeit nach dem 2. Weltkrieg zu verzeichnen ist, ist daher nicht überraschend. In diesem Fall war der Beliebtheitstrend, soweit die Emittenten betroffen sind (Anleger mögen darüber anders denken), deutlich nach unten gerichtet, wie die Statistik der neuen Wertpapieremissionen in Darstellung 1 zeigt.

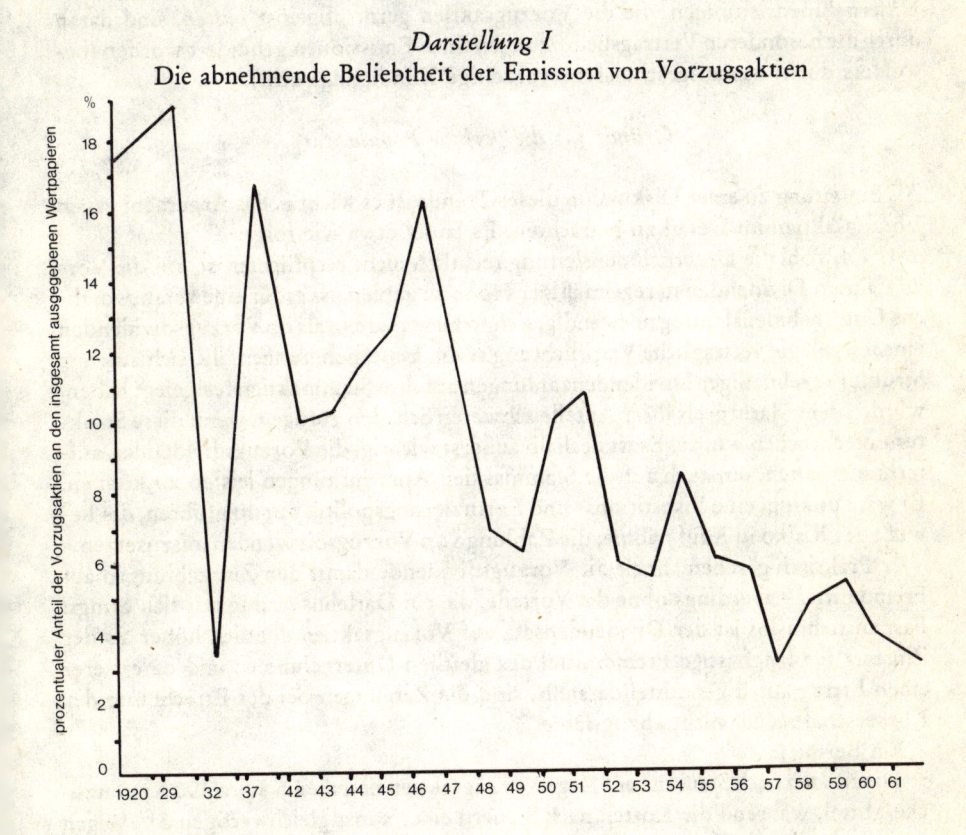

Darstellung I
Die abnehmende Beliebtheit der Emission von Vorzugsaktien

Quelle: *Statistical Bulletin*, U. S. Securities and Exchange Commission Februar 1962, S. 4; 1942–1960, *Business Statistics*, U. S. Department of Commerce, Office of Business Economics, Ausgabe 1961, S. 97; *SEC New Security Issues*, 1920–1937; *Survey of Current Business*, U.S. Department of Commerce, Department of Business Economics, 1940, Ergänzung, S. 68 – Securities Issues.

Teilweise können diese Daten erklärt werden durch die Tendenz der Ausgabe von Vorzugsaktien, in Rezessionsperioden abzufallen. Von besonderem Interesse ist jedoch die Tatsache, daß seit dem 2. Weltkrieg und insbesondere im letzten Jahrzehnt die Ausgabe von Vorzugsaktien auf einen relativ kleinen Anteil am gesamten, neuen Wertpapierangebot beschränkt geblieben ist (im Durchschnitt 4,2% in den Jahren 1957–1961). Und das ist nur ein Teil der Geschichte. Viele Gesellschaften, die bereits in früheren Perioden Vorzugsaktien ausgegeben hatten, haben diese abgelöst und entweder Fremdmittel oder Stammaktien an deren Stelle gesetzt. Von 1954 bis 1961 sank die Zahl der Neuemissionen von Vorzugsaktien, die an der New York Stock Exchange registriert werden, nämlich von 461 auf 402.[2] Diese Statistiken spiegeln im übrigen die Wünsche vieler Unternehmensleitungen nicht adäquat wider; zahlreiche Unternehmensleitungen, die die Vorzugsaktien gerne abgelöst *hätten,* sind daran durch die besonderen Vertragsbedingungen ihrer Emissionen gehindert worden (besonders durch das ausgeschlossene vorzeitige Kündigungsrecht).

Gründe für die geringe Popularität

Als Einleitung zu einer Diskussion dieses Trends ist es wichtig, das Argument gegen Vorzugsaktien im Detail zu betrachten. Es lautet etwa wie folgt:

1. Obwohl die Unternehmensleitung rechtlich nicht verpflichtet ist, auf die Vorzugsaktien Dividenden in regelmäßiger Höhe zu zahlen, ist es für eine verantwortliche Unternehmensleitung notwendig, sich so zu verhalten, als ob Vorzugsdividenden eine festgelegte vertragliche Verpflichtung seien. Unternehmungen, die sich auf eine Struktur regelmäßiger Dividendenzahlungen auf ihre Stammaktien festgelegt haben, würden dem Marktpreis ihrer Anteile schweren Schaden zufügen, wenn diese Struktur unterbrochen würde. Es ist deshalb äußerst wichtig, die Vorzugsdividenden aufrechtzuerhalten, um auch auf die Stammaktien Ausschüttungen leisten zu können. Es wäre unklug, eine Investitions- und Finanzierungspolitik durchzuführen, die bewußt das Risiko in Kauf nähme, die Zahlung von Vorzugsdividenden auszusetzen.

2. Praktisch gesehen ähnelt die Vorzugsdividende damit den Zinszahlungen auf Fremdmittel – allerdings ohne die Vorteile, die ein Darlehnsvertrag mit sich bringt. Fast ausnahmslos ist der Dividendensatz auf Vorzugsaktien deutlich höher als der Zinssatz für langfristige Fremdmittel des gleichen Unternehmens; und da ersterer einen Ertrag auf Eigenmittel darstellt, sind die Zahlungen bei der Errechnung der Körperschaftsteuer nicht abzugsfähig.

Ein Beispiel:

Die Kosten nach Steuern für 5%ige Vorzugsaktien betragen 5 $ pro 100 $ zusätzliche Mittel, während die Kosten nach Steuern einer sonst gleichwertigen 3½%igen Fremdmittelbeschaffung gleich 1,68 $ pro 100 $ zusätzliche Mittel wären. Die Ausgabe von Schuldverschreibungen reduziert das zu versteuernde Einkommen um 3,50 $ pro 100 $ zusätzliche Mittel und senkt damit die Steuerlast um 52% von 3,50 $. Die Nettokosten der Fremdmittel sind daher gleich 3,50 $ abzüglich des Steuervorteils von 1,82 $.

Es ist dieser Unterschied in der steuerlichen Behandlung, der im wesentlichen die abnehmende Popularität von Vorzugsaktien in den letzten Jahren zu erklären scheint. Es ist zu beachten, daß der Körperschaftsteuersatz von 24% im Jahre 1940 auf 40% 1942 und auf 52% im Jahre 1951 stieg, wobei die Jahre der Besteuerung von Übergewinnen noch nicht erwähnt sind.

3. Wenn Fremdkapital viel billiger ist als Eigenkapital in Form von Vorzugsaktien und wenn aus *unternehmenspolitischen Gründen* Dividenden auf Vorzugsaktien wie feste Zinszahlungen auf Schuldverschreibungen behandelt werden müssen, ist es sinnvoll, Vorzugsaktien durch Fremdmittel zu ersetzen, wo immer es möglich ist.

FREMDMITTEL ODER VORZUGSAKTIEN?

Augenschein und Argumente erscheinen insoweit unbestreitbar. Wie ist es möglich, vernünftig zugunsten des Gebrauchs von Vorzugsaktien zu plädieren?

Als erster Schritt zur Beantwortung dieser Frage soll die Entscheidung, bereits ausgegebene Vorzugsaktien zurückzuziehen, vor der viele Unternehmungen standen, überdacht werden. Dann soll gezeigt werden, wie sie es gehandhabt haben. Während ich diese Handlungsweise analysiere, beabsichtige ich zu zeigen, daß der Logik des Arguments zugunsten der Ablösung von Vorzugsaktien Grenzen gesetzt sind und daß Vorzugsaktien manchmal als Finanzierungsinstrument unterschätzt werden.

Der Fall des Unternehmens A

Betrachten wir zum besseren Verständnis das Beispiel des Unternehmens A:

Bereits 1947 entschied dieses Unternehmen, Vorzugsaktien durch Fremdmittel zu ersetzen. Der Geschäftsbericht erläuterte, daß die Unternehmensleitung, »um die bestehenden (niedrigen) Zinssätze zu nutzen«, Obligationen mit 20jähriger Laufzeit über 25 000 000 $ zu einem Zinssatz von $2^{5/8}\%$ begeben hatte, um mit diesen Mitteln 250 000 kumulative, $4^{1/2}\%$ige Vorzugsaktien abzulösen. Die daraus resultierende jährliche Verminderung der Auszahlungen betrug nach Steuern (Steuersatz 38%) 718 125 $. Der Vorteil schien deutlich genug. Aber war dies das Ende der Analyse? Ich meine, es war es nicht. Halten wir zuerst fest, daß das Unternehmen nicht so hätte handeln können, wenn es seinen Verschuldungsspielraum zuvor bis zur Grenze ausgenutzt hätte. Es war zu dieser Zeit mindestens um 25 000 000 $ von dieser Grenze entfernt, gemessen an jenem Standard, den das Unternehmen und seine Gläubiger anzuwenden beliebten. Indem es diesen Spielraum ausschöpfte, um sich Belastungen durch Vorzugsdividenden zu ersparen, schloß das Unternehmen die Verwendung dieser begrenzten Finanzierungsmittel (die Fähigkeit, vorhandenes Vermögen zu beleihen) für andere Zwecke aus. Es entstanden also die realen, aber nicht berücksichtigten, Kosten in Form von nicht erzielten Erfolgen, die erzielt worden wären, wenn man die Mittel an anderer Stelle eingesetzt hätte – z. B. zum Kauf neuer Anlagen.

Man kann folglich argumentieren, daß das Unternehmen, anstatt 718 125 $ zu sparen, in Wirklichkeit Geld verlor – den Betrag, der sich aus der Differenz zwischen der 4½%igen Vorzugsdividende und dem Satz (z. B. 10%) ergibt, den man durch eine alternative Verwendung der Mittel hätte verdienen können.

Aber angenommen, das Unternehmen hatte keine Alternative für den ungenutzten Verschuldungsspielraum. Es entsteht dann die Frage, ob der Mangel an Alternativen vorübergehender oder längerer Natur war. War er vorübergehender Natur, dann ist es möglich, daß nun zu einem späteren Zeitpunkt die Entscheidung getroffen werden muß, entweder eine Investitionsgelegenheit auszulassen, weil der Verschuldungsspielraum ausgeschöpft ist, oder neue Vorzugsaktien auszugeben, womit die erwarteten Ersparnisse nur kurzlebiger Natur gewesen wären.

Tatsächlich zeigen die Finanzierungsgepflogenheiten von Aktiengesellschaften in den letzten Jahren, daß die Wiederausgabe von Vorzugsaktien praktisch nicht oft vorkommt und daß das Verhalten des Unternehmens A gewöhnlich zum Ziel hat, Vorzugsaktien auf Dauer zu verdrängen. Auf gleicher Linie mit diesem Ziel liegt der oft gehörte Wunsch von Unternehmensleitungen nach einer einfachen Kapitalstruktur, womit gewöhnlich eine Zusammensetzung gemeint ist, die bürokratischen Verwaltungsaufwand und Restriktionen der Bewegungsfreiheit auf ein Minimum reduziert. Man hat oft den Eindruck, daß die rechtlichen Bestimmungen einer Emission von Vorzugsaktien das Leben unnötig komplizieren, wenn die Unternehmensleitung bestimmte Maßnahmen erwägt.

Wenn also keine Absicht besteht, Vorzugsaktien erneut auszugeben, bedeutet dies, daß entweder keine sichtbaren, alternativen Verwendungen für den ungenutzten Verschuldungsspielraum des Unternehmens bestehen oder daß die Unternehmensleitung die »sichere« Ersparnis durch die Ablösung der Vorzugsaktien ($ 718 125 in unserem Beispiel) der weniger sicheren 10%igen Rendite (oder was immer) einer alternativen Investition, z. B. neuen Produktionsanlagen, vorzieht.

Beschränkungen der Investitionsmöglichkeiten

An dieser Stelle möchte ich eine Annahme in Frage stellen, die in Diskussionen über die Investitionspolitik von Gesellschaften oft gemacht wird. Es ist Brauch unter Autoren, besonders den akademisch geschulten, die über Finanzierung schreiben, anzunehmen, daß Unternehmen einen unerschöpflichen Vorrat an Investitionsgelegenheiten haben und daß sie von diesen Gebrauch machen (sollten) bis zur Grenze der verfügbaren Mittel – oder zumindest bis zu dem Punkt, an dem der Nettoertrag aus der Investition, soweit er über den Kapitalkosten liegt, nicht mehr ausreicht, die damit verbundenen Risiken zu kompensieren. Damit nimmt man an, daß die Hauptdeterminante, die weitere Investitionen begrenzt, finanzieller Art sei.

Die Beobachtung vieler unserer größeren und älteren Gesellschaften legt die Vermutung nahe, daß dies nicht zutrifft – zumindest nicht im gegenwärtigen Stadium ihrer Entwicklung. Die empirische Basis ist einfach und eindeutig. Viele dieser Gesellschaften verfügen über verschiedene Kapitalquellen – Fremd- und Eigenkapital – die sie nicht nutzen, obwohl die Mittel zu Sätzen verfügbar sind, die akzeptabel erscheinen, wenn sie mit der Rendite verglichen werden, die die Gesellschaft auf ihr investiertes Kapital erzielt. Beweise für diese verbreitete Situation können in den Büchern derjenigen Gesellschaften gefunden werden, die während der letzten 20 Jahre trotz niedriger Zinssätze und hohen Preis-Gewinn-Verhältnissen fast oder ganz unabhängig von Inanspruchnahmen des Kapitalmarktes gearbeitet haben.[3]

Dies läßt vermuten, daß in der Praxis andere Gründe als die Verfügbarkeit von billigem Kapital dem Investitionsumfang deutliche Grenzen setzen – Gründe, die, von der Warte der Unternehmensleitung gesehen, überzeugend und völlig rational sein können, wie etwa Grenzen des unternehmerischen oder organisatorischen Leistungsvermögens, um nur zwei zu nennen. Natürlich könnte der Sachverhalt ausführlich diskutiert werden; für den Zweck dieser Arbeit aber möchte ich einfach die empirische Tatsache akzeptieren, daß nichtfinanzielle Restriktionen bei Investitionsentscheidungen in vielen unserer führenden Unternehmen dominieren. Ich bin ebenso bereit, der Idee Raum zu geben, daß diese Situation vernünftig und rational sein kann. In dieser Situation ist es möglich, daß das Unternehmen über beträchtliche Fremdmittelreserven über ausgedehnte Zeiträume verfügt, die für die üblichen Investitionszwecke nicht genutzt werden können.

Es wäre vielleicht gut, den Begriff Verschuldungsspielraum (debt capacity) genauer zu umreißen. Ich werde den Ausdruck in folgenden Bedeutungen benutzen:

1. Er gibt der Idee Ausdruck, daß ein Unternehmen die Bedrohung der Liquiditätslage durch fixierte Verpflichtungen zu Zinszahlungen zu beschränken wünscht.

2. Die Beschränkung wird zum Teil abhängig sein von der allgemeinen finanziellen Lage des Unternehmens und den antizipierten Schwankungen der Zahlungsströme und teilweise von der subjektiven Haltung der Unternehmensleitung gegenüber Risiken.

3. Jegliches zusätzliche Fremdkapital wird das Risiko, daß Zahlungsmittel fehlen, erhöhen.

4. Bis zu einem bestimmten Punkt wird die Unternehmensleitung bereit sein, dieses Risiko im Interesse des Investitionsprogramms des Unternehmens zu erhöhen. Jenseits dieses Punktes werden die erwarteten Erfolge aus zusätzlichen Investitionen nicht ausreichend erscheinen, um den Umfang der Bedrohung zu kompensieren, den die Art der Finanzierung für die realisierten Investitionen bedeutet.

5. Zu jedem Zeitpunkt befindet sich ein Unternehmen an dieser Grenze des Verschuldungsspielraums, vor ihr oder unvermeidlich jenseits von ihr.[4]

Die Ablösung durch Eigenkapital

Bestehen aus den eben beschriebenen Gründen ungenutzte Verschuldungsreserven, erscheint es angebracht, die Ablösung von Vorzugsaktien durch Nutzung dieser Reserven zu erwägen. Sehr oft jedoch ist der Ablauf komplizierter. Der Vertrag über die Fremdmittel, mit denen die Vorzugsaktien abgelöst werden sollen, enthält in aller Regel Bestimmungen über laufende Tilgungen. Sie bewirken, daß die Fremdmittel in einer bestimmten Zeitspanne abgelöst werden und daß letztlich Eigenmittel aus Vorzugsaktien durch Eigenmittel aus Stammaktien (einbehaltene Gewinne) ersetzt werden. Dieser Prozeß mag langsam sein, wie bei einer Schuldverschreibung mit 25jähriger Laufzeit, oder schnell, wie im Fall eines kurzfristigen Darlehens oder einer Wandelschuldverschreibung. Manche Unternehmen verzichten überhaupt auf Fremdfinanzierung, indem sie auf angesammelte Liquiditätsreserven zurückgreifen.

Wenn aber letztlich der Effekt (und vielleicht die Absicht) der Fremdmittelbeschaffung die Ablösung von Vorzugsaktien durch Stammaktien oder einbehaltene Gewinne ist, müssen wir überlegen, ob dieses Ergebnis die finanziellen Vorteile nicht aufhebt, die die Substitution durch Fremdmittel mit sich brachte. Es ist natürlich wahr, daß dann, wenn Fremdmittel durch einbehaltene Gewinne anstatt durch Ausgabe neuer Aktien ersetzt werden, was häufiger der Fall ist, die Erfolge übertrieben hoch *erscheinen*, weil das Unternehmen jetzt den Betrag der Zinszahlungen »spart«.

DIE INTERESSEN DER ANTEILSEIGNER

Ob aber dieser Betrag wirklich eine Ersparnis darstellt, hängt von dem Standpunkt ab, den man vertritt. Gewohnheitsmäßig haben Kommentatoren des finanziellen Geschehens den Standpunkt des Anteilseigners als des gesetzlichen Eigentümers der Aktiengesellschaft eingenommen. Auch die Unternehmensleitungen haben sich traditionell diesen Standpunkt zu eigen gemacht wegen der gesetzlich definierten Herkunft ihrer Autorität; sie haben diese Denkweise bis heute beibehalten, zumindest insoweit, als ihr Image in finanziellen Angelegenheiten in der Öffentlichkeit betroffen ist. Obwohl es notwendige Differenzen zwischen den Interessen der Unternehmensleitung, der Gesellschaft als dauernder Betriebseinheit und den Anteilseignern gibt, brauchen wir uns hier um diese Divergenzen nicht zu kümmern. Im folgenden werden wir Strategien bewerten, die vom Standpunkt der Anteilseigner am besten erscheinen, d. h. die Gruppe von Eigentümern, die Anspruch auf die verbleibenden Vermögensgüter und Gewinne haben und das Hauptrisiko tragen. Ich überlasse dem Leser, welche Änderungen dieser Position ihm im Einzelfall angemessen erscheinen.

Wer sind die Eigner?

Zuerst muß derjenige, der in Stammaktien investiert, charakterisiert werden. Die Situation variiert beträchtlich von einem Unternehmen zum anderen. Für manche Unternehmen, deren Anteile von einem kleinen Kreis gehalten werden, ist es möglich, eine präzise Vorstellung von den Zielen und Eigenschaften der Aktionäre zu erhalten. Die meisten Unternehmen jedoch mit weit gestreutem Aktienbesitz haben nur eine vage Vorstellung über ihre Anteilseigner. Da detaillierte Informationen über die Eigentümer eines bestimmten Unternehmens fehlen, können wir uns zu Diskussionszwecken auf die Gesamtheit aller Aktionäre in den Vereinigten Staaten betreffende Daten beziehen.

Wie die Darstellung II zeigt, besitzen die verschiedenen Finanzierungsvermittlungs-Institute nur 8,7% der Gesamtanteile. Die Autoren der Studie, auf der die Zahlen basieren, prognostizieren, daß dieser Anteil bis 1970 auf 15,5% gestiegen sein wird. So gesehen ist und bleibt die dominante Gruppe »andere Eigentümer«, und diese setzt sich primär aus Einzelpersonen zusammen, wenn auch Wohlfahrtseinrichtungen und private Unternehmen einen Teil der 407 Milliarden $ besitzen. Nebenbei kann jedoch bemerkt werden, daß die Finanzierungsvermittlungs-Institute ohne Zweifel einen deutlichen Einfluß auf die Meinung von Unternehmungen über ihre Anteilseigner haben, der wahrscheinlich deren zahlenmäßige Bedeutung weit übersteigt. Diese Institute bilden im allgemeinen eine relativ erfahrene Gruppe, auf die man hört und die mannigfaltige direkte Kontakte mit Unternehmensleitungen hat.

Darstellung II
Verteilung des Eigentums an Aktien im Jahre 1959

Eigentümer	Mrd. $	%
Lebensversicherungsgesellschaften	4,6	1,0
Pensionsfonds von Aktiengesellschaften	8,4	1,9
Feuer- und Unfallversicherungsgesellschaften	11,5	2,6
Investment Fonds	13,9	3,1
Verschiedene Institutionen (ohne Banken)	0,5	0,1
Zwischensumme	38,9	8,7
Andere Eigentümer	407,5	91,3
	446,4	100,0

Quelle: Robert A. Kavish und Judith Meckey, A Financial Framework for Economic Growth, in: *Journal of Finance*, Bd. 16 (1961), S. 202–225; vgl. insbesondere Tabelle 3, »Ownership of Outstanding Primary Securities, 1959«.

Steuerliche Überlegungen

Was die Verhältnisse und Ziele der dominanten Investorengruppe angeht, sind folgende Punkte von größter Bedeutung im Hinblick auf die Kapitalstruktur: (1) die Form, in der der Erfolg der Investition realisiert wird – entweder als Dividende oder als Kursgewinn und (2) der Zeitpunkt und die Sicherheit dieser erwarteten Erfolge.

In jeder anteilseignerorientierten Diskussion über die Finanzierungspolitik von Aktiengesellschaften wird die Frage gestellt, ob die Anteilseigner mit der bestehenden Mischung aus Dividenden und Kursgewinnen zufrieden sind oder ob eine andere

Mischung mit einer größeren oder kleineren Ausschüttung vorzuziehen wäre. Viele Leiter von Finanzabteilungen erklären, daß im allgemeinen ihre Anteilseigner wegen der günstigen steuerlichen Behandlung Kursgewinne vorziehen, und benutzen dies zur Verteidigung der Politik, das Wachstum zum großen Teil oder ausschließlich mit einbehaltenen Gewinnen zu finanzieren.

Darstellung III
Einkommen und Steuerklassen von Aktionären in den Vereinigten Staaten

Brutto-einkommens-klasse	Zahl der individuellen Empfänger		Anteil am gesamten Di.-Einkommen		Steuerklasse	
$	%	kumuliert %	%	kumuliert %	Ø-Anteil am zu versteuernden Bruttoeinkommen %	Variation des Steuersatzes %
über 200 000	0,01	0,01	10	10	80	90–91
100 000– 200 000	0,04	0,05	10	20	80	84–90
45 000– 100 000	0,29	0,34	20	40	80	65–84
30 000– 45 000	0,37	0,71	10	50	80	59–65
20 000– 30 000	0,58	1,29	10	60	77	47–59
10 000– 20 000	7,72	9,01	20	80	71	34–47
weniger als 10 000	90,99	100,0	20	100	17–63	20–30

Gewichteter durchschnittlicher Steuersatz 52–63 %*.
*gewichtet mit dem Anteil am gesamten Dividendeneinkommen
Quelle: *U.S. Treasury Department*, Internal Revenue Service Statistics of Income, 1959 (vorläufig); *Individual Income Tax Returns for 1959.*

Aber der Einfluß der Steuern ist oft Ursache von Verwirrung gewesen wegen der beträchtlichen Unterschiede im persönlichen Einkommen und der Steuerklasse der verschiedenen Anteilseigner. Im allgemeinen sind steuerliche Überlegungen von untergeordneter Bedeutung für Finanzierungsvermittlungs-Institute und andere Institutionen oder Aktiengesellschaften, die Anteile besitzen, weil für sie Dividendeneinkommen entweder steuerfrei ist oder niedrigen Sätzen unterliegt. Aus diesem Grund müssen wir die große Mehrheit der individuellen Aktionäre betrachten. Von der Finanzverwaltung erhältliche Statistiken über individuelle Einkommenssteuer-Zahlungen helfen hier, um ein ungefähres Bild dieser Gruppe zu erhalten. Darstellung III zeigt:

Obwohl es zutrifft, daß der Anteilsbesitz niedriger Einkommensgruppen etwas zunimmt, gibt es wenig Beweise für die Vorstellung, ein System des »Volkskapitalismus« sei bereits eine vollendete Tatsache. Man kann sehen, daß 50% des angegebenen Dividendeneinkommens von weniger als 1% der Individuen vereinnahmt werden und daß diese zu Einkommensklassen über 30 000 $ pro Jahr gehören. Für diese Gruppe beträgt der Steuersatz auf das persönliche Einkommen 59%. (Es ist wahrscheinlich, daß diese Gruppe eher noch einflußreicher auf die Unternehmenspolitik ist, als es ihr Anteilbesitz von 50% erwarten läßt.)

Etwa 80% aller Dividendeneinkommen erhalten Personen in der Steuerklasse von 10 000 bis 20 000 $ und höher, für die der Einkommensteuersatz mindestens 34% ist. Diese Gruppe umfaßt weniger als 10% der Personen, die Steuererklärungen abgaben.

Betrachtet man die Gesamtheit derer, die Dividendeneinkommen erklärten, beträgt die Durchschnittsspanne des Einkommensteuersatzes, gewichtet mit dem Anteil pro Klasse am gesamten Dividendeneinkommen, 52% bis 63%.

Was immer die Grenzen dieser Statistiken sein mögen, es ist offensichtlich, daß Kursgewinne mit ihrer maximalen Steuerbelastung von 25% für jede tatsächlich realisierte DM für die große Mehrheit der Aktionäre einen deutlichen Vorteil gegenüber Dividendeneinkommen bieten.

Die Zahlen in Darstellung III geben ein ungefähres Bild des Umfangs dieser Vorteile.

Mit dieser Information über die finanziellen Verhältnisse einer großen Zahl von Aktionären können wir nun objektiver überlegen, ob es wünschenswert ist, Vorzugsaktien durch Stammaktionären gehörendes Kapital, d. h. einbehaltene Gewinne, abzulösen.

ANALYSE VON ALTERNATIVEN

Ist es wünschenswert, die Vorzugsaktien eines Unternehmens zurückzuziehen? Ist es wünschenswert, diese durch Fremdmittel oder einbehaltene Gewinne abzulösen, um so die Finanzierungsstruktur des Unternehmens zu »vereinfachen«? Um die Diskussion dieser Frage so objektiv wie möglich zu machen, werde ich als zeitgemäßes Beispiel eine ungenannte, aber existierende Gesellschaft benutzen. Die finanziellen Daten (gerundet zu brauchbaren Größen) sind in Darstellung IV aufgeführt.

Darstellung IV
Finanzielle Daten des Unternehmens B

jährlicher Umsatz	400 Mio $
heutiger Buchwert der Vermögensgüter	125 Mio $
heutige langfristige Kapitalstruktur:	
Fremdmittel (3%–4% Zinsen)	13%
Vorzugsaktien (5 1/2% Dividende)	10%
Stammaktien	77%
	100%
Investitionen (der letzten 20 Jahre)	
a) durchschnittliche jährliche Wachstumsrate	15%
(prozentualer Zugang an aktivierungsfähigen Vermögensgütern)	
b) Summe der intern erwirtschafteten Mittel als Prozentsatz der zu Investitionszwecken benötigten Mittel	114%
Gegenwärtiger Kurs der Stammaktien	44–37 $
Gegenwärtiges Kurs-Gewinn-Verhältnis	10–8,4
Gegenwärtige Dividenden-Rendite	5,9%

Nehmen wir an, dieses Unternehmen erwäge, die 5 1/2%igen, kündbaren Vorzugsaktien abzulösen. Um das Problem zu einem bestimmten Zeitpunkt scharf zu fassen, wollen wir weiterhin annehmen, daß die zu diesem Zweck erforderlichen Mittel aus vergangenen Gewinnen akkumuliert worden sind und in liquider Form gehalten werden. Alternativ könnten wir auch annehmen, daß die Ablösung über Fremdmittel finanziert werden kann, die dann aus Gewinnen künftiger Jahre zu tilgen wären, oder durch die Ausgabe einer Wandelschuldverschreibung oder zusätzlicher Stammaktien. In jedem Fall ist ein Ersatz durch Eigenmittel geplant, nur kann sich der Prozeß über mehrere Jahre erstrecken, was die Wirkung verdunkelt. Wir nehmen außerdem an, daß die Unternehmensleitung keine alternative Verwendung für die angehäuften Reserven in naher Zukunft sieht.

So gesehen, ist die Wahlmöglichkeit für das Unternehmen B auf die folgenden drei Alternativen beschränkt:

1. Die Mittel bleiben in niedrig verzinslichen, risikoarmen, kurzfristigen Wertpapieren investiert.

2. Die Vorzugsaktien werden wie geplant abgelöst.

3. Die Mittel werden ausgeschüttet, indem eine außerordentliche Dividende erklärt wird oder indem allmählich die Ausschüttungsrate um bescheidene Zuwächse angehoben wird.

Es ist schwierig, die erste Möglichkeit als eine dauernde Anlage von Mitteln zu verteidigen; die eigentliche Wahl findet daher zwischen Möglichkeit zwei und drei statt. Gewöhnlich fällt die Entscheidung zugunsten der zweiten Möglichkeit. Unternehmensleitungen sind in der Regel abgeneigt, die Dividenden auf das Stammkapital aus anderen Gründen anzuheben als aus einer nachweislichen Zunahme des langfristigen Gewinnpotentials. An dieser Stelle wird die Unternehmensleitung wahrscheinlich die Präferenzen der Aktionäre als Leitlinie für die Politik bemühen. Sie wird, um den Status quo zu erhalten, gemeinhin argumentieren, daß es leicht sei, Dividenden anzuheben, aber schwer, sie zu reduzieren, und daß Aktionäre auf alle Fälle Kursgewinne Einkommen aus Dividendenzahlungen aus steuerlichen Gründen vorzögen. Dieses letztere Argument geht gewöhnlich unangefochten durch, und die oben zitierten Statistiken *scheinen* diese Position zu stützen. Aber betrachten wir diese Alternative im Rahmen unseres Beispiels.

Erhöhung der Dividende

Angenommen, anstatt die Vorzugsaktionäre auszuzahlen, werden die akkumulierten Gewinne als dauernde Mittelquelle einbehalten und die zur Ablösung der Vorzugsaktien benötigten 10 Mill. $ werden an die Halter der Stammaktien ausgeschüttet. Welchen Einfluß hat diese Aktion auf die finanzielle Position des Aktionärs verglichen mit den Wirkungen, die bei der Ablösung der Vorzugsaktien eingetreten wären?

1. *Die erhaltene Ausschüttung würde besteuert, und zwar als persönliches Einkommen stark besteuert.* Um den Steuereffekt zu zeigen, nehmen wir an, daß die Gruppe der Anteilseigner des Unternehmens B eine repräsentative Stichprobe der in Darstellung III beschriebenen Aktionärsgesamtheit ist. Wie zuvor angedeutet, beträgt der gewichtete durchschnittliche Steuersatz (gewichtet gemäß der Konzentration des Dividendeneinkommens, nicht gemäß der Zahl der Dividendenempfänger) 52–63%. Nimmt man an, daß die 10 Mill. $ so verteilt werden können, daß sie die Steuerklassen der Empfänger nicht wesentlich ändern, erhalten die Aktionäre dieses Unternehmens nach Steuern ungefähr 4,3 Mill. $ (errechnet auf Basis von 57%, dem Mittelwert des Streubereiches), die an anderer Stelle investiert werden können.

2. *Der Entzug von 10 Mill. $ wird den Marktpreis der Aktien beeinflussen.* Theoretisch kann man annehmen, daß der Entzug von 10 Mill. $ aus einem Unternehmen es 10 Mill. $ weniger wert sein läßt als zuvor und der Kurs dies widerspiegeln sollte. Jedoch scheint das wirkliche Verhalten von Anteilspreisen, für das stärker Gewinne als Vermögensgüter von Belang sind, diesem Muster nicht zu folgen.

Im allgemeinen wird der Anteilswert primär durch Dividenden und Gewinne pro Aktie beeinflußt. Die zusätzlichen Dividendenzahlungen würden, insbesondere wenn sie über mehrere Jahre verteilt werden, den Kurs zu steigern tendieren. Da (unserer ursprünglichen Annahme entsprechend) die 10 Mill. $ nicht benötigt werden, um das Gewinnpotential des Unternehmens wesentlich zu verstärken, würden die Gewinne nicht wesentlich sinken. Es würden zwar einige Gewinneinbußen entstehen, bedingt durch den Verzicht auf dividendenbringende Investitionen; aber deren Rendite ist hier niedrig – 1 1/2 % nach Steuern – und in jedem Fall gingen diese Gewinne auch verloren, wenn die Unternehmensleitung statt dessen die Vorzugsaktien zurückzöge. Jegliche Einflüsse auf die Gewinnentwicklung werden deshalb in beiden Fällen vernachlässigt.

Der Vorteil, Vorzugsaktien zu halten

Wir gelangen somit zu dem Schluß, daß die Aktionäre, wird die Ausschüttungsalternative gewählt, 4,3 Mill. $ mehr an verfügbaren Mitteln haben zuzüglich oder abzüglich der durch den Wechsel in der Ausschüttungshöhe bedingten Änderung des Kurses der Stammaktien des Unternehmens B. Wie sieht dies im Vergleich zu dem Plan aus, die Vorzugsaktien abzulösen? Im Detail ergibt sich:

1. *Die auf die Stammaktien entfallenden Erfolge erhöhen sich um den Betrag der Vorzugsdividende, also um 550 000 $.* Der Kursgewinn der Aktionäre würde durch die Kapitalisierung des zusätzlichen Periodengewinns entstehen; der Kapitalisierungszinsfuß würde wahrscheinlich dem herrschenden Preis-Gewinn-Verhältnis entsprechen. In unserem Beispiel war das durchschnittliche Preis-Gewinn-Verhältnis in der unmittelbar zurückliegenden Vergangenheit 9,2 (basierend auf einem Streubereich von 10 bis 8,4). Wendet man diesen Quotienten auf 550 000 $ an, müßte der gesamte Marktwert um 5 060 000 $ steigen.

2. *Der Marktpreis könnte sich noch weiter erhöhen.* Die Beseitigung des bevorrechtigten Gewinnanspruches der Vorzugsaktien senkt nämlich das Risiko der Dividenden auf Stammaktien etwas.

3. *Realisierte Kursgewinne werden mit einem Satz von 25% besteuert.* Um die Kurssteigerung in liquide Mittel zu transformieren, die mit dem Betrag von 4 300 000 $ der Ausschüttungsalternative verglichen werden können, müssen die 5 060 000 $ einer Kapitalgewinnsteuer von 25% unterworfen werden, was den Betrag auf 3 795 000 $ senkt.

Eine Prüfung der Primäreffekte der beiden Handlungsweisen auf die Position des Eigentümers von Stammaktien legt die Vermutung nahe, daß trotz der gewichtigen Steuerstrafe sich ein größerer Nutzen ergäbe, wenn man die Vorzugsaktien beibehielte und die überschüssigen Gewinne in Form erhöhter Dividenden ausschüttet. Natürlich beweist nicht ein Beispiel die generelle Regel. Was es aber zeigt, ist, daß zwei kritische Variablen das Ergebnis dominieren: (1) der für die Anteilseignergruppe als repräsentativ angesehene Satz der persönlichen Einkommensteuer und (2) das erwartete, für die Stammaktien geltende Preis-Gewinn-Verhältnis.

Entscheidungskriterien

Dies legt es nahe, eine einfache Formel zu entwickeln, die leitenden Angestellten helfen kann, Vor- oder Nachteile einer Ablösung von ausgegebenen Vorzugsaktien annäherungsweise zu ermitteln. Zu diesem Zweck benutze ich die folgenden Symbole:

S = Betrag der zur Ablösung der ausgegebenen Vorzugsaktien benötigten Mittel,
T = für die Stammaktionäre als repräsentativ angenommener Prozentsatz der Einkommensteuer,
P = bestehender (und erwarteter) Marktpreis der Stammaktien,
E = bisheriger (und erwarteter) Gewinn pro Aktie,
D = Betrag der einzusparenden Vorzugsdividenden.

Unter Benutzung der Symbole können wir sagen, daß die Vorzugsaktien *nur* abgelöst werden sollten, *wenn*

$$S\left(1-\frac{T}{100}\right) < D \cdot \frac{P}{E} \cdot 0{,}75.$$

Wenn die linke Seite dieser Ungleichung *kleiner* ist als die rechte Seite, erhalten die Aktionäre mehr durch die Wertsteigerung der Anteile, die aus der Ablösung der Vorzugsaktien resultiert, als sie durch die Alternative der Ausschüttung gewinnen könnten. Wenn aber, wie im vorhergehenden Beispiel, die linke Seite sich als *größer* als die rechte Seite herausstellt, wäre es unvorteilhaft, die Vorzugsaktien zurückzuziehen.

Ich habe diese Formel eine erste Annäherung genannt, weil sie die sekundären Effekte einer Änderung des Anteilswertes außer acht läßt. Ich meine insbesondere den Einfluß einer erhöhten Ausschüttung und den Wegfall eines bevorrechtigten (beschränkten) Gewinnanspruches. Beide Einflüsse sind schwierig abzuschätzen, und es ist nicht eindeutig, ob das Ergebnis die Beibehaltung oder die Ablösung der Vorzugsaktien begünstigt. Der *hauptsächliche* Einfluß der Maßnahme jedoch ist durch die Variablen der Formel erfaßt. Wenn das Ergebnis einen eindeutigen Vorteil für eine Handlungsweise zeigt, ist es unwahrscheinlich, daß die sekundären Wirkungen die Entscheidung umstoßen würden.

Natürlich sind die Annahmen sehr bedeutend, wenn man die Formel benutzt, und eine leichte Änderung der Annahmen kann das Ergebnis stark ändern (was ein Grund für die Nützlichkeit dieser Methode ist, nämlich die Auswirkungen verschiedener Annahmen zu zeigen). Ein gutes Demonstrationsobjekt ist das Kurs-Gewinn-Verhältnis P/E.

Einige Leser werden geneigt sein zu argumentieren, daß dieses Verhältnis im Beispiel zu niedrig ist, um für den heutigen Aktienmarkt repräsentativ zu sein. Natürlich gibt es viele Stammaktien, die zu wesentlich höheren P/E-Verhältnissen gehandelt werden; und je höher das Verhältnis ist, um so attraktiver erscheinen die möglichen Erfolge, wenn Vorzugsdividenden nicht mehr gezahlt werden müssen. Wenn man die Verhältnisse des Unternehmens B änderte, indem man das Kurs-Gewinn-Verhältnis der Stammaktien anhebt und die steuerlichen Annahmen beibehält, wären beide Alternativen gleichwertig bei einem P/E-Verhältnis von 10,4 (anstatt des Durchschnittswertes von 9,2, der zuerst benutzt wurde); oberhalb dieses Wertes wäre die Ablösung vorteilhaft.

Die Frage des Kurs-Gewinn-Verhältnisses ist natürlich abhängig von individuellen Umständen, und es ist nicht die Absicht dieser Arbeit, allgemeingültige Aussagen zu machen. Von den Tatsachen des Einzelfalles hängt es ab, wie die Entscheidung ausfallen muß. Es ist jedoch erwähnenswert, daß hohe Kurs-Gewinn-Verhältnisse tendenziell mit Gesellschaften verbunden sind, die ungewöhnlich schnell wachsen. Das Unternehmen, das wir betrachtet haben – ein Unternehmen mit bedeutenden, nicht genutzten Mittelreserven – ist fast definitionsgemäß kein Wachstumsunternehmen. Es stellt sich auch die Frage, welche Lebensdauer diese hohen Kurs-Gewinn-Verhältnisse haben; die allgemeine wirtschaftliche Lage und das einzelne Unternehmen könnten nicht in der Lage sein, sie aufrechtzuerhalten. Die Berechnungen, auf denen die Entscheidung aufbaut, sollten nicht von einem P/E-Verhältnis, das lediglich eine vorübergehende Situation reflektiert, abhängen.

Bevor wir die Diskussion des Beispiels beenden, sollten wir die von uns gemachte Annahme beachten, daß die Vorzugsaktien zum Buchwert abgelöst werden (10 Mill. $). Eine Prämie für vorzeitigen Rückruf wird zugunsten der Alternative der Ausschüttung wirken, wie die vorgeschlagene Formel deutlich zeigt. Dies ist besonders wichtig für den Fall nicht vorzeitig ablösbarer Vorzugsaktien, in dem u. U. eine beträchtliche Prämie zu zahlen ist, wenn eine freiwillige Ablösung möglich sein soll.

Resümee: Sollten ausgegebene Vorzugsaktien abgelöst werden? Was kann zusammenfassend über die Ablösung von Vorzugsaktien gesagt werden? Meines Erachtens können die folgenden Schlüsse gezogen werden:

1. Eine Ablösung von Vorzugsaktien, bei der sofort oder später an deren Stelle Mittel aus Stammaktien treten, ist vom Standpunkt des Anteilseigners ernsthaft zu kritisieren.

2. Eine objektive Prüfung der Vorteilhaftigkeit sollte so durchgeführt werden, wie oben dargestellt wurde.

3. Sehr günstige Bedingung für die Ablösung von Vorzugsaktien ist eine Kombination hoher Einkommensteuersätze der Anteilseigner *und* ein hohes Kurs-Gewinn-Verhältnis. (Ein hoher Vorzugsdividendensatz spricht ebenfalls gegen die Beibehaltung der Vorzugsaktien.)

4. Es sollte klar gesehen werden, daß selbst dann, wenn die Vorteilhaftigkeitsprüfung die Ablösung von Vorzugsaktien günstig erscheinen läßt, dies für die Mitglieder der Anteilseignergruppe mit hohem Einkommen einen Vorteil und einen Nachteil für diejenigen mit niedrigem Einkommen bedeutet. So gilt für den Fall des Unternehmens B beispielsweise, daß der individuelle Einkommensteuersatz 62% zu übersteigen hätte, damit die Ablösung der Vorzugsaktien die bessere Alternative wäre. Darstellung III zeigt, daß weniger als 1% der Dividendeneinkommen erklärenden Personen einen Steuersatz über 62% haben und daß, was bedeutender ist, weniger als 50% des gesamten Dividendeneinkommens Personen in dieser hohen Steuerklasse zufließt. Diese Situation stellt die Unternehmensleitung vor ein schwieriges Problem. Wessen Präferenzen soll sie folgen?

MITTELBESCHAFFUNG

Nachdem wir die Situation analysiert haben, in der ein Unternehmen die Ablösung von ausgegebenen Vorzugsaktien erwägt, kommen wir nun zur anderen Seite der Frage: die künftige Neuausgabe von Vorzugsaktien zur Finanzierung weiteren Wachstums. Wenn man zeigt, unter welchen Bedingungen ausgegebene Vorzugsaktien beibehalten werden sollten, legt man nicht notwendig die Bedingungen fest, unter denen diese Wertpapierart in der Zukunft ausgegeben werden sollte.

Es gibt natürlich verschiedene Arten, das Problem der Kapitalstruktur zu sehen.

Ein weithin akzeptierter Ansatz arbeitet mit Begriffen des idealen oder optimalen Gleichgewichts zwischen Fremd- und Eigenmitteln. Nachdem das »richtige« Gleichgewicht zwischen den Kapitalquellen bestimmt ist, das das Risiko begrenzt und die Kosten für das in Frage stehende Unternehmen minimiert, beginnt die Unternehmensleitung auf die gewünschten Kapitalverhältnisse hinzuarbeiten, soweit dies die neuen Investitions- und Finanzierungsmaßnahmen erlauben. Es könnte z.B. festgelegt sein, daß die Relation 25% Fremdmittel, 10% Vorzugsaktien und 65% Stammaktien bestehen soll. Wenn die Fremdmittel zur Zeit nur 15% betragen, wird dies die Unternehmensleitung veranlassen, bei Finanzierungsbedarf Fremdmittel heranzuziehen, solange dessen Anteil nicht 25% übersteigt. Der restliche Kapitalbedarf wird dann wahrscheinlich aus Eigenmitteln aufgebracht, und so weiter.

Diese Denkweise über Kapitalquellen scheint mir am besten geeignet für Situationen starken und über lange Zeitperioden anhaltenden Wachstums, in denen alle Quellen von Zeit zu Zeit in Anspruch genommen werden müssen. Ein Beispiel wäre die Finanzierung öffentlicher Versorgungsbetriebe. Wo dies nicht zutrifft, d.h. wo die Wachstumsphasen bescheiden und/oder vereinzelt sind und wo nicht alle Finanzierungsquellen zu allen Zeiten benutzt werden, ist ein brauchbarer Weg, die Lösung des Problems in Form einer Prioritätenliste zu suchen, in der die Quellen nach ihrer Erwünschtheit geordnet sind und nach Bedarf benutzt werden. So können manche Quellen laufend benutzt werden, andere nur gelegentlich und andere überhaupt nicht. In diesem Ansatz existiert kein einzelnes, ideales Gleichgewicht, keine ideale Relation unter Wertpapierklassen, denn die gewünschte Mischung wechselt mit dem Auf und Ab des Finanzbedarfs.

Die Fragwürdigkeit der üblichen Prioritätenliste

Dieser Lösungsansatz ist in der Praxis weit verbreitet, und es ist auch der, den ich hier vorschlage. Er ist der üblichen Situation schwankenden Finanzbedarfs bei höchst unsicherer Zukunft gut angepaßt. Ich stelle jedoch eine bestimmte Art von Prioritäten in Frage, die weit verbreitet ist und die die üblichen Mittelquellen nach abnehmender Erwünschtheit wie folgt ordnet:

1. einbehaltene Gewinne,
2. Fremdkapital,
3. neue Stammaktien (unmittelbare Ausgabe oder Umwandlung),
4. Vorzugsaktien.

In manchen Unternehmen mag an erster Stelle Fremdkapital statt einbehaltener Gewinne stehen. Doch scheint dies nicht für die Mehrzahl zu gelten. Andere Unternehmen rücken Fremdkapital wahrscheinlich dann an die erste Stelle, wenn interne Finanzierung eine Verringerung der Minimumdividende erfordern würde, an die sich die Aktionäre gewöhnt haben.

Diese Prioritätenliste ist trotz ihrer weiten Verbreitung in der Industrie nicht die, für die ich eintreten werde. Vom Standpunkt des Eigentümers von Stammaktien zumindest erscheint mir die folgende Rangfolge besser:

1. Fremdkapital,
2. einbehaltene Gewinne,
3. Vorzugsaktien,
4. neue Stammaktien (entweder unmittelbare Ausgabe oder durch Umwandlung).

Was sind die Gründe für eine solche Rangfolge der Finanzierungsquellen?

ERSTE PRIORITÄT – FREMDKAPITAL

Es wird oft anerkannt, daß Fremdkapital ein billiges Finanzierungsmittel ist; es wird aber nicht immer anerkannt, daß es die *billigste* Quelle für die meisten Unternehmen ist. Viele Unternehmensleitungen verhalten sich, als ob einbehaltene Mittel eine billigere Mittelquelle wären. Einige von ihnen würden in der Tat argumentieren, es sei eine kostenlose Quelle. Vom Standpunkt des Aktionärs ist dies jedoch eindeutig nicht so.

Nehmen wir zur Illustration an, daß ein Unternehmen 5 000 000 $ zu Investitionszwecken benötigt und zwischen einer Finanzierung durch einbehaltene Gewinne oder durch langfristige Fremdmittel zu 4% Zinsen wählen kann. Angenommen, es handelt sich um Unternehmen B unseres früheren Beispiels. Die Einbehaltung von Gewinnen in Höhe von 5 Mill. $ bedeutet, daß die Inhaber der Stammaktien 2 150 000 DM nicht erhalten würden (wenn man einen Einkommensteuersatz von 57% annimmt).

Im Vergleich dazu würde eine Fremdfinanzierung jährliche Zinslasten von 200 000 $ und reduzierte Gewinne nach Steuern von 100 000 $ für Unternehmen B bedeuten. Nimmt man an, daß das durchschnittliche Kurs-Gewinn-Verhältnis unverändert bleibt (9,2), bedeutet dies eine mögliche Reduktion des Marktwertes der Aktien von 920 000 $. Da aber jeder Kapitalgewinn der Kapitalgewinnsteuer unterliegt, ist der durch die Zinszahlungen resultierende Verlust für den Inhaber von Stammaktien nicht 920 000 $, sondern 75% dieses Betrages, d.h. 690 000 $. Offensichtlich ist die Alternative der Fremdfinanzierung bei weitem vorzuziehen.

Auch hier können sekundäre Effekte auftreten. Insbesondere kann argumentiert werden, daß zusätzliches Fremdkapital zusätzliches Risiko bedeutet und daß dies das Kurs-Gewinn-Verhältnis senken könnte, was die Kosten der Fremdfinanzierung anheben würde. Ich bin jedoch der Meinung, daß dies wahrscheinlich nicht eintritt, wenn der Anteil der Fremdmittel innerhalb der Grenzen gehalten wird, die der Markt als normal und vernünftig ansieht. Bis zu einem gewissen Punkt kann Verschuldung das Kurs-Gewinn-Verhältnis wegen des antizipierten positiven Einflusses auf den Gewinn pro Aktie sogar verbessern.

Um den beträchtlichen Vorteil der Finanzierung durch Fremdmittel gegenüber der durch einbehaltene Gewinne weiter zu unterstreichen, kann darauf verwiesen werden, daß beide Möglichkeiten *nur* dann ungefähr gleiche Wirkung für den Inhaber von Stammaktien hätten, wenn sein Einkommensteuersatz ungefähr 86% wäre.

Nur für Aktionäre mit höherem Steuersatz wäre die Alternative, über einbehaltene Gewinne zu finanzieren, attraktiver. Da im Durchschnitt weniger als 20% des Dividendeneinkommens von individuellen Anteilseignern vereinnahmt werden, die dieser hohen Steuerbelastung unterliegen (vgl. Darstellung III), scheint es unwahrscheinlich, daß ein Unternehmen mit weit gestreutem Aktienkapital die Bevorzugung von einbehaltenen Gewinnen gegenüber vertretbaren Beträgen an Fremdmitteln begründet verteidigen kann, es sei denn, Risikoüberlegungen seien von überragender Bedeutung, ein Fall, in dem langfristiges Fremdkapital nicht auf der Prioritätenliste erscheinen sollte.

Gleichen Vorzugsaktien »Fremdkapital«?

An dieser Stelle ist es für jemanden, der für die Finanzierung durch Vorzugsaktien plädiert, wesentlich, zu entscheiden, ob diese sich deutlich von einer Fremdfinanzierung unterscheidet oder ob sie lediglich einer Finanzierung durch teurere Fremdmittel gleicht, die nur in Form einer Eigenkapitalbeschaffung erscheint.

Wenn das letztere wahr wäre, scheint es eindeutig, daß für zusätzliche, fixierte Belastungen kein Raum mehr ist, wenn der Verschuldungsspielraum des Unternehmens bis zur akzeptablen Grenze ausgeschöpft worden ist, zumal wenn für diese Mittel höhere, für steuerliche Zwecke nicht abzugsfähige Kosten anfallen.

Ich habe am Anfang dieser Arbeit auf eine weitverbreitete Meinung hingewiesen, die Obligationen und Vorzugsaktien gleichsetzt. Ich möchte meine Gründe darlegen, warum ich eine solche Position nicht akzeptiere. Meine gesamte Argumentation beruht auf dieser Überlegung.

Wenn eine Unternehmensleitung die Obergrenze definiert, die sie für eine langfristige Verschuldung zu setzen wünscht, trifft sie implizit oder explizit eine Entscheidung über das Risiko der Zahlungsunfähigkeit, das sie in Kauf nehmen will. Angenommen, ein gegebener Betrag an Fremdkapital – z.B. 20% des Gesamtkapitals des Unternehmens – erhöhe die Auszahlungen des Unternehmens um 1 Mill. $ jährlicher Zinslasten. Diese Verpflichtungen erhöhen unvermeidlich die Wahrscheinlichkeit, daß sich das Unternehmen zu einem künftigen Zeitpunkt nicht in der Lage sieht, alle Zahlungsverpflichtungen zu erfüllen. Ob die Änderung des Risikos groß oder klein ist, hängt von den Schwankungen der Einzahlungen und dem Umfang anderer fixierter Auszahlungen ab. Ob eine ernsthafte Bedrohung der Liquidität des Unternehmens (d.h. der vertraglichen Verpflichtungen) vorliegt oder nur bestimmte, vordringliche Ausgaben, etwa für Forschung und technische Entwicklung, gefährdet sind, hängt ebenfalls von individuellen Umständen ab. Auf jeden Fall ist es eindeutig, daß Fremdkapital unvermeidliche Auszahlungen hervorruft.

Die Entscheidung über Verschuldungsgrenzen wird getroffen unter Beachtung dessen, was unter widrigsten Umständen wahrscheinlich geschehen könnte, und unter Berücksichtigung der vermeidbaren Risiken, die – wenn überhaupt – die Unternehmensleitung zu übernehmen gewillt ist. Das Wahlproblem zwischen Vorzugsaktien und Fremdkapital ist: Sieht die Unternehmensleitung, die mit der Aussicht unzureichender Liquidität oder der Zahlungsunfähigkeit konfrontiert wird, irgendwelche unterschiedlichen Risikowirkungen zwischen Zinszahlungen und Dividenden auf Vorzugsaktien? Ich behaupte, daß es wesentliche Unterschiede gibt zwischen dem Risiko, vertraglichen Verpflichtungen nicht nachkommen zu können mit der damit verbundenen Wahrscheinlichkeit der Insolvenz und dem Risiko, die Zahlungen einer Vorzugsdividende sowie, parallel dazu, die der normalen Dividende, aussetzen zu müssen. Beide Ereignisse sind unerfreulich, und einem Unternehmen kann an einer größeren Wahrscheinlichkeit für beide Ereignisse nicht gelegen sein. Wahrscheinlich kann und wird es eine größere Wahrscheinlichkeit für die Aussetzung der Dividendenzahlungen eher in Kauf nehmen als für den Bruch einer vertraglichen Vereinbarung.

Wenn dies zutrifft, dann besteht ein wichtiger Unterschied zwischen einem reinen Verschuldungsspielraum und dem Spielraum, Fremdkapital und Vorzugsaktien gemeinsam aufzunehmen. M.a.W. ein Verschuldungsspielraum, dessen Grenze bei einer jährlichen Zinsbelastung von 1 Mill. $ gezogen würde, wäre etwa durch jährliche Zinszahlungen von 700 000 $ und Ausschüttungen auf Vorzugsaktien von 300 000 $ *nicht* ausgelastet. Auf das gerade benutzte Beispiel bezogen, bedeutet dies, daß die Unternehmensleitung zwar kein zusätzliches Fremdkapital heranzuziehen wünschte, wenn damit die gesetzte Grenze für jährliche Zinslasten in Höhe von 1 000 000 $ überschritten würde, daß sie aber Vorzugsaktien ausgeben könnte bis zu dem Umfang, der die Bedrohung der Dividendenzahlungen auf Stammaktien unannehmbar groß werden ließe. Bei Zahlung zusätzlicher Vorzugsdividenden in Höhe von z.B. 300 000 $ mag nach dem Urteil des Managements die Wahrscheinlichkeit, daß Ausschüttungen auf Stammaktien ausgesetzt werden müßten, sagen wir $1/20$ nicht übersteigen; diese Wahrscheinlichkeit mag hinreichend niedrig sein, um akzeptabel zu sein.

Die benutzten numerischen Größen sind unwichtig. Der Hauptpunkt ist einfach der, daß sich die Unternehmensleitung bei der Überprüfung, wann finanzielle Verpflichtungen für die Zukunft des Unternehmens kritisch werden könnten, sicherer fühlen wird, wenn sie Vorzugsdividenden anstelle des gleichen Betrages an Zinszahlungen zu leisten hat. Dies sollte sie veranlassen, eine Finanzierung über Vorzugsaktien in Grenzen zuzulassen, selbst wenn die Grenze der Fremdfinanzierung erreicht ist.

Der wichtige Unterschied zwischen meinem Ansatz und der Sicht, die Fremdmittel und Vorzugsaktien gleichsetzt, liegt in den Bedingungen, unter denen die beiden Kapitalquellen verglichen werden. Bei normaler, gewinnbringender Lage erscheinen beide Verpflichtungen von ungefähr gleicher Dringlichkeit. Jedoch werden die Grenzen der Inanspruchnahme beider Quellen, die in vertretbarem Maße Risiken enthalten, nicht auf der Basis rosiger Zukunftserwartungen bestimmt. Fast definitionsgemäß bestimmen ungünstige Erwartungen die Grenzen – und dann hat der Unterschied in der Art der Verpflichtung wirkliches Gewicht.

Wie sind Gewinnobligationen einzustufen?

Sollte ein Unternehmen, das die Ausgabe von Vorzugsaktien erwägt, auch der Alternative, Gewinnobligationen auszugeben, Beachtung schenken? Diese sind mit einem etwas niedrigeren Zinssatz ausgestattet; die Zinsen sind steuerabzugsfähig und müssen nicht bezahlt werden, wenn keine Gewinne vorliegen. Dies scheint die oben angedeutete Risikodifferenz zu reduzieren.

Zwar ist das Risiko der Insolvenz bei Gewinnobligationen niedriger als bei Schuldverschreibungen, doch bestehen deutliche Unterschiede, die unter ungünstigen Umständen Bedeutung erlangen können:

1. Zinszahlungen *plus Tilgung* auf die Obligation können die Höhe der Dividendenzahlungen auf Vorzugsaktien erreichen oder übersteigen.

2. Es ist zu unterscheiden zwischen Bilanzgewinn und Einzahlungsüberschuß. Das Unternehmen kann also verpflichtet sein, Zinsen auf die Gewinnobligation zu zahlen, obwohl der Einzahlungsüberschuß zu diesem Zeitpunkt Null oder negativ ist.

3. Das Problem der Zahlungsunfähigkeit ist nicht einfach eine Frage der Bedingungen im Tiefpunkt einer Rezessionsperiode, wenn Verluste ausgewiesen werden. Das Problem umfaßt ebenso die Mittelabflüsse im vorhergehenden Abschwung. Die Gesellschaft kann dann noch Gewinne ausweisen und damit zu Zahlungen auf die Gewinnobligationen verpflichtet sein, obwohl sie es vorzöge, diese Auszahlungen zu kürzen oder zu unterlassen, um die Liquiditätslage zu erhalten.

Ich kann deshalb die Risiken der beiden Finanzierungsinstrumente nicht als äquivalent ansehen. Ich folgere, daß vom Standpunkt des Risikos her Gewinnobligationen kein unmittelbares Substitut für Vorzugsaktien sind.

NIEDRIGERE RANGSTUFEN

Nachdem ich die These aufgestellt habe, daß es eine von der Ausnutzung des Verschuldungsspielraums unabhängige Möglichkeit der Ausgabe von Vorzugsaktien gibt, und außerdem die Annahme gemacht wurde, daß erstere voll ausgenutzt ist, stellt sich nun die Frage, welche Finanzierungsquelle an zweiter Stelle der Liste rangieren soll. Zu wählen ist zwischen Vorzugsaktien und einbehaltenen Gewinnen. Die Untersuchungsmethode ist hier mit jener identisch, die wir bei der Überlegung, ausgegebene Vorzugsaktien abzulösen, benutzten.

Das Beispiel des Unternehmens B wird fortgesetzt. Ich nehme an, daß die 5 000 000 $ für neue Anlagen, die durch Fremdkapital aufgebracht werden, die jährlichen Zinszahlungen des Unternehmens an die der Unternehmensleitung als akzeptabel erscheinende Grenze heranbringen und daß weitere Mittel, z. B. 3 000 000 $, benötigt werden. Ob diese durch die Ausgabe von Vorzugsaktien oder durch die Einbehaltung von Gewinnen beschafft werden sollen, kann an der auf S. 381 angegebenen Formel gemessen werden. Die Daten sprechen für die Ausgabe von Vorzugsaktien, wenn:

$$S\left(1-\frac{T}{100}\right) > D \cdot \frac{P}{E} \cdot 0{,}75.$$

(Es ist zu beachten, daß die Ungleichung umgekehrt wurde, daß jetzt der linke Ausdruck größer ist als der rechte Ausdruck.)

Im Fall des Unternehmens B sollten Vorzugsaktien bevorzugt werden, weil

$$\$\ 3\,000\,000 \times (1 - 0{,}57) = \$\ 1\,290\,000 \text{ größer}$$

ist als

$$\$\ 165\,000 \times 9{,}2 \times 0{,}75 = \$\ 1\,138\,500.$$

(Es wird ein Dividendensatz von 5,5% auf die Neuemission angenommen.)

Aus dem Vorstehenden folgt, daß der Mittelbetrag, den die Stammaktionäre bei Selbstfinanzierung verlieren, den Betrag übersteigt, den sie bei Ausgabe von Vorzugsaktien einbüßen. Daraus folgt, daß *in diesem Fall* Vorzugsaktien der zweite Platz auf der Prioritätenliste zuzuweisen ist.

Wie bereits zuvor erklärt, kann diese Position verlorengehen, wenn der Anteil des Aktienbesitzes, der höheren Progressionsstufen der Einkommensteuer unterliegt, bedeutend größer wäre und/oder das Preis-Gewinn-Verhältnis höher wäre. Unternehmen können sich in diesen Punkten unterscheiden – oder diese Daten können sich für ein Unternehmen im Lauf der Zeit ändern. Ich möchte jedoch wiederholen, daß die Herabsetzung des Ranges von Vorzugsaktien das Problem der Begünstigung reicher vor weniger reichen Aktionären aufwirft, es sei denn, daß empirische Unterlagen stark zugunsten der Einbehaltung von Gewinnen sprechen.

Stamm- oder Vorzugsaktien?

Damit ist gezeigt, daß die Vorzugsaktie ein Finanzierungsinstrument ist, das, soweit es nicht von vornherein Gewinneinbehaltungen vom Standpunkt der Anteilseigner gesehen als überlegen erscheint, ein hinreichend starker Konkurrent ist, um einen sorgfältigen Vergleich der finanziellen Wirkungen zu rechtfertigen. Wir haben nun zu prüfen, wie Vorzugsaktien im Vergleich zu einer Neuemission von Stammaktien abschneiden.

Zuvor sollten wir jedoch festhalten, was dem Leser vielleicht ohnehin klar ist, daß nämlich einbehaltene, verfügbare Gewinne im allgemeinen einer Neuausgabe von Stammaktien als Quelle zusätzlicher Mittel vorzuziehen sind. Das sieht man am schnellsten im Fall eines Aktienangebots an bestehende Anteilseigner, wo das Angebot in der Tat ein Versuch ist, einen Teil der in der Vergangenheit ausgeschütteten Gewinne wiederzugewinnen. Nimmt man an, daß der Finanzbedarf von der Unternehmensleitung antizipiert werden kann, ist es für den Anteilseigner offensichtlich vorteilhaft, wenn das Unternehmen die Mittel einbehält, da er dann persönliche Einkommensteuerzahlungen vermeiden kann. Andernfalls schüttet das Unternehmen die Mittel als Dividende aus, die besteuert werden, und der Aktionär hat gezahlte Steuerbeträge durch zusätzliche Mittel aufzufüllen, um dem Unternehmen das Äquivalent dessen zurückzuzahlen, was ausgeschüttet worden war. Anders ausgedrückt: ein Angebot von Stammaktien durch eine Dividenden zahlende Gesellschaft läßt einen Beurteilungsfehler vermuten, der begangen wird entweder (1) durch die Unternehmensleitung bei der Errechnung des Finanzbedarfs oder (2) durch die Aktionäre, die Ausschüttungen verlangen, wenn Mittel intern benötigt werden, die von ihnen ohnehin bereitgestellt werden müssen.

Die eigentliche Wahl zwischen der Ausgabe von Vorzugsaktien und der von Stammaktien über einen gleichwertigen Geldbetrag kann ebenfalls im Zusammenhang mit einem Angebot von Anteilen verdeutlicht werden. Dabei stellten die bestehenden Anteilseigner des Unternehmens B die zusätzlichen Mittel bereit, sofern keine Vorzugsaktien ausgegeben werden:

Angenommen, der Finanzbedarf beträgt 4 000 000 $. Der Verkauf zusätzlicher Stammaktien an die gegenwärtigen Aktionäre würde bei diesen die Auflösung anderer Investitionen vergleichbaren Risikos erfordern – und damit wahrscheinlich den Verlust von vergleichbaren Erfolgen in Höhe von 10,8 % (den Kehrwert des Kurs-Gewinn-Verhältnisses von 9,2). Das Unternehmen würde dadurch vermeiden, daß infolge von Ausschüttungen auf Vorzugsaktien die Gewinne sinken; aber diese Belastung beläuft sich lediglich auf 5,5 % für das Unternehmen B. Der Nettoverlust für den Inhaber von Stammaktien kann auch in Form der investierten Beträge gemessen werden: 1 976 000 $ (4 000 000 $ – 9,2 × 220 000 $). Es ist zu beachten, daß hier in beiden Fällen investierte Beträge verglichen werden; ein Einfluß der Steuer ist nicht gegeben. In früheren Beispielen haben wir entzogene oder »wieder verwendbare« Mittelbeträge verglichen, daher mußte in jedem Fall den relevanten Steuersätzen Rechnung getragen werden.

Man erkennt leicht anhand dieser Zahlen, daß das Unternehmen ein hohes Kurs-Gewinn-Verhältnis bieten muß (in diesem Fall einen 18,2 übersteigenden Wert), damit die Beschaffung zusätzlichen Eigenkapitals durch Ausgabe von Stammaktien im Vergleich zur Ausgabe von Vorzugsaktien attraktiv sein kann. In jeder dem Fall des Unternehmens B vergleichbaren Situation steht es außer Frage, daß eine Emission von Stammaktien auf der Prioritätenliste hinter der Einbehaltung von Gewinnen und der Emission von Vorzugsaktien rangieren sollte.

Der Einsatz von Wandelschuldverschreibungen

Das Problem, ob bevorrechtigte, später in Stammaktien umtauschbare Wertpapiere ausgegeben werden sollten, benötigt eine breitere Erörterung, als wir sie hier vornehmen können. Aber einige Bemerkungen sind angebracht.

Es besteht zunächst kein Zweifel, daß Wandelschuldverschreibungen Eigenschaften haben, die der Leiter der Finanzabteilung schätzt. Das Problem ist, in *welchem Umfang* man von ihnen Gebrauch machen sollte. Zwar sind nicht bedingte Verallgemeinerungen immer gefährlich, doch scheint es mir, daß eine von zwei Bedingungen erfüllt ist, wenn Wandelschuldverschreibungen oder Vorzugsaktien angeboten werden: entweder hat das Unternehmen eine angemessene Obergrenze für nicht umwandelbare Schuldverschreibungen oder Vorzugsaktien erreicht oder nicht. Wenn es diese Grenze noch nicht erreicht hat, sollten Schuldverschreibungen oder Vorzugsaktien ausgegeben werden, um die Hebelwirkung voll zu nutzen.

Wenn andererseits nicht umwandelbare, bevorrechtigte Wertpapiere in einem Ausmaß, das die Unternehmensleitung als angemessen ansieht, zur Finanzierung herangezogen wurden und wenn die Möglichkeit zur Einbehaltung von Gewinnen ebenfalls ausgeschöpft ist, dann sind zusätzliche Stammaktien die verbleibende Alternative. Unter solchen Bedingungen bietet die Ausgabe von Wandelschuldverschreibungen die Aussicht, Stammaktien äußerst günstig einzutauschen (wenn schließlich umgewandelt wird). Es muß jedoch klar gesehen werden, daß bis zum Umwandlungszeitpunkt der bevorrechtigten Wertpapiere erhöhte Risiken übernommen werden. Das Problem reduziert sich dann auf die Frage, ob der erwartete Gewinn aus dem Preisansatz für die Stammaktien das Risiko wert ist, das das Unternehmen eingeht, wenn es seine normalen Verschuldungsgrenzen durch die Ausgabe von Wandelschuldverschreibungen überschreitet.

RICHTLINIEN FÜR DIE FINANZIERUNGSPOLITIK

Geht man so vor, wie in dieser Untersuchung vorgeschlagen wird, so findet das Unternehmen Antworten auf die folgenden beiden Fragen:

1. Welche neue(n) Kapitalquelle(n) rangiert (rangieren) auf unserer Prioritätenliste vor Vorzugsaktien?
2. Sollen Vorzugsaktien ausgegeben werden, und welchen Umfang der Emission sind wir bereit zu akzeptieren im Hinblick auf das damit verbundene Risiko?

Wenn die Verhältnisse und Interessen der Stammaktionäre unparteiisch berücksichtigt werden, kann man erwarten, daß für eine beträchtliche Zahl von Unternehmen die Vorteile von Vorzugsaktien nur durch langfristiges Fremdkapital übertroffen werden. Wo dies der Fall ist, sollte die Finanzierungspolitik so gestaltet werden, daß sowohl Schuldverschreibungen als auch Vorzugsaktien innerhalb der von der Unternehmensleitung gesetzten Grenzen so kontinuierlich wie möglich ausgegeben werden. Dies schließt, soweit notwendig, eine Erhöhung der Dividendensätze ein, damit die aus interner Finanzierung gewonnenen Mittel nicht die Höhe erreichen, ab der der Abbau oder Rückruf von bevorrechtigten Wertpapieren die einzig vernünftige Alternative bleibt. Natürlich sollte der Ausgabezeitpunkt von Vorzugsaktien, soweit möglich, so gewählt werden, daß die Verpflichtung zu festen Dividendenzahlungen minimiert wird.

Wenn die Bedingungen so geartet sind, daß Vorzugsaktien in der dritten Position hinter einbehaltenen Gewinnen liegen, ist ihre Rolle ungewisser.

Um zu wiederholen: Bedingungen sind ein hohes Kurs-Gewinn-Verhältnis *und* hohe persönliche Einkommensteuersätze für die Mehrheit der Aktionäre. Die Unsicherheit liegt im Umfang und in der Zeitdauer des Finanzbedarfs, soweit er die durch langfristiges Fremdkapital und einbehaltene Gewinne bereitgestellten Mittel übersteigt. Viele Unternehmen benötigen außer diesen keine weiteren Mittel, wenn steuerliche Überlegungen und andere Motive in großem Umfang die Einbehaltung von Mitteln begünstigen, wie es heute der Fall ist.

Selbst für ein Unternehmen jedoch, das eine normale Wachstumsrate mittels Fremdkapital und einbehaltenen Gewinnen aufrechterhalten kann, gibt es wahrscheinlich Perioden, in denen der Finanzbedarf diese Mittel übersteigt. Dann muß die Wahl zwischen der Ausgabe von Vorzugsaktien und Stammaktien getroffen werden. Die vorstehende Analyse legt nahe, daß in solchen Zeiten Vorzugsaktien im allgemeinen im Vergleich zu Stammaktien als wünschenswerter eingestuft werden und deshalb bis zu einer angemessenen Grenze benutzt werden sollten. Dies kann bedeuten, daß Vorzugsaktien nur für eine begrenzte Zahl von Jahren ausgegeben werden und durch Mittel der Quelle Nummer 2 – einbehaltene Gewinne – abgelöst werden, sobald der Hauptbedarf abklingt. Aus diesem Grund sollten Vorzugsaktien immer kündbar sein. Im Lauf der Jahre können sie dann, dem Auf und Ab des Finanzbedarfs folgend, Bestandteil der Kapitalstruktur sein.

Herrschen dagegen Bedingungen, unter denen Vorzugsaktien die Position zwei einnehmen, kann erwartet werden, daß sie zusammen mit langfristigem Fremdkapital einen *dauernden* Bestandteil der Kapitalstruktur bilden. Die jährlichen Schwankungen werden durch die Einbehaltung von Gewinnen aufgefangen.

Implikationen und offene Fragen

Der vielleicht umstrittenste Aspekt des Inhalts dieser Arbeit liegt in ihrer Implikation für die Dividendenpolitik. Viele Unternehmen versuchen heute, Dividendenzahlungen auf einen Bruchteil der jährlichen Gewinne festzulegen. Sie benutzen die übrigbleibenden, intern bereitgestellten Mittel, wenn erforderlich, ergänzt durch langfristiges Fremdkapital, um den von Jahr zu Jahr schwankenden Finanzbedarf zu decken. Diese Politik ist die natürliche und logische Anwendung der oben dargestellten traditionellen Prioritätenliste.

Wenn die Unternehmensleitung der alternativen Prioritätenliste folgt, die ich für den Inhaber von Stammaktien für nützlicher halte, hat dies zur Folge, daß (1) der Anteil des Fremdkapitals und manchmal der Vorzugsaktien auf ihrem *maximal* zulässigen Betrag stabilisiert werden und (2) der Ausgleich jährlicher Schwankungen im Finanzbedarf auf die Einbehaltung von Gewinnen verlagert wird. Wenn sich, was angenommen werden kann, die normale Struktur des Finanzbedarfs nicht gleichzeitig mit der Revision der Prioritätenliste ändert, kann erwartet werden, daß die neue Finanzierungspolitik zu höheren Ausschüttungen im Zeitablauf führt bei gleichzeitiger höherer Variabilität der jährlichen Ausschüttung.

Ich erkenne an, daß diese Handlungsweise einige ungünstige Auswirkungen auf den Marktpreis der Stammaktien haben kann. Ich würde allerdings annehmen, daß diese Einflüsse vorübergehender Natur sind. Denn schließlich dient die Änderung der Politik hauptsächlich der besseren Nutzung der von den Anteilseignern bereitgestellten Mittel. Angenommen, meine Ableitung überzeugt und der Markt wird auf lange Sicht informiert und handelt rational, dann sollte das Endergebnis eine Erhöhung des Marktpreises sein. Auf jeden Fall sehe ich keinen wesentlichen Grund, warum Dividenden auf Stammaktien stabil sein sollten. Eine über viele Jahre festgeschriebene Dividende auf Stammaktien widerspricht in der Tat der Natur einer Stammaktie.

Ich habe mich für diese Erörterung an ein einziges Ziel gehalten, nämlich die Maximierung der finanziellen Interessen der Stammaktionäre. Natürlich existieren andere Überlegungen, die Einfluß auf die praktische Entscheidung nehmen. Z. B. sind Verfügbarkeit und Flexibilität notwendigerweise gewichtige Faktoren, die die gewünschte Prioritätenliste beeinflussen. Außerdem sind Probleme der Wahl des richtigen Zeitpunktes und der Marktgängigkeit zu bedenken, wenn eine Ausgabe von Vorzugsaktien erwogen wird. Doch die wichtigste und zuerst zu stellende Frage ist immer die, ob die Maßnahme den Interessen der Stammaktionäre dient. Wenn die Antwort positiv ausfällt, dann verlangt es die Verantwortlichkeit der Unternehmensleitung, Vorzugsaktien auszugeben, wenn es vernünftigerweise möglich ist. Wenn die Unternehmensleitung nicht entsprechend handeln kann, sollte sie ein klares Bild von dem Ausmaß haben, in dem Interessen der Anteilseigner verletzt werden. Diese dem Stammaktionär entstehenden »Kosten« sollten deutlich herausgearbeitet und gewichtet werden, bevor eine andere Mittelquelle benutzt wird.

ANMERKUNGEN

1. Vgl. etwa Sidney Robbins, A Bigger Role for Income Bonds, in: *Harvard Business Review*, Bd. 33 (November/Dezember 1955); Robert W. Johnson, Subordinated Debentures: Debt that Serves as Equity in: *Journal of Finance*, Bd. 10 (1955), S. 1–16; Donald A. Fergusson, Recent Developments in Preferred Stock Financing, in: *Journal of Finance*, Bd. 7 (1952), S. 447–462.

2. Vgl. Pearson Hunt, Charles M. Williams und Gordon Donaldson, *Basic Business Finance*, Homewood 1961, S. 368.

3. Zu ausgewählten empirischen Daten vgl. mein Buch *Corporate Debt Capacity*, Boston 1961.

4. Eine ausführlichere Diskussion findet sich in meinem früheren Aufsatz: New Framework for Corporate Debt Policy, in: *Harvard Business Review*, Bd. 40 (März/April 1962), S. 117–131. Übersetzung S. 224ff. in diesem Band.

Leasing als finanzierungs- und investitionstheoretisches Problem [1]

ROSEMARIE KOLBECK*

PROBLEMSTELLUNG

Wie in den USA, so hat auch in der Bundesrepublik Deutschland das Leasing erst mit der Gründung eigens darauf spezialisierter Leasing-Gesellschaften eine stärkere Verbreitung in der Wirtschaftspraxis gefunden und gleichzeitig in der Literatur eine rege Diskussion ausgelöst. Obgleich die Gründung der ersten deutschen Leasing-Gesellschaft erst 6 Jahre zurückliegt, ist die Fülle der Beiträge zum Leasing nicht nur in den Fachzeitschriften, sondern auch in den Tages- und Wirtschaftszeitungen kaum mehr zu überblicken, und es liegt auch bereits eine ganze Reihe von Monographien dazu vor [2]. Bei der Durchsicht dieser Schriften ist das interessante Phänomen zu beobachten, daß die anfänglich sehr positive Einstellung zum Leasing im Laufe der Zeit einer ausgesprochen kritischen Haltung Platz gemacht hat. Auch insoweit ist infolgedessen die amerikanische Entwicklung im Grunde in Deutschland repetiert worden. Dabei waren es sowohl in den USA als auch bei uns vor allem die Vertreter der Leasing-Gesellschaften, die dem Leasing als einer »neuen Form der Investitionsfinanzierung« so große Vorteile beizulegen wußten, daß die traditionellen Mittel der Investitionsfinanzierung daneben eigentlich gar keine Chancen mehr hätten haben dürfen. All den Autoren, die sich als Folge davon sehr bald um eine objektive betriebswirtschaftliche Beurteilung des Leasing bemühten, muß infolgedessen das große Verdienst zugesprochen werden, die Proportionen hier wieder zurechtgerückt zu haben. Indessen scheint es gegenwärtig aber beinahe so, als ob das Pendel sich nunmehr anschickte, nach der anderen Seite hin auszuschlagen.

Auf dem gegenwärtigen Stand der Diskussion soll daher im folgenden der Versuch unternommen werden, das Leasing einer kritischen Würdigung zu unterziehen. Wenn dabei aus der Vielzahl der möglichen Blickpunkte nur auf den finanzierungs- und investitionstheoretischen Aspekt des Leasing abgestellt wird, so deswegen, weil hierin seine grundsätzliche betriebswirtschaftliche Problematik liegt.

Nun haben sich allerdings im Laufe der Entwicklung des Leasing vor allem in den USA, aber auch bereits in der Bundesrepublik Deutschland so zahlreiche Varianten herausgebildet, daß selbst der Leasing-Begriff davon nicht unbeeinflußt geblieben ist. Während man in den USA als Leasing unterschiedslos alle Miet- und Pachtverträge zu bezeichnen pflegt [3], wird in der deutschen Wirtschaftspraxis und Literatur vielfach nur das von den Leasing-Gesellschaften (im Gegensatz zu dem von den Produzen-

---

* Mit freundlicher Genehmigung der Verfasserin entnommen aus: *Zeitschrift für betriebswirtschaftliche Forschung*, 20 (1968), S. 787–797.

ten) betriebene Leasing darunter verstanden[4]. Bisweilen wird der Leasing-Begriff aber noch weiter beschränkt, und zwar einmal auf bestimmte Vertragsformen, wie z. B. Verträge mit fester, unkündbarer Grundmietzeit (im Gegensatz zu kündbaren Verträgen von unbestimmter Dauer)[5] und zum anderen auf bestimmte Mietobjekte, wie z. B. bewegliche industrielle Anlagegüter (im Gegensatz zu Grundstücken und Gebäuden sowie dauerhaften Konsumgütern)[6]. Im folgenden sollen diese Einschränkungen jedoch nicht gemacht werden, weil es gerade für eine Untersuchung des Leasing im Hinblick auf seinen finanzierungs- und investitionstheoretischen Aspekt bedeutsam erscheint, von einem möglichst umfassenden Leasing-Begriff auszugehen.

Trotzdem ist es nicht erforderlich, in die folgende Untersuchung nun etwa alle Leasing-Varianten einzubeziehen. Der Grund dafür liegt darin, daß sich aus der Fülle der möglichen Vertragsformen zwei grundsätzlich verschiedenartige Vertragstypen herauskristallisieren lassen, wenn man vom finanzierungs- und investitionstheoretischen Aspekt des Leasing ausgeht. Diese auf die Amerikaner Gant und Vancil zurückzuführende Unterscheidung beruht letztlich darauf, ob das Investitionsrisiko vom Leasing-Nehmer oder vom Leasing-Geber getragen wird[7]. Je nachdem handelt es sich um Finance Leasing (financial lease) oder um Operate Leasing (operating lease). Da der Leasing-Nehmer beim Finance Leasing – ebenso wie der Käufer bei einem Kauf – das Investitionsrisiko zu übernehmen hat, stellt ihn dieses Leasing lediglich vor die Alternative, ob eine vorgesehene Investition mit traditionellen Finanzierungsmitteln oder durch Finance Leasing finanziert werden soll, denn investiert wird in beiden Fällen. Ein derartiges Leasing ist daher als Finanzierungsalternative zu bezeichnen. Im Gegensatz dazu entsteht beim Operate Leasing für den Leasing-Nehmer die Alternative, ob er selbst investieren oder nur die Investitionen anderer Unternehmen nutzen soll. Dieses Leasing muß infolgedessen als Investitionsalternative angesehen werden. Es ist deshalb weder möglich, Leasing ganz allgemein als eine Finanzierungsalternative zu bezeichnen, noch ist es möglich, ihm generell jeden Finanzierungscharakter abzusprechen, wie es in der Wirtschaftspraxis und Literatur bisweilen geschieht. Bei der folgenden Untersuchung des Leasing als finanzierungs- und investitionstheoretisches Problem wird daher von der Unterscheidung zwischen Finance und Operate Leasing ausgegangen. Finanzierung soll dabei immer als Bereitstellung von Geldkapital zum Zwecke der Investition, die Investition selbst als Umwandlung von Geldkapital in Vermögensobjekte begriffen werden[8].

1. FINANCE LEASING ALS FINANZIERUNGSALTERNATIVE

Charakteristisch für alle Finance-Leasing-Verträge ist die Übernahme des Investitionsrisikos durch den Leasing-Nehmer. Sie wird grundsätzlich dadurch erreicht, daß zwischen dem Vermieter und dem Mieter eines Wirtschaftsgutes eine feste, unkündbare Grundmietzeit vereinbart wird, die kürzer als die normale betriebsgewöhnliche Nutzungsdauer des Mietobjektes ist, während der aber die volle Amortisation der

Anschaffungs- oder Herstellungskosten für das Wirtschaftsgut durch den Mieter in den von ihm zu zahlenden Mietraten zu erfolgen hat. Aus diesen vertraglichen Bestimmungen läßt sich unmittelbar ableiten, daß Finance Leasing beim Mieter (ebenso wie die herkömmliche Finanzierung eines Investitionsobjektes beim Käufer) eine Kapitalbindung verursacht[9]. Sie repräsentiert die Verpflichtung des Mieters zur Amortisation der vom Vermieter vorgelegten Anschaffungs- oder Herstellungskosten für das Mietobjekt sowie zur Zahlung der dafür erforderlichen Finanzierungskosten.

De facto erhält damit der Mieter vom Vermieter einen Kredit in Höhe der Anschaffungs- oder Herstellungskosten des Mietobjektes, der allenfalls um eine Abschlußgebühr (von selten mehr und meist weniger als 5 % der Anschaffungs- oder Herstellungskosten) zu kürzen ist[10]. Das bedeutet aber nichts anderes, als daß beim Finance Leasing zu Vertragsbeginn eine 100%ige (oder nahezu 100%ige) Fremdfinanzierung des Investitionsobjektes erfolgt. Im Gegensatz dazu muß bei den traditionellen Fremdfinanzierungsmöglichkeiten oft mit Beleihungssätzen gerechnet werden, die spürbar unter 100% liegen können[11]. Von den Leasing-Gebern wird dies mit Recht als ein Vorteil des Finance Leasing herausgestellt, allerdings besteht dieser Vorteil, und dies wird in der Regel nicht deutlich gemacht, nicht für die gesamte Nutzungsdauer des Investitionsobjektes. Der Grund dafür liegt darin, daß die volle Amortisation der Anschaffungs- oder Herstellungskosten des Mietobjekts während der Grundmietzeit und damit also schneller zu erfolgen hat, als das während der längeren betriebsgewöhnlichen Nutzungsdauer des Investitionsobjektes gebundene Kapital durch den Rückfluß der Abschreibungen in den Verkaufserlösen der erstellten Leistungen wieder freigesetzt wird. Für jedes Mietobjekt entsteht daher im Laufe seiner Nutzung eine Finanzierungslücke, die durch irgendwelche anderen Finanzierungsmittel gedeckt werden muß[12]. Es ist offensichtlich, daß diese Finanzierungslücke um so größer wird, je kürzer die Grundmietzeit im Vergleich zur betriebsgewöhnlichen Nutzungsdauer des Investitionsobjektes ist und umgekehrt. Damit ergibt sich beim Finance Leasing aber grundsätzlich das gleiche Nachfinanzierungsproblem wie bei der nicht fristgerecht vorgenommenen Kreditfinanzierung einer Investition. Diese Tatsache ist sowohl für die Wirtschaftlichkeits- als auch für die Liquiditätsbetrachtung des Finance Leasing von Bedeutung.

a) Wirtschaftlichkeitsbetrachtung

Eine Wirtschaftlichkeitsbetrachtung der Finanzierungsalternative Finance Leasing muß letztlich darauf hinauslaufen, sie in kostenmäßiger Hinsicht mit den traditionellen Finanzierungsmöglichkeiten zu vergleichen. In der Literatur sind dafür verschiedene Rechnungsmethoden angewandt worden[13], von denen hier im Anschluß an Büschgen auf die Kapitalwertmethode zurückgegriffen werden soll[14]. Als Zielsetzung wird dabei Gewinnmaximierung in der speziellen Form der Kapitalwertmaximierung unterstellt. Zu maximieren ist demnach der Kapitalwert C_0 als Differenz des Gegenwartswertes der Einnahmen C_E und des Gegenwartswertes der Ausgaben C_A:

$$C_0 = C_E - C_A \rightarrow \text{Max}!$$

Als Einnahmen kann in diese Rechnung der Finanzierungsmittelbedarf des jeweiligen Investitionsobjektes eingehen, wie er im Zeitpunkt t_0 besteht. Eine Abzinsung für die Einnahmen erübrigt sich infolgedessen. Sie seien daher mit e_0 bezeichnet. Die Ausgaben der einzelnen Finanzierungsalternativen pro Periode (a_t) sind aus Vergleichsgründen für die gesamte betriebsgewöhnliche Nutzungsdauer (n) des Investitionsobjektes zu berechnen – und zwar auch dann, wenn Grundmietzeit und Kreditüberlassungsfrist kürzer sind. Alle Ausgaben sind mit einem Kalkulationszinsfuß (i) auf den Zeitpunkt t_0 abzuzinsen. Als Berechnungsformel ergibt sich demnach [15]:

$$C_0 = e_0 - \sum_{t=1}^{n} \frac{a_t}{(1+i)^t}$$

Problematisch ist darin neben der Höhe des Kalkulationszinsfußes die Höhe der Ausgaben pro Periode. Als solche sind beim Finance Leasing in Rechnung zu stellen [16]:

1. die Tilgungsanteile in den Leasing-Raten während der Grundmietzeit,
2. die Kapitalkostenanteile in den Leasing-Raten während der Grundmietzeit,
3. die nach Ablauf der Grundmietzeit entstehenden Kosten für eine Verlängerungsmiete bis zum Ende der betriebsgewöhnlichen Nutzungsdauer oder für einen Kauf des Mietobjektes zum Zeitwert und
4. die für die Deckung der zu erwartenden Finanzierungslücke entstehenden Kapitalkosten.

Die Gesamtsumme dieser Ausgaben liegt gegenwärtig regelmäßig wesentlich höher als bei jeder traditionellen Fremdfinanzierungsmöglichkeit und unter Umständen sogar als bei der bekanntlich besonders teuren Eigenkapitalfinanzierung. Wird nun allerdings berücksichtigt, daß »echte« Leasing-Raten nach dem derzeit geltenden Recht steuerlich abzugsfähige Betriebsausgaben darstellen und Tilgungsanteile enthalten, die wesentlich höher sind als die steuerlich anerkannten Afa-Sätze, so ergibt sich daraus eine zeitliche Verschiebung der gewinnabhängigen Steuern, die sich stark zugunsten des Finance Leasing auswirkt. Sie ist zwangsläufig um so größer, 1. je höher die zu entrichtenden Steuersätze und 2. je niedriger die von den Finanzbehörden anerkannten Afa-Sätze sind, 3. je kürzer die Grundmietzeit im Vergleich zur betriebsgewöhnlichen Nutzungsdauer des Wirtschaftsgutes ist und 4. je höher der Kalkulationszinsfuß angesetzt werden kann. Die Folge davon ist, daß sich für Finance Leasing vielfach ein höherer Kapitalwert ergeben wird als für die Eigen- und Selbstfinanzierung und möglicherweise sogar als für die Fremdfinanzierung. Entsprechendes gilt für alle Formen einer Mischfinanzierung aus Eigen- und Fremdkapital. Die Wirtschaftlichkeitsbetrachtung führt demnach unter den gegenwärtigen Verhältnissen für Finance Leasing zu einem relativ günstigen Ergebnis.

b) Liquiditätsbetrachtung

Aufgabe einer Liquiditätsbetrachtung der Finanzierungsalternative Finance Leasing ist es, ihre Wirkung auf das finanzielle Gleichgewicht einer Unternehmung mit derjenigen der traditionellen Finanzierungsmöglichkeiten zu vergleichen. In diesem Zusammenhang ist zunächst von Bedeutung, daß beim Finance Leasing im Laufe der Nutzungsdauer des Investitionsobjektes – wie ausgeführt wurde – immer eine Finanzierungslücke entsteht, die eine Nachfinanzierung erforderlich macht. Da die Finanzierungslücke grundsätzlich um so größer wird, je kürzer die Grundmietzeit im Verhältnis zur betriebsgewöhnlichen Nutzungsdauer des Investitionsobjektes ist, könnte durch eine Annäherung dieser beiden Größen die Nachfinanzierung zwar verringert werden, jedoch würde sich dabei der Steuervorteil des Finance Leasing, der auch in liquiditätsmäßiger Hinsicht eine erhebliche Rolle spielt, verkleinern. Ein weiteres Liquiditätsproblem entsteht beim Finance Leasing insofern, als zur Vermeidung steuerlicher Nachteile beim Vertragsabschluß weder eine Verlängerungs- noch eine Kaufoption für das Mietobjekt vereinbart werden darf [17]. Der Leasing-Nehmer muß infolgedessen am Ende der Grundmietzeit trotz voller Amortisation der Anschaffungs- oder Herstellungskosten grundsätzlich mit einer Rückforderung des Investitionsobjektes durch den Leasing-Geber rechnen und besitzt damit ein typisches Substitutionsrisiko [18]. Ein Liquiditätsproblem resultiert schließlich auch aus der Tatsache, daß Finance Leasing für den Leasing-Nehmer Zahlungsverpflichtungen impliziert, die mindestens so streng zu beurteilen sind wie Kreditverpflichtungen, weil sie mit ihren hohen monatlichen Fälligkeiten den Schwankungen der Zahlungsströme noch weniger angepaßt werden können als jene [19]. Die bei schlechter Ertragslage durch feste Fremdfinanzierungskosten für das Eigenkapital einer Unternehmung entstehende Verlustgefahr, die als die negative Wirkung eines steigenden Verschuldungsgrades anzusehen ist [20], muß demnach beim Finance Leasing als besonders gravierend betrachtet werden. Insbesondere aus diesem Grunde ist Finance Leasing auch bezüglich seiner Wirkung auf das Kreditpotential einer Unternehmung nicht grundsätzlich anders zu beurteilen als die traditionellen Fremdfinanzierungsmöglichkeiten [21]. Das gilt völlig unabhängig von bilanzmäßigen Überlegungen, die hier ausdrücklich ausgeschlossen worden sind. Ebenso wie ein Kreditgeber muß daher auch ein Leasing-Geber die Bonität eines potentiellen Kunden so sorgfältig prüfen, daß mit hinreichender Wahrscheinlichkeit eine Erfüllung der vertraglichen Verpflichtungen erwartet werden kann. Das bedeutet vornehmlich eine Orientierung an der Ertragsfähigkeit einer Unternehmung, jedoch muß – wegen der nicht auszuschließenden Unsicherheit der Zukunft – auch der jeweils realisierte Verschuldungsgrad (und zwar einschließlich bereits bestehender Finance Leasing-Verpflichtungen) mit berücksichtigt werden. Grundsätzlich kann Finance Leasing daher nur insoweit, wie Leasing-Geber von dieser Notwendigkeit abweichen oder institutionelle Kreditgeber zu strenge Maßstäbe anlegen, zur Ausdehnung des Kreditpotentials eines Unternehmens führen.

Nach alldem scheint Finance Leasing in liquiditätsmäßiger Hinsicht den traditionellen Finanzierungsmöglichkeiten weit unterlegen zu sein. Dieses Bild kann sich jedoch nicht unwesentlich verändern, wenn man zwei weitere Liquiditätsaspekte in die Betrachtung einbezieht. Einmal ist darauf hinzuweisen, daß beim Finance Leasing Kreditfristen angeboten werden, die viele institutionelle Kreditgeber für vergleichbare Investitionsobjekte entweder gar nicht oder zumindest nicht regelmäßig einzugehen bereit sind, weil sie – aus welchen Gründen auch immer – das kurzfristige dem mittel- und langfristigen Kreditgeschäft vorziehen. Zum anderen ist zu beachten, daß beim Finance Leasing zu Vertragsbeginn eine volle oder nahezu volle Fremdfinanzierung des Investitionsobjektes erfolgt, während bei einer Kreditfinanzierung mit mehr oder weniger hohen Beleihungsgrenzen gerechnet werden muß und eine volle Objektfinanzierung in der Regel nur dann zu erreichen ist, wenn zusätzliche Sicherheiten gestellt werden können. Insoweit ist Finance Leasing daher nicht nur imstande, liquide Mittel oder Kreditsicherheiten für andere betriebliche Verwendungen freizuhalten, sondern unter Umständen sogar in der Lage, eine Investition überhaupt erst zu ermöglichen, so z. B. dann, wenn im Zusammenhang mit der Investition eine Erhöhung der Vorräte oder Debitoren erforderlich wird. Aus dieser Sicht kann deshalb eine gewisse Möglichkeit der Ausdehnung des Kreditpotentials einer Unternehmung durch Finance Leasing durchaus mit in Rechnung gestellt werden. Das aber bedeutet insoweit auch eine Verstärkung der positiven Wirkung zunehmender Verschuldung, die in der Finanzierungsliteratur heute meist als Leverage-Effekt des Fremdkapitals bezeichnet wird [22].

c) Folgerungen für den Entscheidungskalkül im finanziellen Bereich

Weder eine Wirtschaftlichkeits- noch eine Liquiditätsbetrachtung allein erlaubt es im konkreten Fall, die im Hinblick auf die unternehmerische Zielsetzung günstigste Finanzierungsmöglichkeit auszuwählen. Dies kann vielmehr erst innerhalb eines finanziellen Entscheidungskalküls geschehen, in den beide Betrachtungsweisen eingehen [23]. Dabei ist nun allerdings die Art des jeweiligen Entscheidungsfeldes im finanziellen Bereich von grundsätzlicher Bedeutung für die Gewichtung der Wirtschaftlichkeits- und Liquiditätsaspekte [24]. Während in einem offenen Entscheidungsfeld in jedem Zeitpunkt genügend Finanzierungsmittel zur Verfügung stehen, so daß die Liquität grundsätzlich gesichert ist, stellen im geschlossenen Entscheidungsfeld die Finanzierungsmittel einen Engpaß dar, der die Aufrechterhaltung des finanziellen Gleichgewichts als eine strenge Nebenbedingung der unternehmerischen Zielsetzung erscheinen läßt [25].

Da die Liquidität im offenen Entscheidungsfeld ex definitione kein Problem bildet, können im finanziellen Entscheidungskalkül Wirtschaftlichkeitsüberlegungen die ausschlaggebende Rolle spielen. Für die Beurteilung der Finanzierungsalternative Finance Leasing unter der Zielsetzung Kapitalwertmaximierung hat dies zur Folge, daß weder ihre positiven noch ihre negativen Liquiditätsaspekte im Entscheidungskalkül gewertet werden dürfen und daß damit die für die Höhe des Kapitalwertes so wesentliche Verschiebung der gewinnabhängigen Steuern tatsächlich das Schwergewicht im Entscheidungskalkül erlangt.

Nun kann allerdings in der wirtschaftlichen Wirklichkeit nur in den seltensten Fällen mit einem offenen Entscheidungsfeld im Finanzierungsbereich gerechnet werden. Normalerweise ist vielmehr davon auszugehen, daß die finanziellen Mittel einer Unternehmung knapp sind. Für die Bewertung von Finanzierungsalternativen in einem Entscheidungskalkül bedeutet dies, daß ihre kosten- und liquiditätsmäßigen Aspekte nunmehr gegeneinander abzuwägen sind.

Gleichzeitig darf wegen der im geschlossenen finanziellen Entscheidungsfeld zwischen Finanzierung und Investition bestehenden Interdependenzen die Finanzierung einer einzelnen Investition aber überhaupt nicht mehr isoliert, sondern nur noch aus dem gesamten Investitions- und Finanzierungsprogramm einer Unternehmung heraus beurteilt und simultan entschieden werden [26]. Für die Bewertung der Finanzierungsalternative Finance Leasing, bei der die Investition stets uno actu mit der Finanzierung erfolgt, ist dies zwangsläufig von besonderer Bedeutung. Der Grund dafür liegt darin, daß die negativen Liquiditätsaspekte des Finance Leasing – insbesondere die mehr oder weniger große Finanzierungslücke und das Substitutionsrisiko am Ende der Grundmietzeit – in einem geschlossenen Entscheidungsfeld offenbar nur dadurch überwunden werden können, daß innerhalb des gesamten Investitions- und Finanzierungsprogramms einer Unternehmung im Zeitverlauf ein liquiditätsmäßiger Ausgleich erfolgt. Wäre ein solcher Ausgleich nicht möglich, so würde Finance Leasing im Entscheidungskalkül eines geschlossenen finanziellen Entscheidungsfeldes selbst bei einem vergleichsweise hohen Kapitalwert als Finanzierungsalternative nicht in Frage kommen. In dem Maße jedoch, in dem Ausgleichsmöglichkeiten mit einer hinreichend großen Wahrscheinlichkeit erwartet werden dürfen, kann Finance Leasing im Entscheidungskalkül des geschlossenen Entscheidungsfeldes selbst dann Bedeutung gewinnen, wenn sein Kapitalwert im Vergleich zu anderen Finanzierungsmöglichkeiten niedriger ist, und zwar dadurch, daß seine positiven Liquiditätsaspekte – also die volle oder nahezu volle Fremdfinanzierung bei Vertragsbeginn sowie eine relativ lange Kreditfrist – zum Tragen kommen. Diese Überlegungen sind in zweierlei Hinsicht von Bedeutung.

Ist erstens eine positive Wertung des Finance Leasing im geschlossenen Entscheidungsfeld selbst bei einem vergleichsweise niedrigen Kapitalwert möglich, so verliert sein Steuervorteil im Entscheidungskalkül an Gewicht. Daraus folgt aber, daß bei einem Wegfall dieses Steuervorteils, wie er z. B. im »Entwurf eines gleichlautenden Ländererlasses zur Frage der Besteuerung des Finance Leasing« geplant worden ist [27], zwar sicherlich mit einer beträchtlichen Einschränkung des Finance Leasing-Volumens gerechnet werden müßte, daß die Finanzierungsalternative Finance Leasing damit jedoch durchaus nicht bedeutungslos würde. Zum zweiten sind die Ausgleichsmöglichkeiten der negativen Liquiditätsaspekte des Finance Leasing im Rahmen des gesamten Investitions- und Finanzierungsprogramms einer Unternehmung vermutlich größer, als von manchen Kritikern des Finance Leasing in Rechnung gestellt wird. In diesem Zusammenhang braucht nur darauf hingewiesen zu werden, daß die über die Verkaufserlöse in die Unternehmung zurückfließenden Abschreibungen der gekauften Investitionsobjekte einen Kapitalfreisetzungseffekt bewirken[28]. Mit Hilfe des gekauften Teils der Investitionsobjekte müßte es daher bei vernünftigen Relationen und sorgfältiger Planung gelingen, finanzielle Ungleichgewichte innerhalb der durch Finance Leasing finanzierten Investitionen zumindest so lange aufzufangen, wie die aus diesen Investitionen zu erwartenden Gewinne dafür noch nicht zur Verfügung stehen. Das Ziel einer solchen Verhaltensweise ist letztlich, die in einem geschlossenen finanziellen Entscheidungsfeld grundsätzlich begrenzten finanziellen Mittel durch Kombination aller sich bietenden Finanzierungsmöglichkeiten für die Unternehmung optimal zu nutzen. In diesem Sinne ist Finance Leasing daher nicht als ein Ersatz traditioneller Finanzierungsmöglichkeiten anzusehen, ohne die es ja gar nicht funktionsfähig wäre, sondern vielmehr als ihre durchaus sinnvolle Ergänzung.

2. OPERATE LEASING ALS INVESTITIONSALTERNATIVE

Für alle Operate Leasing-Verträge ist charakteristisch, daß das Investitionsrisiko vom Leasing-Geber getragen wird. Erreicht wird dies grundsätzlich dadurch, daß zwischen dem Vermieter und dem Mieter eines Wirtschaftsgutes ein Vertrag abgeschlossen wird, der (unter Einhaltung bestimmter Fristen) von beiden Geschäftspartnern jederzeit gekündigt werden kann und der damit dem ursprünglichen, einem Mietvertrag vom Gesetzgeber »zugedachten Sinn der zeitweiligen Gebrauchsüberlassung« entspricht[29]. Der Leasing-Nehmer braucht sich lediglich zu verpflichten, die jeweils für eine Nutzungsperiode festgelegten Mietraten zu bezahlen, und da er jederzeit kündigen kann, besteht diese Verpflichtung nur kurzfristig. In der Regel reichen daher die Zahlungen eines Mieters nicht aus, um die Anschaffungs- oder Herstellungskosten des Mietobjektes zu amortisieren. Der Leasing-Geber muß deshalb versuchen, das gleiche Objekt mehrmals zu vermieten. Kapitalbindung und Investition erfolgen demnach eindeutig beim Leasing-Geber, der seinerseits nur Sachkapitalnutzungen zur Verfügung stellt. Für den Leasing-Nehmer bildet Operate Leasing infolgedessen eine echte Alternative zur Investition eines Wirtschaftsgutes und erfordert damit stets eine Investitionsentscheidung. Allerdings handelt es sich dabei um eine Investitionsentscheidung besonderer Art, da nicht zwischen verschiedenen Wirtschaftsgütern, sondern zwischen verschiedenen Nutzungsmöglichkeiten desselben Wirtschaftsgutes zu wählen ist.

a) Wirtschaftlichkeitsbetrachtung

Wegen der Besonderheit der hier erforderlichen Investitionsentscheidung bedarf es zur Wirtschaftlichkeitsbetrachtung der Investitionsalternative Operate Leasing einer Rechnungsmethode, die es erlaubt, sie mit einer Investition desselben Wirtschaftsgutes zu vergleichen. Da in diesem Falle davon ausgegangen werden kann, daß in ertragsmäßiger Hinsicht kein Unterschied zwischen den Alternativen besteht, kann man sich mit einem kostenmäßigen Vergleich begnügen. Voraussetzung dafür ist allerdings, wie Vancil gezeigt hat, daß die Frage, ob überhaupt ein neues Wirtschaftsgut in die Unternehmung aufgenommen werden soll und welche Objekte dafür in Frage kommen, bereits grundsätzlich geklärt worden ist [30]. Es ist dann nur noch erforderlich, die Ausgabenströme für jeweils ein solches Wirtschaftsgut einmal bei Investition und einmal bei Operate Leasing in äquivalente, uniforme Reihen zu transformieren, damit die unterschiedlich langen Periodennutzungen vergleichbar werden. Das kann mit Hilfe der Annuitätsmethode geschehen [31]. Aus den auf diese Weise angestellten Rechnungen ist zu ersehen, daß Operate Leasing im Vergleich zur Investition eines Wirtschaftsgutes meist sehr viel teurer ist; jedoch ist dieses Ergebnis durchaus nicht überraschend, wenn man berücksichtigt, daß der Leasing-Geber das Investitionsrisiko trägt und dafür ein kostenmäßiges Äquivalent benötigt [32].

b) Liquiditätsbetrachtung

Bei der Liquiditätsbetrachtung der Investitionsalternative Operate Leasing ist davon auszugehen, daß der Leasing-Nehmer nicht – wie bei einem Kauf oder auch beim Finance Leasing – das gesamte Nutzungspotential eines Wirtschaftsgutes auf Vorrat erwirbt, sondern nur die jeweils benötigten Nutzungen. Operate Leasing erfordert daher im Gegensatz zu einer Investition »keine Bindung von Kaufkraft an ein wirtschaftliches Gut«, für die eine Finanzierung notwendig wäre [33]. Es führt damit auch nicht zu einer Änderung des Verschuldungsgrades einer Unternehmung. Da weiterhin für den Leasing-Nehmer keine langfristigen Zahlungsverpflichtungen entstehen, entfällt sogar eine Bedrohung des Eigenkapitals durch Operate Leasing bei einer Verschlechterung der Ertragslage. Daraus ergibt sich, daß das Kreditpotential einer Unternehmung durch Operate Leasing grundsätzlich nicht beeinträchtigt wird. Mit seiner Hilfe kann infolgedessen eine Kapazitätsausweitung erreicht werden, die von Büschgen als »Antizipation des Kapazitätserweiterungseffektes« bezeichnet wird [34]. Zu beachten ist freilich, daß im Zusammenhang mit einer solchen Ausweitung der Anlagenkapazität regelmäßig auch eine Erweiterung der Vorräte oder Debitoren usw. erforderlich werden wird, die nur so lange keine Finanzierungsprobleme entstehen läßt, wie liquide Mittel dafür vorhanden sind. Ist dies nicht der Fall, so können fehlende Sicherheiten (nicht zuletzt als Folge von Leasing-Engagements) eine Kreditfinanzierung erschweren oder sogar verhindern, so daß entweder relativ teures Eigenkapital aufgenommen oder auf die Kapazitätserweiterung verzichtet werden muß. Insgesamt ergibt sich jedoch für Operate Leasing in liquiditätsmäßiger Hinsicht ein recht vorteilhaftes Bild.

c) Folgerungen für den Entscheidungskalkül im finanziellen Bereich

Werden auch für die Investitionsalternative Operate Leasing Wirtschaftlichkeits- und Liquiditätsaspekte in einem Entscheidungskalkül vereinigt, so ist für die

Gewichtung dieser Aspekte wiederum die Art des Entscheidungsfeldes im finanziellen Bereich von Bedeutung. Da in einem offenen finanziellen Entscheidungsfeld die Liquiditätsaspekte nicht gewertet werden dürfen, spielen die relativ hohen Kosten des Operate Leasing in einem solchen Entscheidungskalkül die ausschlaggebende Rolle. Bei der Beurteilung dieser Kosten ist allerdings zu berücksichtigen, daß die Übernahme des Investitionsrisikos durch den Leasing-Geber dem Leasing-Nehmer eine sehr kurzfristige Nutzung des Wirtschaftsgutes erlaubt und daß ihm damit eine rasche Anpassung an Beschäftigungsschwankungen und technischen Fortschritt möglich wird. Die höheren Kosten des Operate Leasing im Vergleich zu einer Investition müssen daher gegen die Abwälzung des Investitionsrisikos auf den Leasing-Geber abgewogen werden, und je nach der Bewertung dieses Risikos kann sich dabei für Operate Leasing sogar ein Kostenvorteil ergeben. Bereits im offenen finanziellen Entscheidungsfeld ist Operate Leasing daher relativ günstig zu beurteilen, und dieser Eindruck kann sich unter der realistischeren Annahme eines geschlossenen finanziellen Entscheidungsfeldes noch verstärken, weil in diesem Falle die Ausdehnungsmöglichkeit des Kreditpotentials durch Operate Leasing und damit die Möglichkeit einer Antizipation des Kapazitätserweiterungseffektes positiv gewertet werden kann. Das hat zur Folge, daß die aus der Kapazitätsausweitung resultierenden Gewinne bei der Beurteilung der hohen Kosten des Operate Leasing mit berücksichtigt werden können[35]. Operate Leasing vermag dadurch gegenüber einer Investition einen weiteren Vorteil zu gewinnen. Allerdings darf bei der Gewichtung dieses Vorteils nicht außer acht gelassen werden, daß einer Antizipation des Kapazitätserweiterungseffektes durch Operate Leasing immer mehr oder weniger enge Grenzen gesetzt sind. Die Beurteilung des Operate Leasing als Investitionsalternative hängt daher auch im Entscheidungskalkül eines geschlossenen finanziellen Entscheidungsfeldes vor allem davon ab, ob ein Wirtschaftsgut im Betriebsprozeß dauernd oder nur vorübergehend benötigt wird und in welchem Umfang in der Zukunft mit Beschäftigungsschwankungen und technischem Fortschritt zu rechnen sein wird. Die Erwartungen über die zukünftige Entwicklung einer Unternehmung und die grundsätzliche Ungewißheit dieser Erwartungen sind dabei von nicht zu unterschätzender Bedeutung. Aus dieser Sicht erscheint es zwar möglich und sinnvoll, daß eine Unternehmung ausschließlich mit gemieteten Anlagen arbeitet. Geht man jedoch davon aus, daß sich Beschäftigungsschwankungen in der Regel nicht zwischen 0 und 100% bewegen, so kann Operate Leasing sicher nicht als ein Ersatz für die Investition von Anlagen, sondern lediglich als ihre in bestimmten Situationen zweckmäßige Ergänzung angesehen werden.

Schlußbetrachtung

Beim Vergleich der für Finance und Operate Leasing in finanzierungs- und investitionstheoretischer Sicht im einzelnen gewonnenen Erkenntnisse soll davon ausgegangen werden, daß sich in der Literatur die Kritik überwiegend am Finance Leasing entzündet[36]. Wird dabei im Extremfall dem Finance Leasing jeder eigene finanzwirtschaftliche Vorteil abgesprochen, so lassen sich die unbestreitbaren wirtschaftlichen Erfolge der Finance Leasing-Geber tatsächlich nur aus sogenannten »Vorsprungseffekten« erklären, deren »Wurzel in noch bestehender Unkenntnis über das Wesen« des Finance Leasing zu suchen ist [37]. Es besteht kein Zweifel, daß ein solcher Mangel an Informationen die Entwicklung des Finance Leasing in der Vergangenheit stark begünstigt hat, jedoch kann man ihn sicher nicht ausschließlich dafür verantwortlich machen. Der Grund dafür liegt darin, daß dem Finance Leasing – wie gezeigt worden ist – eine durchaus eigenständige Bedeutung als Finanzierungsalternative zuerkannt werden kann. Finance Leasing wird sich daher – wenngleich möglicherweise mit Einschränkungen – auch dann weiter entwickeln können, wenn die bisherigen Vorsprungseffekte auf Grund besserer Informationen entfallen, und es ist anzunehmen, daß dieser Prozeß infolge der in der Literatur immer schärfer gewordenen Kritik bereits begonnen hat. In bezug auf einen Wegfall des zweifellos bedeutsamsten Vorsprungseffektes des Finance Leasing, des Steuervorteils, müßten die Leasing-Geber allerdings – wegen der dann stärker werdenden Konkurrenz der institutionellen Kreditgeber – wohl einen gewissen Ausgleich (z.B. in Gestalt der Übernahme bestimmter Dienstleistungen oder einer Senkung der Leasing-Raten) suchen.

Im Vergleich zum Finance Leasing findet das Operate Leasing in der Literatur im allgemeinen eine wohlwollendere Beurteilung, zumal wenn dabei vom Leasing-Geber noch zusätzliche Dienstleistungen, wie z.B. Wartung oder Reparatur, übernommen werden [38]. Zweifellos ist das Operate Leasing seiner Konstruktion nach in bestimmten Situationen als Investitionsalternative ausgezeichnet geeignet. Es kann allerdings nur dann gewählt werden, wenn einerseits beim Leasing-Nehmer die technischen Voraussetzungen dafür vorliegen, wenn es sich also z.B. um mobile Güter handelt, und wenn andererseits Leasing-Geber bereit sind, das z.B. bei Spezialmaschinen erhebliche Investitionsrisiko zu übernehmen. Für das Operate Leasing besteht demnach im Gegensatz zum Finance Leasing von der Art der benötigten Objekte her eine starke Begrenzung in seiner Anwendungsmöglichkeit [39], und es bildet auf Grund dieser Tatsache nicht nur eine Alternative zur Investition, sondern auch eine solche zum sogenannten Fremdbezug von Dienstleistungen oder Fabrikaten.

Zusammenfassend läßt sich daher feststellen, daß Operate Leasing nicht grundsätzlich günstiger beurteilt werden kann als Finance Leasing. Für beide Arten des Leasing gilt vielmehr, daß sie keine Wunder bewirken können, daß sie jedoch als sinnvolle Finanzierungs- und Investitionsalternativen das Möglichkeitsfeld für optimale Finanzierungs- und Investitionsentscheidungen zu erweitern gestatten.

ANMERKUNGEN

1. Bei dem vorliegenden Beitrag handelt es sich um eine im wesentlichen unveränderte Fassung der am 27. 6. 1968 gehaltenen Antrittsvorlesung als Privatdozentin der Wirtschafts- und Sozialwissenschaftlichen Fakultät der Johann Wolfgang Goethe-Universität Frankfurt am Main.

2. Verwiesen sei hierzu insbesondere auf die Literaturzusammenstellung von Franken, W. G., *Leasing – Eine neue Form der Anlagenfinanzierung. Bibliographie*, hrsg. vom Weltwirtschaftsarchiv Hamburg 1966, und auf die bei Büschgen, H. E., Das Leasing als betriebswirtschaftliche Finanzierungsalternative, *DB*, 1967, S. 473–476 und 561–566, sowie: Leasing und finanzielles Gleichgewicht der Unternehmung, *ZfbF*, 1967, S. 625–648, angegebene neuere Literatur.

3. Vgl. Gäfgen, D., Leasing in den USA, in: *Leasing-Handbuch*, hrsg. von K. F. Hagenmüller, 2. Aufl., Frankfurt am Main 1968, S. 107, sowie Benner, U., *Leasing beweglicher Anlagegüter*, Bankwirtschaftliche Sonderveröffentlichungen des Instituts für Bankwirtschaft und Bankrecht an der Universität Köln, Band 6, Köln 1967, S. 1.

4. Vgl. z. B. Institut »Finanzen und Steuern«, *Leasing*, Heft 74, Bonn 1964, S. 12.

5. Vgl. z. B. Kaminsky, St., Mietweise Nutzungsüberlassung in der modernen Wirtschaft, in: *Leasing-Handbuch*, a. a. O., S. 64, sowie Benner, U., *Leasing beweglicher Anlagegüter*, a. a. O., S. 2.

6. Vgl. z. B. Kaminsky, St., *Mietweise Nutzungsüberlassung in der modernen Wirtschaft*, a. a. O., S. 64.

7. Vgl. Gant, D. R., Illusion in Lease Financing, *Harv. Bus. Rev.*, 1959, S. 121 ff., und Vancil, R. F., *Leasing of Industrial Equipment*, New York–Toronto–London 1963, S. 8 f., 55 ff. und 91 ff., sowie Gäfgen, D., Leasing in den USA, a. a. O., S. 123 f., und Büschgen, H. E., Das Leasing als betriebswirtschaftliche Finanzierungsalternative, a. a. O., S. 473; Leasing und finanzielles Gleichgewicht der Unternehmung, a. a. O., S. 625, Fußnote 1.

8. Vgl. Hax, K., Langfristige Finanz- und Investitionsentscheidungen, in: *Handbuch der Wirtschaftswissenschaften*, 2. Aufl., Köln und Opladen 1966, S. 414 ff. und 403 ff.

9. Vgl. insbesondere Büschgen, H. E., Leasing setzt neue Akzente, *Der Volkswirt*, 1967, S. 54; Das Leasing als betriebswirtschaftliche Finanzierungsalternative, a. a. O., S. 476, und: Leasing und finanzielles Gleichgewicht der Unternehmung, a. a. O., S. 625, Fußnote 1, und S. 627 ff.

10. Vgl. insbesondere die Vertragsbedingungen der Leasing-Gesellschaften sowie die Zusammenstellung bei Benner, U., *Leasing beweglicher Anlagegüter*, a. a. O., S. 113, Fußnote 3.

11. Vgl. z. B. Hax, K., Langfristige Finanz- und Investitionsentscheidungen, a. a. O., S. 464.

12. Vgl. hierzu insbesondere Büschgen, H. E., Das Leasing als betriebswirtschaftliche Finanzierungsalternative, a. a. O., S. 476.

13. Vgl. Vancil, R. F., *Leasing of Industrial Equipment*, a. a. O., insbesondere S. 91 ff.; Steiner, K., und Schulz, H., Leasing im Kostenvergleich, in: *Leasing – Beiträge über ein neues Verfahren der Investitionsfinanzierung*, Schriftenreihe der Österreichischen Bankwissenschaftlichen Gesellschaft, Heft XXII, Wien 1964, S. 63–74; Floitgraf, H., Das Mieten von industriellen Anlagen als Finanzierungsproblem, in: *Finanzierungs-Handbuch*, Wiesbaden 1964, S. 591 ff. und 597 ff.; Leffson, U., Leasing beweglicher Anlagegüter, *ZfbF* 1964, S. 401 ff.; Havermann, H., *Leasing*, Düsseldorf 1965, insbesondere S. 125 ff.; Book, H., Maschinen kaufen oder mieten (Leasing)? – Ein Wirtschaftlichkeitsvergleich aus der Sicht des Investors, *DB*, 1964, S. 229–236, und: Leasing in Deutschland, in: *Leasing-Handbuch*, a. a. O., insbesondere S. 216 ff.; Lemitz, H. G., Maschinen kaufen oder mieten (Leasing)? – Betriebswirtschaftliche Anmerkungen zum Wirtschaftlichkeitsvergleich von Heinz Book, *DB*, 1964, S. 521–525; Benner, U., *Leasing beweglicher Anlagegüter*, a. a. O., insbesondere S. 109 ff.; Berekoven, L., *Grundlagen der Ver-*

mietung mobiler Güter, Essen 1967, insbesondere S. 171 ff.; Büschgen, H. E., Leasing als betriebswirtschaftliche Finanzierungsalternative, a. a. O., S. 475 ff.

14. Vgl. Büschgen, H. E., Das Leasing als betriebswirtschaftliche Finanzierungsalternative, S. 476.
15. Vgl. Büschgen, H. E., Das Leasing als betriebswirtschaftliche Finanzierungsalternative, S. 475.
16. Vgl. Büschgen, H. E., Das Leasing als betriebswirtschaftliche Finanzierungsalternative, S. 561 ff.
17. Vgl. z. B. Institut »Finanzen und Steuern«, *Leasing*, a. a. O., S. 43 ff.
18. Vgl. Büschgen, H. E., Das Leasing als betriebswirtschaftliche Finanzierungsalternative, a. a. O., S. 563, sowie: Leasing und finanzielles Gleichgewicht der Unternehmung, a. a. O., S. 630 ff.
19. Vgl. Floitgraf, H., Das Mieten von industriellen Anlagen als Finanzierungsproblem, a. a. O., S. 591, sowie Büschgen, H. E., Das Leasing als betriebswirtschaftliche Finanzierungsalternative, a. a. O., S. 564.
20. Vgl. z. B. Solomon, E., *The Theory of Financial Management*, New York–London 1963, S. 71 ff., und Büschgen, H. E., *Wertpapieranalyse*, Stuttgart 1966, S. 179.
21. Vgl. Floitgraf, H., Das Mieten von industriellen Anlagen als Finanzierungsproblem, a. a. O., S. 590 f., sowie Büschgen, H. E., Das Leasing als betriebswirtschaftliche Finanzierungsalternative, a. a. O., S. 564.
22. Vgl. z. B. Solomon, E., *The Theory of Financial Management*, S. 69 ff.; und Büschgen, H. E., *Werpapieranalyse*, a. a. O., S. 171 ff.
23. Vgl. z. B. Albach, H., *Investition und Liquidität*, Wiesbaden 1962, S. 55.
24. Vgl. Büschgen, H. E., Das Leasing als betriebswirtschaftliche Finanzierungsalternative, a. a. O., S. 564 ff., sowie: Leasing und finanzielles Gleichgewicht der Unternehmung, a. a. O., S. 633 ff.
25. Vgl. Büschgen, H. E., Leasing und finanzielles Gleichgewicht der Unternehmung, a. a. O., S. 634, sowie: Leasing als betriebswirtschaftliche Finanzierungsalternative, a. a. O., S. 564.
26. Vgl. Engels, W., *Betriebswirtschaftliche Bewertungslehre im Licht der Entscheidungstheorie*, Köln und Opladen 1962, S. 115, sowie Büschgen, H. E., Leasing und finanzielles Gleichgewicht der Unternehmung, a. a. O., S. 638.
27. Vgl. Büschgen, H. E., Leasing setzt neue Akzente, a. a. O., S. 54 ff.
28. Vgl. z. B. Hax, K., Langfristige Finanz- und Investitionsentscheidungen, a. a. O., S. 455 ff.
29. Vgl. Vancil, R. F., *Leasing of Industrial Equipment*, a. a. O., S. 8 f., und 55 ff., und Büschgen, H. E., Leasing und finanzielles Gleichgewicht der Unternehmung, a. a. O., S. 625, Fußnote 1, und S. 646.
30. Vgl. hierzu insbesondere Vancil, R. F., *Leasing of Industrial Equipment*, a. a. O., S. 55 ff., insbesondere S. 66 und 75.
31. Vgl. hierzu insbesondere Schneider, E., *Wirtschaftlichkeitsrechnung*, 6. Aufl., Tübingen–Zürich 1966, S. 32 ff.
32. Vgl. Vancil, R. F., *Leasing of Industrial Equipment*, a. a. O., S. 84 ff.
33. Vgl. Büschgen, H. E., Banken und Leasing, *Die Wirtschaftsprüfung*, 1968, S. 282.
34. Vgl. Büschgen, H. E., Leasing und finanzielles Gleichgewicht der Unternehmung, a. a. O., S. 642 f. und 647.
35. Vgl. Büschgen, H. E., Leasing und finanzielles Gleichgewicht der Unternehmung,

a.a.O., S. 642f., und: Leasing als betriebswirtschaftliche Finanzierungsalternative, a.a.O., S. 566.

36. Vgl. Vancil, R. F., *Leasing of Industrial Equipment*, a.a.O., S. 181ff., sowie Büschgen, H. E., Leasing und finanzielles Gleichgewicht der Unternehmung, a.a.O., S. 643f.

37. Vgl. Büschgen, H. E., Leasing und finanzielles Gleichgewicht der Unternehmung, S. 643f.

38. Vgl. z.B. Vancil, R. F., *Leasing of Industrial Equipment*, a.a.O., S. 89f., und 181ff., und Büschgen, H. E., Das Leasing als betriebswirtschaftliche Finanzierungsalternative, a.a.O., S. 566.

39. Vgl. Berekoven, L., *Grundlagen der Vermietung mobiler Güter*, a.a.O., S. 267, und Büschgen, H. E., Das Leasing als betriebswirtschaftliche Finanzierungsalternative, a.a.O., S. 473, Fußnote 1.

Literatur

Aigner, D. J., und Sprenkle, C. M., A Simple Model of Information and Lending Behavior, in: *The Journal of Finance*, Bd. 23, 1968, S. 151–166.
Albach, Horst, *Wirtschaftlichkeitsrechnung bei unsicheren Erwartungen*, Köln–Opladen 1959.
Albach, Horst, Finanzplanung im Unternehmen, in: *Management International*, 2. Jg., 1962, S. 67–77.
Albach, Horst, Zur Finanzierung von Kapitalgesellschaften durch ihre Gesellschafter, in: *Zeitschrift für die gesamte Staatswissenschaft*, 118. Bd., 1962, S. 653–687.
Albach, Horst, *Investition und Liquidität*, Wiesbaden 1962.
Allen, F. B., Does Going into Debt Lower the »Cost of Capital«?, in: *Analysists Journal*, August 1954, Bd. 10, S. 57–61.
Altmann, Edward I., Financial Ratios, Discriminant Analysis and the Prediction of Corporate Bancruptcy, in: *The Journal of Finance*, Bd. 23, 1968, S. 589–609.
American Management Association, *Tested Approaches to Capital Equipment Replacement*, Special Report Nr. 1, New York 1954.
Anderegg, Jürgen, *Das Problem der optimalen Kapitalausstattung der Unternehmung*, Diss. Frankfurt/M., 1956.
Anderegg, Jürgen, Wirtschaftlichkeitsüberlegungen bei der Begleichung von Lieferantenrechnungen, in: *ZfbF*, NF, 19. Jg. (1967), S. 649–658.
Anstötz, Günter, *Abschreibungen und Wirtschaftswachstum*, Kölner Diss. 1960.
Anstötz, Günter, Zur Frage der Finanzierung betrieblicher Investitionen aus Abschreibungen in wachsenden Unternehmen, in: *ZfB*, 35. Jg. (1965), S. 421–442.
Arbeitskreis Hax der Schmalenbach-Gesellschaft, Investitions- und Finanzierungsentscheidungen im Rahmen langfristiger Unternehmenspolitik, in: *ZfbF*, 22. Jg., 1970, S. 741–770.
Arbeitskreis Tacke der Schmalenbach-Gesellschaft, Die besonderen Kriterien des Leasing, in: *ZfbF*, 24. Jg. (1972), S. 349–361.
Archer, Stephen H., und D'Ambrosio, Charles A. (Hrsg.), *Business Finance*, 2nd. edition, New York–London 1972.
Archer, Stephen H., und Faerber, Le Roy G., Firm Size and the Cost of Externally secured Equity Capital, in: *The Journal of Finance*, Bd. 21, 1966, S. 69–83.
Arditti, Fred D., Risk and the Required Return on Equity, in: *The Journal of Finance*, Bd. 22, 1967, S. 19–36.
Arnold, Hans, *Risikentransformation*, Saarbrücker Dissertation 1964.
Arrow, K. J., The Role of Securities in the Optimal Allocation of Risk-bearing, in: *The Review of Economic Studies*, Bd. 31, 1964, S. 91–96.
Bachelier, Louis, *Théorie de la Speculation*, Paris 1900.
Bacon, Peter W., und Winn, Edward, L., Jr., The Impact of Forced Conversion on Stock Prices, in: *The Journal of Finance*, Bd. 24, 1969, S. 871–874.
Barges, Alexander, *The Effect of Capital Structure on the Cost of Capital*, Englewood Cliffs, N. J., 1963.
Bartke, Günther, Die Bewertung von Unternehmungen und Unternehmungsanteilen, in: *ZfB*, 32. Jg. (1962), S. 165–175.
Baumol, William J., On Dividend Policy and Market Imperfection, in: *The Journal of Business*, Bd. 36, 1936, S. 112–115.
Baumol, William J., Heim, Peggy, Malkiel, Burton G., und Quandt, Richard E., Earnings Re-

tention, New Capital, and the Growth of the Firm, in: *The Review of Economics and Statistics*, Bd. 52, 1970, S. 345–355.

Baumol, William J., Malkiel, Burton G., und Quandt, Richard E., The Valuation of Convertible Securities, in: *The Quarterly Journal of Economics*, Bd. 80, 1966, S. 48–59.

Baumol, William J., und Malkiel, Burton G., The Firm's Optimal Debt-Equity Combination and the Cost of Capital, in: *The Quarterly Journal of Economics*, Bd. 81, 1967, S. 547–578.

Baumol, William J., und Quandt, Richard E., Investment and Discount Rates under Capital Rationing – A Programming Approach, in: *The Economic Journal*, Bd. 75, 1965, S. 317–329.

Baxter, Nevins D., Leverage, Risk of Ruin and the Cost of Capital, in: *The Journal of Finance*, Bd. 22, 1967, S. 395–403.

Baxter, Nevins D., und Cragg, John G., Corporate Choice Among Long-Term Financing Instruments, in: *The Review of Economics and Statistics*, Bd. 52, 1970, S. 225–235.

Beckmann, Liesel, *Die betriebswirtschaftliche Finanzierung*, 2. Auflage, Stuttgart 1956.

Beja, A., The Structure of the Cost of Capital under Uncertainty, in: *The Review of Economic Studies*, Bd. 38, 1971, S. 359–368.

Beja, A., On Systematic and Unsystematic Components of Financial Risk, in: *The Journal of Finance*, Bd. 27, 1972, S. 37–45.

Bellinger, Bernhard, *Langfristige Finanzierung*, Wiesbaden 1964.

Benishay, H., Variability in Earnings-Price Ratios of Corporate Equities, in: *The American Economic Review*, Bd. 51, 1961, S. 81–94.

Benner, U., *Leasing beweglicher Anlagegüter*, Bankwirtschaftliche Sonderveröffentlichungen des Instituts für Bankwirtschaft und Bankrecht an der Universität Köln, Band 6, Köln 1967.

Ben-Shahar, Haim, The Capital Structure and the Cost of Capital: A Suggested Exposition, in: *The Journal of Finance*, Bd. 23, 1968, S. 639–653.

Ben-Shahar, Haim, On the Capital Structure Theorem: Reply, in: *The Journal of Finance*, Bd. 25, 1970, S. 678–681.

Ben-Shahar, Haim, und Ascher, Abraham, The Integration of Capital Budgeting and Stock Valuation: Comment, in: *The American Economic Review*, Bd. 57, 1967, S. 209–214.

Ben-Zion, Uri, Multidimensional Risk and the Modigliani-Miller Hypothesis: Comment, in: *The Journal of Finance*, Bd. 26, 1971, S. 959–962.

Beranek, William, *Analysis for Financial Decisions*, Homewood, Ill., 1963.

Berger, Karl-Heinz, Bilanzstruktur und Liquiditätsrisiko, in: *BFuP*, 15. Jg., 1963, S. 8–26.

Berger, Karl-Heinz, Zur Liquiditätspolitik industrieller Unternehmungen, in: *ZfB*, 38. Jg., 1968, S. 221–236.

Berger, Kurt, *Kreditwürdigkeitsprüfung und Kreditgutachten*, Berlin 1948.

Berle, A. A., Convertible Bond and Stock Purchase Warrants, in: *Yale Law Journal*, Bd. 36, 1927, S. 649–666.

Berndsen, Rudolf, *Die deutschen Aktiengesellschaften – Bilanzanalyse seit 1948*, Hannover 1965.

Bicksler, James L., Comment: Portfolio Theory and Industry Cost-of-Capital Estimates, in: *The Journal of Financial and Quantitative Analysis*, Bd. 7, 1972, S. 1463–1467.

Bierman, Harold Jr., The Bond Issue Size Decision, in: *The Journal of Financial and Quantitative Analysis*, Bd. 1, 1966, Nr. 4, S. 1–14.

Bierman, Harold Jr., Capital Structure and Financial Decisions, in: Robichek, Alexander A. (Hrsg.), *Financial Research and Management Decisions*, New York–London–Sydney 1967, S. 34–43.

Bierman, Harold Jr., und Smidt, Seymour, *The Capital Budgeting Decision*, 3. Aufl., New York 1971.

Bierman, Harold Jr., und West, Richard, The Acquisition of Common Stock by the Corporate Issuer, in: *The Journal of Finance*, Bd. 21, 1966, S. 687–696.

Bierwag, G. O., und Grove, M. A., On Capital Asset Prices: Comment, in: *The Journal of Finance*, Bd. 20, 1965, S. 89–93.

Bodenhorn, Diran, On the Problem of Capital Budgeting, in: *The Journal of Finance*, Bd. 14, 1959, S. 473–492.

Bodenhorn, Diran, A Cash-Flow Concept of Profit, in: *The Journal of Finance*, Bd. 19, 1964, S. 16–31.

Börner, Dietrich, Die Bedeutung von Finanzierungsregeln für die betriebswirtschaftliche Kapitaltheorie, in: *ZfB*, 37. Jg., 1967, S. 341–353.

Bogen, Jules I. (Hrsg.), *Financial Handbook*, 4th. ed., New York 1964.

Boness, James A., A Pedagogic Note on the Cost of Capital, in: *The Journal of Finance*, Bd. 19, 1964, S. 99–106.

Book, Heinz, Maschinen kaufen oder mieten (Leasing)? – Ein Wirtschaftlichkeitsvergleich aus der Sicht des Investors, in: *Der Betrieb*, Jg. 17, 1964, S. 229–236.

Book, Heinz, Leasing in Deutschland, in: Hagenmüller, K. F. (Hrsg.): *Leasing-Handbuch*, 2. Aufl., Frankfurt a.M. 1968, S. 169–254.

Bower, Dorothy H., und Bower, Richard S., Test of a Stock Valuation Model, in: *The Journal of Finance*, Bd. 25, 1970, S. 483–492.

Bower, Richard S., und Scheidel, John M., Operationalism in Finance and Economics, in: *The Journal of Financial and Quantitative Analysis*, Bd. 5, 1970, S. 469–495.

Bowlin, Oswald D., The Refunding Decision: Another Special Case in Capital Budgeting, in: *The Journal of Finance*, Bd. 21, 1966, S. 55–68.

Breen, William, und Jackson, Richard, An Efficient Algorithm for Solving Large-Scale Portfolio Problems, in: *The Journal of Financial and Quantitive Analysis*, Bd. 6, 1971, S. 627–637.

Breen, William, und Savage, James, Portfolio Distributions and Tests of Security Selection Models, in: *The Journal of Finance*, Bd. 23, 1968, S. 805–819.

Brennan, M. J., Capital Market Equilibrium with Divergent Borrowing and Lending Rates, in: *The Journal of Financial and Quantitative Analysis*, Bd. 6, 1971, S. 1197–1205.

Brennan, M. J., A Note on Dividend Irrelevance and the Gordon Valuation Model, in: *The Journal of Finance*, Bd. 26, 1971, S. 1115–1121.

Brigham, Eugene, F., An Analysis of Convertible Debentures: Theory and Some Empirical Evidence, in: *The Journal of Finance*, Bd. 21, 1966, S. 35–54.

Brigham, Eugene F., und Gordon, Myron J., Leverage, Dividend Policy, and the Cost of Capital, in: *The Journal of Finance*, Bd. 23, 1968, S. 85–103.

Brigham, Eugene F. und Gordon, Myron J., Leverage, Dividend Policy, and the Cost of Capital: Reply, in: *The Journal of Finance*, Bd. 25, 1970, S. 904–908.

Briscoe, G., Samuels, J. M. und Smyth, D. J., The Treatment of Risk in the Stock Market, in: *The Journal of Finance*, Bd. 24, 1969, S. 707–713.

Buchner, Robert, Das Problem der Kapazitätserweiterung durch laufende Reinvestitionen in Höhe des Abschreibungsaufwandes, in: *Die Wirtschaftsprüfung*, 12. Jg., 1959, S. 237–242.

Buchner, Robert, Anmerkungen zum Fisher-Hirshleifer-Ansatz zur simultanen Bestimmung von Gewinnausschüttungs-, Finanzierungs- und Investitionsentscheidungen, in: *ZfbF*, 20. Jg., 1968, S. 30–47.

Buchner, Robert, Zur Bedeutung des Fisher-Hirshleifer-Ansatzes für die betriebswirtschaftliche Theorie der Kapitalwirtschaft, in: *ZfbF*, 21. Jg., 1969, S. 706–727.

Buchner, Robert, Das Problem der Finanzierung des Unternehmungswachstums aus Abschreibungen, in: *ZfB*, 39. Jg., 1969, S. 71–100.
Buchner, Robert, Bilanzanalyse und Bilanzkritik, in: Kosiol, E. (Hrsg.): *Handwörterbuch des Rechnungswesens*, Stuttgart 1970, Sp. 218–228.
Büschgen, Hans E., Stock-Dividenden in der Finanzierungspolitik deutscher Aktiengesellschaften, in: *BFuP*, 15. Jg., 1963, S. 497–518.
Büschgen, Hans E., *Wertpapieranalyse*, Stuttgart 1966.
Büschgen, Hans E., Das Leasing als betriebswirtschaftliche Finanzierungsalternative, in: *Der Betrieb*, 20. Jg., 1967, S. 473–476 und 561–566.
Büschgen, Hans E., Leasing und finanzielles Gleichgewicht der Unternehmung, in: *ZfbF*, 19. Jg., 1967, S. 625–648.
Büschgen, Hans E., Banken und Leasing, in: *Die Wirtschaftsprüfung*, 21. Jg., 1968, S. 273–287: Teil I, S. 309–313: Teil II.
Büschgen, Hans E., Zum Problem optimaler Selbstfinanzierungspolitik in betriebswirtschaftlicher Sicht, in: *ZfB*, 38. Jg., 1968, S. 305–328.
Büschgen, Hans E., Die Fremdfinanzierung der Unternehmung als Strukturentscheidungsproblem der Geschäftsbank, in: Busse von Colbe, Walther, und Sieben, Günter (Hrsg.), *Betriebswirtschaftliche Information, Entscheidung und Kontrolle, Festschrift für Hans Münstermann*, Wiesbaden 1969, S. 239–274.
Büschgen, Hans E., Kapitalmarkterweiterung durch Kapitalbeteiligungsgesellschaften, in: Forster, Karl-Heinz, und Schuhmacher, Peter (Hrsg.), *Aktuelle Fragen der Unternehmensfinanzierung und Unternehmensbewertung, Festschrift für Kurt Schmaltz*, Stuttgart 1970, S. 12–34.
Busse von Colbe, Walther, *Der Zukunftserfolg*, Wiesbaden 1957.
Buttler, Günter, Finanzwirtschaftliche Anwendungsmöglichkeiten der Netzplantechnik, in: *ZfB*, 40. Jg., 1970, S. 183–202.
Carleton, Willard T., Linear Programming and Capital Budgeting Models: A New Interpretation, in: *The Journal of Finance*, Bd. 24, 1969, S. 825–833.
Carleton, Willard T., An Analytical Model for Long-Range Financial Planning, in: *The Journal of Finance*, Bd. 25, 1970, S. 291–315.
Catt, A. J. L., Credit Risk and Credit Rationing: Comment, in: *The Quarterly Journal of Economics*, Bd. 77, 1963, S. 505–510.
Chant, John F., Security, Default Allowances, and Risk Preference, in: *The Quarterly Journal of Economics*, Bd. 84, 1970, S. 688–695.
Charnes, A., Cooper, W. W., und Miller, M. H., Application of Linear Programming to Financial Budgeting and the Costing of Funds, in: *The Journal of Business*, Bd. 32, 1959, S. 20–64.
Chase, Sam B. Jr., Credit Risk and Credit Rationing: Comment, in: *The Quarterly Journal of Economics*, Bd. 75, 1961, S. 319–327.
Cheng, Pao L., Efficient Portfolio Selections Beyond the Markowitz Frontier, in: *The Journal of Financial and Quantitative Analysis*, Bd. 6, 1971, S. 1207–1234.
Cheng, Pao L., und Deets, King M., Portfolio Returns and the Random Walk Theory, in: *The Journal of Finance*, Bd. 26, 1971, S. 11–30.
Cheng, Pao L., und Shelton, John P., A Contribution to the Theory of Capital Budgeting – the Multi-Investment Case, in: *The Journal of Finance*, Bd. 18, 1963, S. 622–636.
Chmielewicz, Klaus, *Integrierte Finanz- und Erfolgsplanung*, Stuttgart 1972.
Clendenin, John C., und van Cleave, Maurice, Growth and Common Stock Values, in: *The Journal of Finance*, Bd. 9, 1954, S. 365–376.

Cohen, Jacob, Comment: The Corporate Dividend-Saving Decision, in: *The Journal of Financial and Quantitative Analysis*, Bd. 7, 1972, S. 1549–1554.

Cook, Donald C., The Case Against Capitalizing Leases, in: *Harvard Business Review*, Bd. 41, Heft 1, 1963, S. 145–161.

Cootner, Paul H. (Hrsg.), *The Random Character of Stock Market Prices*, Cambridge, Mass. 1964.

Cragg, John G., und Baxter, Nevins D., The Issuing of Corporate Securities, in: *Journal of Political Economy*, Bd. 78, 1970, S. 1310–1324.

Crane, Dwight B., A Stochastic Programming Model for Commercial Bank Bond Portfolio Management, in: *The Journal of Financial and Quantitative Analysis*, Bd. 6, 1971, S. 955–976.

Crockett, Jean, und Friend, Irwin, The Integration of Capital Budgeting and Stock Valuation: Comment, in: *The American Economic Review*, Bd. 57, 1967, S. 214–220.

Davenport, Michael, Leverage, Dividend Policy and the Cost of Capital: A Comment, in: *The Journal of Finance*, Bd. 25, 1970, S. 893–897.

Dean, Joel, Better Management of Capital Expenditures through Research, in: *The Journal of Finance*, Bd. 8, 1953, S. 119–128.

Dean, Joel, *Capital Budgeting*, 7th Printing, New York, 1964.

Deutsch, Paul, *Grundfragen der Finanzierung*, 2. Aufl., Wiesbaden 1967.

Dewing, A. S., *Financial Policy of Corporations*, 5th ed., Bd. 2, New York 1953.

Diederich, Helmut, *Die Selbstfinanzierung aus Abschreibungen*, Mainzer Dissertation 1953.

Domar, Evsey D., Depreciation, Replacement and Growth, in: *The Economic Journal*, Bd. 63, 1953, S. 1–32.

Domar, Evsey D., The Case for Accelerated Depreciation, in: *The Quarterly Journal of Economics*, Bd. 67, 1953, S. 493–519.

Donaldson, Gordon, *Corporate Debt Capacity*, Boston 1961.

Donaldson, Gordon, New Framework for Corporate Debt Policy, in: *Harvard Business Review*, Bd. 40, Heft 2, 1962, S. 117–131.

Donaldson, Gordon, In Defense of Preferred Stock, in: *Harvard Business Review*, Bd. 40, Heft 4, 1962, S. 123–136.

Donaldson, Gordon, Financial Goals: Management Vs. Stockholders, in: *Harvard Business Review*, Bd. 41, Heft 3, 1963, S. 116–129.

Donaldson, Gordon, *Strategy for Financial Mobility*, Boston 1969.

Drukarczyk, Jochen, Bemerkungen zu den Theoremen von Modigliani–Miller, in: *ZfbF*, 22. Jg., 1970, S. 528–544.

Durand, D., Costs of Debt and Equity Funds for Business: Trend and Problems of Measurement, in: *National Bureau of Economic Research, Conference on Research in Business Finance*, New York, 1952, S. 215–247.

Durand, D., Growth Stocks and the Petersburg Paradox, in: *The Journal of Finance*, Bd. 12, 1957, S. 348–363.

Durand, D., *Bank Stock Prices and the Bank Capital Problem*, Occasional Paper, No. 54, New York: National Bureau of Economic Research, 1957.

Durand, D., The Cost of Capital, Corporation Finance, and the Theory of Investment: Comment, in: *The American Economic Review*, Bd. 49, 1959. S. 639–655.

Eggers, Thies, Grundsätze für die Gestaltung der Finanzplanung, in: *BFuP*, 23. Jg., 1971, S. 257–285.

Eisenführ, Franz, Preisfindung für Beteiligungen mit Verbundeffekt, in: *ZfbF*, 23. Jg., 1971, S. 467–479.

Eisner, Robert, Depreciation Allowances, Replacement Requirements and Growth, in: *The American Economic Review*, Bd. 42, 1952, S. 820–831.

Eisner, Robert, Accelerated Amortization, Growth and Net Profits, in: *The Quarterly Journal of Economics*, Bd. 66, 1952, S. 533–544.

Eisner, Robert, Accelerated Depreciation, Some Further Thoughts, in: *The Quarterly Journal of Economics*, Bd. 69, 1955, S. 285.

Eiteman, Wilford J., Financial Aspects of Promotion, in: Waterman, Merwin H. u.v.a. (Hrsg.), *Essays on Business Finance*, 2. Aufl., Ann Arbor, Michigan, 1963, S. 1–17.

Elliott, Walter J., Forecasting and Analysis of Corporate Financial Performance with an Econometric Model of the Firm, in: *The Journal of Financial and Quantitative Analysis*, Bd. 7, 1972, S. 1499–1526.

Elmendorff, Wilhelm, und Thoennes, Horst, Einfluß der Finanzierung auf den Unternehmenswert, in: Forster, Karl-Heinz, und Schuhmacher, Peter (Hrsg.), *Aktuelle Fragen der Unternehmensfinanzierung und Unternehmensbewertung, Festschrift für Kurt Schmaltz*, Stuttgart 1970, S. 35–53.

Elton, Edwin J., Capital Rationing and External Discount Rates, in: *The Journal of Finance*, Bd. 25, 1970, S. 573–584.

Elton, Edwin J., und Gruber, Martin J., The Effect of Share Repurchase on the Value of the Firm, in: *The Journal of Finance*, Bd. 23, 1968, S. 135–149.

Elton, Edwin J., und Gruber, Martin J., Valuation and the Cost of Capital for Regulated Industries, in: *The Journal of Finance*, Bd. 26, 1971, S. 661–670.

Elton, Edwin J., und Gruber, Martin J., Dynamic Programming Applications in Finance, in: *The Journal of Finance*, Bd. 26, 1971, S. 473–505.

Elton, Edwin J., und Gruber, Martin J. (Hrsg.), *Security Evaluation and Portfolio Analysis*, Englewood Cliffs, N.J. 1972.

Engelbourg, Saul, Some Consequences of the Leasing of Industrial Machinery, in: *The Journal of Business*, Bd. 39, 1966, S. 52–66.

Engels, Wolfram, *Rentabilität, Risiko und Reichtum*, Tübingen 1969.

Evans, John L., An Analysis of Portfolio Maintenance Strategies, in: *The Journal of Finance*, Bd. 25, 1970, S. 561–571.

Fama, Eugene F., Risk, Return and Equilibrium: Some Clarifying Comments, in: *The Journal of Finance*, Bd. 23, 1968, S. 29–40.

Fama, Eugene F., Efficient Capital Markets: A Review of Theory and Empirical Work, in: *The Journal of Finance*, Bd. 25, 1970, S. 383–417.

Fama, Eugene F., Components of Investment Performance, in: *The Journal of Finance*, Bd. 27, 1972, S. 551–567.

Feldstein, M. S., Corporate Taxation and Dividend Behaviour, in: *The Review of Economic Studies*, Bd. 37, 1970, S. 57–72.

Fergusson, Donald A., Recent Developments in Preferred Stock Financing, in: *The Journal of Finance*, Bd. 7., 1952, S. 447–462.

Fischer, Donald A., und Wilt, Glenn A., Jr., Non-Convertible Preferred Stock as a Financing Instrument 1950–1965, in: *The Journal of Finance*, Bd. 23, 1968, S. 611–624.

Fischer, Otfrid, Neuere Entwicklungen auf dem Gebiet der Kapitaltheorie, in: *ZfbF*, 21. Jg., 1969, S. 26–42.

Fisher, G. R., Some Factors Influencing Share Prices, in: *The Economic Journal*, Bd. 71, 1961, S. 121–141.

Fisher, L., Determinants of Risk Premiums on Corporate Bonds, in: *The Journal of Political Economy*, Bd. 67, 1959, S. 217–237.

Fisher, L., Outcomes for »Random« Investments in Common Stocks Listed on the New York Stock Exchange, in: *Journal of Business*, Bd. 38, 1965, S. 149–161.

Fisher, L., und Lorie, J. H., Rates of Return on Investments in Common Stocks: The Year-by-Year Record, 1926–65, in: *The Journal of Business*, Bd. 41, 1968, S. 291–316.

Floitgraf, H., Leasing von industriellen Anlagen als Finanzierungsproblem, in: Janberg, Hans (Hrsg.), *Finanzierungs-Handbuch*, 2. Aufl., Wiesbaden 1970, S. 495–524.

Forster, Karl-Heinz, Überlegungen zur Rücklagendotierung aus dem Gewinn, in: Forster, Karl-Heinz, und Schuhmacher, Peter (Hrsg.), *Aktuelle Fragen der Unternehmensfinanzierung und Unternehmensbewertung, Festschrift für Kurt Schmaltz*, Stuttgart 1970, S. 203–215.

Foulke, Roy A., *Practical Financial Statement Analysis*, 3rd ed., New York, Toronto, London, Tokio 1957.

Franke, Günter, *Verschuldungs- und Ausschüttungspolitik im Lichte der Portefeuille-Theorie*, Köln u. a. 1971.

Franke, Günter, und Laux, Helmut, Die Ermittlung der Kalkulationszinsfüße für investitionstheoretische Partialmodelle, in: *ZfbF*, 20. Jg., 1968, S. 740–759.

Franken, W. G., *Leasing – Eine neue Form der Anlagenfinanzierung*, Bibliographie, hrsg. vom Weltwirtschaftsarchiv, Hamburg 1966.

Frankfurter, George M., und Philipps, Herbert E., und Seagle, John P., Portfolio Selection: The Effects of Uncertain Means, Variances and Covariances, in: *Journal of Financial and Quantitative Analysis*, Bd. 6, 1971, S. 1251–1262.

Frederikson, E. Bruce (Hrsg.), *Frontiers of Investment Analysis*, Scranton, Pennsylv. 1965.

Freimer, Marshall, und Gordon, Myron, J., Why Bankers Ration Credit, in: *The Quarterly Journal of Economics*, Bd. 79, 1965, S. 397–416.

Fried, Joel, Bank Portfolio Selection, in: *The Journal of Financial and Quantitative Analysis*, Bd. 5, 1970, S. 203–227.

Fried, Joel, Forecasting and Probability Distributions for Models of Portfolio Selection, in: *The Journal of Finance*, Bd. 25, 1970, S. 539–554.

Frost, Peter A., Banking Services, Minimum Cash Balances and the Firm's Demand for Money, in: *The Journal of Finance*, Bd. 25, 1970, S. 1029–1039.

Gäfgen, D., Leasing in den USA, in: Hagenmüller, K. F. (Hrsg.), *Leasing-Handbuch*, 2. Aufl. Frankfurt a. M. 1968, S. 109–167.

Gail, Winfried, Probleme der Finanzierung personenbezogener Unternehmen, in: *ZfbF*, 17. Jg., 1965, S. 392–402.

Gant, Donald R., Illusion in Lease Financing, in: *Harvard Business Review*, Bd. 37, Heft 2, 1959, S. 121–142.

Gaumnitz, Jack E., Appraising Performance of Investment Portfolios, in: *The Journal of Finance*, Bd. 25, 1970, S. 555–560.

Geertman, J. A., Graphische Darstellungen zur intensiven Finanzierung, in: *ZfhF*, 7. Jg., 1955, S. 383–391.

Ghandi, J. K. S., On the Measurement of Leverage, in: *The Journal of Finance*, Bd. 21, 1966, S. 715–726.

Giannessi, Egidio, Die Finanzbedarfsgleichung im Produktionsbetrieb und die Möglichkeiten ihrer Darstellung, in: *ZfhF*, 6. Jg., 1954, S. 461–484.

Gordon, Myron J., The Payoff Period and the Rate of Profit, in: *The Journal of Business*, Bd. 28, 1955, S. 253–260.

Gordon, Myron, J., Dividends, Earnings and Stock Prices, in: *The Review of Economics and Statistics*, Bd. 41, 1959, S. 99–105.

Gordon, Myron J., Security and a Financial Theory of Investment, in: *The Quarterly Journal of Economics*, Bd. 74, 1960, S. 472–492.

Gordon, Myron J., Security and a Financial Theory of Investment: Reply, in: *The Quarterly Journal of Economics*, Bd. 76, 1962, S. 315–319.

Gordon, Myron J., *The Investment, Financing and Valuation of the Corporation*, Homewood, Ill., 1962.

Gordon, Myron J., The Savings Investment and Valuation of a Corporation, in: *The Review of Economics and Statistics*, Bd. 44, 1962, S. 37–51.

Gordon, Myron J., Optimal Investment and Financing Policy, in: *The Journal of Finance*, Bd. 18, 1963, S. 264–272.

Gordon, Myron J., Security and Investment: Theory and Evidence, in: *The Journal of Finance*, Bd. 19, 1964, S. 607–618.

Gordon, Myron J., und Shapiro, Eli, Capital Equipment Analysis: The Required Rate of Profit, in: *Management Science*, Bd. 3, 1956, S. 102–110.

Graham, Benjamin, Dodd, David L., Cottle, Sidney und Tatham, Charles, *Security Analysis. Principles and Technique*, 4. Aufl., New York–San Francisco–Toronto–London 1962.

Grayson, C. Jackson, Jr., The Use of Statistical Techniques in Capital Budgeting, in: Robichek, Alexander A. (Hrsg.), *Financial Research and Management Decisions*, New York, London, Sydney, 1967, S. 90–125.

Greenspan, Alan, Liquidity as a Determinant of Industrial Prices and Interest Rates, in: *The Journal of Finance*, Bd. 19, 1964, S. 159–169.

Grossmann, Herschel I., Risk Aversion, Financial Intermediation, and the Term Structure of Interest Rates, in: *The Journal of Finance*, Bd. 22, 1967, S. 611–622.

Grossmann, Herschel I., Expectations, Transactions Costs and Asset Demands, in: *The Journal of Finance*, Bd. 24, 1969, S. 491–506.

Gubitz, Wolfgang, Finanzpläne als Kontrollmittel für Bankkredite, in: *ZfhF*, Jg. 27, 1933, S. 506–528.

Gupta, Manak C., The Effect of Size, Growth and Industry on the Financial Structure of Manufacturing Companies, in: *The Journal of Finance*, Bd. 24, 1969, S. 517–529.

Gutenberg, Erich, Über den Einfluß der Gewinnverwendung auf das Wachstum der Unternehmen, in: *ZfB*, 33. Jg., 1963, S. 193–210.

Gutenberg, Erich, Zum Problem des optimalen Verschuldungsgrades, in: *ZfB*, 36. Jg., 1966, S. 681–703.

Gutenberg, Erich, Zur Frage der Messung des Risikos bei variablem Verschuldungsgrad, in: *ZfB*, 37. Jg., 1967, S. 148–149.

Gutenberg, Erich, Gewinnverwendungspolitik – Einfluß der Gewinnverwendung auf das Wachstum der Unternehmen, in: Janberg, Hans (Hrsg.), *Finanzierungs-Handbuch*, 2. Aufl., Wiesbaden 1970, S. 111–129.

Gutenberg, Erich, *Grundlagen der Betriebswirtschaftslehre*, 3. Band, *Die Finanzen*, 5. Aufl., Berlin–Heidelberg–New York 1972.

Guth, Wilfried, Finanzpolitik multinationaler Unternehmungen, in: *ZfbF*, 22. Jg., 1970, S. 457–468.

Guthmann, Harry G., und Dougall, Herbert E., *Corporate Financial Policy*, 4th ed, Englewood Cliffs, N. J. 1962.

Härle, Dietrich, *Finanzierungsregeln und ihre Problematik*, Wiesbaden 1961.
Hahn, Oswald, Neuere Wertpapierformen in der Industriefinanzierung, in: *ZfhF*, 13. Jg., 1961, S. 26–38.
Hakansson, Nils H., An Induced Theory of the Firm under Risk: The Pure Mutual Fund, in: *The Journal of Financial and Quantitative Analysis*, Bd. 5, 1970, S. 155–178.
Hakansson, Nils H., Capital Growth and the Mean-Variance Approach to Portfolio Selection, in: *The Journal of Financial and Quantitative Analysis*, Bd. 6, 1971, S. 517–557.
Hakansson, Nils H., Multi-Period Mean – Variance Analysis: Toward a General Theory of Portfolio Choice, in: *The Journal of Finance*, Bd. 26, 1971, S. 857–884.
Haley, Charles W., Taxes, the Cost of Capital and the Firm's Investment Decisions, in: *The Journal of Finance*, Bd. 26, 1971, S. 901–917.
Hallstein, Bertil, *Investment and Financing Decisions: On Goal Formulation and Model Building*, Stockholm 1966.
Hamada, Robert S., Portfolio Analysis, Market Equilibrium and Corporation Finance, in: *The Journal of Finance*, Bd. 24, 1969, S. 13–31.
Hamada, Robert S., The Effect of the Firm's Capital Structure on the Systematic Risk of Common Stocks, in: *The Journal of Finance*, Bd. 27, 1972, S. 435–452.
Hamburger, Michael J., und Kochin, Levis A., Money and Stock Prices: The Channels of Influence, in: *The Journal of Finance*, Bd. 27, 1972, S. 231–249.
Hanssmann, Fred, *Operations Research Techniques for Capital Investment*, New York–London–Sydney 1968.
Harkavy, Oscar, The Relation between Retained Earnings and Common Stock Prices for Large Listed Corporations, in: *The Journal of Finance*, Bd. 8, 1953, S. 283–297.
Hartmann, Bernhard, Die Finanzierungsfunktion des »Eigenkapital-Ersatzes«, in: *ZfhF*, 11. Jg., 1959, S. 133–148.
Haugen, Robert A., und Pappas, James L., A Comment on the Capital Structure and the Cost of Capital: A Suggested Exposition, in: *The Journal of Finance*, Bd. 25, 1970, S. 674–677.
Haugen, Robert A., und Pappas, James L., Equilibrium in the Pricing of Capital Assets, Risk-Bearing Debt Instruments, and the Question of Optimal Capital Structure, in: *The Journal of Financial and Quantitative Analysis*, Bd. 6, 1971, S. 943–953.
Hauschildt, Jürgen, *Organisation der finanziellen Unternehmensführung*, Stuttgart 1970.
Hauschildt, Jürgen, Finanzorganisation und Verschuldungsgrad, in: *ZfB*, 40. Jg., 1970, S. 427–450.
Hauschildt, Jürgen, »Kreditwürdigkeit«. Bezugsgrößen von Verhaltenserwartungen und Kreditbeziehungen, in: *Hamburger Jahrbuch für Wirtschafts- und Gesellschaftspolitik*, 17. Jg., 1972, S. 167–183.
Havermann, Hans, *Leasing*, Düsseldorf, 1965.
Havermann, Hans, Finanzwirtschaftliche Aspekte des Leasing, in: Forster, Karl-Heinz, und Schuhmacher, Peter (Hrsg.), *Aktuelle Fragen der Unternehmensfinanzierung und Unternehmensbewertung, Festschrift für Kurt Schmaltz*, Stuttgart 1970, S. 70–107.
Hax, Herbert, Der Kalkulationszinsfuß in der Investitionsrechnung bei unsicheren Erwartungen, in: *ZfbF*, 16. Jg., 1964, S. 187–194.
Hax, Herbert, Investitions- und Finanzplanung mit Hilfe der linearen Programmierung, in: *ZfbF*, 16. Jg., 1964, S. 430–446.
Hax, Herbert, Der Einfluß der Investitions- und Ausschüttungspolitik auf den Zukunftserfolg der Unternehmung, in: Busse von Colbe, Walther, und Sieben, Günter (Hrsg.), *Betriebs-*

wirtschaftliche Information, Entscheidung und Kontrolle, Festschrift für Hans Münstermann, Wiesbaden 1969, S. 359–380.

Hax, Herbert, Bezugsrecht und Kursentwicklung von Aktien bei Kapitalerhöhungen, in: ZfbF, 23. Jg., 1971, S. 157–163.

Hax, Herbert, Investitionstheorie, 2. Aufl., Würzburg–Wien 1972.

Hax, Herbert, und Laux, Helmut, Investitionstheorie, in: Menges, Günter (Hrsg.): Beiträge zur Unternehmensforschung, Würzburg und Wien 1969, S. 227–284.

Hax, Karl, Abschreibung und Finanzierung, in: ZfhF, 7. Jg., 1955, S. 141–147.

Hax, Karl, Die Bedeutung der betriebswirtschaftlichen Abschreibungs- und Investitionspolitik für das wirtschaftliche Wachstum der modernen Industriestaaten, in: ZfhF, 10. Jg., 1958, S. 247–257.

Hax, Karl, Probleme der Aktienfinanzierung unter dem Einfluß des gespaltenen Körperschaftsteuersatzes, in: ZfhF, 15. Jg., 1963, S. 49–64.

Hax, Karl, Die Kapitalwirtschaft des wachsenden Industrieunternehmens, ZfbF, 16. Jg., 1964, S. 252–279.

Hax, Karl, Langfristige Finanz- und Investitionsentscheidungen, in: Hax, Karl, und Wessels, Theodor (Hrsg.), Handbuch der Wirtschaftswissenschaften, Bd. 1, Betriebswirtschaft, 2. Aufl., Köln–Opladen 1966, S. 399–489.

Hax, Karl, Kapitalbeteiligungsgesellschaften zur Finanzierung kleiner und mittlerer Unternehmungen, Köln–Opladen 1969.

Hayes, Samuel L., III, New Interest in Incentive Financing, in: Harvard Business Review, Bd. 44, Heft 4, 1966, S. 99–112.

Heckerman, Donald G., Portfolio Selection and the Structure of Capital Asset Prices when Relative Prices of Consumption Goods May Change, in: The Journal of Finance, Bd. 27, 1972, S. 47–60.

Heflebower, Richard B., Corporate Mergers: Policy and Economic Analysis, in: The Quarterly Journal of Economics, Bd. 77, 1963, S. 537–558.

Heigl, Anton, Die Bewertung von Unternehmungen und Unternehmungsanteilen, in: ZfB, 32. Jg., 1962, S. 513–528.

Heintzeler, Wolfgang, Auswirkungen der Gewinnsteuerreform auf die Unternehmensfinanzierung, in: ZfbF, 23. Jg., 1971, S. 555–565.

Hickmann, Braddock W., Statistical Measures of Corporate Bond Financing Since 1900, Princeton 1960.

Hicks, John R., Value and Capital, 2nd ed., Oxford, 1946.

Higgins, Robert C., The Corporate Dividend-Saving Decision, in: The Journal of Financial and Quantitative Analysis, Bd. 7, 1972, S. 1527–1541.

Hirshleifer, Jack, Risk, the Discount Rate, and Investment Decisions, in: The American Economic Review (Papers and Proceedings), Bd. 51, 1961, S. 112–120.

Hirshleifer, Jack, Investment Decision under Uncertainty: Choice-Theoretic Approaches, in: The Quarterly Journal of Economics, Bd. 79, 1965, S. 509–536.

Hirshleifer, Jack, Investment Decision under Uncertainty: Applications of the State – Preference Approach, in: The Quarterly Journal of Economics, Bd. 80, 1966, S. 252–277.

Hirshleifer, Jack, Investment, Interest and Capital, Englewood Cliffs, N. J. 1970.

Hirte, Erich, Ertragsvorschau und Finanzplanung, in: Neue Betriebswirtschaft, 16. Jg., 1963, S. 175–184, S. 220–225, und 17. Jg., 1964, S. 3–8.

Hodgman, Donald R., Credit Risk and Credit Rationing, in: The Quarterly Journal of Economics, Bd. 74, 1960, S. 258–278.

Hodgman, Donald R., Credit Risk and Credit Rationing: Reply, in: *The Quarterly Journal of Economics*, Bd. 75, 1961, S. 327–329.
Holt, Charles C., The Influence of Growth Duration on Share Prices, in: *The Journal of Finance*, Bd. 17, 1962, S. 465–475.
Howell, Paul L., Securities Markets, in: Bogen, Jules I. (Hrsg.), *Financial Handbook*, 4th ed., New York 1964, S. 10-1 bis 10-58.
Hunt, Pearson, A Proposal for Precise Definitions of »Trading in the Equity« and »Leverage«, in: *The Journal of Finance*, Bd. 16, 1961, S. 377–386.
Hunt, Pearson, Williams, Charles M., Donaldson, Gordon, *Basic Business Finance: Text and Cases*, Homewood, Ill., 1961.
Huppertz, Hubert, *Convertible Bonds als Aktienwandelobligationen und andere »Mischformen« als Mittel der Kapitalbeschaffung der Aktiengesellschaften der Vereinigten Staaten von Amerika*, Diss., Köln, 1926/27, abgedruckt in: ZfB, 7. Jg., 1930, S. 409–428, S. 531–545 und S. 595–607.
Ijiri, Y., Levy, F. K., und Lyon, R. C., A Linear Programming Model for Budgeting and Financial Planning, in: *Journal of Accounting Research*, Bd. 1, 1963, S. 198–212.
Jääskeläinen, Veikko, *Optimal Financing and Tax Policy of the Corporation*, Helsinki 1966.
Jacob, Herbert, Die Methoden zur Ermittlung des Gesamtwertes einer Unternehmung, in: ZfB, 30. Jg., 1960, S. 131–147 und S. 209–222.
Jacob, Herbert, Der Zukunftserfolgsbegriff und die Verfahren der Unternehmungsbewertung, in: ZfB, 31. Jg., 1961, S. 231–246.
Jacob, Nancy L., The Measurement of Systematic Risk for Securities and Portfolios: Some Empirical Results, in: *The Journal of Financial and Quantitative Analysis*, Bd. 6, 1971, S. 815–833.
Jacob, Nancy L., und Smith, Keith V., The Value of Perfect Market Forecasts in Portfolio Selection, in: *The Journal of Finance*, Bd. 27, 1972, S. 355–369.
Jaedicke, Robert K., und Sprouse, Robert T., *Accounting Flows: Income, Funds, and Cash*, Englewood Cliffs, N. J. 1965.
Jaensch, Günter, Ein einfaches Modell der Unternehmungsbewertung ohne Kalkulationszinsfuß, in: ZfbF, 18. Jg., 1966, S. 660–679.
Jahr, Günther, und Stützel, Wolfgang, *Aktien ohne Nennbetrag*, Frankfurt a. M., 1963.
Janberg, Hans (Hrsg.), *Finanzierungs-Handbuch*, 2. Aufl., Wiesbaden 1970.
Janberg, Hans, Finanzierung und Finanzpolitik, in: Janberg, Hans (Hrsg.), *Finanzierungs-Handbuch*, 2. Aufl., Wiesbaden 1970, S. 25–63.
Jean, William H., The Extension of Portfolio Analysis to Three or More Parameters, in: *The Journal of Financial and Quantitative Analysis*, Bd. 6, 1971, S. 505–515.
Jen, Frank C., und Wert, James E., The Effect of Call Risk on Corporate Bond Yields, in: *The Journal of Finance*, Bd. 22, 1967, S. 637–651.
Jennings, Edward H., An Empirical Analysis of Some Aspects of Common Stock Diversification, in: *The Journal of Financial and Quantitative Analysis*, Bd. 6, 1971, S. 797–813.
Jensen, Michael C., und Benington, George A., Random Walks and Technical Theories: Some Additional Evidence, in: *The Journal of Finance*, Bd. 25, 1970, S. 469–482.
Johnson, Glenn L., Reilly, Frank K., und Smith, Ralph E., Individual Common Stocks as Inflation Hedges, in: *The Journal of Financial and Quantitative Analysis*, Bd. 6, 1971, S. 1015–1024.
Johnson, Keith B., Stock Splits and Price Change, in: *The Journal of Finance*, Bd. 21, 1966, S. 675–686.

Johnson, Ramon E., Term Structures of Corporate Bond Yields as a Function of Risk of Default, in: *The Journal of Finance*, Bd. 22, 1967, S. 313–345.

Johnson, Robert W., Subordinated Debentures: Debt that Serves as Equity, in: *The Journal of Finance*, Bd. 10, 1955, S. 1–16.

Johnson, Robert W., More Scope for Credit Managers, in: *Harvard Business Review*, Bd. 39, Heft 6, 1961, S. 109–120.

Johnson, Robert W., *Financial Management*, 4th ed., Boston 1971.

Jonas, Heinrich H., *Grenzen der Kreditfinanzierung*, Wiesbaden 1960.

Jones, Charles P., und Litzenberger, Robert H., Quarterly Earnings Reports and Intermediate Stock Price Trends, in: *The Journal of Finance*, Bd. 25, 1970, S. 143–148.

Jones, Charles P., und Simkowitz, Michael A., Abstract: An Exploratory Analysis of the Simultaneity of Stock Price Movements, in: *The Journal of Financial and Quantitative Analysis*, Bd. 7, 1972, S. 1669–1672.

Jones, Lawrence D., Some Contributions of the Institutional Investor Study, in: *The Journal of Finance*, Bd. 27, 1972, S. 305–317.

Jones-Lee, M. W., Some Portfolio Adjustment Theorems for the Case of Non-Negativity Constraints on Security Holdings, in: *The Journal of Finance*, Bd. 26, 1971, S. 763–775.

Joyce, Jon M., und Vogel, Robert C., The Uncertainty in Risk: Is Variance Unambiguous?, in: *The Journal of Finance*, Bd. 25, 1970, S. 127–142.

Käfer, Karl, Zur Bewertung der Unternehmung als Ganzes, in: *Rechnungsführung in Unternehmung und Staatsverwaltung*, Festgabe für Otto Juzi, Zürich 1946, S. 71–98.

Kalymon, Basil A., Estimation Risk in the Portfolio Selection Model, in: *The Journal of Financial and Quantitative Analysis*, Bd. 6, 1971, S. 559–582.

Kane, Edward J., The Term Structure of Interest Rates: An Attempt to Reconcile Teaching with Practice, in: *The Journal of Finance*, Bd. 25, 1970, S. 361–374.

Kavesh, Robert A., und Mackey, Judith, A Financial Framework for Economic Growth, in: *The Journal of Finance*, Bd. 16, 1961, S. 202–225.

Keller, Frank R., The Behavior of Individuals in Security Investment Decisions, in: *The Journal of Finance*, Bd. 25, 1970, S. 942–943.

King, M. A., Corporate Taxation and Dividend Behaviour – A Comment, in: *The Review of Economic Studies*, Bd. 38, 1971, S. 377–380.

Kirsch, Werner, Zur Problematik »optimaler« Kapitalstrukturen, in: *ZfB*, 38. Jg., 1968, S. 881–888.

Knopik, Gispert, Factoring in den USA und in Deutschland, in: *ZfbF*, 17. Jg., 1965, S. 269–294.

Koch, Helmut, Finanzplanung, in: Seischab, Hans, und Schwantag, Karl (Hrsg.), *Handwörterbuch der Betriebswirtschaft*, 3. Aufl., Bd. II, Stuttgart 1957/58, Sp. 1911–1925.

Köhler, Richard, Zum Finanzierungsbegriff einer entscheidungsorientierten Betriebswirtschaftslehre, in: *ZfB*, 39. Jg., 1969, S. 435–456.

Kolbeck, Rosemarie, Leasing als finanzierungs- und investitionstheoretisches Problem, in: *ZfbF*, 20. Jg., 1968, S. 787–797.

Kolesar, Peter, Minimum Cost Replacement under Markovian Deterioration, in: *Management Science*, Bd. 12, 1966, A–694 bis A–706.

v. Kortzfleisch, Gert, *Die Grundlagen der Finanzplanung*, Berlin 1957.

Kosiol, Erich, Finanzplanung und Liquidität, in: *ZfhF*, 7. Jg., 1955, S. 251–272.

Krümmel, Hans-Jacob, Zur Bewertung im Kreditstatus, in: *ZfhF*, 14. Jg., 1962, S. 137–151.

Krümmel, Hans-Jacob, *Bankzinsen. Untersuchung über die Preispolitik von Universalbanken*, Köln 1964.

Krümmel, Hans-Jacob, Kursdisparitäten im Bezugsrechtshandel, in: *BFuP*, 16. Jg., 1964, S. 485–498.

Krümmel, Hans-Jacob, Grundsätze der Finanzplanung, in: *ZfB*, 34. Jg., 1964, S. 225–240.

Krümmel, Hans-Jacob, Finanzierungsrisiken und Kreditspielraum, in: *ZfB*, 36. Jg., 1966, 1. Ergänzungsheft, S. 134–157.

Kühnen, Harald, Eigenkapital bei Personen- und Kapitalgesellschaften, in: *ZfbF*, 15. Jg., 1963, S. 231–245.

Kuh, Edwin, *Capital Stock Growth: A Micro-Econometric Approach*, Amsterdam 1963.

Kuhn, Alfred, Optimales Unternehmungswachstum durch Gewinnthesaurierung, in: *ZfbF*, 18. Jg., 1966, S. 680–701.

Langen, Heinz, Die Kapazitätsausweitung durch Reinvestition liquider Mittel aus Abschreibungen, in: *ZfhF*, 5. Jg., 1953, S. 49–70.

Langen, Heinz, Bemerkungen zum Liquiditätsbegriff, in: *ZfB*, 29. Jg., 1959, S. 87–96.

Langen, Heinz, Einige Bemerkungen zum Lohmann-Ruchti-Effekt, in: *ZfB*, 32. Jg., 1962, S. 307–313.

Langen, Heinz, Die Prognose von Zahlungseingängen, in: *ZfB*, 34. Jg., 1964, S. 289–326.

Langen, Heinz, Betriebliche Zahlungsströme und ihre Planung in dynamischer Sicht, in: *ZfB*, 35. Jg., 1965, S. 261–279.

Latané, Henry Allen, Individual Risk Preference in Portfolio Selection, in: *The Journal of Finance*, Bd. 15, 1960, S. 45–52.

Latané, Henry A., und Tuttle, Donald L., Decision Theory and Financial Management, in: *The Journal of Finance*, Bd. 21, 1966, S. 228–244.

Laudadio, Leonard, Size of Bank, Size of Borrower and the Rate of Interest, in: *The Journal of Finance*, Bd. 18, 1963, S. 20–28.

Laux, Helmut, *Kapitalkosten und Ertragsteuern*, Köln, Berlin, Bonn, München 1969.

Laux, Helmut, Expected Utility Maximization and Capital Budgeting Subgoals, in: *Unternehmensforschung*, Bd. 15, 1971, S. 130–146.

Laux, Helmut, *Flexible Investitionsplanung*, Opladen 1971.

Laux, Helmut, und Franke, Günter, Investitions- und Finanzplanung mit Hilfe von Kapitalwerten, in: *ZfbF*, 21. Jg., 1969, S. 43–56.

Leffson, Ulrich, Leasing beweglicher Anlagegüter, in: *ZfbF*, 16. Jg., 1964, S. 396–413.

Lehmann, Matthias, Der Einfluß der Besteuerung auf die Eigenkapitalkosten in wachsenden Unternehmen, in: *ZfbF*, 23. Jg., 1971, S. 232–247.

Lerner, Eugene M., Capital Budgeting and Financial Management, in: Robichek, Alexander A. (Hrsg.), *Financial Research and Management Decisions*, New York–London–Sydney 1967, S. 72–78.

Lerner, Eugene M., und Carleton, Willard T., The Integration of Capital Budgeting and Stock Valuation, in: *The American Economic Review*, Bd. 54, 1964, S. 683–702.

Lerner, Eugene M., und Carleton, Willard T., *A Theory of Financial Analysis*, New York 1966.

Lerner, Eugene M., und Carleton, Willard T., Financing Decisions of the Firm, in: *The Journal of Finance*, Bd. 21, 1966, S. 202–214.

Levy, Haim, und Sarnat, Marshall, Diversification, Portfolio Analysis and the Uneasy Case for Conglomerate Mergers, in: *The Journal of Finance*, Bd. 25, 1970, S. 795–802.

Levy, Haim, und Sarnat, Marshall, A Note on Portfolio Selection and Investors' Wealth, in: *The Journal of Financial and Quantitative Analysis*, Bd. 6, 1971, S. 639–642.

Levy, Haim, und Sarnat, Marshall, Two Period Portfolio Selection and Investors' Discount Rates, in: *The Journal of Finance*, Bd. 26, 1971, S. 757–761.

Lewellen, Wilbur G., A Pure Financial Rationale for the Conglomerate Merger, in: *The Journal of Finance*, Bd. 26, 1971, S. 521–537.

Lindsay, J. Robert, und Sametz, Arnold W., *Financial Management*, 2nd edition, Homewood, Ill., 1967.

Linnhoff, Hans-Otto, *Optionsanleihen*, Berlin 1956.

Lintner, John, Distribution of Incomes of Corporations Among Dividends, Retained Earnings and Taxes, in: *The American Economic Review*, Bd. 46, 1956, S. 97–113.

Lintner, John, Dividend, Earnings, Leverage, Stock Prices and the Supply of Capital to Corporations, in: *The Review of Economics and Statistics*, Bd. 44, 1962, S. 243–269.

Lintner, John, The Cost of Capital and Optimal Financing of Corporate Growth, in: *The Journal of Finance*, Bd. 18, 1963, S. 292–310.

Lintner, John, Optimal Dividends and Corporate Growth under Uncertainty, in: *The Quarterly Journal of Economics*, Bd. 78, 1964, S. 49–95.

Lintner, John, Security Prices, Risk and Maximal Gains from Diversification, in: *The Journal of Finance*, Bd. 20, 1965, S. 587–615.

Lintner, John, The Valuation of Risk Assets and the Selection of Risky Investments in Stock Portfolios and Capital Budgets, in: *The Review of Economics and Statistics*, Bd. 47, 1965, S. 13–37.

Lintner, John, The Market Price of Risk, Size of Market and Investors' Risk Aversion, in: *The Review of Economics and Statistics*, Bd. 52, 1970, S. 87–99.

Lintner, John, The Effect of Short Selling and Margin Requirements in Perfect Capital Markets, in: *The Journal of Financial and Quantitative Analysis*, Bd. 6, 1971, S. 1173–1195.

Lipfert, Helmut, Theorie der optimalen Unternehmensfinanzierung, in: *ZfbF*, 17. Jg., 1965, S. 58–77.

Lipfert, Helmut, *Optimale Unternehmensfinanzierung*, 3. Aufl., Frankfurt/M. 1969.

Lipfert, Helmut, Finanzierungsregeln und Bilanzstrukturen, in: Janberg, Hans (Hrsg.), *Finanzierungs-Handbuch*, 2. Aufl., Wiesbaden 1970, S. 67–87.

Litzenberger, Robert H., Equilibrium in the Equity Market under Uncertainty, in: *The Journal of Finance*, Bd. 24, 1969, S. 663–671.

Litzenberger, Robert H., und Budd, A. P., A Note on Geometric Mean Portfolio Selection and the Market Prices of Equities, in: *The Journal of Financial and Quantitative Analysis*, Bd. 6, 1971, S. 1277–1282.

Litzenberger, Robert H., und Jones, Charles P., The Capital Structure and the Cost of Capital: Comment, in: *The Journal of Finance*, Bd. 25, 1970, S. 669–673.

Litzenberger, Robert H., und Rao, C. U., Portfolio Theory and Industry Cost of Capital Estimates, in: *The Journal of Financial and Quantitative Analysis*, Bd. 7, 1972, S. 1443–1462.

Lockett, Geoffrey A., und Tomkins, Cyril, The Discount Rate Problem in Capital Rationing Situations: Comment, in: *The Journal of Financial and Quantitative Analysis*, Bd. 5, 1970, S. 245–260.

Lohmann, Martin, Abschreibungen, was sie sind und was sie nicht sind, in: *Der Wirtschaftsprüfer*, 2. Jg., 1949, S. 353–357.

Lohmann, Martin, Die Problematik der goldenen Bilanzregel, in: *Die Wirtschaftsprüfung*, 12. Jg., 1959, S. 141–148.

Loitlsberger, Erich, Zur Theorie und Verifikation der »typischen« Kapitalstruktur (= optimalen Finanzierung), in: *Der Österreichische Betriebswirt*, Band 21, 1971, S. 6–52.

Loos, Gerold, Sachgemäße Ausgestaltung der Bedingungen von Wandelschuldverschreibungen zum Schutze der Wandelschuldverschreibungsgläubiger, in: *Der Betrieb*, 13. Jg., 1960, S. 515-518, S. 543-545.
Lücke, Wolfgang, *Finanzplanung und Finanzkontrolle in der Industrie*, Wiesbaden 1965.
Lüder, Klaus, Zum Problem der Bestimmbarkeit eines Liquiditätsoptimums, in: *ZfB*, 37. Jg., 1967, S. 519-533.
Lutz, Friedrich und Lutz, Vera, *The Theory of Investment of the Firm*, Princeton, N. J. 1951.
Magen, S. D., Cost of Capital and Dividend Policies in Commercial Banks, in: *The Journal of Financial and Quantitative Analysis*, Bd. 6, 1971, S. 733-746.
Malkiel, Burton G., Equity Yields, Growth, and the Structure of Share Prices, in: *The American Economic Review*, Bd. 53, 1963, S. 1004-1031.
Mampe, Edwin P. Jr., The Impact of Interest Rates on Share Prices: The Influence of Expectations, Growth and Leverage, in: *The Journal of Finance*, Bd. 25, 1970, S. 946-947.
Mao, James C. T., The Valuation of Growth Stocks: The Investment Opportunities Approach, in: *The Journal of Finance*, Bd. 21, 1966, S. 95-102.
Mao, James C. T., *Quantitative Analysis of Financial Decisions*, London 1969.
Mao, James C. T., Essentials of Portfolio Diversification Strategy, in: *The Journal of Finance*, Bd. 25, 1970, S. 1109-1121.
Markowitz, Harry M., Portfolio Selection, in: *The Journal of Finance*, Bd. 7, 1952, S. 77-91.
Markowitz, Harry M., *Portfolio Selection*, New York-London 1959.
Mayer, Thomas, Is the Portfolio Control of Financial Institutions Justified?, in: *The Journal of Finance*, Bd. 17, 1962, S. 311-317.
Mc Donald, J. G., und Fisher, A. K., New-Issue Stock Price Behavior, in: *The Journal of Finance*, Bd. 27, 1972, S. 97-102.
Mc Kibben, Walt, Econometric Forecasting of Common Stock Investment Returns: A New Methodology Using Fundamental Operating Data, in: *The Journal of Finance*, Bd. 27, 1972, S. 371-380.
Mellerowicz, Konrad, und Jonas, Heinrich, *Bestimmungsfaktoren der Kreditfähigkeit*, Berlin 1954, 2. Aufl. 1957.
Mendelson, Morris, Security and a Financial Theory of Investment: Comment, in: *The Quarterly Journal of Economics*, Bd. 76, 1962, S. 311-315.
Mendelson, Morris, Leverage, Dividend Policy and the Cost of Capital: A Comment, in: *The Journal of Finance*, Bd. 25, 1970, S. 898-903.
Mertens, Peter, Ertragsteuerwirkungen auf die Investitionsfinanzierung – ihre Berücksichtigung in der Investitionsrechnung, in: *ZfhF*, 14. Jg., 1962, S. 570-588.
Mey, J. L., Kritische Bemerkungen zur Finanzierungslehre, in: *ZfhF*, 9. Jg., 1957, S. 521-531.
Miller, Merton H., Credit Risk and Credit Rationing: Further Comment, in: *The Quarterly Journal of Economics*, Bd. 76, 1962, S. 480-488.
Miller, Merton H., und Modigliani, Franco, Dividend Policy, Growth, and the Valuation of Shares, in: *The Journal of Business*, Bd. 34, 1961, S. 411-433.
Miller, Merton H., und Modigliani, Franco, Dividend Policy and Market Valuation: A Reply, in: *The Journal of Business*, Bd. 36, 1963, S. 116-119.
Miller, Merton H., und Modigliani, Franco, Some Estimates of the Cost of Capital to the Electric Utility Industry, in: *The American Economic Review*, Bd. 56, 1966, S. 333-391.
Miller, Merton H., und Orr, Daniel, A Model of the Demand for Money by Firms, in: *The Quarterly Journal of Economics*, Bd. 80, 1966, S. 413-435.
Miller, Merton H., und Orr, Daniel, An Application of Control-Limit Models to the Manage-

ment of Corporate Cash Balances, in: Robichek, Alexander A. (Hrsg.), *Financial Research and Management Decisions*, New York–London–Sydney 1967, S. 133–147.

Miller, Merton H., und Orr, Daniel, The Demand for Money by Firms: Extensions of Analytic Results, in: *The Journal of Finance*, Bd. 23, 1968, S. 735–759.

Moag, Joseph S., Carleton, Willard T., und Lerner, Eugene M., Defining the Finance Function: A Model-Systems Approach, in: *The Journal of Finance*, Bd. 22, 1967, S. 543–555.

Modigliani, Franco, und Miller, Merton H., The Cost of Capital, Corporation Finance and the Theory of Investment, in: *The American Economic Review*, Bd. 48, 1958, S. 261–297.

Modigliani, Franco, und Miller, Merton H., The Cost of Capital, Corporation Finance and the Theory of Investment: Reply, in: *The American Economic Review*, Bd. 49, 1959, S. 655–669.

Modigliani, Franco, und Miller, Merton H., Corporate Income Taxes and the Cost of Capital: A Correction, in: *The American Economic Review*, Bd. 53, 1963, S. 433–443.

Modigliani, Franco, und Zeman, M., The Effect of the Availability of Funds and the Terms Thereof, on Business Investment, in: *National Bureau of Economic Research, Conference on Research in Business Finance*, New York 1952, S. 263–309.

Mossin, Jan, Equilibrium in a Capital Asset Market, in: *Econometrica*, Bd. 34, 1966, S. 768–783.

Mossin, Jan, Merger Agreements: Some Game-theoretic Considerations, in: *The Journal of Business*, Bd. 41, 1968, S. 460–471.

Moxter, Adolf, Der Zusammenhang zwischen Vermögensumschichtung und Kapazitätsentwicklung bei veränderlichen Leistungsabgaben von Aggregaten pro Zeiteinheit, in: *ZfhF*, 11. Jg., 1959, S. 457–473.

Moxter, Adolf, Die Bestimmung des Kalkulationszinsfußes bei Investitionsentscheidungen, in: *ZfhF*, 13. Jg., 1961, S. 186–200.

Moxter, Adolf, Die Bestimmung des optimalen Selbstfinanzierungsgrades unter privatwirtschaftlichem Aspekt, in: *Der Betrieb in der Unternehmung, Festschrift für Wilhelm Rieger*, hrsg. von Johannes Fettel und Hanns Linhardt, Stuttgart 1963, S. 300–317.

Moxter, Adolf, Offene Probleme der Investitions- und Finanzierungstheorie, in: *ZfhF*, 17. Jg., 1965, S. 1–10.

Moxter, Adolf, Optimaler Verschuldungsumfang und Modigliani-Miller-Theorem, in: Forster, Karl-Heinz, und Schuhmacher, Peter (Hrsg.), *Aktuelle Fragen der Unternehmensfinanzierung und Unternehmensbewertung, Festschrift für Kurt Schmaltz*, Stuttgart 1970, S. 128–155.

Münker, Dieter, *Das langfristige Kreditgeschäft der Großbanken*, Stuttgart 1967.

Münstermann, Hans, Börsenkurswert, in: *ZfB*, 32. Jg., 1962, S. 693–701.

Münstermann, Hans, Zur Theorie und Praxis der Gewinnverwendung, in: *Geld, Kapital und Kredit*, hrsg. von Hans E. Büschgen, Stuttgart 1968, S. 335–356.

Mumey, Glen A., Earnings Probabilities and Capital Costs, in: *The Journal of Business*, Bd. 40, 1967, S. 450–461.

Neubert, Helmut, Anlagenfinanzierung aus Abschreibungen, in: *ZfhF*, 3. Jg., 1951, S. 367–383 und 415–423.

Oettle, Karl, Selbstfinanzierungsmöglichkeiten und Investitionsentscheidungen, in: *ZfbF*, 16. Jg., 1964, S. 381–395.

Oettle, Karl, Finanzwirtschaftliche Typen industrieller Unternehmungen – Fragen ihrer Nützlichkeit und ihrer Bildung, in: *ZfbF*, 17. Jg., 1965, S. 379–391.

Oettle, Karl, *Unternehmerische Finanzpolitik*, Stuttgart 1966.

Orth, Ludwig, *Die kurzfristige Finanzplanung industrieller Unternehmungen*, Köln–Opladen 1961.

Petermann, Günter, Finanzierungsmöglichkeiten der Gesellschaft mit beschränkter Haftung und ihre Berücksichtigung im Referentenentwurf zum GmbH-Gesetz, in: *ZfB*, 40. Jg., 1970, S. 805–816.

Peterson, D. E., und Haydon, R. B., *A Quantitative Framework for Financial Management*, Homewood, Ill. 1969.

Pfisterer, Friedrich, *Der Informationsbedarf bei der Kreditgewährung von Volksbanken und seine Deckung in der Praxis*, Diss. Karlsruhe 1968.

Pinches, George E., Financing with Convertible Preferred Stock, 1960–1967, in: *The Journal of Finance*, Bd. 25, 1970, S. 53–63.

Poensgen, Otto H., The Valuation of Convertible Bonds, in: *Industrial Management Review*, Teil 1: Bd. 6, 1965, S. 77–92, Teil 2: Bd. 7, 1966, S. 83–98.

Pogue, G. A., An Extension of the Markowitz Portfolio Selection Model to Include Variable Transactions' Costs, Short Sales, Leverage Policies and Taxes, in: *The Journal of Finance*, Bd. 25, 1970, S. 1005–1027.

Porterfield, James T. S., *Investment Decisions and Capital Costs*, Englewood Cliffs, N. J. 1965.

Porterfield, James T. S., Dividend Policy and Shareholders' Wealth, in: Robichek, Alexander A. (Hrsg.), *Financial Research and Management Decisions*, New York–London–Sydney 1967, S. 54–67.

Pyle, David H., On the Theory of Financial Intermediation, in: *The Journal of Finance*, Bd. 26, 1971, S. 737–747.

Rall, Armin, Der Einfluß der Selbstfinanzierung auf den Börsenkurs, in: *Der Österreichische Betriebswirt*, 12. Jg., 1962, S. 188–209.

Reismann, Arnold, Weston, Fred J., und Buffa, Elwood S., Beitrag zu einer Theorie der optimalen Finanzstruktur, in: *ZfB*, 36. Jg., 1966, S. 568–577.

Resek, Robert W., Multidimensional Risk and the Modigliani-Miller Hypothesis, in: *The Journal of Finance*, Bd. 25, 1970, S. 47–51.

Richter, Marcel K., Cardinal Utility, Portfolio Selection and Taxation. In: *The Review of Economic Studies*, Bd. 27, 1959/60, S. 152–166.

Riemenschnitter, Armin, *Die Kreditfinanzierung im Modell der flexiblen Planung*, Berlin 1972.

Rittershausen, Heinrich, Unternehmensbewertung und Price-earnings ratio, in: *ZfB*, 34. Jg., 1964, S. 652–659.

Rittershausen, Heinrich, *Industrielle Finanzierungen*, Wiesbaden 1964.

Rittershausen, Heinrich, Die kurzfristigen Finanzdispositionen, in: Hax, Karl, und Wessels, Theodor (Hrsg.), *Handbuch der Wirtschaftswissenschaften*, Bd. 1, *Betriebswirtschaft*, 2. Aufl., Köln–Opladen 1966, S. 343–397.

Robbins, Sidney M., *Managing Securities*, Boston 1954.

Roberts, Harry V., Current Problems in the Economics of Capital Budgeting, in: *The Journal of Business*, Bd. 30, 1957, S. 12–16.

Robichek, Alexander A. (Hrsg.), *Financial Research and Management Decisions*, New York–London–Sydney 1967.

Robichek, Alexander A., The Use of Computer Simulation in Financial Planning, in: Robichek, Alexander A. (Hrsg.), *Financial Research and Management Decisions*, New York–London–Sydney 1967, S. 200–215.

Robichek, Alexander A., und Myers, Stewart C., *Optimal Financing Decisions*, Englewood Cliffs, N. J. 1965.

Robichek, Alexander A., und Myers, Stewart C., Valuation of the Firm: Effects of Uncertainty in a Market Context, in: *The Journal of Finance*, Bd. 21, 1966, S. 215–227.

Rössler, Max, Optimierung der Unternehmensfinanzierung, in: *Die Unternehmung*, 24. Jg., 1970, S. 191–206.

Rollins, Montgomery, Convertible Bonds and Stocks, in: *The Annals of the American Academy of Political and Social Science*, Bd. 35, 1910, S. 579–592.

Ruberg, Carl, Externe Bilanzänderungsrechnung zur Beurteilung der Mittelbeschaffung und Mittelverwendung in der Unternehmung, in: *ZfB*, 30. Jg., 1960, S. 470–480.

Ruchti, Hans, *Die Abschreibung*, Stuttgart 1953.

Ruppert, Werner, Über die Rendite von Aktien und Anleihen, in: *ZfB*, 38. Jg., 1968, S. 701–712.

Rusch, Horst, *Die Wandelschuldverschreibung*, Berlin 1956.

Ryder, Harl E. Jr., Credit Risk and Credit Rationing: Comment, in: *The Quarterly Journal of Economics*, Bd. 76, 1962, S. 471–479.

Sametz, Arnold W., Trends in the Volume and Composition of Equity Finance, in: *The Journal of Finance*, Bd. 19, 1964, S. 450–469.

Sampson, Anthony A., Measuring the Rate of Return on Capital, in: *The Journal of Finance*, Bd. 24, 1969, S. 61–74.

Samuelson, Paul A., Rational Theory of Warrant Pricing, in: *Industrial Management Review*, Bd. 6, 1965, S. 13–31.

Samuelson, Paul A., General Proof that Diversification Pays, in: *The Journal of Financial and Quantitative Analysis*, Bd. 2, 1967, S. 1–13.

Samuelson, Paul A., und Merton, Robert C., A Complete Model of Warrant Pricing that Maximizes Utility, in: *Industrial Management Review*, Bd. 10, 1969, S. 17–46.

Sandig, Kurt, *Finanzierung mit Fremdkapital*, Stuttgart 1965.

Sandig, Kurt, *Finanzen und Finanzierung der Unternehmung*, Stuttgart 1968.

Sarma, L. V. L. N., und Rao, Hanumanta K. S., Leverage and the Value of the Firm, in: *The Journal of Finance*, Bd. 24, 1969, S. 673–677.

Sauvain, Harry, The State of the Finance Field: Comment, in: *The Journal of Finance*, Bd. 22, 1967, S. 541–542.

Schäfer, Erich, Abschreibung und Finanzierung, in: *ZfhF*, 7. Jg., 1955, S. 137–140.

Schär, H. P., Die Organisation des Finanzwesens, in: *Die Unternehmung*, 24. Jg., 1970, S. 1–13.

Schall, Lawrence D., Firm Financial Structure and Investment, in: *The Journal of Financial and Quantitative Analysis*, Bd. 6, 1971, S. 925–942.

Schemmann, Gert, Probleme einer funktionalen und personalen Finanzierungstheorie, in: *ZfbF*, 22. Jg., 1970, S. 189–201.

Schemmann, Gert, *Zielorientierte Unternehmensfinanzierung*, Köln–Opladen 1970.

Schiff, Eric, A Note on Depreciation, Replacement, and Growth, in: *The Review of Economics and Statistics*, Bd. 36, 1954, S. 47–56.

Schmaltz, Kurt, Schaffung und Erhaltung des finanziellen Gleichgewichts der Unternehmung, in: *ZfbF*, 17. Jg., 1965, S. 78–103.

Schmidt, Ralf-Bodo, Die finanzwirtschaftliche Funktion der offenen Unternehmungsrücklagen, in: *ZfB*, 33. Jg., 1963, S. 47–53.

Schmidt, Ralf-Bodo, *Wirtschaftslehre der Unternehmung – Grundlagen*, Stuttgart 1969.

Schmidtkunz, Hans-Walter, Zum Problem der monetären Begrenzung finanzieller Entscheidungsbefugnisse, in: *ZfB*, 40. Jg., 1970, S. 469–490.

Schmidtkunz, Hans-Walter, *Die Koordination betrieblicher Finanzentscheidungen*, Wiesbaden 1970.

Schneider, Dieter, Grundlagen einer finanzwirtschaftlichen Theorie der Produktion, in: *Produktionstheorie und Produktionsplanung, Festschrift für Karl Hax;* hrsg. von Adolf Moxter, Dieter Schneider und Waldemar Wittmann, Köln und Opladen 1966, S. 337–382.

Schneider, Dieter, Ausschüttungsfähiger Gewinn und das Minimum an Selbstfinanzierung, in: *ZfbF*, 20. Jg., 1968, S. 1–29.

Schneider, Dieter, Modellvorstellungen zur optimalen Selbstfinanzierung, in: *ZfbF*, 20. Jg., 1968, S. 705–739.

Schneider, Dieter, Emissionskurs und Aktionärsinteresse, in: Forster, Karl-Heinz, und Schuhmacher, Peter (Hrsg.), *Aktuelle Fragen der Unternehmensfinanzierung und Unternehmensbewertung, Festschrift für Kurt Schmaltz*, Stuttgart 1970, S. 167–180.

Schneider, Dieter, *Investition und Finanzierung*, 3. Aufl., Köln–Opladen 1973.

Schwantag, Karl, Eigenkapital als Risikoträger, in: *ZfhF*, 15. Jg., 1963, S. 218–231.

Schwartz, Eli, Theory of the Capital Structure of the Firm, in: *The Journal of Finance*, Bd. 14, 1959, S. 18–39.

Schwartz, Eli, *Corporation Finance*, New York 1962.

Schwartz, Eli, The Refunding Decision, in: *The Journal of Business*, Bd. 40, 1967, S. 448–449.

Schwartz, Eli, und Aronson, J. Richard, Some Surrogate Evidence in Support of the Concept of Optimal Financial Structure, in: *The Journal of Finance*, Bd. 22, 1967, S. 10–18.

Schweim, Joachim, *Integrierte Unternehmensplanung*, Bielefeld 1969.

Sellien, Helmut, *Finanzierung und Finanzplanung*, 2.Aufl., Wiesbaden 1964.

Sharpe, William F., Capital Asset Prices: A Theory of Market Equilibrium under Conditions of Risk, in: *The Journal of Finance*, Bd. 19, 1964, S. 425–442.

Sharpe, William F., Risk-Aversion in the Stock Market: Some Empirical Evidence, in: *The Journal of Finance*, Bd. 20, 1965, S. 416–422.

Sharpe, William F., *Portfolio Theory and Capital Markets*, New York u.a. 1970.

Sharpe, William F., A Linear Programming Approximation for the General Portfolio Analysis Problem, in: *The Journal of Financial and Quantitative Analysis*, Bd. 6, 1971, S. 1263–1275.

Sieben, Günter, Neue Aspekte der Unternehmensbewertung, in: *ZfB*, 33. Jg., 1963, S. 37–46.

Sieben, Günter, Der Einfluß geplanter, bezüglich der Finanzierungsquellen von dem Bewertungsobjekt freier oder an das Bewertungsobjekt gebundener Kapitalzuführungen auf den Gesamtwert der Unternehmung, in: Forster, Karl-Heinz, und Schuhmacher, Peter (Hrsg.), *Aktuelle Fragen der Unternehmensfinanzierung und Unternehmensbewertung, Festschrift für Kurt Schmaltz*, Stuttgart, 1970, S. 181–202.

Siebert, Kurt, Probleme der laufenden Finanzplanung im Großbetrieb, in: *ZfhF*, 7. Jg., 1955, S. 278–289.

Smith, Dan Throop, *Effects of Taxation on Corporate Financial Policy*, Boston 1952.

Smith, Dan Throop, Financial Variables in International Business, in: *Harvard Business Review*, Bd. 44, Heft 1, 1966, S. 93–104.

Smith, Vernon L., Corporate Financial Theory under Uncertainty, in: *The Quarterly Journal of Economics*, Bd. 84, 1970, S. 451–471.

Solomon, Ezra, Measuring a Company's Cost of Capital, in: *The Journal of Business*, Bd. 28, 1955, S. 240–252.

Solomon, Ezra (Hrsg.), *The Management of Corporate Capital*, New York–London 1959.

Solomon, Ezra, *The Theory of Financial Management*, New York–London 1963.
Solomon, Ezra, Leverage and the Cost of Capital, in: *The Journal of Finance*, Bd. 18, 1963, S. 273–279.
Solomon, Ezra, What Should We Teach in a Course in Business Finance?, in: *The Journal of Finance*, Bd. 21, 1966, S. 411–415.
Solomon, Ezra, Introduction: A Summary of Recent Trends in Research, in: Robichek, Alexander A. (Hrsg.), *Financial Research and Management Decisions*, New York–London–Sydney, 1967, S. 1–9.
Soule, Roland P., Trends in the Cost of Capital, in: *Harvard Business Review*, Bd. 31, 1953, Heft 2, S. 33–47.
Staehle, Walter, *Die Schuldscheindarlehen*, Wiesbaden 1965.
Stapleton, Richard C., Portfolio Analysis, Stock Valuation and Capital Budgeting Decision Rules for Risky Projects, in: *The Journal of Finance*, Bd. 26, 1971, S. 95–117.
Steinmann, Horst, Liquiditätsoptimierung in der kurzfristigen Finanzplanung, in: *BFuP*, 20. Jg., 1968, S. 257–276.
Stevenson, Richard A., Retirement of Non-Callable Preferred Stock, in: *The Journal of Finance*, Bd. 25, 1970, S. 1143–1152.
Stevenson, Richard A., und Bear, Robert M., Commodity Futures: Trends or Random Walks?, in: *The Journal of Finance*, Bd. 25, 1970, S. 65–81.
Stier, Axel, *Die Sicherung von Industrieanleihen*, Frankfurt a.M. 1970.
Studer, Tobias, Simulation des Finanzbedarfs, in: *Die Unternehmung*, 25. Jg., 1971, S. 149–158.
Stützel, Wolfgang, Bemerkungen zur Bilanztheorie, in: *ZfB*, 37. Jg., 1967, S. 314–340.
Süchting, Joachim, Zur Problematik von Kapitalkosten – Funktionen in Finanzierungsmodellen, in: *ZfB*, 40. Jg., 1970, S. 329–348.
Süchting, Joachim, Geldfreisetzungseffekte im Zahlungsverkehr der Unternehmung, in: *ZfbF*, 22. Jg., 1970, S. 241–254.
Surkamp, Hans Ulrich, und Weissenfeld, Horst, *Wandelschuldverschreibungen, Taschenbücher für Geld, Bank und Börse*, Bd. 34, Frankfurt a.M. 1966.
Swoboda, Peter, Der Einfluß der steuerlichen Abschreibungspolitik auf betriebliche Investitionsentscheidungen, in: *ZfbF*, Jg. 16, 1964, S. 414–429.
Swoboda, Peter, Einflüsse der Besteuerung auf die Ausschüttungs- und Investitionspolitik von Kapitalgesellschaften, in: *ZfbF*, 19. Jg., 1967, S. 1–16.
Swoboda, Peter, Die Wirkungen von steuerlichen Abschreibungen auf den Kapitalwert von Investitionsprojekten bei unterschiedlichen Finanzierungsformen, in: *ZfbF*, 22. Jg., 1970, S. 77–86.
Swoboda, Peter, *Investition und Finanzierung*, Göttingen 1971.
Swoboda, Peter, *Finanzierungstheorie*, Würzburg–Wien 1973.
Swoboda, Peter, und Köhler, Christian, Der Einfluß einer Kapitalgewinnsteuer auf den Aktienkurs und die Dividendenpolitik von Aktiengesellschaften, in: *ZfbF*, 23. Jg., 1971, S. 208–231.
Taylor, Basil (Hrsg.), *Investment Analysis and Portfolio Management*, London 1970.
Teichroew, Daniel, Robichek, Alexander A., und Montalbano, Michael, An Analysis of Criteria for Investment and Financing Decisions under Certainty, in: *Management Science*, Bd. 12, 1966, S. 151–179.
Terborgh, George, *Dynamic Equipment Policy*, New York–Toronto–London 1949.
Thiess, Erich, *Kurz- und mittelfristige Finanzierung*, Wiesbaden 1958.

Tietz, Bruno, Die Kreditorenfinanzierung, in: *ZfB*, 38. Jg., 1968, S. 269–278.
Tinsley, P. A., Capital Structure, Precautionary Balances, and Valuation of the Firm: The Problem of Financial Risk, in: *The Journal of Financial and Quantitative Analysis*, Bd. 5, 1970, S. 33–62.
Tobin, James, Liquidity Preference as Behavior Towards Risk, in: *The Review of Economic Studies*, Bd. 25, 1957/58, S. 65–86.
Tobin, James, The Theory of Portfolio Selection, in: *The Theory of Interest Rates*, hrsg. von F. H. Hahn und F. P. R. Brechling, London 1965, S. 3–51.
Töndury, H., und Gsell, E., *Finanzierungen*, Zürich 1948.
Turnovsky, Stephen J., Financial Structure and the Theory of Production, in: *The Journal of Finance*, Bd. 25, 1970, S. 1061–1080.
Tuttle, Donald L., und Litzenberger, Robert H., Leverage, Diversification and Capital Market Effects on a Risk-Adjusted Capital Budgeting Framework, in: *The Journal of Finance*, Bd. 23, 1968, S. 427–443.
Ulrich, Franz Heinrich, Eigenkapital und Kreditgewährung, in: *Geld, Kapital und Kredit*, hrsg. von Hans E. Büschgen, Stuttgart 1968, S. 171–181.
Vancil, Richard F., Lease or Borrow – New Method of Analysis, in: *Harvard Business Review*, Bd. 39, 1961, Heft 5, S. 122–136.
Vancil, Richard F., Lease or Borrow-Steps in Negotiation, in: *Harvard Business Review*, Bd. 39, Heft 6, 1961, S. 138–159.
Vancil, Robert F., *Leasing of Industrial Equipment*, New York–Toronto–London 1963.
Van Horne, James C., *Function and Analysis of Capital Market Rates*, Englewood Cliffs, N. J. 1970.
Van Horne, James C., New Listings and Their Price Behavior, in: *The Journal of Finance*, Bd. 25, 1970, S. 783–794.
Van Horne, James C., A Note on Biases in Capital Budgeting Introduced by Inflation, in: *The Journal of Financial and Quantitative Analysis*, Bd. 6, 1971, S. 653–658.
Van Horne, James C., *Financial Management and Policy*, 2nd edition, Englewood Cliffs, N. J. 1971.
Van Horne, James C., und McDonald, John G., Dividend Policy and New Equity Financing, in: *The Journal of Finance*, Bd. 26, 1971, S. 507–519.
Vickers, Douglas, Profitability and Reinvestment Rates – A Note on the Gordon Paradox, in: *The Journal of Business*, Bd. 39, 1966, S. 366–370.
Vickers, Douglas, The Cost of Capital and the Structure of the Firm, in: *The Journal of Finance*, Bd. 25, 1970, S. 35–46.
Vormbaum, Herbert, *Finanzierung der Betriebe*, Wiesbaden 1964.
Wagner, Helmut, Simultane Planung von Investition, Beschäftigung und Finanzierung mit Hilfe der dynamischen Programmierung, in: *ZfB*, 37. Jg., 1967, S. 709–728.
Waldmann, Jürgen, *Optimale Unternehmensfinanzierung, Modelle zur integrierten Planung des Finanzierungs- und Leistungsbereiches*, Wiesbaden 1972.
Wallingford, Buckner A., An Inter-Temporal Approach to the Optimization of Dividend Policy with Predetermined Investments, in: *The Journal of Finance*, Bd. 27, 1972, S. 627–635.
Walter, James E., Dividend Policies and Common Stock Prices, in: *The Journal of Finance*, Bd. 11, 1956, S. 29–41.
Walter, James E., A Discriminant Function for Earnings–Price Ratios of Large Industrial Corporations, in: *The Review of Economics and Statistics*, Bd. 41, 1959, S. 44–52.

Walter, James E., Dividend Policy: Its Influence on the Value of the Enterprise, in: *The Journal of Finance*, Bd. 18, 1963, S. 280–291.

Walter, James E., *Dividend Policy and Enterprise Valuation*, Belmont, Cal. 1967.

Warren, James M., und Shelton, John P., A Simultaneous Equation Approach to Financial Planning, in: *The Journal of Finance*, Bd. 26, 1971, S. 1123–1142.

Weber, Arnold E., Grundlagen der laufenden Finanzplanung im mittleren Industriebetrieb, in: *ZfbF*, 7. Jg., 1955, S. 272–277.

Weibel, Peter, Probleme der Bonitätsbeurteilung von Unternehmungen aus der Sicht der Banken, in: *Die Unternehmung*, 24. Jg., 1970, S. 269–290.

Weil, Roman L., Jr., Segall, Joel E., und Green, David, Jr., Premiums on Convertible Bonds, in: *The Journal of Finance*, Bd. 23, 1968, S. 445–463.

Weingartner, H. Martin, *Mathematical Programming and the Analysis of Capital Budgeting Problems*, Englewood Cliffs, 1963, reprinted Chicago 1967.

Welcker, Johannes, Wandelobligationen, in: *ZfbF*, 20. Jg., 1968, S. 798–838.

West, Richard R., und Bierman, Harold Jr., Corporate Dividend Policy and Preemptive Security Issues, in: *The Journal of Business*, Bd. 41, 1968, S. 71–75.

Weston, J. Fred, The Management of Corporate Capital: A Review Article, in: *The Journal of Business*, Bd. 34, 1961, S. 129–139.

Weston, J. Fred, A Test of Cost of Capital Propositions, in: *The Southern Economic Journal*, Bd. 30, 1963, S. 105–112.

Weston, J. Fred, *The Scope and Methodology of Finance*, Englewood Cliffs, N. J. 1966.

Weston, J. Fred, Valuation of the Firm and its Relation to Financial Management, in: Robichek, Alexander A. (Hrsg.), *Financial Research and Management Decisions*, New York–London–Sydney 1967, S. 10–28.

Weston, J. Fred, The State of the Finance Field, in: *The Journal of Finance*, Bd. 22, 1967, S. 539–540.

Weston, J. Fred, Sources and Costs of Obtaining Funds, in: Ball, Richard E., und Melnyk, Z. Lew, *Theory of Managerial Finance: Selected Readings*, Boston 1967, S. 126–146.

Weston, J. Fred, und Brigham, Eugene F., *Essentials of Managerial Finance*, New York u. a. 1968.

Weston, J. Fred, und Brigham, Eugene F., *Managerial Finance*, 4th. ed., London–New York–Sydney–Toronto 1972.

Whitmore, G. A., Market Demand Curve for Common Stock and the Maximization of Market Value, in: *The Journal of Financial and Quantitative Analysis*, Bd. 5, 1970, S. 105–114.

Whittington, G., A Note on Corporate Taxation and Dividend Behavior, in: *The Review of Economic Studies*, Bd. 38, 1971, S. 131–132.

Wildhagen, Jürgen, *Zinserwartungen und Anleihkonditionen*, Saarbrücker Diss. 1967.

Williams, John Burr, *The Theory of Investment Value*, Cambridge, Mass., 1938, 3rd. Printing Amsterdam 1964.

Wippern, Ronald F., Financial Structure and the Value of the Firm, in: *The Journal of Finance*, Bd. 21, 1966, S. 615–633.

Wirth, W., Quantitative Wertschriftenanalyse und Portefeuille-Optimierung, in: *Die Unternehmung*, 24. Jg., 1970, S. 14–34.

Wissenbach, Heinz, Die Bedeutung der Finanzierungsregeln für die betriebliche Finanzpolitik, in: *ZfbF*, 16. Jg., 1964, S. 447–456.

Wissenbach, Heinz, Möglichkeiten einer finanzwirtschaftlichen Kooperation im Warenhandel, in: *ZfbF*, 23. Jg., 1971, S. 145–156.

Witte, Eberhard, *Die Liquiditätspolitik der Unternehmung*, Tübingen 1963.

Witte, Eberhard, Zur Bestimmung der Liquiditätsreserve, in: *ZfB*, 34. Jg., 1964, S. 763–772.
Wolf, Harold A., und Richardson, Lee (Hrsg.), *Readings in Finance*, New York 1966.
Wu, Hsiu-Kwang, und Zakon, Alan J. (Hrsg.), *Elements of Investments – Selected Readings*, New York–Chicago–San Francisco–Atlanta–Dallas–Montreal–Toronto–London–Sydney 1965, 2nd ed. 1972.
v. Wysocki, Klaus, *Das Postulat der Finanzkongruenz als Spielregel*, Stuttgart 1962.

Sachverzeichnis

Abschreibungen 43 f., 310 f.
Aktienemission 61, 105 ff.
Aktienportefeuille, optimales 67 ff.
Aktienrendite 56 ff., 95 f.
Alternativertragssatz 137, 148
Arbitrage 79, 93, 120, 139, 162, 168
Ausschüttungspolitik 347 ff.

Banker's Rule 254 ff.
Bankregel, goldene 20
Barwert des Dividendenstroms 279 ff.
Barwert des Gewinnstroms 280
Barwert einer Gewinnreihe 331
Bestandsökonomie 200
Beteiligungsfinanzierung 335 ff.
Beteiligungstitel 11 ff., 16
Betriebsgewinn-Hypothese (NOI) 189
Bilanzregeln 254 ff.
Bilanzregel, goldene 254 ff.
Bilanzrelationen 255
Bonusaktien 318 ff.
Buchrendite 40
Buchwert pro Aktie 60

Cash flow 28, 182 ff., 190, 225, 229, 236 ff.

Diversifikation 206 f., 220 ff.
Dividende, optimale 63
Dividenden, Informationsgehalt von 291
Dividendenpolitik 28 f., 90, 270 ff.
Dividendenpolitik, Irrelevanz der 274, 288 ff.
Dividendenrendite 39 f.
Dividenden-Kurs-Verhältnis 58
Dominanzprinzip 71
Doppelbesteuerung 30, 312, 319
Doppelzählung 331

Eigenkapitalkosten 25
Eigenkapitalkostensatz 24 ff.
Einkommensteuer 42 f., 336 ff., 352 ff.
Einkunfts-Deckungs-Verhältnis 234 f.
Emissionskosten 41
Emissionskurs 335
Emission von Obligationen 104
Entscheidungsbaum 22
Erwartungen, quasi-sichere 17 f.
Erwartungen, sichere 15 ff.
Erwartungen, unsichere 18 ff.
Erwartungsstruktur einer Position 202

Finance-Leasing 394 ff.
Finanzbereich 11
Finanzierung, Begriff 11
Finanzierungslehre, Gegenstand 13
Finanzierungsregel, goldene 20, 254 ff.
Finanzierungsrisiko 200 ff.
Finanzierungstitel 11 ff.
Finanzplanung 259 ff.
Finanzplanung bei Unsicherheit 19
Finanzstruktur 178
Flexibilität 129
Forderungstitel 12 ff.
Fremdkapitalbedarf 208 f.
Fremdkapitalquote 51
Fremdkapitalwagnis 135 ff.

Geschäftsrisiko 26, 180
Gewinnmaximierung 86 ff.
Gewinnobligationen 387
Gewinnrendite 183
Gewinn-Kurs-Verhältnis 39, 60
Gleichgewichtskurse 65, 69 ff.
Gratisaktien 312

Haftung, unbeschränkte 152 f.
Hedging 203 ff.

Innenfinanzierung 307
Investitions- und Finanzplanung, simultane 86
Investitionspolitik 103 ff.
Investitionsprogramm 351 ff.
Investitionsvolumen, optimales 71 ff.
Irrationalität, defensive 302

Kalkulationszinsfuß 89 ff., 328 f., 359
Kapitalangebotsfunktion 14
Kapitalangebotskurve 44, 50
Kapitalbudget 61
Kapitalerhöhung 45
Kapitalgewinne 292, 305
Kapitalkosten, Begriff 23 ff., 37 ff.
Kapitalkosten, durchschnittliche 26, 66, 75, 92 f., 97, 175
Kapitalkosten, für Eigenkapital 38 ff.
Kapitalkosten, Messung 36 ff.
Kapitalkostenkonzept 66, 75 f.
Kapitalkosten, ohne Steuern 127
Kapitalkosten, vor Steuern 127
Kapitalmarkt, unvollkommener 17, 291 ff., 301 ff.

Kapitalmarkt, vollkommener 26, 109, 271
Kapitalstruktur 26ff., 49, 92, 233f.
Kapitalwert 15f., 17
Kapitalwertkriterium 16, 20f., 24
Kapitalwertmaximierung 395
Körperschaftsteuer 26f., 30, 96f., 108ff., 120ff., 168, 307ff., 336, 352ff., 372
Körperschaftsteuer-Satz, gespaltener 314ff., 336ff.
Konkursfall 171f.
Konkursgefahr 27
Konkursrisiko 167ff.
Konkursverfahren 171
Kreditangebot 210ff.
Kreditbeziehungen 250
Kreditfähigkeit 210ff.
Kreditkonditionen 260
Kreditlimit 129
Kreditspielraum 129, 200ff.
Kreditwürdigkeit 210ff., 250ff.
Kurssicherungsgeschäfte 203

Leasing 31, 393ff.
Leistungsbereich 11
Leverage-Effekt 12, 26, 31, 95, 138, 398
Liquiditätsregel 254ff.

Marktrationalität, symmetrische 288, 302
Marktwert der Schulden 92
Marktwert der Stammaktien 92
Marktwert des Unternehmens 92, 120
Marktwertmaximierung 22ff., 55f., 66, 78ff., 86ff.
Mindestrendite 54ff., 109, 359
Mindestverzinsung 36

Nettogewinn-Hypothese (NI) 189
Nutzenmaximierung 65ff., 88

Operate Leasing 400ff.
Optimierung der Investitions- und Finanzierungsmaßnahmen 15

Planung, flexible 21f.
Portefeuille-Modell 65ff.

Rendite 37
Rezessionsverhalten 239
Risiko, finanzielles 180f.
Risikoaversion 67
Risikoeinstellung 22ff.
Risikoklasse 26, 79, 90f., 121ff., 180f., 329

Risikoprämien 65, 69ff., 87
Risikostruktur 200
Risikotransformation 203
Rücklagen 351ff.
Rücklagen, offene 357
Rücklagen, stille 358f.
Rücklagenbildung 316
Rückstellungen 311

Sanierung 170
Selbstfinanzierung 16, 28ff., 41ff., 105, 270ff., 286, 307ff., 331ff.
Selbstfinanzierungsquote, optimale 309
Sicherheitenstellung 251ff.
Sicherheitsäquivalent 20f., 87
Sonderabschreibungen 311
Steuerlehre, betriebswirtschaftliche 347ff.
Steuerrecht 310ff.

Überliquidität 217ff.
Unsicherheit 287ff.
Unterbewertung 304
Unternehmensrecht 310ff.

Vermögensteuer 352ff.
Verschuldung, Maßgröße der 179f.
Verschuldungsgrad 160ff., 290
Verschuldungsgrad, optimaler 133ff.
Verschuldungspolitik 224ff.
Verschuldungspotential 18f., 50f.
Vorzugsaktien 12, 31, 38, 368ff.
Vorzugsdividenden 370

Wachstum 56, 270ff.
Wachstum der Dividenden 56ff.
Wachstumsaktien 278
Wachstumsrate 184, 281ff.
Wachstumsrate der Dividende 58ff., 282ff.
Wachstumsrendite 58ff.
Wachstumsunternehmen 41
Wagnis, allgemeines 135ff.
Wagnisprämie 135
Wandelschuldverschreibungen 389

Zahlungsfähigkeit, unzureichende 226f.
Zahlungsstromdiskontierung 275f.
Zahlungsunfähigkeit 154f., 169f., 226f.
Zielsetzungen 13
Zukunftserfolgswert 326f.
Zusatzaktien 312, 318ff.
Zustandsbaum 22